"十二五"普通高等教育本科国家级规划教材

工业和信息化部"十二五"规划教材

数字经济高质量人才培养系列·**大数据管理**

信息系统分析与开发技术

/ 第3版 /

梁昌勇　陆文星　编著

电子工业出版社

Publishing House of Electronics Industry

北京·BEIJING

内 容 简 介

本书为"十二五"普通高等教育本科国家级规划教材、工业和信息化部"十二五"规划教材。

本书以信息系统开发生命周期模型为主线,以结构化开发方法和面向对象开发方法两种主流方法为主体,阐述如下内容:信息系统和信息管理等有关基本概念,信息系统开发方法和模型,信息系统的规划方法、分析方法和技术、设计方法和技术、实现方法和技术,新一代信息技术背景下信息系统开发方法和技术,信息系统测试和项目管理,并以实际信息系统开发项目作为案例进行分析。

本书不仅可以作为大数据管理与应用、信息管理与信息系统等相关专业的教材,也可供从事信息系统管理和开发人员参考。

未经许可,不得以任何方式复制或抄袭本书之部分或全部内容。
版权所有,侵权必究。

图书在版编目(CIP)数据

信息系统分析与开发技术 / 梁昌勇,陆文星编著. —3 版. —北京:电子工业出版社,2024.3
ISBN 978-7-121-47512-2

Ⅰ. ①信… Ⅱ. ①梁… ②陆… Ⅲ. ①信息系统—系统分析 ②信息系统—系统开发 Ⅳ. ①G202

中国国家版本馆 CIP 数据核字(2024)第 057417 号

责任编辑:章海涛　　　　　　特约编辑:李松明
印　　刷:北京市大天乐投资管理有限公司
装　　订:北京市大天乐投资管理有限公司
出版发行:电子工业出版社
　　　　　北京市海淀区万寿路 173 信箱　邮编:100036
开　　本:787×1092　1/16　　印张:25.5　　字数:649 千字
版　　次:2010 年 2 月第 1 版
　　　　　2024 年 3 月第 3 版
印　　次:2024 年 3 月第 1 次印刷
定　　价:76.00 元

凡所购买电子工业出版社图书有缺损问题,请向购买书店调换。若书店售缺,请与本社发行部联系,联系及邮购电话:(010)88254888,88258888。

质量投诉请发邮件至 zlts@phei.com.cn,盗版侵权举报请发邮件至 dbqq@phei.com.cn。
本书咨询联系方式:192910558(QQ 群)。

前　　言

如今，以云计算、物联网、大数据、人工智能、区块链为代表的新一代信息技术快速发展并深入应用，一方面，信息系统深度融合到经济社会发展和人们日常生活的各方面，成为经济和社会发展的"神经中枢"；另一方面，信息系统使得数据成为一类新的资源，助推了数字经济的发展，催生了许多新的商业模式、应用模式。同时，经济社会发展进入了新的历史阶段，世界进入百年未有之大变局，组织的外部环境，特别是市场环境和用户需要都发生了巨大变化，组织的管理模式、决策体系等都发生了根本转变，组织处于数字化转型升级的过程中，对信息系统开发和应用提出了更高要求，其系统规划、设计、开发、测试、应用和管理面临着许多新的问题和挑战，特别是新一代信息技术推动集中式、平台式信息系统和基于位置的信息服务成为一种新趋势。

作为大数据管理与应用、信息管理与信息系统等相关专业的核心课程，本课程必须使学生了解、掌握经典的信息系统全生命周期的开发流程、方法和工具，同时全面、综合地了解、掌握新一代信息技术发展背景下信息系统建设的新方法和新技术。

为了适应新一代信息技术发展、组织数字化转型发展新需求，以及对信息系统分析和开发的影响和变化，本教材在原有内容上进行了修订：① 加强课程思政建设，融合课程思政元素，增加了信息系统工程伦理等内容；② 增加信息系统与组织数字化转型内容；③ 加强对信息系统的顶层规划，将信息系统战略规划和顶层设计框架单独为一章；④ 修订最新开发工具内容；⑤ 增加新一代信息技术背景下信息系统开发、信息系统常用结构、移动端 App 开发、大数据驱动的系统开发等内容；⑥ 增加信息系统开发实例。本教材期望在遵循信息系统设计的内在逻辑过程基础上，融合新的系统开发模式和方法，增加对实际信息系统开发设计的针对性、指导性。

本教材由合肥工业大学梁昌勇、陆文星编著。各章的修订工作分工如下：第 1 章由梁昌勇、顾东晓、董骏峰修订，第 2 章由梁昌勇、董骏峰、靳鹏修订，第 3 章由蒋丽修订，第 4 章由顾东晓修订，第 5 章由丁勇、赵树平修订，第 6 章、第 7 章由陆文星修订，第 8 章由靳鹏、陆文星修订，第 9 章由丁勇修订，第 10 章由靳鹏、赵树平修订，第 11 章由丁勇修订。合肥工业大学管理学院信息技术与工程管理研究所李克卿、周培宇、解玉光、卢丽妍、洪文佳、王笑笑等部分博士生、硕士生参与了部分内容的修订、校对工作，在此深表谢意。

本书的编写和修订一直得到信息系统前辈中国人民大学陈禹教授、哈尔滨工业大学李一军教授的帮助和指导，在此深表感谢。

本书第 1 版和第 2 版分别入选：普通高等教育"十一五"国家级规划教材、"十二五"普通高等教育本科国家级规划教材、工业和信息化部"十二五"规划教材。一直以来，电子工业出版社对本书的出版给予了大力支持和帮助，在此表示最诚挚的感谢。

本书参考了大量国内外有关研究成果，对所有涉及的专家、学者表示衷心的感谢。

本书为教师提供相关教学资料，有需要者，请登录 http://www.hxedu.com.cn，注册之后进行下载。

作　者

2024 年 2 月

目 录

第1章 信息系统概述 ... 1
1.1 信息系统的基本内涵 ... 2
1.1.1 信息系统的定义 ... 2
1.1.2 信息系统的组成 ... 3
1.1.3 信息系统的功能 ... 5
1.1.4 信息系统的类型 ... 6
1.2 信息系统的发展历程和趋势 ... 10
1.2.1 信息系统的发展历程 ... 10
1.2.2 信息系统的发展趋势 ... 12
1.3 典型的信息系统 ... 13
1.3.1 企业资源计划系统 ... 13
1.3.2 决策支持系统 ... 15
1.3.3 电子商务系统 ... 16
1.3.4 专家系统 ... 17
1.4 信息系统与组织数字化转型 ... 19
1.4.1 组织数字化转型的时代必然性 ... 19
1.4.2 组织数字化转型的内涵 ... 20
1.4.3 信息系统与组织数字化转型的相互推动作用 ... 21
1.5 信息系统工程伦理 ... 22
1.5.1 工程伦理 ... 22
1.5.2 信息系统的伦理问题 ... 22
1.5.3 信息系统生命周期中的伦理问题 ... 24
本章小结 ... 25
思考题 ... 26
参考文献 ... 26

第2章 信息系统开发方法和模型 ... 28
2.1 信息系统生命周期和开发周期 ... 29
2.1.1 信息系统生命周期 ... 29
2.1.2 信息系统开发周期 ... 31
2.2 信息系统开发方法 ... 31
2.2.1 结构化生命周期法 ... 31
2.2.2 原型法 ... 33
2.2.3 面向对象法 ... 34
2.3 信息系统开发模型 ... 36
2.3.1 瀑布模型 ... 37

　　　　2.3.2　原型模型 ………………………………………………………… 38
　　　　2.3.3　增量模型 ………………………………………………………… 40
　　　　2.3.4　螺旋模型 ………………………………………………………… 42
　　　　2.3.5　基于构件的开发模型 …………………………………………… 44
　　　　2.3.6　基于体系结构的开发模型 ……………………………………… 45
　　　　2.3.7　RUP ……………………………………………………………… 46
　　2.4　信息系统开发方式 ……………………………………………………… 48
　　　　2.4.1　自主开发 ………………………………………………………… 49
　　　　2.4.2　联合开发 ………………………………………………………… 49
　　　　2.4.3　系统外包 ………………………………………………………… 49
　　本章小结 ……………………………………………………………………… 51
　　思考题 ………………………………………………………………………… 51
　　参考文献 ……………………………………………………………………… 52

第3章　企业信息化战略设计与信息系统规划 …………………………… 53
　　3.1　企业信息化战略规划 …………………………………………………… 54
　　　　3.1.1　新时代背景下企业信息化战略规划面临的问题 ……………… 54
　　　　3.1.2　企业信息化战略规划的思路 …………………………………… 56
　　　　3.1.3　企业信息化战略规划的步骤 …………………………………… 57
　　3.2　企业信息化战略顶层设计 ……………………………………………… 57
　　　　3.2.1　企业信息化战略顶层设计概述 ………………………………… 57
　　　　3.2.2　企业信息化战略顶层设计的内容 ……………………………… 58
　　　　3.2.3　企业信息化战略顶层设计的框架 ……………………………… 61
　　3.3　企业架构理论 …………………………………………………………… 61
　　　　3.3.1　企业架构的内涵 ………………………………………………… 62
　　　　3.3.2　企业架构的发展历程 …………………………………………… 62
　　　　3.3.3　企业架构的方法论 ……………………………………………… 64
　　　　3.3.4　主流的企业架构模型 …………………………………………… 67
　　3.4　信息系统规划 …………………………………………………………… 72
　　　　3.4.1　信息系统规划概述 ……………………………………………… 72
　　　　3.4.2　信息系统规划的内容 …………………………………………… 73
　　　　3.4.3　信息系统规划的步骤 …………………………………………… 76
　　　　3.4.4　信息系统规划的方法 …………………………………………… 78
　　　　3.4.5　信息系统规划的工具 …………………………………………… 81
　　本章小结 ……………………………………………………………………… 83
　　思考题 ………………………………………………………………………… 85
　　参考文献 ……………………………………………………………………… 85

第4章　信息系统的结构化分析与建模 …………………………………… 86
　　4.1　系统分析概述 …………………………………………………………… 87
　　　　4.1.1　系统分析的目标和内容 ………………………………………… 87

  4.1.2 系统总体目标及范围 ················· 89
  4.1.3 系统分析常用方法 ··················· 90
 4.2 需求信息的获取 ····························· 91
  4.2.1 需求信息的种类 ····················· 91
  4.2.2 需求信息的来源和收集 ············· 92
  4.2.3 需求信息的获取方法 ··············· 92
 4.3 结构化分析方法 ····························· 93
  4.3.1 自顶向下分析 ························· 93
  4.3.2 业务流程分析 ························· 94
  4.3.3 数据流程分析 ························· 95
  4.3.4 数据流程图 ··························· 96
  4.3.5 数据字典 ····························· 101
 4.4 处理逻辑描述工具 ························· 104
  4.4.1 结构化语言 ··························· 104
  4.4.2 决策树 ································· 106
  4.4.3 决策表 ································· 107
  4.4.4 工具选择 ····························· 108
 4.5 结构化分析案例 ··························· 109
 本章小结 ·· 112
 思考题 ·· 113
 参考文献 ·· 113

第5章 信息系统的结构化设计 ············· 115
 5.1 系统结构化设计概述 ····················· 116
  5.1.1 系统结构化设计的任务 ············· 116
  5.1.2 系统结构化设计的原则 ············· 117
 5.2 总体设计 ······································ 117
  5.2.1 系统体系架构设计 ··················· 118
  5.2.2 系统模块结构设计 ··················· 118
  5.2.3 系统物理配置方案设计 ············· 118
  5.2.4 总体数据库设计 ····················· 120
 5.3 详细设计 ······································ 121
  5.3.1 代码设计 ····························· 121
  5.3.2 数据库设计 ··························· 122
  5.3.3 输入/输出设计 ······················· 127
  5.3.4 人机交互设计 ························· 129
  5.3.5 处理流程设计 ························· 130
  5.3.6 安全保密设计 ························· 133
  5.3.7 编制系统设计说明书 ··············· 133
 5.4 结构化设计方法 ··························· 134

- 5.4.1 自顶向下设计 ······ 134
- 5.4.2 模块化设计 ······ 135
- 5.4.3 流程重组设计 ······ 145
- 5.5 结构化设计案例 ······ 148
  - 5.5.1 系统功能结构设计 ······ 148
  - 5.5.2 数据库设计 ······ 148
  - 5.5.3 处理过程设计 ······ 150
  - 5.5.4 数据的安全设计 ······ 151
- 本章小结 ······ 152
- 思考题 ······ 152
- 参考文献 ······ 152

第 6 章 信息系统的面向对象分析与建模 ······ 154
- 6.1 面向对象分析的基本概念 ······ 155
  - 6.1.1 面向对象方法的基本概念 ······ 155
  - 6.1.2 面向对象分析的概念和优点 ······ 158
  - 6.1.3 面向对象分析的主要原则 ······ 159
- 6.2 统一建模语言 ······ 160
  - 6.2.1 UML 概述 ······ 160
  - 6.2.2 UML 的内容 ······ 161
  - 6.2.3 UML 分析建模过程 ······ 163
- 6.3 面向对象分析 ······ 164
  - 6.3.1 面向对象分析的系统模型 ······ 164
  - 6.3.2 面向对象分析的过程 ······ 166
- 6.4 面向对象的 UML 分析建模 ······ 168
  - 6.4.1 用例图 ······ 169
  - 6.4.2 类图 ······ 172
  - 6.4.3 顺序图 ······ 175
  - 6.4.4 通信图 ······ 176
  - 6.4.5 状态机图 ······ 177
- 6.5 面向对象分析案例 ······ 177
  - 6.5.1 案例概述 ······ 177
  - 6.5.2 需求分析 ······ 178
  - 6.5.3 系统分析 ······ 181
- 本章小结 ······ 183
- 思考题 ······ 184
- 参考文献 ······ 184

第 7 章 信息系统的面向对象设计 ······ 185
- 7.1 面向对象设计的基本概念 ······ 186
  - 7.1.1 面向对象设计的概念 ······ 186

  7.1.2 面向对象设计的目标和任务 ·········· 187
7.2 面向对象设计模型 ·········· 187
7.3 面向对象设计过程 ·········· 188
  7.3.1 问题域设计 ·········· 188
  7.3.2 人机交互设计 ·········· 189
  7.3.3 任务管理设计 ·········· 191
  7.3.4 数据管理设计 ·········· 192
7.4 UML 的设计和实现模型 ·········· 193
  7.4.1 设计类图 ·········· 193
  7.4.2 活动图 ·········· 196
  7.4.3 构件图 ·········· 199
  7.4.4 包图 ·········· 200
  7.4.5 UML 实现模型 ·········· 202
7.5 设计模式 ·········· 203
  7.5.1 设计模式概念 ·········· 203
  7.5.2 设计原则 ·········· 204
  7.5.3 常用设计模式 ·········· 205
7.6 面向对象设计案例 ·········· 211
  7.6.1 系统平台设计 ·········· 211
  7.6.2 结构设计 ·········· 211
  7.6.3 用例设计 ·········· 212
  7.6.4 数据库设计 ·········· 214
本章小结 ·········· 216
思考题 ·········· 217
参考文献 ·········· 217

第8章 基于新一代信息技术的信息系统开发 ·········· 218

8.1 新一代信息技术及其应用 ·········· 219
  8.1.1 新一代信息技术概述 ·········· 219
  8.1.2 新一代信息技术在信息系统中的应用 ·········· 221
8.2 信息系统架构设计和开发 ·········· 225
  8.2.1 信息系统架构概述 ·········· 225
  8.2.2 基于 SOA 的信息系统开发 ·········· 232
  8.2.3 基于微服务的信息系统开发 ·········· 236
  8.2.4 基于低代码的信息系统开发 ·········· 246
8.3 移动端 App 开发 ·········· 248
  8.3.1 移动端 App 概述 ·········· 249
  8.3.2 移动端 App 开发的主要模式 ·········· 249
  8.3.3 移动端 App 开发的一般流程 ·········· 254
8.4 大数据驱动的信息系统开发 ·········· 255

         8.4.1 数据驱动的信息系统概述 ·· 255
         8.4.2 数据驱动的信息系统开发 ·· 259
    8.5 开放环境下的信息系统安全设计 ·· 262
         8.5.1 信息系统安全定义 ·· 262
         8.5.2 信息系统安全威胁 ·· 263
         8.5.3 安全设计内容 ··· 265
         8.5.4 基于区块链的信息系统安全设计 ································· 267
    本章小结 ·· 268
    思考题 ·· 269
    参考文献 ·· 269

第9章 信息系统测试方法和技术 ·· 271
    9.1 测试概述 ··· 272
         9.1.1 测试的概念和目标 ·· 272
         9.1.2 测试原则 ·· 273
         9.1.3 测试分类 ·· 275
    9.2 测试步骤 ··· 275
         9.2.1 软件测试 ·· 276
         9.2.2 硬件测试 ·· 277
         9.2.3 网络测试 ·· 277
    9.3 测试方法 ··· 278
         9.3.1 白盒测试和黑盒测试 ·· 278
         9.3.2 静态测试和动态测试 ·· 280
         9.3.3 验证和确认 ·· 282
         9.3.4 自动化测试和随机测试 ·· 283
         9.3.5 敏捷测试和冒烟测试 ·· 285
    9.4 测试过程 ··· 286
         9.4.1 单元测试 ·· 286
         9.4.2 集成测试 ·· 289
         9.4.3 系统测试 ·· 292
         9.4.4 验收测试 ·· 294
    9.5 面向对象测试 ··· 296
         9.5.1 面向对象的层次测试 ·· 297
         9.5.2 面向对象的单元测试 ·· 298
         9.5.3 面向对象的集成测试 ·· 300
         9.5.4 面向对象的系统测试 ·· 302
    9.6 系统测试管理 ··· 303
         9.6.1 测试管理概述 ··· 303
         9.6.2 测试组织管理 ··· 304
         9.6.3 测试过程管理 ··· 305

  9.6.4 资源和配置管理 ··················· 306
  9.6.5 测试文档管理 ····················· 306
 9.7 信息系统测试案例 ······················· 307
本章小结 ······································· 312
思考题 ··· 313
参考文献 ······································· 313

第10章 信息系统项目管理 ··················· 315
 10.1 信息系统项目管理概述 ················· 316
  10.1.1 项目 ······························· 316
  10.1.2 信息系统项目 ····················· 317
  10.1.3 项目管理 ··························· 319
  10.1.4 信息系统项目管理 ················ 322
 10.2 信息系统项目管理的内容 ··············· 323
  10.2.1 范围管理 ··························· 323
  10.2.2 进度管理 ··························· 328
  10.2.3 成本管理 ··························· 332
  10.2.4 质量管理 ··························· 335
  10.2.5 风险管理 ··························· 339
  10.2.6 配置管理 ··························· 341
 10.3 信息系统项目管理的过程 ··············· 344
  10.3.1 信息系统项目管理过程的内容 ······ 344
  10.3.2 信息系统项目管理过程之间的关系 ·· 346
 10.4 信息系统外包管理 ····················· 347
  10.4.1 需求管理 ··························· 348
  10.4.2 招标管理 ··························· 348
  10.4.3 过程管理 ··························· 350
  10.4.4 成果验收 ··························· 351
  10.4.5 运维服务 ··························· 352
 10.5 信息系统文档管理 ····················· 353
  10.5.1 信息系统文档的标准 ··············· 353
  10.5.2 信息系统文档的作用 ··············· 354
  10.5.3 信息系统文档的分类 ··············· 355
  10.5.4 信息系统文档的编制和管理 ········ 357
本章小结 ······································· 358
思考题 ··· 359
参考文献 ······································· 359

第11章 信息系统开发实例 ··················· 360
 11.1 项目概述 ····························· 361
  11.1.1 项目背景 ··························· 361

  11.1.2 开发目标和指导原则 ·· 361
  11.1.3 指导思想和开发策略 ·· 362
  11.1.4 项目团队组建和管理 ·· 363
 11.2 业务流程分析 ··· 363
  11.2.1 业务特点分析 ·· 363
  11.2.2 总体业务流程分析 ·· 365
  11.2.3 详细业务流程分析 ·· 365
 11.3 数据流程分析 ··· 365
  11.3.1 项目管理第一层数据流程分析 ······································ 365
  11.3.2 项目管理第二层数据流程分析 ······································ 370
  11.3.3 项目管理第三层数据流程分析 ······································ 373
  11.3.4 数据字典 ·· 376
 11.4 结构化设计 ··· 383
  11.4.1 系统功能总体框架设计 ·· 383
  11.4.2 系统功能结构设计 ·· 384
  11.4.3 各子系统功能详细设计 ·· 384
  11.4.4 数据库设计 ·· 387
 11.5 运行环境设计 ··· 389
  11.5.1 运行环境分析 ·· 389
  11.5.2 网络环境设计 ·· 390
 11.6 系统实施 ··· 392
  11.6.1 进度计划 ·· 392
  11.6.2 培训计划 ·· 393
  11.6.3 系统维护和服务 ··· 393
  11.6.4 系统运行情况及效果 ·· 394
本章小结 ··· 394
思考题 ·· 394

第 1 章
信息系统概述

随着以移动互联网、云计算、物联网、大数据、人工智能、区块链技术为代表的新一代信息技术迅速推广和普及，社会和经济的信息化程度不断加深，信息系统已成为经济社会的神经中枢，是 21 世纪以来人类最重要的研究领域之一，其应用范围已涉及社会和经济的各方面。作为一项涉及多种方法、技术、工具和因素，涉及面广、复杂度高的社会系统工程，信息系统建设具有周期长、投资大、风险高、涉及面广、无形性等特点，比一般的技术工程具有更大的难度和更高的复杂性。因此，信息系统的建设需要以科学理念作为指导，以先进技术作为支撑，综合了管理理论、系统科学和信息技术，注重研究管理理论与信息技术的深度融合，已形成了自己独特的理论和技术体系。本章主要介绍信息系统的基本概念、内涵和各种相关技术与方法，让准备进入这一领域的技术与管理人员对信息系统具有初步的了解。

在阐述具体系统开发方法和技术之前，读者首先需要明确若干基本概念和观点，如信息系统的具体概念、组成、功能和类型，信息系统的发展历程，典型的信息系统，信息系统与组织数字化转型的关系，信息系统工程伦理等。本章目的是对这些基础性的问题给予简要说明和概括，为读者的后续学习奠定基础。

本章重点：
- ❖ 信息系统的定义
- ❖ 信息系统的组成
- ❖ 信息系统的功能
- ❖ 信息系统的类型
- ❖ 信息系统的发展历程
- ❖ 典型的信息系统
- ❖ 信息系统与组织数字化转型
- ❖ 信息系统工程伦理

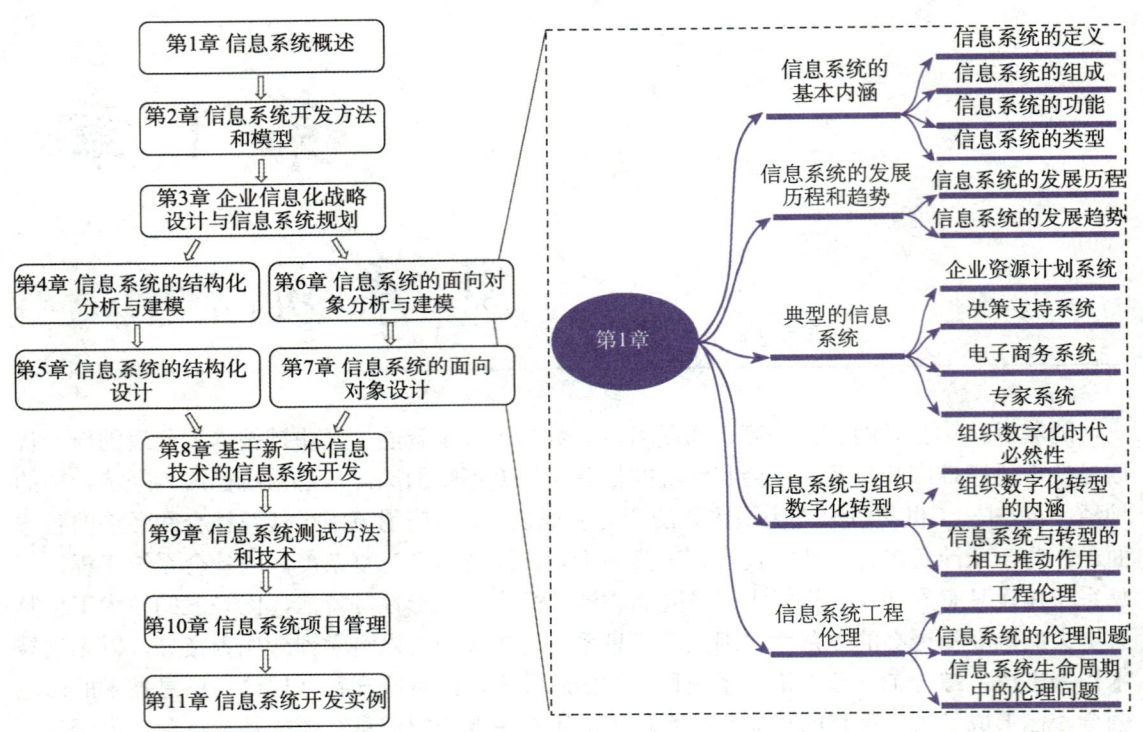

1.1 信息系统的基本内涵

1.1.1 信息系统的定义

自 1946 年世界上第一台电子计算机 ENIAC 诞生以来，随着计算机软件和硬件、微电子、通信技术等迅猛发展，电子计算机应用从科学计算领域快速延伸到经济、社会和生活领域，产生了各种各样的信息系统，已逐步成为经济社会发展的神经中枢、人们工作和生活离不开的工具平台。其实信息系统的历史可追溯到几千年前，那时人们就利用口头语言和纸质文件等工具传递信息，从而产生了早期的信息系统。典型代表是中国古代的烽火台报警系统和皇家驿站信息传递系统，也就是所谓的人基信息系统（基于人的信息系统）。随着计算机和网络等技术的快速发展，信息系统先后经历了由人基信息系统向人机信息系统（基于计算机的信息系统）、网基信息系统（基于网络的信息系统）的转变。信息系统的开发先后经历了以业务处理为中心、以数据为中心、以对象为中心（数据与处理一体化）、以模型为中心、以服务为中心的五个阶段。未来，信息系统还将随着信息技术的发展而得到更快、更好、更广的应用。

经过几十年的不断探索研究和实践发展，信息系统已初步形成了自己独特的理论和技术体系，是信息科学、计算机科学、管理科学、决策科学、系统科学、认知科学、心理学及人工智能等相互渗透而逐渐发展起来的。

由于信息系统概念内涵非常广泛，且一直在不断发展变化，目前尚无统一的定义。1996年，劳登（Laudon）教授在其《管理信息系统》（第四版）中指出："信息系统技术上可以定义为支持组织决策和控制而进行信息收集、处理、存储和分配的相互关联部件的一个集合。"本书所说的信息系统（Information System，IS）是一类由计算机软件和硬件、网络和通信设备、数据资源、管理规范和组织制度组成，应用云计算、物联网、区块链、人工智能、大数据和移动互联网等新一代信息技术，以提高企业或者组织的产品研发水平、生产运作效率、管理决策科学性为目标，实现对企业或组织有关设计、生产、运作、管理、决策等相关环节或者过程的信息采集、控制、存储、分析和挖掘的人机交互系统。

由于面向不同环境、不同领域、不同业务的应用需求，出现了不同层次、不同类型、不同功能的信息系统，逐步演化为综合集成的信息系统，支持企业或组织全员、全方位、全流程的综合信息管理，极大推动了信息系统应用的广度、深度和高度，其内涵有广义和狭义之分。广义的信息系统是所有基于计算机的系统，如自动控制系统、计算机辅助设计系统、计算机辅助制造系统等，狭义的信息系统一般指面向管理的信息系统，泛指管理信息系统，包括企业资源计划系统、客户关系管理系统、供应链管理系统、电子商务系统等，本书特指狭义的面向管理的信息系统。

1.1.2　信息系统的组成

从不同角度，信息系统的组成也各有不同。

1. 从信息系统要素角度

信息系统主要包括信息用户、信息源、信息采集器、信息传输通道、信息存储器、信息处理器和信息规划设计者，如图 1-1 所示。在信息系统中，信息用户是信息的使用者，应用信息进行管理和决策，信息系统的一切设计和实现都应以信息用户的需求为中心；信息源是信息产生地，包括组织内部和外部环境中的信息；信息采集器是信息收集、采集设备，负责对信息源信息的采集任务，传统的信息系统是由人完成的，现代信息系统的许多信息采集是由物联网设备或网络爬虫完成的；信息传输通道和信息存储器分别负责信息的传输和存储；信息处理器担负信息的加工、分析等任务；信息规划设计者起着系统建设主导作用，负责信息系统的设计、测试和实现，并在实现后，负责系统的运行和协调。

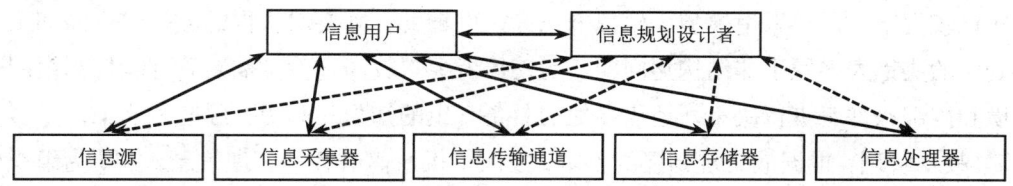

图 1-1　信息系统（从信息管理要素角度）

2. 从组织信息管理角度

按照组织的管理层次或职能，信息系统可以从纵向和横向分解为若干子系统，这些子系统相对独立又密切相关，共同作用，构成了复杂的信息系统，如图 1-2 所示。

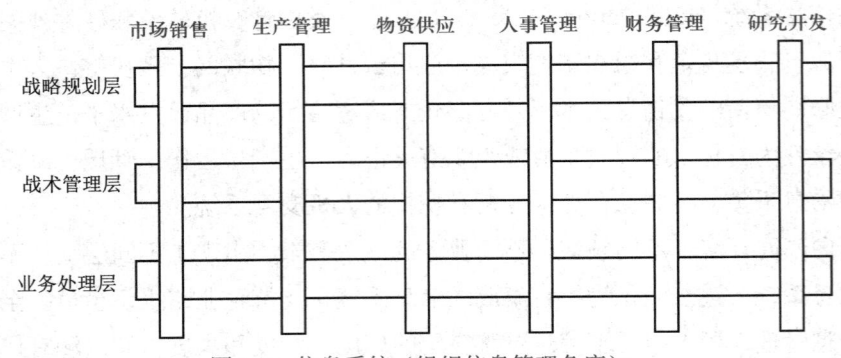

图 1-2　信息系统（组织信息管理角度）

1）基于管理层级的组成

由于信息系统的设计是针对不同管理层次来设定不同功能目标的，因此信息系统也相应地可以按照管理层级纵向分为三部分，即战略规划、战术管理和业务处理。由于活动内容和时间尺度的不同，管理层级对信息需求与问题处理的方式也有所差别，如表 1-1 所示。

表 1-1　不同管理层级对信息需求与问题处理方式

信息特征	战略规划	战术管理	业务处理
目标	资源获取	资源利用	实施
时间范围	长期	中期	短期
管理级别	高层	中层	基层
信息内容	广	中	窄
信息容量	小	中	大
信息综合性	高	中	低
信息来源	外部为主	外部和内部	内部为主
信息准确性	低	中	高
环境稳定性	低	中	高
决策风险性	大	中	小

① 战略规划：为组织高层管理人员决策服务，帮助高层管理人员为实现组织目标所采取的资源政策等计划、规划和预算过程。战略规划层处理的信息量较小、加工方法灵活，但处理方式比较复杂，需要采用模型、模拟方法等提供辅助，需要对获得的数据进行深加工。战略规划层的决策大多属于非结构化问题，对使用者要求较高，除了需要管理者依据组织的外部环境和内部条件来进行决策，还需要他们具备一定的知识、阅历、经验和胆识。

② 战术管理：根据战略规划层的要求，及时提供所需的各种管理信息，主要为组织中层管理人员管理决策服务，即帮助实现组织目标，使组织能够有效获得并利用资源。战术管理层处理的信息容量和内容范围介于业务处理层和战略规划层两者之间，管理决策既有非结构

化问题，也有结构化问题。

③ 业务处理：由事务信息和状态信息构成，通常利用事务数据处理模块、报表生成模块和查询模块来产生事务活动的单据、统计报表和查询应答。业务处理层主要为基层管理人员运作服务，即服务于如何有效、高效地利用组织的资源，并按照既定程序和步骤进行工作。业务处理层的管理大多属于结构化问题，要求基层管理人员具备组织实施的能力。一般来说，业务处理层处理的信息量很大，但加工方法比较固定。

2）基于管理职能的组成

从企业管理职能角度，信息系统可以横向分为如下子系统。

① 市场销售子系统：包括销售计划的制定、销售情况分析和销售合同的管理等。

② 生产管理子系统：包括物料需求计划的制定、生产计划的安排、生产调度和生产数据统计等。

③ 物资供应子系统：包括库存计划的制定、库存控制、库存台账管理和库存管理等。

④ 人事管理子系统：包括人事计划的制定、人员档案管理、人员考勤情况管理、工资管理和人员培训计划的制定等。

⑤ 财务管理子系统：包括财务计划的制定、财务账目管理、生产经营成本管理和财务状况分析等。

⑥ 研究开发子系统：包括研发计划的制定、研发状况跟踪分析和管理控制等。

1.1.3 信息系统的功能

其实世界本身就是由各种各样的子系统构成的，它们各司其职、分工不同。信息系统作为其中的一个子系统，通过信息控制着物质和能量的流动，使世界这个整体系统更加协调有序，可以说，信息系统发挥着"神经中枢"的重要作用。从信息技术角度，信息系统是以提供信息服务为主要目的、以数据为载体的计算机处理和应用系统，因此其功能结构包括数据的输入、处理（传输、存储、增加、删除、修改和检索）、输出等，如图1-3所示。

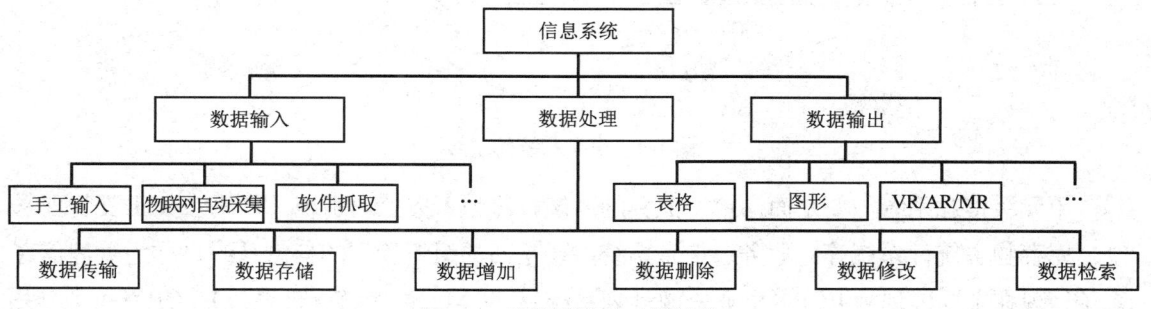

图1-3 信息系统的功能结构

网络技术的兴起和应用为信息系统的开发环境和应用领域带来了新的变化，信息系统主要具备以下基本功能：① 监测企业运行状况，实时掌握企业运行动态；② 辅助企业管理，维持企业的正常有效运行；③ 对企业的关键部门或关键生产环节进行重点监控，包括财务监控、库存监控等；④ 收集市场信息，跟踪产品质量，提升服务质量；⑤ 支持企业决策，减少经营管理中的失误；⑥ 降低经营风险，帮助企业实现预定目标；⑦ 预测发展形势，及时调整经营方向；⑧ 转变经营方式，升级经营模式。

1.1.4　信息系统的类型

由于管理思想、监管对象、业务范围、核心技术、智慧程度等不同，出现了各种信息系统，按照信息系统处理的业务范围和等级，信息系统可以分为五类：面向单一业务的事务处理系统、面向组织管理的管理信息系统、面向组织战略的决策支持系统、面向市场的电子商务系统、面向大众的公共服务与商务信息平台（如京东），如图1-4所示。

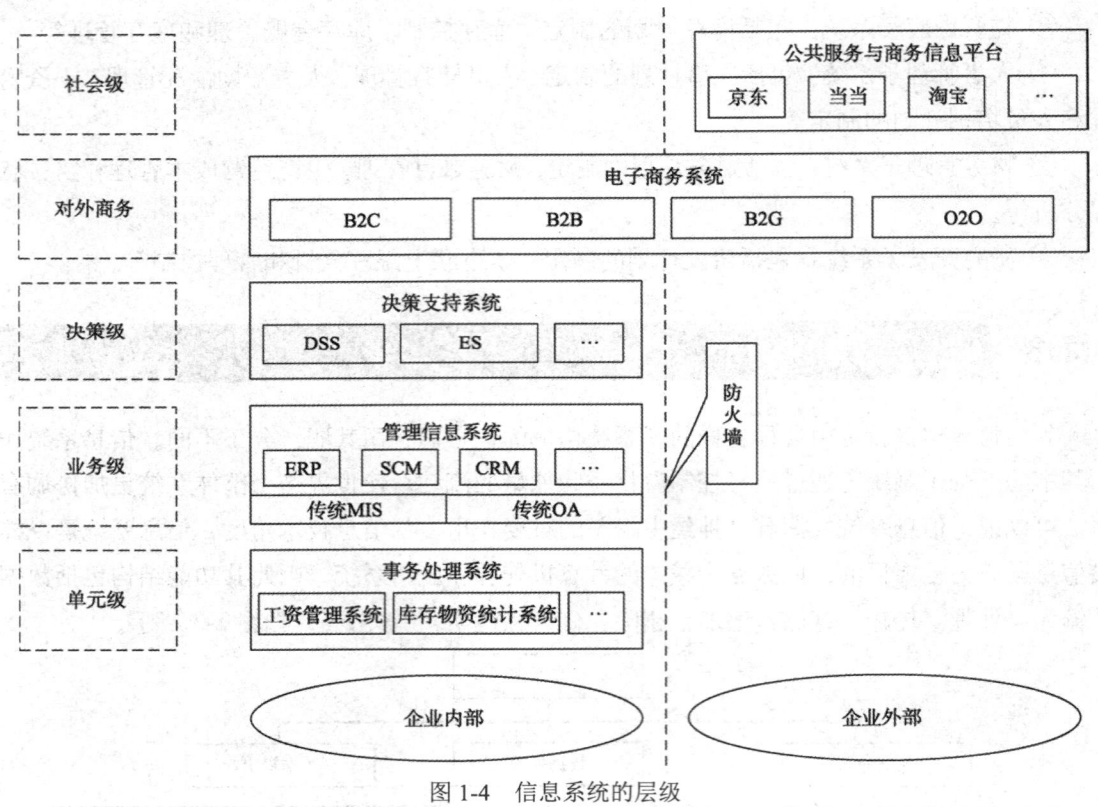

图1-4　信息系统的层级

单元级信息系统主要是面向单一业务的系统，称为事务处理系统（TPS），如工资管理系统、库存物资统计系统等；业务级信息系统主要是面向组织管理的信息系统，称为管理信息系统，现在主要体现为ERP（企业资源计划系统）、SCM（供应链管理系统）、CRM（客户关系管理系统）等；决策级信息系统主要是面向组织复杂决策问题分析处理的信息系统，称为决策支持系统（DSS），比较特殊的是专家系统（ES，解决非结构化决策问题）。上述三类系统主要是面向企业内部的管理决策。

对外商务级信息系统主要是基于因特网而实现的企业与外部的商业和交易系统，主要是指电子商务系统，又分为 B2C、B2B、B2G、O2O 等方式；社会级信息系统主要是面向广大公众服务的公共服务与商务信息平台，如京东平台、当当平台。这两类系统主要是跨组织的，涉及更高安全等级的信息保护。

1. 单元级：事务处理系统

在许多大型、关键的应用程序中，计算机每秒钟都在执行大量的任务。将这些任务结合在一起完成一个业务要求，称为事务。事务是最小的工作单元，不论成功与否都作为一个整体进行工作。事务处理系统（Transaction Processing System，TPS）是支持组织日常工作的主要系统，用于日常业务的记录、汇总、综合和分类等，输入一般是原始单据，而输出往往是分类或汇总的报表。事务处理系统可以降低业务成本，提高信息准确度和事务处理效率，提升业务服务水平。事务处理系统存在于企业的各职能部门，是企业联系客户的纽带，也是其他信息系统的基础。

事务处理系统的典型特点是具备 ACID 特征，即 Atomic（原子性）、Consistent（一致性）、Isolated（隔离性）和 Durable（持续性），代表着事务处理应该具备的四个特征。

- ❖ 原子性：组成事务处理的语句形成了一个逻辑单元，不能只执行其中的一部分。
- ❖ 一致性：在事务处理执行之前和之后，数据是一致的。
- ❖ 隔离性：一个事务处理对另一个事务处理没有影响。
- ❖ 持续性：当事务处理成功执行到结束时，其结果在数据库中被永久记录。

2. 业务级：管理信息系统

管理信息系统（Management Information System，MIS）起源于 20 世纪 70 年代初期，是在事务处理系统基础上面向组织管理而发展起来的，一般是强调组织职能的管理信息系统，如计划管理系统、营销管理系统等。20 世纪 80 年代后期产生了具有管理思想、管理理念、管理模型的各种信息系统，如 ERP、CRM、SCM 等，这是管理信息系统内涵的演化发展。管理信息系统的概念最早由瓦尔特·肯尼万（Walter T. Kemevan）于 1970 年定义为"以书面或口头的形式，在合适的时间向经理、职员和外界人员提供过去的、现在的、预测未来的有关组织内部及其环境的信息，以帮助他们进行决策"。直到 80 年代，管理信息系统的创始人美国明尼苏达大学卡尔森管理学院的高登·戴维斯（Gordon B. Davis）教授才给出了一个较完整的管理信息系统的定义："它是一个利用计算机硬件和软件，手工作业，分析计划、控制和决策模型，以及数据库的用户-机器系统。它能提供信息，支持企业或组织的运行、管理和决策功能。"这个定义说明了管理信息系统的目标、功能和组成，而且反映了管理信息系统当时已达到的水平，说明了管理信息系统的目标是在高、中、低三个层次即决策层、管理层和运行层上支持管理活动。

管理信息系统具有数据处理、预测、计划、控制和辅助决策等功能。

数据处理功能包括数据收集和输入、数据传输、数据存储、数据加工处理和输出。

预测功能是指运用现代数学方法、统计方法或模拟方法，根据过去数据预测未来的情况。

计划功能是指根据企业提供的约束条件，合理地安排各部门的计划，为不同的管理层提供相应的计划报告。

控制功能是指根据各职能部门提供的数据，对计划的执行情况进行监测、检查，比较执行与计划的差异，分析产生差异的原因，辅助管理人员及时以各种方法进行控制。

辅助决策功能是指采用各种数学模型和存储在计算机中的大量数据，及时推导出有关问题的最优解或满意解，辅助各级管理人员进行决策。

3. 决策级：决策支持系统

管理信息系统主要面向企业或组织的管理流程和信息处理，虽然具有辅助决策功能，但在现代组织管理决策中往往有目标含糊不清、规则程序不确定的半结构化问题或非结构化问题，管理信息系统难以有效解决，而决策支持系统可以有效解决此类问题。

决策支持系统（Decision Support System，DSS）的概念最早由 Keen 和 Scott Morton 于 20 世纪 70 年代中期提出。1980 年，Sprague 提出了决策支持系统三部件结构（对话部件、数据部件、模型部件），明确了决策支持系统的基本组成，极大地推动了决策支持系统的发展。概念上，决策支持系统是辅助决策者通过数据、模型和知识，以人机交互方式进行半结构化或非结构化决策的计算机应用系统，是管理信息系统向更高一级发展而产生的，为决策者提供分析问题、建立模型、模拟决策过程和方案的环境，通过调用各种信息资源和分析工具，帮助决策者提高决策水平和质量。

决策支持系统的主要特点如下。

① 使用主体是中高层的管理人员。

② 只是支持用户而不是代替用户决策，因此系统并不提供最优解，而是给出一类满意解，让用户自行决断；同时，并不要求用户给出一个预先定义好的决策过程。

③ 系统支持的主要对象是半结构化的决策（不能完全用数学模型、数学公式来求解的决策），一部分分析可由计算机自动进行，但需要用户的监视和及时参与。

④ 通常具有较强的语言处理能力和人机交互能力，采用人机对话的有效形式解决问题，充分利用人的丰富经验、计算机的高速处理及存储量大的特点，更好地解决问题。

伴随互联网的普及应用、决策需求和场景的变化，决策支持系统逐步深入发展，出现了智能决策支持系统（Intelligent Decision Support System，IDSS）、群决策支持系统（Group Decision Support System，GDSS）、分布式决策支持系统（Distributed Decision Support System，DDSS）、综合决策支持系统等。

4. 对外商务级：电子商务系统

随着互联网技术的发展，企业通过网络方式将生产的产品对外宣传、营销、交易和服务等，产生了电子商务系统（Electronic Commerce System，ECS），是企业管理信息系统在范围、手段上的一种扩展，从企业内部扩展到企业外部的消费者等利益相关者。广义上，电子商务系统是指商务活动各参与方和支持商务活动的电子技术手段的集合。狭义上，电子商务系统是指企业、消费者、银行（金融机构）、政府等在 Internet 和其他网络的基础上，以实现企业商务活动为目标，满足企业生产、销售、服务等经营和管理的需要，支持企业的对外业务协作，从运作、管理和决策等层次全面提高企业信息化水平，为企业提供具备商业智能的计算机网络信息系统。

电子商务系统经过多年发展，可分成两大类。一类是生产最终产品或服务的企业主导的电子商务系统，企业将自己生产的产品或服务通过电子商务系统对外营销和服务；另一类是提供公共服务企业的平台级电子商务，只是一个电子商务交易和第三方服务的中间平台，一般可以归结为公共服务平台，如阿里巴巴电子商务平台。

目前，企业主导的电子商务系统主要有4种商务模式。

① B2C（Business-to-Customer）：企业直接面向消费者销售产品和服务的商业零售模式。

② B2B（Business-to-Business）：企业与企业之间通过专用网络或 Internet，进行数据信息的交换、传递，开展交易活动的商业模式。

③ B2G（Business-to-Goverment）：企业与政府之间通过网络进行交易活动的运作模式，内容包括政府采购、税收以及政府与企业之间的各种文件的发布和报批手续等。

④ O2O（Online-to-Offline）：将线下的商务机会与互联网结合，让互联网成为线下交易的平台，实现线上业务和线下业务相互融合发展，如线下体验、线上下单和交易等。

平台级电子商务模式还有 C2C（Customer-to-Customer）、C2M（Customer-to-Manufacturer）等。C2C 是指消费者与消费者之间的电子商务，C2M 是指消费者与制造商之间的电子商务。

电子商务系统能够为企业提供网上交易和管理等全过程的服务，一般具有广告宣传、咨询洽谈、网上订购、网上支付、服务传递、意见征询、交易管理等功能。其中，网上订购、网上支付是电子商务系统的核心功能。网上订购功能实现网络客户线上下单功能，当客户确定购买物品时需要填写完整的订购单，通常系统会回复确认信息来保证订购信息的收悉。现在电子商务系统都提供购物车的缓冲功能，用户选取的物品可以先放入购物车，只有对订购的物品进行网上支付后才真正变为真实订单，商家才正式进行确认和备货、发货；网上支付功能是客户与商家之间可采用信用卡进行支付，只有确认客户支付了相关订货款，这次交易活动才真正建立起来。

5. 社会级：公共服务与商务信息平台

公共服务与商务信息平台是一类面向大众的信息服务平台，针对某类用户群体公共需求，应用信息技术，构建一个开放、共享的信息服务平台，能够将社会各方的相关资源都集成起来，为供给方、需求方等相关利益方提供需求对接、资源配置、协同服务等功能，实现较大范围内社会化公共服务目标。公共服务与商务信息平台一般分为两大类：一类是由市场经济发展而产生的公共服务平台，如阿里巴巴电子商务平台、微信系统、百度搜索系统，为大众提供电子商务交易、信息沟通交互、网络信息搜索等功能；另一类是政府为了提供公共服务和监管水平而建立的公共服务平台，如各种电子政务系统，这类系统具有政府公共服务性质，一般由政府机构推动建设，通过整合、集成优化各类资源，提供可共享共用的基础设施、设备和信息资源，达到减少重复投入、提高资源效率、加强信息共享的目的，提升公共服务水平和效率。

公共服务与商务信息平台根据其服务的公共服务需求，有很大差别。例如，电子政务系统一般功能包括信息发布、信息交换与共享、公务处理与监督等。其中，信息发布是政府公共服务平台系统的首要功能，政府推行的各种政策法规等都需要对公众进行发布；信息交换与共享是电子政务系统网上全程办事代理的关键，实现对公众的"一条龙"网上办事服务，实质是"面向公众，以人为本"，突破部门界限，延长政府部门的服务链条；公务处理与监督是利用公共服务平台系统提高政府机关自身品质的重要方法，可以对业务办理过程进行全方位、实时的督促和监察，实现更加高效、公开、透明的工作效能监察机制。

1.2 信息系统的发展历程和趋势

1.2.1 信息系统的发展历程

信息系统是随着计算机技术、网络通信技术、数据处理技术等快速发展而不断发展的，面向不同环境、不同领域、不同业务的应用需求，出现了不同层次、不同类型、不同功能的信息系统，现在逐步演化为综合集成的信息系统，支持企业或组织全员、全方位、全流程的综合信息管理，极大推动了信息系统应用的广度、深度和高度。由于技术和管理的不断融合发展，信息系统经历了由单机到网络、由局部到全局、由简单到复杂、由流程管理到智能决策、由单一业务处理到综合系统集成的融合发展过程。从信息科学的视角，信息系统经历了单机时代、局域网时代、互联网时代、云计算时代和智联网时代，如图1-5所示。

1. 单机时代（20世纪50年代后期至70年代）

1954年，美国通用电气公司首次利用计算机计算职工工资，计算机开始用于数据处理领域。由于没有网络的支持，管理信息系统基本上是运行在某大型计算机上的单项系统，如工资计算、考勤管理等单项事务应用。

2. 局域网时代（20世纪80年代至90年代中后期）

随着计算机网络的出现，管理信息系统开始应用于整个组织的管理，实现不同单项系统间的信息互联互通，逐渐从单个部门向整个组织延伸，实现组织内各部门的信息集成，促进了组织流程再造，同时支持组织管理与决策，迅速扩大了应用领域。例如围绕企业管理，MRP、MRPⅡ、ERP、CRM、SCM、DSS等得到了广泛应用。

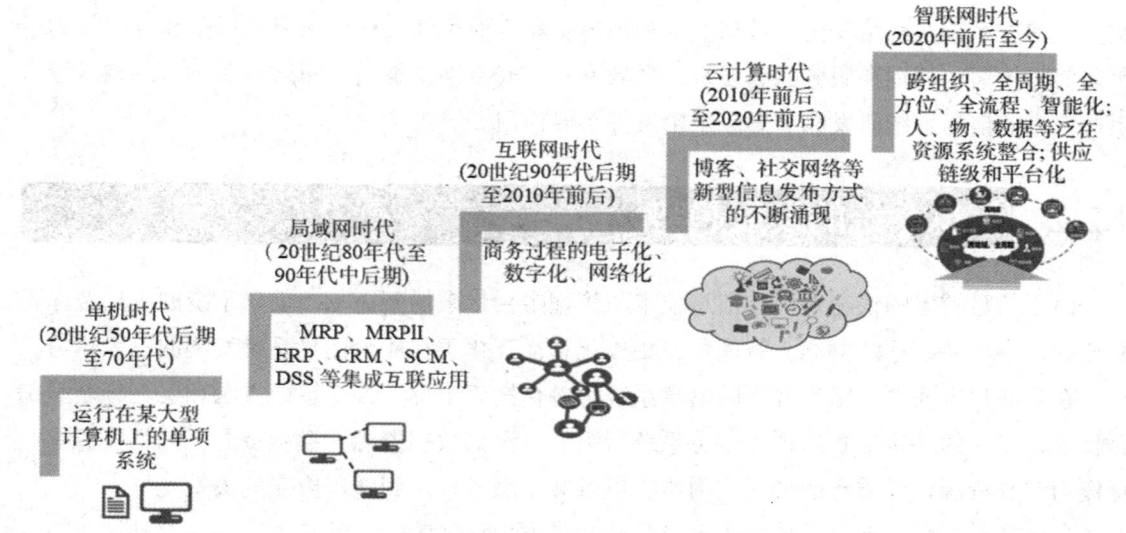

图 1-5 信息系统发展历程

3. 互联网时代（20 世纪 90 年代后期至 2010 年前后）

互联网使管理信息系统进入互联网时代，管理需求逐渐从组织内部向组织外部延伸，开始出现组织间的信息流，构建跨组织的信息系统。例如，基于管理信息系统的电子商务快速发展，推动了商务过程的电子化、数字化和网络化。

4. 云计算时代（2010 年前后—2020 年前后）

随着云计算技术的迅猛发展和广泛应用，信息系统从传统的企业内部独立建设与应用模式向平台化建设、服务化租用的模式转变。基于云的信息系统能够有效打破传统组织间的边界，通过资源的高度汇聚与信息的高效共享及流程的公开透明，提高价值链组织间业务协同的效率与质量，从而推动组织管理理念的转变。我国在电子政务、电力、教育、商务、金融等领域的云信息系统研发和应用发展尤为迅速。例如，在电子政务领域，国家先后出台了《全国一体化政务服务平台移动端建设指南》《2006—2020 年国家信息化发展战略》等文件，推动了中国政务云市场规模快速增长。根据赛迪顾问发布的《2019—2020 年中国政务云市场研究年度报告》，2019 年中国政务云市场规模达 459.3 亿元，同比增长 25.7%。

5. 智联网时代（2020 年左右至今）

依托 5G 等新一代信息网络和人工智能技术创新，万物互联带来的大数据、算法升级、计算机硬件等飞速发展，信息系统向着万物智能互联的智联网方向演化，最终发展成以用户为中心、数据驱动的智能信息生态系统。在智联网环境下，信息系统的业务、资源和时空范围上发生了根本性改变，从过去面向单个组织、局部业务流程向跨组织、全周期、全方位、全流程的供应链级信息系统和具备多供应链的人、物、信息等泛在资源整合能力的平台化信息系统转变。在智联网时代，信息系统越来越多地要支撑各种差异化服务、确定性、低时延的信息传输业务需求。同时，由于数据规模、资源数量、信息交互频次、管理幅度等方面的跃升，信息系统在网络安全、数据安全和用户隐私方面也面临前所未有的风险和挑战。为了实现信息传输、处理和服务的高质量、高效率和高安全性，确定性网络、量子信息技术等有望在未来的信息系统研发和部署应用中发挥重要作用。

1.2.2 信息系统的发展趋势

由于信息技术的快速发展和信息技术与管理融合带来的新需求，信息系统的应用范围不断拓展，应用层次逐渐提高。智能化、集成化和交互化正在成为信息系统发展的三大趋势。

在智能化方面，网络环境下的信息系统将融合知识工程、人工智能方法和工具等新型信息技术，以新的结构形式出现。信息系统所需的资源如数据资源、模型资源、知识资源等，将作为共享资源，以服务的形式在网络上提供共享服务，达到随需应变的决策支持。

在集成化方面，信息系统将进入经济活动各方面、经营管理的各层次。在这种情况下，单一的以信息为基础的系统，或以数学模型为基础的系统，或以知识、规则为基础的系统，都难以满足这些领域决策活动的要求。这就需要在面向需求的前提下，融合企业生产经营活动的各环节中的信息和知识，将知识工程、计算机技术与人工智能等有机结合，发挥各自优势，实现信息系统辅助管理决策过程的集成化，如图 1-6 所示。

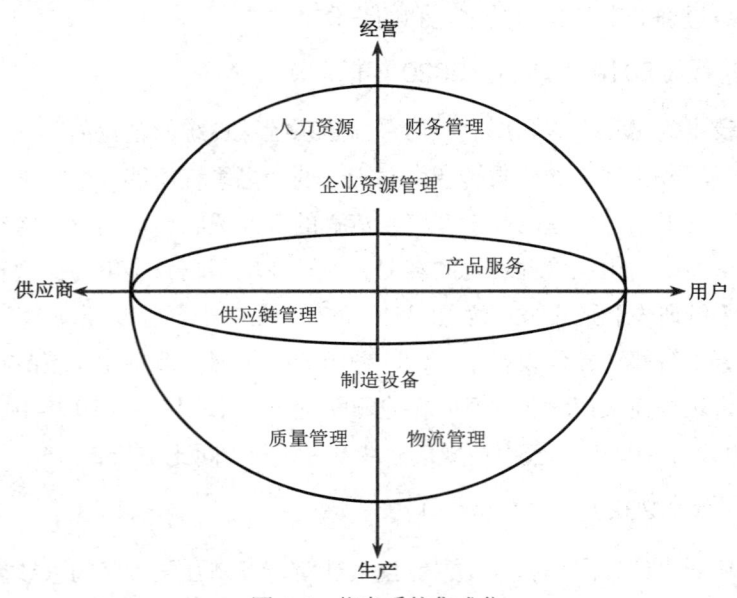

图 1-6　信息系统集成化

在交互性方面，人类和人工智能算法、机器人和各种智能设备之间的人机协作和人机共融将成为未来信息系统的重要发展趋势。在各种智能技术的支持下，基于对各种数据的分析和挖掘，信息系统将具备一定的知识推理能力，可以与人类进行互动，获取人类更多的信息甚至思想，与人类进行交互乃至对话。信息系统将与生物技术、脑神经科学、人工智能、认知科学、虚拟现实、增强现实等技术实现深度融合，展现更人性化的人机交互设计、更友好的人机交互界面、更深入的人机交互体验，具备更高层次的人工智能和信息交流能力。以人为中心、社交化、自主协同将是新一代人机交互的主要目标。未来，机器人及各种智能体与人类之间在组织、规划、控制等方面不仅可以各自进行独立的计算与存储，还可以通过自发且平等的交互实现共融，达成共同目标。

1.3 典型的信息系统

1.3.1 企业资源计划系统

企业资源计划（Enterprise Resource Planning，ERP）系统是将企业所有资源进行整合、集成管理，将企业物流、资金流、信息流三大流和人财物产供销等进行全面、一体化管理，实现企业资源整体优化的管理信息系统，现已经发展成为企业信息化的核心系统。企业资源计划系统是20世纪90年代在MRP（Material Requirement Planning，物流需求计划）/MRPⅡ（Manufacture Resource Planning，制造资源计划）基础上发展起来的，也反映了企业管理需求和管理理念的不断演化历程。MRP主要针对企业库存控制，通过对库存物料的需求优化控制来实现制造成本优化；MRPⅡ是在MRP基础上，融入与物流密切相关的生产管理、财务管理、销售管理等业务流程，集成为一个整体，实现企业生产的精细化管理，全方位提高企业管理效率；ERP在MRPⅡ基础上进一步拓展，其核心思想是强调以客户需求为中心，将企业内部制造活动与供应商的制造资源整合在一起，体现完全按用户需求生产的思想，其突出特点是事前控制（或称为实时计划控制），强调生产流程各环节之间的衔接、协调和统一。ERP利用信息技术实现基于广泛实践而形成的先进管理方法、管理工具在具体企业中的应用，进而改善企业管理模式，使之更加合理化，以降低成本、提高企业竞争力。

ERP的核心流程和原理与MRPⅡ基本相同，如图1-7所示。

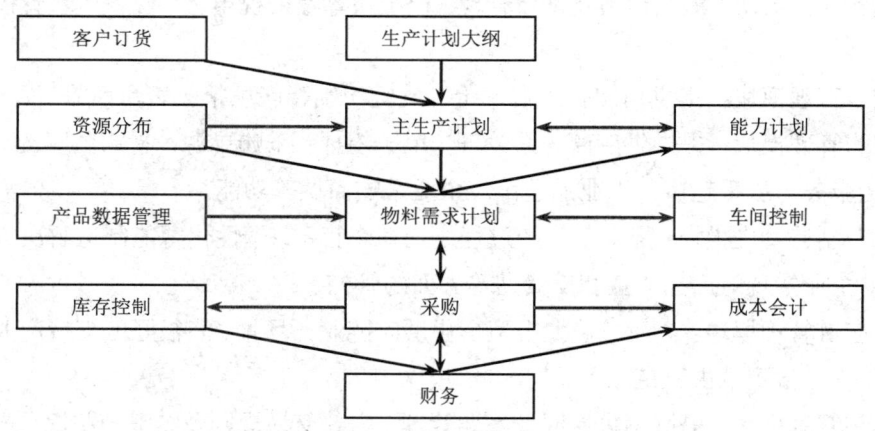

图1-7 ERP的核心流程和原理

ERP 起源和发展于欧美国家，在全世界得到广泛应用，如 SAP 公司的 SAP ERP。我国的用友公司、金蝶公司的 ERP 系统有许多功能和应用超越了 SAP 等国外品牌，更加适合中国企业管理情境。

用友 ERP 系统作为国产 ERP 系统的代表，已广泛应用于制造、建筑、能源、汽车、餐饮等领域，能满足各项需求，全面提升企业效率、效能、效益。用友 ERP 系统的功能框架如图 1-8 所示。

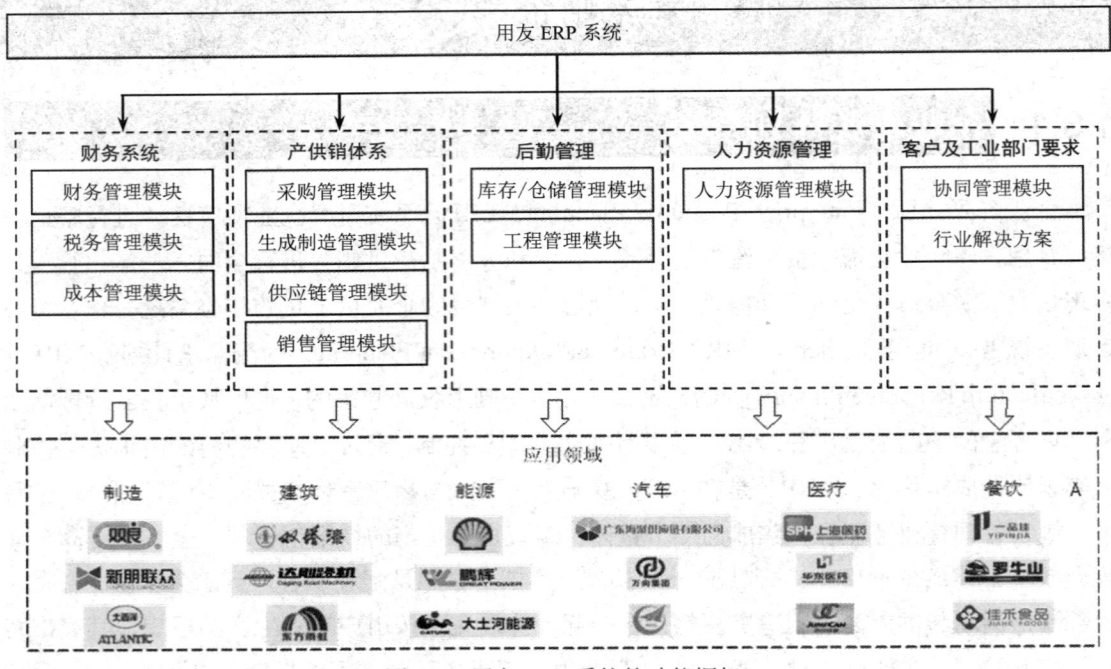

图 1-8　用友 ERP 系统的功能框架

① 财务管理模块：提供常规的财务管理功能，包括财务共享、财资管理、全面预算报告及合并、报账服务、畅捷支付电子发票、电子档案、实时会计等功能。

② 税务管理模块：提供销项及进项管理、税金核算及纳税申报、税务风险管控及预警等功能。

③ 成本管理模块：提供商旅多平台比价、一键识别智能填报、聚合商旅资源等功能。

④ 采购管理模块：提供供应商关系管理、电子招标、采购寻源、采购供应链一体化、采购侧产业链服务、云采超市、工业品超市、企业采购商城等功能。

⑤ 生产制造管理模块：提供全生产过程线上动态管控、个性化智能制造解决方案和服务功能，帮助企业实现对产品质量和交货期等方面的管控。

⑥ 供应链管理模块：全面覆盖大中型企业供应链业务场景，能很好地支持产业链上下游企业协同，提供端到端供应链服务。

⑦ 销售管理模块：提供销售合同及发票管理、内部交易规则及结算、发货及入库管理等功能。

⑧ 库存/仓储管理模块：提供实时出入库管理、调拨盘点及库存调整和批次、条码管理等功能。

⑨ 工程管理模块：真实、准确采集生产数据，实现建设方、施工方、监理方三方业务互联，以及生产数据、项目及人员信息实时共享等功能。

⑩ 人力资源管理模块：提供目标绩效管理与薪资核算，人才盘点、人才继任与企业人才库建设，以及员工服务及假勤管理等功能。

⑪ 协同管理模块：提供社交化协同办公功能，实现全方位协同在线服务、互联互通、无缝连接第三方业务系统。

⑫ 行业解决方案：它可针对不同的行业提供特殊的应用和方案，覆盖企业供应链的所有环节，实现整体业务经营运作的管理和控制。

1.3.2 决策支持系统

自 20 世纪 70 年代中期 Keen 和 Scott Morton 首次提出"决策支持系统（Decision Support System，DSS）"以来，决策支持系统在经济、管理、教育、科技、医疗、政治、军事等领域得到了广泛运用。在现代组织管理决策中往往有目标含糊不清、规则程序不确定的半结构化问题或非结构化问题，而决策支持系统能在人的分析和判断能力的基础上，借助计算机与科学方法，支持决策者对半结构化和非结构化问题进行有序的决策，以获得尽可能令人满意的、客观的解决方案。决策支持系统的基本结构如图 1-9 所示，分为六部分：数据部分、模型部分、知识部分、方法部分、问题处理部分和人机交互部分。

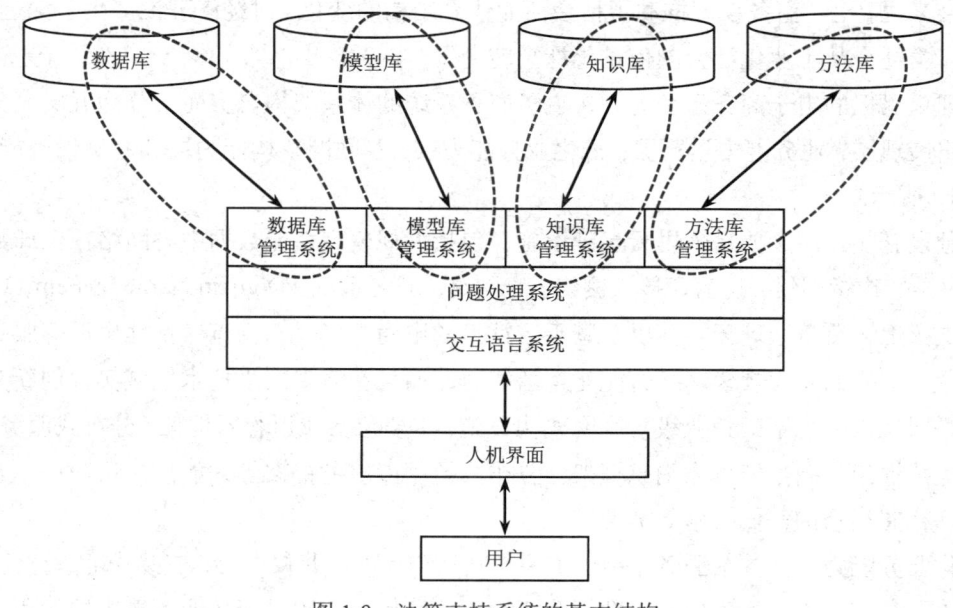

图 1-9　决策支持系统的基本结构

数据部分主要管理和存储与决策问题有关的数据，包括多个相应的子系统，如数据库（DB）、数据库管理系统（DBMS）和查询分析工具等。

模型部分包括模型库（MB）、模型库管理系统（MBMS）、模型执行处理程序、模型组合生成程序等，这些模型可以把面向过去的数据变换成面向现在和预测将来的有意义的信息。

知识部分由知识库（KB）、知识库管理系统（KBMS）和推理机组成。聚焦于管理决策问题领域的知识（规则和事实），包括知识的获取、表达、管理等功能。

方法部分主要包括方法库和方法库管理系统。

问题处理部分从人机接口中接收决策问题，通过对有关数据、模型、知识和方法的调用，产生合理的决策结果，然后用一定的规范和形式反馈给人机接口。

人机交互部分是决策支持系统的人机交互界面，接收和检验用户请求，调用系统内部功能软件为决策服务，使模型运行、数据调用和知识推理达到有机的统一，从而为决策提供有效支持。

1.3.3 电子商务系统

在互联网时代，电子商务极大拓展了企业与客户之间、企业与企业之间、客户与客户之间、企业与政府之间的商务合作，产生了 B2B（企业对企业）、B2C（企业对消费者）、B2G（企业对政府）、C2C（消费者对消费者）、C2G（消费者对政府）等商务模式，对企业和社会变革均带来了深远的影响。对企业来说，电子商务系统改变了企业的营销方式，促进了企业供应链的有效建立，为组建虚拟企业创造了条件，促进了企业体制改革和业务流程重组；对人类社会来说，电子商务系统推动了社会商业体系结构的变化、对经济理论产生了深远影响，促进了人类社会从工业化社会向信息化社会转变。

以阿里巴巴的电子商务系统为例，电子商务系统的体系架构自上而下分为五层，分别是业务逻辑展现层、业务能力运营层、云化业务能力层、互联网架构能力层和基础设施能力层，如图 1-10 所示。

基础设施能力层主要是阿里云基础设施，包括大规模高性能数据中心网络、全球数据中心互联网络、边缘网络、运营商接入网络、光网络、域名系统（Domain Name System，DNS）。在业务支撑上，覆盖全球云计算以及基于云计算的电商、支付、物流、本地生活等服务，不但拥有业内领先的超大规模网络智能化运营能力，而且在诸多网络技术领域实现创新突破。

互联网架构能力层即企业级互联网架构设施，主要包括应用容器框架、分布式服务框架、数据化运营框架、高性能可靠消息框架、分布式数据库服务框架等，能满足用户快速开发、海量数据存储和查询、低时延等需要。

云化业务能力层即共享服务平台，主要包括用户中心、鉴权中心、交易中心、评价中心、采购中心、资产中心、搜索中心、数据分析中心、营销中心等。云化业务能力层的积累是整个体系框架的关键部分。例如，淘宝平台有类似商品、交易、评价这样的共享能力中心，当

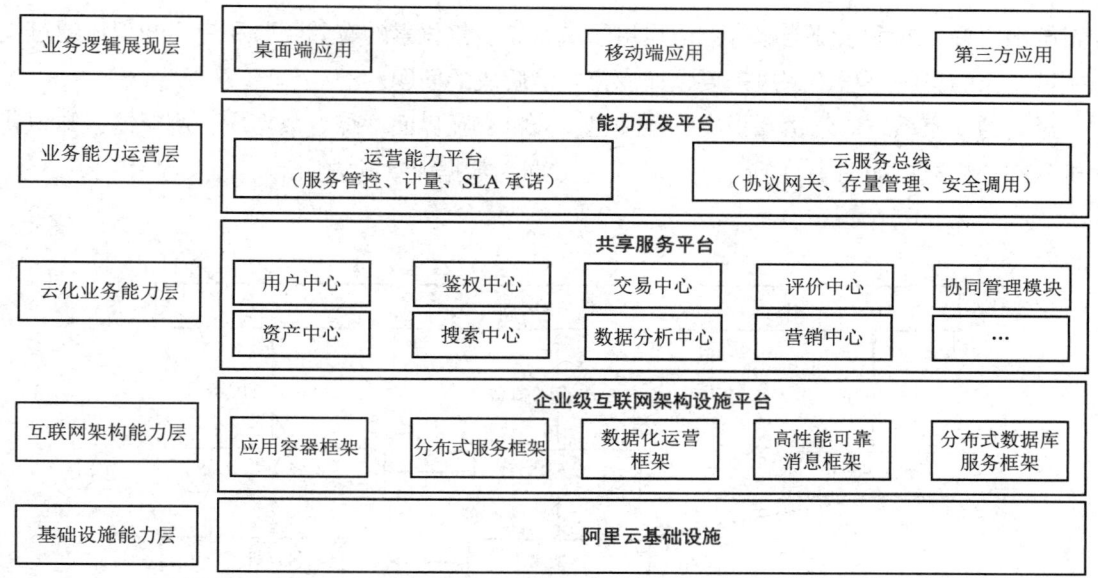

图 1-10 阿里巴巴电子商务系统的体系架构

新应用中有类似业务时，都会使用这些能力中心来完成新功能。这些业务能力的积累也逐渐成为阿里巴巴最重要的竞争力，发展新业务时，只需在既有存量能力的基础上开发增量部分，就可以完成业务，节省开发资源。

业务能力运营层主要包括运营能力平台（服务管控、计量和 SLA 承诺等）和云服务总线（协议网关、存量管理、安全调用）。运营能力平台可以把企业内外应用所提供的服务发布成 API，供用户订阅调用，并提供审批授权、服务管控和计量监控等能力。云服务总线（Cloud Service Bus，CSB）具有服务协议适配和开放管控能力，可以实现跨环境、跨协议的服务互通，主要针对应用系统能力对外开放和服务互相访问的场景，提供统一的安全授权、流量限制等管理和控制。云服务总线注重互联网场景下的开放性，企业以服务 API 的方式开放自身的业务能力，提供给已有的和潜在的合作伙伴以及第三方开发者，来满足各种需求。

业务逻辑展现层包括桌面端应用（如淘宝、天猫、聚划算、菜鸟物流等）、移动端（如淘宝、天猫、支付宝等）应用和第三方应用等。

1.3.4 专家系统

随着人工智能技术的发展，产生了专家系统（Expert System，ES）。专家系统是人工智能应用研究最活跃和最广泛的领域之一。1968 年，费根鲍姆（Mitchell Jay Feigenbaum）等人研制成功了第一个专家系统 DENDEL，从此专家系统获得了飞速的发展，并且用于医疗、军事、地质勘探、化工和教育等领域，产生了巨大的经济效益和社会效益。专家系统是一种在特定领域内具有专家水平解决问题能力的计算机应用系统，是依据知识规则、运用推理法则来解决某类问题的信息系统，其特点是能对复杂情况做出诊断，能够处理不确定情况，并对方案做出解释。专家系统能够有效地运用领域专家多年积累的有效经验和专门知识，通过模拟领域专家的思维过程，解决需要领域专家才能解决的问题。

经典的专家系统通常由知识库、推理机、人机交互界面、综合数据库、解释器、知识获取机六部分构成，如图 1-11 所示，其中箭头方向为数据流动的方向。

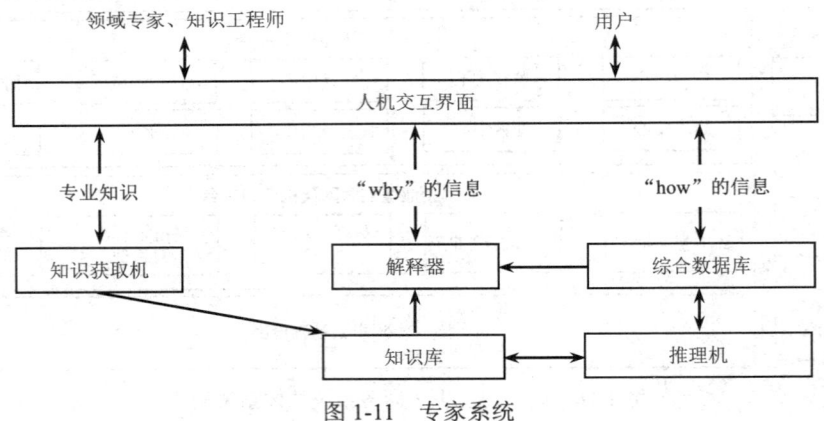

图 1-11　专家系统

知识库用于存储某领域专家系统的专门知识（包括事实、可行操作和规则等）并进行形式化表达，是专家系统质量是否优越的关键所在。

知识获取机负责管理知识库中的知识，更新维护知识库。

推理机通常包括推理机制和控制策略，是一组用于推断所采用的规则和控制策略的程序，从而使整个专家系统能够以逻辑方式协调工作的模块。

人机交互界面通常包括专家系统与用户的接口、专家系统与领域专家和知识工程师的接口两部分，一部分是支持专家系统与用户交互，将得出的结果和做出的解释以用户易于理解的形式提供给用户，另一部分是支持专家系统与领域专家和知识工程师交互，以改善和提高系统求解问题的能力。

综合数据库专门用于存储执行和推理过程中所需的原始数据和推理过程中得到的中间数据（信息）。

解释器面向用户服务，能够根据用户的提问，向用户解释专家系统的结论和推理过程。

相对于决策支持系统，专家系统的特点一般为：① 对复杂情况做出诊断，能够处理不确定情况；② 不断积累知识，获取专家经验，并采用基于知识的问题求解方法；③ 在解题过程中除了采用演绎方法，有时会采用归纳方法和抽象方法；④ 从复杂的关系间得出结论，能以非常复杂的方式评价相互关联的数据，从而得出结论并找出问题的解决方案；⑤ 对系统的推理或提议的决策做出解释；⑥ 知识库与推理机相分离，以保证专家系统的模块化、灵活性和可维护性。

专家系统都是应用于某特定领域的，根据领域及其实现的功能不同，可分为如下。

① 诊断型专家系统：根据对症状的观察分析推导出产生症状的原因和排除故障方法的一类系统，如医疗诊断、机械维护、经济分析等。

② 解释型专家系统：根据表层信息解释深层结构或内部情况的一类系统，如地质结构分析、物质化学结构分析等。

③ 预测型专家系统：根据现状预测未来情况的一类系统，如气象预报、人口预测、水文预报、经济形势预测等。

④ 设计型专家系统：根据给定的产品要求设计产品的一类系统，如建筑设计、机械产品设计等。

⑤ 决策型专家系统：对可行方案进行综合评判并优选的一类专家系统。

⑥ 规划型专家系统：用于制定行动规划的一类专家系统，如自动程序设计、军事计划的制定等。

⑦ 监视型专家系统：对某类行为进行监测并在必要时候进行干预的一类专家系统，如机场监视、森林监视等。

经过多年的发展，现在的专家系统向更高层次、更加智能的方向发展，特别是大数据、云计算、人工智能等新一代信息技术的应用，使得传统的推理机制向着数据驱动的推动机制、因果分析向着关联分析、领域专家知识学习机制向自主学习机制等方向发展。

1.4 信息系统与组织数字化转型

1.4.1 组织数字化转型的时代必然性

信息系统通过多年的不断深化应用和推广发展，已经成为经济社会的神经中枢，极大提高了企业的生产运作效率，但随着大数据、人工智能、云计算、区块链等新一代信息技术与实体经济不断融合，数据已逐步发展成为一种新的资源，相对于工业时代，社会进入数字时代，数字经济应运而生，人们生活、工作、消费、娱乐都在向数字化方向快速迁移。数字经济正加速重构生产要素、经济发展和社会治理模式，带来人类社会生产方式的变革、服务方式的再造、经济结构的重组和生活方式的巨变。这主要源于两方面。一是经济社会发展的外部环境、市场形势、用户需求、要素结构都发生了巨大变化。我国经济发展处于转型升级阶段，同时全球经济放缓，一股逆全球化潮流的势力在扰动，世界处于百年未有之大变局，互联网企业快速崛起，信息化、数字化正在重构商业模式，经济社会呈现出 VUCA 特征：V（Volatility）表示易变性，U（Uncertainty）表示不确定性，C（Complexity）表示复杂性，A（Ambiguity）表示模糊性，即经济社会发展产生了交叉融合、实时动态等新的趋势。二是新一代信息技术的快速发展和商业化应用极大改变了传统的信息获取和利用方式，产生了原有信息技术和信息系统不能完成的新模式、新手段，如：通过物联网实时感知事物及其状态变化，通过大数据能实时进行分析决策，通过云计算平台实现更大范围的数据集成共享，通过人工智能技术实现智能化、智慧化应用。

因此，组织数字化转型是时代发展到新阶段的组织发展必然选择，原有的信息系统虽然在相当长时间内为组织管理决策提供了高效的支撑，由于外部环境发生了根本性变化，无法满足新阶段的管理决策需求，必须转型升级，在更大范围内集成各种内外部数据资源，更快地、实时动态地获取对象运行状态及其环境信息，更高质量地提供管理服务，更智能化地提供决策咨询。因此，在数字经济的时代背景下，为了满足客户的个性化动态的需求和组织转型发展的需求，信息系统需要不断地重构和更新，来助推组织的数字化转型，实现组织的高质量发展；同样，组织管理体系的重构和升级能更加高效地推动组织数字化转型的顺利实现。

1.4.2 组织数字化转型的内涵

1. 数字化转型的概念

目前，数字化转型相关的概念很多，业界对数字化转型的认识也不尽相同。例如，Gartner公司将数字化转型定义为：利用数字技术和支持能力创建一个强大的新数字商业模式的过程；互联网数据中心（IDC）对数字化转型定义为：利用数字化技术和能力驱动组织商业模式创新和商业生态系统重构的途径和方法；国家信息中心认为：数字化转型是在新一代数字科技支撑和引领下，以数据为关键要素，以价值释放为核心，以数据赋能为主线，对产业链上下游的全要素进行数字化升级、转型和再造的过程。这个定义清晰地说明了数字化转型的目标、原则和路径。

目前，数字化转型作为一个新的概念尚缺乏广泛的共识，但无论何种定义，数字化转型过程基本可分为三个阶段：第一阶段是数字化，即把线下的业务完完全全搬到线上，相当于给业务拍照；第二阶段是数智化，即在第一阶段的基础上进行建模，并应用到不同的场景，让业务变得更智能，相当于对照片进行美化；第三阶段是数治化，即用统一的数据管理规则再造业务模式和业务流程，确保数据质量，使得组织的数据清洁、完整、一致。在整个过程中，数字化是基础，数智化是抓手，数治化才是终极目标。

2. 组织数字化转型的内涵

目前，关于组织数字化转型的内涵尚未形成定论，但主要的观点可以分成三类。其一，数字化转型"过程观"，认为组织数字化转型是在组织行为活动中使用数字技术的持续过程，基于人工智能、大数据、云计算等信息技术提供的多种支持，让业务和技术产生交互，以数字化转型技术推动整个价值链流程的变革，覆盖研发、制造、销售、服务和产品使用期间的所有价值链环节。其二，数字化转型"变化观"，侧重于数字化转型给组织带来的变化，认为组织的数字化转型是组织通过应用数字技术、开发新数字化商业模式等途径，在变化中创造更多价值。例如，通过技术彻底改变运营效率和经营业绩，为公司决策提供可靠的依据。尽管学者们在对组织数字化转型进行定义时会有"过程"或"变化"的侧重，但这两种观点均强调了数字技术和手段的运用及其为组织带来的显著改变两方面的内容。其三，数字化转型的"集成观",这种观点综合了过程和变化两种观点的思路,从目标实体、范围、手段、预期结果四方面给出了界定,认为组织数字化转型是采用信息、计算、沟通和连接技术的组合,带来组织属性的重大变化,旨在实现整体提升的过程。

值得指出的是,数字化转型的发展主要经历了数字化—数智化—数治化三个阶段,而从数字化到数智化再到数治化的闭环构成了组织数字化转型的内在逻辑。其核心内涵主要表现在三个层面:

一是转换,即利用数字技术,将组织的生产、运营、管理等环节,实现全量、全要素的数据采集和连接,将所有业务转换成计算机可读取、可存储、可计算的数据、信息和知识。从这个意义,数字化不是信息化。信息化的主要对象是"流程",而数字化的对象是"业务"或"设施"。数据作为一种生产要素,成为组织的核心资产。

二是融合,数字化本质是从信息到自动化的行动,会不断融入全价值链的各环节。因此,必须从产品的设计态、制造态、运行态三个维度出发,在数据确权的基础上构建组织的数据生态,让数据真正发挥出作为生产要素的强大作用,成为有价值的战略资源。

三是重构,是指以组织的数字化、网络化、智能化建设为基础,以业务数据为核心,对组织传统业态的各环节进行变革和重构,实现全量、全要素的数据连接和实时反馈,使组织真正进化为一个"智能体",进而实现组织价值链的升级。这也是组织数字化转型的终极目标。

1.4.3 信息系统与组织数字化转型的相互推动作用

1. 组织数字化转型离不开信息系统的支撑,离开了信息系统的高效支撑,组织数字化转型难以有效落地

组织数字化转型的关键在于实现从数字化到数智化再到数治化的闭环,最终目标是实现组织价值链的升级。在这个过程中,信息系统发挥着重要的支持作用,为组织数字化转型提供了重要的技术基础。信息系统能把生产和流通过程中的大量数据收集、组织和控制起来,经过处理,转换为对各部分来说都是不可缺少的数据,经过分析,使它变成对各级管理人员管理决策具有重要意义的信息。一个组织要实现数字化转型,就必须依靠信息系统的支持。并且,随着组织数字化转型的深入发展,信息系统的价值从传统的管理、财务、营销和制造延伸到了组织的跨部门、跨环节、跨流程的协同和实时决策。

2. 组织数字化转型对于信息系统建设和应用提出了更高要求,推动了信息系统的发展

信息系统作为组织重要的神经中枢,是一个重要的数据管理与分析平台,能够输入数据、存储数据、处理数据、输出结果,以及控制数据流,这意味着组织的数字化转型离不开信息系统的支持。但是,随着组织外部环境的不断变化,如组织的客户需求、业务模式、供应链体系等都发生了巨大的改变,这导致原有的信息系统难以满足组织发展的需求。因此,在数字中国的时代背景下,为提高客户服务水平,提升组织工作效率,更好适应行业发展变革,

信息系统需要不断地重构和更新，强化系统功能整合，深化系统应用，提升数据资源规划与应用能力，来助推组织的数字化转型，实现组织的高质量发展，进而推动和加速全社会信息化、网络化、数字化和智能化的进程，促进社会各行各业的数字化转型。

总之，组织的数字化转型不仅需要信息系统的助推，同时在转型发展的过程中对现有的信息系统提出了新的要求，两者相辅相成，互相促进。

1.5 信息系统工程伦理

1.5.1 工程伦理

工程以满足人类需求的目标为指向，应用各种相关的知识和技术手段，调动多种自然和社会资源，通过一群人的相互协作，将某些现有实体（自然的或人造的）汇聚并建造为具有预期使用价值的人造产品的过程。这个工程的概念不仅强调了多主体参与的社会性，还强调了一定的知识和技术的运用。信息系统的开发过程也是一项复杂而烦琐的工程，不但需要用户、管理人员、系统分析员、系统设计员、程序员等相关人员的相互协作，而且需要计算机技术和新一代信息技术的广泛运用。

伦理则"反映了人与人之间以及个人与个人所属的共同体之间的相互关系的要求，并通过在一定情况下确定行为的选择界限和责任来实现"。伦理遵循个体的判定原则在很大程度上没有办法像法律那样界定，需要依赖个体的背景和知识库。因此，伦理没有一个准确的对或错的结论。伦理规范既包括具有广泛适用性的一些准则，也包括在特殊的领域或实践活动中被认为应当遵循的行为规范，或者适用于特定组织内的特殊行为的标准。后者与特殊领域的性质和行为特点密切相关，具有针对性的行为规范。工程伦理就是工程领域中的伦理规范。

1.5.2 信息系统的伦理问题

信息系统作为一类技术与管理深入融合的应用系统，极大推动了经济和社会向前发展，提高了生产管理与决策效率，同时催生了许多新的业态，改变了人民的生产方式、生活方式、思维方式和行为习惯，使得人们的思想观念和价值理念发生转变，逐渐由封闭的信息时代走向开放的、多元的时代。当然，信息系统的广泛深入应用也带来了一些新的问题和挑战，如信息泛滥、信息过载、信息安全和隐私保护等信息系统伦理问题。

信息系统的伦理体系既包括具有广泛适用性的一些准则，也包括在信息系统领域中被认为应该遵循的行为规范。长远看，信息系统的伦理体系对信息系统的发展是至关重要的。正确处理信息系统产生的伦理问题已成为组织管理者极为必要的能力。若是组织对这些伦理问题认识不足或处理不当，或者根本无视这些伦理问题的存在，则很可能导致信息系统的应用事倍功半。

信息系统伦理问题主要包括以下几方面。

1）信息隐私权

民法典第1032条第2款对"隐私"的内涵进行了界定。隐私是指"自然人的私人生活安宁和不愿为他人知晓的私密空间、私密活动、私密信息"。随着社会的发展，个人信息保护日益受到重视，民法典第1034条第1款明确地宣示了"自然人的个人信息受法律保护"。具体来说，信息隐私权包括信息隐私享有权、信息隐私维护权、信息隐私利用权、信息隐私公开权。信息系统包含大量电子化和文档化的信息，且信息的传递非常方便，因此这些隐私数据存在被出售并被快速传播的可能。显然，这侵犯了信息主体的隐私权。

2）信息所有权

信息所有权是指信息所有权的归属问题。一方面，在各种信息系统中留下了很多原始数据，数据用户实际上很少拥有对这些数据资产的相关权利，也不了解自己的授权使得信息系统控制者获取了哪些信息。而信息系统控制者"合法"地获取了这些信息，因为很少有用户能够详细地阅读授权信息，并通过权利声明保护其通过信息系统获取的这些数据权利。显然，这些数据的权属目前还存在很大争议且随着信息技术的发展而面临新的伦理挑战。同时，信息技术的广泛使用使得信息的剽窃变得非常容易，虽然这些行为不一定都是违法的，但所有权正挑战着现有法律责任和社会习惯所认定的个人及机构责任归属问题。例如，对信息系统的开发过程中会涉及企业的商业机密信息，此时开发者必须与企业及客户之间达成不公开机密的协议，以防止机密外泄。类似的情况也会发生在与著作权与专利权相关的问题中。

3）信息的准确性

信息的准确性是指信息系统中信息的权威性、可信性和正确性由谁来保证及如何保证。组织的决策和问题求解是基于信息在系统中的流动，因此需要确保信息流动中每个环节的信息都不存在偏差。否则，错误的信息输入就会导致错误决策输出，严重影响组织的决策效果。

4）信息的使用权

信息使用权涉及信息的访问问题，组织的哪些人对存储在组织信息系统上的信息有访问权？有什么样的访问权？使用这些信息做什么用？会不会用在其他私利方面？比如，根据工作需要，企业的人力资源管理部门有权访问存储在企业信息系统上的员工个人资料，但这些获得的信息不能用作私利。信息应该有正确的用途，应该使它的使用有利于组织的管理。

这些伦理问题在信息系统组织中有其存在的客观必然性，而且，随着信息技术的进一步发展，会不断产生新的值得探讨的伦理问题。信息系统从系统规划、系统分析、系统设计、系统实施到系统运行与维护乃至退出市场，相关人员首先需要面对企业和客户，其次需要面对非客户的社会大众和政府。因此正确识别各类责任主体的利益关注点，理解他们的价值追求和行为动机是信息系统相关人员必须具备的伦理责任意识和行为准则。这些在信息系统体系中起到了指挥棒的作用，以此支持信息系统乃至企业的长久发展。因此，应对信息系统深入发展导致的伦理风险应当遵循以下伦理原则：

① 服务人类原则。要确保人类始终处于主导地位，始终将人造物置于人类的可控范围，避免人类的利益、尊严和价值主体地位受到损害，确保任何信息技术特别是具有自主性意识的人工智能系统持有与人类相同的基本价值观。始终坚守不伤害人类的道德底线，追求造福人类的正确价值取向。

② 安全可靠原则。新一代信息技术尤其是人工智能技术必须是安全、可靠、可控的，要确保国家、企业和组织的信息安全、用户的隐私安全以及与此相关的政治、经济、文化安全。如果某项科学技术可能危及人的价值主体地位，那么无论它具有多大的功用性价值，都应果断叫停。对于科学技术发展应当进行严谨审慎的权衡与取舍。

③ 以人为本原则。信息技术必须为广大人民群众带来福祉、便利和享受，而不能为少数人所专享。要把新一代信息技术作为满足人民基本需求、维护人民根本利益、促进人民长远发展的重要手段。同时，保证公众参与和个人权利行使，鼓励公众提出质疑或有价值的反馈，从而共同促进信息技术产品性能与质量的提高。

④ 公开透明原则。新一代信息技术的研发、设计、制造、销售等环节，以及信息技术产品的算法、参数、设计目的、性能、限制等相关信息，都应当是公开透明的，不应当在开发、设计过程中给智能机器提供过时、不准确、不完整或带有偏见的数据，以避免人工智能系统或机器对特定人群产生偏见和歧视。

1.5.3 信息系统生命周期中的伦理问题

信息系统的生命周期可以分为系统规划、系统分析、系统设计、系统实施、系统运行与维护五个阶段，在不同阶段可能出现不同的伦理问题。

1. 系统规划阶段

在系统规划阶段，需要制定实现开发计划所需要的人力、物力和财力计划。很多公司不顾自己的实力、信誉和资质，只贪图眼前的利益，通过不正当竞争手段获得项目，但又没有足够的实力保证项目的质量，结果建设了一批又一批的"豆腐渣"工程，让合同双方都陷入尴尬的境地。

2. 系统分析阶段

在系统分析阶段，需要明确企业信息系统的总体目标、功能、模块等需求信息，需要系统开发方与系统用户进行深入的沟通。由于系统用户往往不是计算机专业人才，使得开发方与用户之间容易出现沟通上的障碍，存在严重的信息不对称。以需求调查分析为例，由于开发方缺乏最基本的职业道德，在需求分析过程中敷衍了事，可行性分析和规划设计做得不充分、不恰当，往往导致最后开发的系统与企业业务需求不适合，致使信息系统建设流产或失败。这不仅大大影响了信息化的进程和质量，也扰乱了市场、误导了用户。

3. 系统设计阶段

系统设计阶段的主要工作是根据系统规划阶段确定的拟建系统总体方案和开发项目的安排，分期分批进行系统开发。信息系统建设的质量、进度和成本问题一直困扰着开发方和用户，似乎已经成为一个解不开的结。当前国内企业的信息系统建设过程中绝大多数用户无法组织团队对建设过程进行专业化管理，难以胜任工程控制、工程验收的管理与组织协调工作。用户只能依靠开发商进行被动决策，无法了解项目实际进展情况，缺乏对开发过程有效的监督和控制，从而使自己的权益无法得到保证。在这种情况下，有些不良开发方在信息系统建设的过程中给软件安装"定时炸弹"和"病毒"等有害成分，或者给系统"开一个后门"，以便日后进行商业机密的窃取，并以此作为牵制用户的工具。许多项目在质量、进度和投资等方面无法得到很好的保证和控制，出了问题就互相推卸责任，项目中途下马，有些即使能够完工也难以达到预期规划目标；严重的时候可能导致企业虽然投入巨资，但是信息系统建设成为"鸡肋"和悲剧，极大地挫伤了企业开展信息化建设的积极性。

4. 系统实施阶段

系统实施阶段需要将系统设计方案转换成可执行的应用系统，最主要的伦理问题是知识产权问题。由于信息技术的发展，借用、移植、复制软件程序变得轻而易举。不道德的信息系统开发方可以抄袭别人程序的逻辑结构、顺序和设计思想，嵌入自己的源码，更有甚者会肆无忌惮地复制别人的源码，让用户在系统交付使用后还面临着法律诉讼的风险。有的公司为了追求利润，提供技术不成熟、质量不可靠、安全系数不高的信息系统，使得用户在使用过程中麻烦不断，蒙受巨大的经济损失。

5. 系统运行与维护阶段

系统运行与维护阶段是生命周期中历时最久的阶段。信息系统交付使用并不是信息系统生命周期的终点，恰恰是其开始发挥作用的起点。从信息系统正式运行开始，信息系统处理数据的正确性、实用性如何，是否可以安全、可靠、有效地运行来支撑企业的业务活动，都必须进行恰当的管理与控制。可是非计算机专业人员的用户显然难以胜任以上技术含量很高的工作。用户在使用信息系统的过程中可能经常遇到信息丢失、系统故障等问题，而开发方应当作为用户坚强的后盾，随时为用户提供技术支持，为用户解决各种"疑难杂症"。可是实际情况往往并非如此。很多用户在系统出现问题时，寻求开发方的帮助，可是开发方常常以用户使用不当、操作系统与信息系统不兼容等作为借口推卸责任，导致用户花费巨额资金构建的信息系统形同虚设，没有为企业带来经济效益，反而成了企业发展的包袱。

本章小结

信息系统是与"信息"相关的"系统"，管理的对象是信息，一个有效运行的信息系统能极大提高组织的运作效率和决策科学化水平。由于组织管理情境有很大不同,管理目标、业务等也有很大不同,出现了各种各样的信息系统,同时由于新一代信息技术的飞速发展和深入应用,信息系统实现技术和功能也有很大不同,向着数字化、网络化、智慧化方向不断推进。本章首先从信息系统的定义、组成、功能、类型等介绍了信息系统内涵,根据信息系统处理的业务范围和等级,将信息系统分为单元级的事务处理系统、业务级的管理信息系统、决策级的决策支持系统、对外商务级的电子商务系统、社会级的公共服务与商务信息平台;通过介绍目前比较典型的应用系统,如ERP系统、决策支持系统、专家系统、电子商务系统等,让读者对信息系统的内涵和外延有更深入的理解。

信息系统经过几十年的发展,经历了由单机到网络、由局部到全局、由简单到复杂、由流程管理到智能决策、由单一业务处理到综合系统集成的融合发展过程。从信息科学的视角,信息系统经历了单机时代、局域网时代、互联网时代、云计算时代和智联网时代,每个时期或阶段的信息系统其实现思想、管理目标、开发方法等都有很大不同。

信息系统在应用发展过程中逐步成为组织、社会乃至国家的神经中枢,随着国家经济社会转型发展和高质量发展的需求,企业或组织开展数字化转型,推动了信息系统的高质量发展,信息系统高质量发展又能更好、更快地推动企业的数字化转型和高质量发展。

信息系统发展应用过程中出现了新模式、新业态,如百度搜索引擎系统、阿里巴巴电子商务系统,从而产生了新的网络空间、新的虚拟社会,产生了大量的信息系统应用和开发伦理问题,如信息泛滥、信息过载、信息安全和隐私保护等,需要建立有效的信息系统价值观和伦理体系,特别关注信息隐私权、所有权、使用权等方面。

思考题

1. 什么是信息系统?
2. 信息系统的组成部分包括哪些?
3. 信息系统主要包括哪些类型?它们各有哪些特点?
4. 从信息系统的发展历程分析信息系统的特征变化。
5. 结合自己应用的典型信息系统的经历,谈谈信息系统具有的管理思想、功能和特点。
6. 在企业数字化转型发展过程中,信息系统应如何发展?
7. 什么是信息系统伦理?信息系统伦理包含哪些方面?
8. 如何应对信息系统伦理?

参考文献

[1] 陈禹,杨善林,梁昌勇,左美云. 信息系统分析与设计[M]. 北京:高等教育出版社,

2005.

[2] 张维明，戴长华，封孝生，等. 信息系统原理与工程[M]. 3 版. 北京：电子工业出版社，2009.

[3] 杜鹃，赵春艳. 信息系统分析与设计[M]. 北京：清华大学出版社，2008.

[4] 左美云，邝孔武. 信息系统开发与管理教程[M]. 2 版. 北京：清华大学出版社，2006.

[5] 曹汉平，王强，贾素玲. 信息系统开发与 IT 项目管理[M]. 北京：清华大学出版社，2006.

[6] 邝孔武，王晓敏. 信息系统分析与设计[M]. 3 版. 北京：清华大学出版社，2006.

[7] 李代平. 信息系统分析与设计[M]. 北京：冶金工业出版社，2006.

[8] 宋希仁. 论道德的"应当"[J]. 江苏社会科学，2000(4):25-31.

[9] 李正风，丛杭青，王前，等. 工程伦理[M]. 2 版. 北京：清华大学出版社，2019.

第2章
信息系统开发方法和模型

信息化推动工业化，工业化促进信息化，信息系统在信息化进程中起着至关重要的作用。信息系统的开发，特别是大型信息系统的开发，通常需要众多的开发人员（系统分析人员、系统设计人员、系统实现人员、系统测试人员、系统维护人员等）和用户的共同配合与协作才能完成。各开发阶段之间要有很好的衔接，这是一个复杂的工程。信息系统的开发首先需要了解信息系统的生命周期，其次需要掌握主要的信息系统开发方法和开发模型，最后熟悉一些可选择的信息系统开发方式。

从软件工程的角度，信息系统开发方法是指信息系统开发过程、活动和任务的结构框架。信息系统开发模型能够清晰、直观地描述信息系统开发全过程，明确规定了要完成的主要活动和任务。然而迄今为止，没有一个信息系统开发方法能够适应所有信息系统开发的要求。

随着社会的进步，社会的分工越来越具体化，信息系统的外包开发作为一种新的开发方式逐渐被众多企事业单位广泛采用。信息系统的外包开发是用户为提高自身的实力和竞争力而采取的一种战略行为。

本章重点讲述信息系统生命周期和开发周期的概念，信息系统结构化生命周期法的含义、阶段划分及各阶段的主要工作内容，原型法的基本概念，面向对象的思想和面向对象法，介绍瀑布模型、原型模型、增量模型、螺旋模型等典型信息系统开发模型。

本章重点：
- 信息系统生命周期和开发周期
- 结构化生命周期法
- 面向对象法
- 瀑布模型
- 原型模型
- 增量模型
- 螺旋模型
- 基于体系结构的开发模型
- RUP
- 信息系统外包

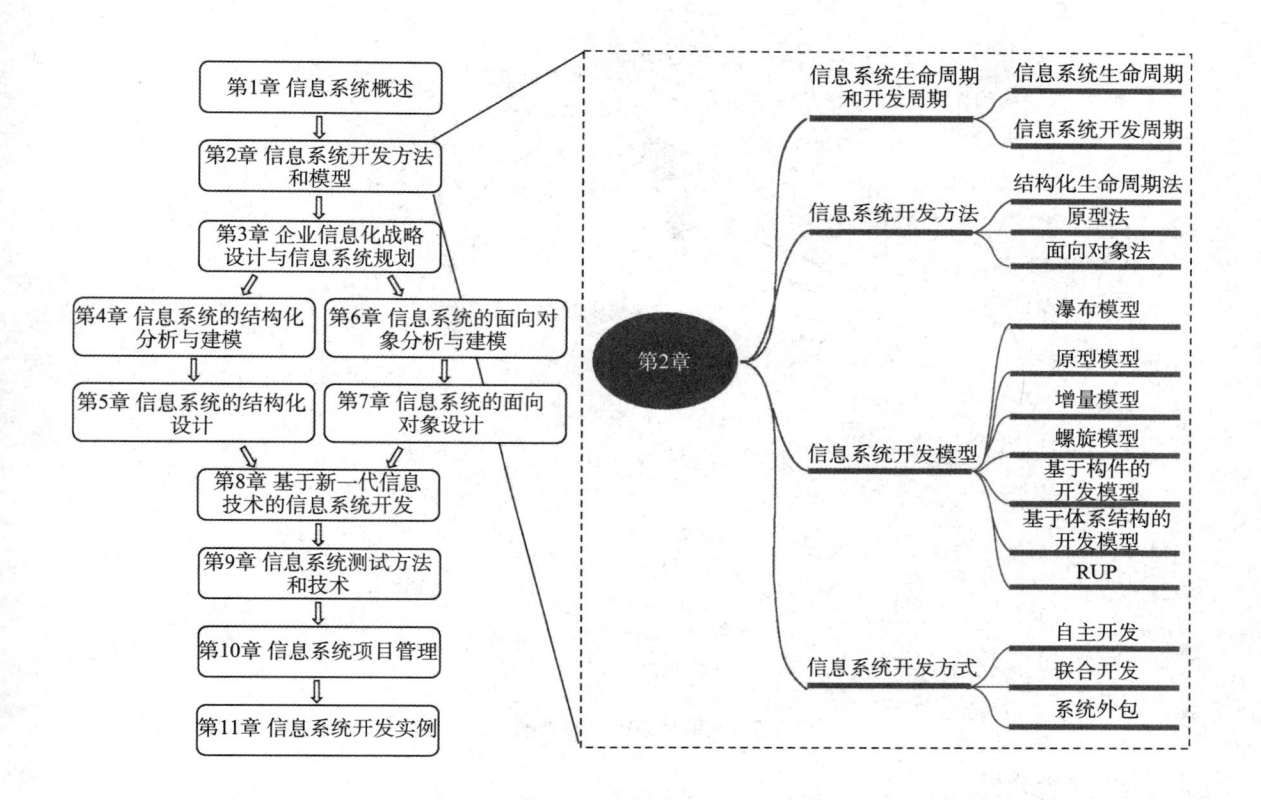

```
第1章 信息系统概述
                                            ┌─ 信息系统生命周期
                          信息系统生命周期和开发周期 ─┤
第2章 信息系统开发方法和模型                        └─ 信息系统开发周期
                                            ┌─ 结构化生命周期法
第3章 企业信息化战略       信息系统开发方法 ──────┼─ 原型法
     设计与信息系统规划                        └─ 面向对象法
                                            ┌─ 瀑布模型
第4章 信息系统的结构化  第6章 信息系统的面向对    │  原型模型
     分析与建模         象分析与建模         第2章─┤  增量模型
                                            │  螺旋模型
第5章 信息系统的结构化  第7章 信息系统的面向     信息系统开发模型 ─┤ 基于构件的开发模型
     设计              对象设计             │  基于体系结构的开发模型
                                            └  RUP
第8章 基于新一代信息
     技术的信息系统开发                       ┌─ 自主开发
                          信息系统开发方式 ──┼─ 联合开发
第9章 信息系统测试方法                        └─ 系统外包
     和技术

第10章 信息系统项目管理

第11章 信息系统开发实例
```

2.1 信息系统生命周期和开发周期

2.1.1 信息系统生命周期

任何系统都有一个产生、发展、成熟、消亡或更新的过程，被称为生命周期。信息系统也不例外，它在使用过程中，随着环境的变化和技术进步，需要不断维护、更新，新的目标和要求不断提出，从而要求设计更新的系统，用新系统替代老系统。这种周而复始、循环不息的过程称为信息系统的生命周期。信息系统的生命周期总体上可分为系统规划、系统分析、系统设计、系统实施、系统运行与维护、系统衰退、更换终止七个阶段，如图 2-1 所示。

1) 系统规划

系统规划的主要任务是通过对组织的环境、战略、目标、现行系统状况进行初步调查，结合组织的目标和发展战略，确定新信息系统的发展战略，对开发建设新系统的需求做出分析和预测，同时充分考虑目标系统所受到的各种约束，研究开发建设目标系统的必要性和可行性，并给出拟建系统的几种备选方案。对这些方案进行可行性分析，提交可行性研究报告。可行性研究报告评审通过后，将目标系统的开发建设方案及实施计划编写成信息系统开发计划书。

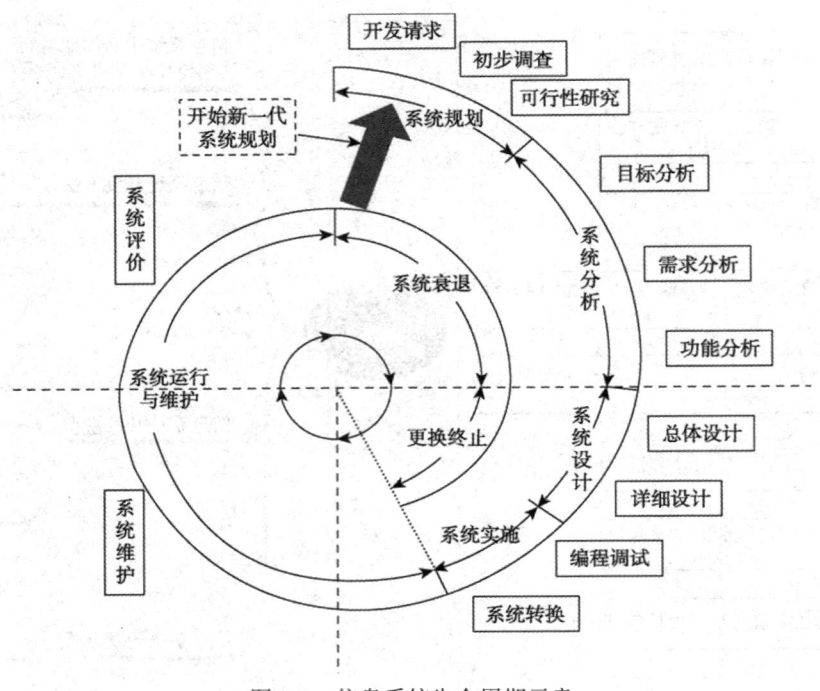

图 2-1 信息系统生命周期示意

2）系统分析

系统分析的主要任务是对现行系统的组织结构、业务流程、数据流程进行详细调查，分析功能与数据之间的关系，深入了解用户对信息的需求和对开发新系统的具体要求，确定新系统的基本目标和逻辑功能要求，用一系列图表工具（如数据流程图、数据字典等），构造新系统的逻辑模型。

3）系统设计

系统设计的主要任务是根据系统分析阶段提出的逻辑模型进行新系统的物理模型的设计，即设计实现逻辑模型的技术方案，主要内容有输入/输出设计、数据库设计、代码体系设计、程序模块设计、系统配置方案的设计等。

4）系统实施

系统实施的任务是将设计出来的新系统付诸实现，包括：硬件设备的购置、安装和调试，程序代码的编写和调试，人员培训，数据的采集和整理，系统测试与转换等。

5）系统运行与维护

系统运行与维护的主要内容是保证系统日常的正常运行，逐日记录系统运行的情况，根据需求对系统进行必要的维护并履行相应的审批验收手续。

6）系统衰退

随着组织业务和信息技术的发展，系统的功能和性能逐渐不能满足要求，开始时还可以通过局部修改和完善以适应需求，逐渐无法很好地满足需求。在系统功能和性能逐渐不能满足需求的情况下，下一代系统就开始规划开发了，进入系统的下一周期。

7）更换终止

新一代信息系统开发完成后，投入运行，将现有系统有关数据转换并导入新系统。新系统开始试运行，一旦成功运行，原有系统就会终止运行。

将信息系统的生命周期划分为若干阶段是为了对每个阶段的目的、任务、采用的技术、应参加的人员、要取得的阶段性成果以及与前后阶段的联系等进行深入具体的研究，降低工作难度，也便于对系统的整个开发过程进行管理。

2.1.2 信息系统开发周期

信息系统开发周期是指设计并建成一个信息系统的过程。广义上的信息系统开发周期可以涵盖信息系统生命周期的七个阶段，狭义上的信息系统开发周期包括系统规划、系统分析、系统设计、系统实施、系统运行与维护五个阶段。其中，核心阶段是系统分析、系统设计阶段。系统分析阶段的主要工作包括目标分析、需求分析和功能分析。系统设计阶段的主要工作包括总体设计和详细设计。

① 目标分析：主要任务是分析现行系统与目标系统的组织目标。

② 需求分析：主要任务是对组织各有关部门的业务流程进行详细的调查，并向各级领导和业务人员就系统处理事务的能力和决策功能的需求做出分析。

③ 功能分析：主要任务是分析目标系统应该具备的功能。

④ 总体设计：主要任务是根据系统分析的要求和组织的实际情况来对新系统的总体结构形式和可利用的资源进行大致设计，它是一种宏观、总体上的设计和规划，包括软件系统结构设计、系统物理配置方案设计、总体数据库设计。

⑤ 详细设计：主要任务是在总体设计的指导下，对系统各组成部分进行细致、具体的物理设计，使总体设计阶段所做的各种决定具体化。详细设计主要完成的工作有代码设计、数据库设计、输入/输出设计、人机交互设计、处理流程设计、安全保密设计和系统设计说明书的编写。

2.2 信息系统开发方法

2.2.1 结构化生命周期法

结构化生命周期法（Structured Life Cycle），也称为结构化系统开发方法（Structured System Development Methodologies），简称生命周期法，核心思想是把信息系统的开发视为一种生命物种的成长过程。根据信息系统生命周期的概念，定义了信息系统的开发过程，包括系统规划、系统分析、系统设计、系统实施、系统运行和维护五个阶段，为开发者提供了建议和说明需求分析，对当前的业务流程进行全面的调研和分析，发现存在的问题，全面认识原有系统的工作状况。在整个过程中，每个阶段都有明确的任务、工作流程、管理目标、需要编制的文档等。下一阶段的工作基于上一阶段的工作，使得开发易于管理和控制，形成一个可操作的规范。

结构化生命周期法采用系统工程的思想和工程化的方法，遵循用户至上原则，实施自顶向下的整体性分析与设计和自底向上的逐步实施的系统开发过程。在进行信息系统分析与设计时，先考虑系统的整体性，确定主要目标和方向后，再深入问题的具体细节，由易到难，逐层解决问题。这是一个由模糊到清晰、由概括到具体的过程。结构化生命周期法强调功能抽象和系统模块化。通过模块化处理方法，一个复杂的问题可以被分解为若干容易处理的部分，从而降低了问题处理的复杂度。结构化方法思路清晰、条理清楚，并有效地分解了复杂问题，使得信息分析与设计更加清晰明了，简化了系统分析人员的工作；此外，将信息系统的开发工作从初始到结束划分为若干阶段，并严格规定每个阶段的任务和工作步骤，同时提供便于理解和交流的开发工具和方法，使得开发过程规范化。

学术界对于结构化生命周期法的阶段划分不尽一致，表 2-1 给出了几种比较典型的划分方法，其中最常用的就是结构化生命周期的一般模式方法，即将结构化生命周期划分为系统规划、系统分析、系统设计、系统实施、系统运行和维护五个阶段。在一般模式的基础上，本书进行了进一步的细分。

表 2-1 结构化生命周期法的划分方法

模式	各阶段的划分									
FREEMAN	需求分析说明				总体设计	详细设计	实施			维护	
MEIZGER	系统定义				设计		编程	调试	验收	安装运行	
BOEHM	系统需求分析			软件需求分析			基本设计	详细设计	编程与排错		调试与运行	运行与维护
一般模式	系统规划			系统分析			系统设计		系统实施		系统运行和维护	
本书模式	开发请求	初步调查	可行性研究	目标分析	需求分析	功能分析	总体设计	详细设计	编程调试	系统转换	系统维护	系统评价

结构化生命周期法强调了系统开发每个阶段的严谨性，要求在系统设计和系统实施之前预先定义出完整且准确的功能需求和规格说明。然而在系统开发的早期阶段，用户对未来新系统的理解往往是比较模糊的。由于专业知识的限制，系统开发人员对某些具体领域的功能需求也可能不太清楚。尽管可以通过详细的系统分析和定义得到一份较好的规格说明书，然而很难将整个信息系统描述完整，并使其与实际环境完全相符。因此，当新系统建成后，用户可能不满意系统的功能或运行效果。同时，随着开发工作的进行，用户可能产生新的需求，或者因环境变化而希望修改系统功能。系统开发人员可能遇到一些意料之外的问题，希望在用户需求中有所权衡。总之，规格说明的难以完善和用户需求的模糊性已经成为传统结构化开发方法面临的一大挑战。

2.2.2 原型法

1. 原型法的基本概念

原型法是在信息系统开发初期，经过简单快速的分析，尽快为用户构建一个新的早期可运行版本，即信息系统原型，然后反复演示原型并征求用户意见，根据用户意见不断修改、完善原型，直到基本满足用户的要求，进而实现系统。

原型法是计算机软件技术发展到一定阶段的产物。与结构化生命周期法不同，原型法不注重对系统全面详细地调查和分析，而是从系统开发人员对用户需求的理解角度出发，快速实现一个原型系统，再通过反复修改来完成系统的开发。所谓"原型"，在建筑学或机械设计学中，指的是其结构、大小和功能都与某物体相类似的模拟该物体的原始模型，在信息系统中，是指一个结构简单但已具备系统基本功能的应用软件，也就是软件的一个可运行的早期版本。原型反映了最终系统的部分重要特性，可由开发人员与用户合作，直接在运行中不断修改尚不够成熟的原型，通过反复试验、评价与修改，最终开发出符合用户要求的信息系统。

原型法的基本思想是在投入大量的人力、物力之前，在限定的时间内，用最经济的方法开发出一个可实际运行的信息系统模型，用户在运行使用整个原型的基础上，通过对其评价，提出改进意见，开发人员对原型进行修改，用户再使用和评价，反复进行，使原型逐步完善，直到完全满足用户的需求为止。

此外，原型法可以作为结构化生命周期法的重要补充。例如，在需求分析阶段，通过原型法收集和确认用户需求，在设计和实施阶段，通过结构化生命周期法规划和管理开发过程。

2. 原型法的优缺点

原型法突破了传统开发方法中严格的阶段划分，其优点如下。

① 系统开发初期只需提出其基本功能，不必像结构化生命周期法那样在系统开发的开始阶段就明确定义系统各部分的功能，系统功能的扩充和完善是在开发过程中逐步实现的，因此比较容易适应不断变化的环境。

② 对需求分析采用启发式动态定义，使得需求分析原型逐步深入和不断提高，即使是模糊需求也会变得越来越清晰，这符合人的认识规律，使系统开发易于成功。

③ 快速提供原型的方法使得开发信息反馈速度快，需求分析或系统设计不准确的地方能及时、方便地得到验证和修改，这充分体现了信息系统开发的反复性和渐进性规律，可大幅提高系统开发质量，降低维护费用。

④ 用户参与信息系统开发的全过程，真正实现了以用户为中心的开发活动，这样可大大提高系统的实用性和用户的可接受性，同时在开发过程中通过培训提高用户的使用水平。

原型法的缺点如下。

① 在开发过程中缺乏对信息系统全面、系统的认识，不适用于开发大型的信息系统。

② 每次反复过程要花费人力和物力，若用户合作不好，盲目纠错，则会拖延开发过程。

③ 因强调以"原型演进"代替完整的分析与设计，故系统文档较不完备，程序也可能较难维护。短期而言可能满足用户需求，但长期来说，系统较易失败。

2.2.3 面向对象法

1. 对象的基本概念

面向对象认为客观世界是由对象组成的，对象是不可分割的基本单位，每个对象拥有各自的属性和方法，属性用于描述对象的物理特征，而方法（操作）用于描述对象的行为，对象是属性和方法的统一体。面向对象的基本思想如下：

① 客观世界中的所有事物都是对象（object），对象之间存在某种联系。

② 对象的属性（attribute）表示对象的静态物理属性，对象的操作（operation）表示对象的行为特征和功能。

③ 对象把它的属性与操作结合在一起，成为一个独立的、不可分割的实体，并对外屏蔽它的内部细节。外界通过对象的操作改变对象的属性。

④ 对象之间的联系可以分为静态联系和动态联系。对象之间的属性关联表达静态联系，而事件实现对象之间的动态联系。

⑤ 复杂的对象可以用简单的对象作为构成部分。

⑥ 对象可以进行分类。具有相同属性和相同操作的对象被归为一类（class）。类是这些对象的抽象描述，每个对象是它所属类的一个实例。

⑦ 类可以进一步分为一般类和特殊类。特殊类继承一般类的属性和操作。

面向对象思想的核心是用对象模拟真实世界，把真实世界中的事物抽象成类，整个程序靠各类的实例互相通信、互相协作完成系统功能，这非常符合真实世界的运行状况。表 2-2 为辩证唯物主义与面向对象思想的对比。

表 2-2 辩证唯物主义与面向对象思想的对比

辩证唯物主义	面向对象思想
世界是由物质组成的	问题域是由对象组成的
物质是静态特征和动态行为的统一体	对象是属性和行为的统一体
物质是普遍联系	对象间相互联系
一般和特殊	父类和子类
内因和外因	事件、消息、接口

2. 面向对象法的定义

面向对象法（Object-Oriented Method）是一种将面向对象思想应用于软件开发过程、指导开发活动的系统方法，是建立在"对象"概念基础上的方法学。面向对象法有两种定义。

定义 1：面向对象法是一种运用对象、类、封装、继承、多态和消息等概念来构造、测试、重构软件的方法。

定义 2：面向对象法是以认识论为基础，用对象来理解和分析问题空间，并设计和开发出由对象构成的软件系统（系统责任）的方法。

相对定义 1，定义 2 更能体现面向对象的思想。由于问题空间和解空间都是由对象组成的，这样可以消除由于问题空间和解空间结构上的不一致带来的问题。简言之，面向对象就是以对象为基本单位来认识和分析客观世界。

面向对象法要求从现实世界中客观存在的事物出发来建立软件系统，强调直接以问题域（现实世界）中的对象以及对象间的联系为中心来思考问题和认识问题。问题域是由对象构成的，每个对象拥有各自的属性和方法。根据问题域中对象的本质特征和软件系统责任（所开发系统应具备的功能），问题域中的对象被抽象地表示为系统责任中的对象，作为系统责任的基本构成单位。这可以使系统责任直接映射到问题域，保持问题域中的对象及其相互关系的本来面貌。

软件系统对象类又是对系统责任对象的进一步抽象。软件系统处理的基本单元是类，类是具有相同属性和方法的对象集合。从系统责任对象到类是一个抽象的过程，符合人们通常的思维方式。软件系统中类的实例化对象可以直接映射到问题域中的对象，面向对象法的抽象与实例化关系如图 2-2 所示。

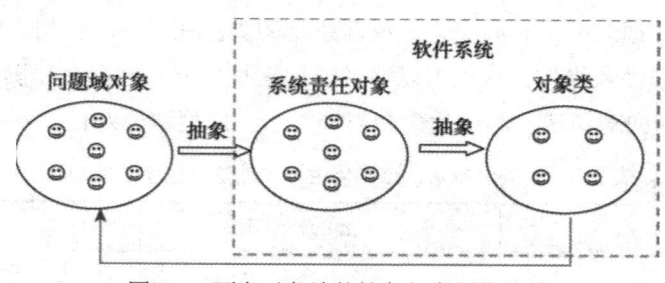

图 2-2　面向对象法的抽象与实例化关系

对象与对象之间并不是彼此孤立的，它们之间存在联系，在面向对象的系统中，对象之间的联系是通过消息传递进行的。消息是对象之间相互请求和相互协作的途径，是要求某对象执行其中某功能操作的规格说明。对象有属性和方法，并通过接口对外提供服务。在现实世界中，接口是实体，但是在面向对象的范畴中，接口是一个抽象的概念，指的是对象对外提供的服务。系统接口描述系统能够提供哪些服务，但是不包含服务的实现细节。对象是最小的子系统，每个对象都是服务提供者，因此每个对象都具有接口。图 2-3 描绘了消息、接口及对象三者之间的关系。

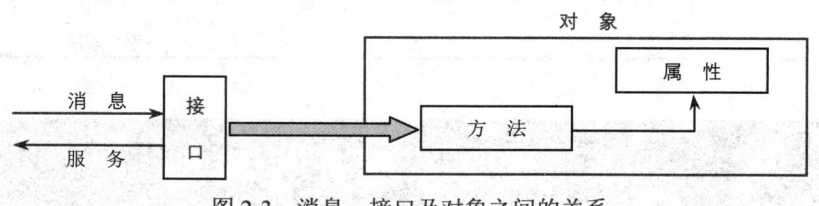

图 2-3　消息、接口及对象之间的关系

3. 面向对象法的优点

① 从认知学角度，面向对象法符合人们对客观世界的认识规律。在传统方法中，人们分

析、设计、实现一个信息系统的过程与人们认识一个系统的过程存在差异。面向对象法的分析和设计都以对象作为认识主题，在分析、设计和实现阶段都以对象为基础，开发的各阶段之间可以无缝连接。当用户的需求有所改变时，由于客观世界中的实体是不变的，实体之间的联系也是基本不变的，因此面向对象法的总体结构相对比较稳定，所引起的变化大多集中在对象的属性与操作及对象之间的消息通信上，系统相对比较稳定。

② 面向对象法开发的系统易于维护，其体系结构易于理解、扩充和修改。面向对象法开发的软件系统由对象类组成，对象的封装性很好地体现了抽象和信息隐蔽的特征。对象的属性和操作通过接口提供对外服务，用户只可通过接口访问对象，对象的具体实现细节对外是不可见的。这些特征使得软件系统的体系结构模块化。当对象的接口确定以后，实现细节的修改不会影响其他对象，易于维护。

③ 面向对象法中的继承机制有力支持软件的复用。在同一应用领域的不同应用系统中，往往涉及许多相同或相似的实体，这些实体在不同的应用系统中存在许多相同的属性和操作，也存在一些不同的应用系统所特有的属性和操作。在开发一个新的软件系统时，可以复用已有系统中的某些类，通过继承和补充，形成新系统的类。在同一个应用系统中，某些类之间也存在一些公共的属性和操作，这也可以通过继承来复用公共的属性和操作。

表 2-3 给出了面向对象法、结构化生命周期方法、原型法的对比。

表2-3 面向对象法、结构化生命周期法、原型法的对比

	面向对象法	结构化生命周期法	原型法
优点	分析、设计中的对象和信息系统中的对象一致 实现软件复用，增强了系统的适应性，简化程序设计 系统稳定性、可重用性及可维护性好 开发周期短	自上而下分析和设计，保证系统的整体性和目标的一致性 面向用户，遵循用户至上原则 严格区分系统开发的阶段性；每阶段的工作就是下一阶段的依据，便于系统开发的管理和控制 按工程标准建立标准化的文档资料	充分利用最新软件工具，系统开发周期短，费用相对少 用户参与开发过程，系统更加贴近实际，易学易用，减少用户的培训时间 系统开发过程循序渐进，符合人们认识事物的规律，信息反馈及时性强，确保了较好的用户满意度 构造用户"看得见，摸得着"的系统原型，缩小了理解和认识的差距
缺点	系统在分析阶段对对象的抽象困难 需要一定的软件基础支持才能应用 结构化程度不高	用户素质、系统分析员和管理者之间的沟通要求高 开发周期长，文档过多，难以适应环境变化 结构化程度较低的系统，在开发初期难以锁定功能要求 各阶段的审批工作困难，使用的工具落后	不适合大规模系统开发 开发过程管理要求高，要经过"修改—评价—再修改"的多次反复 用户过早看到系统原型，误认为最终系统就是原型模样，易使用户失去信心 开发人员易将原型取代系统分析，缺乏规范化的文档资料 需要较高的系统开发环境支持，如系统开发工具、软硬件、开发环境、开发人员及用户素质等

2.3 信息系统开发模型

信息系统开发模型是对信息系统开发活动的一种抽象和模拟，能清晰、直观地描述系统开发全过程，明确规定了要完成的主要活动和任务以及各活动之间的关系，是信息系统开发

过程的概括，也是信息系统项目管理工作的基础。典型的开发模型有瀑布模型、原型模型、增量模型、螺旋模型、基于构件的开发模型、基于体系结构的开发模型、RUP 模型等。

2.3.1 瀑布模型

1970 年，温斯顿·罗伊斯（Winston Royce）提出了著名的"瀑布模型"，直到 20 世纪 80 年代早期，一直是唯一被广泛采用的信息系统开发模型。

瀑布模型将软件生命周期划分为制定计划、系统分析、系统设计、软件编写、软件测试、系统运行和维护六个基本活动，并且规定了它们自上而下、相互衔接的固定次序，如同瀑布流水，逐级下落，如图 2-4 所示。

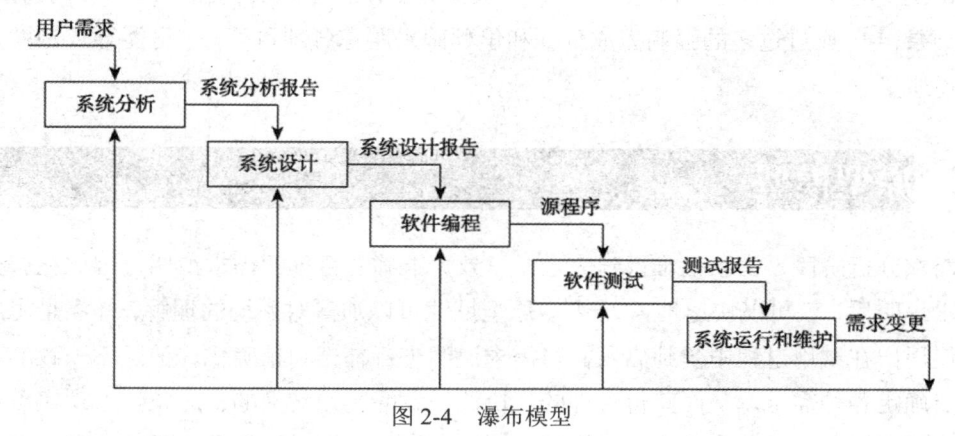

图 2-4 瀑布模型

本质上，瀑布模型是一个软件开发架构，开发过程是通过一系列阶段顺序展开的，从系统需求分析开始到系统运行和维护，每个阶段都会产生循环反馈。因此，如果有信息未被覆盖或者发现了问题，那么最好"返回"上一个阶段并进行适当的修改，开发进程从一个阶段"流动"到下一个阶段。这也是瀑布开发名称的由来。

瀑布模型是最早存在的开发模型，现在使用也较多，在软件工程中占有重要的地位，提供了软件开发的基本框架。

瀑布模型的特点是首先进行仔细的需求分析，开发人员有步骤地制定一份功能（结构）说明，接着进行概要设计和详细设计，然后着手编码。编码结束后进行测试，然后才能发布软件。这看上去是很有逻辑的，只有理解后才开始构造。以这样严格的方式构造软件，开发人员很明确每一步应该做什么。许多人提出了基于瀑布模型的多种方法论，也有相当多的商业工具可以使这些步骤更自动化且不易出错。

在瀑布模型中，软件开发的各项活动严格按照线性方式进行。当前活动接受上一项活动的工作结果，同时作为输入，实施当前活动应完成的内容，给出当前活动的工作成果，作为输出，传给下一项活动。同时，评审该项活动的实施情况，若确认，则继续下一项活动，否则返回前面甚至更前面的活动。瀑布模型意味着在生命周期各阶段间存在着严格的顺序且相互依存。

瀑布模型是早期软件设计的主要手段之一，依赖早期的需求分析，并且要求需求很明确。对于需求未定或是不断变化的信息系统项目而言，瀑布模型毫无价值。现在瀑布模型一般用于一些需求已明确且很少变化的信息系统项目，因此不需要代码重构等，从而效率较高。

瀑布模型将软件生命周期的各项活动规定为依固定顺序连接的若干阶段工作，形如瀑布流水，最终得到软件产品，如图2-5所示。瀑布模型强调文档的作用，并要求每个阶段都要仔细验证。

瀑布模型的优点为：① 为项目提供了按阶段划分的检查点；② 当前一阶段完成后，只需关注后续阶段；③ 可以在迭代模型中应用。

瀑布模型的缺点为：① 项目各阶段之间极少有反馈；② 只有在项目生命周期的后期才能看到结果；③ 通过过多的强制完成日期和里程碑来跟踪各项目阶段，可能导致过度关注精度而忽视质量。

2.3.2 原型模型

在需求分析阶段，由于很难得到完全、一致、准确、合理的需求说明，因此在获得一组基本需求说明后，就可以快速地"实现"，原型反馈可以加深对系统的理解，并满足用户基本要求，使用户在试用过程中受到启发，对需求说明进行补充和精确化，消除不一致的系统需求，逐步确定各种需求，从而获得合理的、协调一致的、无歧义的、完整的、现实可行的需求说明。原型模型，又称为快速原型模型，可以应用到信息系统开发的其他阶段，向开发的全过程扩展。

原型模型的开发步骤如下：

1）确认基本需求

在分析员和用户的紧密配合下，快速确定软件系统的基本要求。例如，针对系统功能、性能的基本要求，实现其数据规范、输出报表、统计要求等。这个步骤与瀑布模型的系统分析步骤相似，但强调对最基本、最重要的用户需求进行分析和说明，并非对全部用户需求进行详细分析。

2）开发一个可运行的系统原型

在上面步骤的基础上开发一个初始的系统原型，这个原型能完成系统的主要功能，具有系统的输入/输出特征,能反映系统的目标和约束条件，可忽略最终系统在某些细节上的要求，如安全性、健壮性、异常处理等。系统原型应充分反映待评价的特性，暂时忽略一切次要的内容。为使开发出来的原型能工作，还必须建立装有实验数据的样本库。为了快速地建立系统原型且适应后续阶段对原型的频繁修改，需要有高效率的研制工具的支持，如采用高级语言实现原型，引入以数据库为核心的开发工具等。

3）试用原型

试用原型是发现问题、消除误解、开发人员与用户充分协调的步骤。开发人员向用户演示原型后，让用户试用，发现问题和不足，通过交流和讨论，确定需要修改变动的部分。这样，步骤1确定的基本需求得到进一步明晰和精确。试用原型必须通过所有相关人员的检查、评价和测试。

由于原型忽略了许多内容，集中反映了要评价的特性，外观看起来可能有些残缺不全。用户要在开发人员的指导下试用原型，在试用的过程中考核评价原型的特性，分析其运行结果是否满足规格说明的要求，以及规格说明的描述是否满足期望，纠正过去交互中的误解和分析中的错误，增补新的要求，并为满足因环境变化或新设想引发的系统需求变动而提出全面的修改意见。

4）修改原型

根据修改意见，对原型进行修改和完善，即舍弃不符合要求的部分，增加所需的功能，满足用户提出的新要求，使原型逐步完善。

在修改原型的过程中会产生各种各样积极或消极的影响，为了控制这些影响，应当有一个词典，以定义应用的数据流及各系统成分之间的关系。另外，在用户积极参与的情况下，开发人员应保留改进前后的两个原型，一旦用户需要时可以退回，而且贯穿地演示两个可供选择的对象，有助于决策。

5）重复步骤3和4

修改过的原型给用户再度使用和评价，提出意见，再修改，如此反复，直至达到参与者一致认可，则原型开发的迭代过程可以结束。

6）完善原型或重建系统

针对步骤5产生的原型有两种处理方式。

方式一是完善原型，使其成为最终产品。虽然此时的原型能够正确反映用户需求，完成了系统功能，但有可能存在一些被忽略的问题。例如，还需加入系统安全可靠性的控制，以及数据完整性和一致性的控制，通过模块结构和算法优化来提高系统运行效益，增强系统的容错性和纠错能力，提高系统的可读性和可维护性等。这样原型才能成为真正实用的系统。

方式二是重建系统。方式一通过完善原型得到最终产品，有开发速度快的优点，但原型模型的增量开发方式使系统结构不理想，可维护性差。对较大的系统采用重建系统方式，把获得原型的过程当作瀑布模型的系统分析阶段，所做的工作只是为系统设计提供经过验证的需求分析，接下来按照瀑布模型继续进行系统设计、软件编程和系统测试等开发阶段，重建一个结构更为合理的系统，而将原型舍弃。因此，原型系统的内部结构并不重要，重要的是必须迅速建立原型，随之迅速修改原型，以反映客户的需求。

图2-5是采用原型模型的信息系统开发流程。运用原型法开发信息系统时，开发人员首先对用户提出的问题概括出基本需求，然后利用高级开发工具和开发环境，快速地实现一个原型系统并运行它。开发人员和用户在反复试用原型的过程中加强交流和反馈，从而加深对

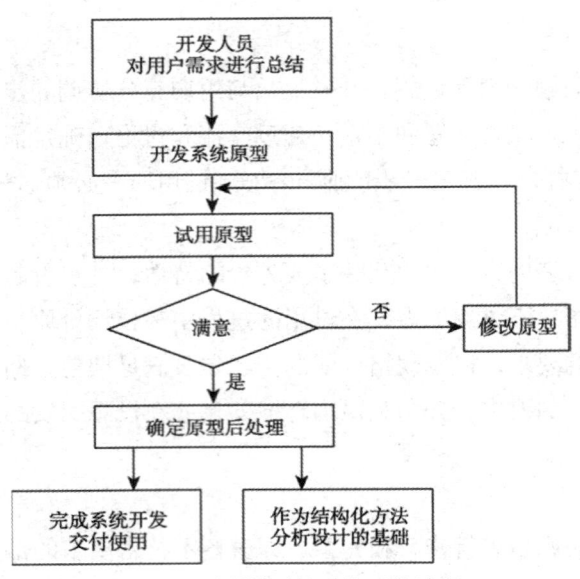

图 2-5 原型模型的系统开发过程

系统的理解，确定用户需求的各种细节，逐步减少分析与交互过程中的误解，弥补遗漏，通过反复评价和不断改进，逐渐完善系统的功能，直至用户完全满意为止。

与瀑布模型相比，原型模型具有如下特点。

① 用户参与了系统开发的所有阶段，从而使用户的需求可以及时地、较好地得到满足，系统的实用性强。而对于瀑布模型，用户只介入了需求分析阶段，其他阶段只是开发人员"单干"，因此有可能造成最终系统问题很多，不能投入实际使用。

② 采用原型模型，用户可以尽早接触和使用未来系统的原型，有利于今后的使用和维护，而瀑布模型往往需要经过几个月甚至几年的开发时间，用户才能见到最终系统。

③ 采用原型模型开发软件，开发周期大为缩短，开发费用较少，而瀑布模型的特点是周期长、费用高。

2.3.3 增量模型

增量模型融合了瀑布模型的基本成分（重复应用）和原型模型实现的迭代特征，采用随着时间进展而交错的线性序列，每个线性序列产生软件的一个可发布的"增量"。使用增量模型开发软件时，把软件产品作为一系列的增量构件来分析、设计、编码和测试。每个构件由多个相互作用的模块构成，并且能够完成特定的功能。使用增量模型时，第一个增量构件往往实现软件的基本需求，提供核心功能。例如，使用增量模型开发文字处理软件时，第一个增量构件提供基本的文件管理、编辑和文档生成功能，第二个增量构件提供更完善的编辑和文档生成功能，第三个增量构件实现拼写和语法检查功能，第四个增量构件完成高级的页面排版功能。在将软件产品分解成增量构件时，应该使构件的规模适中，规模过大或过小都不好。最佳分解方法因软件产品特点和开发人员的习惯而异。分解时唯一必须遵守的约束条件是,当把新构件集成到现有软件中时,所形成的产品必须是可测试的。增量模型强调每个增量均发布一个可操作的产品。增量模型的开发过程如图 2-6 所示。

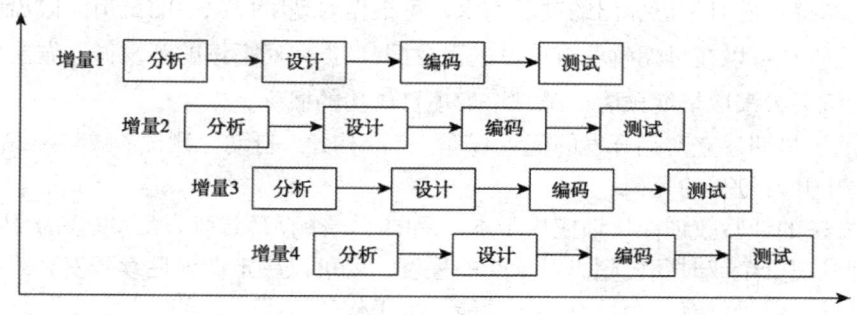

图 2-6 增量模型的开发过程

增量模型主要针对无法事先完整定义需求的软件开发。用户可以给出待开发系统的核心需求,并且当看到核心需求实现后能够有效地提出反馈,以支持系统的最终设计和实现。开发人员根据用户的需求,首先开发核心系统。当该核心系统投入运行后,用户试用之,完成他们的工作,并提出精化系统、增强系统能力的需求。开发人员根据用户的反馈,实施开发的迭代过程。每个迭代过程均由分析、设计、编码、测试等阶段组成,为整个系统增加一个可定义的、可管理的子集。

增量模型描述了为系统需求排定优先级然后分组实现的过程,每个后续版本都为先前版本增加了新功能。在生命周期的早期阶段(计划、分析、设计),需要建立一个考虑了整个系统的架构,这个架构应该是具有强的可集成性的,后续的构件方式开发都建立在这个架构之上。剩下的生命周期阶段(编码、测试、交付)实现每个增量。首先创建的应该是一组核心功能,或者对于项目至关重要的最高优先级的系统,或者是能够降低风险的系统。随后,基于核心功能反复扩展,逐步增加功能,以提高性能。

在开发模式上,增量模型要求开发人员有能力把项目的产品需求分组,以便分批循环开发。这种分组并不是随意的,而是根据功能的重要性及对总体设计的基础结构的影响而做出判断。有经验指出,每个开发循环以 6~8 周为适当的长度。每个循环开发一部分的功能,它们成为这个产品的原型的新增功能,于是不断地演化出新的系统。实际上,这个模型可看作重复执行的多个"瀑布模型"。

采用瀑布模型或原型模型开发软件时,目标都是一次把满足所有需求的产品提交给用户。增量模型则与之相反,分批地逐步向用户提交产品,每次提交一个满足用户需求子集的可运行的产品。整个软件产品被分解成许多个增量构件,开发人员一个构件接一个构件地向用户提交产品。用户每次都能得到一个满足部分需求的可运行的产品,直到最后得到满足全部需求的完整产品。

增量模型的优点如下。

① 人员分配灵活,刚开始不用投入大量人力资源。如果核心产品很受欢迎,就可增加人

力实现下一个增量。

② 任何功能一经开发就能进入测试，以便验证是否符合产品需求。

③ 帮助导引出高质量的产品要求。如果没有可能在一开始就弄清楚所有的产品需求，它们可以分批取得；而对于已提出的产品需求，可根据对现阶段原型的试用而做出修改。

④ 风险管理可以在早期就获得项目进程数据，可据此对后续的开发循环做出比较切实的估算；提供机会去采取早期预防措施，增加项目成功的概率。

⑤ 有助于早期建立产品开发的配置管理、产品构建、自动化测试、缺陷跟踪、文档管理等，均衡整个开发过程的负荷。

⑥ 开发中的经验教训能反馈应用于本产品的下一个循环过程，大大提高质量和效率。如果风险管理发现资金或时间已超出可承受的程度，就可以决定调整后续开发，或在一个适当时刻结束开发，但仍然有一个具有部分功能、可工作的产品。

⑦ 心理上，开发人员早日见到产品的雏形是一种鼓舞。

⑧ 用户可以在新的一批功能开发测试后立即参加验证，以便提供非常有价值的反馈。

⑨ 销售工作有可能提前进行，可以在产品开发的中后期取得包含了主要功能的产品原型，向客户做展示和试用。

增量模型的缺点如下。

① 如果所有产品需求在一开始并不完全弄清楚，就会给总体设计带来困难及削弱产品设计的完整性，并因此影响产品性能的优化及产品的可维护性。

② 如果缺乏严格的过程管理，那么这个模型很可能退化为一种原始的无计划的"试－错－改"模式。

③ 心理上可能产生一种尽最大努力的想法，即虽然不能完成全部功能，但还是造出了一个有部分功能的产品而感到满足。

④ 如果不加控制地让用户接触开发中尚未测试稳定的功能，可能对开发人员和用户都产生负面的影响。

2.3.4 螺旋模型

螺旋模型于1986年由美国TRW公司的B.W. Boehm提出，将瀑布模型和原型模型结合起来，强调了其他模型所忽视的风险分析，特别适合大型复杂的系统。将信息系统项目开发风险作为指引软件开发过程的一个重要因素，引入这个概念有可能使得软件开发被看作一种元模型，因为它能包容任何一个开发过程模型。

螺旋模型的基本做法是在瀑布模型的每个开发阶段之前引入非常严格的风险识别、风险分析和风险控制，直到采取消除风险的措施后，才开始计划下一阶段的开发工作，否则项目很可能被取消。此外，如果有足够的把握判断剩余的风险已降低到一定程度，项目管理人员可做出决定，让余下的开发工作采用其他信息系统开发模型，如原型模型、瀑布模型或自定的混合模型。

螺旋模型采用一种周期性的方法来进行系统开发，会形成众多的中间版本。项目经理在早期能够采用原型模型为客户实证某些概念，再以进化的开发方式为中心，在每个项目阶段使用瀑布模型。这种模型的每个周期都包括目标设定、风险分析、工程实现和客户评估4个阶段，并进行迭代。信息系统开发过程每迭代一次，就前进一个层次，如图2-7所示，四个象限代表以下活动。

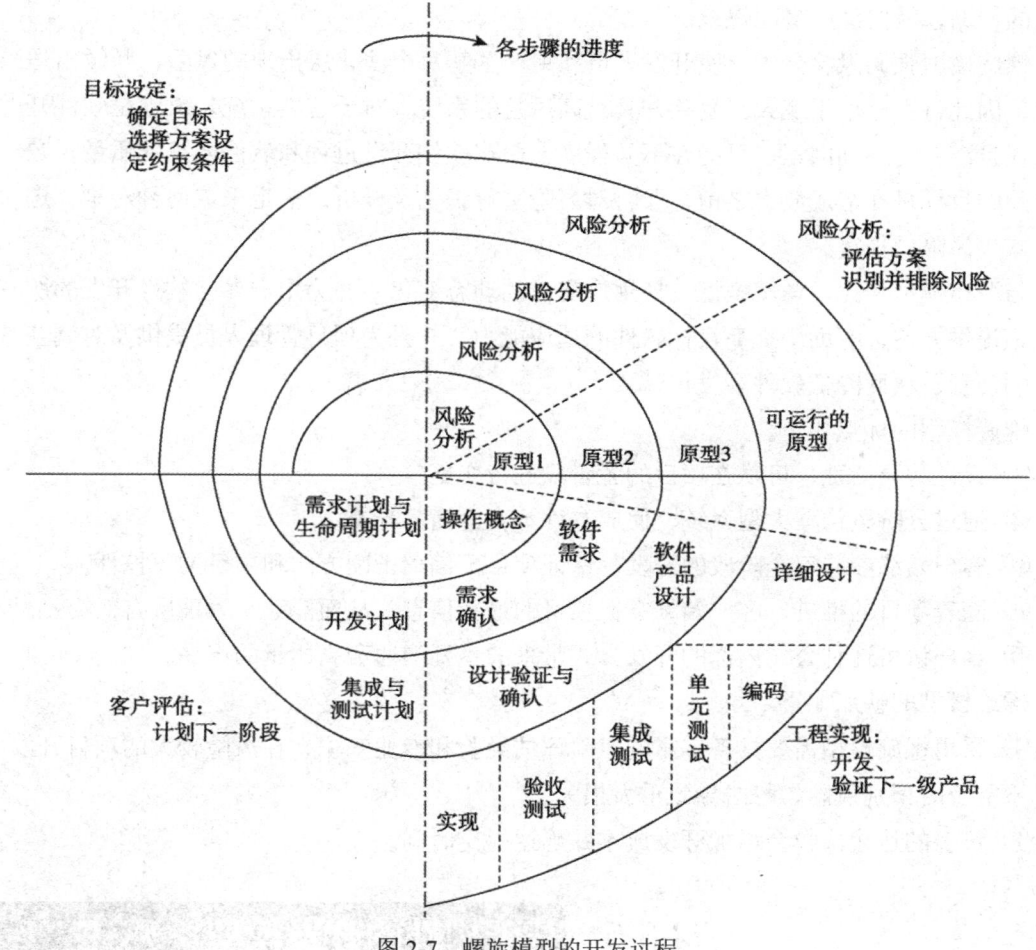

图2-7 螺旋模型的开发过程

① 目标设定：确定软件目标，选定实施方案，弄清项目开发的限制条件。
② 风险分析：分析评估所选方案，考虑如何识别和消除风险。
③ 工程实现：实施软件开发和验证。
④ 客户评估：评价开发工作，提出修正建议，制定下一步计划。

沿螺线自内向外每旋转一圈，便开发出一个更完善的新的软件版本。例如，第一圈确定了初步的目标、方案和限制条件以后，转入右上象限，进行风险分析，并开发原型系统。如果风险分析表明，需求具有不确定性，那么在右下工程象限内所建的原型会帮助开发人员和客户，考虑其他开发模型，并修正需求。客户对工程成果做出评价后，给出修正建议。在此基础上,需再次计划,并进行风险分析。在每圈螺线上,风险分析的结果时做出是否继续的判断。如果风险过大,开发人员和用户无法承受,项目有可能终止。多数情况下,沿螺线的活动会继续,自内向外逐步延伸,最终得到所期望的系统。如果对所开发项目的需求已有了较好的理解或较大的把握,不需开发原型,便可采用瀑布模型。这在螺旋模型中可认为是单圈螺线。与此相反,如果对所开发项目的需求理解较差,需要开发原型,甚至需要不止一个原型的帮助,就要经历多圈螺线。

螺旋模型强调风险分析,使开发人员和用户了解每个演化层出现的风险,并做出适当的反应,因此特别适用于庞大、复杂并具有高风险的系统。对于这类系统,风险是软件开发不可忽视且潜在的不利因素,可能在不同程度上影响软件开发过程和软件产品的质量。减小软件风险的目标是在造成危害之前,及时对风险进行识别及分析,决定采取何种对策,进而消除或减少风险的损害。

与瀑布模型相比,螺旋模型支持用户需求的动态变化,并为用户参与软件开发的所有关键决策提供方便,有助于提高目标软件的适应能力,并且为项目管理人员提供及时调整管理决策的便利,从而降低软件开发风险。

螺旋模型的优点如下。
① 设计的灵活性,可以在项目的各阶段进行变更。
② 通过分阶段构建大型系统,使成本计算变得简单容易。
③ 客户始终参与每个阶段的开发,保证项目不偏离正确方向和项目的可控性。
④ 随着项目的推进,客户始终掌握项目的最新信息,从而能够与管理层有效交互。
⑤ 客户认可这种公司内部的开发方式带来的良好沟通和高质量的产品。

螺旋模型的缺点如下。
① 采用螺旋模型需要具备丰富的风险评估经验和专业知识,在风险较大的项目开发中,如果不能及时识别风险,势必导致重大损失。
② 过多的迭代次数会增加开发成本并延迟提交时间。

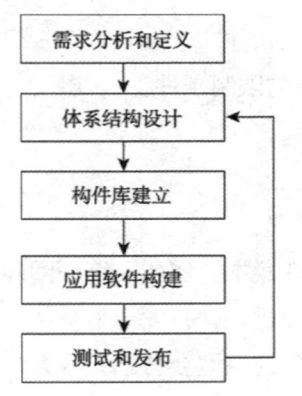

2.3.5 基于构件的开发模型

基于构件的开发模型是利用模块化方法将整个软件系统模块化,并在一定构件模型的支持下复用构件库中的软件构件,通过组合手段,高效率、高质量地构建应用软件系统的过程。基于构件的开发模型融合了螺旋模型的许多特征,本质上是一种演化形式,开发过程具有迭代性。

基于构件的开发模型过程包括 5 个步骤:需求分析和定义,体系结构设计,构件库建立,应用软件构建,以及测试和发布,如图 2-8 所示。

图 2-8 基于构件的开发模型过程

构件作为重要的软件技术和工具得到极大的发展，这些新技术和工具包括 Microsoft 的 DCOM、Sun 的 EJB、OMG 的 CORBA 等。基于构件的开发活动从标识候选构件开始，通过搜索已有构件库，确认所需构件是否已经存在。如果已经存在，就从构件库中提取出来复用，否则采用面向对象法开发它。然后，构件经过语法和语义检查后，通过胶合代码被组装到一起，以实现系统。这个过程是迭代的。

基于构件的开发方法使得软件开发不再一切从头开发，开发过程就是构件组装的过程，维护的过程就是构件升级、替换和扩充的过程。其优点是构件组装模型促进了软件的复用，提高了软件开发的效率。构件规格说明可由一方定义，而由另一方实现，然后供第三方使用，构件组装模型允许多个项目同时开发，降低了成本，提高了可维护性，能够实现软件产品的分步提交。

这种开发方法由于采用自定义的组装结构标准，缺乏通用的组装结构标准，因而引入了较大的风险。可复用性和软件效率不易协调，需要经验丰富的分析和开发人员，一般开发人员难以参与。客户的满意度低，并且由于过度依赖构件，构件库的质量将影响产品质量。

2.3.6 基于体系结构的开发模型

基于体系结构的开发模型是以软件系统的体系结构为核心，以基于构件的开发方法为基础，然后采用迭代增量方式进行分析和设计，将功能设计空间映射到结构设计空间，再将结构设计空间映射到系统设计空间的过程。该开发模型将软件生命周期分为软件定义、需求分析和定义、体系结构设计、软件系统设计、软件实现 5 个步骤，如图 2-9 所示。

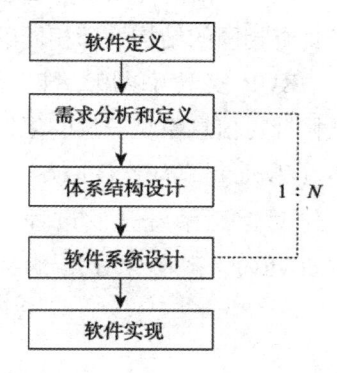

图 2-9 基于体系结构的开发模型的过程

基于体系结构的开发模型首先进行基于体系结构的需求获取和分析，将软件体系结构的概念引入需求空间，从而为从分析阶段过渡到设计阶段提供更好的支持。在需求分析结果的基础上，进行体系结构的设计。考虑系统的总体结构及系统的构成元素，根据构成元素的语法和语义在已确定的构件库中寻找匹配的构件。如果不存在符合要求的构件，就根据具体情况，组装成新构件，或者购买新构件，或者根据需要开发新构件，以获得满足需求的构件。经过语法和语义检查后，这些构件通过胶合代码被组装在一起，实现整个软件系统。在实践中，整个开发过程具有多次迭代的特点。

在传统的软件开发生命周期中，软件需求分析和定义完成后，接下来是软件系统的设计和实现，如果软件需求不断变化，最终软件产品可能与最初的原型相差很大。而基于体系结构的开发模型有严格的理论基础和工程原则，以体系结构为核心。体系结构为软件需求与软件设计之间架起了一座桥梁，解决了软件系统从需求到实现的平稳过渡，提高了软件分析和设计的质量和效率。

基于体系结构的开发模型的优点是通过对体系结构的设计，使得软件系统结构框架更清晰，有利于系统的设计、开发和维护，并且软件复用从代码级的复用提升到构件和体系结构级的复用。

基于体系结构的开发模型和基于构件的开发模型都是在体系结构的基础上进行构件的组装而得到软件系统。前者主要关注运行级构件及其之间的互操作性，提供了一种自底向上且基于预先定制好的构件来构造应用系统的途径；后者局限在构件的规范上，缺少系统化地指导开发过程的方法学。基于体系结构的开发方法从系统的总体结构入手，将一个系统的体系结构显示化，以在高抽象层次处理诸如全局组织和控制结构、功能到计算元素的分配、计算元素间的高层交互等设计问题。

2.3.7 RUP

RUP（Rational Unified Process，统一软件开发过程）是 Rational 公司推出的软件过程模型，是一个面向对象软件工程的通用业务流程。RUP 描述了一系列相关的软件开发流程，它们具有相同的结构，即相同的流程构架。

RUP 模型可以用二维坐标来描述，如图 2-10 所示。其横轴是时间组织，代表随着时间推移针对信息系统开发的组织形式，体现开发过程的动态结构，用来描述它的术语主要有周期（Cycle）、阶段（Phase）、迭代（Iteration）和里程碑（Milestone）；纵轴是内容组织，代表针对信息系统开发过程中的各种内容组织形式，体现开发过程的静态结构，如活动（Activity）、产物（Artifact）、工作者（Worker）和工作流（Workflow）。

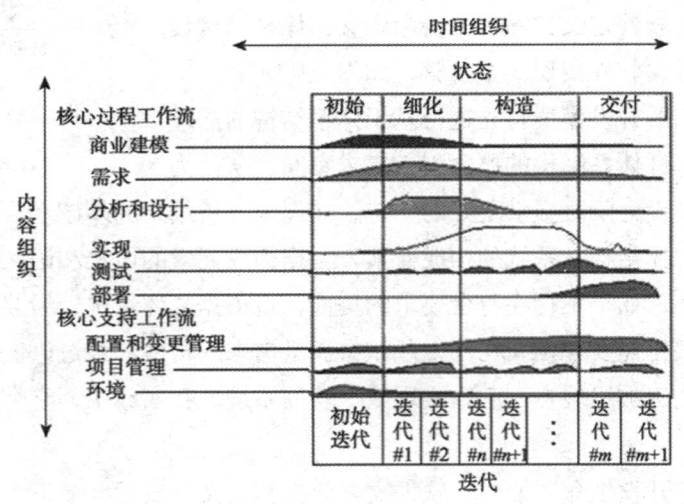

图 2-11 RUP 模型

RUP 划分了 4 个阶段：初始（Inception）、细化（Elaboration）、构造（Construction）和交付（Transition）。初始阶段定义最终产品视图、业务模型并确定系统范围。细化阶段设计及确定系统的体系结构，制定工作计划及资源要求。构造阶段构造产品并继续演进需求、体系结构、计划直至产品提交。交付阶段把产品提交给用户使用。每个阶段结束于一个主要的里程碑；每个阶段本质上是两个里程碑之间的时间跨度。在每个阶段的结尾执行一次评估，以确定这个阶段的目标是否已经满足。如果评估结果令人满意，可以允许项目进入下一个阶段。每个阶段都使用了迭代的概念。

初始阶段结束时是第一个里程碑：生命周期目标（Lifecycle Objective）里程碑，可以评价项目基本的生存能力。

细化阶段结束时是第二个里程碑：生命周期结构（Lifecycle Architecture）里程碑，为系统的结构建立了管理基准，并使项目小组能够在构建阶段中进行衡量。此时要检验详细的系统目标和范围、结构的选择、主要风险的解决方案。

构造阶段结束时是第三个里程碑：初始功能（Initial Operational）里程碑，决定了产品是否可以在测试环境中进行部署。此时要确定软件、环境、用户是否可以开始系统的运作。此时的产品版本也常被称为 beta 版。

交付阶段的终点是第四个里程碑：产品发布（Product Release）里程碑。此时要确定目标是否实现，是否应该开始另一个开发周期。在一些情况下，这个里程碑可能与下一个周期的初始阶段的结束重合。

在工作流轴上，RUP 设计了 6 个核心过程工作流和 3 个核心支持工作流。核心过程工作流包括业务商业建模工作流、需求工作流、分析和设计工作流、实现工作流、测试工作流和部署工作流。核心支持工作流包括配置和变更管理工作流、项目管理工作流、环境工作流。9 个核心工作流在项目中轮流被使用，在每次迭代中以不同的重点和强度重复。

核心工作流的目的简单描述如下。

① 商业建模（Business Modeling）：理解待开发系统的组织结构及其商业运作，确保所有参与人员对待开发系统有共同的认识。

② 需求（Requirement）：定义系统功能及用户界面，使客户知道系统的功能，开发人员知道系统的需求，为项目预算及计划提供基础。

③ 分析和设计（Analysis and Design）：把需求分析的结果转化为实现规格。

④ 实现（Implementation）：定义代码的组织结构、实现代码、单元测试、系统集成。

⑤ 测试（Test）：校验各子系统的交互和集成，确保所有需求被正确实现，并在系统发布前发现错误。

⑥ 部署（Deployment）：打包、分发、安装软件，升级旧系统；培训用户及销售人员，并提供技术支持；制定并实施 beta 测试。

⑦ 配置和变更管理（Configuration and Change Management）：跟踪并维护系统所有产品的完整性和一致性。

⑧ 项目管理（Project Management）：为计划、执行和监控软件开发项目提供可行性的指导，为风险管理提供框架。

⑨ 环境（Environment）：为组织提供过程管理和工具的支持。

RUP 中的每个阶段可以进一步分解迭代。迭代是一个完整的开发循环，产生一个可执行的产品版本，是最终产品的一个子集，增量式地发展，从一个迭代过程到另一个迭代过程，直到成为最终的系统。传统的项目组织是顺序通过每个工作流，每个工作流只有一次，即瀑布模型。这样做的结果是，到实现末期产品完成并开始测试，在分析、设计和实现阶段所遗留的隐藏问题会大量出现，项目可能要停止并开始一个漫长的错误修正周期。

一种更灵活、风险更小的方法是多次通过不同的开发工作流，这样可以更好地理解需求，构造一个健壮的体系结构，并最终交付一系列逐步完成的版本。这称为一个迭代生命周期。在工作流中的每次顺序地通过称为一次迭代。软件生命周期是迭代的连续，通过它，软件增量开发。一次迭代包括了生成一个可执行版本的开发活动，包括使用这个版本必需的其他辅助成分，如版本描述、用户文档等。因此，一次开发迭代在某种意义上是在所有工作流中的一次完整的经过，这些工作流至少包括：需求工作流、分析和设计工作流、实现工作流、测试工作流。其本身就如同一个小型的瀑布项目，如图 2-11 所示。

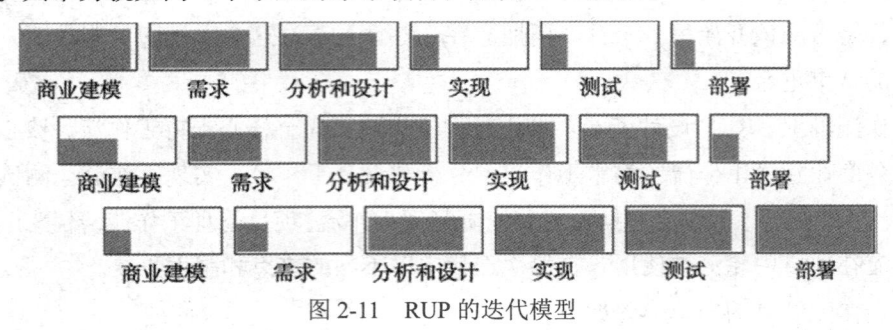

图 2-11 RUP 的迭代模型

RUP 的优点如下。

① RUP 建立在非常优秀的软件工程原则基础上，如迭代、需求驱动、基于结构化的过程开发。

② RUP 提供了几种方法，如每次迭代产生一个工作原型，在每阶段的结束决定项目是否继续，这些方法提供了对开发过程的直观的管理。

RUP 的缺点如下：

① RUP 只包含了开发过程，没有完全覆盖软件过程（见图 2-12），丢失了维护和技术支持这两个重要的阶段。

② RUP 不支持组织内的多项目开发，导致组织内的大范围的复用无法实现。

2.4 信息系统开发方式

完成信息系统可行性分析并得出信息系统项目可行性结论后，然后要考虑的是信息系统开发方式。信息系统的开发方式可以分为自主开发、联合开发、系统外包三种。

确定开发方式后,开发方要与用户单位签订合同,建立相应的信息系统开发项目组。项目组进行用户需求调研,分析用户单位业务流程,对不合适的业务流程要进行重新设计,对用户的数据和业务流程进行标准化、规范化的设计和处理。最后选择合适的开发方法和开发模型。

2.4.1 自主开发

自主开发就是由用户自己的团队独立完成系统开发各阶段的任务,又称为最终用户开发。自主开发方式适合拥有强大专业开发分析与设计、软件开发、系统维护队伍的组织,如大学、研究所、计算机公司、高科技公司等单位。自主开发的优点是开发费用少,容易得到适合本单位的满意的系统,方便维护和扩展,有利于培养自己的系统开发人员。其缺点是容易受业务工作的限制,系统整体优化不够,难以发现原有业务流程的不足之处,开发水平较低;由于项目组成员来自各部门,需要较长的熟悉时间,导致系统开发时间长,开发人员调动后,系统维护工作没有保障。

因此,这种开发方式一方面需要强有力的领导组织,实行"一把手"原则,另一方面可向专业开发人员或公司进行咨询,或聘请他们作为开发顾问。

2.4.2 联合开发

联合开发是指由使用单位(甲方)和有丰富开发经验的机构或专业开发人员(乙方),共同完成信息系统的开发任务。双方共享开发成果,实际上是一种半委托性质的开发工作。联合开发方式适合这样的单位(甲方):拥有一定的信息系统分析、设计及软件开发人员,但开发队伍力量较弱,希望通过信息系统的开发建立、完善和提高自己的技术队伍,便于系统维护。联合开发属于有选择的信息系统部分外包。

联合开发的优点是相对于系统外包开发方式比较节约资金,可以培养、增强使用单位的技术力量,便于系统维护工作,系统的技术水平较高。其缺点是双方在合作中沟通易出现问题,相互扯皮,因此需要双方及时达成共识,进行协调和检查,精诚合作。

2.4.3 系统外包

系统外包(System Outsourcing)是指借助外部力量进行信息系统开发和建设的方式,确切地说,就是用户在规定的服务水平基础上,将全部或部分的信息系统项目,以合同方式委托给专业性公司,由其在一定时期内稳定地管理并提供企业需要的信息技术服务的行为。通过外包,企业可以整合利用外部最优秀的信息技术资源,从而达到降低成本、提高资金利用效率、充分发挥自身核心竞争力和控制经营风险的目的。

系统外包为用户方技术部门提供了扩展能力的手段，使用户方技术部门不需忙于应付越来越多的业务需求开发，从而扩展了用户方技术部门的能力。可以说，系统外包是典型的用户方和外包商双赢的选择。用户由于资金、人力等因素的限制，更应该开展系统外包业务。根据外部力量在系统开发中的不同作用，信息系统外包可以分为信息系统开发外包、信息系统运行外包、业务流程外包、软件即服务（Software-as-a-Service，SaaS）。

1）信息系统开发外包

在建设信息系统时，外包商只负责应用信息系统的开发，信息系统运行所需的硬件、网络建设都由用户（发包方）自行完成，称为信息系统开发外包。用户将整个信息系统项目开发分成两部分。信息系统开发由外包商负责，主要业务活动有信息系统的分析与设计、程序代码的编写与系统测试等。信息系统运行所需的系统软件、硬件和网络等环境的建设以及运行与维护均由用户自行完成。

在外包合作中，一方面，外包商不能充分理解用户的业务需求，难以接受需求分析文档，需求不断变更，这也是外包商在开发信息系统过程中遇到的最大困难的根源；另一方面，外包商没有参与信息系统运行环境建设，影响了信息系统运行和维护。

2）信息系统运行外包

信息系统运行外包是指信息系统的用户采用付费的方式向外包方购买信息系统的使用权，信息系统的运行、维护由外包方全权负责。此时，信息系统的开发、系统运行环境的建设、系统运行与维护都由外包方完成，信息系统的所有权归外包方所有。双方通过合作协议规定各自的权利和义务，外包方将保证系统运行的稳定可靠，保证客户数据的安全。

3）业务流程外包

业务流程外包是指用户将特定的业务处理功能委托给外包商，由外包商完成特定业务处理功能有关的信息系统建设和业务处理操作。一般企业需要与外包商签订长期的服务合约，约定由外包商完成与特定业务处理功能有关的信息系统建设，并承担特定的业务处理操作。

4）软件即服务

软件即服务是指利用云计算基础设施和规模经济通过互联网向众多消费者提供标准化的软件服务，应用程序被托管在云上。任何接入互联网的用户终端都可以访问 SaaS 应用程序。因此，SaaS 应用程序几乎不需要用户进行管理和维护。这种方式有效地解决了中小企业资金匮乏、信息系统开发能力低下等带来的不足，有助于企业快速、低成本地享受先进的信息系统服务。

目前，信息系统的开发正向专业化方向发展。一批专门从事信息系统开发的公司已经开发出许多使用方便、功能强大的业务性强的信息系统软件。为了避免重复劳动，规范用户单位的业务流程和管理模式，提高系统开发的经济效益，用户也可以购买信息系统的套件，如企业资源计划系统、医院信息系统等。此方式的优点是节省时间和费用，技术水平较高，缺点是通用软件的专用性受到一定的限制，需要外包商有一定的技术力量，根据用户的要求进行二次开发。

总之，不同的开发方式各有优缺点，用户需要根据企业的实际情况选择合适的开发方式，表 2-4 是对上面提到的三种开发方式的简单比较。值得强调的是，无论哪种开发方式，都离不开最终用户的直接参与。

表 2-4　开发方式的比较

	自主开发	联合开发	系统外包
分析和设计能力的要求	较高	逐渐培养	一般
编程能力的要求	较高	需要	不需要
系统维护的要求	容易	较容易	较困难
开发费用	少	较少	多

本章小结

本章介绍了信息系统生命周期和开发周期的基本概念和三种开发方法，包括结构化生命周期法、原型法和面向对象法，讲述了常见的信息系统开发模型和基于各种模型的信息系统开发过程及其优缺点，介绍了信息系统三种开发方式，即自主开发、联合开发和系统外包。

信息系统的生命周期是根据系统开发和运行的内在规律，对信息系统开发和维护任务进行分解，把信息系统生存的漫长周期依次划分为若干阶段，每个阶段有相对独立的任务。

结构化生命周期法是经典的信息系统开发方法，也是迄今为止信息系统中应用最普遍、最成熟的一种，它引入了工程化思想和结构化思想，使大型软件的开发和编程都得到了极大的改善。

面向对象法目前已经发展成为主流的信息系统开发方法，应用越来越深入和广泛。面向对象法的本质是主张从客观世界固有的事物出发来构造系统，提倡用人类在现实生活中常用的思维方法来认识和理解、描述客观事物，强调最终建立的系统能够映射现实问题域，使得信息系统中的对象及对象之间的关系能够如实地反映问题域中固有的事物及其关系。

思考题

1. 什么是信息系统的生命周期和开发周期？
2. 结构化生命周期法开发流程有哪些环节？
3. 面向对象法的特点？
4. 常见的信息系统开发模型有哪些？
5. 简述瀑布模型的含义。
6. 比较传统的信息系统开发方法与现代开发方法的不同。
7. 简述 RUP 的核心工作流。
8. 为什么要实施信息系统外包？

参考文献

[1] 邝孔武，王晓敏．信息系统分析与设计[M]．3版．北京：清华大学出版社，2006．
[2] 陈佳．信息系统开发方法教程[M]．2版．北京：清华大学出版社，2005．
[3] 徐宝祥，王欣．信息系统开发方法[M]．北京：机械工业出版社，2007．
[4] 郝杰忠．管理信息系统的开发与应用[M]．北京：机械工业出版社，2006．
[5] 黄梯云，李一军．管理信息系统[M]．3版．北京：高等教育出版社，2005．
[6] 杨尊琦．信息系统分析与设计[M]．北京：机械工业出版社，2007．
[7] 邓迎春，韩松，徐天顺，等．软件工程：面向对象和传统的方法[M]．北京：机械工业出版社，2007．
[8] 王海鹏，潘加宇．面向对象分析与设计[M]．北京：人民邮电出版社，2009．
[9] 张龙祥．UML与系统分析设计[M]．2版．北京：人民邮电出版社，2008．
[10] BLAHA M, RUMBAUGH J．UML面向对象建模与设计[M]．北京：人民邮电出版社，2006．
[11] ROBERT C M．敏捷软件开发：原则模式与实践[M]．北京：清华大学出版社，2003．
[12] MIKE C．Scrum敏捷软件开发[M]．北京：清华大学出版社，2010．
[13] ROGER S P．软件工程实践者的研究方法[M]．黄柏素，梅宏，译．北京：机械工业出版社，2002．
[14] 肖丁，吴建林等．软件工程模型与方法[M]．北京：北京邮电大学出版社，2008．
[15] BOEHM B．A Spiral Model of Software Development and Enancement[C]．ACM SIGSDFT Software Engineering Notes, 11(4):14-24, 1986．

第 3 章
企业信息化战略设计与信息系统规划

进入 21 世纪以来，新一轮科技革命和产业变革正在演进，广泛应用、高度渗透的信息技术正在孕育着新的重大突破，数字化、网络化、智能化逐渐成为全球科技创新和产业发展的新趋势。企业作为数字经济的载体，在外部环境日趋复杂和不确定的情况下，如何应用新一代信息技术，打造企业数字化赋能，助力工业制造数字化升级，是企业当前面临的重要挑战。因此，重视企业信息化战略设计，做好信息系统项目规划，是企业提质增效、实现高质量发展的根本之道。

本章从企业信息化和单一信息系统项目两个层面，分别就企业信息化战略设计和信息系统规划展开讨论。首先，从企业层面，分析新时代背景下企业信息化战略规划面临的问题，并针对这些问题提出企业信息化战略规划的思路和步骤。其次，在信息化战略规划的基础上，阐述企业信息化战略顶层设计的概念和内容，以及企业信息化战略顶层设计方法之一——企业架构，分析当前主流的企业架构模型，总结它们的特点及应用领域。最后，结合具体的信息系统项目，介绍信息系统规划的概念和内容，总结信息系统规划的几种方法和工具。

本章重点：
- ❖ 企业信息化战略规划的思路和步骤
- ❖ 企业信息化战略顶层设计的内容
- ❖ 企业架构方法论
- ❖ 信息系统规划的内容和方法

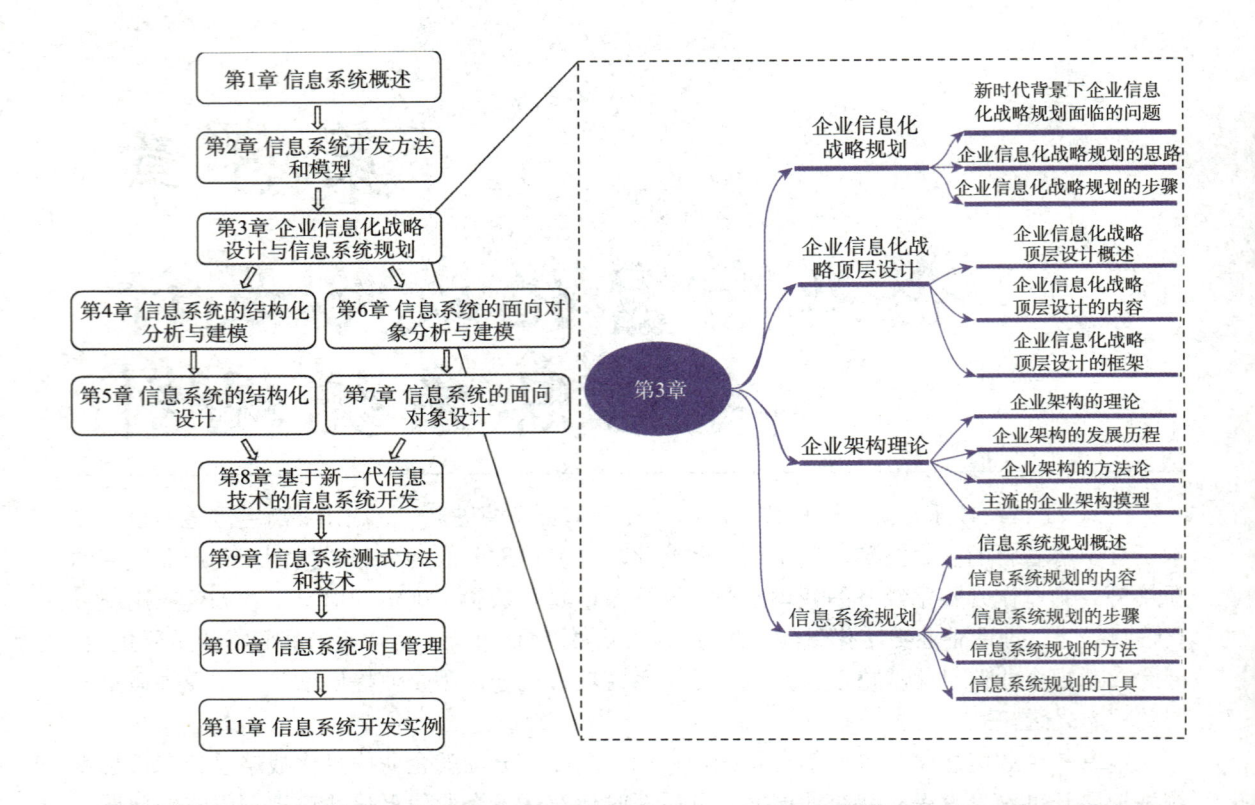

3.1 企业信息化战略规划

作为企业发展战略的重要组成部分，企业信息化战略规划是以企业的发展目标、发展战略、管控模式和业务流程等为基础，结合本行业信息化实践和对信息技术发展趋势的把握，提出适合企业发展战略的信息化战略规划。企业信息化战略规划是企业信息化建设的纲领性文件，对企业如何充分利用信息资源、实现信息技术的协调发展具有重要意义。

3.1.1 新时代背景下企业信息化战略规划面临的问题

在迈入信息化时代的今天，企业要合理地配置资源，提高企业运作效率，就必须加强企业信息化管理的实践和应用，以促进企业持续、健康、高质量发展。然而，随着各种新兴信息技术的不断涌现和企业对信息化需求的逐渐增加，信息技术的应用场景变得更加复杂，导致信息系统的建设还存在着许多问题。

1. 信息系统建设缺乏顶层设计，"烟囱"林立

随着企业信息化进程的不断加速，越来越多的信息系统建设完成，并投入使用。然而，不同企业的信息系统之间相互孤立，彼此割裂，成为了"信息孤岛"，难以实现企业间的互联互通，使得企业间树立起一座座高高的"烟囱"，重复建设严重，浪费资源，效率低下。

造成这种"烟囱"林立现象的主要原因是企业信息化战略规划缺乏顶层设计，各系统间数据的交换和共享没有统一标准。各企业信息系统走的都是"先建设，后共享"的道路，导致各系统千差万别，无统一标准，很难做到信息共享，严重阻碍了企业发展，限制了生产力。

2. 企业业务功能增多，对信息系统的要求提高

随着企业内部发展需求的日益增长，以及自动化、信息化程度的不断深入，企业在管理模式、生产方式、交易方式、作业流程等方面的变革对传统的内部管理控制产生很大的冲击，企业对其产品、业务、流程等方面的管理和控制需求不断增长，使得企业信息系统承担的任务日益增加，企业对信息系统的要求也在不断提高。

3. 新一代信息技术不断涌现，技术更新周期短

进入互联网时代以来，新一代信息技术风起云涌，云计算、物联网和大数据等技术交相辉映，给企业信息系统的发展提供了很好的技术支持。然而，过短的技术更替周期和不断涌现的新技术，也使得企业信息化建设的更新周期变短，维护和投入成本增大。新兴信息技术在加速企业发展的同时，也在无形中增加了企业的负担。

所以，在企业信息化战略规划中，一方面，应积极探索新一代信息技术与企业信息化的融合发展模式，实现企业管理与技术的深度融合，产品、业务、流程等与系统的深度融合，为企业管理经营提供全面的综合服务；另一方面，避免过分追求信息技术的"高新尖"，脱离实际需求，投入大量成本，得不偿失，反而加重了企业负担，使得企业信息化走上错误的道路。

4. 企业信息化业务支持不足，信息化战略"落地难"

许多企业信息系统建设中由于缺乏战略规划，没有充分考虑业务部门的需求，也未对企业业务流程进行专门的梳理和优化，将软件产品和系统生拉硬套地应用在企业业务中，脱离企业的实际业务需求，导致应用系统对业务支持的灵活性差。业务部门人员使用的体验感不好，对系统应用产生排斥，使得企业信息化战略规划"落地难"，企业信息系统被束之高阁，信息化成为一纸空谈。因此，在企业信息化战略规划时就应结合企业的业务需求，从实际出发解决问题。

5. 大数据环境下的信息安全问题

在大数据环境下，企业基于新一代信息技术的信息系统是一个开放共享的平台，其信息化面临纷杂的海量多源异构数据。云计算、物联网和大数据的应用是一把双刃剑，一方面，为信息在更大范围的共享融合带来巨大的优势；另一方面，产生了信息滥用、信息泄密等新的风险，影响了系统的安全性与可靠性。因此，企业应在信息化战略规划中规划设计数据全生命周期的安全体系，规避风险，保证"大数据"的安全，从而为企业信息化战略提供安全保障。

3.1.2 企业信息化战略规划的思路

企业信息化战略规划是从企业的宗旨、目标和长期发展战略出发，对企业内外信息资源进行统一规划、管理和应用，从而规范企业内部管理，提高工作效率和用户满意度，最终为企业获取竞争优势，实现企业的长远发展目标。如图 3-1 所示，企业制定信息化战略规划的过程是从企业全局出发，为了实现企业的长期发展战略，规划一个基本的信息体系结构，统一规划和利用企业信息资源，利用信息控制企业行为，辅助企业进行决策。企业信息化战略实际上就是企业发展战略在信息化工作、信息化建设和信息化服务和支持工作的细化，是企业战略在信息技术层面的落地。

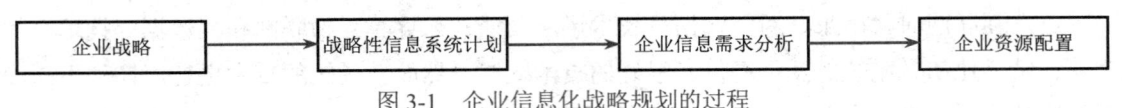

企业战略 → 战略性信息系统计划 → 企业信息需求分析 → 企业资源配置

图 3-1　企业信息化战略规划的过程

企业信息化战略规划的思路主要包括以下几点。

① 考虑战略实现的可行性。企业信息化战略规划必须从企业的长远发展战略角度出发，信息化项目规划应支撑公司的战略实现，通过对管理模式的创新，提升企业的核心竞争力。

② 坚持理论研究成果与企业实际相结合。通过梳理国内外信息化研究成果并借鉴同类企业信息化应用的成功案例，结合行业的国际国内竞争环境，理解企业所处的行业地位及区域特点，根据企业信息化的现状及信息资源，编制具有企业个性化的、独特的解决方案及总体思路。

③ 企业信息化要重视内外部环境。企业的信息化建设必须坚持内外并重的原则，一方面，持续推进内部信息化建设，促进企业业务流程的重组与优化，增强产、供、销之间的协作能力，实现企业的精细化管理，达到事前预测、事中控制、事后核算的管理要求；另一方面，通过整合上下游关联企业的资源，构筑企业之间商务应用协同的全域供应链，实现业务流程和信息系统的融合与集成。

④ 总体规划、分步实施。企业信息化是一个涉及范围广且内容极其复杂的集成化的应用。因此，企业信息化建设必须坚持"总体规划、分步实施、需求牵引、效益驱动、重点突破"方针，合理制订项目具体的实施及阶段目标，保护项目的投资。

⑤ 强调内外合作策略。由于信息化项目是一个多学科的系统集成，因此必须充分发挥各行各业的人才和资源优势，将专业化咨询服务公司、研究机构、学校的专家教授、学者及企业相关资源，进行有效的整合，形成具有协同集成的综合咨询平台。

⑥ 尽量保护已有投资。信息系统设计应尽量结合企业实际，充分利用企业现有资源（软件、硬件、网络），注意与企业现有信息系统的衔接；同时，对确实不适应总体规划要求的信息系统做出适当的调整和改进。

3.1.3　企业信息化战略规划的步骤

企业信息化战略规划是从企业整合运作、提升竞争力的角度出发，站在企业全局的高度，在理解企业所处行业、发展阶段、目标、战略、竞争环境等方面入手，认清其核心能力及管理中存在的主要问题，进行管控模式分析，优化关键业务流程；确定项目目标，提出需求报告；通过全面、客观地分析，根据企业的信息化需求及约束条件，提出技术方案和实施方案；在项目实施的整个过程中对企业开展有针对性的培训，以奠定企业实施信息化的思想基础和技术基础。企业信息化战略规划的步骤如下。

① 企业诊断、需求分析。通过访谈，了解企业所处行业、目标、发展阶段、战略、优势、劣势、信息化基础等，认清其核心能力，帮助企业发现和判断经营管理活动中亟待解决的瓶颈问题和对信息化的需求。正确分析问题是企业成功实施信息化的前提，因此要真正把信息化工程从技术层面提升到战略层面，提升企业的核心竞争力。

② 规划——提出整体解决方案。不拘泥于具体的软件产品或系统，充分考虑企业的实际情况、现实约束、未来发展等问题，为企业提供科学、合理、可行的个性化、专业化解决方案。

③ 实施方案——企业如何去做。以信息化建设基础和支持企业战略实施需要为原则，轻重缓急，分阶段实施；分析、明确各阶段实施的前提条件、风险、投入及预期成效。

3.2　企业信息化战略顶层设计

根据 3.1 节的分析可知，由于长期分散建设，当前的信息化发展面临信息割裂及业务难以互通等问题，亟待一种从全局出发、自顶向下的和统一规划的信息系统设计思路，即企业信息化战略顶层设计。企业信息化战略顶层设计是在信息化战略规划的基础上进行信息化的总体架构设计，也是信息化项目实施的前提和依据。

3.2.1　企业信息化战略顶层设计概述

1. 企业信息化战略顶层设计的概念

顶层设计的概念来自"系统工程学"，在 2010 年 10 月发布的《中共中央关于制定国民经济和社会发展第十二个五年规划的建议》中提出后得到广泛重视和应用，其含义是自高端开始的总体构想。在系统工程学中，顶层设计是指理念与实践之间的"蓝图"，总的特点是具有"整体的明确性"和"具体的可操作性"，避免各自为政，造成工程建设过程的混乱无序。

企业信息化战略顶层设计就是从企业全局出发，站在整体高度，以信息化思维，全面分析企业的各项业务，建立业务模型、组织模型和信息系统模型等，并结合企业信息化现状，构建出能支撑企业战略并实际落地的信息化蓝图,为信息化建设的有序推进提供有效的管理手段。企业信息化战略顶层设计的价值体现在保障企业信息化建设目标一致、功能协调、结构统一和资源共享。我们可以从以下 4 方面来理解企业信息化战略顶层设计。

① 业务方面:通过业务分析,了解哪些业务需要信息化,建立业务模型,促进业务流程优化与服务整合。

② 数据方面:设计实现从业务模式向信息模型的转变、业务需求向信息功能的映射、企业基础数据向企业信息的抽象。

③ 应用方面:以企业数据架构为基础,建立支撑企业业务运行的各业务系统,通过应用系统的集成,实现企业信息自动化流动。

④ 技术方面:设计、规划支持业务实现的统一的技术架构和基础保障环境。

2. 企业信息化战略顶层设计的定位

企业信息化战略顶层设计是从信息化战略规划到实施的桥梁,是企业信息化战略规划指导下的延续、细化,是构成信息化的总体架构,是信息化实施的前提和依据。企业信息化战略规划解决"做什么"的问题,企业信息化战略顶层设计解决"怎么做"的问题;企业信息化战略规划是"愿景",企业信息化架构是"蓝图",企业信息化战略顶层设计是"路线图",如图 3-2 所示。

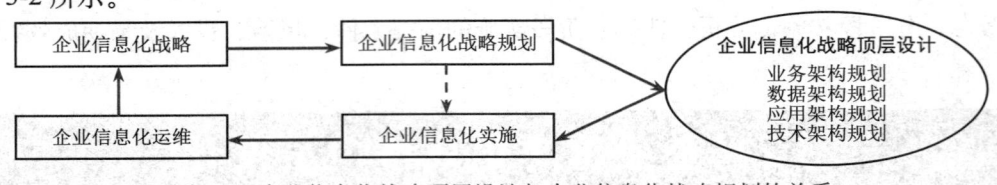

图 3-2 企业信息化战略顶层设计与企业信息化战略规划的关系

3.2.2 企业信息化战略顶层设计的内容

企业信息化战略顶层设计是根据企业战略和业务模式,参考行业最佳实践,分析主流业务,规划业务架构;根据业务架构,规划企业数据架构;根据信息化现状和存在的问题,以数据架构为基础,规划应用架构;根据数据架构和应用架构所需的支持情况,规划技术架构和基础保障环境;根据顶层设计工作描绘的蓝图,设计总体解决方案,如图 3-3 所示。

1. 业务架构规划

业务架构规划是通过分析自身所处外界环境的状态,分析自身面临的机遇和挑战,同时剖析企业自身的结构特点和资源状况,明确企业的优劣态势,从而选择和制定企业发展的总体目标,制定具体的实施方案和发展计划。业务架构要素包括业务目标、业务现状、流程结构、组织结构等。业务架构重点从宏观角度关注规划过程中的用户、业务、信息、资源和能力等,注重构建这些元素之间较为粗粒度的关系模型,避免过多涉及其中的细节,不细化到分析每个原子业务活动和数据元素。

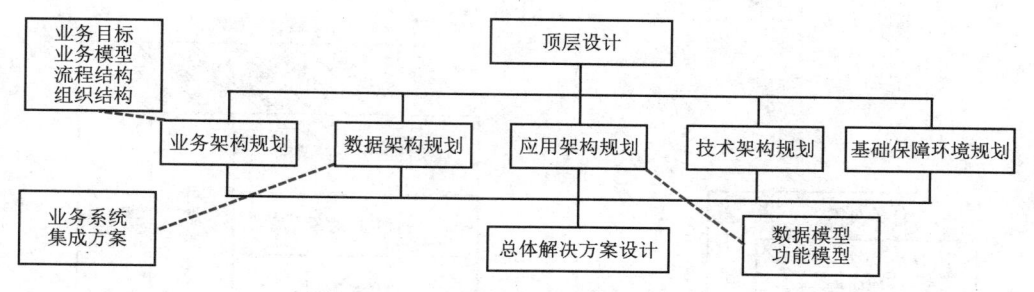

图 3-3　企业信息化战略顶层设计的内容

2. 数据架构规划

数据架构规划是将企业业务实体抽象成为信息对象，将企业的业务运作模式抽象为信息对象的属性和方法，建立面向对象的企业信息模型及对应的功能模型。数据架构实现从业务模型向功能模型的转变、企业基础数据向数据模型的抽象，并以此来规划设计企业各业务系统和集成方案。通过应用系统的集成运行，实现企业信息自动化流动，代替手工的信息流动方式，提高企业业务的运作效率，降低运作成本。

3. 应用架构规划

应用架构规划描述信息系统功能和技术实现的内容，以业务架构作为输入，依托行业软件解决方案及具体的信息化项目需要考虑的因素，将应用能力组合成业务系统，形成企业层面的集成方案。企业层面的应用架构起到了统一规划、承上启下的作用，向上承接企业战略发展方向和业务模式，向下规划和指导企业各信息系统的定位和功能。在企业架构中，应用架构是最重要和工作量最大的部分，包括企业的应用架构蓝图、架构标准/原则、系统的边界和定义、系统间的关联关系等方面的内容。

4. 技术架构规划

技术架构规划是在信息化工作中，对与信息化技术相关部分的系统架构、采用的技术框架和技术标准进行分析和定义，包括：软件架构设计、系统架构设计、技术框架选择、技术标准定义、安全架构设计、系统/软件选型等，如图 3-4 所示。不同的信息化阶段，技术架构规划的侧重点不同，关心的问题不同，技术架构规划的结果也不同。

5. 基础保障环境规划

基础保障环境规划是指信息系统运行所依赖的软/硬件基础设施的组成架构和拓扑关系，包括 IT（信息技术）基础设施、运行管理流程、运维支撑系统，如图 3-5 所示。基础保障环境规划的目标是规划和设计可靠的 IT 基础设施和完善的运行管理流程，为应用系统的运行提供安全可靠的技术支撑。

6. 总体解决方案设计

总体解决方案是基于信息化现状，结合企业的发展需求，根据顶层设计工作描绘的蓝图，在总体分析、综合设计、职能域分析、技术架构规划的基础上，设计出一个可指导信息化实

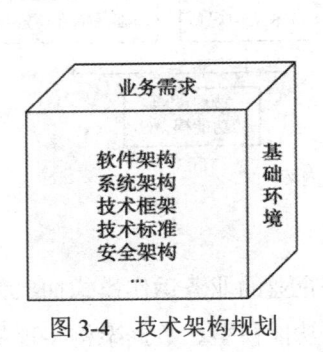

图 3-4 技术架构规划

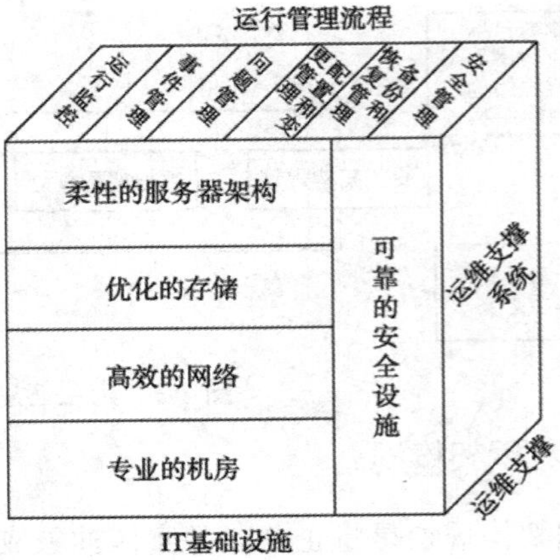

图 3-5 基础保障环境规划

施的具体方案,包括系统建设方案、运行维护方案,如图 3-6 所示。总体解决方案是顶层设计工作成果的展现,是对企业信息化的蓝图进行提炼、描述,是实现从"规划"到"实施"的桥梁,是基于"规划蓝图"设计出企业信息系统的"路线图"。

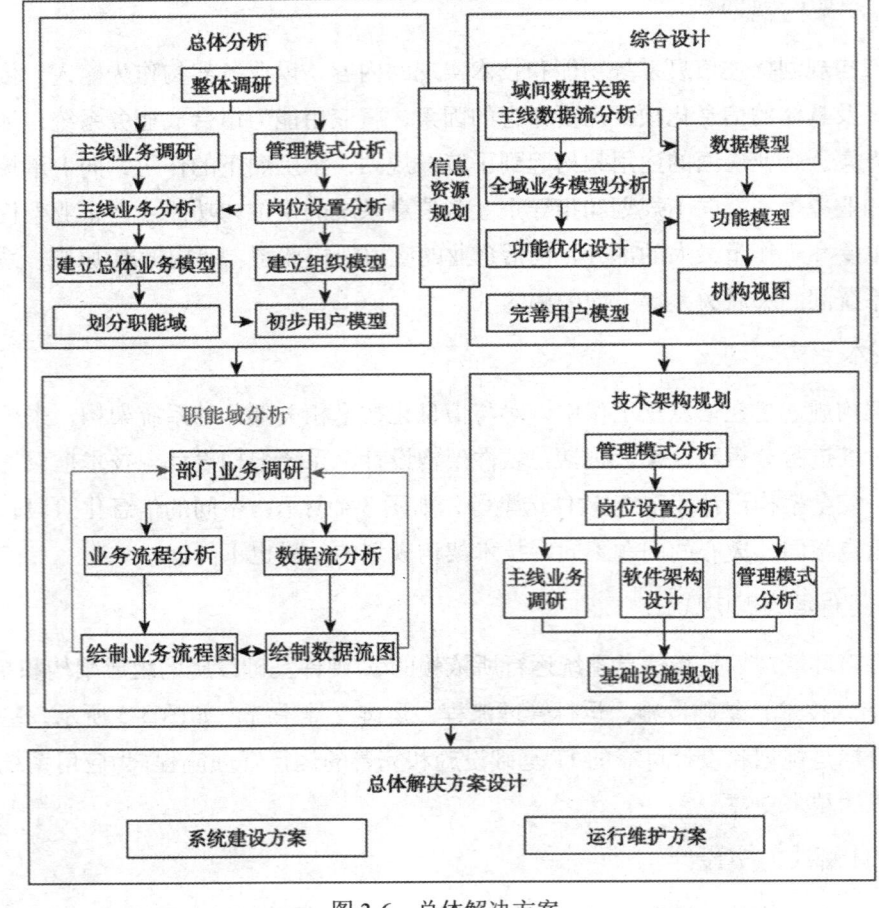

图 3-6 总体解决方案

3.2.3 企业信息化战略顶层设计的框架

企业信息化项目的成功实施需要好的顶层设计，而企业信息化战略顶层设计需要一定的方法。当前，企业架构方法已成为企业信息化战略顶层设计的主要抓手，指引企业的未来发展和实践过程。

企业架构通常分为两种：业务架构和IT架构。业务架构是从企业的业务和管理的不同维度来构建的模型，如运营模式、业务流程、组织结构和空间布局等。IT架构是从企业信息化实现的维度来给企业构建的模型，目的是描绘信息系统的蓝图，包括数据架构、应用架构和技术架构。

企业架构架起了企业信息化战略与信息系统项目实施之间的桥梁，如图3-7所示。因此，从企业全局视角出发，设计总体技术架构，并对整体架构的各方面、各层次、各类服务对象、各种因素进行统筹考虑和设计，进而为信息化建设提供统一指导和规范，为企业各级领导和员工展现出一个在未来企业信息化中能够使业务、信息、应用和技术进行互动的平台，具有重要意义。

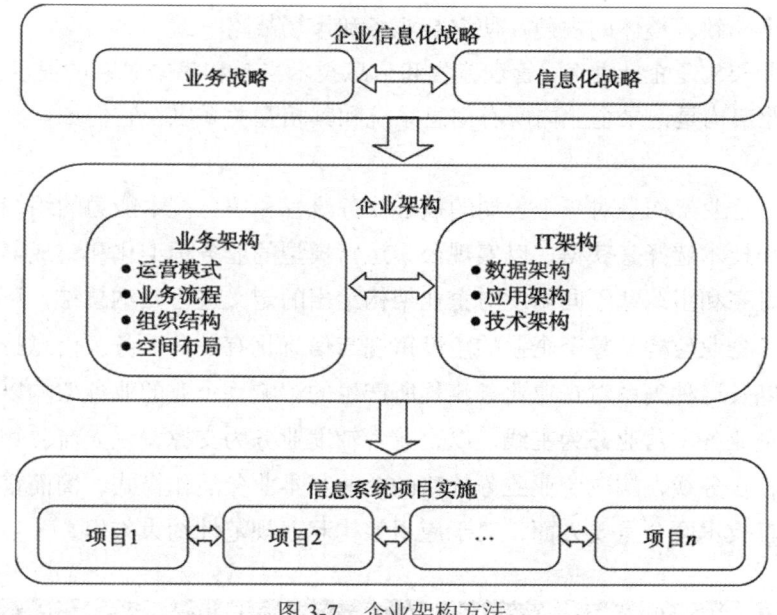

图3-7 企业架构方法

3.3 企业架构理论

明确顶层设计的实施路线是信息化项目建设和落地的有力保障。企业架构理论是用来指导企业信息化战略顶层设计的理论和方法，是让企业信息化战略顶层设计与企业变革实现知行合一的制胜关键。

3.3.1 企业架构的内涵

整体上,企业架构相当于技术实现与业务模式之间的桥梁。对一件事物架构的认识决定我们能够利用它的能力和水平。如造汽车需要汽车架构、建设城市需要城市架构、开发软件需要软件架构,而发展企业需要企业架构。

企业架构(Enterprise Architecture,EA)是在信息系统架构设计和实施的实践基础上发展起来的,目前还没有明确的定义,以下是一些专家和组织从不同的角度给出的相关定义。

Zachman:企业架构是构成组织的所有关键元素和关系的综合描述。

Clinger-Cohen 法案:企业架构是一个集成的框架,用于演进或维护存在的信息技术和引入新的信息技术来实现组织的战略目标和信息资源管理目标。

The Open Group:企业架构是关于理解所有构成企业的不同企业元素以及这些元素怎样相互关联的。

Meta Group:企业架构是一个系统过程,表达了企业的关键业务、信息、应用和技术战略以及它们对业务功能和流程的影响。关于信息技术怎样以及应该如何在企业内实施,企业架构提供了一个一致、整体的视角,使它与业务和市场战略一致。

OMB:企业架构是企业业务、管理流程和信息技术当前和将来关系的显示、描述和记录。

IBM:企业架构是记录企业内所有信息系统和其相互关系以及它们如何完成企业使命的蓝图。

Microsoft:企业架构是对一个公司的核心业务流程和信息技术能力的组织逻辑,通过一组原理、政策和技术选择来获得,以实现公司运营模型的业务标准化和集成需求。

根据上述专家和组织从不同角度对企业架构给出的定义进行归纳总结,可以较为全面地理解企业架构。企业架构从整个企业的角度审视与信息化有关的业务、信息技术和应用之间的相互关系,以及这种关系对企业业务流程所产生的影响。企业的业务架构以企业的业务战略为顶点,以企业各主营业务为主线,以企业各辅助业务为支撑,以人流、物流、资金流、信息流等联络各业务线,构成企业业务战略的企业基本业务运作模式。简而言之,企业架构包括业务和信息技术两个重要方面,对于应用架构起着规范性约束作用。

3.3.2 企业架构的发展历程

企业架构经过漫长的历史发展,已逐步形成了较为成熟的理论。企业架构演进有两条主线:一条是以 Zachman 框架为基础开发出的主流架构框架与方法,如 EAP、FEAF、TEAF 等;另一条是以 ISO/IEC14252 为基础开发出的美国国防部的信息管理技术架构框架,如 TAFIM、TOGAF 等,基于此框架,美国国防部又开发了 DoDTRM、C4ISR、DoDAF,如图 3-8 所示。其中,EAP 为企业架构规划,TISAF 为财政部信息系统体系结构框架,E2AF 为扩展企业架构框架,FEAF 为联邦政府企业架构框架,TEAF 为财政部企业架构框架,IEC 为国

图 3-8 企业架构的发展历程

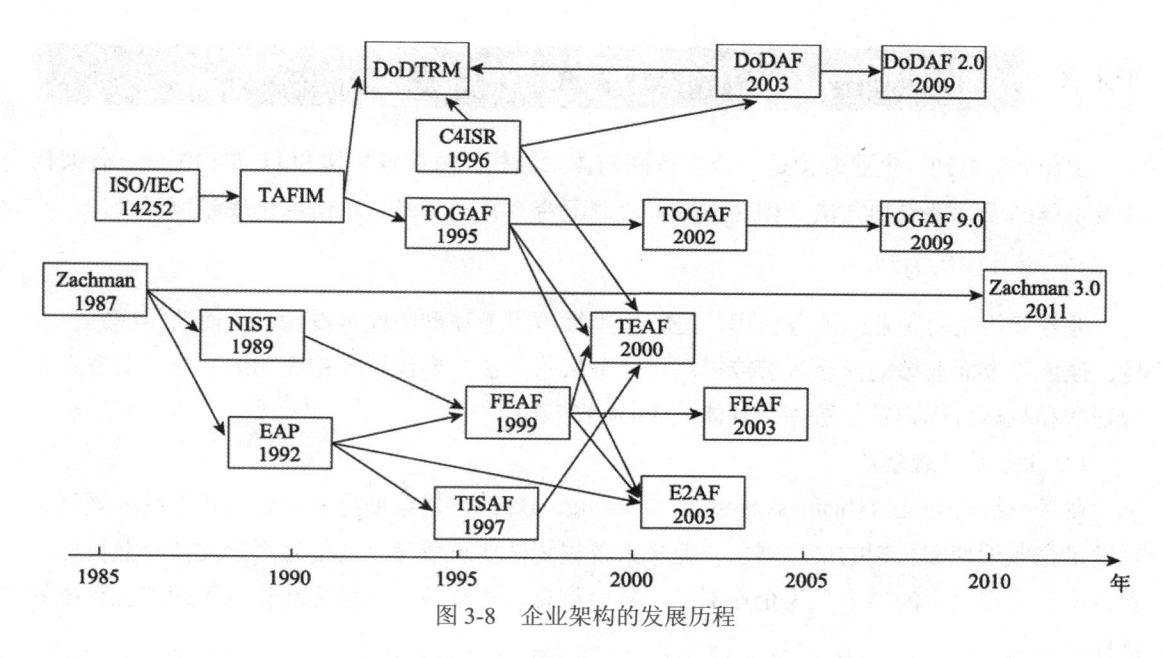

际电工委员会，TAFIM 为信息管理技术架构框架，DoDTRM 为国防部技术参考模型；TOGAF 为开放组架构框架，DoDAF 为国防部架构框架。

1987 年，John Zachman 在 *IBM System Journal* 上发表了 *A Framework for Information Systems Architecture* 的文章，提出了"企业架构框架"（Enterprise Architecture Framework，EAT）的概念，简称"Zachman 架构"。Zachman 被公认为企业架构领域的开拓者，现有的企业架构大多由 Zachman 架构派生。

1989 年，美国国家技术标准研究所发布了 NIST 框架，从此美国联邦政府内出现了许多框架，其他联邦实体也发布了企业架构框架，包括美国国防部（DoD）和财政部（DoT）等。

1993 年，The Open Group（TOG）开始应客户要求制定系统架构的标准，在 1995 年发表 TOGAF 架构，支持开放、标准的 SOA 参考架构。

1996 年，美国国会通过了 Clinger-Cohen 法案，产生了术语"IT 架构"，要求政府机构的 CIO 负责开发、维护一个合理的和集成的 IT 架构的实施。

1999 年 9 月，美国联邦 CIO 委员会出版了联邦企业架构框架（FEAF），希望为联邦机构提供一个架构的公共结构，以利于这些联邦机构间的公共业务流程、技术引入、信息流和系统投资的协调等。

2000 年，Meta Group 发布《企业体系机构桌面参考》，提供了一个通过验证的实施企业架构的方法论，希望构建业务战略和技术实施之间的桥梁。在咨询和研究机构的带动下，IBM、Microsoft、HP、EDS 等公司纷纷把目光集聚到企业架构。

2003 年，企业架构开发研究所（IFEAD）发布了 E2AF 架构。

2008 年，Zachman 框架推出正式标准。2011 年，Zachman 框架升级到 3.0 版本。

2009 年，TOGAF 升级到 9.0 版本。

3.3.3 企业架构的方法论

由图 3-7 可知，企业架构是一个多视图的体系结构，由业务架构和 IT 架构组成。各架构涉及不同的设计理论和方法，相互依赖，协调配合，共同完成企业信息化战略顶层设计。

1. 业务架构方法

业务架构是对企业的业务流程，进行根本性再思考和彻底性再设计，从而获得成本、质量、速度等方面业绩的显著改善或提高。业务架构方法主要包括关键成功因素法、业务系统规划法和战略目标集转化法等，具体见 3.4.4 节。

1) 业务系统规划法

业务系统规划法（Business System Planning，BSP），是帮助企业制定信息系统的规划，以满足企业近期和长期的信息需求。业务系统规划法要求所建立的信息系统支持企业目标，表达所有管理层次的要求，为企业提供一致性信息，逐步将企业目标转化为管理信息系统的目标和结构。

2) 关键成功因素法

关键成功因素法（Critical Success Factors，CSF）是以关键成功因素为依据来确定系统信息需求的一种管理信息系统总体规划的方法。关键成功因素指的是对企业成功起关键作用的因素，通过对关键成功因素的识别，找出实现目标所需的关键信息集合，从而确定系统开发的有限次序。

3) 战略目标集转化法

战略目标集转化法（Strategy Set Transformation，SST）从另一个角度识别管理目标，反映了各种人的要求，并给出了按这种要求的分层，然后转化为信息系统目标的结构化方法。

2. 数据架构方法

数据架构是将来自原有系统、数据湖、数据仓库、数据库和应用程序的数据汇集在一起，提供对业务绩效的整体视图。数据架构方法包括数据分类方法和规范、数据分布策略和原则、数据建模方法、数据管控等。

1) 数据分类方法

数据分类是数据挖掘技术的重要方面，也是企业信息化标准制定的基本要求。分类是指在已有数据的基础上学会一个分类函数或构造一个分类器，把数据库中的记录映射到某事先制定的类过程。数据分类规范是企业数据标准的一个组成部分，即全部企业数据执行同一个数据分类标准。

数据分类方法主要包括决策树、kNN（k Nearest Neighbor，k-最近邻）、SVM（Support Vector Machine，支持向量机）、VSM（Vector Space Model，向量空间模型）、Bayes（贝叶斯）法等。

决策树：采用自顶向下递归的方法来构造决策树，树的每个节点使用信息增益来度量选择测试属性，可以从生产的决策树中提取规则。

kNN：如果一个样本在特征空间中的 k 个最邻近的样本中大多数属于某类别，那么该样本也属于这个类别。

SVM：自动寻找出那些对分类有较好区分能力的支持向量，由此构造出的分类器可以使类的间隔最大化，因而有较好的适应能力和较高的分辨率。

VSM：将文档表示为加权的特征向量，然后通过计算文本相似度的方法来确定待分样本的类别。

Bayes 法：一种在已知先验概率与类条件概率情况下的模式分类方法。

2) 数据分类规范

数据分类规范主要有三方面需求和五方面原则。

三方面需求包括：① 满足各种数据需求对数据组织的要求；② 独立于具体的数据模型和数据分布；③ 有利于数据的维护和扩充。

五方面原则包括：① 根据国际已有标准分类框架对数据进行分类，如国际电信管理论坛的 SID（Shared Information Data Model）数据框架；② 根据国家已有标准分类框架对数据进行分类，如《网络安全标准实践指南——网络数据分类分级指引》；③ 根据行业已有标准分类框架对数据进行分类；④ 根据企业已有实际情况对数据进行分类；⑤ 根据企业的目标 IT 架构对数据进行分类。

3) 数据分布策略和原则

在对企业的数据分类有一个清晰的把握后，还需要了解信息系统如何产生与利用这些数据，这就涉及数据在系统中如何分布的问题。数据分布的基本策略分为集中式、分割式、复制式和混合式。数据分布策略的原则包括：① 尽量减少通信开销和时间延迟，有利于提高局部和整体数据库的效率；② 逻辑片的划分、节点分配与更新授权等应建立在应用分布模型的基础上；③ 合理安排数据副本，既能提高数据检索效率，又有利于保证数据的安全可靠；④ 有利于保证数据库的完整性和一致性。

4) 数据建模方法

企业数据模型不是一个单一的数据模型，而是一个高数据模型体系，不同层次的复杂的数据需要通过不同层次的企业数据模型进行定义和规范。数据建模方法包括使用一体化统一建模语言（UML）、信息建模方法 E-R 图、功能建模方法数据流图等，可以使用的建模工具包括 ROSE、ERWin、BPWin、Oracle Designer、PowerDesigner 等。

5) 数据管控

数据管控是通过一定的管控流程和数据标准，实现对数据生命周期的管理和控制，进而实现对整个企业数据架构的管理和支撑。信息系统的总体发展建立在一个融合、协同的运营支撑环境中，因此需要利用现代新兴信息技术实现主机、数据控制权限上升和远程集中控制实现业务的集中管控。

3. 应用架构方法

在企业架构中，应用架构是最重要和工作量最大的部分，包括企业的应用架构蓝图、架构标准/原则、系统的边界和定义、系统间的关联关系等方面的内容。应用架构方法主要包括架构设计策略、架构评价标准等。

应用架构设计需要考虑的输入包括企业应用原则、行业最佳实践、业务用例、非功能性需求、应用范围、现有系统情况等。评价应用架构是否成功，主要看其能否通过定义结构元素与他们之间协调的机制，来直接满足关键质量需求，并为产品开发人员提供指南。成功的应用架构应该具有良好的模块化、适应功能需求变化和技术变化、对系统动态运行有良好的规划、有明确和灵活的部署规划等。

应用架构设计策略归纳如表 3-1 所示。

表 3-1 应用架构设计策略归纳

关键点	问题	危害	策略	策略要点
是否遗漏了至关重要的非功能性需求	对需求的理解不系统、不全面、对非功能需求不够重视	造成返工，项目失败	全面认识需求	弥补非功能需求的缺失
是否适应数量巨大且频繁变化的需求	对于时间和质量的矛盾，办法不足，处理草率	耗时不少，质量不高	关键需求决定架构	把架构理解成概要设计，挖掘关键需求
能否从容设计架构的不同方面	架构设计方案覆盖范围严重不足，许多关键决定被延迟，或者由实现人员仓促决定	开发混乱，质量不高	多视图探寻架构	架构师开展系统化团队开发的基础，应该对不同的涉众提供指导和限制
能否及早验证架构方案并作出调整	假设架构的方案是可行的，直到后期才发现问题，造成大规模返工	造成返工，项目失败	尽早验证架构	应用架构设计方案应该解决重大技术风险，并尽早验证架构

4. 技术架构方法

技术架构是将产品需求转变为技术实现的过程，也就是确定组成应用系统实际运行的技术组件、技术组件之间的关系，以及部署到硬件的策略。技术架构解决的问题包括如何进行纯技术层面的分层、开发框架选择、语言选择、涉及各自非功能性需求的技术点。技术架构方法包括平台选型方法、技术规划和管理方法等。

1）平台选型方法

平台选型是基础架构设计中的关键部分。所谓平台，实际包含四层，即物理设备层、操作系统与虚拟化层、数据库层和应用中间件层。在进行平台选型时，需要根据不同平台的功能特性、应用架构的需求和企业自身的特点梳理出一张对比表格，从而量化地得出最佳平台。在平台选型过程中，不可避免地要在成本、可用性、吞吐量、安全性、可维护性、灵活性和容灾备份等非功能性需求中进行折中，为了做到客观公正，建议将这些考虑因素根据企业自身需求的急迫性和重要程度进行打分，然后对每项指标得出一个权重加入评分表。在选型过程中，企业长期战略和短期方案也需要进行折中。

2）技术规划和管理方法

技术规划主要包括网络规划、存储规划、开发规划和运营规划 4 方面。

① 网络规划：包含需求分析、通信协议分析、逻辑网络设计、物理网络设计、实施和维护等。其交付物主要包括需求规格说明书、通信规范说明书、逻辑网络设计文档、物理网络设计文档、实施和维护文档。

② 存储规划：需要定义企业可容许服务中断的时间长度（复原时间目标）和数据库恢复所对应的时间点（复原点目标），进行风险评估与成本分析，以此来了解业务对连续性的需求；通过将数据按重要性分级，对重要数据采取完善的保护策略，对普通数据采取经济备份策略，以此来完善数据备份策略；并根据业务需求选择数据级和业务级容灾方案。

③ 开发规划：一般采用敏捷开发方法，以应对软件开发需求的快速变化。该方法强调开发团队与业务专家之间的紧密协作，组建一支紧凑而自我组织的能够很好地适应需求变化的开发团队，以频繁交付新的软件版本，快速地响应业务的需求。

④ 运营规划：指采用规范化的流程、技术对企业信息系统的运行环境及运维人员进行标准化的管理，常用的标准和方法包括 IT 基础架构库 ITIL（IT Infrastructure Library）和信息及相关技术的控制目标 COBIT（Control Objectives for Information and Related Technology）。作为企业 IT 治理的指南，COBIT 和 ITIL 都以流程运作为手段制定运营规划，实施有效的 IT 治理。

3.3.4 主流的企业架构模型

目前，主流的企业架构模型包括 Zachman 框架、TOGAF（The Open Group Architecture Framework）、DoDAF（Department of Defense Architecture Framework）、FEAF（Federal Enterprise Architecture Framework）等。其中，Zachman 框架是最早出现的，影响广泛；TOGAF 的应用最广泛，是业界流行的企业架构框架理论；DoDAF 强调系统间的集成与协作，主要用于军事领域；FEAF 比较全面，但体系复杂，主要应用于政府，企业较少使用。本节重点介绍 Zachman 架构和 TOGAF。

1. Zachman 框架

Zachman 框架是一种逻辑结构，提供一种可以理解的信息表述，从企业要求分类和不同角度进行表示。

1) Zachman 框架的思想

① 基于不同视角。单一的描述不能清楚、准确地说明系统的所有内容，不能使企业各层次员工从整体上把握企业状态和所需的系统结构，导致系统规划设计不合理，无法体现企业战略与系统建设的无缝整合。因此，在信息化设计和实施过程中，企业各层次员工需要根据自己的职责与能力，从不同角度对系统进行描述。

② 基于相同业务功能。一般而言，对系统的描述是以不同的目的、从不同的角度来描述系统的，但它们是针对同一系统进行的描述，最终需要实现的业务功能是相同的。

③ 基于信息协同和业务协同。在进行系统描述时，不仅要从不同角度定义系统内部的相关因素，还要定义它们之间的关联关系，并描述这些关联因素是如何设计的，最后根据实际情况，结合具体的方法论和方案来共同解决问题。

2）Zachman 框架的内容体系

Zachman 框架用来归纳和组织企业的各种观点，这些观点在企业信息化发展中具有重要的地位。Zachman 框架模型分两个维度，横向维度采用 6W（what、how、where、who、when、why）进行组织，纵向维度反映 IT 架构层次，从上到下依次为范围模型、企业模型、系统模型、技术模型、详细模型、功能模型。结合数据、功能、网络、组织、时间、动机，分别对应回答 what、how、where、who、when 和 why 六个问题。

Zachman 架构框架分为 6 层，以 6 行来描述，如图 3-9 所示。每行代表不同类型的项目涉众的看法和观点，明确了企业架构工作的流程和流程承担者。

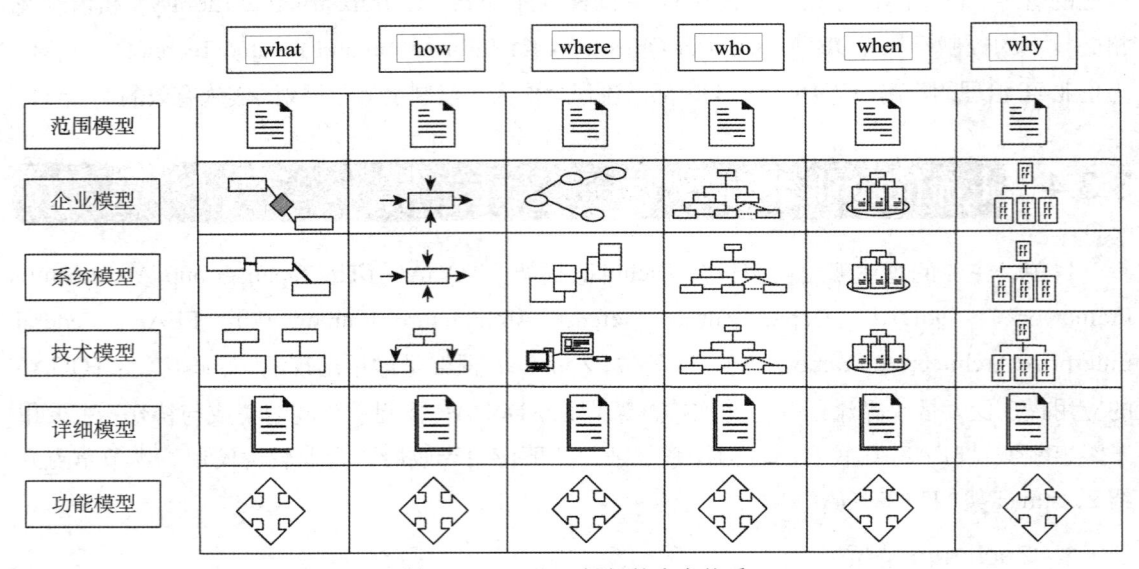

图 3-9 Zachman 框架的内容体系

第 1 层是范围模型，即企业的规划和管理人员范畴：定义企业的方向和目的、架构工作的边界，明确系统所支持的业务范围，规划系统在功能、性能和成本等方面的整体要求。

第 2 层是企业模型，即系统的拥有者范畴：用业务术语来定义企业的本质，包括结构、过程、组织，明确业务实体和它们之间的关系，以及业务流程和规则。

第 3 层是系统模型，即系统设计者和项目架构师范畴：用规范的术语来决定和定义系统提供的功能和数据模型，依次深化系统、细化模型。

第 4 层是技术模型，即系统的构建者和实施方范畴：定义采用的技术和方法，包括系统开发的工具、技术方案和平台等，依次满足前面各层次所定义的需求。

第 5 层是详细模型，即系统的开发者和承包方范畴：定义详细设计，选择合适的实现语言、数据库和中间件，包括定义具体的数据库、系统模块、业务规则等，合理分配工作给开发者，提供指导。

第 6 层是功能模型，即系统使用者范畴：定义利用所得到的数据制定相应的战略的具体策略和方法，同时考虑相关规划的进度。

3）Zachman 业务建模分析框架

Zachman 框架是一种分析框架，如图 3-10 所示，在框架建立过程中需要依据以下原则：① 列没有顺序之分；② 每列有个简单、基本的模型；③ 每列的基本模型都是唯一的；④ 每行表示一个不同的视图；⑤ 每个单元是唯一的；⑥ 组合同一行内的单元，构成一个基于该行的、完整的描述。

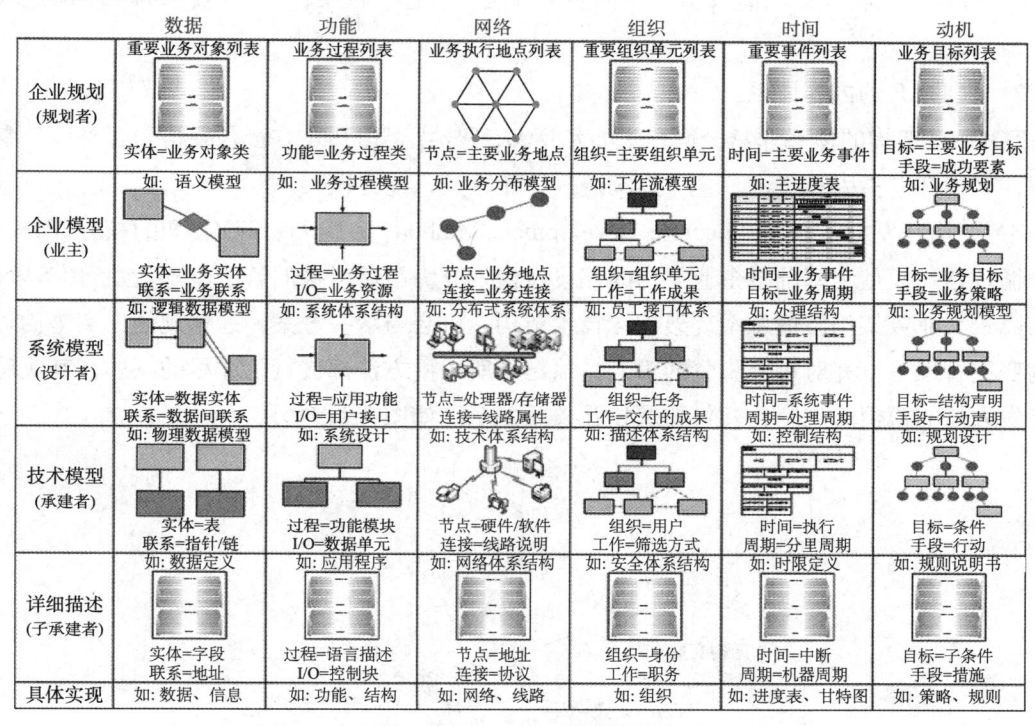

	数据	功能	网络	组织	时间	动机
企业规划（规划者）	重要业务对象列表 实体=业务对象类	业务过程列表 功能=业务过程类	业务执行地点列表 节点=主要业务地点	重要组织单元列表 组织=主要组织单元	重要事件列表 时间=主要业务事件	业务目标列表 目标=主要业务目标 手段=成功要素
企业模型（业主）	如：语义模型 实体=业务实体 联系=业务联系	如：业务过程模型 过程=业务过程 I/O=业务资源	如：业务分布模型 节点=业务地点 连接=业务连接	如：工作流模型 组织=组织单元 工作=工作成果	如：主进度表 时间=业务事件 目标=业务周期	如：业务规划 目标=业务目标 手段=业务策略
系统模型（设计者）	如：逻辑数据模型 实体=数据实体 联系=联系	如：系统体系结构 过程=应用功能 I/O=用户接口	如：分布式系统体系 节点=处理器/存储器 连接=线路属性	如：员工接口体系 组织=任务 工作=交付的成果	如：处理结构 时间=系统事件 周期=处理周期	如：业务规划模型 目标=结构声明 手段=行动声明
技术模型（承建者）	如：物理数据模型 实体=表 联系=指针/链	如：系统设计 过程=功能模块 I/O=数据单元	如：技术体系结构 节点=硬件/软件 连接=线路说明	如：描述体系结构 组织=用户 工作=筛选方式	如：控制结构 时间=执行 周期=分里周期	如：规划设计 目标=条件 手段=行动
详细描述（子承建者）	如：数据定义 实体=字段 联系=地址	如：应用程序 过程=语言描述 I/O=控制块	如：网络体系结构 节点=地址 连接=协议	如：安全体系结构 组织=身份 工作=职务	如：时限定义 时间=中断 周期=机器周期	如：规则说明书 目标=子条件 手段=措施
具体实现	如：数据、信息	如：功能、结构	如：网络、线路	如：组织	如：进度表、甘特图	如：策略、规则

图 3-10 Zachman 分析框架

4）Zachman 框架的特点

Zachman 框架的优点：① 明确地展示了企业架构需要解释的许多观点；② 确保每个利益相关者能够从描述的焦点考虑；③ 通过把每个焦点精简到每个特殊观众涉及的焦点来提升构架材料的质量；④ 确保每个商业需求能够追踪到技术实现；⑤ 确保商业方面不会规划出多余的功能；⑥ 确保技术组包含在商业组的规划中。

Zachman 框架的缺点：① 可能导致文档过于繁杂；② 可能过于偏向于方法学；③ 可能偏重过程；④ 并没有被开发领域广为接受；⑤ 提倡的是自顶向下的开发方法；⑥ 主要解决系统建设问题，而不涉及业务和流程的设计。

2. TOGAF（The Open Group Architecture Framework）

TOGAF 是一个架构框架或工具，用于架构的创建、使用和维护。TOGAF 是基于一个迭代的过程模型，由一些最佳实践和一套可复用的已有架构资产支持。TOGAF 是一个可靠的、行之有效的方法,以发展能够满足商务需求的企业架构,而企业架构是承接企业业务战略与IT战略之间的桥梁与标准接口,是企业信息化规划的核心。

1) TOGAF 的思想

TOGAFG 的思想主要包括:① 支持一套可复用的现有架构资产;② 将企业信息化架构分为四层,包括业务架构、信息架构、应用架构和技术架构;③ 满足商务需求,提供行业标准;④ 开放的架构框架,能够整合其他多种方法、过程和框架;⑤ 以需求为中心的迭代过程模型。

2) TOGAF 的内容体系

TOGAF 架构的体系非常全面,主要包括 6 部分:架构开发方法,架构内容框架,参考模型,架构开发指引和技术,企业连续统一体和工具,能力框架。

① 架构开发方法(Architecture Development Method,ADM):TOGAF 的核心部分,以一个循环迭代模型为基础将企业架构的建设过程划分为前后衔接的若干步骤,包括预备阶段、架构愿景、业务架构、信息系统架构、技术架构、机会与解决方案、迁移规划、实施治理、架构变更管理等,并对每个步骤的输入、输出及所采用方法都进行了详尽的阐述,其实施结果产生大量的模型、规则、交付物及相互关联关系,如图 3-11 所示。

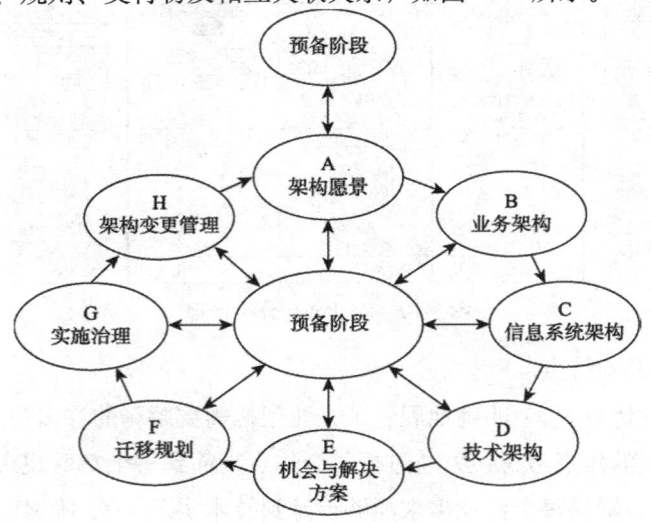

图 3-11 架构开发方法(ADM)

② 架构内容框架。企业经过架构开发方法开发得到的成果在 TOGAF 中是以统一的内容框架展现的,提供了一套架构工作产品的详细模型,如图 3-12 所示,主要包括:架构原则、愿景和需求,业务架构,信息系统架构,技术架构,架构实现。

③ 参考模型(TOGAF Reference Model,TRM):给出了一个系统平台服务的通用描述,并给出了每种服务、接口、功能的描述方法。每个对象的描述方式主要分为两部分:类别和该类别的图形化表达。参考模型的目标是提供一个广泛接受共识的平台技术体系描述方法。

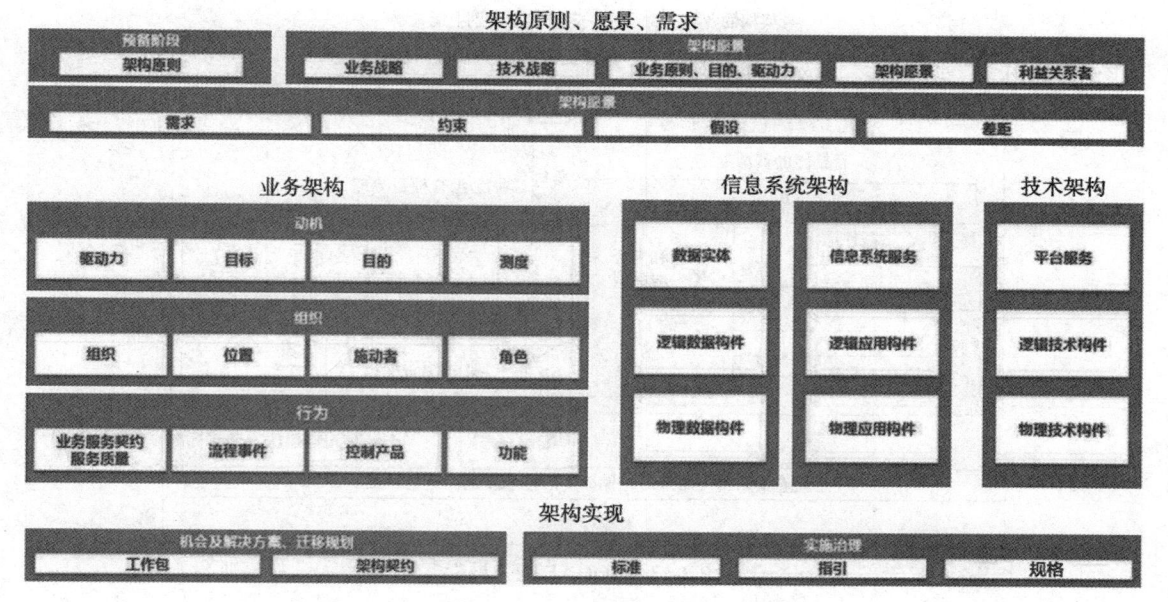

图 3-12 TOGAF 内容框架

事实上，企业在建立自己的架构时，完全可以选用更为合适自己的系统描述方法，因为它提供的描述并不具有针对性，有时往往与系统需求和体系是不相适应的。

④ 架构开发指引和技术（ADM Guidelines and Techniques）：一组指引和技术，以支持架构开发方法应用。该指引有助于适应架构开发方法来处理不同的情况，包括不同的流程风格（如利用迭代）及具体需求（如安全）。该技术支持架构开发方法范围内的具体任务（如确定的原则、业务情景、差距分析、迁移规划、风险管理等）。

⑤ 企业连续统一体和工具（Enterprise Continuum and Tools）：企业连续统一体是企业架构资源库的一张视图，为企业中的各种架构和解决方案制品提供一种分类和组织的企业架构过程，是一个动态的过程，因而针对工作制品进行组织分类的方式不仅是一个静态方法，还是一种能够随着企业架构演进而变化其分类方式的动态方法。除此之外，该部分还提供了几个用于帮助企业架构建设的参考模型和其他一些辅助工具。

⑥ 能力框架（Capability Framework）：为了在一个企业中有效地操作企业架构并使其发挥最大的效能，需要定义一系列适当的组织结构、流程、技能、角色和责任，并将它们进行结合。TOGAF 能力框架为如何组织好结构、流程、技能、角色和责任提供了指南，如图 3-13 所示。

3）TOGAF 的特点

架构设计是一个复杂的技术过程，而设计异构、多供应商的架构更复杂。在帮助对架构开发过程实现"去神秘化"和"去风险化"方面，TOGAF 扮演了重要的角色。TOGAF 提供了增值平台，可以帮助用户建立基于开放系统的解决方案，以处理他们的业务议题和需要。TOGAF 提供了一个灵活且可扩展的架构框架，帮助企业完成符合商业目标的信息化。参考架构和框架相当于架构模板，通过模板可快速、最佳地实现企业架构。

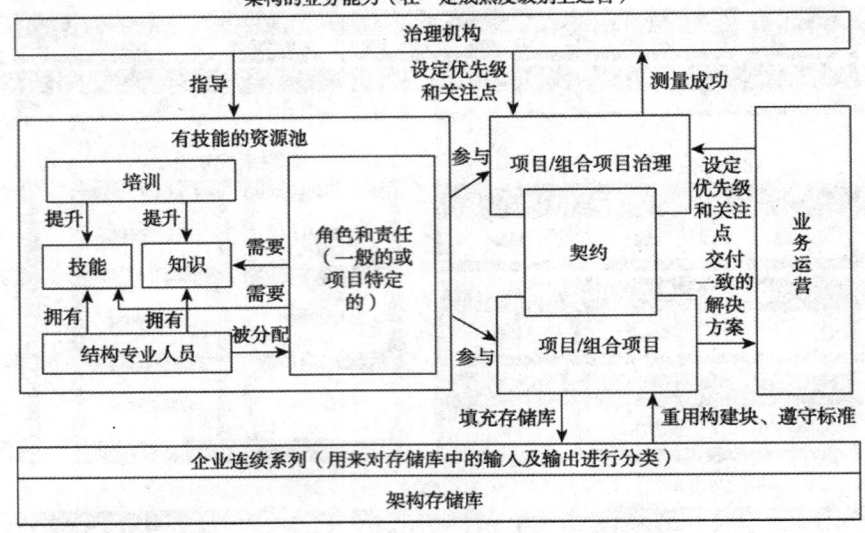

图 3-13 TOGAF 能力框架

但是，TOGAF 复杂、抽象，难以控制质量，难以让企业接受，缺乏用于获取并管理企业架构工件的标准工具，并且缺乏标准标记符。

3.4 信息系统规划

信息系统规划（Information System Planning，ISP）是在企业信息化战略顶层设计的基础上运用企业架构理论，从企业全局出发规划一个基本的信息体系结构，通过统一规划和利用企业的信息资源，帮助企业实现战略目标。信息系统规划是系统生命周期中的第一个阶段，也是系统开发过程的第一步，其质量直接影响着系统开发的成败。

3.4.1 信息系统规划概述

1. 信息系统规划的目标

信息系统规划的目标是从企业的战略目标出发，针对具体的业务，制定信息系统的整体开发方案，决定信息系统在整个组织管理中的发展方向、规模和发展进程，从而建立一个广泛的、多功能的业务过程和通用的信息平台，为企业的战略、业务过程和业务变革提供支持，为企业获取竞争优势。信息系统战略规划的主要任务包括以下几方面。

① 确定开发目标和要求。明确信息系统开发的总体目标和要求，并确保信息系统开发与组织的发展目标相一致。

② 确定组织的信息要求。包括组织在决策支持和事务处理方面的信息要求，以及制定开发的中、短期计划。

③ 合理分配和利用信息资源。为了保证系统的成功开发，制定有关软/硬件资源、人员、数据、通信、技术、服务、培训等方面的计划。

④ 提供系统开发的总体框架。

2. 信息系统规划的特点

信息系统规划阶段是概念系统形成的时期。信息系统规划具有以下特点。

① 信息系统规划是面向全局、面向长远的关键问题，具有较强的不确定性，结构化程度较低。

② 信息系统规划是高层次的系统分析，高层管理人员是工作的主体。

③ 信息系统规划不宜过细。信息系统规划的目的是为整个系统确定发展战略、总体结构和资源计划，给后续工作提供指导，而不是解决系统开发中的具体问题、代替后续工作。在信息系统规划阶段，系统结构着眼于子系统的划分，对数据的描述在于划分数据类，进一步的划分是后续工作的任务。

④ 信息系统规划是企业规划的一部分，并随环境发展而变化。现代企业处于市场化、国际化的环境中，竞争越来越激烈，要生存发展，就要不断地调整和改革，对信息系统的适应性要求也越高。

信息系统规划阶段是一个管理决策过程，要应用现代信息技术有效地支持管理的总体方案；也是管理与技术结合的过程，规划人员对管理及技术发展的见识、开创精神和务实态度是规划成功的关键因素。

3. 信息系统规划的原则

信息系统规划应遵循以下原则。

① 支持企业的战略目标。企业的战略目标是信息系统规划的出发点，信息系统规划从企业目标出发，分析企业管理的信息需求，逐步导出信息系统的战略目标和总体结构。

② 整体上着眼于高层管理，兼顾各层管理，以及各业务层的要求。

③ 涉及的信息系统结构要有好的整体性和一致性。信息系统的规划和实现过程大体是一个自顶向下规划，自底向上实现的过程。采用自上而下的规划方法，可以保证系统结构的完整性和信息的一致性。

④ 适应企业组织机构和管理体制的改变，弱化对组织机构的依从性，提高应变能力。组织机构可以有变动，但是最基本的活动和决策力大体是不变的。

⑤ 便于实施。信息系统规划应给后续工作提供指导，要便于实施，考虑实用的同时要有一定的前瞻性。

3.4.2 信息系统规划的内容

信息系统规划在企业的业务与信息系统之间架起了一座桥梁，必须在企业战略的指导下进行，指明企业信息系统开发的基本原理、当前状况和管理战略。但是人们一般在信息系统规划的问题上过多关注技术，而忽略了业务、管理和组织的内容。为此，信息系统规划的主要内容应包括信息系统战略规划、业务流程规划、总体结构规划、项目实施与资源分配规划。

1. 信息系统战略规划

信息系统战略规划是组织有关信息系统建设和应用的全局性谋划，主要包括如下内容。

1）信息系统的目标、约束与总体结构

信息系统战略规划包括企业的总目标、外部环境、内部环境、内部约束条件、信息系统的总目标、计划和信息系统的总体结构等。

企业的总目标为信息系统的发展方向提供准则，计划是对完成工作的具体衡量标准。

信息系统的总体结构规定了信息的主要类型和主要的子系统，为系统开发提供了框架。

2）当前信息系统的能力状况

充分了解和评价当前信息系统的状况，包括通用软件、硬件设备、各项费用、应用系统、人员及项目进展情况，这是制定信息系统战略规划的基础。

3）对影响计划的信息技术发展的预测

信息系统战略规划受到当前和未来信息技术发展的影响。对软件的可用性、方法论的变化、周围环境的发展，以及它们对信息系统产生的影响也应该在所考虑的因素之中。

4）近期计划

在信息系统战略规划使用的几年中，应对即将到来的一段时期做出相当具体的安排，主要包括：硬件设备的采购时间表、应用项目开发时间表、软件维护与转换工作时间表、人力资源的需求、人员培训的时间安排、财务资金需求。

2. 业务流程规划

业务流程是指一个组织在完成其使命、实现其目标的过程中必需的、逻辑上相关的一组活动。企业的业务流程直接体现企业的核心能力，是企业完成其使命、实现其目标的基础。制定业务流程规划，就是确定业务流程改革与创新的方案。

在传统的企业管理模式下，企业的业务流程中非增值环节多，信息传递缓慢，相同流程各环节之间和不同流程间的关系混乱，特别是完整的业务流程被不同职能部门分割，大大降低了效率，难以及时抓住迅速变化的市场机会，致使企业效率和效益低下、竞争力弱，对市场形势和用户需求的变化反应迟钝、应变能力差。因此，必须应用现代信息技术与管理方法，对企业业务流程进行改革与创新。20 世纪 80 年代，首先兴起的是业务流程改善（Business Process Improvement，BPI），然而许多企业发现业务流程改善并不能从根本上解决企业面临的挑战和问题。1990 年，哈默（Michael Hammer）提出了业务流程重组（Business Process Reengineering，BPR）的概念，就是对企业的业务流程做根本性的思考和彻底的重建，目的是在成本、质量、服务和速度等方面取得显著的改善，使得企业能最大限度地适应以顾客、竞争、变化为特征的现代企业经营环境。

业务流程重组实际上是从信息的角度，对企业流程的重新思考和再设计，是一个系统工程，包括系统规划、系统分析、系统设计、系统实施与评价等。在信息系统分析中，要充分认识信息作为战略性竞争资源的潜能，创造性地对现有业务流程进行分析，找出现有流程存在的问题，分析每一项活动的必要性，并根据企业的战略目标，采用关键成功因素法等，去寻找正确的业务流程，如在信息技术支持下，哪些活动可以合并，哪些管理层次可以减少，哪些审批检查可以取消等。业务流程的好坏很大程度上取决于设计者对信息技术潜能的把握以及对现有业务流程、运行环境、客户需求等因素的熟悉程度。通过业务流程重组实现业务流程规划应遵循以下原则。

① 以过程管理代替职能管理，跨部门按流程压缩；权力下放，压缩层次；取消不增值的管理环节。

② 以事前管理代替事后审计，减少不必要的审核、检查和控制活动。

③ 取消不必要的信息处理环节，消除冗余信息集。

④ 以计算机协同处理为基础的并行工程取代串行和反馈控制管理过程。

⑤ 用信息技术实现过程自动化，尽可能抛弃手工企业流程重组与管理信息系统建设。

业务流程重组用到的技术和方法有很多，如头脑风暴法、德尔菲法、价值链分析法和竞争力分析法都是经典的管理方法和技术，而 ABC 成本法、标杆瞄准法、流程建模和仿真是比较新的方法。将上面这些方法和技术综合在一起，就为业务流程重组团队提供了一整套有力的工具，可以在整个业务流程重组过程中运用。

3. 总体结构规划

信息系统总体结构规划是根据组织目标和业务流程规划确定信息系统的总体结构规划方案，是信息系统规划的中心环节，要完成的任务是企业的信息需求分析、系统的数据规划、功能规划与子系统的划分、信息资源配置规划。

① 企业的信息需求分析是这一环节的基础工作，在准确识别和严格定义业务流程的基础上，确定每个流程的高效率、高效益和应变能力需要什么信息支持，这些流程又会产生哪些信息，以支持其他流程的运作。

② 数据是信息系统最重要的资源。科学、系统的数据规划是信息系统成功的基本条件。数据混乱是导致信息系统失败的重要原因之一。因此，必须在企业的信息需求分析的基础上，分类定义各主题数据，严格确定各类数据的来源、用途与规范，为将来开发时的数据管理打下坚实的基础。

③ 功能规划与子系统的划分是信息系统总体规划的核心和关键。其任务是：在识别业务流程、明确组织信息需求、定义主题数据的基础上，确定信息系统为支持企业的目标与战略和业务流程的运作而必须及时、准确地提供的信息，确定需收集和加工的信息；根据业务流程的性质和范围，划分支持和处理有关信息的子系统，明确这些子系统的功能和子系统之间的数据联系，这就形成了功能规划与子系统划分的方案。

④ 信息资源配置规划的主要内容是：根据功能规划、使用要求和技术发展趋势，制定计算机软/硬件配置方案的规划；根据组织资源的空间分布情况，规划网络系统方案；在数据规划的基础上，规划企业数据库的规模、内容和数据资源的集中与分散相结合的配置方案；对信息管理与人员的总体方案进行规划。

4. 项目实施与资源分配规划

项目实施与资源分配规划是统筹安排项目实施方案，制定信息系统建设的资源分配方案。

1）项目实施规划

通常，整个信息系统被划分成若干应用项目，分期分批实施，即根据企业发展战略和系统总体结构，确定系统和应用项目的开发顺序和时间安排。在确定一个应用项目的优先顺序时，应该确定其是否具有以下属性。

① 该项目的实施对企业的改革与发展有显著的推动作用。

② 该项目的实施预计可明显地节省费用或增加利润，这是一种定量因素的分析。

③ 该项目无法定量分析实施效果。例如，提高职工工资往往可以激发职工的工作积极性，但这种积极性究竟能产生多大的经济效益则是无法定量估计的。

④ 该项目涉及制度的因素。为了保证整个系统的开发研制工作能有条理地进行，对于有些原先并没有包括在系统开发工作之内的项目也应给予较高优先级。

⑤ 该项目能满足系统管理方面的需要。例如，有些项目往往是其他一些项目的前提，那么对于这样的项目应该优先实施。

2）资源分配规划

用于信息系统开发的各类资源总是有限的，这些有限资源无法同时满足全部应用项目的实施；同时，企业内部各部门信息系统建设的需求与具备的条件是不平衡的，应该依据这些应用项目的优先顺序合理分配资源。

因此，要对每个项目需要的软/硬件、数据通信设备、人员、技术、服务、资金等进行估计，提出整个系统的建设概算。

3.4.3 信息系统规划的步骤

1. 信息系统规划的一般步骤

不同领域和不同规模的信息系统，其规划工作的步骤有所不同。下面给出信息系统规划的一般步骤。

① 规划的准备：包括确定规划的年限、规划的方法，确定采用集中式还是分散式的规划，以及进取还是保守的规划，邀请规划专家，组织规划小组，落实规划工作环境，启动规划等工作。

② 收集相关信息：进行必要的初步调查，调查内容包括企业发展战略、企业产品、市

场定位、企业技术和设备、企业生产能力、企业综合实力、组织机构和管理、企业员工素质、企业面临的机遇和挑战、企业现行信息系统建设和管理水平以及信息技术现状。

③ 进行战略分析：对信息系统的目标、开发方法、功能结构、计划活动以及信息部门的情况、财务情况、风险和政策等进行分析。

④ 定义约束条件：根据企业或部门的财务资源、人力及物力等方面的限制，定义信息系统的约束条件和政策。

⑤ 明确战略目标：战略目标由总经理和信息系统委员会来设置。根据③、④的结果，确定整个企业的目标和信息系统的开发目标，明确信息系统应具有的功能、服务范围和质量等。

⑥ 规划未来蓝图：给出信息系统总体框架、信息系统总体技术路线、信息系统建设路线、各子系统的划分等。

⑦ 选择开发方案：由于资源有限，不可能所有项目同时进行，只有选择一些企业需求最为紧迫、风险适中的项目先进行；在确定优先开发的项目后，还要确定总体开发顺序、开发策略和开发方法。

⑧ 提出实施进度：估计项目成本和人员需求，并依次编制项目的实施进度计划。

⑨ 编制战略规划文档：将战略规划写成文档，不断与用户系统工作人员和信息系统委员会的领导交换意见。

⑩ 总经理审核：信息系统规划只有经过总经理批准后才可生效。

2. 初步调查

为了制定出有效、可行的规划，需要进行必要的调查研究工作。为制定信息系统规划开展的调查被称为初步调查，在领域分析和需求分析中还要做详细调查。初步调查应围绕规划的工作进行，立足于宏观和全面，不需要过于具体和细致。初步调查的主要内容包括：

① 新系统的目的和要求。初步调查的第一步就是从企业对新系统的要求和提出新系统开发的缘由入手，调查企业对新系统的要求和新系统预期达到的目标，包括新系统的功能、性能、运行环境、限制条件等。

② 企业的概况：包括企业的性质、内部的组织结构、办公楼或生产车间等的布局、上级主管部门、横向协作部门、下属部门等。这些与系统开发可行性研究、系统开发初步建议方案和详细调查直接相关，应该在初步调查中弄清。

③ 现行系统的运行情况。在决定是否开发新系统前，一定要了解现行系统的运行状况、特点、存在的问题，以及可利用的资源、技术力量和信息处理设备等。现行系统可以是计算机管理信息系统，也可能是手工处理信息的系统。

此外，可以对以下方面进行调查：企业发展规划和战略，企业的产品和市场，在国内外同行中所处的位置，企业技术、设备和生产能力，企业综合实力，企业人才和员工素质，企业面临的机遇和挑战，企业现行信息系统建设水平和信息技术现状，为可行性研究提供依据。在此阶段，对系统的业务流程不做详细调查，只是对系统的当前状况、系统结构等做初步的了解。在确定新系统具有可行性并正式立项后,再投入大量的人力和物力,展开大规模的、全面的系统业务调查。

3.4.4 信息系统规划的方法

信息系统规划是一项复杂的任务,难度大、不确定程度高,需要有科学的实施方法。用于信息系统规划的方法很多,主要有业务系统规划法(BSP)、关键成功因素法(CSF)、战略目标集转化法(SST)、企业信息分析与集成(BIAIT)、产出/方法分析(E/MA)、投资回收法(ROI)、征费法(Chargout)、零线预算法、阶石法等。下面主要介绍前三种方法。

1. 业务系统规划法

业务系统规划法是通过全面调查、分析组织信息需求、制定信息系统总体方案的一种方法,其特点是全面地、正面地对企业或组织的基本业务活动进行分析,从而确定其信息需求,为有针对性地进行信息系统建设提供坚实的基础。它强调的基本思想是:企业或组织的结构和人员经常变动,但是其基本功能(或基本业务)相对稳定。因此,从长远来看,信息系统建设必须针对基本业务,把基本业务的流程(或过程)及其对信息系统的要求(包括信息的内容及信息服务的功能)梳理清楚,才能使信息系统的建设产生实效,并且适应机构、人员等不断变化的情况,保持信息系统的稳定和有效。

根据这样的基本思想,业务系统规划法的要点为:第一,紧紧围绕企业的基本业务或核心业务;第二,必须从全局出发,全面考虑各环节、各层次的管理过程与信息需求;第三,信息系统必须为整个系统提供完整的、一致的信息服务;第四,信息系统应当在组织的结构、人员发生变更时保持工作能力,只要组织的基本业务(或核心业务)不变,信息系统建设的成果就能够继承和积累。

业务系统规划法的工作流程如图 3-14 所示,它的实施可以按以下步骤进行。

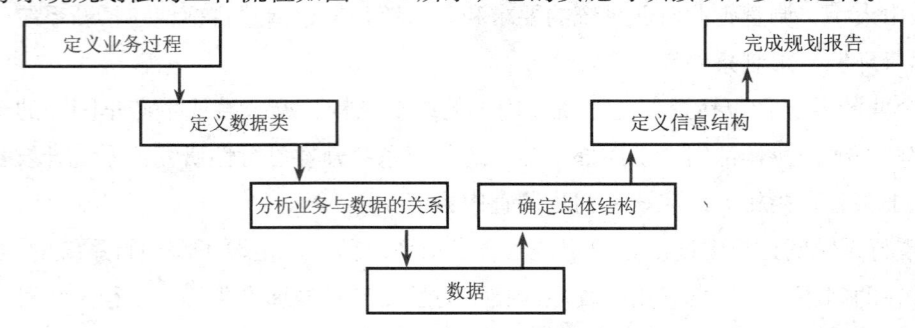

图 3-14 业务系统规划法(BSP)实施步骤

① 定义业务过程:业务过程是组织活动的基本单元。定义业务过程可对组织如何完成其目标有深刻的了解,并且有助于定义系统的功能和信息的流程。

② 定义数据类:分析为了完成基本业务,管理者需要哪些信息,将所有的数据分成若干大类。

③ 分析业务与数据的关系：弄清每项业务需要用到或产生哪些数据，每类数据要在哪些业务中得到使用，在业务之间以及业务的各环节之间，哪些数据需要交流，哪些数据需要共享。

④ 确定系统的总体结构：组织的信息系统是一个很庞大的、包括许多部分的复杂系统，它是由许多子系统组成的，因此系统总体结构的确定至关重要。它是保证各方面人员、时间和工作能够构成完整的、统一的信息服务的必要条件。这个总体结构应当能够充分考虑和保证组织在一个较长的时期内的信息需求，能够为信息系统的建设提供总的蓝图和发展方向。

⑤ 定义信息结构：即划分子系统，确定信息系统各部分及其相关数据之间的关系，分析各子系统功能的轻重缓急，排出优先顺序；必须充分认识信息系统建设的长期性和复杂性，从比较长远的角度去规划，把长期的目标分解成较小的、阶段性的、比较容易实现的目标。

⑥ 完成规划报告：即形成正式的文档资料——规划草案，并以此作为与各方达成共识的基础。文字上的准确表达对于规划能否真正成为组织内上下各方的共识具有非常重要的意义。此外，在规划得到通过或认可时，还必须同时规定回顾的时间安排和修订的职权范围。

由上可知，业务系统规划法突出了全面、长远的企业战略目标，从而能够帮助组织的领导厘清信息化建设的指导思想与思路。类似方法还有总体数据规划法、信息系统工程法等，都是从全局和基础上把握信息系统建设的全局和全过程，保证信息化进程的稳定有效。

2. 关键成功因素法

1970 年，哈佛大学教授 William Zani 在管理信息系统模型中用了关键成功变量，这些变量是确定管理信息系统成败的因素。10 年后，MIT 教授 Jone Rockart 将关键成功因素法提升为管理信息系统的战略。关键成功因素法就是要识别联系系统目标的主要数据类及其关系。与业务系统规划法相反，关键成功因素法的思路不是全面分析，而是重点突破。其基本思路是从组织内外部环境出发，找出影响信息系统建设、决定项目成败的制约因素，通过调动各方面人员的知识与经验，用科学的方法找出其中的关键因素，并针对这些因素，安排组织资源和力量，做出信息化建设的战略规划。

关键成功因素法的基本步骤如图 3-15 所示。

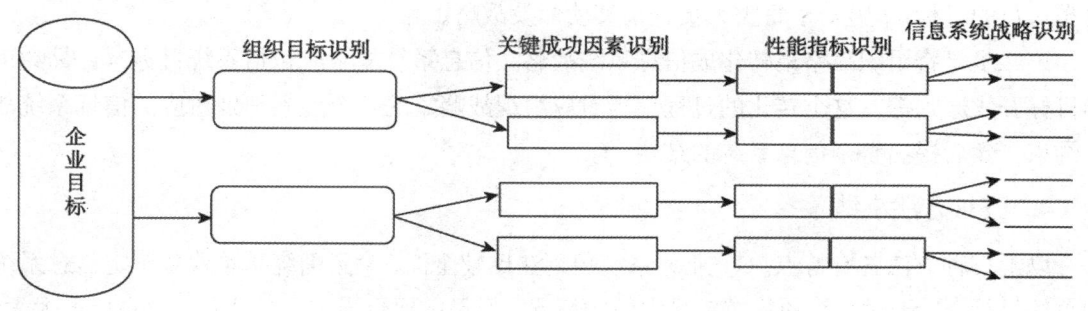

图 3-15 关键成功因素法的基本步骤

第一，组织目标识别。

第二，关键成功因素识别：与业务系统规划法不同，关键成功因素法是从环境入手，是从宏观的、总体的角度去看待规划者所面对的问题。如何评价哪些因素是关键成功因素，不同的企业评价机制是不同的。对于一个习惯于高层人员个人决策的企业，主要由高层人员通过树枝因进行因果图选择。对于习惯于群体决策的企业，可以用德尔斐法或其他方法把不同人设想的关键因素综合起来。通常，关键成功因素法在高层应用的效果较好。

第三，性能指标识别：在战略层次上，许多因素往往是定性的，比较笼统的。这种情况会给进一步的分析带来困难和障碍。所以，需要尽量对这些因素进行分析，尽可能使之具体化。这里所说的性能指标不一定是定量的，在条件不允许的情况下，也可以将性能指标分成若干等级或通过定性的判断来表示，这也是常用的方法。在确定性能指标后，还需要确定期望的标准，如基础设施的水平应当达到什么程度，人员的培训工作应当达到什么水平。指出和消除这些标准与组织的现状之间的差距，就是规划中将明确提出的信息系统的建设任务。

第四，信息系统战略识别：针对关键成功因素确定信息系统建设的战略目标和策略。

3. 战略目标集转化法

William King 于 1978 年提出了战略目标集转化法，他把整个战略目标看成"信息集合"，由使命、目标、战略和其他战略变量（如管理的复杂性、改革习惯和重要的环境约束）等组成。信息系统的战略规划过程就是把组织的战略目标转变为信息系统战略目标的过程，如图 3-16 所示。

图 3-16 战略目标集转化法

战略目标集转化法的第一步是识别组织的战略集，先考查该组织是否有成文的战略式长期计划，如果没有，就需要构造这种战略集合。步骤如下：① 描绘出组织的各类人员结构，如卖主、经理、雇员、供应商、顾客、贷款人、政府代理人、地区社团及竞争者等；② 识别每类人员的目标；③ 对于每类人员识别其使命及战略。

第二步是将组织战略集转化成信息系统战略。信息系统战略应包括系统目标、目标约束和目标开发原则等。这个转化的过程包括对应组织战略集的每个元素识别对应的信息系统战略约束，然后提出整个信息系统的结构。

4. 三种方法小结

以上三种方法各有特点。① 业务系统规划法比较全面，紧紧围绕基本业务制定信息系统的总体目标，适于对组织的需求定义完整的情况，但是需要付出较大的代价，存在摊子太大、难以明确目标的风险。② 关键成功因素法则重点突出，能够较快地抓住主要矛盾，使目标的识别能突出重点，适于在较短的时间内，针对紧迫问题提出战略和对策；但是，这种方法强烈地依赖规划者的自身理念和经验，包括咨询专家的水平和观点，具有较强的主观性。③ 战略目标集转化法虽然也强调目标，但没有明显的目标导引过程，通过识别组织的"业务流程"引出系统目标，组织目标到系统目标的转换是通过业务流程/数据类等矩阵的分析得到的。所以，不能笼统地讲哪种方法更好，没有哪种方法是十全十美的。进行任何一个组织的系统规划不能照搬照抄一种方法，只能具体情况具体分析，根据实际情况、需要和可能进行权衡和选用。

5. 信息系统规划的关键问题

信息系统规划的实施过程涉及大量的调查研究、资料分析、讨论研究等工作，为了提高工作效率，应特别注意如下三个关键问题。

1）开发方法和工具的选择

信息系统开发方法较多，各有特点，规划者必须遵循"实事求是、讲求实效"的原则来选择合适的开发方法，需要考虑的因素主要包括：① 组织和业务的类型和特点；② 管理者的因素；③ 技术条件和环境的因素；④ 经济方面的考虑。

2）突破口的正确选择

信息系统规划是一个长期性的系统工程，必须分步实施，其中第一步最重要，也就是突破口的选择很关键。组织者必须头脑清醒地判断从何处下手来选准突破口，具体来说，就是必须选择与组织基本业务密切相关的、亟须改进的、通过信息系统的引进能够显著改进工作、提高效率、带来效益的业务环节。如果选择失误，脱离了基本业务，常常会导致项目建设完成后却无法正常使用。正确选择突破口不仅能用事实展示信息化的作用，还会形成积极的连锁反应，产生良性循环，为组织的信息化建设健康发展开一个好头。因此，突破口的正确选择非常重要，是信息系统规划发挥作用的重点。

3）规划落实的组织保证

大量系统开发实践经验表明，许多系统规划没有发挥实质性作用的一个重要原因就是缺乏组织保证。组织保证具体表现在三方面：主要负责人的关注（第一把手原则）、负责该领域的专职主管人员（信息主管 CIO）以及负责具体执行的专门机构。

3.4.5 信息系统规划的工具

信息系统规划工具很多，包括各种矩阵、图等，如过程/组织（Process/Organization，P/O）矩阵、资源/数据（Resource/Data，R/D）矩阵、U/C 矩阵、IPO 图等，每种工具的用途有所不同。

① 在制定计划时，可以利用 PERT（Program Evaluation and Review Technique，计划评估和审查技术）图和甘特（Gantt Chart）图。

简单地说，PERT 图是利用网络分析制定计划并对计划予以评价的技术，能协调整个计划的完成，是现代化管理的重要手段和方法。构造 PERT 图需要明确三个概念：事件（Events）

表示主要活动结束的那一点；活动（Activities），表示从一个事件到另一个事件之间的过程；关键路线（Critical Path），是 PERT 网络中花费时间最长的事件和活动的序列。

甘特图则通过条状图来显示项目、进度和其他时间相关的系统进展的内在关系随着时间进展的情况，横轴表示时间，纵轴表示项目，线条表示期间计划和实际完成情况，直观表明计划何时进行，进展与要求的对比。甘特图便于管理者弄清项目的剩余任务，评估工作进度。

② 访谈时，可以使用各种调查表和调查提纲。

③ 在确定各部门、各层管理人员的需求和梳理流程时，可以采用会谈和正式会议的方法。

④ 为把企业组织结构与企业过程联系起来，说明每个过程与组织的联系，指出过程决策人，可以采用过程/组织（P/O）矩阵，如表 3-2 所示。

表 3-2 过程/组织（P/O）矩阵

过程		组织		
		总经理	财务副总	业务副总
人事	人员计划	√	※	
	招聘计划			
	合同支付	√	※	+

⑤ 为定义数据类，在调查研究和访谈的基础上采用实体法归纳出数据类。实体法首先列出企业资源，再列出一个资源/数据（R/D）矩阵，如表 3-3 所示。

表 3-3 资源/数据（R/D）矩阵

数据类型	企业资源						
	产品	顾客	设备	材料	厂商	资金	人事
存档数据	产品零部件	客户	设备负荷	原材料付款单	厂家	财务会计总账	雇员工资
事务数据	订购	运输		材料接收		收款/付款	
计划数据	产品计划	销售区域 销售行业	设备计划 能力计划	需求 生产计划表		预算	人员计划
统计数据	产品需求	销售历史	设备利用率	分类需求	厂家行为	财务统计	生产率

⑥ 功能法也称为过程法，利用所识别的企业过程，分析每个过程的输入数据类和输出数据类，与 R/D 矩阵进行比较并调整，最后归纳出系统的数据类。功能法可以用 IPO 图表示，如图 3-17 所示。

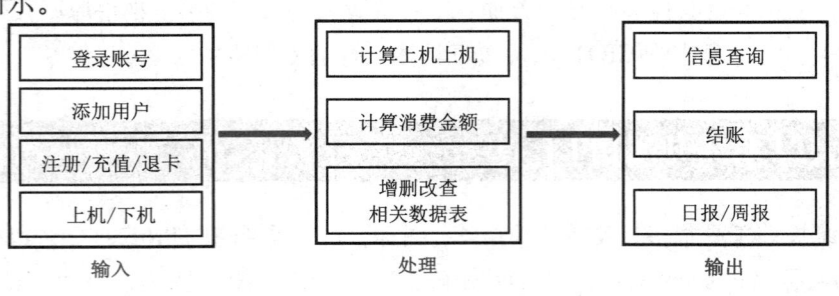

```
┌─────────────┐      ┌─────────────┐      ┌─────────────┐
│   登录账号   │      │  计算上机上机 │      │   信息查询   │
├─────────────┤      ├─────────────┤      ├─────────────┤
│   添加用户   │      │  计算消费金额 │      │     结账     │
├─────────────┤  →   ├─────────────┤  →   ├─────────────┤
│ 注册/充值/退卡│     │   增删改查   │      │   日报/周报   │
├─────────────┤      │  相关数据表   │      │              │
│   上机/下机   │     │              │      │              │
└─────────────┘      └─────────────┘      └─────────────┘
     输入                   处理                  输出
```

图 3-17 IPO 图

⑦ U/C 矩阵，是业务系统规划法用来表示过程和数据类两者之间的关系的一个重要工具，行表示数据类，以 U（User）表示，列表示过程，以 C（Create）表示，形成 U/C 矩阵，如表 3-4 所示。

表 3-4 U/C 矩阵

过程	客户	订货	产品	加工路线	材料表	成本	零件规格	原材料库存	成品库存	职工	销售区域	财务	计划	设备负荷	材料供应	工作令
经营计划						U						U	C			
财务规划						U					U		U		U	
产品预测	U		U								U					
产品设计开发	U		C		U		C									
产品工艺			U		C		U	U								
库存控制							C	C							U	U
调度			U											U		C
生产能力计划				U										C	U	
材料需求			U		U										C	
作业流程				C										U	U	
销售区域管理	C	U	U													
销售	U	U	U								C					
订货服务	U	C	U													
发运		U	U						U							
会计	U		U							U						
成本会计		U				C										
人员计划										C						
人员招聘考核										U						

重新排列表，把功能按功能组排列。然后调换"数据类"的横向位置，使得矩阵中的 C 最靠近对角线。将 U 和 C 最密集的地方框起来，给框起个名字，就构成了子系统。落在框外的 U 说明了子系统之间的数据流。这样就完成了划分系统的工作，如表 3-5 所示。

U/C 矩阵的正确性可由三方面来检验。

- ❖ 完备性检验。这是指每个数据类必须有一个产生者（"C"）和至少有一个使用者（"U"）；每个功能必须产生或者使用数据类，否则这个 U/C 矩阵是不完备的。
- ❖ 一致性检验。这是指每个数据类仅有一个产生者，即在矩阵中每个数据类只有一个"C"。如果有多个产生者的情况出现，就会产生数据不一致的现象。
- ❖ 无冗余性检验。这是指每行或每列必须有"U"或"C"，即不允许有空行和空列。若存在空行和空列，则说明该功能或数据的划分是没有必要的、冗余的。

本章小结

本章重点介绍了新时代背景下企业信息化战略规划所面临的问题，企业信息化战略规划

表 3-5 子系统

功能		数据类														
		计划	财务	产品	零件规格	材料表	原材料库存	成品库存	工作令	设备负荷	材料供应	加工路线	客户	销售区域	订货	成本	职工
经营计划	经营计划	C	U													U	
	财务规划	U	U													U	U
技术设备	产品预测	U		U									U	U			
	产品设计开发			C	C	U							U				
	产品工艺			U	U	C	U										
生产制造	库存控制						C	C	U		U						
	调度			U					C	U							
	生产能力计划									C	U	U					
	材料需求			U		U					C						
	作业流程								U	U	U	C					
销售	销售区域管理			U									C	U			
	销售			U									U	C	U		
	订货服务			U									U		C		
	发运			U											U		
财会	会计		U										U				U
	成本会计														U	C	
人事	人员计划																C
	人员招聘考核																U

的思路和方法步骤，企业信息化战略顶层设计的概念和内容，以及企业信息化战略顶层设计方法之一——企业架构，分析了当前主流的企业架构模型，介绍了信息系统规划的概念和内容，总结了信息系统规划的几种方法和工具。

　　作为企业战略的重要组成部分，企业信息化战略规划是从企业的宗旨、目标和战略出发，对企业内外信息资源进行统一规划、管理与应用，从而规范企业内部管理，提高工作效率和顾客满意度，最终为企业获取竞争优势，实现企业的长远发展。

　　企业信息化战略顶层设计是从信息化战略规划到信息系统项目实施的桥梁，是在信息化战略规划指导下的延续、细化，是构成信息化的总体架构，是信息化实施的前提和依据。企业架构如同战略规划，成为企业信息化战略顶层设计的主要抓手，指引企业未来发展和实践过程，架起了企业业务战略与 IT 战略之间的桥梁，从全局视角出发，设计总体技术架构。

　　信息系统项目建设的前提就是要进行信息系统规划，信息系统规划是从企业战略出发，构建企业基本的信息系统架构，对企业内外信息资源进行统一规划，管理和应用，利用信息系统控制企业行为，辅助企业进行决策，帮助企业实现战略目标。

思考题

1. 简述企业信息化战略规划的思路和方法步骤。
2. 什么是企业信息化战略顶层设计？简述企业信息化战略顶层设计的内容。
3. 什么是企业架构？简述企业架构的方法论。
4. 有哪些主流的企业架构模型？试分析它们的优缺点和区别。
5. 什么是信息系统规划？简述制定信息系统规划的步骤。
6. 信息系统规划的方法有哪些？
7. 信息系统规划有哪些工具，应用场景有哪些？

参考文献

[1] 左美云，邝孔武. 信息系统开发与管理教程[M]. 北京：清华大学出版社，2006.
[2] 杨选辉，郭路生，王果毅. 信息系统分析与设计[M]. 2 版. 北京：清华大学出版社，2019.
[3] 黄梯云. 管理信息系统（第六版）[M]. 北京：高等教育出版社，2016.
[4] 黄孝章，刘鹏，苏利祥. 信息系统分析与设计[M]. 2 版. 北京：清华大学出版社，2017.
[5] 杜鹃. 信息系统分析与设计[M]. 3 版. 北京：清华大学出版社，2021.
[6] 梁昌勇. 信息系统分析、设计与开发方法[M]. 北京：清华大学出版社，2010.

第 4 章 信息系统的结构化分析与建模

实践中有很多较为复杂的信息系统，如果不进行拆解，人们往往难以理解。为了便于理解，一般按照系统观点，从最高最抽象层次出发，自顶向下分解，由表及里，由粗到精，分层次、分模块地进行结构化分析。结构是指系统内各组成要素之间的相互联系、相互作用的框架。结构化分析方法是将系统拆分成若干关联又相对独立的层次化模块结构，从而实现由一般到具体的系统建模。一般情况下，一个系统可分解为若干子系统，各子系统又可进一步分解，如此继续，直至被分解为功能单元。

本章重点介绍系统分析阶段的主要活动，包括系统调查、信息收集、需求分析、逻辑结构建模等，以及相关文档的编写要求。本着"自顶而下、逐层分解"的基本原则，系统分析阶段的实施步骤大体可以概括为：先分析当前现实环境中已存在的人工系统或信息系统，再考虑即将开发的软件系统。因此，在详细调查过程中，需要围绕组织结构、业务流程和数据流程进行重点分析，找出原系统存在的问题，并提出新系统的改进方案，用数据流程图、数据字典和处理逻辑说明工具构造新系统的逻辑模型。

本章重点：
❖ 信息系统分析的任务和特点
❖ 信息系统分析的方法和工具
❖ 信息系统的结构化描述技术

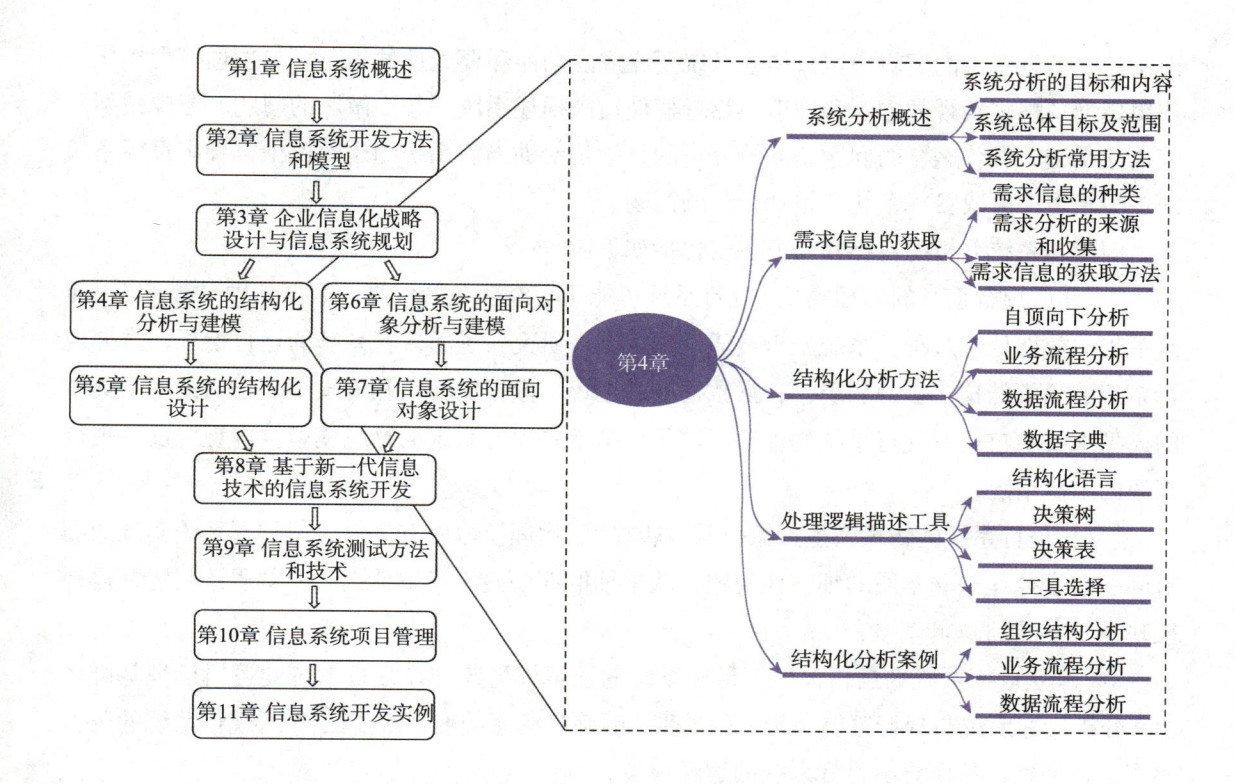

4.1 系统分析概述

系统分析是信息系统开发过程中重要的一步，也是关键性的一步。只有通过系统分析才能把对系统功能和性能的总体概念描述为具体的系统需求说明，从而奠定整个系统开发的基础。实践表明，系统分析工作的好坏在很大程度上决定了信息系统开发的成败。

系统分析阶段使用系统的观点和方法，把复杂的对象分解为简单的组成部分，并确定这些组成部分的基本属性和彼此之间的关系。系统分析也是一个不断加深认识和逐步细化的过程，可以使用结构化系统分析方法和数据流程图、数据字典等工具。系统分析阶段产生的系统分析说明书既是后续各阶段开发工作的依据，也是衡量一个信息系统优劣的重要依据。用户在系统分析阶段发挥着至关重要的作用，必须对系统功能和性能提出初步要求，并澄清业务流程中的模糊概念。系统分析员要与用户一起细致地进行调查分析，把用户的初始要求具体化、明确化，最终转换成目标系统（新系统）"做什么"的逻辑模型。

4.1.1 系统分析的目标和内容

1. 系统分析的目标

信息系统开发的目标是建立一个物理系统。物理系统是由系统的逻辑结构经过实例演化而来的。信息系统的逻辑模型只描述系统要完成的功能和要处理的信息。与物理模型相比，逻辑模型忽略了实现的方法和细节。物理模型用来描述系统"怎么做"的问题，逻辑模型用来描述系统"做什么"的问题。系统分析的目标是借助当前系统的逻辑模型，导出目标系统的逻辑模型，解决目标系统"做什么"的问题。

因此，系统分析的目标和任务主要包括如下。

① 获取现行系统的物理模型。现行系统可能是已经存在的计算机数据处理系统，也可能是手工的数据处理过程。系统分析员通过现场调查研究，了解现行系统的运行情况，掌握现行系统的组织结构、资源利用、日常数据处理过程、数据的输入和输出等，并借助一个具体的模型来反映自己对现行系统的理解。这个模型就是现行系统的物理模型，客观地反映现系统的实际情况。

② 从现行系统的物理模型抽象出其逻辑模型。物理模型中有许多关于物理系统实现的细节问题，去掉这些非本质的细节性问题，从中抽取那些关于"做什么"的本质性问题，得到反映系统本质的逻辑模型。

③ 建立目标系统的逻辑模型。目标系统的逻辑模型建立在现行系统的逻辑模型基础之上。分析目标系统与现行系统逻辑上的差别，明确目标系统要"做什么"，对现行系统的逻辑模型进行调整，从而导出目标系统的逻辑模型。

④ 优化目标系统的逻辑模型。根据实际情况做一些优化，包括目标系统的用户界面优化、系统功能的优化、输入/输出的优化等。

目标系统逻辑模型的建立过程如图 4-1 所示。

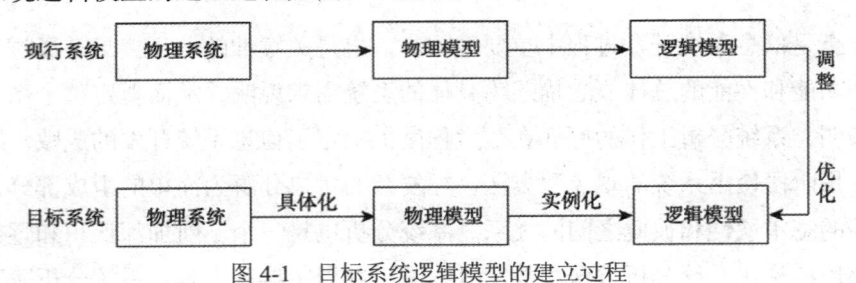

图 4-1 目标系统逻辑模型的建立过程

2. 系统分析的内容

按内容，系统分析可以分为目标分析、需求分析和功能分析。

1）目标分析

目标分析包括对现行系统和目标系统的组织目标分析。任何一个组织都有自己的目标，这是组织开展各项工作的指南。信息系统是帮助组织实现其总体目标的，因此，在开发信息系统时，首先应该弄清楚系统的组织目标。系统的组织目标包括以下内容：

① 根据系统调查的结果，分析、归纳、确定现行系统中的关键问题，列出问题表。

② 根据问题表，画出现行系统目标树。目标树的树根是组织总体目标，下一层是对总体

目标分解得到的分目标，依次往下，底层是实现目标具备的功能。

③ 分析、确定各分目标及其关系。如果目标之间有冲突，需要确定解决冲突的方法。

④ 根据各分目标在系统中所起作用的轻重程度，重新排列问题表。重要的目标排在前面，次重要的目标排在中间，不重要的目标排在后面。这是确定新系统目标的基础。

目标系统的组织目标分析是在现行系统的组织目标分析的基础上，确定目标系统应该在哪些方面发挥作用以及如何发挥作用。

一般，与现行系统相比，目标系统在以下两方面得到了加强：

① 辅助管理功能。新的信息系统可以帮助人们从大量烦琐、重复的日常工作中解放出来，如生产经营情况的统计、财务记账、各类报表的填制等。

② 辅助决策功能。新的信息系统可以充分发挥信息存储、检索、传递的能力，迅速、准确的计算能力，人机结合解决问题的能力，帮助决策者制定各种计划，实现辅助决策功能。

2）需求分析

在系统分析阶段，系统分析员要对组织各有关部门的业务流程进行详细的调查，还要向各级领导和业务人员就系统处理事务的能力和决策功能的需求进行分析。这些分析工作包括：

① 按照组织的管理目标并结合业务流程图，分析系统事务处理需求的合理性，既要对不合理的业务流程进行调整，还要对系统事务处理需求进行调整。

② 按照组织的管理目标，分析辅助决策功能需求的合理性。

③ 根据信息系统的投资规模，综合分析、平衡各项需求，找出关键的、主要的需求，并制定出满足这些需求的初步计划，为功能分析打下基础。

需求分析的结果需要反馈给业务人员，以征求意见，进行修改和完善。

3）功能分析

这里的功能指的是目标系统应该具备的功能。系统分析时，应该弄清楚系统的边界、业务覆盖范围和支持业务所需的系统功能。系统功能具有层次性的特点。各层次功能之间存在着信息交换。因此，系统的功能分析主要包括功能层次结构分析和信息关联分析两方面。

4.1.2 系统总体目标及范围

系统分析的初步目的是明确系统总体目标。明确系统总体目标需要调查的内容有如下几方面。

1. 系统基本情况

系统基本情况包括组织内部、外部的各种情况。组织内部情况包括：现行组织结构，管理体制，人员数量，构成及技术水平，设备状况，产品结构及工艺水平，经济实力，可供开发系统的人、财、物资情况，当前工作中面临的主要问题，组织各级管理者对开发新系统的态度等。企业外部情况包括：与哪些外部组织有何种业务联系，客户特点及分布，产品市场情况，同行业发展情况等。

   2. 系统信息处理情况

系统信息处理情况主要指现行系统信息处理的方式、方法与处理信息的数量、格式及时效要求，现行信息处理存在的问题，对新系统信息处理的期望与要求等。

   3. 开发新系统的资源条件及用户对开发新系统的态度

开发的新系统与现行系统的工作方式有较大的差异，破坏了原有的习惯的工作方式，在机构设置、人员配置上也要进行调整。这就必然触及某些人员的工作及利益，因此难免引起部分人员的抵触。在调查中，必须深入各有关部门，摸清各级管理者和部门负责人对开发新系统的态度，了解他们对新系统的目标和范围的看法，还应调查为开发新系统可能投入的资金、物力、人力等资源状况。

系统总目标及其范围大致包括以下四方面。

① 系统目标和范围的描述。系统目标可以分为长期和短期两种。长期目标一般为 4～5 年，短期目标一般为 1～2 年。关于范围的描述应确定系统与外部环境的信息联系和接口，本系统与组织其他系统的信息联系和界面。

② 系统运行环境描述。说明系统运行的基本要求及条件，管理思想及管理方法更新的设想，管理体制的改革，以及组织结构和职能调整的设想。

③ 确定计算机系统选型要求，包括：主机及外部设备配置要求、性能指标、网络系统的配置、系统软件配置要求等。

④ 系统开发计划。确定系统开发的方式、方法，实施阶段的划分及每个阶段投入资源的预算，系统运行环境的形成及改善方案。

4.1.3 系统分析常用方法

随着计算机技术的不断提高和信息系统的普遍应用，人们不断尝试、总结进行系统分析的方法。在信息系统开发的实践中，常用的系统分析方法有结构化分析方法、面向数据结构的 Jackson 系统开发方法、原型法等。本节主要介绍结构化分析方法的基本思想，具体内容见 4.3 节。

结构化分析（Structured Analysis，SA）方法是面向数据流进行分析的方法，利用图形作为表达工具，清晰、简明，易于学习和掌握。具体地说，结构化分析方法按照自顶向下、逐层分解的原则，将系统功能逐层分解为多个子功能，对应多个子系统，并在功能分解的同时进行相应的数据分析和分解，借助数据流程图来表示。

结构化分析方法采用介于形式语言和自然语言之间的描述方式，通过一套分层次的数据流程图，辅以数据字典、说明等工具描述系统。

4.2 需求信息的获取

需求信息的获取是信息系统开发的基础，很大程度上决定着信息系统的开发是否能够成功和好用。准确获取需求信息具有重要意义。

例如，福特是一个商业的天才，更是产品的天才。他发现了人们需要"更好的交通工具"这个大需求，并肯定了这个需求的渴望程度随着社会交往的扩大会越来越强，同时肯定了"更快的"这个用户的首要期望，结合这个期望开始思考。然后，他判断出汽车比火车有更低的成本，而且对于用户更有价值，会替代火车。最后，他用"汽车"而不是"马"来满足需求、达到并超越期望，同时引导用户的进一步需求和期望。于是，他的商业回报自然而然地产生了。福特的例子告诉我们，了解用户的真正需求是非常重要的一步。

同样，项目的可行性一经认定，信息系统开发即进入实质性阶段，工作就进入了详细调查阶段。开发人员需要准确获取系统开发所需的各种信息，对具体的业务处理过程及方法要有清楚的认识和了解。需求信息的获取是系统开发工作中最重要的环节，开发人员需要实事求是地进行全面调查，这对于整个开发工作的成败是决定性的。

4.2.1 需求信息的种类

基于信息本身的多种属性，从不同角度考察，需求信息可以有多种划分方式。

① 按信息内容，分为自然信息和人工信息。自然信息是非人类信息，是天然存在的；人工信息是人类社会活动的反映，是用语言、文字、数据、电子等信息形式表现出来的认识世界、改造世界的信息，具有目的性和有用性。

② 按信息的产生形式，分为原始信息和非原始信息。原始信息是指未经加工的信息；非原始信息是对原始信息加工处理后的信息，已经成为有序的、有规则的信息，易于存储、检索、传递和使用，有较高的使用价值。

③ 按信息的反映面，分为宏观信息和微观信息。宏观信息是全面描述整体活动变化和特征的信息，具有综合性、整体性、总体性、战略性等特点；微观信息是从具体的角度来描述事物变化的信息，具有个别性、局部性、战术性等特点。

④ 按信息的时态，分为历史信息、现在信息和未来信息。历史信息反映和描述过去所发生的各种事物变化和特征的信息；现在信息描述正在发生的各种事物变化和特征的信息；未来信息是未来发生的各种事物变化和特征的信息。

⑤ 按信息的保密程度，分为公开信息、内部信息和保密信息。公开信息的传递和使用范围不受任何限制；内部信息是在一定界限范围内公开的信息，其使用和传递局限在指定的范围内；保密信息的传递和使用有严格的限制。

⑥ 按信息描述事物的方式，分为定性信息和定量信息。定性信息指用非计量形式来描述

各种事物变化和特征的信息，着重揭示事物本质的特征；定量信息是用计量形式来描述各种事物变化和特征的信息，着重揭示事物量的特征。

4.2.2 需求信息的来源和收集

系统分析的核心是摸清原系统的情况（包括组织结构情况、业务过程情况、信息处理情况等）和用户的需求（用户需要系统做什么），因此需要的信息涉及面很广。需求信息即系统基本情况，来源主要包括组织内部和外部。

信息的收集是信息运用的前提，只有收集到全面、准确的信息，才能为信息系统的成功开发和建设奠定坚实基础。信息收集不能盲目，必须首先明确信息收集的目标，包括：确定所收集信息的服务对象，确定信息收集的内容，确定信息收集的范围，确定信息收集的量。

需求信息收集的策略主要有：① 自下而上广泛收集，保证需求信息的全面性；② 有目的地专项收集，全面调查收集或抽象调查收集；③ 随机积累收集，以备以后分析使用。

完成需求信息的收集后，要注意信息的时空性、旁系性、内涵性、拓展性和可组合性，善于思考，勤于分析，都可能获得许多意想不到的宝贵信息。

4.2.3 需求信息的获取方法

为了便于分析人员和管理人员之间进行业务交流和分析问题，在调查过程中应尽量使用各种形象、直观的图表工具。需求信息的获取方法可以大致总结为以下几种。

1. 收集资料

收集各部门日常业务所用的计划、原始凭据、单据和报表等资料。

2. 发调查表征求意见

发调查表征求意见主要有两种方式。

一种是重点询问调查，即列出影响信息系统成败的关键因素，编制一个调查问卷表，自顶而下对组织的各管理层次进行访问，并分类整理结果，从而了解各部门的全部工作和设想。

另一种是全面业务需求分析的问卷调查，即根据系统特点，针对所需调查的各项内容，设计相应形式的调查表，用调查表向有关部门和个人征求意见和设计数据，然后分类整理这些调查表，逐步得出所要调查的内容。

常用的调查表有上级单位对企业要求调查表、系统功能需求调查表、企业业务流程调查表、企业各业务部门组织结构及业务范围调查表、信息需求调查表、业务报表调查表等。

3. 开调查会

开调查会是一种集中征询意见的方法，适合对系统做定性调查。开调查会可以分为两种方法。一种是按职能部门召开座谈会，了解各部门的业务范围、工作内容、业务特点及对新系统的想法和建议。另一种是各类人员联合座谈，着重听取使用部门对目前业务流程的改进和对新系统的要求。

4. 访谈

访谈是收集数据的主要来源之一，可以充分听取各方面的要求和希望。

访谈前，需要明确访谈的目的和任务，确定访谈对象，制定较为详细的访谈提纲。

访谈结束后，需要对访谈的内容进行整理和综合分析，形成访谈报告。

5. 深入实际的调查方法

直接参加业务实践是了解当前系统的最好方法，可以较深入地了解现行系统中数据产生、传递、加工、存储、输出等环节的工作内容，对以后的设计和编写需求说明都很有帮助。

4.3 结构化分析方法

"工欲善其事，必先利其器。"从事任何工作都必须讲究方法。方法正确，工具顺手，才能事半功倍。法国著名生理学家贝尔纳说："良好的方法能够使我们更好地发挥才能，而拙劣的方法可能阻碍才能的发挥。"恩格斯也指出，"方法正确，可以避免走无穷无尽的弯路，并节省在错误方向下浪费掉的无法计算的时间和劳动。"正确的系统分析方法对于系统开发工作同样重要。结构化分析方法是一种简单实用的方法，采用介于形式语言和自然语言之间的描述方式，建立起以数据流程图为核心、以数据字典（结构化描述）为说明工具的新系统的逻辑模型。

4.3.1 自顶向下分析法

系统分析应坚持"自顶而下、逐层分解"的基本原则。自顶向下的具体内涵是将复杂的、大的问题划分为小问题，找出问题的关键、重点所在，然后用精确的思维定性、定量地去描述问题。而"逐步求精"的具体内涵是将现实世界的问题经抽象转化为逻辑空间或求解空间的问题。一个系统的数据流程图不是一张纸，而是一组图，从顶层的数据流程图逐层进行分解，直至分解到不能再分解的一个单位。分解时，先考虑问题最本质的属性，暂时略去具体细节，以后逐层添加细节，直到最详细的内容。把大问题分解成小问题，然后分别解决，这就是自顶而下分析法的精髓所在。

自顶向下分析法的实质是着眼于数据流，通过逐层分解，建立系统的处理流程，以数据流图和数据字典为主要工具，建立系统的逻辑模型。其主要步骤包括：① 通过对用户的调查，以软件需求为线索，获得当前系统的物理模型；② 去掉具体模型中的非本质因素，抽象出当前系统的逻辑模型；③ 根据计算机信息处理的特点，分析当前系统与目标系统的差别，以建立目标系统的逻辑模型；④ 完善目标系统并补充细节，写出目标系统的软件需求规格说明；⑤ 评审，直到确认完全符合用户对软件的需求。

4.3.2 业务流程分析

以功能为基点分析问题，系统会相对于组织的变化而有一定的独立性，即可获得较强的生命力。所以，在分析组织情况时还应该画出其功能一览表。这样可以使我们在了解组织结构的同时，对于依附于组织结构的各项业务功能也有概貌性的了解，还可以对于各项交叉管理、交叉部分的深度和各种不合理的现象有总体的了解。

调查管理业务流程应顺着原系统信息流动的过程逐步地进行，内容包括各环节的业务处理、信息来源、处理方法、计算方法、信息流经去向、信息提供的时间和形态。业务流程分析有助于我们了解业务的具体处理过程，发现和处理系统调查工作中的错误和疏漏，修改和删除当前系统中的不合理部分，在目标系统的基础上优化业务处理流程。描述管理业务流程的工具主要有管理业务流程图和表格分配图。虽然目前有些信息系统开发方法已用物理数据流程图直接替代，或采用 UML 中的活动图，但是仍有部分系统分析员看重其简单、易懂、消除歧义等特点，在开发中应用这些工具。

业务流程分析的目的和任务为：在对当前系统的组织结构和功能进行分析时，将详细调查中有关某业务流程的资料从业务流程的角度串起来，以便进一步分析。业务流程分析可以帮助系统分析员了解该业务的具体处理过程，发现系统调查中的错误和疏漏，修改当前系统的不合理部分，优化业务处理流程，为目标系统的开发打下基础。

1. 业务流程图的基本符号

业务流程图（Transaction Flow Diagram，TFD）是业务流程分析所使用的图形工具，是用一些规定的符号和连线来表达某具体业务的处理过程。可以认为，业务流程图是在业务功能的基础上进行的细化，利用系统调查的资料，用一个完整的图形将业务处理过程中的所有处理步骤串联起来。绘制业务流程图是业务流程分析过程中的重要步骤。

业务流程图描述了系统内某项业务的作业顺序、参与部门或人员的业务关系和单据（数据）流向。根据结构化分析方法的基本思想，业务流程图的绘制应使用标准的图形符号。业务流程图的基本图形符号尚未统一，常用符号如图 4-2 所示。

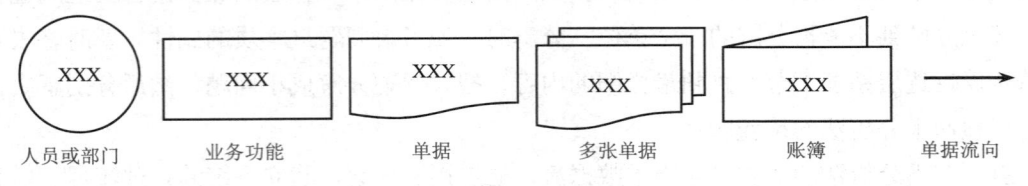

图 4-2 业务流程图的常用符号

2. 业务流程图的绘制

业务流程图的绘制是按照业务的实际处理步骤和过程绘制的，要依据业务调查的语义描述进行分析。

在调查中，对当前系统的信息处理过程进行分析、归纳、整理、简化描述，以利于获取现行系统的主要信息，还应注意：在调查前，可先对组织内有关的管理人员、业务人员进行系统开发前的短期培训，使他们对项目的开发有正确的认识，从而得到他们的积极配合和支持，应与被调查的不同层次的业务负责人一起完成业务流程的描述、数据的分类和综合；对业务流程及信息流程的描述一定要得到他们的认可；对调查结果要分别描述，用文字说明组织的生产经营情况，用图表描述各业务部门的业务流程及信息流程。

例如，某企业原材料仓库管理业务流程图如图 4-3 所示。

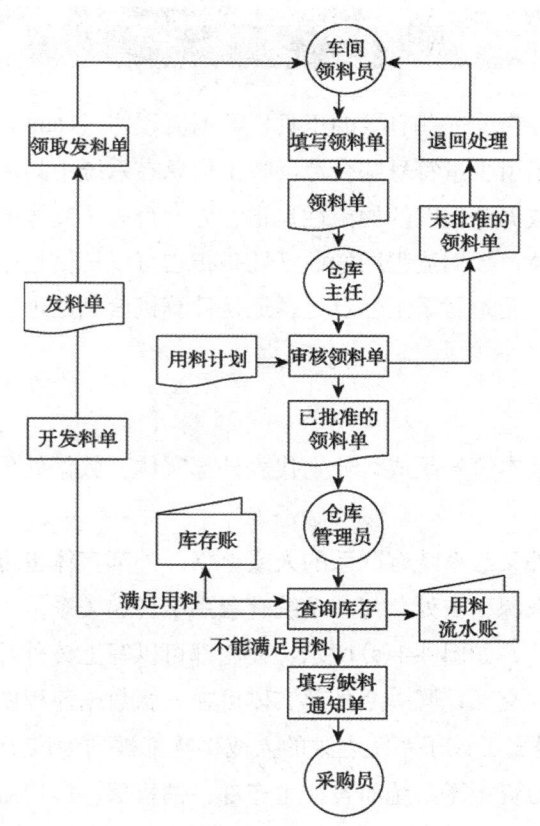

图 4-3 某企业原材料仓库管理业务流程图

4.3.3 数据流程分析

数据是信息的载体，也是信息要处理的对象。因此，必须对当前系统调查中收集到的数据和处理数据的过程进行分析、整理。数据流程分析是建立数据库系统和设计功能模块处理过程的基础。

数据流程分析是把数据在组织内部的流动情况抽象地独立出来，舍去具体的组织机构、信息载体、物质、材料等，单从数据流动过程来考查实际业务的数据处理模式。数据流程分析的目的是发现和解决数据流通中的问题，包括：数据流通不畅、前后数据不匹配、数据处理过程不合理等。这些问题有些属于数据处理流程的问题，有些属于原系统管理混乱的问题。一个通畅的数据流程是目标系统实现业务处理过程的基础。

数据流程分析的内容包括：① 收集现行系统的全部输入单据和报表，输出单据和报表，以及数据存储介质（账本、清单等）的典型格式；② 明确各处理过程的处理方法和计算方法；③ 调查、确定上述各种单据、报表、账本、清单的制作单位、报送单位、存储单位、发生频率、发生的高峰时间和高峰度等；④ 注明各项数据的类型、长度、取值范围等。

4.3.4 数据流程图

数据流程分析往往要借助一些有效的工具，数据流程图（Data Flow Diagram，DFD）就是其中之一。数据流程图用少量符号综合地反映出信息在系统中的流动、处理和存储情况，具有抽象性和概括性。数据流程图的抽象性是指它完全舍去了具体的物质，只保留了数据的流动、加工、处理和存储；数据流程图的概括性是指它可以把信息中的不同业务处理过程联系起来，形成一个整体。无论是手工信息处理还是计算机信息处理，都可以用数据流程图表达出来。

1. 数据流程图的组成

数据流程图由4个基本符号组成，分别代表外部实体、数据处理、数据流和数据存储。

1）外部实体

外部实体是系统之外又与系统有联系的人或事物。外部实体也可以是另一个信息系统。外部实体是系统数据的来源和去处，与本系统有着系统传递关系。

外部实体用圆圈表示，如图4-4(a)所示，在内部可以写上该外部实体的名称。在数据流程图中，为了避免线条的交叉，同一个外部实体可在一张数据流程图上出现多次。在某子系统的数据流程图中，凡是属于该子系统之外的人或事物都被列为该子系统的外部实体。例如，对于一个信息系统的人力资源子系统而言，生产部、销售部、客户服务部、财务部等都属于外部实体，虽然对于整个信息系统而言这些部门不能算外部实体。

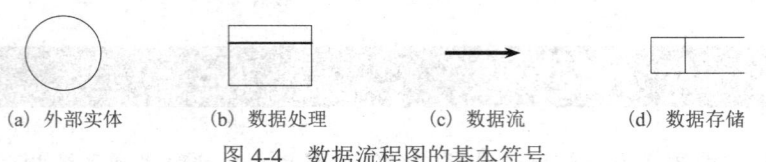

(a) 外部实体　　(b) 数据处理　　(c) 数据流　　(d) 数据存储

图4-4　数据流程图的基本符号

2）数据处理

数据处理是对数据的逻辑处理，也是数据的变换过程。输入数据在此进行变换，产生输出数据。在数据流程图中,通常用一个矩形框来表示数据处理,如图 4-4(b)所示。为了方便处理,在矩形框的上部填写唯一标识该处理的符号标志,一般用字符串表示;在矩形框的下部填写该数据处理的简单描述,一般是用一个动词加上一个作动词宾语的名词,如"统计生产量"等。

3) 数据流

数据流表示数据的流动方向,是处理功能的输入和输出。数据流可以是一项数据,也可以是一组数据,用来表示对数据文件的存储操作。通常,用一个带箭头的线段来表示数据流,如图 4-4(c)所示。对每个数据流加以简单的描述,通常在数据流符号的上方标明数据流的名称。一些含义十分明确的数据流也可以不加说明。

4) 数据存储

数据存储指通过数据文件、文件夹等存储数据。这里指的是数据存储的逻辑描述,与保存数据的物理地点和物理介质无关。

通常,用右端开口的长方条来表示数据存储,如图 4-4(d)所示。同样,为了方便区分,在长方条的内部偏左加上一条竖线,可以在左边填写唯一标识该数据存储的符号标志,用字符串来表示,在右边填写数据存储的名称。

注意,在数据流程图中,指向数据存储的箭头表示送数据到数据存储,即对数据存储的改写、存放等,离开数据存储的箭头表示从数据存储中读取数据。

2. 数据流程图的绘制

数据流程分析的根本目的是分析出合理的信息流动、处理、存储的过程。无论是采用 HIPO (Hierarchy plus Input/Processing/Output) 法还是采用 SA(System Analysis,系统分析)法,其基本思想是一样的:先把系统看成一个大整体,明确系统的输入和输出;为了实现整体功能,内部必然有信息的处理、传递、存储的过程;如此下去,自上而下,逐层分解,一级一级地剖析,直到所有处理步骤都具体到可以实现为止。

例如,在学校管理信息系统中,先根据学生管理的业务流程找出与学生管理系统相关的主要外部实体:党总支、院办公室、用人单位、辅导员和学生。学生管理信息系统的顶层数据流程如图 4-5 所示,二层数据流程图分为档案管理、成绩管理、奖惩管理、综合测评管理四部分,如图 4-6 所示,最后进行第三层流程图的设计。

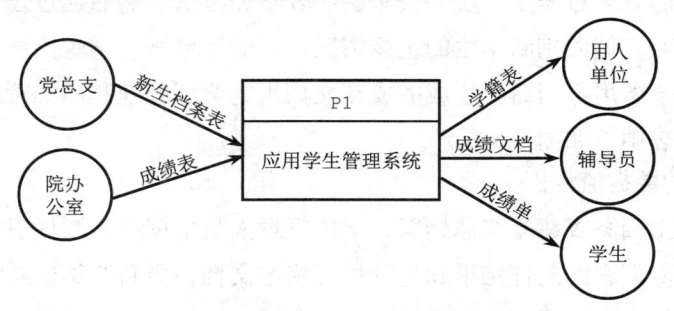

图 4-5 学生管理信息系统的顶层数据流程

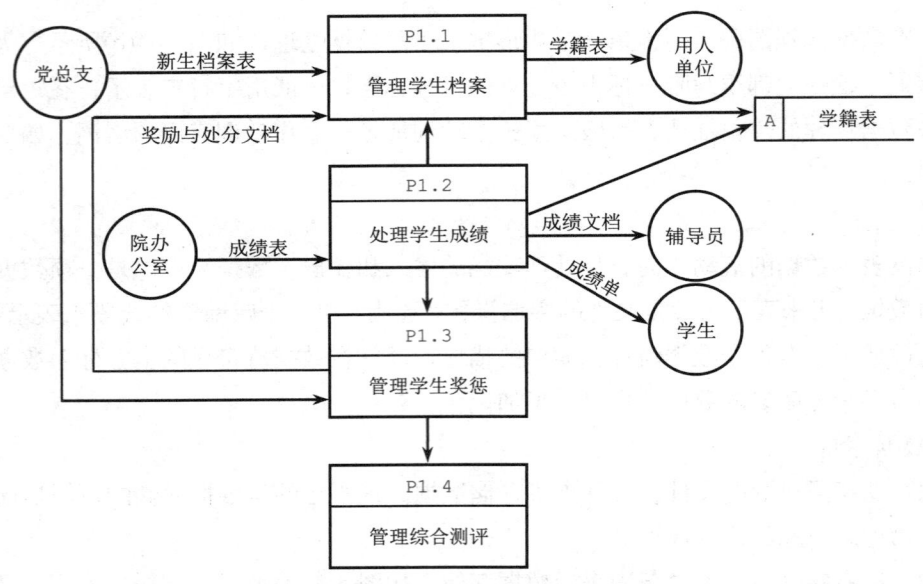

图 4-6　学生管理信息系统的二层数据流程图

1）档案管理的数据流程图

党总支根据新生档案表，为每个新生建立档案。根据奖励与处分表、成绩文档，更新学生档案；同时，依据成绩文档填制毕业生登记表，在此基础上可以生成学籍表和毕业生信息表，如图 4-7 所示。

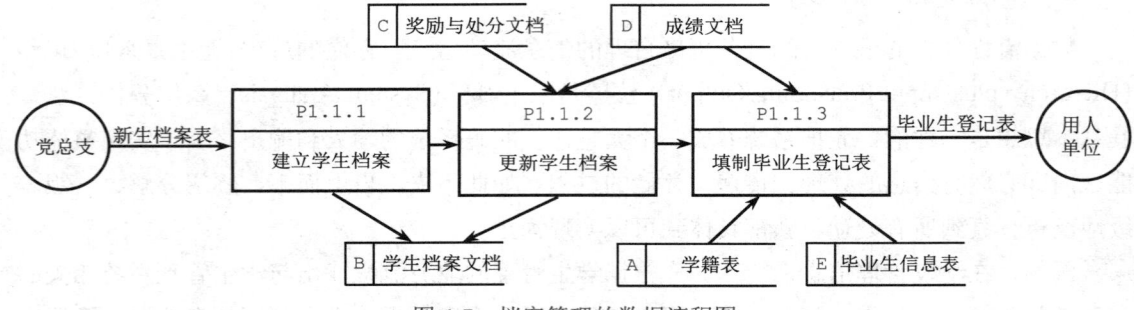

图 4-7　档案管理的数据流程图

2）成绩管理的数据流程图

成绩管理部分的处理过程是，院办公室组织教学和考试，然后通过任课老师提供的各科考试结果生成成绩表，据此判断学生的重修情况，将成绩单寄给学生，再以成绩文档的形式给辅导员，评奖学金备用；同时，生成的成绩文档也为奖惩管理和档案管理提供原始数据，并自动存储在学籍表中，如图 4-8 所示。

3）奖惩管理的数据流程图

党总支依据新生档案表建立奖惩档案，学生管理人员依据综合测评表对学生进行奖惩处理，然后根据综合测评表的测评结果和处分情况修改文档，更新奖惩档案；同时将修改后的奖惩情况反映到学籍表，如图 4-9 所示。

图 4-8 "成绩管理"的展开

图 4-9 "奖惩管理"的展开

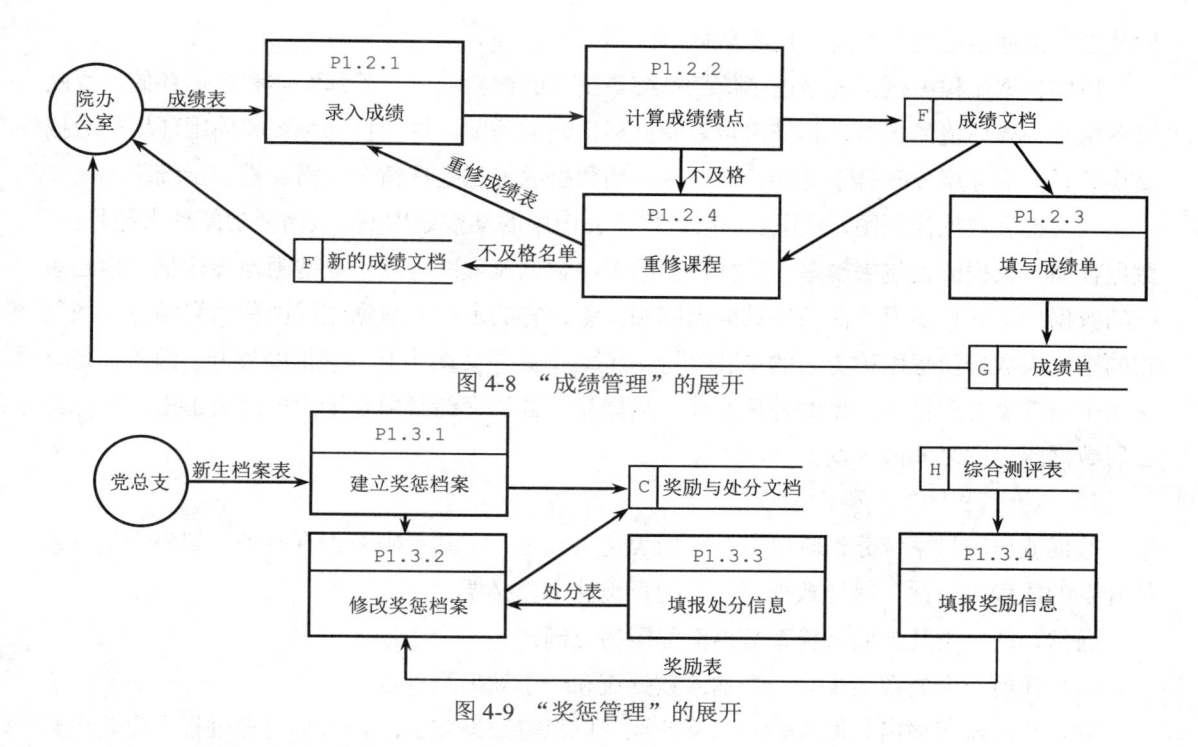

4）综合测评管理的数据流程图

通过成绩管理系统获取学生的智育体育成绩，形成智育体育测评文档，然后录入德育成绩，进行综合测评，最后形成综合测评表，如图 4-10 所示。

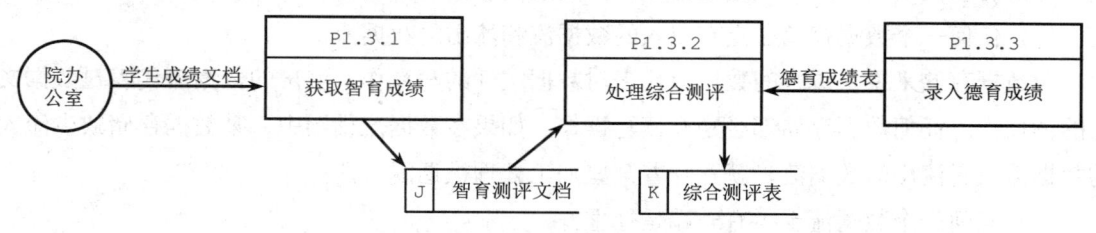

图 4-10 "综合数据测评数据管理"的展开

3. 数据流程图绘制的注意事项

数据流程图具有图形符号少、通俗易懂、直观等特点，是系统分析员与用户交流的工具。在数据流程图的绘制中，系统分析员要随时与业务人员进行讨论、分析，对所绘制的数据流程图进行补充和纠正，直到用户满意。

在绘制数据流程图中还要注意以下事项。

1）划分层次，逐层分解

为了表达数据处理过程中的数据加工过程，只用一个数据流程图是不够的。稍微复杂的实际问题出现在数据流程图中的加工过程常常有十几甚至几十个。把这些加工处理放在一张数据流中看起来很不清晰，杂乱无序。解决方法是采用分层的数据流程图。在数据流程图的绘制中，按照系统的层次结构进行逐层分解，以分层的数据流程图反映系统的层次结构，这样就能清楚地表达整个系统，也容易理解。

顶层数据流程图概括地描述了信息系统最主要的逻辑功能、外部实体和数据存储，反映了系统与外界环境的接口，其作用是表明目标系统的范围，以及目标系统和周围环境的数据交换关系，为逐层分解打下基础；但并未表明数据的加工处理情况，需要进一步细化。

逐层扩展数据流程图，展开上一层数据流程图中的某些处理框，从而使功能越来越具体，数据存储、数据流也越来越多。这样得到的多层数据流程图可以十分清晰地表达整个信息系统的数据加工处理情况。对某层数据流程图来说，它的上一层数据流程图称为它的"父图"，它的下一层数据流程图称为它的"子图"。注意，子图是父图中某处理框的展开，因此凡是在父图中与这个处理框有关系的外部实体、数据流、数据存储必须在子图中反映出来，以保持各层数据流程图之间的平衡。

2）数据流程图的正确性检查

数据流程图是系统分析阶段最主要的表达工具之一，其正确与否直接关系到整个信息系统开发的质量。因此，保证数据流程图的正确性十分必要。

通常，从以下几方面来检查数据流程图的正确性。

（1）任何一个处理至少有一个输入数据流和一个输出数据流

输入数据流与输出数据流必须相互匹配，以保持数据守恒。如果某处理过程产生输出数据，但是没有输入数据，这肯定是某些数据流被遗漏了。反之，如果某处理过程不产生任何输出数据，那么这个处理过程是没有任何意义的。还有一种情况是，某些输入数据在处理过程中并没有被使用到，这不一定是错误，但要追溯原因，探讨是否可以简化。

（2）任何一个数据存储必定有流入的数据流和流出的数据流

对数据存储来说，流入的数据流代表对数据文件的写操作，流出的数据流代表对数据文件的读操作。任何数据存储都必定有读写操作。如果在数据流程图中，某数据存储缺少流入的数据流或者流出的数据流，就意味着某些加工处理被遗漏了。

（3）任何一个数据流至少有一端是处理框

数据流是指处理功能的输入和输出。也就是说，数据流不能从外部实体直接到数据存储，也不能从数据存储直接到外部实体，也不可能在外部实体之间或者数据存储之间流动。

（4）某处理框的输入数据流、输出数据流必须出现在相应的子图中

违反这个原则的错误比较常见，特别是在对父图和子图进行了某种修改后。子图可以包括比父图更详细、更复杂的数据流、数据存储和外部实体，但在父图中出现的数据流、数据存储和外部实体必须在子图中全部出现，否则会出现父图与子图的不平衡。

数据流程图描述了系统的"分解"，即描述了系统由哪几部分组成，各部分之间有什么联系，系统数据流向和加工等情况，但是并没有说明系统中各成分是什么含义，或者说各成分的具体含义仍然不清楚或不明确，而只有当数据流程图中所出现的每个成分都给了明确的定义后，才能完整、准确地描述一个系统。因此需要其他工具对数据流程图进行补充说明。

4.3.5 数据字典

1. 数据字典的作用

数据字典（Data Dictionary，DD）是在数据流程图的基础上，进一步定义和描述所有的数据项、数据结构、数据存储、处理过程和外部实体的详细逻辑内容和特征的工具。数据流程图和数据字典等工具相互配合，可从图形和文字两方面对系统的逻辑模型进行完整的描述。

数据字典的任务是对数据流程图中出现的所有命名元素都在数据字典中作为一个条目加以定义，使得每个图形元素的名字都有确切的解释。因此，建立数据字典的工作量很大，相当烦琐，但这是一项必不可少的工作。数据字典在信息系统开发中具有十分重要的意义，不仅在系统分析阶段要被使用，在系统的整个开发过程和系统运行中都要被使用。

2. 数据字典的条目

数据字典有 6 条条目，不同类型的条目需要描述的属性各有不同。

1）数据项

数据项，又称数据元素，是数据的最小单位。分析数据特征应从静态和动态两方面进行，而数据字典仅定义了数据的静态特征。对数据项的描述应该包括如下属性。

① 数据项名称：名称要尽量反映该数据项的含义，便于理解和记忆。
② 数据项编号：所有数据项应统一编号，方便查找。
③ 别名：一个数据项的多个名称。
④ 数据项类型：说明数据项取值是字符型或数字型。
⑤ 数据项长度：组成该数据项的数字或字母的位数。
⑥ 数据项取值范围和取值的含义：数据项可能取什么值和每个值代表的意义。

数据项条目示例如图 4-11 所示。

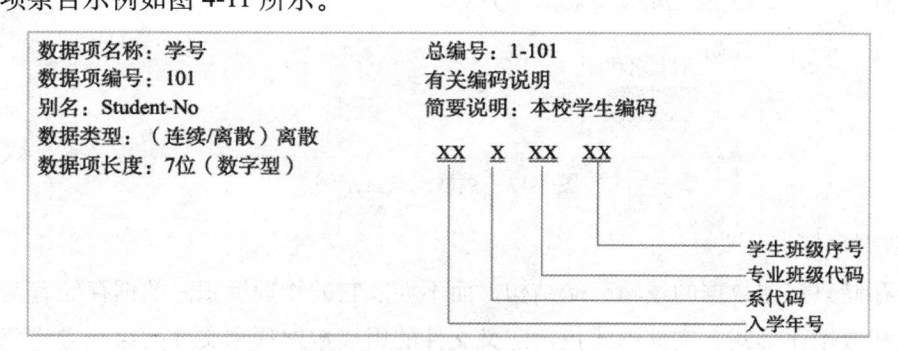

图 4-11 数据项条目示例

2）数据结构

数据结构用于描述某些数据项之间的关系。一个数据结构可以由若干数据项组成，也可以由若干数据结构组成，还可以由若干数据项和数据结构组成。数据结构是个递归概念。

数据结构包括如下属性：数据结构的名称、编号、简要说明和组成。

数据结构的重点是数据结构的组成。数据结构可以包括若干数据项和数据结构。这些数据之间的组合关系有三种特殊情况：① 任选项，指那些可以出现也可以省略的项；② 必选项，指那些在两个或者多个数据项中必须选择之一的项；③ 复选项，指那些可以多次出现的数据项。

数据结构条目示例如图 4-12 所示。

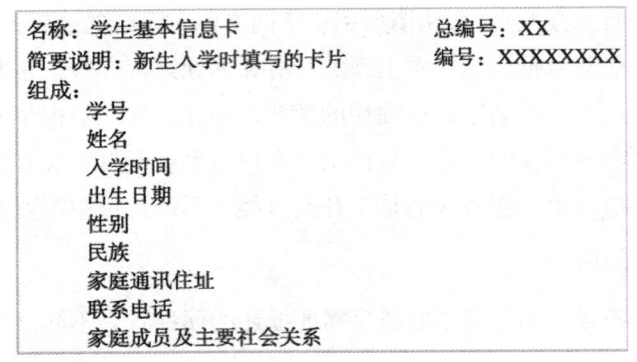

```
名称：学生基本信息卡              总编号：XX
简要说明：新生入学时填写的卡片     编号：XXXXXXXX
组成：
    学号
    姓名
    入学时间
    出生日期
    性别
    民族
    家庭通讯住址
    联系电话
    家庭成员及主要社会关系
```

图 4-12　数据结构条目示例

3）数据流

数据流是由一个或一组固定的数据项组成的。定义数据流时，不仅要说明数据流的名称、简要说明、编号，还应包括以下属性：① 数据流来源；② 数据流去向；③ 数据流的组成；④ 数据流的流通量。

以学生成绩表为例，数据流条目示例如图 4-13 所示。

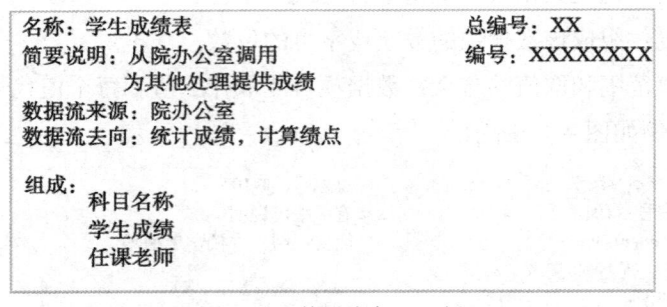

```
名称：学生成绩表                总编号：XX
简要说明：从院办公室调用          编号：XXXXXXXX
         为其他处理提供成绩
数据流来源：院办公室
数据流去向：统计成绩，计算绩点
组成：
    科目名称
    学生成绩
    任课老师
```

图 4-13　数据流条目示例

4）数据存储

数据存储只描述数据的逻辑存储结构，而不涉及它的物理组织。数据存储有两种类型：文件形式和数据库形式。文件形式包括定义文件的组成数据项和文件的组织方式两项内容，其中文件组成数据项的定义方式与数据流的定义方式相同。

以毕业生信息表为例，相关数据存储条目示例如图 4-14 所示。

5）处理逻辑

处理逻辑的定义仅对数据流程图中底层的处理逻辑加以说明。数据字典只需列出基本加工的定义，因为任何一个加工最后总能分解成一些基本加工，只要有了基本加工的定义，就

```
名称：毕业生信息表                总编号：XX
说明：记录毕业生的信息            编号：XXXXXXXX
      对档案文档的补充
包含的数据结构：
            学号
            姓名
            毕业实习论文题目
            实习指导老师
            毕业论文成绩
            毕业分配单位
            联系电话
            邮编
有关数据流：
      填制毕业生登记表 to 毕业生信息表
      毕业生信息表 to 学籍表
```

图 4-14　数据存储条目示例

可以理解其他加工。处理逻辑是用简短的自然语言对数据处理过程的高度概括，而不是具体的逻辑处理。

以填制毕业生登记表为例，处理逻辑条目示例如图 4-15 所示。

```
名称：填制毕业生登记表            总编号：XX
说明：反映学生在校情况            编号：XXXXXXXX
输入：由档案文件流向填制毕业登记表
输出：由填制毕业登记表流用人单位（毕业生登记表）
处理：查档案文件
      打印每个学生的学籍档案
      修改或删除学生在校档案
```

图 4-15　处理逻辑条目示例

6）外部实体

外部实体是信息系统数据的来源和去向。在数据字典中，对外部实体的描述应包括：名称、编号、简要说明，及输入和输出。另外，外部实体的数量对于系统的业务量有参考作用，也应该在条目中加以说明。

如对"学生"这个外部实体的定义，外部实体条目示例如图 4-16 所示。

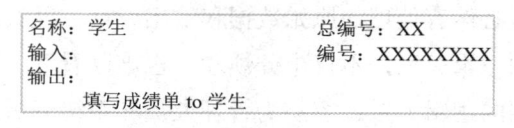

```
名称：学生                总编号：XX
输入：                    编号：XXXXXXXX
输出：
      填写成绩单 to 学生
```

图 4-16　外部实体条目示例

3. 数据字典的使用和管理

数据字典的建立有两种方式，既可以由手工方式生成，也可以由计算机自动生成。手工方式是将上面介绍的格式写在卡片或者纸上，并分类建立一览表。计算机方式是在手工方式的基础上，整理、存储在计算机中，由软件进行管理，查询和修改十分方便。对于规模较小的信息系统，采用手工方式是比较合适的选择。

数据字典实际上是"关于系统数据的数据库"。在整个系统开发阶段和系统运行维护阶段，数据字典是必不可少的工具。在系统分析过程中，数据字典可以方便地通过名称去查询数据的定义，也可以按照各种要求随时列出各种表，以满足系统分析员的需求。数据字典也可以反过来使用，由描述内容去查询数据的名称。

数据字典可以确保数据在信息系统中的完整性和一致性。例如，通过检查各类条目的规定格式，可以发现以下问题：是否存在没有指明来源和去向的数据流，是否存在没有指明所属数据存储或者所属数据流的数据项，处理逻辑与输入的数据项是否匹配，是否存在没有输入或者输出的数据存储。

数据字典必须由专人管理，其职责是维护和管理数据字典，保证数据字典内容的完整性和一致性，还要负责把数据字典的最新版本及时通知有关人员。任何人，包括系统分析员、系统设计员、程序员，若要修改数据字典的内容，都必须通过数据管理员。数据管理员

4.4 处理逻辑描述工具

在数据流程图中，每个处理框只是简单标上了处理的名字，不能表达处理逻辑的全部内容。数据字典包括了对各处理功能的一般描述，但这种描述是高度概括的，也不可能描述各处理逻辑的全部细节，因此需要其他工具来详细描述处理逻辑。

数据流程图是分层的。数据流程图可以将一个大而复杂的系统逐层分解成许多个简单的基本数据处理。顶层的数据流程图表达系统的主要逻辑功能，随着自顶而下、逐层细化的过程，表达的功能也越来越具体，处理逻辑也越来越精细，直到底层的数据流程图，系统的全部处理逻辑。信息系统底层的处理逻辑详细到了可以实现的程度，是最小功能单元，因此被称为"基本处理"。如果所有基本处理的逻辑功能都被描述清楚了，那么通过自底而上目的综合分析，信息系统的所有逻辑功能也就清楚了。

加工处理逻辑指的是业务人员处理业务的算法和逻辑关系，即用户要求这个加工"做什么"。加工处理逻辑的分析就是对业务流程分析和数据流程分析的补充，也是系统处理模块的设计依据。每个加工处理必然有处理的原始数据和输出设计，以及处理逻辑的关系和算法。如用文字表达这种多元的逻辑关系，不仅十分烦琐，也难以看清，可以清晰地表达条件、决策规则和应采用行动之间的逻辑关系，容易为管理人员和系统分析人员所接受。结构化分析工具主要有结构化语言、决策树、决策表等。

4.4.1 结构化语言

结构化语言，又称为程序设计语言（Program Design Language，PDL），是一种模仿计算机语言的处理逻辑描述方法，是介于自然语言与形式化语言之间的半形式化语言，在自然语言的基础上增加了一些限制，使用有限的词汇和语句来描述处理逻辑。

结构化语言的词汇包括语言命令动词、数据字典中定义的名字、有限的自定义词和逻辑

关系词（如 IF-THEN-ELSE、WHILE-DO、REPEAT-UNTIL、CASE-OF 等）。其动词的含义要具体，不使用抽象的动词，尽可能少用或者根本不用形容词或副词。

1. 主要结构

结构化语言通常分为外层和内层，外层可以有多层，相互嵌套。外层语法比较具体，内层语法则比较灵活。外层语法用来描述控制结构，通常采用人们熟知的标准结构，如顺序、选择和循环。这些控制结构将加工中的各操作连接起来，使用由 IF、THEN、ELSE 等词组成的规范化语言。

内部语法的特点为：① 只能用简单陈述句一种，它能明确地表达"做什么"；② 名词都是字典中定义过的词或自定义的词；③ 动词避免用空洞的词；④ 没有形容词、副词等修饰语；⑤ 可以用一些常用的运算法、关系符等。

总体说来，结构化语言只允许使用三种基本结构控制，处理逻辑的操作运用自然语言短语来表示。

1）简单陈述句

力求精练，不应太长，避免使用复合语句。描述处理中决策方案的部分通常用简单陈述句，如"先付款再发货""先按库存发货""不发货"等。

2）判定结构

判定结构采用与计算机语言的类似结构。

```
IF <条件> THEN
    决策1
ELSE <非条件> / OTHERWISE <非条件>
    决策2
END IF
```

IF 与 ELSE 对应的是同一条件的是与非，因此一个结构只能对一种条件进行判断。若要描述多个条件的处理逻辑，就要通过嵌套结构实现，而且要求各结构的引导词配对出现。

3）循环结构

循环结构也采用了计算机语言的类似结构，并有两种描述方式：

```
WHILE<条件> DO
    决策
```

或

```
REPEAT 决策
    UNTIL<条件>
```

其中，WHILE-DO 结构是满足条件才进入循环，执行决策动作的"循环体"；REPEAT-UNTIL 结构是先进入循环，执行一次后，再判断条件是否满足，若满足条件，则退出循环。

2. 应用举例

假设某企业"检查发货单"业务有这样的处理：对于超过 10000 元的大额发货单，若欠款不超过 3 个月，则发赊欠报告，否则在欠款未偿清之前不发批准书和发货单；对于 10000 元以下的小额发货单，若欠款不超过 3 个月，则直接发批准书和发货单，否则向客户发赊欠报告，并发批准书和发货单。

该处理逻辑用结构化语言描述如下：

```
IF 发货单笔金额超过 10000 元 THEN
    IF 欠款超过 3 个月 THEN
        在欠款未偿清前不发批准书和发货单
    ELSE
        发赊欠报告
    ENDIF
ELSE
    IF 欠款超过 3 个月 THEN
        发赊欠报告、批准书、发货单
    ELSE
        发批准书、发货单
    ENDIF
ENDIF
```

4.4.2 决策树

在某些处理逻辑中，处理动作需要依赖于多个逻辑条件的取值，这时处理逻辑描述就比较复杂。如果用结构化语言来表达，就需要多重嵌套，可读性差。为了简洁地表达数据流程图中处理逻辑的逻辑判断，可以用树结构来描述对各种情况的处理，即决策树。

决策树一般是自上而下生成的，每个决策或事件都可能引起两个或多个事件，导致不同的结果。选择分割的方法有好几种，但是目的都是一致的，即对目标类尝试进行最佳的分割。从根到每个叶子节点都有一条路径，这条路径就是一条"规则"。决策树既可以是二叉树，也可以是多叉树。

决策树主要由三部分组成：决策节点、方案分支和决策结果。要决策的问题的定义就是决策节点；以条件为例，从决策节点连接形成的分支结构就是方案分支，往往根据条件值的多少来决定分支的数量；不同方案分支通过不同路径得出决策结果，从而形成决策树。

用决策树描述处理逻辑的优点是：① 可以生成容易理解的规则；② 计算量相对较小；③ 可以处理连续和分类条件；④ 可以清晰地显示哪些条件比较重要。

用决策树描述处理逻辑的缺点是：① 对连续值的条件比较难预测；② 对有时间顺序的条件需要很多预处理的工作；③ 当类别太多时，错误可能增加得比较快；④ 一般的算法分类只是根据一个条件来分类。

例如，"检查发货单"用决策树来描述，如图 4-17 所示。

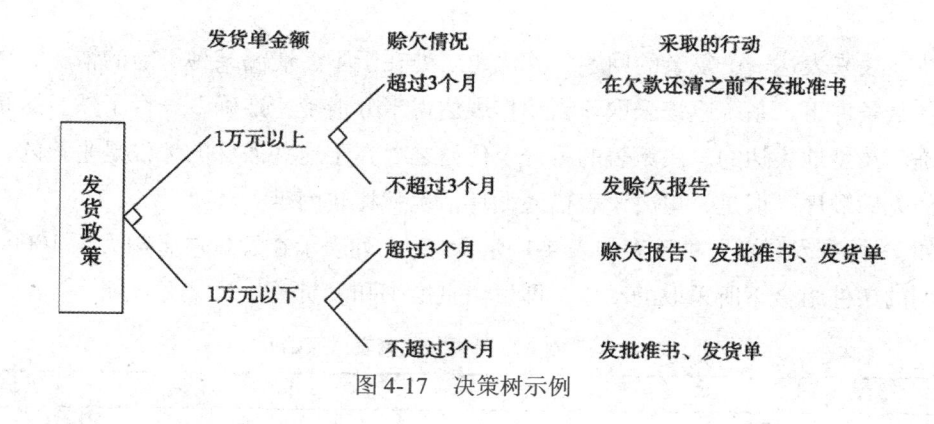

```
发货单金额        赊欠情况              采取的行动
                  超过3个月          在欠款还清之前不发批准书
          1万元以上
发货                不超过3个月         发赊欠报告
政策
                  超过3个月          赊欠报告、发批准书、发货单
          1万元以下
                  不超过3个月         发批准书、发货单
```

图 4-17　决策树示例

4.4.3 决策表

对一些条件较多、在每种条件下取值也比较多的情况，可采用决策表描述处理逻辑。这时需要描述的处理是由一组动作组成的，而这些动作是否执行取决于一组条件的取值，适合用决策表来描述。

决策表是一种表格状的决策分析工具，可以在条件复杂的情况下，直观地描述具体条件、决策规则和应该采取的行动之间的逻辑关系。决策表的优点是清晰易懂，但是只适合描述条件，描述循环比较困难。

决策表由 4 部分组成，如图 4-18 所示：左上方是条件说明，列出所有可能的条件；左下方是动作说明，列出所有可能采取的动作；右上方是条件组合，是针对各种条件给出的多种条件取值的组合；右下方是动作组合，指出在某种条件取值的组合情况下所采取的动作。

条件说明	条件组合
动作说明	动作组合

图 4-18　决策表的划分

决策表的绘制较为复杂，原因在于条件值的组合状态较多，要考虑周全。要获得最终的决策表，通常需要绘制三张表。首先定义条件的取值及含义，然后按照所有组合状态绘制出初始决策表，最后将相关列合并为最终的决策表。在合并时，按照操作中选择用于决策方案的不同条件进行判断，先找到条件条目的共同点，再分析其不同条件值的组合是否被相关列遍历了，若遍历，则相关列合并，否则不合并。

由此我们可以归纳出合并的原则：对于采取相同动作的 N 条规则，如果有某条件在第 N 列中的取值正好是该条件取值的全部情况，而其他条件的取值都相同，那么这 N 条规则可以合并，说明该条件的取值与所采取的动作无关。

运用决策表来描述决策逻辑，通常包括以下步骤：① 分析、确定决策逻辑涉及的条件，列在决策表的左上方；② 分析、确定每个条件的取值情况；③ 列出条件的所有组合情况，标在决策表的右上方；④ 分析、确定决策逻辑涉及的动作，列在决策表的左下方；⑤ 决定各种条件组合下所采取的行动，画在决策表的右下方；⑥ 应用合并规则，化简决策表。

用决策表来表达一个复杂的问题，其优越之处在于不会遗漏某种可能的情况。决策表能够把在什么条件下、系统应该采取什么动作表达得十分清楚、准确，一目了然。这是用语言难以准确、清楚地表达的。决策表的另一个优越之处在于这些条件的地位是平等的，不用考虑条件的先后顺序。但是，用决策表描述循环情况就比较困难。

例如，"检查发货单"决策表如表4-1所示，第2列表示在发货单金额大于10000元、欠款未超期的条件组合下所采取的动作，即发出批准书和发货单。

表4-1 "检查发货单"决策表（原始）

		1	2	3	4
条件	发货金额大于1万元	√	√	×	×
	欠款超过3个月	√	×	√	×
行动	发出批准书		√	√	√
	发出发货单		√	√	√
	发出赊账报告			√	
	不发出批准书	√			

"检查发货单"决策表列出了两个条件所有可能的4种组合，就是一张完整的决策表，不会有遗漏，但是这张表可以化简。表中的第2列和第4列采取的动作是一样的，再查看条件取值组合情况，通过分析可知，无论是大额发货单还是小额发货单，只要客户信誉良好、欠款不超期，都可以采取相同的操作，即发出批准书、发货单。这两条规则就可以合并。简化后的决策表如表4-2所示。

表4-2 "检查发货单"决策表（简化）

		1	2	3
条件	发货金额大于1万元	√	/	×
	欠款超过3个月	√	×	√
行动	发出批准书		√	
	发出发货单		√	
	发出赊账报告			√
	不发出批准书	√		

4.4.4 工具选择

在描述一个基本加工的处理逻辑时，结构化语言、决策树和决策表通常被交叉使用，互相补充。这三种描述工具各有优缺点。对于不太复杂的判定情况或者使用决策表有困难的，可以使用决策树。同时存在顺序、判断和循环的处理逻辑描述比较适合结构化语言；包含组合条件较多的判断的处理逻辑描述适合决策表。

哪种描述工具最好取决于一系列因素：问题的特性和复杂程度、由决策导出的行动个数，以及使用的难易程度。从评价各方法的优点和局限性来说，可以给出下列结论：

① 数据流程图的基本作用是描述数据流程，可以用于各种层次的系统分析，并且有利于提供高质量的系统文档。然而这种方法对于输出、输入的细节描述较差，在初期使用它非常容易造成混淆。

② 当问题要求给出行动顺序和具体决策时，最好使用结构化语言。

③ 数据字典是满足系统的数据需求基础上简化结构，也可以用于各种层次的系统分析，但是不能提供有关功能方面的细节，并且不易被不懂技术的用户接受。

④ 决策树常用于验证逻辑关系问题和在只涉及少量行动方案的决策问题。

⑤ 决策树和决策表最适合处理那些具有复杂分支路线的决策，如计算优惠价或者销售回扣、库存控制等。

4.5 结构化分析案例

本节以工程项目监督管理信息系统（Project Supervision and Management Information System，PSMIS）为例，介绍结构化分析的基本工作，包括业务流程分析、数据流程分析等。

对某建筑质量监督站的业务及其职能调研后，发现目前存在办公效率低下、信息繁杂、检索不便、输入内容过多、任务分配不明确、缺少协作和反馈、工程监理面窄等问题。因此需要重新开发一套信息系统，满足日常监督管理工作，提高工程监理的工作质量和监理内容，促进总站与分站之间的信息共享和沟通协作，提高工作效率。

微观上，工程项目监管管理信息系统是在该质量监督站内部建立一个知识共享与办公协作平台，通过巡查任务分配、巡查任务查询、在线联系等手段，加强员工之间的沟通协作、文档及资源的共享、工作流程的审批和办公文化的营造等，全面提升工作效率，并提高员工的软件应用水平。本信息系统希望将日常工作中的各种流程事务融合进来，基本要求如下。

① 监督项目信息、巡查安排。

② 作为一个统一的入口，实现对站内外的业务综合查询，建立内部通信和信息发布、处理平台。

③ 实现工作流程的自动化，以及对监督、巡查过程的实时跟踪和监控。

④ 实现文档管理的自动化，各类文档、信息能有序地进行存储，并可按权限查询使用。

⑤ 实现信息集成，将管理站内部其他应用系统的数据集成到现有办公自动化系统中，可对人员分配进行管理。

⑥ 可对管理站项目档案进行管理。

1. 组织结构分析

根据调查，得到如图 4-19 所示的组织结构。其中，站长室主要负责监督项目任务的分配和管理；主任室主要负责协助管理机关日常工作，如组织会议、文秘、档案、机要、保密、信访等工作；总工室负责工程项目的管理；综合室主要负责项目的申请处理和备案等；监督小组负责工程项目的监督；分站负责市外的工程项目监督。

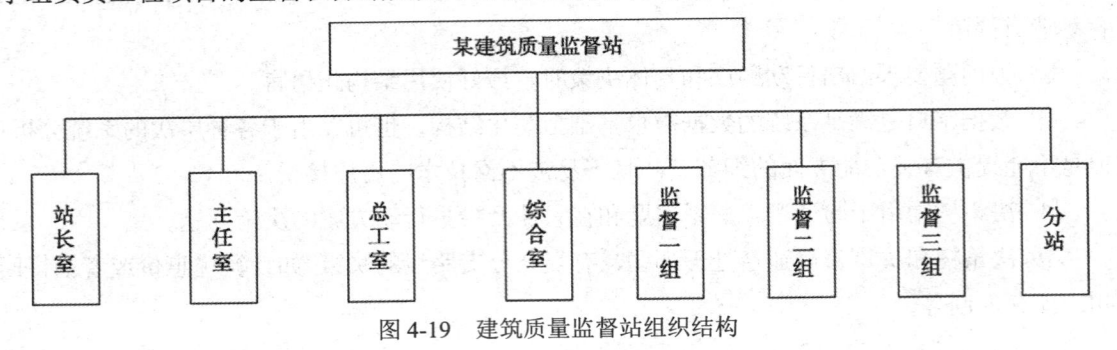

图 4-19 建筑质量监督站组织结构

2. 业务流程分析

该监督站的主要业务有报监登记、科室分配、定位查询、报告归档、资料备案等。其具体业务流程为：综合室受理建筑单位申请，项目在分配到受监号后，信息是完备的，项目以受监号到达站长，等待分配；站长根据工程类型、大小、所在区域，分配到监督组，监督组结合监督员及其在手项目情况，分配监督员；然后，进入竣工管理；建筑单位填报竣工验收通知单，监督组收到通知，监督竣工验收，记录验收内容，填写报告。具体业务流程如图 4-20 所示。

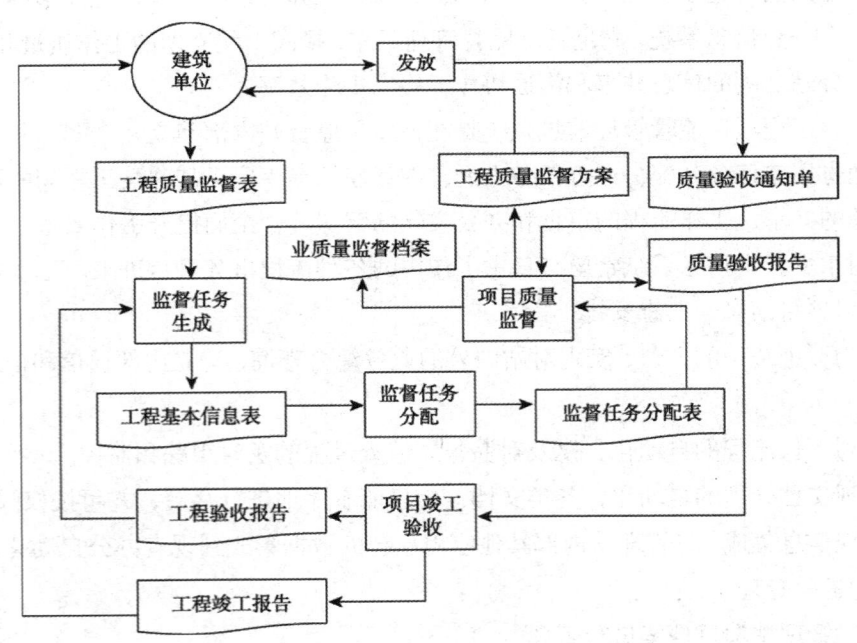

图 4-20 工程项目监督管理信息系统的业务流程

质量监督站处理工程项目的报监、业务分配、质量监督、竣工管理等关键业务。由于篇幅关系，下面以项目报监和巡查分配的业务流程为例，如图 4-21 所示。

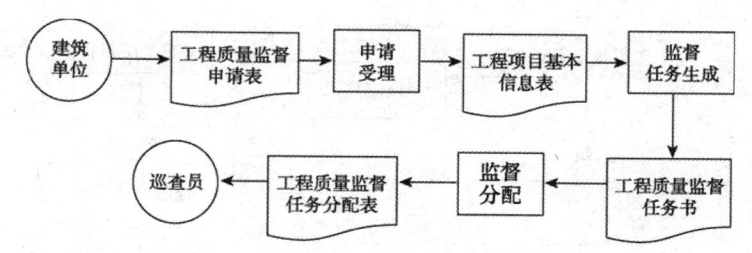

图 4-21　工程项目的报监和任务分配业务流程

3. 数据流程分析

上述工程项目管理业务的数据流程分别如图 4-22～图 4-25 所示。

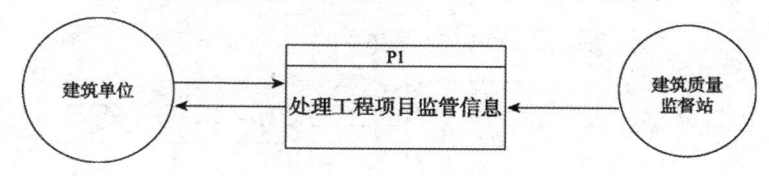

图 4-22　数据流程图第一层

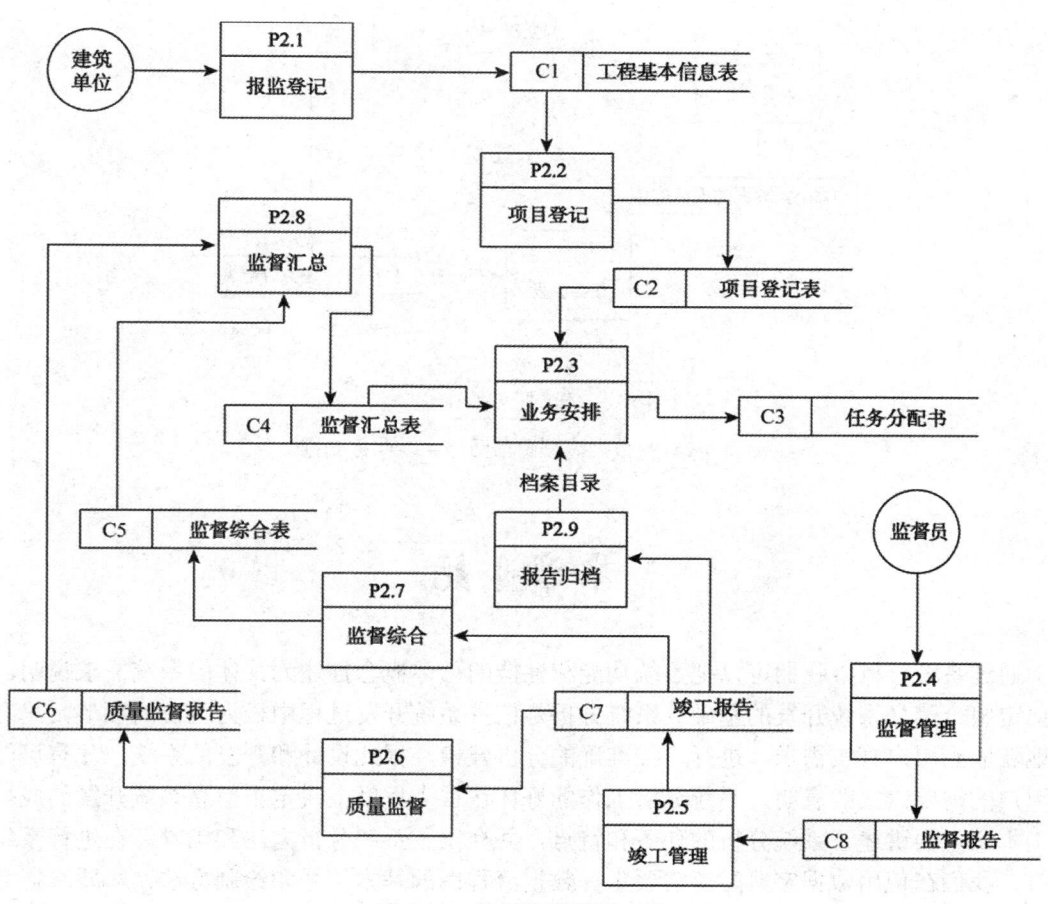

图 4-23　数据流程图第二层

· 111 ·

图 4-24　数据流程图第三层——报监登记

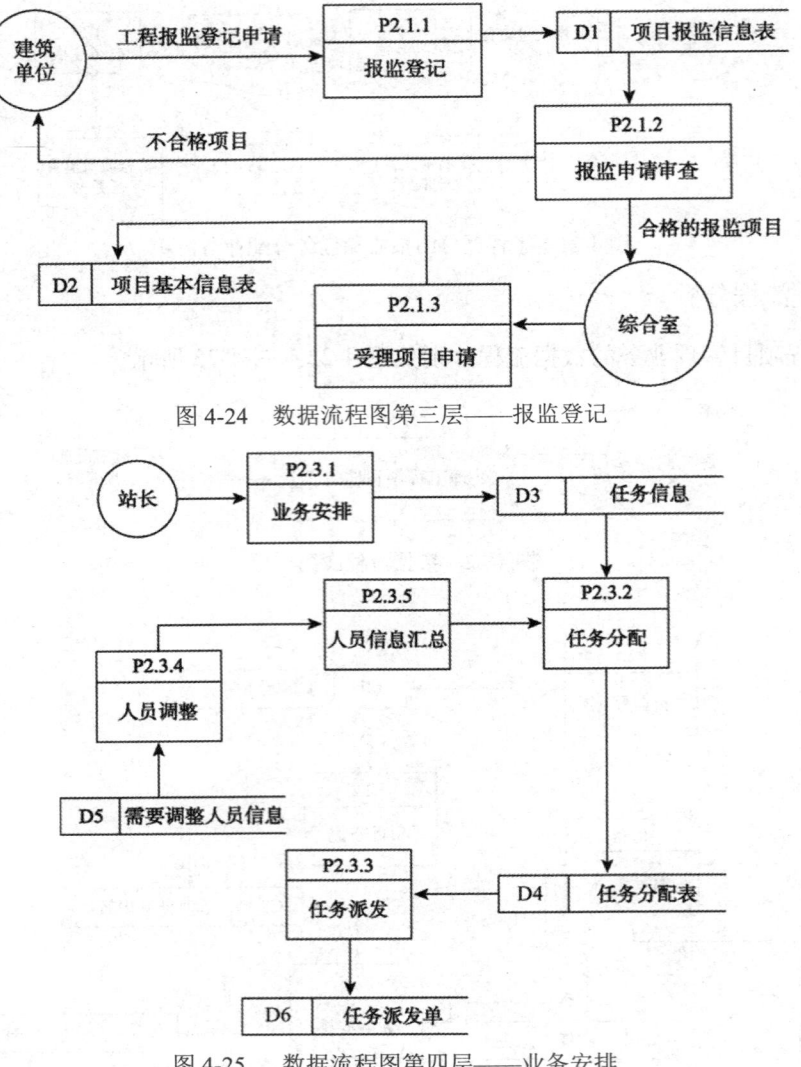

图 4-25　数据流程图第四层——业务安排

本章小结

  通过系统分析，我们可以把系统功能和性能的总体概念描述为具体的系统需求说明，从而奠定整个信息系统开发的基础。系统分析是信息系统开发过程中极为重要的环节，只有清楚地获取到用户真实需求、进行详细准确的分析建模，据此设计和开发的系统，才有可能满足用户的需要。实践表明，系统分析工作的好坏在很大程度上决定了信息系统开发的成败。

  本章主要讲述了系统分析的任务和特点，并介绍了系统分析方法和工具。在进行系统分析时，我们在使用数据字典时，需要掌握数据流程图的基本符号和绘制方法，需要掌握数据字典的内容格式及其实现方法。

  本章最后用一个案例展现了系统分析的基本流程。

思考题

1. 简述系统分析阶段的主要活动。
2. 简述系统分析的核心工作。
3. 系统初步调查的目的及调查的内容有哪几方面？
4. 什么是结构化分析方法？有哪些工具？需要经过哪些步骤来实现？
5. 简述业务流程图的作用。
6. 什么是数据流程图？主要有哪几种基本符号？它们各自的含义是什么？
7. 简述结构化分析的主要目的和工具。
8. 什么是数据字典？主要作用是什么？
9. 简述数据字典的条目的示例。
10. 按下列文字描述，绘制数据流程图。

"产品质量管理"的业务处理流程如下：

（1）根据计划科提供的"产品任务书及合同"和标准化科提供的"质量标准"，编制质量可靠性保证大纲（处理1），出具质量可靠性保证大纲（数据1）。

（2）根据数据1和设备科提供的"设计文件"，编制产品明细及质量文件、产品质控点文件（处理2），出具产品明细及质量文件（数据2）和产品工序质控点文件（数据3）。

（3）根据数据2、数据3和生产科提供的"生产计划文件"，编制质量监督计划文件（处理3），出具产品质量监督计划文件（数据4）。

（4）根据数据4和车间提供的产品质量记录文件及产品质控点记录文件，进行产品质量管理（处理4），出具产品质量考核文件（数据5）和质量统计与分析报表。

11. 对下述问题绘制决策树、决策表。

某单位进行年终考核，根据考核的不同情况发放不等的奖金。规定如下：

（1）当年考核为"优"，再看去年考核是否也为"优"，若是，则奖金为500元，否则为400元。

（2）当年考核为"良"，若去年为"优"，则奖金为300元；若去年为"良"，则奖金为250元；其他，则为200元。

（3）当年考核为"合格"，则奖金为100元。

（4）当年考核为"不合格"，则无奖金。

12. 旅游票预订系统中，在旅游旺季7~9月份、12月份，若订票超过50张，则优惠票价的15%，否则优惠5%；在旅游淡季1~6月份、10月份、11月份，若订票超过50张，则优惠30%，否则优惠20%。分别用结构化语言和决策表来表达这个处理逻辑。

参考文献

[1] 黄梯云，李一军. 管理信息系统[M]. 7版. 北京：高等教育出版社，2019.

[2] 薛华成. 管理信息系统[M]. 7版. 北京：清华大学出版社，2022.
[3] 梁昌勇. 信息系统分析、设计与开发方法[M]. 北京：清华大学出版社，2010.
[4] 陈禹. 信息系统分析与设计[M]. 北京：高等教育出版社，2005.
[5] 左美云，邝孔武. 信息系统开发与管理教程[M]. 北京：清华大学出版社，2006.
[6] 甘仞初. 信息系统分析与设计[M]. 北京：高等教育出版社，2004.
[7] 杜鹃. 信息系统分析与设计[M]. 北京：清华大学出版社，2008.
[8] 邝孔武，王晓敏. 信息系统分析与设计[M]. 3版. 北京：清华大学出版社，2006.
[9] 刘林. 管理信息系统[M]. 北京：科学出版社，2006.
[10] 李兴国. 管理信息系统案例[M]. 北京：清华大学出版社，2010.

第 5 章
信息系统的结构化设计

系统分析阶段要回答的中心问题是系统"做什么",这个阶段的成果是得到新系统的逻辑模型,而系统设计阶段要回答的中心问题是信息系统"怎么做",即如何实现系统分析说明书规定的系统功能。

结构化是把信息系统功能当成一个大模块,根据系统分析与设计的不同要求,进行模块的分解或组合工作,这将贯穿于系统分析、系统设计和程序设计的各过程。结构化的实质是"自顶向下,逐步求精,分而治之"。"结构化"指的是"严格的、可重复的、可度量的"。结构化方法是从数据流的角度将问题分解为可管理的、相互关联的子问题,再将这些子问题的解整合成为整个业务问题解的一系列技术的总称。信息系统的结构化设计阶段的主要任务就是在各种技术、方法中权衡利弊,精心设计,合理使用各种资源,最终设计出新系统的总体设计和详细设计方案。

本章主要介绍信息系统结构化设计的任务和原则,重点阐述总体设计、详细设计主要内容和结构化设计方法,最后通过案例分析说明系统结构化设计的原理与方法。

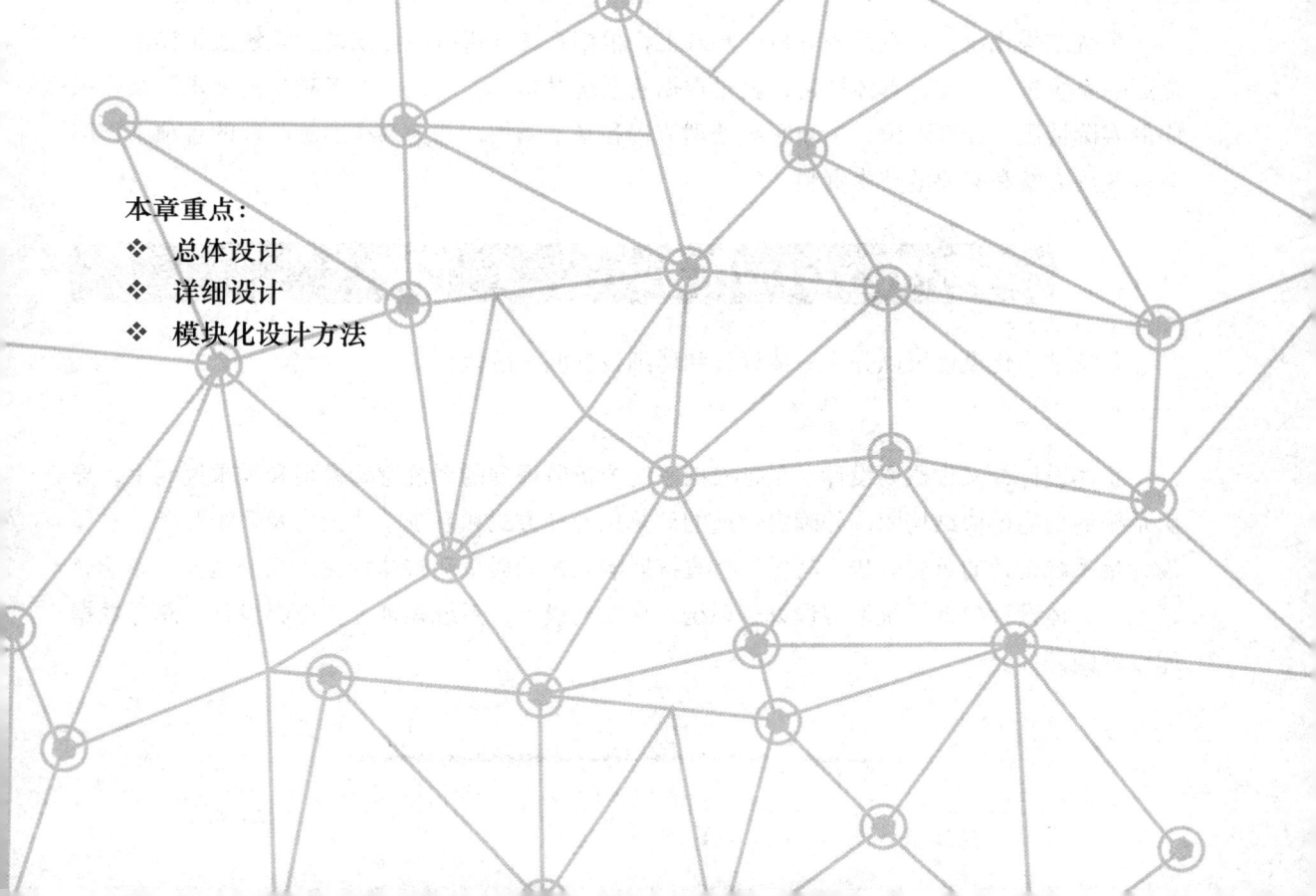

本章重点:
- ❖ 总体设计
- ❖ 详细设计
- ❖ 模块化设计方法

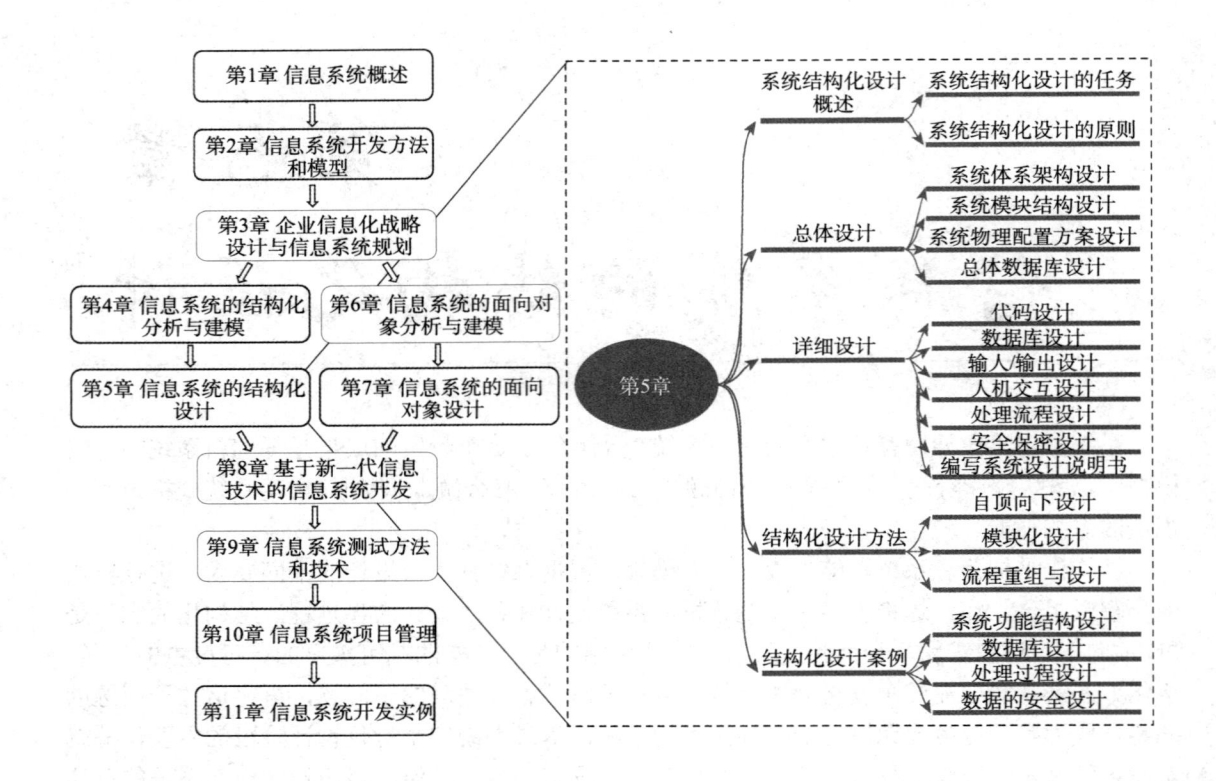

5.1 系统结构化设计概述

系统结构化设计是在系统分析的基础上，根据系统分析阶段提出的新系统逻辑模型，建立起新系统物理模型，具体地讲，就是根据新系统逻辑模型所提出的各项功能要求，结合组织的实际情况，详细地设计出新系统处理流程和基本结构，并为系统实施阶段的各项工作准备好实施方案和必要的技术资料。

5.1.1 系统结构化设计的任务

系统结构化设计可以分为总体设计和详细设计两个阶段。

1. 总体设计

总体设计，又称概要设计，是指根据系统分析所得到的系统逻辑模型和需求说明书，导出系统的功能模块结构图，并确定合适的计算机处理方式和系统总体结构及系统配置。总体设计是系统设计的重要一步，其质量将直接影响系统的质量和整体特性，系统越大，影响就越大。总体设计包括系统架构设计、系统模块结构设计、系统物理配置方案设计、总体数据库设计四部分。

2. 详细设计

详细设计是信息系统总体设计的深入，是指对总体设计中各具体的任务选择适当的技术手段和处理方法。详细设计的内容主要包括代码设计、数据库设计、输入/输出设计、处理流程设计、人机交互设计、安全保密设计和编制系统设计说明书七部分。

5.1.2 系统结构化设计的原则

为了保证系统设计目标的实现，信息系统结构化设计除了要遵循系统性原则、可靠性原则、经济性原则、简单性原则和灵活性原则，还需要遵循以下原则：

① 分解－协调原则。信息系统的目标和功能实现是由相互联系的各组成部分共同工作的结果，在处理中应根据系统总体要求协调各部分的关系。

② 模块化原则。结构化设计的基础是模块化，结构化方法规定了模块的分解－协调原则和技术，将整个系统分解成相对独立的若干模块，通过对模块的设计和模块之间关系的协调来实现系统的功能。

③ 自顶向下原则。结构化方法强调在工作中贯彻执行"自顶向下"原则，先把握系统的总体目标和功能，再逐级分解，逐步细化。"自顶向下"原则在应用时并不完全排斥"自底向上"原则，在结构化方法中，"自顶向下"原则是主导原则，"自底向上"原则是辅助原则。

④ 信息隐蔽、抽象原则。上层模块只规定下层模块做什么和所属模块间的协调关系，但不规定如何做，以保证各模块的相对独立性和内部结构的合理性，使得模块与模块之间层次分明，易于理解、实施和维护。

⑤ 一致性原则。保证系统设计过程中具有统一的规范、标准和文件模式等。

⑥ 明确性原则。每个模块必须功能明确、接口明确、消除多重功能和无用接口。

5.2 总体设计

"总体设计"是纲，"纲举"才能"目张"。著名科学家钱学森先生在谈到社会主义现代化建设的理论指导问题时曾经说过："老是'摸着石头过河'，那可不行，要少犯错误，不犯大错误，就必须有预见性，这来自系统工程。"这就需要依靠"总体设计部"进行总体规划、总体部署、总体协调、总体集成，把机器的逻辑思维优势、人类的形象思维、创造思维优势有机结合在一起，集中方方面面的智慧，调和各种各样的矛盾，最终实现不满意状态到满意状态的综合提升。因此，信息系统的设计也需要进行总体设计。

总体设计是根据系统分析的要求和组织的实际情况，对新信息系统的总体结构形式和网络资源进行大致设计，是一种宏观的设计和规划。

总体设计的主要任务包括系统体系架构设计、系统模块结构设计、系统物理配置方案设计、总体数据库设计。

5.2.1 系统体系架构设计

系统体系架构表示了一个系统的逻辑结构，是一个高层次上的抽象，并不涉及具体的实现方式。在设计系统体系架构时，必须考虑系统的动态行为以及现有系统的兼容性、安全性、可靠性、扩展性和伸缩性等。系统体系架构设计的目的是通过科学的解析，将整个系统划分为不同的构件，并准确定义出构件之间的接口，设计一个清晰简单的体系结构。通常，在进行系统体系架构设计时，需要确定一些策略性的设计方法、原则和基本模式，这样系统开发者可以高屋建瓴地分析系统的宏观结构，认识系统由哪些构件、模块构成，了解构件、模块之间的接口和协作关系。每个构件可能关注特定的功能领域或关注特定的技术领域。系统体系架构分析的结果对于后续的详细设计工作也是一种约束，有助于消除设计和实现过程中的随意性。系统架构设计可以按定义子系统、定义子系统外部接口、定义系统物理架构三个步骤进行。

在很多情况下，系统体系架构不需要完全由自己来设计，因为针对特定的问题也许已经有很多现成的解决方案，某些解决方案在其他同类信息系统中已得到成功的应用，可以供人们借鉴或直接使用。常见的信息系统体系架构包括分层架构、面向服务器架构、微服务架构等。需要注意的是，任何一种架构都会有优缺点，每种架构都有它存在的现实价值。

5.2.2 系统模块结构设计

总体设计阶段需要根据系统分析阶段得到的数据流程图和数据字典，进行系统模块结构设计。在详细设计阶段，要在模块结构设计的基础上，给出每个模块实现方法的细节，并对模块的输入、输出和处理过程进行详细描述，以便在系统实施阶段进行程序设计时可以把这个描述直接"翻译"成用某种程序设计语言书写的程序。系统设计在技术上相当有难度，为此需要有一定的设计方法和设计工具来指导。20世纪70年代以来，出现了多种系统设计方法，其中结构化设计方法是较为典型的方法，将在5.4节详细介绍。

5.2.3 系统物理配置方案设计

系统物理配置方案设计是按照新系统的目标及功能要求，综合考虑环境和资源等实际情况，从系统目标出发，根据信息系统要求的不同处理方式，如批处理、联机输入批处理及分布式处理或混合式处理等方式，进行具体的计算机软/硬件系统及其网络系统的选择和配置，并提交一份详细的信息系统物理配置方案报告。

一般，系统物理配置方案可从如下5方面进行。

1. 设计依据

系统物理配置方案设计主要依据如下 6 方面。

① 系统的吞吐量。每秒钟执行的作业数称为系统的吞吐量，系统的吞吐量越大，则系统的处理能力就越强。

② 系统的响应时间。从用户向系统发出一个作业请求开始，经系统处理后，给出应答结果的时间称为系统的响应时间。

③ 系统的可靠性。系统的可靠性可以用连续工作时间表示。

④ 系统的处理方式是集中式还是分布式。

⑤ 地域范围。对于分布式系统，要根据系统覆盖的范围决定采用广域网还是局域网。

⑥ 数据管理方式。若数据管理方式为文件系统，则操作系统应具备文件管理功能；若数据管理方式为数据库管理方式，则系统中应配备相应的数据库管理系统。

2. 计算机硬件选择

计算机硬件的选择主要取决于数据处理方式和运行的软件系统。一般来说，如果数据的处理是集中式的，系统应用的主要目的是利用计算机的强大计算能力来解决问题，就可以采用主机－终端系统，以大型机或中小型机作为主机。如果数据的处理是分布式的，就采用网络或云化方式，更为灵活、经济。

在计算机机型的选择上主要考虑应用软件对计算机处理能力的需求方面，主要包括：计算机内存、CPU、输入、输出和通信通道数目、显示方式、外接转储设备及其类型。

3. 计算机网络系统设计的选择

计算机网络系统设计的主要选择有网络计算模式、网络拓扑结构、网络的逻辑设计、网络操作系统等。

① 网络计算模式。一般采用客户－服务器（Client/Server，C/S）模式，但随着 Internet 技术的发展和广泛应用，信息系统的网络计算模式开始更多地采用浏览器/Web 服务器/数据库服务器（Browser/Web Server/Database Server，B/W/D）模式。

② 网络拓扑结构。网络拓扑结构一般有总线型、星型、环型、混合型等。在网络选择上，应根据应用系统的地域分布、信息流量进行综合考虑。一般尽量使信息流量最大的应用放在同一网段上。

③ 网络的逻辑设计。通常，先将系统从逻辑上分为各分系统或子系统，再按需要配备设备，如主服务器、主交换机、分系统交换机、子系统集线器（Hub）、通信服务器、路由器和调制解调器等，并考虑各设备之间的连接结构。

④ 网络操作系统。目前，流行的网络操作系统有 UNIX、Netware、Windows NT 等。UNIX 历史最早，是唯一能够适用于所有应用平台的网络操作系统；Netware 网络操作系统适用于文件服务器/工作站模式，具有较高的市场占有率；由于 Windows 的集成能力，Windows NT 是一种有前途的网络操作系统。

4. 数据库管理系统的选择

信息系统大多以数据库管理系统为基础，一个好的数据库管理系统对信息系统的应用有着举足轻重的重要影响。数据库管理系统的选择主要考虑数据库的性能、数据库管理系统的系统平台、数据库管理系统的安全保密性能和数据的类型。目前，市场上的数据库管理系统较多，流行的数据库管理系统有 Oracle、Sybase、SQL Server、Informix 等，其中 Oracle、Sybase 均是大型数据库管理系统，是开发大型信息系统的首选。Informix 则适用于中型信息系统的开发。

5. 应用软件的选择

根据应用需求开发信息系统的方式最容易满足用户的特殊管理要求，但是成本较高。因此，商品化应用软件成了系统设计人员首选的应用软件。选择应用软件时应考虑如下三点。

① 软件是否能够满足用户的需求。根据系统分析的结果，软件在功能上要能够满足数据表示（如记录长度、文件最大长度等）、数据存储量和查询等方面的要求。

② 软件是否具有足够的灵活性。由于用户需求的不确定性，系统应用环境不可避免地会经常发生变化。因此，软件要有足够的灵活性，以适应应用对软件输入、输出的要求。

③ 软件是否能够获得长期又稳定的技术支持。对于商品化软件，稳定的技术支持是必需的。一方面是为了保证软件能够满足需求的变化，另一方面是便于今后软件能随着系统平台的升级而不断升级。

5.2.4 总体数据库设计

数据库设计是在选定的数据库管理系统基础上建立数据库的过程。总体数据库设计从全局出发，根据系统观点，为数据的存储结构提出一个较为合理的逻辑框架，以保证详细设计阶段数据的完整性和一致性。总体数据库设计既能使系统分析过程中对数据的需求描述从逻辑上进一步具体化，又为下一阶段的数据库设计工作从系统上提供较好的支持，起到承上启下的作用。具体内容包括：

1. 数据的分类

数据的分类可以按基础数据、中间数据、工作数据和暂存数据进行分类。基础数据是指整个系统的输入数据、输出数据、代码、各种工作和技术标准、规范以及主要子系统的共享数据；中间数据是指在数据处理中需要保存的中间结果；工作数据是指为提高某项处理功能的效率而事先加工好的数据；暂存数据是指处理过程中需存储、在处理过程结束后即可消除的数据。

2. 数据存储规模设计

数据存储规模设计就是要在系统分析的基础上，合理地组织数据存储格式，选择合理的存储技术和设备对数据进行存储。需要考虑的主要因素包括：现有数据量的存储规模、未来数据量的增长趋势、数据类型的划分等。

3. 数据存储空间的分布设计

数据存储空间的分布设计要与系统的物理环境配置协调一致。例如，在局域网环境中，可以将系统数据集中存储在分布式环境的中心机或服务器上，而把新的数据就近分别存储在各自应用部门的工作站上，以便更好地使用和管理数据。需要注意的是，要区别共享数据和独占数据、流动性数据和非流动性数据。

4. 数据的安全性和完整性设计

安全性保护是防止机密数据泄漏，组织无权者使用、改变或有意破坏数据。完整性保护是保护数据结构不受损害，保证数据的正确性、有效性和一致性。对用户存取数据库的数据进行严格的控制，是数据库保证数据安全的主要手段。

5.3 详细设计

详细设计的任务是在总体设计的指导下，对系统各组成部分进行细致、具体的物理设计，使总体设计阶段所做的各种决定具体化。

详细设计阶段主要完成的工作有代码设计、数据库设计、输入/输出设计、人机交互设计、处理流程设计、安全保密设计和编制系统设计说明书。

5.3.1 代码设计

代码是事物、属性或状态的符号表示。计算机是通过代码区分不同事物的。代码设计是否合理直接影响系统的质量和生命周期。

1. 代码设计原则

① 唯一性。一个代码必须代表唯一实体，禁止出现二义性。

② 可扩展性。代码的取值范围应留有余地，当增加实体或实体类别时，可以在原代码系统中扩充，避免重新设计代码。

③ 直观性。代码设计必须以用户方便使用为前提。代码只有表意直观、逻辑性强、便于记忆，才受用户欢迎。

④ 标准化。凡代码已有国际标准、国家标准或行业标准的，一律应采用标准编码，以加强系统通用性。

⑤ 简单化。在满足系统需求的前提下，代码力求短小精悍，代码越长，输入产生的误码率越高。

2. 代码分类

常用的代码有以下几种。

① 顺序码：用连续数字或升序排列的字母代表编码对象的代码。顺序码的优点是简短，易于追加新码；缺点是本身无逻辑含义，不代表任何信息特征，删除记录形成空码，不能用于插入记录。

② 层次码：将代码自左至右分成几段，依次代表编码对象的大类、中类、小类等属性。以图书馆的图书编码为例，如图 5-1 所示。层次码的优点是分类明确，便于计算机分类处理，追加代码容易；缺点是分类属性较多时，代码很长。

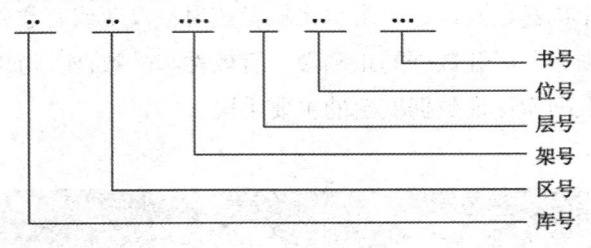

图 5-1 图书编码

③ 多面码。当编码对象有多种特性，在代码结构中为每个特性均规定一个位置时，即可形成多面码。如表 5-1 所示的螺钉编码，代码 2233 表示表面镀铬、直径为 1.0 mm、钉头为六角形的黄铜螺钉。

表 5-1 螺钉编码

	材料	直径/mm	钉头形状	表面处理
	1—不锈钢 2—黄铜 3—铁 4—铝	1—Φ0.5 2—Φ1.0 3—Φ1.5	1—圆 2—正方形 3—六角形	1—不处理 2—镀锌 3—镀铬 4—镀铜

④ 区间码。代码对象从规定号码起至规定号码止连续编号，每个代码区间代表一种类型的编码对象。例如，某学校职工编码：000～399 为教师，400～499 为管理人员，500～700 为后勤服务人员。使用区间码时，每个区间应留有余量，便于追加记录。

⑤ 助记码。助记码是一种易于联想实体的编码，如 TV-C-52 表示 52 英寸彩电。当编码对象种类繁多时，容易混乱。在实际代码设计中，经常将不同的编码方法混合使用。

5.3.2 数据库设计

1. 数据库设计概述

数据库设计是信息系统开发和建设的核心技术。因此，数据库设计在信息系统的开发中占有非常重要的位置，数据库设计的好坏将直接影响整个系统的效率。数据库设计是指对于一个给定的应用环境，提供确定的最优数据模型、处理模式的逻辑设计，并确定数据库存取结构和存取方法的物理设计，建立起既能反映现实世界的信息及其联系，满足用户数据要求和加工要求，又能被某数据库管理系统接受并实现系统目标，有效存取数据的数据库。

数据库设计，尤其是大型数据库的设计和开发，是一项庞大的工程，是涉及多学科的综合性技术，必须把软件工程的原理和方法应用到数据库建设中。因此，数据库设计者必须具备数据库系统和实际应用对象两方面的知识。他们不仅要熟悉以数据库管理系统为基础的计算机系统，还要熟悉涉及所处理的现实世界的内容。由于应用领域的知识随着应用系统所属的领域不同而不同，数据库设计人员必须深入实际，与用户密切结合，对应用环境、专业业务有具体深入的了解，才能设计出符合具体领域要求的数据库应用系统。因此，设计一个性能良好的数据库不是一项简单的工作。数据库又可分为关系型数据库和非关系型数据库。关系型数据库是指采用了关系模型来组织数据的数据库，容易理解、使用方便、易于维护。但是关系型数据库存在许多问题，如为了保证数据库的 ACID 特性，设计师必须尽量按照它要求的范式进行设计，相对来说，灵活性较差。而非关系型数据库以键值对存储，且结构不固定，可以使用户根据需要去添加字段。目前使用非关系型数据库的情况较多，因为其对数据结构的要求相对灵活。

2. 数据库设计步骤

数据库设计不仅要进行用户需求分析，还包括概念结构设计、逻辑结构设计和物理结构设计三个阶段。把数据库设计原理应用到信息系统开发中时，数据库设计的 4 个步骤与信息系统开发的各阶段相对应，且融为一体，它们的对应关系如图 5-2 所示。

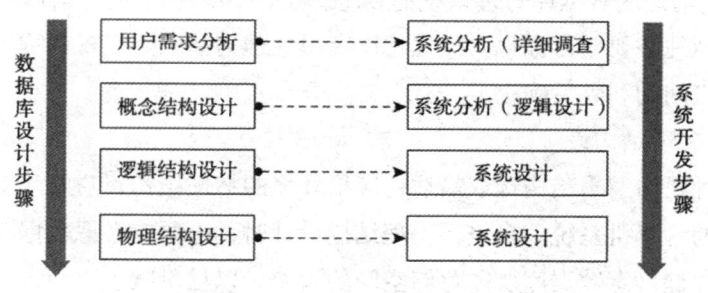

图 5-2 系统开发和数据库设计步骤

1）数据库的用户需求分析

用户需求分析是数据库设计的第一阶段。用户需求分析的任务是通过详细调查现实世界要处理的对象，充分了解原系统的工作概况，明确用户的各种需求，然后在此基础上确定新系统的功能。设计新系统时，必须充分考虑今后可能的扩充和改变，不能只按当前用户需求来设计数据库。

2）数据库的概念结构设计

概念结构设计的任务是对用户的需求进行综合、归纳和抽象，产生一个独立于数据库管理系统的概念数据模型。概念结构设计阶段使用的工具主要是 E-R 图（Entity Relationship

Diagram，实体－关系图）。E-R 图的基本思想是，在构造一个给定的数据库管理系统接受的数据模型前建立一个过渡的数据模型。E-R 模型面向现实世界，不必考虑给定的数据库管理系统的限制。概念结构设计的基本过程如图 5-3 所示。

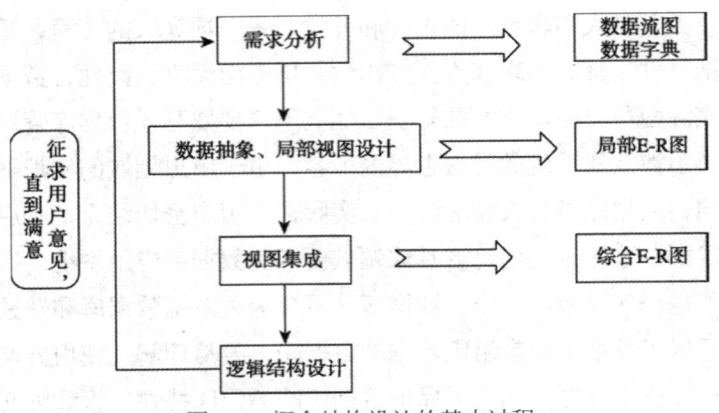

图 5-3 概念结构设计的基本过程

3）数据库的逻辑结构设计

逻辑结构设计的任务是将概念模型（如 E-R 模型）转换为某数据库管理系统支持的数据模型，再对转换后的模型进行描述并对其进行优化，最终产生一个优化的数据库模型，主要包括两步。

第一步：把概念模型转换为关系模型，按一定的规则向数据模型转换。其方法是将 E-R 图中的每个实体都相应转换为一个关系。

第二步：按照给定的数据库管理系统的要求，将上一步得到的数据模型进行修改和完善。转换后的数据模型往往要进行优化。该优化以应用处理为基础，在权衡响应时间、占用存储空间和潜在问题之间的利弊后确定。

4）数据库的物理结构设计

物理结构设计是为逻辑结构选取最适合应用环境的物理结构，包括存储结构和存取方法，主要依赖于给定的计算机系统。在进行物理结构设计时，主要应考虑数据存储和数据处理方面的问题。数据存储确定数据库所需存储空间的大小，以尽量减少空间占用为原则。数据处理决定操作次数的多少，应尽量减少操作次数，使响应时间缩短，响应速度加快。

3. E-R 模型

1）E-R 图的设计

E-R 图是对于现实世界的实体、属性和实体间联系的图形化表示。E-R 图包括实体、属性和联系三要素。

实体在 E-R 图中用矩形框表示，框内为实体名。实体间的联系用菱形框表示，联系需被赋予名称。实体间联系的方式、实体和联系的所有属性在图上表示出来即局部 E-R 图，如图 5-4～图 5-6 所示。

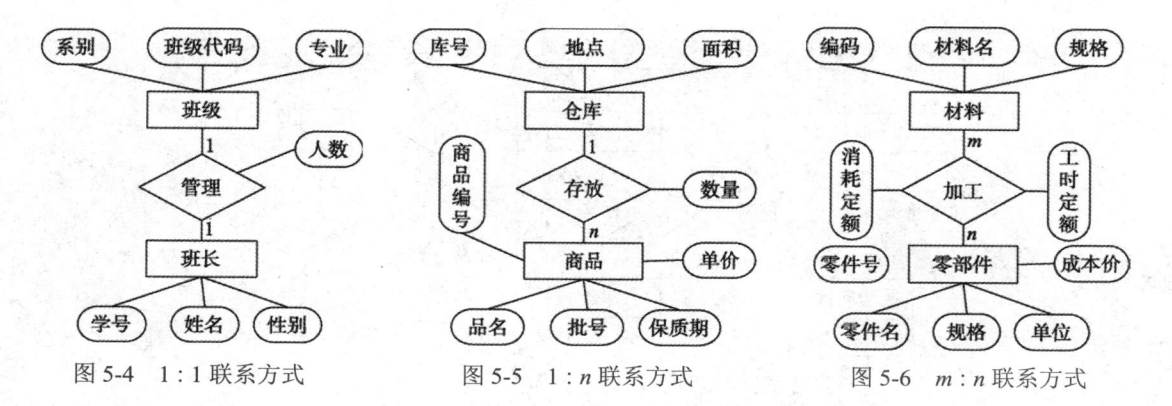

图 5-4　1∶1 联系方式　　　　　图 5-5　1∶n 联系方式　　　　　图 5-6　m∶n 联系方式

有时为了简化 E-R 图，可以不标出实体和联系的属性，属性用单独的表格另外列出。实体间的联系还有其他情况，如图 5-7～图 5-10 所示。

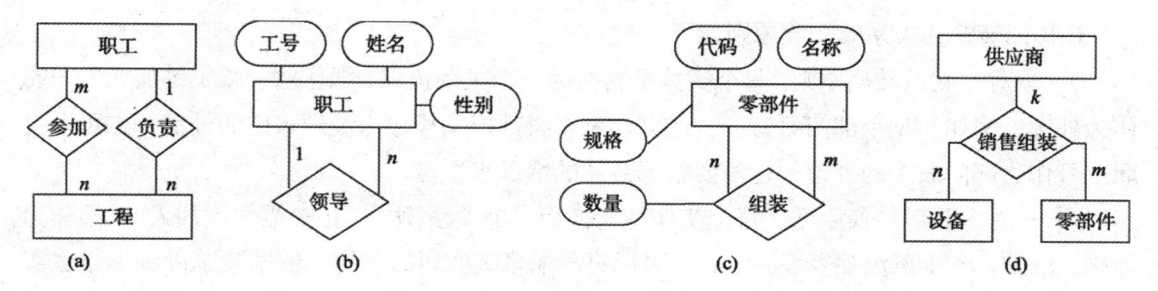

图 5-7　简化 E-R 图示意

图 5-7(a)表示 1 名职工参加过 n 项工程的建设，1 项工程有 m 名职工参加建设，在工程建设中有 1 名职工负责 n 项工程建设，每项工程限定 1 名负责人；图 5-7(b)表示同一实体内部的个体间存在二元关系，1 名职工领导 n 名职工，每名职工仅接受 1 位负责人的领导；图 5-7(c)表示同一实体集内部的个体也是二元关系，1 个零部件由其他 m 种零部件组装而成，1 个零部件被组装到其他 n 种零部件上；图 5-7(d)表示两个以上不同实体间的多元关系。

将局部 E-R 图组合在一起即可得到整体 E-R 图。在整体 E-R 图中，同一实体只出现 1 次，凡由基本数据导出的数据和由其他联系导出的联系均可消除。例如，库存金额=单价×库存数量，库存金额可不必出现。

图 5-8 是一个集成的 E-R 图的示例，在集成 E-R 图中，同一实体集仅能出现一次。一个仓库可以存放多种零件，一种零件可以存放在多个仓库中，仓库与零件为 $m∶n$ 的联系。

一个仓库有多名职工工作，每名职工只能在一个仓库中工作，所以它们之间存在 1∶n 的联系。一名供应商为多个工程项目供应物资，一个工程项目有多名供应商供货，一个工程项目使用多种零件，同一类型的零件使用在多个工程项目上，一名供应商经销多种零件，同类零件有多名供应商经销。也就是说，三个实体集两两之间存在多对多的联系。

在该例中，职工之间也存在领导与被领导的关系，如仓库主任领导若干班长，而班长又领导若干保管员，因此职工实体集自身（一个实体集中的实体之间）存在 1∶n 的联系。

图 5-8 集成 E-R 图

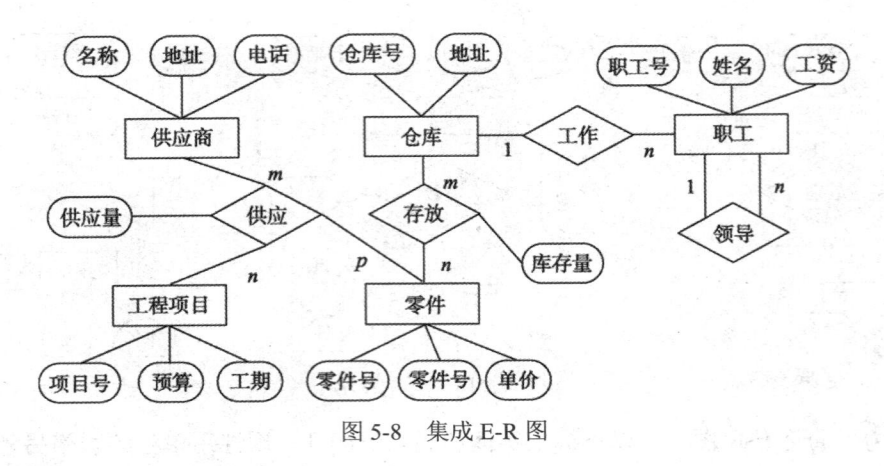

2) E-R 图转换关系的一般原则

E-R 图转换为关系的一般原则如下。

① 一对一联系转换原则。每个实体型转换为一个关系模式,把任意一端主键加入另一端作为外键。例如,一个部门只有一个经理,可以将部门编号作为经理表中的外键,也可以将职工号作为部门表中的外键,这需要根据具体的情况来决定。

② 一对多联系转换原则。每个实体型转换为一个关系模式,把一端主键加入 m 端作为外码。例如,一个班级拥有多名学生,可以将一端班级实体的主键"班号"加到 m 端学生实体作为外键。

③ 多对多联系转换原则。每个实体型转换为一个关系模式。本身联系也要作为实体,该实体的主键为两端主键的组合。例如,一个学生可以选多门课,一门课也可以被多个学生选,学生实体和课程实体之间是多对多关系。因此本身联系选课要作为一个实体,该实体选课的主键为两端主键的组合,即"学号+课程号"。

4. 数据存储设计

信息系统的主要任务是数据处理。建立合理的数据存储体系,充分反映业务活动的变化过程,满足各级管理业务对信息的需求,是数据库设计的重要环节。在数据存储设计中,应该充分考虑信息系统开发的特点和系统目标,使得后继系统开发工作方便快捷,系统开销合理,易于管理和维护。为此,要根据数据的不同用途、使用要求、统计渠道和安全保密性等来决定数据的整体组织形式。

1) 数据组织的规范化

现代信息系统的数据处理一般采用关系数据库系统。关系数据库系统是按照关系方式来组织的,对于系统中的数据,必须按关系数据库的要求进行规范化处理。

1971 年,E.F. Codd 提出了关系的规范化理论,通过进一步研究,形成了一整套数据规范化模式,这些模式已经成为建立关系数据库的基本范式。在关系的规范化表达中,数据是以二维表的方式组织的,一个表就是一个关系,每个数据项称为数据元素,为表中的一个字段。一个表中还必定义一个字段能唯一确定相关的元组,称为关键字。

在对表的形式进行规范化后，就可以按照关系规范化理论进行关系的规范化。关系规范化理论定义了五种规范化模式，称为范式。五种范式是包含的关系，即满足高一级范式的关系必然也满足低一级范式的要求。

关系规范化的方法可以参考有关数据库方面的教材。一般，满足第三范式的关系即可满足信息处理的要求，就可以认为是比较规范的关系。

2）整体关系结构的建立

规范化以后的关系只描述了单个事物的属性或者关于全局的某方面的信息，事物之间的相互作用和联系则需要通过表之间的关联来实现。数据库设计中的数据模型，一般采用 E-R 模型转换而来。E-R 模型采用 E-R 图来表示。实际上，E-R 模型虽然是一个简便描述实体、关系及属性的方法，但在本书的调查和分析方法中都是按实体属性和关系来分析设计的。其中的组织、人或者功能就是实体，而各类业务流程表达了实体之间的联系，与这些实体和联系相关的各种属性和处理的数据、报表、文件都是关系的属性，因而系统的关系是清晰的，一般不需要再绘制 E-R 图来辅助分析。

3）数据资源的分布和安全保密定义

① 数据资源的分布。在大型的信息系统中，数据往往是分布式的，这就要考虑数据资源在网络上的分布问题。数据存储的分布应与总体设计的物理环境配置协调一致。考虑数据资源分布的原则是：同一子系统的数据尽量放在本系统使用的服务器上，只有公用数据和最后统计汇总的数据才放在公用服务器上。公共数据资源的分配应当考虑数据访问的特性，进行恰当的分布，以使网络负荷均衡，提高整个系统的效率。

② 安全保密定义。安全保密性是信息系统应用深入的必然要求。数据库内容涉及保密的数据资料时，要在数据存储设计时就提出保密要求和调用权限。一般来说，用户对数据操作的权限有四种，即读、写、修改和删除。定义用户操作的通常原则为：按照 U/C 矩阵中对数据的操作，按使用和创建对数据分类，一般业务数据只在产生这些数据的功能环节上同时具有对数据的读、写、修改和删除权限，其他功能只根据需要授予读权限。

5.3.3 输入/输出设计

输入/输出（I/O）设计的好坏直接影响用户对于信息系统的评价，从而影响信息系统的竞争力和寿命。良好的输入/输出设计可以增加用户对于信息系统的满意度，提高用户的使用效率，因此必须对输入/输出设计给以足够的重视。

1. 输入设计

1）输入设计的原则

输入设计时，需要遵循以下三个原则。

① 最小量原则：在满足处理要求的前提下应使输入量尽量小，同一项数据内容不要重复输入。系统能够计算出的数据也不要由用户来输入。这是因为输入量越小，出错概率越小，

输入效率越高。

② 及早检验原则：对输入数据的检验应尽量接近原始数据发生点，使错误能及时得到改正，避免错误在系统中不断扩散。

③ 快速性原则。在网络环境下，一些数据的输入会传输到远程服务器上校验，如密码输入需要校验，此时要注意输入速度问题，要尽量提高系统对用户输入的反馈速度。

2）输入设备的选择

输入设计首先要确定输入设备的类型和输入介质，目前常用的输入设备有如下几种。

① 键盘输入：目前最常用的一种输入方式。输入后通过屏幕显示确认，使用方便。但这种方式输入速度较慢，工作量大，且容易出错。键盘输入主要适合常规的、少量的数据输入。

② 光电设备输入：直接通过光电设备对实际数据进行采集，并且将其转换成计算机能够识别和接受的数据形式。

③ 声音输入：通过语音识别系统，利用转换器和语音分析手段，与预先存入系统的语音特征参量进行对比，通过逻辑判断完成识别和辨认。

3）输入格式的设计

输入格式分为两种：一种是原始单据，另一种是人机界面。原始单据的设计原则如下。

① 便于填写。原始单据的设计要保证填写的速度、正确性、全面和简易。具体地说，应该做到：填写量小，版面排列简洁、易懂。

② 便于归档。单据大小要标准化，预留装订位置，标明传票的流动路径。

③ 单据的格式应能保证输入精度。

人机界面的设计原则如下。

① 以通信功能作为界面设计的核心。人机界面的关键是使人与计算机之间能够准确地交流信息。一方面，人向计算机输入信息时应尽量采取自然的方式；另一方面，计算机向人传递的信息必须准确。

② 界面尽量保持始终一致。界面的色调、图标、格式、操作方法等应保持一致，切忌一个界面一种操作方法。

③ 界面应当能够提供帮助。界面应该提供帮助功能，将有关提示、信息、说明等放在用户随手可搜寻到的位置。

④ 尽量减少用户操作。对于一些相对固定的数据，不要让用户频繁输入，应让用户使用鼠标选择。

⑤ 输入画面尽可能接近实际。例如，某会计信息系统软件的凭证录入画面是表格与实际凭证一模一样，甚至颜色也一样。这样，用户对系统的认可程度会加深。

⑥ 提高容错能力。错误操作、按键连击等均有可能导致输入失误。巧妙地进行程序设计可以避免此类错误的发生。

2. 输出设计

输出是系统产生的结果，对于多数用户来说，输出是系统开发的目的和评价系统开发成果优劣的标准。

1）输出设计的内容

输出设计的内容主要包括以下5项。

① 有关输出信息使用方面的内容，包括信息的使用者、使用目的、报告量、使用周期、有效期、保管方法、复写份数等。

② 输出信息的内容，包括输出项目、位数、数据形式（文字、数字）。

③ 输出格式，如表格、图形或文件。

④ 输出设备，如打印机、显示器、卡片输出机等。

⑤ 输出介质，如输出到磁盘还是磁带上。

2）输出报告

输出报告标出了各常量、变量的详细信息，也给出了各种统计量及其计算公式、控制方法。设计输出报告时要注意以下6点。

① 方便使用者。

② 考虑系统的硬件性能。

③ 尽量利用原系统的输出格式，如需修改，应与有关部门协商，获得用户同意。

④ 输出表格要考虑系统发展需要，如是否在输出表中留出位置，满足将来新增项目需要。

⑤ 输出的格式要符合硬件能力，应试制输出样品，经用户同意后才能正式使用。

⑥ 保持输出内容和格式的统一性，可以提高系统的规范化程度和编程效率。对于同一内容的输出，在显示器、打印机、文本文件和数据库文件上都应具有一致的形式。

设计打印输出报告前应收集好各项有关内容，填写到输出设计书上。表5-2为输出设计书样例。

表5-2 输出设计书样例

资料代码	GZ-01	输出名称		工资主文件一览表	
处理周期	每月1次	形式	打印表	种类	0-001
份数	1	报送		财务科	
项目号	项目名称	位数及编辑		备注	
1	部门代码	X（4）			
2	工号	X（5）			
3	姓名	X（12）			
4	级别	X（3）			
5	基本工资	9999.99		单位：元	
6	房费	999.9		单位：元	

5.3.4 人机交互设计

人机交互设计的对象是那些用于支持人们日常生活和工作学习的交互式产品，人机交互设计的内容包括人机界面设计、交互方式选择和环境因素的考虑。

在具体设计中，人机交互设计通常采用以用户为中心的设计方法，设计人员要以用户需求为中心，而不是以技术为中心进行信息系统和设计。以用户为中心的设计方法就是在整个设计过程中将用户作为设计的核心和基础。系统规划以用户的需求作为出发点，概念的产生和选择以对用户的研究作为依据，对原型的评估也以用户的反馈作为评判标准。为保证设计以用户为中心进行，最好让用户参与设计。用户参与设计的具体形式是多样的，一种做法是让用户作为开发团队的一员，实际从事整个开发工作。另一种是用户仅仅作为某阶段的咨询对象。

与其他设计一样，人机交互设计是一个逐步逼近最佳设计的循环上升过程。在实际的信息系统项目设计中，交互设计作为整个系统规划与开发过程的一个组成部分，与详细设计中的其他每一步紧密相关。交互设计过程的核心内容包括：

① 确立用户需求。通常把确立用户需求作为交互设计的起点。设计人员必须了解谁是目标用户，他们有哪些需要没有得到满足。这些需要正是构成信息系统开发的基础。

② 概念设计。概念设计就是构思针对用户需求的最合理的解决手段，包括概念生成、概念选择和概念测试。

③ 方案原型化。随着设计过程的深入，需要设计概念更加具体化，以便发现其中的问题。制作系统原型的目的是在设计人员关心的一个或多个维度上对最终目标系统的一种预期，以便设计团队内部与用户之间进行交流和评价。

④ 设计评估。评估是为了预判断最终系统的可用性和用户体验程度。评估增强了用户对最终系统的参与程度。

以微信为例，在实时或异步沟通的前提下，微信既可以与熟人联络，也可以与新朋友互动，让用户从容地按照自己的意愿管理社交关系。在用户界面上，微信添加了LBS（基于位置的服务）、摇一摇等服务，并且增加了语音对讲、二维码身份识别、小游戏等功能，帮助用户有效整合和管理关系链，是信息碎片化时代关于沟通内容与方式的有效整合，满足了用户深度和多层次的沟通需求，是非常成熟的人机交互设计案例。

5.3.5 处理流程设计

处理流程设计是通过处理流程图描述信息在计算机存储介质之间的流动、转换和存储情况，以便为程序框图设计提供详细的输入、输出数据。由于不要求处理流程图提供详细的处理细节，它的设计可以粗略一些，也可以详细一些。一般，对应处理流程图中的一个处理可用一个程序实现。通过处理流程图，我们可以清楚地了解信息在处理时的传递和存储情况。

处理流程设计可以通过 HIPO 图、程序流程图、问题分析图、盒图和过程设计语言来实现。任何一个程序开发人员即使没有参加过本系统的分析与设计工作，也能自如地编写出系统所需的程序模块。

1. HIPO 图

HIPO（Hierarchy plus Input-Process-Output）图是 IBM 公司于 20 世纪 70 年代中期推出的一种描述系统结构和模块内部处理功能的工具，一般由一张总的层次化模块结构图和若干张具体模块内部展开的 IPO（Input-Process-Output）图构成。前者描述整个信息系统的设计结构和各类模块之间的关系，后者描述某个特定模块内部的处理过程和输入/输出关系。

在数据流程图经转换和优化形成模块结构图的过程中会产生大量的模块，程序开发人员应为每个模块写一份说明。IPO 图就是用来表述每个模块的输入、输出和数据处理的重要工具，如图 5-9 所示。IPO 图的主体是处理功能说明。为简明、准确地描述模块的执行细节，可以采用判定树、判定表，以及下面将要介绍的程序流程图、问题分析图、盒图和过程设计语言等工具进行描述。

		编号：	
模块名称		子系统名称	
接口说明	输入		
	输出		
处理功能说明			
调用关系	调用模块		
	被调用模块		

图 5-9　IPO 图

2. 程序流程图

程序流程图（Flow Chart，FC），又称程序框图，是使用最广泛的一种描述程序逻辑结构的工具，如图 5-10 所示。程序流程图包括三种基本成分：① 处理步骤，矩形框表示；② 判断，菱形框表示；③ 控制流，箭头表示。程序流程图的特点是清晰易懂，便于初学者掌握。

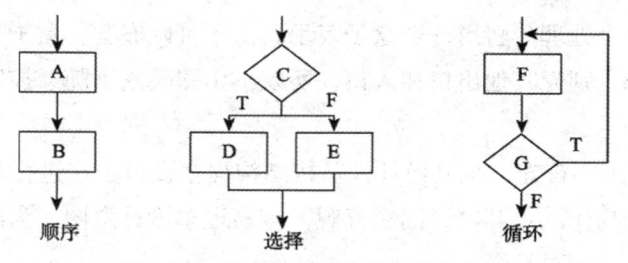

图 5-10　程序流程图的基本控制结构

3. 问题分析图

问题分析图（Problem Analysis Diagram，PAD）由日立公司于 1979 年提出，是一种支持结构化程序设计的图形工具。问题分析图仅具有顺序、选择和循环三种结构（如图 5-11 所示），恰巧与结构化程序设计中的基本结构相对应。

问题分析图的独到之处在于：若以问题分析图为基础，按照一个机械的变换规则，就能编写计算机程序。问题分析图具有逻辑结构清晰、图形化、标准化、与控制流程图比较相似等优点。更重要的是，它能够引导设计人员使用结构化程序设计方法，从而提高程序的质量。

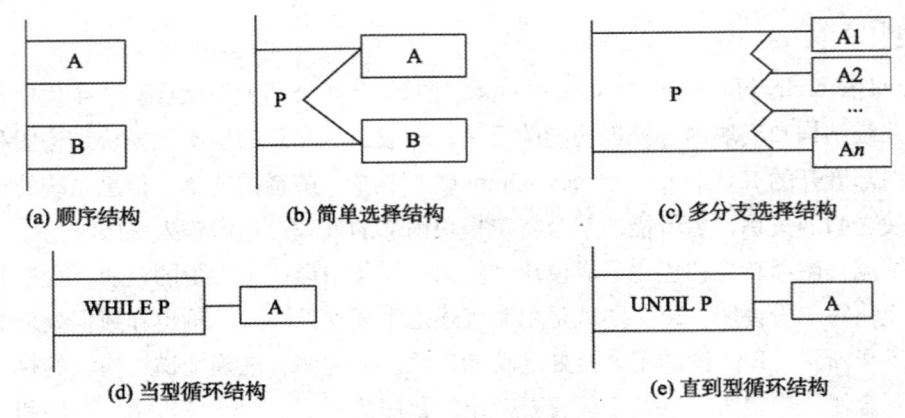

图 5-11 问题分析图的基本结构

4. NS 图

1983 年，美国学者 I. Nassi 和 B. Sheiderman 共同提出了一种不用 GOTO 语句、不需要流程线的结构化流程图，即 NS 图（又称为盒图），如图 5-12 所示。

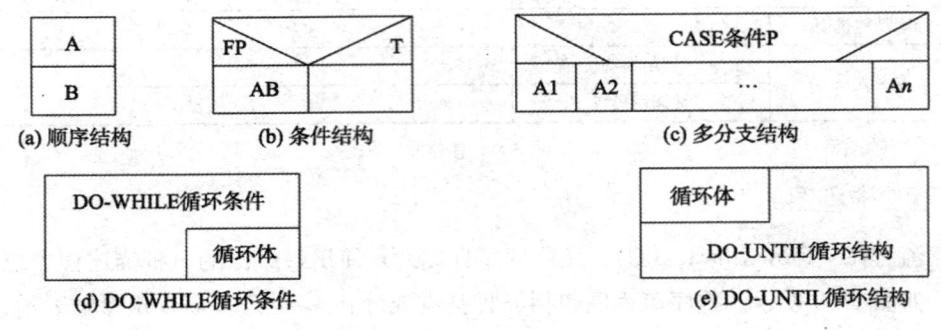

图 5-12 NS 图的基本结构

在 NS 图中，每个处理步骤用一个盒子表示，盒子可以嵌套。盒子只能从上部进入，从下部走出，除此之外，别无其他出口和入口，所以 NS 图限制了随意控制转移，保证了程序的良好结构。

NS 图的优点在于：首先，强制设计人员按结构程序设计方法进行思考和描述其方案，得到的程序必定是结构化的；其次，图像直观，容易理解设计意图，为编程、复查、测试和维护提供便利；最后，简单易学。

5. 过程设计语言

过程设计语言（Process Design Language，PDL）是一种用于描述模块算法设计和处理细节的语言，用于开发人员之间进行比较精确的交流。它是一个笼统的名字，实际中有许多种过程设计语言。

过程设计语言的外层语法描述结构采用与一般编程语言类似的确定的关键字，如 IF-THEN-ELSE、WHILE-DO 等；内层语法描述操作可以采用任意的自然语句，如英语、汉语等。由于过程设计语言看起来与程序很相似，因此也被称为伪程序或伪码。但它仅是对算法的一种描述,是不可执行的。

6. 处理流程设计原则

在进行模块的处理流程设计时,除了满足某具体模块的功能、输入和输出方面的基本要求,还应考虑以下 7 方面:① 模块间的接口要符合通信的要求;② 考虑将来实现时所用计算机语言的特点;③ 考虑数据处理的特点;④ 估计计算机执行时间不能超出要求;⑤ 考虑程序运行所占的存储空间;⑥ 考虑程序调试跟踪的便利性;⑦ 估计编程和上机调试的工作量。

系统设计时还应重视数学模型求解过程的设计。对于信息系统中常用的数学模型和方法,通常有较为成熟的算法,系统设计阶段应着重考虑这些算法选定的高级程序语言的实现问题。

5.3.6 安全保密设计

信息系统的目的是配合人工系统完成组织的管理业务,为此信息系统工作必须可靠。信息系统的可靠性涉及硬件设备工作的可靠性、软件运行的可靠性和稳定性,信息系统的工作安全性是系统可靠工作的保证。不重视系统的安全保密设计将可能造成无法挽回的错误,如美国纽约银行 EFT 损失事件。1985 年 11 月 21 日,由于计算机软件的错误,造成纽约银行与美联储电子结算系统收支失衡,发生了超额支付,而这个问题一直到晚上才被发现,纽约银行当日账务出现 230 亿短款。可见,系统在设计时应对其安全保密性极度重视。

信息系统安全的主要目的是保护存储在系统中的数据及其完整性、安全性、可用性和保密性。信息系统的安全保密依赖于计算机系统的安全保密。一般,信息系统的安全保密设计主要从三方面考虑。

① 数据的安全保密:对传输数据加密、数据库加密、数据存取控制、数据的完整性和系统密钥管理等方面进行设计。

② 系统的物理安全:对系统设备的场地和环境要求、防电磁辐射、数据记录媒体保护、网络安全、人身和设备安全、灾难性事件应急措施等方面进行设计。

③ 系统的备份和恢复:对系统受到破坏后能及时恢复并继续运行进行设计。

5.3.7 编制系统设计说明书

系统设计说明书(又称系统设计报告)是系统设计阶段的成果,是新系统的物理模型和系统实施的出发点与依据。

1. 系统设计说明书的编写要求

对系统设计说明书的编写要求是:全面、准确和清楚地阐明系统实施过程中具体应采取的手段、方法和技术,以及相应的环境要求。

2. 系统设计说明书的内容

系统设计说明书内容包括：① 功能模块结构图及每个模块的详细说明；② 数据库设计说明；③ 计算机和网络系统配置说明；④ 代码设计说明；⑤ 用户界面设计说明；⑥ 计算机处理过程说明；⑦ 实施费用估计。

5.4 结构化设计方法

结构化设计方法的基本思想是使系统模块化，即把一个系统自上而下逐步分解为若干彼此独立又有一定联系的组成部分，这些组成部分被称为模块。任何一个系统都可以按功能逐步由上向下，由抽象到具体，逐层分解为一个多层次的、具有相对独立功能的模块所组成的系统。在这个基本思想的指导下，系统设计人员以系统的逻辑模型为基础，并借助一套标准的设计准则和图表等工具，逐层地将系统分解成多个大小适当、功能单一、具有一定独立性的模块，把一个复杂的系统转换成易于实现、易于维护的模块化结构系统。结构化设计方法主要包括自顶向下设计、模块化设计、流程重组设计。

5.4.1 自顶向下设计

结构化方法可以自顶向下进行分析和设计，得到一系列的独立模块，然后实现这些模块，依次组装、调试得到上层的模块，从而得到自底向上实现的结果。自顶向下设计方法是一种逐步求精的系统设计方法，对要完成的设计任务进行分解，先对最高层次中的问题进行设计，而将其中未解决的问题作为一个子任务放到下一层次中去解决。这样逐层、逐个地进行设计。

在按自顶向下的方法设计时，系统设计人员需要先对所设计的系统有全面的理解，然后从顶层开始，连续地逐层向下分解，直到系统的所有模块都小到便于掌握为止。这体现了整体与部分相结合、综合权衡考虑系统设计的思想，这要求系统设计人员时刻保持严谨的科学态度、树立一个客观公正的价值观，重视总体与细节的关系才可做好每件事。

自顶向下设计的一般步骤是：把数据流图映射到系统模块结构，设计出模块结构的上层；基于数据流图逐步分解高层模块，设计中下层模块；对模块结构进行优化，得到更合理的功能结构；最后，描述模块接口的详细内容。

自顶向下设计方法的基本思想如下。

1) 将一个复杂的系统分解成一个多层次的模块化结构

结构化设计认为，任何一个系统都具有两个特征：① 过程特征，任何一个系统都可以分解成若干有序的过程；② 层次特征，组成系统的各部分之间存在着一种上下级的隶属关系和管辖关系。

按照这种思想，可以将一个无论多么复杂的系统，自顶向下逐步分解成若干十分简单的模块的集合。先将系统按照过程的特征分解成几个模块，再按照层次特征将上述模块中的每个模块分解成更小的模块，这种分解可以进行多次，使得底层的模块变得非常简单。这样就将一个原来十分复杂的系统分解成一个多层次的模块化结构，如图 5-13 所示。

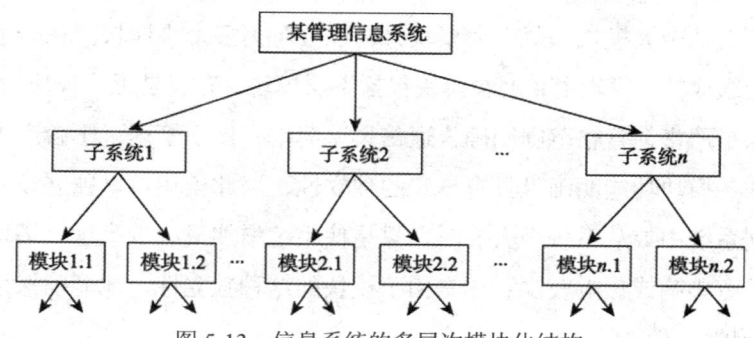

图 5-13　信息系统的多层次模块化结构

2）每个模块尽可能独立

尽量使每个模块成为一个独立的组成单元，使模块之间的联系降到最低程度。

3）可用直观的工具来表达系统的结构

结构化方法为系统开发人员提供了一套简明的图形表达工具，如数据流图、数据字典、数据存储规范化，以及功能分析的表达方法，包括决策树、决策表和结构式语言等。

5.4.2　模块化设计

1. 模块化概念

模块化是一种将复杂系统分解成为更好的可管理模块的方式。模块可以通过在不同组件设定不同的功能，把整体分解成多个小的独立的、标准的、互相作用的组件，进而处理复杂、大型的系统。无论是信息系统的全局还是局部，都可以利用模块化概念划分为相对独立的部分，各部分至少具有一定程度上完整的处理功能和独立的自治控制能力。各部分之间经过标准的接口或界面相互连接，可以随意增减或替换，而不致影响其余部分的正常工作。信息系统的各层次都存在利用模块化方法加以实现的可能性。对于硬件的层次来说，按功能划分模块是纵向划分，而设置多个并行的运算部件和存储模块等是横向划分。在各部件内部，模块化也是有效利用大规模集成电路的必要条件。

1）模块

所谓模块（module），是指可以分解、组合及更换的单元，是组成系统、易于处理的基本单位。在信息系统中，任何一个处理功能都可以看作一个模块。

模块可以被理解为能被调用的"子程序"，具有输入/输出、逻辑功能、运行程序和内部数据 4 种属性。模块的输入和输出是模块与其外部环境的信息交换，一个模块中的输入来源和输出去向都是同一个调用者；模块的逻辑功能是指它能做什么事，是如何把输入转换成输出的；运行程序是指它如何用程序实现这种逻辑功能；内部数据是指模块内部产生和引用的数据。输入/输出、逻辑功能构成模块的外部特性，运行程序和内部数据则是模块的内部特性。系统结构设计主要关心模块的外部特性，模块的内部特性是程序设计阶段要解决的问题。

模块的大小是一个相对概念，因为模块的分解、组合要视具体的应用环境而定。复杂的大系统可以分解为几个大模块，每个大模块又可以分解为多个小模块。在一个系统中，模块都是以层次结构组成的，逻辑上，上层模块包括下层模块，底层是工作模块，执行具体功能。层次结构的优点是严密，管辖范围明确，通信渠道简单，便于管理，不会产生混乱现象。

由于系统的各模块功能明确且具有一定的独立性，因此模块可以独立设计和修改，当把一个模块增加到系统中或从系统中去掉时，只是使系统增加或减少了这个模块具有的功能，而对其他模块没有影响或影响较少。正是由于模块的这种独立性，才能确保系统具有较好的可修改性和可维护性。

2）模块化

采用模块化设计思想可以使整个系统设计简易、结构清晰，可读性、可维护性增强，提高系统的可行性，同时也有助于信息系统开发与组织管理。

系统设计强调把一个系统设计成具有层次的模块化结构，具有如下特点：① 每个模块完成一个相对独立的功能；② 模块之间的接口简单。

模块独立程度可以由两个定性标准度量，这两个标准分别称为块间联系和块内联系。块间联系，即模块耦合，是度量系统内不同模块彼此间互相依赖（联结）的紧密程度。

2. 模块的聚合和耦合

1）模块聚合（Module Cohesion）

模块聚合是用来衡量一个模块内部各组成部分之间整体统一性的指标，用于具体描述一个模块功能专一性的程度。简单地说，模块聚合的理想状态是只完成一件事情。模块聚合标志一个模块内部各元素彼此结合的紧密程度，主要表现在模块内部各元素为了执行某功能而结合在一起的程度。

根据模块内部的构成的情况，模块聚合可以划分为 7 个等级，其聚合程度如图 5-14 所示，聚合程度具有由强到弱变化的特点。

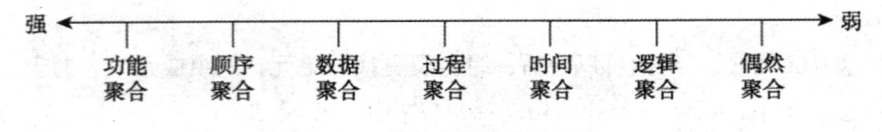

强 ———————————————————————→ 弱
功能聚合　顺序聚合　数据聚合　过程聚合　时间聚合　逻辑聚合　偶然聚合

图 5-14　模块内部的聚合程度

① 功能聚合（Functional Cohesion）。一个模块只完成一个单独的、能够确切定义的功能。对确定的输入进行处理后，输出确定的结果，如计算机语言中的一个函数，这是一种理想的

聚合方式，具有"黑盒"特征，独立性强，复用性好，使得模块便于修改，便于分块设计。

② 顺序聚合（Sequential Cohesion）。一个模块内部各组成部分执行几个处理功能，且一个处理功能产生的输出数据直接成为下一个处理功能的输入数据。顺序聚合模块包含一个线性的、有序的数据转换链，其聚合程度较高。

③ 数据聚合（Data Cohesion），也称通信聚合。一个模块内各组成部分的处理功能都使用相同的输入数据或产生相同的输出数据，且其中各处理功能是无序的。通常，数据聚合能合理地定义模块功能，结构比较清晰，其聚合程度中等偏上。

④ 过程聚合（Precedure Cohesion）。一个模块内各组成部分的处理功能各不相同，彼此没有关系，但它们都受同一个控制流支配，决定它们的执行次序，可能是一个循环体、一个判断过程，也可能是一个线性的顺序执行步骤。其聚合程度中等，可修改性不高。

⑤ 时间聚合（Temporal Cohesion），也称暂时聚合。模块内各组成部分的处理功能与时间有关，即在同一时间内执行，典型的有初始化模块和结束模块。在系统运行时，时间聚合模块的各处理动作必须在特定的时间限制内执行完，其聚合程度中等偏下，可修改性较差。

⑥ 逻辑聚合（Logical Cohesion）。模块内各组成部分的处理功能彼此无关，但处理逻辑相似。逻辑聚合模块的调用，常常有一个功能控制开关，根据上层模块的控制信号，在多个逻辑相似的功能中选择执行某功能，其聚合程度较差，个别功能的修改很可能影响到整个模块的变动，所以可修改性差。

⑦ 偶然聚合（Coincidental Cohesion）。模块由若干并不相关的功能偶然地组合在一起。如为了缩短程序长度而将具有部分相同语句段的无关功能组合在一起，则会形成偶然聚合。这种模块内部组织结构的规律性最差，无法确定其功能，聚合程度最低。

功能聚合的聚合程度最高，所以在划分模块的过程中，应尽量采用功能聚合方式。根据需要，可以适当考虑采用顺序聚合或数据聚合方式，但为了提高系统的设计质量和增加系统的可修改性，要避免采用偶然聚合和逻辑聚合方式。

模块聚合方式的判断树如图 5-15 所示。

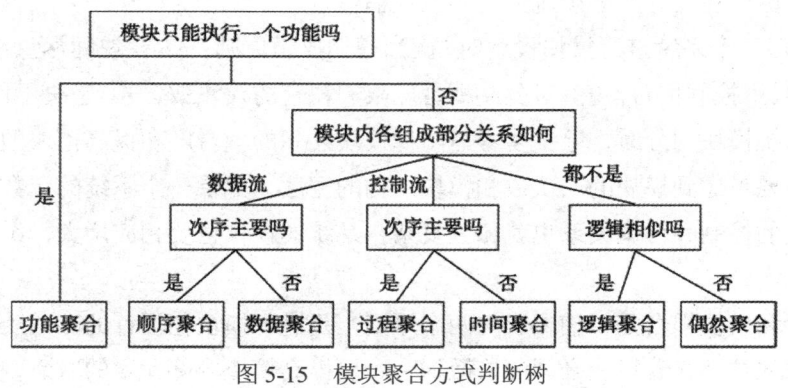

图 5-15 模块聚合方式判断树

在模块设计与分解过程中，有时很难确定模块聚合的方式，事实上也没有必要精确判定其方式，该过程更重要的是设计模块的高聚合，应避免模块的低聚合。

2）模块耦合（Module Coupling）

模块耦合是衡量一个模块与其他模块之间相互作用程度的指标。如果任意一个模块都能独立工作，那么它们彼此没有联系和依赖，模块耦合程度为零。但是，一个系统中的所有模块间不可能都没有联系。模块耦合强弱取决于模块间联系的形式及接口的复杂程度。模块间接口的复杂性越高，说明耦合的程度也越高。

模块耦合程度的高低将直接影响到系统的可修改性和可维护性。在一般情况下，系统全部组成模块的耦合程度越低，说明各模块相互之间的联系越简单，即每个模块的独立性越强，越容易独立地进行设计、调试和维护。也就是说，对一个模块进行的修改会尽可能少地影响到其他模块。

根据耦合的强度，两个模块之间的耦合可以划分为 4 种。

① 数据耦合（Data Coupling）。两个模块之间通过调用关系来传递信息，相互传递的信息是数据，则两模块间的联系是一种数据耦合。数据耦合联系简单，耦合程度低，模块的独立性强，模块的可修改性和可维护性高，是一种较为理想的耦合形式。

② 控制耦合（Control Coupling）。两个模块之间，除了传递数据信息，还传递控制信息。这种耦合对系统的影响比较大，直接影响到接收该控制信号模块的内部运行，因此这种模块不是严格意义的"黑盒"，对系统的修改工作很不利，尤其是自上而下传递控制信号，影响面更大，使系统维护工作更加复杂化。一般，控制耦合出现在模块的中上层。

③ 公共耦合（Common Coupling）。当两个或多个模块通过一个公共数据环境相互作用时，它们之间的耦合称为公共耦合。公共耦合可以是全程变量、内存的公共覆盖区、存储介质中的文件等。

④ 内容耦合（Content Coupling）。如果一个模块不经调用即可直接使用或修改另一个模块中的数据，那么这种模块之间的连接关系为内容耦合。若两个模块之间是内容耦合，那么在修改其中一个模块时，必然直接影响到另一个模块，甚至产生连锁反应或波动现象，以至影响整个系统的性能。内容耦合使得模块的独立性、系统的可修改性和可维护性最差，是一种病态联结，因此在设计时必须避免这种模块耦合。

因此，在对一个系统进行模块设计时，应当遵循以下原则：① 模块间尽量使用数据耦合；② 必要时才采用控制耦合；③ 对公共耦合应限制耦合的模块数；④ 坚决不使用内容耦合。

在进行系统模块划分时，除了要考虑降低模块之间的耦合度和提高模块的聚合度这两条基本原则，还要考虑到模块的层次数和模块结构的宽度。如果一个系统的层数过多或宽度过大，那么系统的控制和协调关系也就相应复杂，系统的模块也要相应增大，结果将使设计和维护的困难加大。

模块聚合和模块耦合是相辅相成的两个原则，是进行模块化设计的有力工具，模块内元素的紧密联系往往意味着模块之间的松散耦合。要提高模块内部元素的联系，往往必须尽量减少模块之间的耦合。实践表明，模块聚合更为重要，设计者应把更多的注意力集中到提高模块内部的聚合上。

3. 模块划分的方法和原则

多模块程序设计的关键是模块的划分。模块的划分应使各模块具有相对的独立性和完整性，可以单独编程、调试，而不必依赖整个程序是否编好。

1）模块划分方法

系统分析阶段用结构化分析法得到用数据流程图等描述的系统逻辑模型，系统设计阶段的结构化设计法则以数据流程图为基础设计系统的模块结构图。下面介绍一种由数据流程图导出模块结构图的模块划分方法。

（1）数据流程图的典型结构

信息系统的数据流程图一般有两种典型结构：变换型结构和事务型结构。变换型结构是一种线状结构，可以明显地分为输入、主加工和输出三部分，如图 5-16 所示。

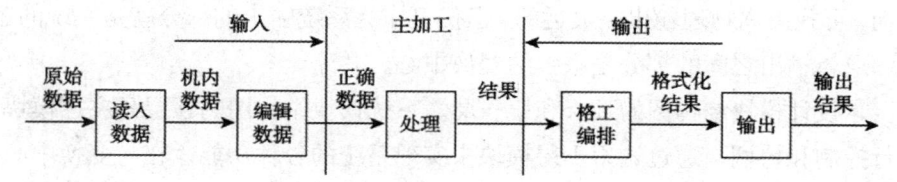

图 5-16 变换型数据流程图示例

事务型结构中通常都可以确定一个处理逻辑为系统的事务中心，该事务中心应该具有以下 4 种逻辑功能：获得原始的事务记录；分析每个事务，从而确定它的类型；确定每个事务都能够得到完全的处理；为每个事务选择相应的逻辑路径，如图 5-17 所示。

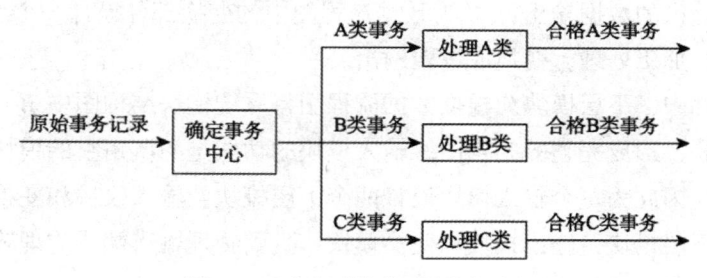

图 5-17 事务型数据流程图示例

这两种典型的结构分别通过"变换分析"和"事务分析"技术，就可以导出结构图的两种标准形式，即变换型结构图和事务型结构图。变换型和事务型模块结构都有较高的模块聚合度和较低的块间耦合度，因此便于修改和维护。

变换分析和事务分析这两种方法都是首先设计顶层模块，然后自顶向下，逐步细化，最后得到一个满足数据流程图所表示的、用户要求的系统模块结构图。

（2）变换分析方法

变换型结构的数据流程图由输入、主加工和输出三部分组成。其中，主加工部分执行系统的主要处理功能，对输入数据实行变换，是系统的中心部分，也称为变换中心。同时，把主加工的输入和输出数据流称为系统的"逻辑输入"和"逻辑输出"。显然，逻辑输入与逻辑输出之间的部分即系统的变换中心。而系统输入端和系统输出端的数据流分别称为"物理输入"和"物理输出"。

变换分析方法的基本思想是以数据流程图为基础，首先找出变换中心，确定模块结构图的顶层模块，然后按照"自顶向下"的设计原则逐步细化，最后得到满足数据流程图所表达的一个模块结构。

运用变换分析从变换型结构数据流程图导出变换型模块结构图的过程可分为如下步骤。

第一步，确定主加工（或变换中心）。在数据流程图中多股数据流的汇合处一般是系统的变换中心。若没有明显的汇合处，可先确定逻辑输入和逻辑输出的数据流，作为变换中心。从物理输入端开始，沿着数据流输入的方向，向系统中间移动，直至到达不能被作为系统输入的数据流为止，则前一个数据流就是系统的逻辑输入。从系统的物理输出端开始，向系统的中间移动，可找出离物理输出端最远的，但仍可作为系统输出的部分就是系统的逻辑输出。逻辑输入和逻辑输出之间的部分是系统的变换中心。

第二步，设计模块结构图的顶层和第一层。系统模块结构图的顶层是主控模块，负责对全系统进行控制和协调，通过调用下层模块来实现系统的各种功能。在与变换中心对应的位置上画出主控模块，作为模块结构图的"顶"，然后"自顶向下，逐步细化"，每层均按输入、变换中心、输出等分支来处理。

第一层按如下规则转换：① 为数据流程图中每个逻辑输入设计一个输入模块，其功能是向主控模块提供逻辑输入数据；② 为数据流程图中的每个逻辑输出设计一个输出模块，其功能是把主控模块提供的数据输出；③ 为数据流程图中的变换部分设计一个变换模块，其功能是对逻辑输入进行加工处理，变换成逻辑输出。

第三步，设计中、下层模块。根据数据流程图将系统模块结构图中第一层的各模块自顶向下逐级向下扩展，形成完整的结构图。输入模块的功能是向调用它的模块提供数据，故需要一个数据来源，因此为每个输入模块设计两个下层模块：输入模块和变换模块；为每个输出模块设计两个下层模块：输出模块和变换模块；直到物理输入端或物理输出端为止。

变换型数据流程图转换成结构图的示例如图 5-18 所示。

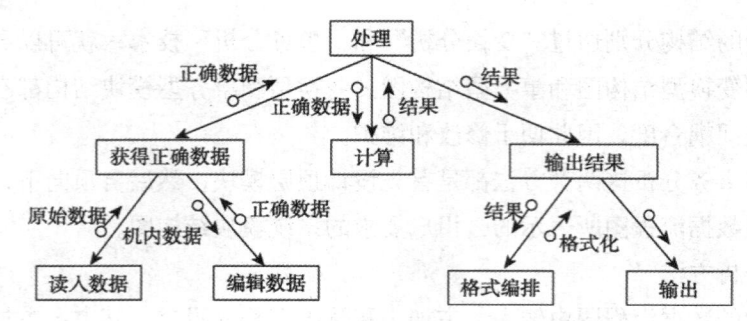

图 5-18 变换型数据流程图转换成结构图的示例

（3）事务分析方法

一般意义上，事务可以是指一个信号、一个事件或一组数据，它们在系统中能引起一组处理动作。在数据处理工作中，事务是指一组输入数据，可能属于若干类型的一种，输入系统的每种事务都需要采用一组特定的处理动作。

当数据流程图呈现"束状"结构时，应采用事务分析的设计方法，像变换分析法一样，是结构化系统设计的重要方法。

用事务分析法设计模块结构图，与变换分析法大部分类似，分为以下3个步骤进行。

第一步，分析数据流程图，确定它的事务中心。如果数据沿着输入通路到达处理 T，这个处理根据输入数据的类型在若干动作序列中选出一个来执行，那么处理 T 称为事务中心。

第二步，设计高层模块。事务型数据流程图转换成模块结构图如图5-19所示。

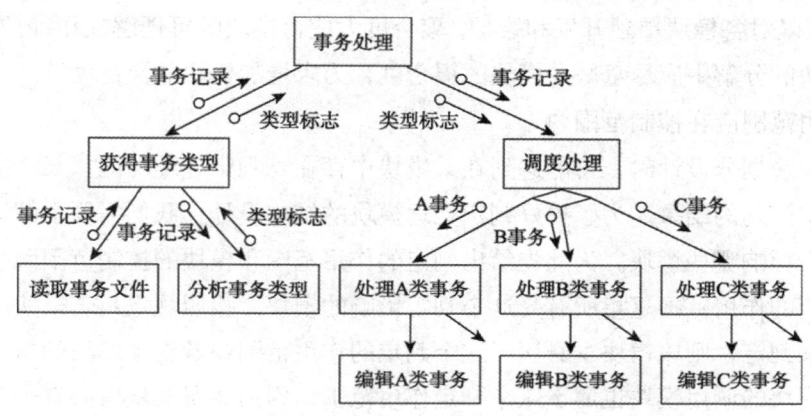

图5-19　事务型数据流程图转换成结构图的示例

第三步，设计中、下层模块。自顶向下，逐层细化，对高层模块进行必要分解，形成完整的模块结构图。

当初始的系统模块结构图完成后，应根据模块结构设计的原则进行检查和改进，特别是按照"耦合小、聚合大"的标准对结构图进行检查和修改。

变换分析法和事务分析法是进行系统模块结构设计的两种基本方法，但是实际信息系统的数据流程图是相当复杂的，往往是变换型和事务型的混合结构，此时可把变换分析和事务分析的应用列在同一数据流程图的不同部分。先导出初始的系统模块结构图，再根据模块结构设计原则对初始的模块结构图进行修改和优化，以求获得设计合理的模块结构图。

2）模块划分的原则

系统模块结构图的设计实际上就是模块划分的过程，模块划分是否合理直接影响系统设计的质量，影响系统开发时间、开发成本、系统实施和维护的方便程度。把系统分解成具有层次性的模块化结构时，首先要求被划分的模块具有最大的独立性。模块的独立性越强，对其他模块的影响就越小，在模块修改、维护时产生连锁反应的风险就越小。其次，考虑模块划分的大小，小模块比大模块易于设计、调试和维护；但在模块划分过小、由它们组合成大模块或系统时，模块间的联系就较复杂，相互之间接口的调试工作量也会相应增加。因此，成功的模块划分既要求单个模块的独立性最强、又要求模块大小适中，从而使模块的设计和调试简单，模块之间的接口调试方便，系统易于实现。

(1) 低耦合，高聚合原则

耦合是表示模块之间联系的程度。紧密耦合表示模块之间联系非常强，松散耦合表示模块之间联系比较弱，非耦合则表示模块之间无任何联系，是完全独立的。模块耦合度越低，说明模块之间的联系越少，相互间的影响也就越小，产生连锁反应的概率就越低，在对一个模块进行修改和维护时，对其他模块的影响程度就越小，系统可修改性就越高。

聚合用来表示一个模块内部各组成成分之间的联系程度。一般，在系统中各模块的聚合度越大，模块间的耦合度越小。但这种关系并不是绝对的。耦合度小使得模块间尽可能相对独立，从而可以对各模块单独开发和维护。聚合度大使得模块的可理解性和维护性大大增强。因此，在模块的分解中应尽量减少模块的耦合度，力求增加模块的聚合度。

(2) 作用范围应在控制范围内

在进行模块划分设计时，可能遇到在某模块中存在着判定处理功能，某些模块的执行与否取决于判定语句的结果。为了搞好判定处理模块的结构设计，我们需要了解对于一个给定的判定，它会影响哪些模块。为此先给出判定的作用范围和模块的控制范围两个概念。

一个判定的作用范围是指所有受这个判定影响的模块。按照规定：若模块中只有小部分加工依赖于某判定，则该模块本身属于这个判定的作用范围；若整个模块的执行取决于这个判定，则该模块的调用模块也属于这个判定作用范围，因为调用模块中必有一个调用语句，该语句的执行取决于这个判定。

一个模块的控制范围是指模块本身及其所有下级模块的集合。

如图 5-20 所示，模块 M 有条件地调用模块 A、B、C、D，说明在模块 M 中调用 A、B、C、D 的语句受判定结果的影响。模块 M 属于这个判定的作用范围。当然，模块 $A \sim D$ 也属于这个判定的作用范围。因此，模块 M 的控制范围是模块 M、A、B、C、D 构成的集合。

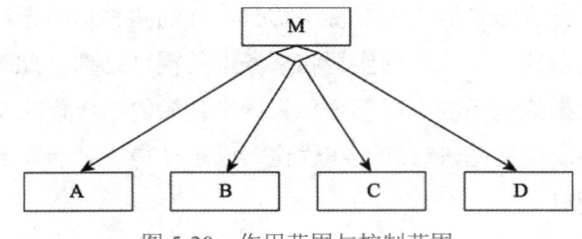

图 5-20 作用范围与控制范围

分析判定的作用范围和模块的控制范围之间的关系，可以较好地处理系统的模块关系，合理地分解模块。因此，在分解模块时应该按以下要求进行分解。

第一，分解模块时作用范围与控制范围的要求：

❖ 判定的作用范围应该在判定所在模块的控制范围内。
❖ 判定所在模块在模块层次结构中的位置不能太高。

根据以上可知，最理想的模块划分是判定范围由判定所在模块及其直接下级模块组成。

第二，当出现作用范围不在控制范围之内时的纠正措施：
- ❖ 把判定所在的模块合并至上层模块中，或从低层模块移到高层模块使判定的位置提高。
- ❖ 把受判定影响的模块移到模块控制范围之内。

（3）合理的模块扇入和扇出数

模块的扇入表达了一个模块与其直接上级模块的关系。模块的扇入数是指模块的直接上层模块的个数。如图 5-21(a) 中模块 A 的扇入数等于 3。模块的扇入数越大，表明它要被多个上层模块所调用，其公用性很强，说明模块分解得较好，在系统维护时能减少对同一功能的修改，因此要尽量提高模块的扇入数。在系统设计过程中，每次准备在结构图上增加一个新的模块之前，要检查系统中是否已经存在了具有这种功能的模块，如果已经存在，只要用箭头把它连接起来即可。这样可以提高模块的扇入数。如果一个规模很小的底层模块的扇入数为 1，可以把它合并到它的上层模块中。若它的扇入数较大，就不能向上合并，否则将导致对该模块进行多次编码和排错。

模块的扇出表达了一个模块对它的直接下层模块的控制范围。模块的扇出数是指一个模块拥有的直接下层模块的个数。如图 5-21(b) 中模块的扇出数等于 4。模块的直接下层模块越多，表明它要控制许多模块，要做的事情也就越多，它的聚合度可能越低。所以要尽量把一个模块的直属下层模块控制在较小的范围之内，即模块的扇出系数不能太大。一般来说，一个模块的扇出系数应该控制在 7 以内，如果超过 7，那么出错的概率会加大。但是如果一个模块比较大，而它的扇出系数很小（等于 1 或 2），也不太合适。在这种情况下，或者是上层模块仍然很大，或者是下层模块很大，就要适当地加大扇出系数，简化模块的结构。

图 5-21 模块的扇入与扇出

（4）合适的模块大小

如果一个模块很大，那么它的内部组成部分必定比较复杂，或者它与其他模块之间的耦合度可能比较高，因此对于这样一个较大的模块应该采取分解的方法把它尽可能分解成若干个功能单一的较小的模块，而原有的大模块本身的内容被大大减少并成为这些小模块的上级模块。一般来说，一个模块包含的语句条数为几十条较好，但这也不是绝对的。在分解一个大模块时，不能单凭语句条数的多少，而主要是按功能进行分解，直到无法做出明确的功能定义为止。

分解时既要考虑到模块的聚合度，又要考虑到模块之间的耦合度，在这两者之间选择一个最佳方案。

4. 模块结构图

结构化设计采用结构图描述系统的模块结构及模块间的联系。结构设计要解决的一个主要问题是把系统分解成一个个模块,并以结构图的形式表达出它们之间的内在联系。模块结构图主要有以下 4 个基本部分。

① 模块。在结构图中,模块用矩形方框表示。矩形方框中要写有模块的名称,模块的名称应能恰当地反映这个模块的功能。

② 调用。调用是结构图中模块间的联系方式,它将系统中所有模块结构化地、有序地组织在一起。模块间的调用关系用箭头表示,箭尾表示调用模块,箭头表示被调用模块。调用只能是上层模块调用下层模块,不允许下层模块调用上层模块,通常也不允许同层模块间的调用。

模块间的调用分为直接调用、选择调用(判断调用)和循环调用 3 种,如图 5-22 所示。

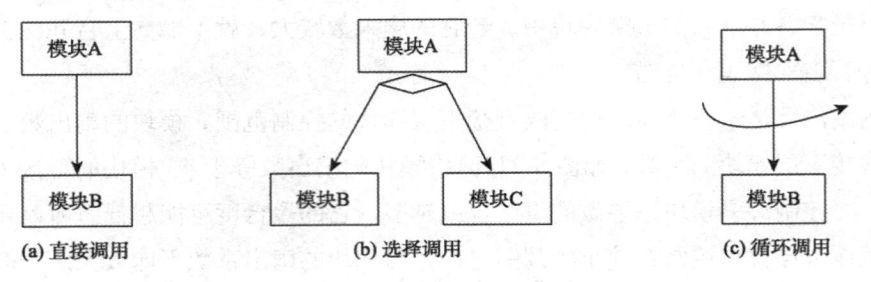

图 5-22 系统结构图的模块间调用关系

一个模块可以直接调用一个下层模块,也可直接调用多个下层模块。模块间的判断调用表示根据判断条件,决定是否调用或调用哪个下层模块,判断条件用菱形符号表示。模块间的循环调用表示调用模块中存在一个主循环,以便循环调用某个或多个下层模块。循环调用可用带箭头的弧形线段来表示。

③ 数据。调用箭头线旁边带圆圈的小箭头线,表示从一个模块传输给另一个模块的数据。

④ 控制信息。调用箭头线旁边带圆点的小箭头,表示从一个模块传输给另一个模块的控制信息。

模块加上数据流、控制流及模块之间的调用关系,就组成了系统结构图。系统结构图中的基本符号如图 5-23 所示。在图 5-23(a)中,模块 A 调用模块 B,A 将数据 x,y 传递给 B,调用结束时,B 将数据 z 返回给 A。在图 5-23(b)中,模块 A 调用模块 B,A 将数据 x 和控制信息 p 传递给 B,调用结束时,B 将数据 y 返回给 A。在图 5-23(c)中,模块 A 选择调用 B、C 模块,直接调用 D 模块。在图 5-23(d)中,模块 A 循环地调用模块 B、C 和 D。

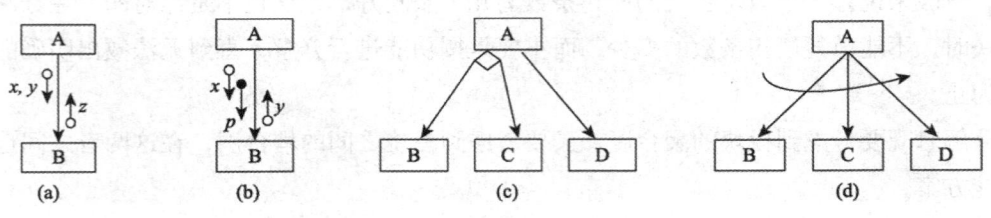

图 5-23 系统结构图的基本符号

人们把结构图设定为树状结构，是为了保证系统的可靠性。一个模块只能有一个上层模块，可以有几个下层模块。在结构图中，一个模块只能与它的上层模块或下层模块进行直接通信，而不能越层或与它同层的模块发生直接通信。若要进行通信，则必须通过它的上层或下层模块进行传递。

系统模块结构图反映了系统的模块层次结构和它们之间的控制和通信联系。系统设计者可以利用它来分析、设计和修改系统的总体结构方案，以得到合适的模块结构。但是由于结构图上标注了大量的通信符号，系统模块结构图的可读性和可维护性比较差，系统模块结构图和 IPO 图结合起来可以全面而详细地描述系统的总体结构。

例如，销售订单处理功能的数据流程图如图 5-24 所示，功能的输入部分为销售订单；处理部分为根据订单内容先确定能否供货，再结合库存信息决定是处理缺货订单还是处理可供货订单；输出部分是备货单。相应的结构如图 5-25 所示。

图 5-24 销售订单处理功能的数据流程图

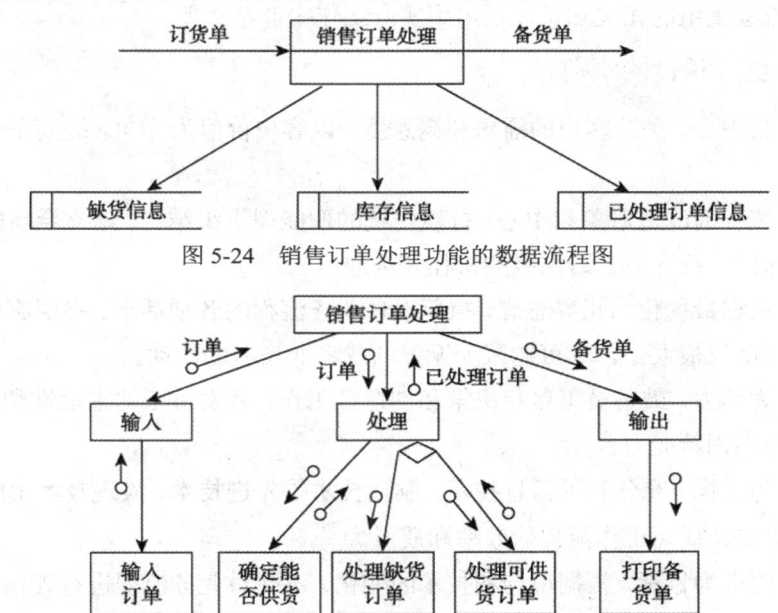

图 5-25 销售订单处理功能的结构

5.4.3 流程重组设计

1. 流程重组的概念

业务流程是指为完成一定的目标或任务而进行的一系列时间上承继的业务活动序列，是组织运行的方式。在传统的组织管理中，组织都已经形成了确定的流程和工作方式。而在信息技术条件下，由于信息的采集、处理、传递和使用的方式发生了变化，就要求改变原有流程中不适合计算机信息处理的工作方式，按现代信息处理的要求，重新组织业务运作过程，从事物发生的自然过程中寻找解决问题的方法。

20 世纪 90 年代，Hammer 和 Champy 提出了企业流程重组（Business Process Re-

engineering，BPR）的概念，即对企业的业务流程进行根本性的再思考和彻底再设计，从而使成本、速度、质量和服务等企业关键性指标取得根本性的改善，并得到迅速发展而被广泛实施的一种新的管理思想。显然，BPR 强调以业务流程为改造对象和中心、以关心客户的需求和满意度为目标、对现有的业务流程进行根本的再思考和彻底的再设计，利用先进的制造技术、信息技术和现代化的管理手段，最大限度地实现技术上的功能集成和管理上的职能集成，以打破传统的职能型组织结构，建立全新的过程型组织结构，从而实现企业经营在成本、质量、服务和速度等方面的巨大改善。例如，某信用卡公司通过业务流程重组工程，使信用卡发放周期由原来的 7 天缩减到 4 个小时，使业务量增加了 100 多倍；柯达公司对新产品开发实施企业业务流程重组后，35 毫米焦距的一次性照相机从产品概念到产品生产所需的开发时间缩减了 50%，从原来的 38 周降低到 19 周。企业中有许多业务流程重组后大获成功的例子，因此学习流程重组的相关知识并运用到实际工作中非常重要。

2. 流程重组和设计的原则

① 以客户为中心，关注客户的需求和满意度，以客户价值为导向，提高企业的市场竞争力。

② 以业务流程为改造对象和中心，打破传统的职能型组织结构，建立全新的过程型组织结构，实现跨部门、跨区域、跨层级的协作和沟通。

③ 以整体流程最优化为指导思想，重新设计业务流程的各项活动，强调流程各环节的活动，尽可能实现增值最大化，尽可能减少无效的或者非增值的活动。

④ 以创新为动力，鼓励员工参与决策和创造性工作，激发员工的主动性和责任感，培养企业的学习能力和创新能力。

⑤ 以技术为支撑，充分利用信息技术、制造技术等先进技术，实现技术上的功能集成和管理上的职能集成，提高工作流程的效率和质量。

⑥ 以持续改进为目标，根据市场和技术的变化，不断对业务流程进行评估和优化，形成持续改进的文化和机制。

3. 流程重组的类型

不同行业、不同性质的组织，流程重组的形式不可能完全相同。组织可根据竞争策略、业务处理的基本特征和所采用的信息技术的水平来选择实施不同类型的 BPR。根据流程范围和重组特征，可将 BPR 分为以下 3 类。

1）功能内的 BPR

功能内的 BPR 指对职能内部的流程进行重组。在旧体制下，各职能管理机构重叠、中间层次多，而这些中间管理层一般只执行一些非创造性的统计、汇总和填表等工作，而且每个环节只对自己完成的职能负责，无人对整个流程的效率和质量负责，造成整个流程运行效率低下。计算机完全可以取代这些业务而将中间层取消，使每项职能从头至尾只有一个职能机构管理，做到机构不重叠、业务不重复。例如物资管理由分层管理改为集中管理，取消二级仓库；财务核算系统将原始数据输入计算机，全部核算工作由计算机完成，变多级核算为一级核算等。

2）功能间的 BPR

功能间的 BPR 指在组织范围内，跨越多个职能部门边界的业务流程重组。例如在新产品开发结构重组中，以开发某一新产品为目标，组织集设计、工艺、生产、供应和检验人员为一体的承包组，打破部门的界限，实行团队管理，以及将设计、工艺、生产制造并行交叉地进行作业管理等。这种组织结构灵活机动，适应性强，将各部门人员组织在一起，使许多工作可以平行处理，从而大幅度地缩短新产品的开发周期。

3）组织间的 BPR

组织间的 BPR 指发生在两个以上组织之间的业务重组。例如，通用汽车公司（GM）与 SATURN 轿车配件供应商之间的购销协作关系就是企业间 BPR 的典型例子。GM 公司采用共享数据库、EDI 等信息技术，将公司的经营活动与配件供应商的经营活动连接起来，配件供应商通过 GM 的数据库了解其生产进度，拟定自己的生产计划、采购计划和发货计划，同时通过计算机将发货信息传给 GM 公司。GM 的收货员在扫描条形码确认收到货物的同时，通过 EDI 自动向供应商付款。这样，使 GM 与其零部件供应商 SATURN 如同一个企业，实现了对整个供应链的有效管理，缩短了生产周期、销售周期和订货周期，减少了非生产性成本，简化了工作流程。这类 BPR 是目前业务流程重组的最高层次，也是重组的最终目标。

可以看出，各种重组过程都需要数据库和计算机网络等信息技术的支持。

4. 流程重组设计的原则

实际上，流程重组是站在信息的高度，对组织流程的重新思考和再设计，是一个系统工程，包括在系统规划、系统分析、系统设计、系统实施与评价等整个规划和开发过程中。在信息系统分析中，要充分认识信息作为战略性竞争资源的潜能，创造性地对现有业务流程进行分析，找出现有流程存在的问题和产生的原因，分析每项活动的必要性，并根据组织的战略目标，采用关键成功因素法等发现正确的业务流程，如在信息技术支持下合并某些活动，减少管理层次，取消一些审批检查等。

流程重组设计的好坏在很大程度上取决于信息系统设计者对信息技术潜能的把握，以及对现有业务流程、运行环境、客户需求等因素的熟悉程度。因此，流程重组设计的原则如下：

① 以过程管理代替职能管理，取消不增值的管理环节。

② 以事前管理代替事后管理，减少不必要的审核、检查和控制等活动。

③ 取消不必要的信息处理环节，消除冗余信息集。

④ 以计算机协同处理为基础的并行过程取代串行和反馈控制管理过程。

⑤ 用信息技术实现过程自动化，尽可能摒弃手工信息处理过程。

上述原则指出了流程重组的指导性方法。在实际操作中，还应考虑具体的组织环境和条件，灵活运用，才能设计出合理的组织业务流程。

5.5 结构化设计案例

以某铁路机务段现场物流信息系统设计为例，简要说明系统设计的主要过程。

5.5.1 系统功能结构设计

根据系统分析的结果，按照结构化的系统设计方法，为满足机务段业务管理的需要，将系统按功能划分为 7 部分，如图 5-26 所示。需对各功能模块进一步进行划分，图 5-27 给出了收发料管理子模块图。限于篇幅，其他模块的结构图不再赘述。

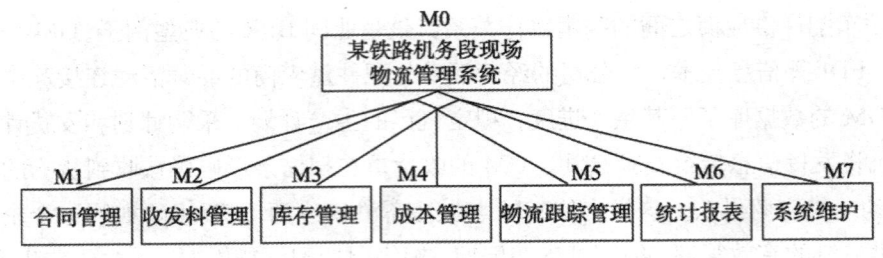

图 5-26 某铁路机务段现场物流信息系统功能结构

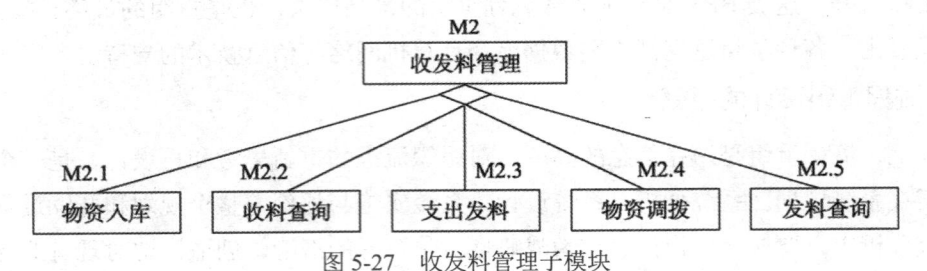

图 5-27 收发料管理子模块

5.5.2 数据库设计

1. 数据库总体结构

本系统采用关系型数据库模式，因此数据库由若干二维表（数据文件）组成，数据库设计遵循第三范式。本系统数据文件分两类：一类是基础数据表，主要存储系统运行过程中的基础数据，如物资字典、部门字典、人员字典、库位字典、科目字典、项目定额字典、材料分类字典等。另一类是业务数据表，主要存储系统运行过程中的动态业务数据，如物资卡片、收料单数据表、发料单数据表、物资调拨数据表、领料部门费用表等。

2. 数据表设计

每个数据文件均有一张定义表，下面只给出几个数据表的设计，如表 5-3～表 5-6 所示。

表 5-3　物资基本信息表

序号	字段名称	字段描述	类型	长度	允许空	默认值	关键字
1	Nid	物资顺号	Int	6	否		主键
2	Scode	物资编码	Varchar	20	否		
3	Sname	物资名称	Varchar	60	否		
4	Stype	规格型号	Varchar	60	否		
5	Sunit	计量单位	Varchar	20	否		
6	…	…	…	…	…	…	…

表 5-4　支出发料单主表

序号	字段名称	字段描述	类型	长度	允许空	默认值	关键字
1	Sdate	工作年月	Char	6	否		Sdate+ Nid
2	Nid	发料单顺号	Int	8	否		
3	Nbmid	部门顺号	Int	4	否		
4	Nxmid	项目顺号	Int	6	否		
5	Nkmid	科目顺号	Int	4	否		
6	Nkwid	库位顺号	Int	4	否		
7	Ddate	发料日期	Date		否		
8	Sflr	发料人	Varchar	12	否		
9	Sshr	审核人	Varchar	12	是		
10	…	…	…	…	…	…	…

表 5-5　支出发料单详细表

序号	字段名称	字段描述	类型	长度	允许空	默认值	关键字
1	Sdate	工作年月	Char	6	否		Sdate+ Nid
2	Nid	发料单顺号	Int	8	否		
3	Nwzid	物资顺号	Int	6	否		
4	Nsubid	明细序号	Int	4	否		
5	Noutnum	实发数量	Number	12, 2	否		
6	Nprice	库存单价	Number	10, 2	否		
7	…	…	…	…	…	…	…

表 5-6　物资卡片

序号	字段名称	字段描述	类型	长度	允许空	默认值	关键字
1	Sdate	工作年月	Char	6	否		Sdate+ Nkwid + Nwzid
2	Nkwid	库位顺号	Int	4	否		
3	Nwzid	物资顺号	Int	6	否		
4	Nshdw	四号定位	Int	4	否		
5	Nlow	最低储备	Number	12, 2	是		
6	…	…	…	…	…	…	…

5.5.3 处理过程设计

对结构图中的每个模块都有一个模块的处理过程设计说明。撰写模块处理过程设计说明的依据是该模块对应的数据流程图中的处理逻辑、数据字典中的数据流和数据存储。在系统设计阶段中，数据库已经设计出来，数据字典中的一个数据存储可能被分解成若干物理数据库文件，因此要按物理数据库文件来书写。模块说明书中的输入数据流，通常有菜单选择项、原始单据、查询要求、数据文件；输出数据流通常由屏幕显示、报表或图形、数据文件。如图 5-28～图 5-31 给出了收发料管理及其部分子模块的处理过程设计说明。

系统名称：	某铁路机务段现场物流信息系统		
模块名称：收发料管理模块	模块编号：M2	模块描述：物资收、发和调拨处理模块	
被调用模块：物资入库、收料查询、支出发料、物资调拨、发料查询。			
调用模块：主模块			
输入参数：		输入说明：	
输出参数：		输出说明：	
变量说明：MP—菜单选项		使用的文件或数据库：	
处理说明： 一、按以下格式显示 　1. 物资入库；2. 收料查询；3. 支出发料；4. 物资调拨；5. 发料查询 二、接收菜单选项MP 　若MP=1，调用M2.1 "物资入库"；若MP=2，则调用M2.2 "收料查询"； 　若MP=3，则调用M2.3 "支出发料"；若MP=4，则调用M2.4 "物资调拨"； 　若MP=5，则调用M2.5 "发料查询"。			
备注			
设计人：		设计日期：2007-06-12	

图 5-28　模块处理过程设计说明－M2

系统名称：	某铁路机务段现场物流信息系统	
模块名称：	物资入库	模块编号：M2.1
模块描述：	料单的录入、编辑和查询	
被调用模块：物资字典维护模块、物资卡片管理模块、库位字典维护模块、供应单位字典维护模块		
调用模块：	收发料管理模块	
输入参数：		输入说明：
输出参数：		输出说明：
变量说明：		
使用的文件或数据库：物资收料单主表和明细表、物资基本信息表、物资卡片表、库位信息表		
处理说明：库管员录入并保存收料单中的详细信息，主要包括收料单编号、供应单位、库位号、入库时间、待入库物资基本信息、入库数量、入库价格，录入界面显示该物资的最新库存信息。审核人员对入库物资信息进行审核，并更新库存信息。该模块提供"新增记录""删除记录""保存""审核""打印""查询""退出"等功能。		
备注		
设计人：		设计日期：2007-06-12

图 5-29　模块处理过程设计说明－M2.1

系统名称：	某铁路机务段现场物流信息系统		
模块名称：	收发料管理模块	模块编号：	M2.2
模块描述：	查询物资入库信息	被调用模块：	
调用模块：	收发料管理模块		

输入参数：	输入说明：
输出参数：	输出说明：
变量说明：	
使用的文件或数据库：物资收料单主表和明细表、物资基本信息表、物资卡片表、库位信息表	
处理说明：用户可以按照时间段查询入库物资的汇总数据和详细数据。可以按照物资、库位等关键字进行查询。提供报表打印功能。	

备注	
设计人：	设计日期：2007-06-12

图 5-30　模块处理过程设计说明－M2.2

系统名称：	某铁路机务段现场物流信息系统		
模块名称：	支出发料	模块编号：	M2.3
模块描述：	对车间班组领用料进行管理。		
被调用模块：	物资字典维护模块、库位字典维护模块、部门字典维护模块、科目字典维护模块		
调用模块：	收发料管理模块		

输入参数：	输入说明：
输出参数：	输出说明：
变量说明：	
使用的文件或数据库：支出发料单主表和明细表、物资基本信息表、物资卡片表、库位表、科目表、领料部门费用定额表	
处理说明：物资收料单主表和明细表、物资基本信息表、物资卡片表、库位信息表。	
处理说明：库管员录入并保存发料单中的详细信息，主要包括发料单编号、领料单位、库位号、支出科目、领料时间、领用物资基本信息、实发数量、单价、实发金额等。录入界面显示物资的最新库存信息。审核人员对出库物资信息进行审核，并更新库存信息。该模块提供"新增记录" "删除记录" "保存" "审核" "打印" "查询" "退出"等功能。	

备注	
设计人：	设计日期：2007-06-12

图 5-31　模块处理过程设计说明－M2.3

5.5.4　数据的安全设计

① 硬件系统方面。采用 RAID5 磁盘阵列和热插拔硬盘，将数据交叉存放在磁盘阵列上，如果磁盘阵列的某成员出现故障，可由其他部分予以恢复。

② 软件系统方面。对数据库管理系统的访问账号和口令进行细致严格的权限设置，前端操作与后台数据相分离，系统管理员账号只有系统管理员才能使用。

③ 程序设计方面。根据操作人员的岗位划分进行系统的操作权限设置，将每个表单的操作权限分为新增、修改、删除、查询和打印五个功能，可以根据操作员的岗位职能进行操作权限的设置和维护。为保证操作员口令的安全保密，防止口令被窃取，对口令进行加密后存

放在后台数据表中。

④ 组织管理制度方面。制定严格的上机操作管理制度，机器专人专用，操作口令不定期修改，操作员岗位变更后系统管理员及时进行权限设置。

本章小结

在信息系统的结构化设计中，总体设计的核心任务是完成系统体系架构设计和系统模块结构设计，而详细设计的任务是在系统总体设计的指导下，对系统各组成部分进行细致、具体的物理设计，使系统总体设计阶段所做的各种决定具体化。本章详细介绍了系统结构化设计的各步骤和方法，对系统结构化设计的流程进行了解释，最后通过一个具体的案例说明如何进行系统的结构化设计，使读者加深对本章的认识。

本章系统介绍了结构化设计相关的概念、原理及方法，主要讨论了系统设计中总体设计和详细设计的主要任务，着重介绍了结构化设计原则以及自顶向下设计、模块化设计、流程重组与设计等结构化设计方法；模块化设计为重点方法，着重介绍了模块与模块化的概念及模块化的设计思想、模块的聚合与耦合相关概念和原理、模块划分的方法及原则。

思考题

1. 系统总体设计和详细设计的任务分别是什么？
2. 简述结构化设计的原则。
3. 自顶向下设计方法的基本思想是什么？
4. 流程重组与设计的概念及原则。
5. 简述 HIPO 技术的内容及作用。
6. 简述数据存储设计的主要内容。
7. 简述结构图的作用及绘制方法。
8. 简述处理过程设计常用的几种工具。
9. 处理过程设计的原则是什么？
10. 简述模块的概念及模块化的思想。
11. 简述模块间耦合和模块内部聚合的几种形式。
12. 简述模块划分方法和原则。

参考文献

[1] 徐宝祥，王欣. 信息系统开发方法[M]. 北京：机械工业出版社，2007.

[2] 郝杰忠．信息系统的开发与应用[M]．北京：机械工业出版社，2006．
[3] 黄梯云，李一军．信息系统[M]．3版．北京：高等教育出版社，2005．
[4] 黄梯云．信息系统[M]．6版．北京：高等教育出版社，2016．
[5] 杨选辉，郭路生，王果毅．信息系统分析与设计[M]．2版．北京：清华大学出版社，2019．
[6] 黄孝章，刘鹏，苏利祥．信息系统分析与设计[M]．2版．北京：清华大学出版社，2017．
[7] 杜鹃．信息系统分析与设计[M]．3版．北京：清华大学出版社，2021．
[8] 薛华成．信息系统[M]．5版．北京：清华大学出版社，2007．
[9] 张宏．系统分析与设计教程[M]．北京：清华大学出版社，2008．
[10] 陈禹．信息系统分析与设计[M]．北京：高等教育出版社，2005．
[11] 姜旭平，姚爱群．信息系统开发方法[M]．北京：清华大学出版社，2004．
[12] 梁昌勇．信息系统分析、设计与开发方法[M]．北京：清华大学出版社，2010．
[13] 左美云，邝孔武．信息系统开发与管理教程[M]．北京：清华大学出版社，2006．

第 6 章 信息系统的面向对象分析与建模

随着信息系统规模的变大和复杂性的升高，面向对象的方法成为信息系统分析与开发技术的主流。面向对象的思想是用对象来模拟真实世界，把真实世界中的事物抽象成类，通过类的实例互相通信、互相协作完成系统功能。面向对象分析是在系统调查资料的基础上，按照面向对象的思想来分析问题，将问题域中客观存在的事物或概念识别为对象，并进行归类分析和整理，从而建立分析模型。面向对象分析要遵守抽象、封装、继承和消息通信等原则。

本章详细阐述面向对象与面向对象分析的基本思想和基本概念，介绍统一建模语言的内容和分析建模过程，以及采用统一建模语言进行面向对象分析与建模的内容和方法，最后结合相关面向对象的建模工具，通过案例分析说明面向对象分析的原理和方法。

本章重点：
- 面向对象基本概念
- 面向对象分析
- 统一建模语言内容
- 面向对象分析的基本模型
- 面向对象分析过程
- 用例图
- 类图

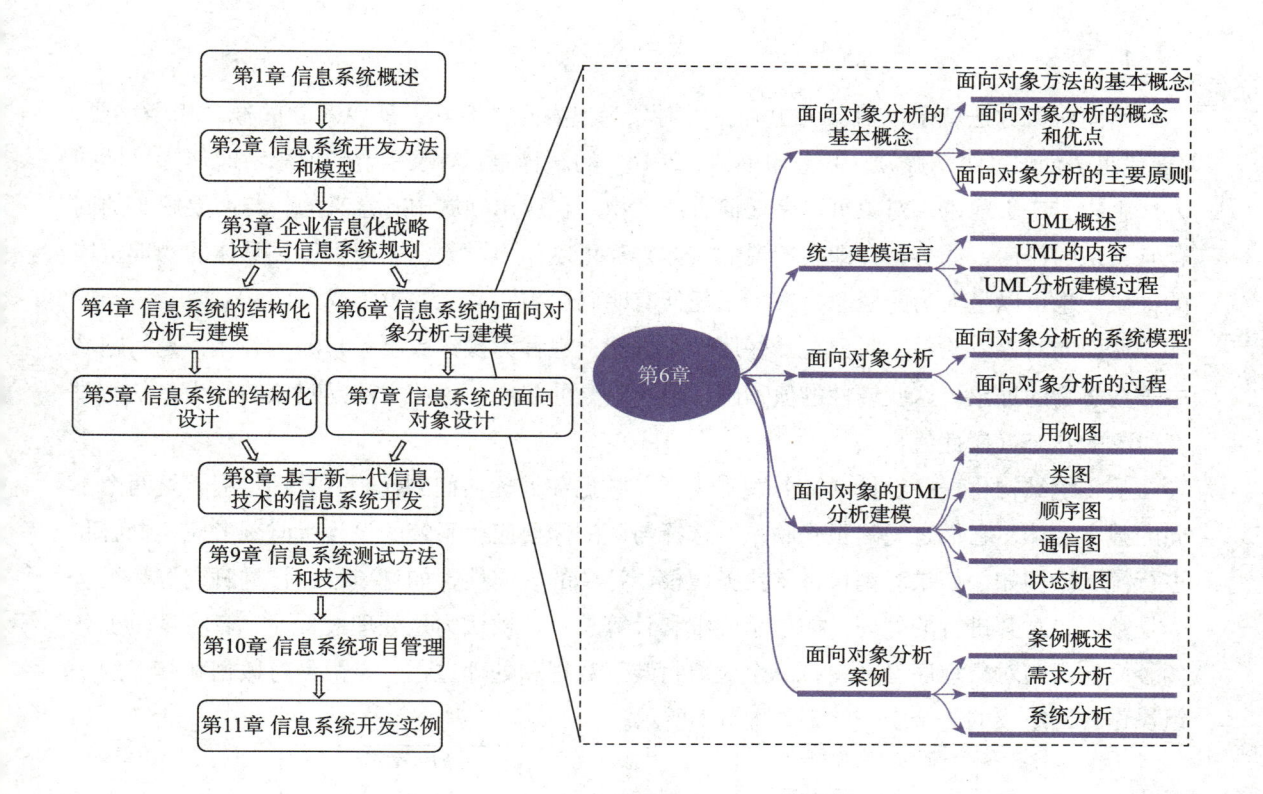

6.1 面向对象分析的基本概念

面向对象的思想源于 20 世纪 70 年代出现的面向对象的编程语言，产生了面向对象程序设计（Object-Oriented Programming，OOP），在 20 世纪 80 年代中期，随着 C++语言的广泛应用，有关面向对象分析（Object-Oriented Analysis，OOA）的研究开始发展，进而延伸到面向对象设计（Object-Oriented Design，OOD），产生面向对象技术和方法。现在面向对象方法已经发展到计算机科学技术的许多领域，已经远远超出程序设计语言和编程技术的范畴，也很难简单而准确地界定它的作用范围和给出对所有涉及领域适用的严格定义。但面向对象方法主要在计算机软件领域产生了巨大影响并发展成为较完整的理论和技术体系，就该范围来看，面向对象不仅是一些具体的软件开发技术与策略，还是一整套关于如何看待软件系统与现实世界的关系，以什么观点来研究问题并进行求解，以及如何进行系统构造的软件方法学。

6.1.1 面向对象方法的基本概念

从面向对象方法最主要的应用范围——软件开发来看，我们可以定义"面向对象方法"是一种运用对象、类、继承、封装、聚合、消息传输、多态性等概念来构造系统的软件方法。为了理解该方法，下面介绍面向对象方法的一些基本概念。

1. 对象

面向对象方法就是以对象为中心、以对象为出发点的方法，所以对象的概念相当重要。《现代汉语词典（第7版）》(商务印书馆，2016)的解释是：对象是行动或思考时作为目标的人或事物。广义地讲，对象可以是任何人或事物。在应用领域中有意义的、与所要解决的问题有关系的任何人或事物（即我们说的实体）都可以作为对象，它既可以是具体的物理实体的抽象，也可以是人为的概念，或者是任何有明确边界和意义的事物或东西。

在面向对象方法中，对象是一些属性及方法（也称为操作或服务）的封装体，是问题域中一些事物的抽象。这些属性的值刻画了一个对象的状态；这些方法是对象的行为，从而改变对象的状态（属性值）。

从传统结构化程序设计（SP）观点来看，数据和处理它们的代码（处理过程）是两个不同的独立实体，它们之间的正确联系、选择与匹配需要应用系统的设计者时刻考虑、操心和进行统一。例如，如果对销售订单业务建模，订单的各属性，如订单号、订购日期等都被认为是数据，对其进行的处理，如显示明细和计算总价，被认为是处理过程，二者在逻辑上分离。而在面向对象程序设计中，一个对象封装了数据和处理过程，是由私有数据和其上的一组操作代码组成的一个统一体，如图6-1所示。

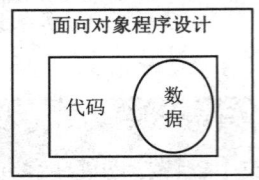

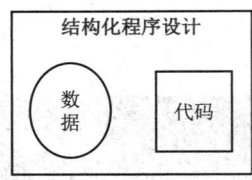

图6-1 面向对象程序设计与结构化程序设计

对象的动作取决于发送给该对象的消息表达式，消息告诉对象要求完成的功能（what to do），并激活该功能，这意味着对象具有自动"知道"如何完成相应操作代码（how to do）的"智能"选择机制，从而把结构化程序设计中应用系统程序员或用户做出的选择操作数据与相应操作函数代码匹配的负担转移给了系统设计员。本质区别是，对消息请求自动选择操作的小小变化蕴含了面向对象程序设计技术的全部威力。

2. 类

在面向对象程序设计中，类是对一组对象的抽象、归纳与概括，更确切地说，类是对一组具有相同数据成员和相同操作成员的对象的定义或说明。而每个对象都是某类的一个具体实例。每个对象由一个类来定义或说明，类可以看作生产具有相同属性和行为方式对象的模板。与成语"物以类聚，人以群分"的意思一样，"类"就是具有相似性质的事物的同类特征的集中。

3. 消息

对象通过对外提供服务发挥自身作用，对象之间的相互服务是通过消息来连接实现的。

消息是为了实现某功能而要求某对象执行其中某功能操作的规格说明。它一般含有下述信息：提供服务的对象标识、服务标识、输入信息和响应信息。对象接收消息，根据消息及消息参数调用自己的服务，处理并予以响应，从而实现系统功能。

消息是对象之间相互作用和相互协作的一种机制，更通俗地讲，面向对象程序设计中的术语"消息"其实是现实世界中的"请求""命令"等日常生活用语的同义词。

4. 方法

方法对应对象的能力，是实现对象功能的操作代码段。在C++语言中，方法即类中定义的成员函数，是该类对象能执行的操作的算法实现。

方法与消息是一一对应的，每当对象收到一个消息，除了能用其"智能化"的选择机制知道和决定应该去做什么（what to do），还要知道和决定该怎样做（how to do）。而方法正是对象决定怎么做的操作执行代码。所以，方法是实现每条消息具体功能的手段。

类中的方法一般可分为对外服务的方法、对内服务的方法、访问器方法和对象控制方法。

5. 继承

继承是对象类之间的一种层次关系，指一个类（子类）继承另一个类（父类或基类）的结构、操作和约束。继承体现了一种共享机制。

继承机制既是一个对象类获得另一对象类特征的过程，也是一个以分层分级结构组织、构造和重用类的工具，是解决类之间"相似但又不同"的妙法。

继承机制的特点：清晰体现相似类间的层次结构关系；减小代码和数据的重复冗余度，大大增强程序的重用性；通过增强一致性来减少模块间的接口和界面，大大增强程序的易维护性等。

如果没有继承概念的支持，那么面向对象程序设计中所有的类就像一盘各自为战、彼此独立的散沙，每次软件开发都要从"一无所有"开始。

6. 封装

封装（Encapsulation）即将数据和操作隐藏在一个公共界面背后，保证软件部件具有较好的模块性。可以说，封装是所有主流信息系统方法学中的共同特征，对于提高软件清晰度和可维护性，以及软件的分工有重要的意义。我们从两方面来理解封装的含义：

① 当设计一个程序的总体结构时，程序的每个成分应该封装或隐藏为一个独立的模块，定义每个模块时应主要考虑其实现的功能，而尽可能少地显露其内部处理逻辑。

② 封装表现在对象概念上。对象是一个很好的封装体，把数据和操作封装于一个内在的整体。对象向外提供某种界面（接口），通常包括一组数据（属性）和一组操作（服务），而把内部的实现细节（如函数体）隐藏起来，外部需要该对象时，只需要了解它的界面即可，即只能通过特定方式才能使用对象的属性或对象。这样既提供了服务，又保护自己不轻易受外界的影响。

7. 多态性

多态性（Polymorphism），又称多形性，指相同的操作（或函数、过程）可作用于多种类型的对象并获得不同的结果。面向对象方法可给不同类型的对象发送相同指令或请求，而不同的对象分别做出不同的处理。例如，给整数对象和复数对象定义不同的数据结构和加法运算，但可以给它们发送相同的消息"做加法运算"，整数对象接收此消息后做整数加法运算，复数对象则做复数加法运算，产生不同的结果。多态性增强了软件的灵活性、复用性、可扩展性。

6.1.2 面向对象分析的概念和优点

1. 面向对象分析的概念

面向对象分析（OOA）是在一个系统的开发过程中进行系统业务调查后，按照面向对象思想来分析问题。与结构化分析不同，面向对象分析强调的是在系统调查资料的基础上，针对面向对象方法所需的素材进行的归类分析和整理，而不是对管理业务现状和方法的分析。

面向对象分析就是直接将问题域中客观存在的事物或概念识别为对象，建立分析模型，用对象的属性和服务分别描述事物的静态特征和行为，并且保留问题域中事物之间关系的原貌。分析模型是独立于具体实现的，即不考虑与系统具体实现相关的因素，它的主要任务是决定"做什么"，至于"怎么做"则是面向对象设计的任务。

2. 面向对象分析的优点

从分析面临的主要任务来看，面向对象分析具有比其他分析方法明显的优点。

① 有利于对问题域和系统责任的理解。对问题域和系统责任进行深入的调查研究和准确的理解是成功开发系统的前提，也是分析工作的一个难点。面向对象分析强调从问题域中的实际事物和与系统责任有关的概念出发构造系统模型，使得系统中的对象以及对象的内部构成、对象之间的结构和连接能直接地描述问题域和系统责任，并与之产生良好的对应。因此，面向对象分析非常有利于对问题域和系统责任的理解。

② 有利于交流。人与人之间的交流是分析工作面临的一个重要问题。如果一种分析方法产生的文档使分析员以外的其他人员很难读懂，就不利于交流。对此，面向对象分析运用了人类在日常生活中采用的思维方法和构造策略来认识和描述问题域，构造系统模型及详细说明并采用了直接来自问题域的术语及概念，使各类人员之间交流的基本条件得到了改进。因此，即使非专业人员也能明白软件要做什么，客户与专业的软件开发人员的交流会更加顺畅。

③ 适应需求的不断变化。在软件开发过程中，需求的不断变化是分析人员棘手的问题，而面向对象分析由于封装对象原则使得它对变化比较有弹性。整体上，面向对象分析以对象作为系统的基本构成单位，对象的稳定性和相对独立性使系统具有一种宏观的稳定效果。

④ 更好地支持软件复用。软件复用已从 20 世纪 80 年代中期主要着眼于程序的复用，发展到注重分析结果和设计结果的复用，这样产生的效果更加显著。在面向对象分析中，类由

于其完整性和独立性很适合作为可复用构件。当分析员完成一个系统的面向对象分析工作后，其面向对象分析结果较容易通过复用而扩展为一个系统族，因此能很好地支持软件分析复用。

6.1.3 面向对象分析的主要原则

面向对象分析的主要原则如下。

1. 抽象原则

从许多事物中舍弃个别的、非本质的特征，抽取共同的、本质性的特征，就称为抽象。抽象是形成概念的必要手段。抽象原则有两方面的意义。第一，尽管问题域中的事物是很复杂的，但是分析员并不需要了解和描述它们的一切，只需要分析研究其中与系统目标有关的事物及其本质性特征。第二，通过舍弃个体事物在细节上的差异，抽取其共同特征而得到一批事物的抽象概念。

抽象是面向对象方法中使用最广泛的原则。抽象原则包括过程抽象和数据抽象两方面。过程抽象是指，任何一个完成确定功能的操作序列，其使用者都可以把它看作一个单一的实体，尽管实际上它可能是由一系列更低级的操作完成的。而数据抽象是根据施加于数据之上的操作来定义数据类型，并限定数据的值只能由这些操作来修改和观察。数据抽象是面向对象分析的核心原则。抽象强调把数据（属性）和操作（服务）结合为一个不可分的系统单位（即对象），对象的外部只需要知道它做什么，而不必知道它如何做。

2. 封装原则

封装原则就是把对象的属性和服务结合为一个不可分的系统单位，并尽可能隐蔽对象的内部细节。

3. 继承原则

特殊类继承了一般类的全部属性和服务，称为特殊类对一般类的继承。

在面向对象分析中运用继承原则，就是在每个由一般类和特殊类形成的一般-特殊结构中，把一般类和所有特殊类共同具有的属性和服务，一次性地在一般类中进行显式的定义。特殊类不再重复地定义一般类中已定义的东西，但是在语义上，特殊类自动地、隐含地拥有它的一般类（以及所有更上层的一般类）中定义的全部属性和服务。继承原则的好处是：使系统模型比较简练，也比较清晰。

4. 分类原则

分类原则就是把具有相同属性和服务的对象划分为一类，用类作为这些对象的抽象描述。分类原则实际上是抽象原则运用于对象描述时的一种表现形式。

5. 聚合原则

聚合，又称组装，其原则是：把一个复杂的事物看成若干比较简单的事物的组装体，从而简化对复杂事物的描述。

6. 关联原则

关联是人类思考问题时经常运用的思想方法，即通过一个事物联想到其他事物。关联原则能使人发生联想的原因是事物之间确实存在着某些联系。

7. 消息通信原则

消息通信原则要求对象之间只能通过消息进行通信，而不允许在对象之外直接地存取对象内部的属性。通过消息进行通信是由于封装原则而引起的。在面向对象分析中，要求用消息连接表示出对象之间的动态联系。

8. 粒度控制原则

一般，人在面对一个复杂的问题域时，不可能在同一时刻既能纵观全局，又能洞察秋毫。因此需要控制自己的视野：考虑全局时，注意其大的组成部分，暂时不详察每部分的具体细节；考虑某部分的细节时则暂时撇开其余的部分。这种处理方式采用的就是粒度控制原则。

9. 行为分析原则

现实世界中事物的行为是复杂的。由大量的事物构成的问题域中，各种行为往往相互依赖、相互交织。行为分析原则就是要分析问题域中事物的行为。

6.2 统一建模语言

20 世纪 80 年代末至 90 年代，面向对象的分析与设计方法得到了很大的发展，统一建模语言（Unified Modeling Language，UML）是这个阶段的重要成果。它不仅统一了 Booch、Jacoboson 和 Rumbaugh 的表示方法，还进一步发展，最终成为大众接受的标准建模语言。

6.2.1 UML 概述

早在 20 世纪 70 年代中期就出现了公认的面向对象建模语言。1989 年到 1994 年，面向对象建模语言的数量从不到 10 种增加到了 50 多种，其中最流行的 3 种面向对象方法是 Booch 方法（由 Grady Booch 提出）、OOSE 方法（由 Ivar Jacoboson 提出）和 OMT 方法（由 James Rumbaugh 提出）。面对众多建模语言，用户很难根据应用特点选择一个完全满足自己要求的建模语言。另外，众多的建模语言虽然有类似之处，但有不同的建模符号体系，极大地妨碍了软件设计人员、开发人员和用户之间的交流。因此，有必要在精心比较不同的建模语言优缺点及总结面向对象技术应用实践的基础上，根据应用需求，博采众长，建立一个标准的、统一的建模语言。

1994 年 10 月，James Rumbaugh 加入 Grady Booch 所在的 Rational 公司，和 Booch 一起

开始建立统一的建模语言。他们首先将 Booch 方法和 OMT 方法统一起来，并于 1995 年 10 月发布了 Unified Method 0.8（这是 UML 当时的名字）。1995 年秋，Ivar Jacoboson 加入，开始在 UML 项目中加入 OOSE 方法。经过 Booch、Rumbaugh 和 Jacoboson 三人的共同努力，于 1996 年 6 月和 10 月分别发布了 UML 0.9 和 UML 0.91，并将 UM 改名为 UML。1996 年，一些机构已日趋明显地将 UML 作为其商业策略。UML 的开发者得到了用户的正面反应，并倡议成立了 UML 成员协会，以完善、加强和促进 UML 的规范工作。定义 UML 1.0 时，DEC、HP、I-Logix、Itellicorp、IBM、ICON Computing、MCI Systemhouse、Microsoft、Oracle、Rational Software、TI 等公司都参与了该工作。UML 成员协会对 UML 1.0（1997 年 1 月）及 UML 1.1（1997 年 11 月）的定义和发布起了重要的促进作用。1997 年 11 月 17 日，UML 正式被 OMG 采纳作为业界标准。UML 1.1 在成为标准后，不断发展和改进，目前已经公布的最新版本是 2.5.1 版。但使用比较广泛、影响比较大的版本依然是 2.0 版。UML 的发展可以说是一个从不同到统一，再到标准化和工业化的历程，如图 6-2 所示。

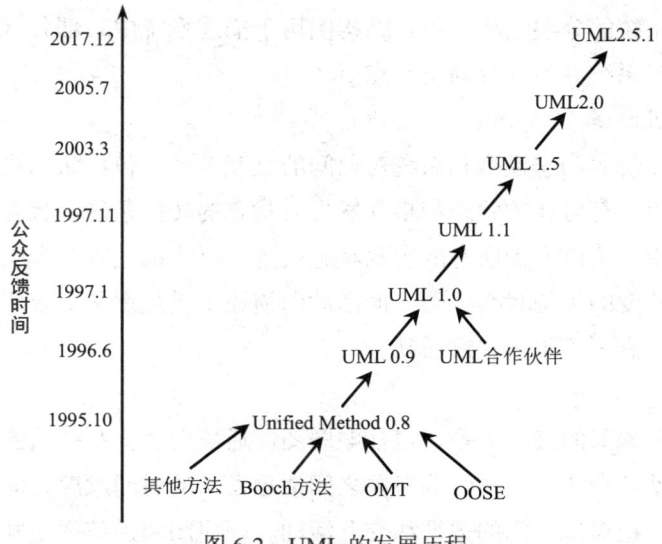

图 6-2 UML 的发展历程

目前，UML 作为一种定义良好、易于表达、功能强大且普遍适用的建模语言，已经融入软件工程领域的新思想、新方法和新技术。UML 不仅支持面向对象的分析与设计，还支持从需求分析开始的软件开发全过程。

6.2.2　UML 的内容

作为一种建模语言，UML 的定义包括 UML 语义和 UML 表示法两部分。

UML 语义给出了基于 UML 的精确的元模型定义。元模型为 UML 的所有元素在语法和语义上提供了简单、一致、通用的定义性说明，使开发者能在语义上取得一致，消除了因人而异的表达方法所造成的影响。此外，UML 还支持对元模型的扩展定义。

UML 表示法定义了 UML 符号的表示方法，为开发者或开发工具使用这些图形符号和文本语法给系统建模提供了标准。这些图形符号和文字所表达的是应用级的模型，在语义上，它是 UML 元模型的实例。

UML 的重要内容（以 UML 2.0 为例）可以由下列 5 类（13 种）图来表示。

1）用例图（Use Case Diagram）

用例图从用户角度描述系统功能，并指出各功能的操作者。

2）静态图（Static Diagram）

静态图包括类图、对象图、包图和组合结构图。类图不仅定义系统中的类，表示类之间的联系（如关联、依赖、聚合等），还描述了类的内部结构（类的属性和操作）。类图描述的是一种静态关系，在系统的整个生命周期都是有效的。对象图是类图的实例，使用与类图类似的标识。它们的不同点在于，对象图显示类的多个对象实例，而不是实际的类。由于对象存在生命周期，对象图只能在系统某时间段存在。包图由包或类组成，表示包与包之间的关系。包图用于描述系统的分层结构。组合结构图用于描述系统中某部分（组合结构）的内部结构，包括该部分与系统其他部分的交互点。

3）行为图（Behavior Diagram）

行为图给出了系统的动态模型和系统对象间的交互关系，包括状态机图和活动图。状态机图描述了类的对象所有可能的状态和事件发生时状态的转移条件。状态机图一般是对类图的补充，在实际使用时不需要为所有的类画状态机图，仅为那些有多个状态且其行为受外界环境的影响并发生改变的类画状态机图。而活动图描述了满足用例要求所要进行的活动以及活动间的约束关系，有利于识别并发活动。

4）交互图（Interactive Diagram）

交互图描述了对象间的交互关系，包括顺序图、通信图、交互概览图和时间图。顺序图描述了对象之间的动态合作关系，强调对象之间消息发送的时间顺序，同时显示对象之间的交互。通信图表示一组对象之间的关系和交互活动。顺序图和通信图是同构的，只是侧重点不同，顺序图侧重描述交互的时间顺序，而通信图侧重描述交互对象间的关系。交互概览图是活动图和顺序图的混合物，将直观地表达一组相关顺序图之间的流转逻辑。时间图用于展现消息跨越不同对象或角色时真实的时间信息，可描述单个或多个对象状态变化的时间点和维持特定状态的时间段。

5）实现图（Implementation Diagram）

实现图描述了系统组装和配置管理、表达软件成分的组织结构，包括构件图和部署图。构件图将类封装为构件，描述在系统实现环境中的软件构件和它们之间的关系。部署图描述系统所需的硬件环境的物理结构，以及软件资源在硬件环境中的部署方案。

在实际应用中，当采用面向对象技术来设计系统时，第一步是描述需求，第二步是根据需求建立系统的静态模型，以构造系统的结构，第三步是描述系统的行为。其中在前两步中所建立的模型都是静态的，包括用例图、类图、对象图、包图、组合结构图、构件图和部署图等 7 个图形，是 UML 的静态建模机制。第三步建立的模型或者可以执行，或者表示执行时的时序状态或交互关系，包括状态机图、活动图、顺序图、通信图、交互概览图和时间图 6 个图形，即 UML 的动态建模机制。因此，UML 的主要内容也可以归纳为静态建模机制和动态建模机制两大类。

6.2.3　UML 分析建模过程

UML 从不同角度描述待开发系统，为了更好地提供有效的交流方式，促进各方对需求的理解，将整个建模过程分为需求捕获、结构建模、行为建模、体系框架建模、模型检查 5 个阶段。其中，需求捕获主要关注获取和分析系统的需求，确保各方对需求有清晰一致的理解；结构建模用于描述系统的静态特征，其内容包括建立类的属性、类之间的关系等；行为建模描述系统的动态行为，其内容包括建立类与对象的操作、产生交互图与行为图来对系统进行深入的描述；体系框架建模建立对系统的构件及构件分布节点的描述；模型检查对所建立的模型进行审查、复核，主要用来保证模型的正确性、完整性和一致性。这 5 个阶段（部分）之间有一定的顺序但并不严格，还要根据需要反复进行（一次很难达到满意的程度），特别是结构建模与行为建模更是交叉反复进行的。UML 建模过程可以用图 6-3 所示。

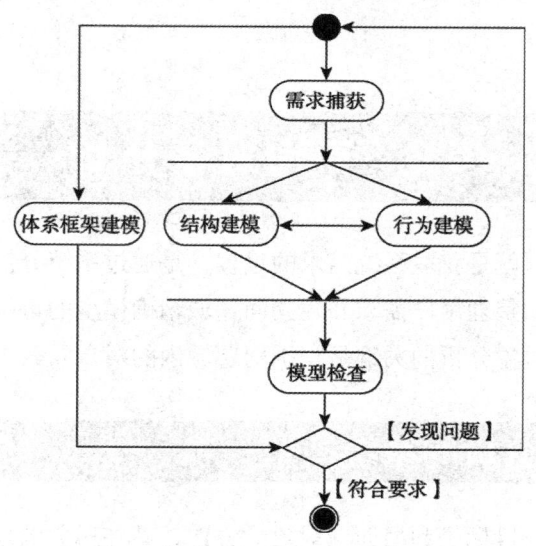

图 6-3　UML 建模过程

1）需求捕获

需求捕获的主要目的是建立可理解的现实模型，因此要对系统必须达到的条件或能力进行详细描述，让客户（包括用户）和开发人员在系统应该做什么、不应该做什么方面达成共识。这一阶段取得的成果包括用于列出候选需求的系统特征清单、用于理解系统语境的业务模型、捕获功能性需求的用例模型，以及定义非功能性需求的规格说明。

2）结构建模

结构建模基于需求捕获阶段的成果产生系统的静态特征，主要目的是通过深入分析需求使问题得以解决。结构建模的主要任务是找出实现用例模型的抽象类及其对象，也要对它们之间是否存在泛化、关联、依赖关系进行分析，从而建立起表达系统静态结构的类图。结构建模完成时应取得的成果包括详细的类图、对象图和用来组织它们的包图（还包含相应的文档等）。实际上，结构建模包括普通意义的分析和设计模型中的结构部分。

3）行为建模

行为建模的主要任务包括分析用例的实现过程，为更好地理解业务流程以及为结构建模中的类发现打好基础；也包括抽象类对象交互的建立，以便确定类或接口的具体操作。这里需要考虑操作的可见性、参数等特征。

4）体系框架建模和模型检查

体系框架建模对系统体系结构有着重要的影响，因此在很多情况下，在用户需求捕获之后即着手进行，并用作结构建模与行为建模的基本输入。体系框架建模包括两方面：使用构件图展示程序代码的物理结构，使用部署图展示软件在硬件环境中的配置关系（尤其在分布式及网络环境中）。模型检查用于保证系统模型的完整性、正确性、一致性和合理性，从总体上对模型进行审视，以发现错误和不足并加以改进，对编码实现的最后一个逻辑模型进行质量把关。

6.3 面向对象分析

软件开发的分析过程就是获取系统需求的过程，是通过系统分析员与领域专家反复交流和多次修正，不断抽取和整理用户需求并建立问题域精确模型的过程。分析工作主要包括理解、表达和验证。面向对象分析的关键是识别问题域内的对象及其关系，最终建立起模型。

6.3.1 面向对象分析的系统模型

面向对象分析的主要目标是利用面向对象的方法，站在对象的角度，对要研究的问题空间和系统进行深刻的理解，正确认识问题空间中的事务及其之间的关系，识别描述问题空间及系统所需的对象、类，定义对象及类的属性和服务，建立与问题空间相映射、相对应的系统对象模型。

面向对象分析的系统模型包括三部分，即基本模型、补充模型、系统的详细说明。

1. 基本模型

基本模型是以类图的形式来表达系统最重要的信息，而类图由类、属性、服务、一般-

特殊结构、整体－部分结构、实例连接和消息连接等主要成分构成。这些成分所表达的模型信息可分为三层，即对象层、特征层和关系层，如图 6-4 所示。

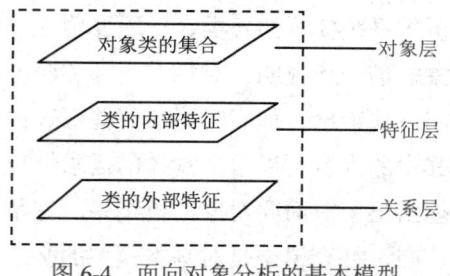

图 6-4　面向对象分析的基本模型

对象层给出了系统中所有反映问题空间及系统责任的对象，用类符号来表达属于各类的对象，而类作为对象的抽象描述，是构成系统的基本单位。

特征层给出了各类及其所代表对象的内部特征，即类的属性和服务，描述了对象的内部构成状况及细节。

关系层则给出了各类及其所代表的对象彼此之间的关系，这些关系包括：继承关系，用一般－特殊结构表示；组装关系，用整体－部分结构表示；属性间的静态依赖关系，用实例连接表示；服务间的动态依赖关系，用消息连接表示，描述了对象类外部的联系情况。

概括地说，面向对象分析的基本模型分别描述了系统中应具有哪几类对象，各类对象的属性和服务是什么，各类对象和外部的联系状况。由对象层、特征层和关系层所表达的信息有机组合起来，就构成了一个完整的类图。

2. 补充模型

补充模型是基本模型之外的用于帮助理解并延伸基本模型的模型，补充模型由主题图、用例和交互图组成。

主题图是具有较强联系的类组织的集合体，是对系统类图的进一步抽象，是较高层次的系统视图。主题图描述了系统的主题构成，简明直观，无论是对开发者还是对使用者都有很大帮助。

用例是对系统功能使用情况的文字描述，对应系统的一个功能，描述系统的外实体与系统之间的信息交互关系，即说明外部实体如何通过系统边界接口向系统输入信息，系统接收到信息后进行什么样的处理、输出或响应什么信息。用例就像"剧本"一样，较为直观简明地表达了用户对系统的功能需求。

交互图是用例与完成相应功能的系统成分之间的对照图，具体表明了用例中陈述的事件由系统中的哪个服务来响应和完成，以及这个服务在执行过程中进一步用到哪些其他对象中的服务。

补充模型不仅有助于我们在准确理解用户需求的基础上发现和定义服务，还能帮助我们检查系统是否提供了充分满足用户需求的对象环境及其服务。

3. 系统的详细说明

详细说明是按照面向对象方法的要求格式对系统模型做出的进一步解释，主要由类描述模板构成。对于面向对象分析的系统模型的各类，一般要建立一个类描述模板。类描述模板的构成包括对整个类及其对象的进一步说明、对每个属性和服务的进一步说明和其他必要的说明。类描述模板主要以文字方式给出，但有时附加一些图表说明。系统详细说明在面向对象分析中是必不可少的，但其中的内容可以根据具体的需求情况进行取舍或简化。

面向对象分析的系统模型给出了对面向对象分析结果的完整表达和精确描述，基本模型是描述表达面向对象分析的核心，补充模型是对基本模型的必要补充和辅助说明，详细说明给出了系统模型中类、对象、属性和服务的详细定义与进一步解释。这三部分相互补充，共同构成面向对象分析文档的主要内容，也是面向对象分析的主要工具。面向对象分析就是根据这一框架来展开工作的。

6.3.2 面向对象分析的过程

在一个系统开发过程中进行了系统业务调查后，就可以按照面向对象的思想来分析问题了。面向对象分析强调的是在系统调查资料的基础上，针对面向对象方法所需的素材进行归类分析和整理。面向对象分析强调如下基本观点：分析规格说明的总体框架贯穿结构化方法，如整体和局部，类和成员，对象和属性等；用消息进行用户与系统之间以及系统中实例之间的相互通信。下面以 Coad/Yourdon 方法讨论面向对象分析过程。

1. 标识问题域中的类和对象

确定类和对象，就是在实际问题的分析中，高度抽象和封装能反映问题域和系统任务的特征的类和对象。可以从应用领域开始，逐步确定形成整个应用的基础的类和对象。这个步骤要通过分析领域中目标系统的责任、调查系统的环境，从而确定对系统有用的类和对象。

2. 标识结构

结构表示问题域的复杂性和连接关系。标识结构的目的是便于管理问题域模型的复杂性。在面向对象分析中，典型的结构有两种：一般－特殊结构和整体－部分结构。一般－特殊结构表示一般类是基类，特殊类是派生类，是分类结构，如图 6-5 所示；整体－部分结构表示聚合，由属于不同类的成员聚合成新的类，是组装结构，如图 6-6 所示。

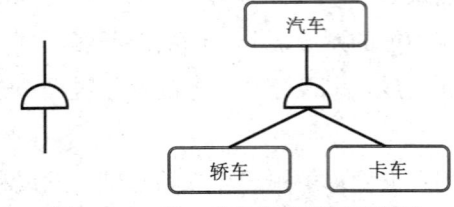

图 6-5 一般－特殊结构图例及例子

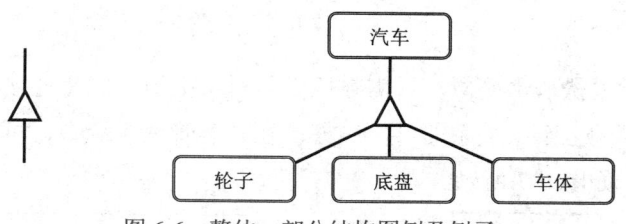

图 6-6　整体 - 部分结构图例及例子

3. 定义主题

在面向对象分析中，主题是一种指导我们研究和处理大型复杂模型的机制，有助于分解系统，区别结构，避免过多的信息量同时出现所带来的麻烦。主题的确定可以帮助人们从一个更高的层次上来观察和表示系统的总体模型。

选择主题时，首先应该考虑：为每个结构相应地增设一个主题，为每个对象相应地增设一个主题。如果主题的个数过多，就需进一步精练主题。根据需要，可以把紧耦合的主题合在一起抽象一个更高层次的模型概念供读者理解。然后，列出主题及主题层上各主题之间的消息连接。最后，对主题进行编号，在层次图上列出主题以指导读者从一个主题到另一个主题。每层都可以组织成按主题划分的图。

4. 定义属性

在面向对象分析中，属性被用来定义反映问题域的特点和系统的任务。定义属性通过确认信息和关系来完成，它们与每个实例有关。类的属性所描述的是状态信息，在类的某个实例中属性的值表示该对象的状态值。对于每个对象，我们都需要找出在目标系统中对象所需要的属性，再将属性安排到适当的位置，找出实例连接，最后进行检查。对每个属性应该给出描述，由属性的名字和属性的描述来确定，并指定对该属性存在哪些特殊的限制。

1）确定属性的范围

首先，确定划分给各对象的属性，明确某属性究竟描述哪个对象，要保证最大稳定性和模型的一致性；其次，确定属性的层次，通用属性应放在结构的高层，特殊属性放在低层。如果一个属性适用于大多数的特殊分类，可将其放在通用的地方，然后在不需要的地方把它覆盖（用"X"等记号指出不需要继承该属性），如果发现某属性的值有时有意义，有时却不适用，就应考虑分类结构，根据发现的属性，还可以进一步修订对象。

2）实例连接

实例连接是一个问题域的映射模型，该模型反映了某对象对其他对象的需求。实例连接可以加强属性对类与状态的描述能力。实例连接有一对一（1∶1）、一对多（1∶n）和多对多（n∶m）三种，分别表示一个实例可对应一个或多个实例，即多重性。例如，一个车主拥有一辆汽车，则车主到汽车的实例连接是1∶1的；一个车主拥有多辆汽车，则是1∶n的。

3）详细说明属性和实例连接的约束

用名字和描述说明属性，属性可分成4类：描述性的、定义性的、永远可导出的和偶尔可导出的。实例连接的约束是指多重性和参与性。

4）实例及符号

实例连接的表示方法非常简单，只需在原类与对象上用直线相连接，并在直线的两端用数字标志出它们之间的上下限关系即可。例如，在教学管理系统中，可以将学生和教师两个类与对象实例连接，如图6-7所示。

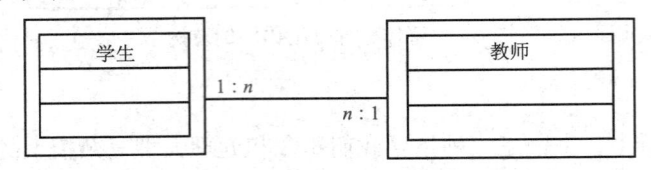

图6-7 学生和教师的实例连接

5. 标识服务

对象收到消息后能执行的操作称为它可提供的服务，也可称为方法，描述了系统需要执行的处理和功能。定义服务的目的在于定义对象的行为和对象之间的通信（消息连接）。两个对象之间可能存在着由于通信需要而形成的关系，即消息连接。消息连接表示从一个对象发送消息到另一个对象，由那个对象完成某些处理。它们在图中用箭头表示，方向从发消息的对象指向收消息的对象。服务要在图中定义，并在对象的存储中指定。对于每个对象和结构来说，那些用来增加、修改、删除和选择一个服务本身都是隐含的（虽然它们是要在对象的存储中定义的，但并不在图上给出），而有些是显示的。

标识服务包括4个基本步骤：在分析中识别对象状态，识别必要的服务，识别消息连接，对服务的描述。

6. 汇集面向对象分析的分析文档

面向对象分析也要在分析后汇集分析文档，以便后续开发工作的进行。面向对象分析完整的分析文档应包括如下内容：① 5个基本分析步骤模型（结果），它们是类和对象、结构、主题、属性、方法；② 类和对象规范；③ 补充说明文本。

需要大量补充说明的内容有关键执行过程、附加的系统约束、方法处理细节、状态集合总表等。

目前，面向对象分析有一些 CASE 工具支持：Rational Rose，由 IBM 公司出品；Object-Oriented Environment，由富士施乐信息系统公司出品；OOA Tool（面向对象分析的工具），由 Object International Inc.公司出品；ObjectPlus，由 Easyspec Inc.公司出品；Adagen，由 Mark V Systems Ltd.公司出品。

6.4 面向对象的UML分析建模

UML 作为一种通用建模语言，提供了从不同角度去观察和展示系统各种特征的标准方法，非常适合面向对象的分析建模。下面介绍在面向对象分析阶段常用的 5 种 UML 图。

6.4.1 用例图

在系统开发中确定用户需求时，常常面临如何准确描述用户所关心的事情，以利于与用户交流、增进对需求问题的了解，而 UML 提供了此问题的工具，就是利用用例图来描述系统需求分析中的问题。用例是对用户所关心的事情的描述，用例图则是从系统外部参与者的角度理解系统的功能：描述参与者与系统的交互，参与者可以是一个用户，也可以是另一个系统。概括而言，一张用例图是系统的一种用途描述，一组用例图则描述了整个系统所期望的用途。

1. 用例图的组成与表示

用例图主要包含参与者、用例和用例间的关系。

1）参与者

参与者是系统外部的一个实体，以某种方式参与用例的执行过程。参与者通过向系统输入或请求系统输入某些事件来触发系统的执行。参与者由参与用例时所担当的角色来表示。角色是与系统有交互作用的实体（人或其他系统等），在执行用例时与系统之间有信息的交流。参与者一般用名字写在下面的人形图标表示，如图 6-8 所示。

图 6-8 参与者

参与者有三大类：系统用户、其他系统和一些可以运行的进程。其中用户是最常见的参与者，几乎存在每个系统中。

2）用例

用例是外部可见的系统功能单元，这些功能由系统单元所提供，并通过一系列系统单元与一个或多个参与者之间交换的消息所表达。用例创始人 Ivar Jacoboson 认为：用例是对一组动作序列的描述，系统执行这些动作会对特定的参与者产生可观测的、有价值的结果。用例的作用在于不揭示系统内部构造的前提下定义连贯的行为。在 UML 中，用例用椭圆表示，用例的名字也写在下方，如图 6-9 所示。

图 6-9 用例

在模型中，每个用例必须有一个唯一的名字，以区别于其他用例，而且每个用例的执行都独立于其他用例。用例的动态执行过程可以用 UML 的交互来说明，可以用状态机图、时间图、通信图或非正式的文字描述来表示。用例功能的执行通过系统中类之间的通信来实现。一个类可以参与多个通信，因此也参与了多个用例。

3）用例间的关系

用例除了与其参与者发生关联，还可以具有系统中的多个关系，这些关系包括关联关系、包含关系、扩展关系和泛化关系。

关联关系描述参与者与用例之间的关系，表示了参与者与用例之间的通信。在 UML 中，关联关系使用箭头来表示。图 6-10 显示了"借阅者"参与者以及与其交互的 3 个用例——预订、借书和还书。"借阅者"可以启动这 3 个用例。

包含关系描述了一个用例可以简单地包含其他用例具有的行为，并把它所包含的用例行为作为自身行为的一部分。在 UML 中，包含关系表示为虚线箭头加"<<include>>"字样，箭头指向被包含的用例。图 6-11 显示了"检查用户借阅凭证合法性"的功能在"借书"过程中使用，不管如何处理"借书"用例，总是要运行"检查用户借阅凭证合法性"用例，因此两者具有包含关系。

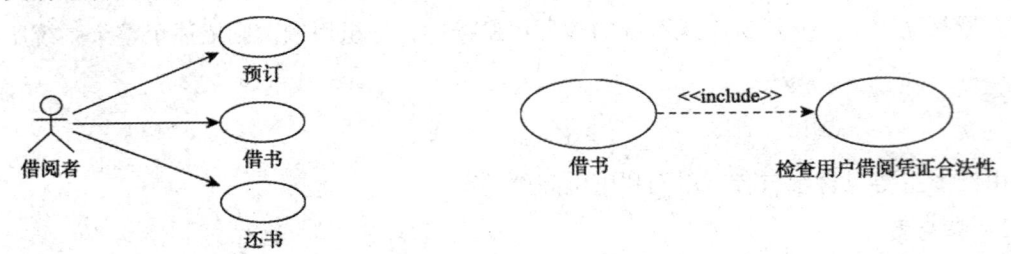

图 6-10 用例间的关联关系示例　　　　图 6-11 用例间的包含关系示例

扩展关系描述一个用例可以被定义为基础用例的增量扩展，是把新的行为插入已有用例的方法。基础用例的扩展增加了原有的语义，此时是基础用例而不是扩展用例被作为例子使用。在 UML 中，扩展关系表示为虚线箭头加"<<extend>>"字样，箭头指向被扩展的用例（基础用例）。例如，在图 6-12 中，"还书"是基础用例，"缴纳罚金"是扩展用例，如果用户按期还书，那么执行"还书"用例即可；但如果用户超时，就要按规定缴纳一定的罚金，因此可以在用例"还书"中增加扩展点，即特定条件为超时，如果满足特定条件，将执行扩展用例"缴纳罚金"，这样系统更容易被理解。

泛化关系表示一个用例可以被特别列举为一个或多个子用例，当父用例能被使用时，任何子用例也可以被使用。在 UML 中，用例泛化关系用一个三角箭头从子用例指向父用例。例如，在图 6-13 中，父用例是"预订"，其两个子用例分别是"电话预订"和"网上预订"，这两个子用例都继承了父用例的行为，并增加了自己的行为。

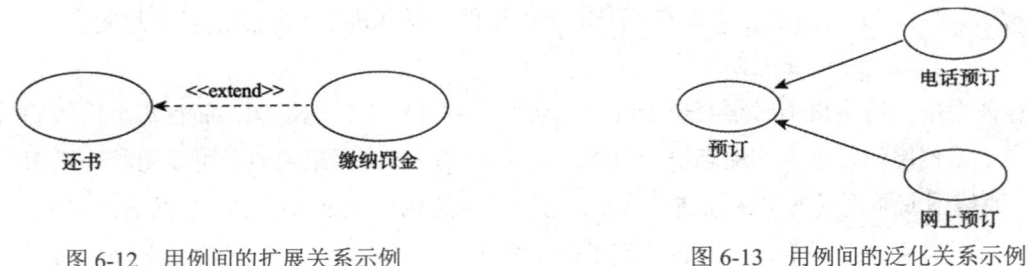

图 6-12 用例间的扩展关系示例　　　　图 6-13 用例间的泛化关系示例

2. 用例建模

用例模型是面向对象分析的关键输入，通过建立用例模型可以获取系统的需求，归纳系统要实现的功能，使最终的软件系统能最大程度地符合用户的要求。用例建模一般涉及 3 个主要步骤：确定参与者，确定用例，确定用例与参与者之间的关系。

1）确定参与者

识别参与者是用例建模的第一步，参与者可以是系统之外与系统进行交互的任何事物。在系统环境中，哪些人或事物会成为系统的参与者？这个问题可以通过分析系统与外界的交互来解决，需要考虑以下三方面。

第一，考虑使用系统的个人。① 谁负责提供、使用或删除信息？② 谁将使用该系统的主要功能？③ 谁对某个特定功能感兴趣？④ 在组织中的什么地方使用系统？⑤ 谁负责支持、维护和管理系统？

第二，考虑系统所连接的外部硬件设备。

第三，考虑与该系统交互的其他信息系统。

参与者大多数是以人物角色出现的，这时参与者代表的是使用者在与系统交互时所扮演的角色，而不是某具体用户。一个系统中可以有多个用户担任同一个角色（如所有的学生都可以是借阅者），也可能出现一个用户担任多个角色（如某教师是在职研究生，那么他是教师也是学生）的情况。

在确定参与者时需要注意，只有在执行系统功能时与信息系统进行实时交互的人员才能被当作参与者，而不是所有与功能相关的人员；也要区分参与者和数据流程图中的外部实体，外部实体是指数据的来源和去向，提供数据的人员不一定会执行系统功能，所以外部实体和参与者没有对应关系。如客户采购商品时要编辑采购订单，若订单由客户自己填好，然后由销售人员输入系统，则销售人员是参与者，若客户直接通过网络提交订单信息，则认为客户是参与者。

2）确定用例

确定用例就是确定系统需求，通过用例名称可以表达系统要完成的工作。确定参与者解决了"谁来做"的问题，确定用例则是解决"做什么"的问题。

确定用例一般从分析系统的参与者开始，考虑每个参与者是如何使用系统的。使用这种策略的过程中可能会发现新的参与者，这对构建整个系统模型有很大的帮助。用例建模的过程就是一个迭代和逐步精化的过程，系统分析者先从用例的名称开始，然后添加用例的细节信息，这些信息由简短的描述组成，最后形成完整的规格说明。

用例的规格说明是以文档形式来详细描述用例的，以表现出更多的用例"做什么"的细节，有助于深入理解目标、任务和需求。目前，虽然没有一个标准化的用例规格说明模板，但一般应包含以下内容：用例名、参与者、前提条件、后置条件、事件流等。

3）确定参与者与用例之间的关系

这一步主要是确定用例之间的关系以及参与者与用例之间的关系。确定用例之间的关系是确定用例之间是关联关系、包含关系、扩展关系，还是泛化关系。如果把一个用例中描述某项局部功能的动作组织到其他用例中，就建立它们之间的包含或扩展关系。如果不容易判断究竟是包含还是扩展关系，就优先使用包含关系。在基础用例的过程描述中需确切指出在哪个点，以及什么条件下调用被包含用例或扩展用例。

参与者和用例之间的关联关系则是根据每类参与者将使用哪些用例描述的功能来确定的。注意，一类参与者可以参与一个或者多个用例，一个用例也可以有多类参与者参与。包含关系和扩展关系中的用例可以只表示参与者与基础用例之间的关系，不必显式地表示参与者与扩展用例或者被包含用例之间的关系。

在上述 3 个步骤完成后，就可以绘制用例图了。画出每个用例和参与者的图形符号及其名称；在用例之间画出它们的关系，标示相应的关系关键词；在参与者与用例之间画出表示参与者参与相关用例的实线。

6.4.2 类图

从用户的角度对系统进行了用例建模后，并不意味着分析的结束，还要对需求进行深入研究，获取关于问题域本质内容的分析模型。分析模型描述系统的基本逻辑结构，展示对象和类如何组成系统（静态模型），以及如何保持通信实现系统行为（动态模型）。通过分析模型可以解答：实现每个用例需要哪些对象？每个对象有哪些职责？它们之间如何通信？

分析模型是利用 UML 的类图将现实系统环境中的事物或发生的事件进行可视化的表达，包括领域对象或概念类、类之间的关系、类的属性等。

分析模型的建立一般包括以下过程：① 发现领域对象，定义概念类；② 识别对象的属性；③ 识别对象的关系；④ 建立交互图。

可见，类图的建立在分析模型中起核心作用，当然类图不仅用在分析建模中，在设计建模中也需要，只不过分析建模中主要是建立概念类，设计阶段是对概念类的细化，进一步描述类中的属性、方法。下面介绍类图的概念及表示。

1. 类的表示

面向对象分析的中心任务就是要找到系统中的对象或类。类是对一组具有相同属性、操作、关系和语义的对象的描述，定义了一组有着状态和行为的对象。

在 UML 中，类用矩形来表示，分为 3 部分，如图 6-14 所示，分别为名称、属性和操作。其中，矩形上部存放类的名称，中间部分存放类的属性、属性的类型及其值，底部则存放类的操作、操作的参数表和返回类型。

图 6-14 类的示例

1) 名称

类的名称是每个类中必有的构成元素，用于与其他类的区别。类的名称应该来自系统的问题域，是一个名词，以一个字符串表示，可分为简单名称和路径名称。简单名称是不包含冒号的字符串，而路径名称是以类所在的包的名称作为前缀的类名。如图 6-15 所

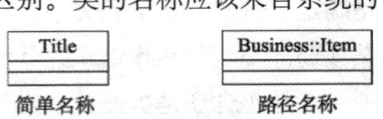

图 6-15 类的名称

示，左边的类使用简单名称，右边的类使用路径名称。

2) 属性

类的属性描述了类在系统中代表的事物（对象）具备的特性，这些特性是所有的对象都共有的。有时，属性的值也是一种描述对象状态的方法。类可以有任意数目的属性，也可以没有属性。在图 6-14 中，图书品种类中拥有书名、作者、国际书号、出版社等属性。

3) 操作

类的操作是对类的对象所能做的事务的抽象，相当于一个服务的实现，且该服务可以由类的任何对象请求以影响其行为。操作用于操纵属性或执行其他动作，通常被称为函数或方法，它们位于类的内部，只能应用于该类的对象。一个类可以有任意数量的操作或者没有操作。在图 6-14 中，图书品种类中有查找、出借和归还三种操作。

2. 类之间的关系

在类图中，类不是孤立存在的，类和其他类之间是相互联系的。类之间最常用的关系有 4 种，分别是关联关系、依赖关系、泛化关系和实现关系。

1) 关联关系

关联关系表示对象之间的结构关系，指明一个事物的对象与另一个事物的对象之间的联系。关联体现的是对象实例之间的关系，而不表示两个分类之间的关系。比如读者与图书存在关系，该关系通过读者对象实例（读者 A）借阅图书对象实例（图书 X、图书 Y）来实现。在 UML 中，关联关系用一条连接两个类的实线表示，如图 6-16 所示。

关联关系常常通过关联名称、角色、多重性、聚合、组合和导向性来说明。

关联名称是用来描述关系的性质，一般由一个动词或动词短语来命名，以表明源对象在目标对象上执行的动作。如图 6-17 所示，读者和图书的关联名称是"借阅"。关联名称不是必需的，如果某种关联的含义对于开发人员和用户都是非常明确的，就可以省略关联名称。

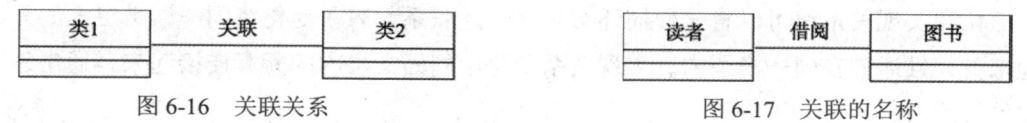

图 6-16　关联关系

图 6-17　关联的名称

角色是关联关系中一个类对另一个类表现出来的职责，在关联路径的两端，规定了类在关联中所起的作用。每个角色必须有名称，且对应一个类的所有角色名称必须是唯一的。角色名称应该是一个名词或名词短语，能够表达关联对象和被关联对象之间的关系，角色名称紧邻关联线的末端。如图 6-18 所示，在学生和学校的关联关系中，学生担任了学习者的角色，学校担任了教学者的角色。

图 6-18　关联的角色

关联的多重性是指有多少对象可以参与该关联，多重性可以用来表达一个取值范围、特定值、无限定的范围或一组离散值。在 UML 中，多重性由角色上的数字表达式指出其重数，该数字表达式由一个或多个整数范围组成，用".."分隔。其格式为"minimum..maximum"，其中，minimum 和 maximum 都是整型，单个整数也是有效的范围。

2）依赖关系

依赖表示两个或多个模型元素之间语义上的关系，表示对一个元素（提供者）的某些修改可能会影响或提供消息给其他元素（客户），即客户以某种形式依赖于提供者。如一个幼儿（依赖事物）没有获取食物的能力，他的生存就是依赖于他的父母（被依赖事物）对他的抚养（依赖方式）。

在 UML 中，依赖用一个从客户指向提供者的虚箭头表示，用一个构造型的关键字来区分它的种类，如图 6-19 所示。UML 定义了 4 种基本依赖类型，分别是使用依赖、抽象依赖、授权依赖和绑定依赖。

3）泛化关系

泛化关系是一种存在于一般元素和特殊元素之间的分类关系。泛化关系描述了"is a kind of"（是…的一种）的关系。例如，卡车是汽车中的一种。泛化关系不仅用于类，还用于用例及其他模型元素。

在 UML 中，泛化关系用一条从子类指向父类的空心三角箭头表示，如图 6-20 所示。

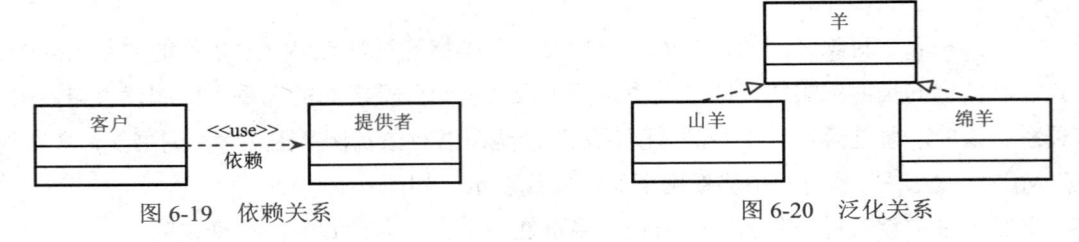

图 6-19 依赖关系　　　　　　　　　　图 6-20 泛化关系

4）实现关系

实现是规格说明和其实现之间的关系，将一种模型元素与另一种模型元素连接起来，如类和接口。

泛化和实现关系都可以将一般描述与具体描述联系起来。泛化将同一语义层上的元素连接起来，并且通常在同一模型内。实现关系则将不同语义层内的元素连接起来，通常建立在不同的模型内。

实现关系通常在两种情况下被使用：在接口与实现该接口的类之间，在用例与实现该用例的通信之间。

在 UML 中，实现关系的表示与泛化关系类似，用一条带指向接口的空心三角箭头的虚线表示，如图 6-21 所示，Keyboard（键盘）保证自己的部分行为可以实现 Typewriter（打字机）的行为。

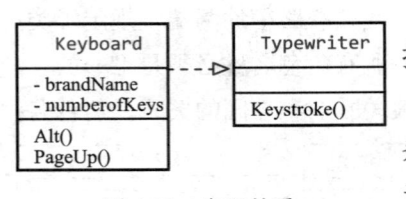

图 6-21 实现关系

3. 概念类

在面向对象分析阶段，主要用概念类来分析类，概念类分为边界类、实体类和控制类。引入概念类是为了方便分析和设计人员确定系统中的类。

1)边界类

边界类是描述系统与参与者之间交互的抽象要素,只对系统与参与者之间的交互抽象建模,不表示交互的具体内容及交互界面的具体形式。边界类位于系统与外界的交界处,窗体、对话框、直接与外部设备交互的类等都是边界类的例子。

每个参与者都应该至少设置一个边界类,来表示参与者与系统所进行的交互处理。如果一个参与者与系统存在频繁的交互,并且各交互内容之间不存在密切的关系,就需要为该参与者的每一种交互内容设置一个边界类。如图 6-22 所示,"选课界面"就是一个抽象描述学生与选课系统之间进行的交互处理。

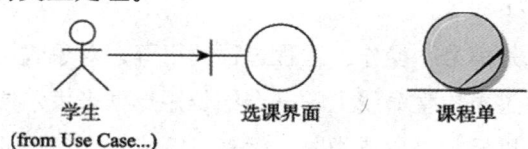

图 6-22　边界类和实体类

2)实体类

实体类是系统表示客观实体的抽象要素。像图书管理系统中的"书目"和"已借阅书单"等都属于实体。实体类保存的是要放进持久存储体的信息。所谓持久存储体是指像数据库系统、文件系统等可以永久存储数据的介质。

一般,每个实体类在数据库中都有对应的表,实体类中的属性对应数据库中表的字段,但实体类和数据库中的表不一定一一对应,可能是一个实体类对应多个表,也可能是多个实体类对应一个表。图 6-22 中的"课程单"就是一个表示各门课程信息的实体类。

3)控制类

控制类是负责其他类工作的类。每个用例通常有一个控制类,用来控制用例中的事件发生顺序。控制类也可以在多个用例间共用。其他类并不向控制类发送消息,而是由控制类发出很多消息。图 6-23 中的"选择课程"就是选课系统中的控制类。

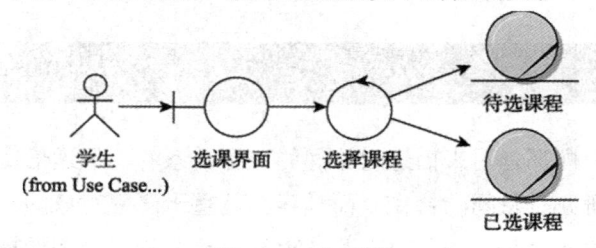

图 6-23　控制类

6.4.3　顺序图

顺序图描述对象之间的动态合作关系,着重体现对象间消息传递的时间顺序,适合描述实时系统和复杂的脚本。

顺序图由对象、生命线、消息和激活 4 种元素组成。顺序图中存在两个坐标轴:纵坐标轴显示时间，横坐标轴显示序列有关的对象。顺序图中的对象用一个带有垂直虚线的矩形框表示，并在框中写有带下画线的对象和类名，可以只标对象名，也可以只标类名，还可以都标出。对象带有的垂直虚线称为对象的"生命线"，用于表示某段时间内对象是存在的。对象间的通信用对象生命线之间的消息线来表示，消息线的箭头说明消息的类型，如同步、异步或简单。

在画顺序图时，先将参与交互作用的对象沿着横坐标轴放在图的顶端，将启动交互作用的对象放在左边，将从属的对象放在右边，将这些对象之间通信的消息，按照时间增加的顺序，沿着纵坐标轴由上而下放置。

顺序图中的消息可以是信号、操作、远程过程调用等，对象收到消息时立即开始执行活动，即对象被激活了，通过对象生命线上的一个细长矩形框来表示激活。消息以带有标签的箭头表示，当消息的源和目标为对象或类时，标签是响应消息时所调用的方法名。如果源或目标中有一方是参与者，那么消息就以描述交流信息的简要文本为标签。

图书管理员查询读者借书情况如图 6-24 所示。

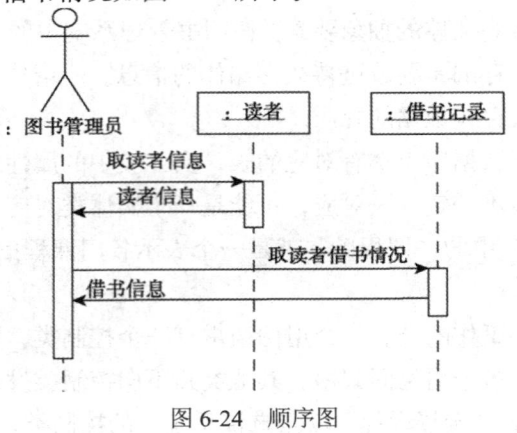

图 6-24 顺序图

6.4.4 通信图

通信图与顺序图一样都是用来描述对象间的交互关系的，但通信图描述的是与对象结构相关的信息，侧重于研究对象间的合作，而顺序图侧重于研究对象的活动顺序。

通信图描述了两方面：一方面是对交互作用的对象的静态结构的描述，包括相关对象的关系、属性和操作，被称为通信所提供的"上下文"；另一方面是对为完成工作在对象间交换消息的时间顺序的描述，被称为通信支持的"交互作用"。

通信图包含 3 个元素：对象、链和消息。书籍预定系统中借阅者预定书籍的通信图如图 6-25 所示。借阅者在经系统验证身份后，根据书籍名称查询书目信息，然后预定某书目下的书籍，最后修改借阅者和书目的预定信息。

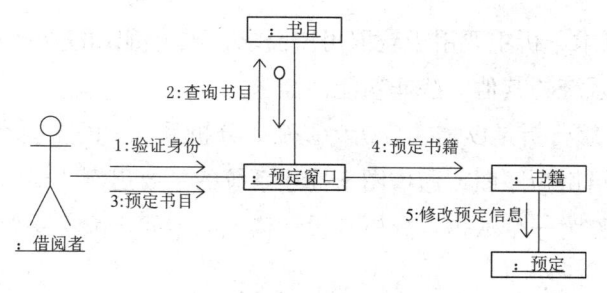

图 6-25　通信图

6.4.5　状态机图

  状态机图描述了一个特定对象的所有可能状态和引起状态跃迁的事件。许多面向对象的建模技术和工具，如 UML，使用状态机图描述单个对象在其生命周期中的行为。一个状态机图包括一系列的状态和状态之间的跃迁，状态机图可用来模拟对象的按事件排序的行为。

  所有对象都具有状态，状态是对象执行了一系列活动的结果。当某事件发生后，对象的状态将发生变化。状态机图中定义的状态有初始状态、最终状态、中间状态、复合状态。其中，初始状态是状态机图的起点，最终状态则是状态机图的终点。一个状态机图只能有一个初始状态，最终状态则可以有多个。

  UML 使用状态机图等图形元素对软件系统的动态建模。状态机规定了对象在生命周期中响应事件所经历的状态序列和对象对这些事件的响应。状态机由状态、跃迁、事件、活动、动作等组成。通常，一个状态机依附于一个类，并且描述一个类的实例（对象）。然而，状态机也可以用于描述更高级别的系统行为或流程。

  组成 UML 的图形元素有状态、跃迁、初始状态、终结状态和判定等，如图 6-26 所示。

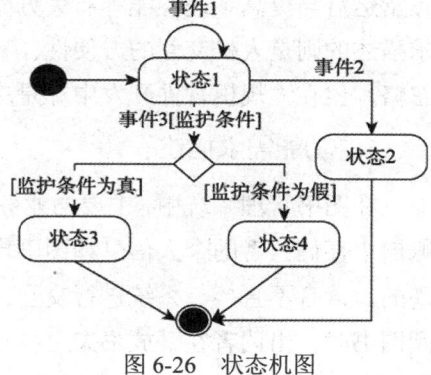

图 6-26　状态机图

6.5　面向对象分析案例

  本节将以常见的图书管理系统作为实际案例，描述如何用 UML 和 Rational Rose 建模工具在系统分析阶段为系统建模。

6.5.1　案例概述

  本案例的图书管理系统主要提供图书的维护、借阅、归还和检索等功能，运用面向对象方法对该系统在分析阶段建模的主要步骤如下。

① 需求分析。需求分析主要用于获取用户需求，以用例图的方式表达用户的功能需求，并以文本方式来描述系统的其他一些非功能性需求。

② 系统分析。系统分析是以需求分析为基础，分析系统中的主要类，画出每个类图，并确定类之间的关系，再用顺序图或通信图来描述系统的主要用例，最后形成系统分析的成果－分析模型，该模型作为一个从需求分析到设计模型的中间产品，主要从概念角度描述系统的结构和功能。

本系统的设计内容在面向对象设计案例中介绍。

6.5.2 需求分析

系统开发的最终目的是满足用户需求，因此系统分析人员必须充分理解系统应用的总体目标和用户的工作方式，首先要做的工作就是确定系统需求，即确定系统的功能。

一般，系统需求分为三类：功能性需求、非功能性需求和可用性需求。其中，功能性需求和非功能性需求在需求分析中是最常用的，功能性需求描述了系统可以做什么，即描述系统的功能，在用面向对象方法分析时，是用用例图来描述的；非功能性需求描述了保证系统正常运行与提高系统性能等有关方面的问题（如运行效率、安全性、可靠性等）；而可用性需求描述的则是人机交互的方便性、易用性等方面的问题，该需求在小规模开发中常常可以被忽略，但在大规模软件开发中却是决定一个系统能否成功的重要因素之一。

1. 功能需求描述

在图书管理系统中，主要的业务功能是图书借还功能。系统要为每个读者建立一个账户，账户中存储读者的个人信息和图书借阅信息。图书的借阅是通过图书管理员与系统交互来实现的，读者不直接与系统进行交互，但读者可以通过网络远程与系统交互进行图书预借。借阅图书时，由读者在开放书架上找到所要借的图书交给图书管理员，由图书管理员输入读者借阅证 ID，确定读者当前是否拥有借书权限，再输入图书 ID，确定该图书当前能否借阅（如被其他读者预借，则不能借阅），以上两个条件都满足时，系统才接受借阅请求，读者才可以借出图书，此时系统还要保存读者的借阅记录，修改被借图书的借阅状态。还书时，图书管理员只要输入图书 ID，系统自动修改读者借阅信息和图书的借阅状态。

根据上述图书借还的业务过程说明，可以将系统的主要功能性需求描述如下：① 为管理员提供图书借还主功能界面；② 为读者提供图书借阅查询和预借功能界面；③ 管理员负责对图书管理系统的维护工作，因此系统应赋予管理员对图书信息、读者信息和出版社信息等进行增加、修改、查询和删除等功能的操作权限；④ 图书信息、读者信息和图书借阅、预借等信息保存在对应的数据库表中。

在上述功能性需求分析的基础上，可以写出比较详细的需求分析说明书，把它作为系统分析、设计和实现的依据。需求分析说明书由系统最终用户提出需求，系统分析人员负责编写并经用户确认。

2. 创建用例视图

在面向对象分析中主要通过用例视图来描述用户需求。创建系统的用例图分三个步骤：先确定系统中存在哪些用例和参与者；再确定系统中的参与者与用例之间的关系；最后用脚本对每个用例进行详细的描述。

1）确定系统参与者和用例

图书管理系统的外部用户包括图书管理员和读者，因此系统的参与者就是图书管理员和读者，可以分析出系统中存在着如下用例。

- ❖ 图书借阅——提供借阅图书的功能。
- ❖ 图书归还——提供归还图书的功能。
- ❖ 图书预借——提供预借图书的功能。
- ❖ 图书检索——提供检索图书的功能。
- ❖ 读者维护——提供创建、修改、取消读者账户信息的功能。
- ❖ 图书维护——提供添加、修改及报废图书的功能。
- ❖ 系统登录——提供系统登录功能。

以上系统参与者和系统用例可以通过 Rational Rose 建立。首先启动 Rational Rose，建立一个名为"图书管理系统"的 Rational Rose 模型。然后在用例视图中创建"系统用例"和"系统参与者"两个用例图，在"系统参与者"用例图中创建"图书管理员"和"读者"两个参与者以及两者之间的依赖关系，如图 6-27 所示。在"系统用例"用例图中分别创建"图书借阅""图书归还""图书维护""读者维护""图书检索""图书预借""系统登录"用例，如图 6-28 所示。

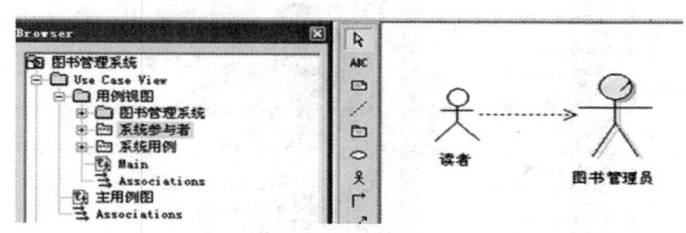

图 6-27 确定系统参与者

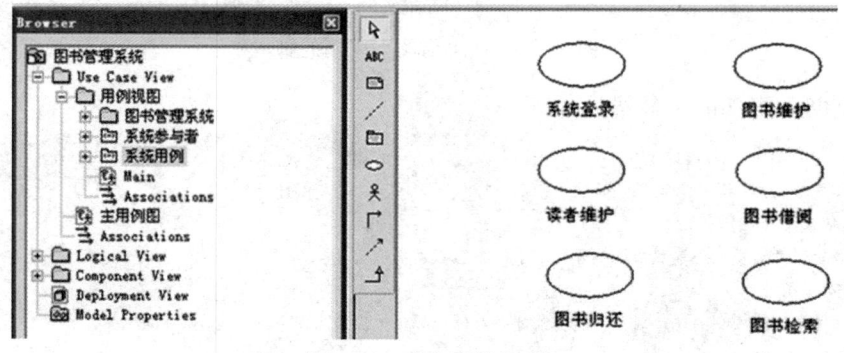

图 6-28 确定系统用例

2）确定系统参与者与系统用例间的关系

根据系统需求分析的结果，确定系统参与者与系统用例之间的关系。把图 6-27 中创建的参与者拖入系统用例图，并建立参与者与用例之间的关联关系，如图 6-29 所示。

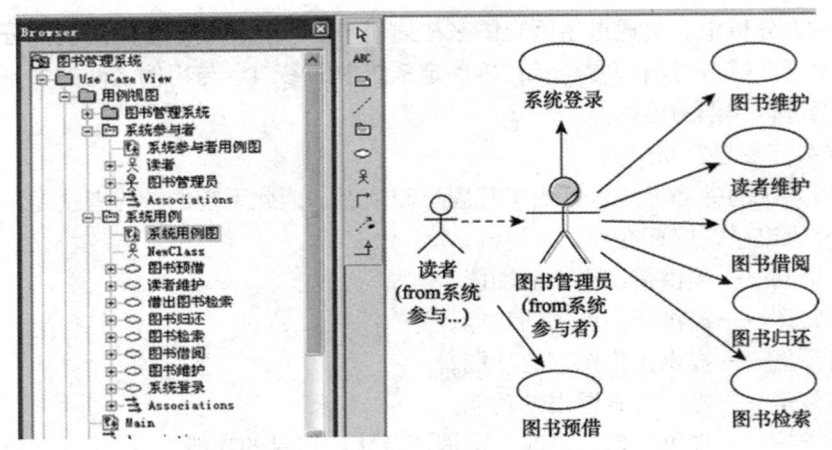

图 6-29　确定系统参与者与用例关系

3) 创建用例脚本

为每个用例创建脚本，脚本更详细地描述了用例与参与者之间所进行的交互。用例的脚本是由建模人员与用户讨论后定义的，可以写入用例的说明。"图书借阅"用例的脚本如图 6-30 所示。

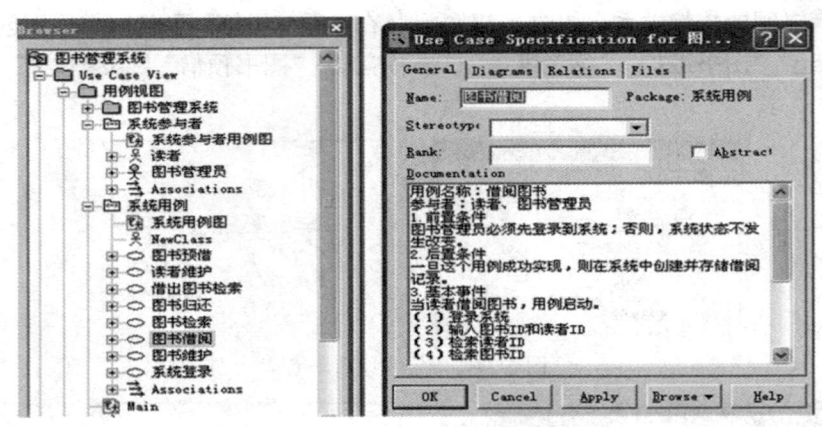

图 6-30　"图书借阅"用例的脚本

"图书借阅"用例的具体描述如下：

用例名称：图书借阅
参与者：读者、图书管理员
　1. 前置条件
　图书管理员必须先登录到系统；否则，系统状态不发生改变。
　2. 后置条件
　一旦这个用例成功实现，则在系统中创建并存储借阅记录，修改图书借阅状态。
　3. 基本事件
　当读者借阅图书，用例启动。
　（1）登录系统
　（2）输入读者 ID
　（3）检索读者 ID

(4) 输入图书 ID
(5) 检索图书 ID
(6) 根据时间算法确定图书借出日期和归还日期
(7) 图书馆将图书借给读者
(8) 创建借阅记录
(9) 存储借阅记录

4. 异常事件流

如果读者非法，那么系统显示提示信息，用例被终止。

如果读者因超期未还图书欠罚金，那么系统显示提示信息，用例被终止。

如果要借图书已被其他读者预借，那么系统提示信息，用例被终止。

6.5.3 系统分析

借助用例图完成需求分析后，需要在其基础上进行系统分析，即从抽象的概念层次上确定系统的要素、构成和结构，从而得出分析模型，为创建设计模型提供依据。分析模型是系统分析的成果，由多个分析包、概念类和用例分析组成。

分析包（Analysis Package）是一种包，将在面向对象设计中介绍。分析包是组成系统的结构单元，是对分析模型中的概念类、用例分析等要素进行组织和管理的一种中间模块。根据需求分析的结果，以及内容相关性原则，可以把多个耦合度强的概念类和用例分析划分到一个分析包中，分析包是根据某主题得出的，可以作为设计模型中子系统设计的参照。

分析模型要做的主要工作是用例视图分析、分析类图创建、用例实现和概念类分析。

1. 用例视图分析

用例视图分析的主要工作是确定组成系统的分析包及其关系。用例视图是创建系统分析包的依据，在开始阶段可以直接把用例视图作为其分析的初步结构，再对各分析包进行分解和优化，最后确定分析包的结构。

我们对图书管理系统中的用例进行分析，可以确定该系统的分析包结构由"图书信息管理""图书借还信息管理""读者信息管理""出版社信息管理""系统管理"5个分析包组成。

在 Rose 2003 的逻辑视图中创建一个主类图，在该主类图中分别创建上述 5 个分析包，再根据需求分析的结果，建立这些分析包之间的依赖关系，如图 6-31 所示。

建立系统的分析包后，还可以对分析包层层分解，直到底层分析包不能分解为止。如"图书借还信息管理"分析包可以分解成"借阅图书"包、"归还图书"包、"预借图书"包、"借出图书查询"包、"超期未归还图书查询"包，如图 6-32 所示。

2. 分析类图创建

分析类图是用概念类进行描述的，系统分析的概念性决定了要把系统要素细化到概念类的程度就可以满足系统的需要。在系统分析阶段确定的概念类到了系统设计阶段，可能表示一个类，也可能表示多个类。限于篇幅，我们以"图书借还信息管理"用例中的借阅图书分析类为例。"借阅图书"用例可以通过下列 3 种类的合作实现：

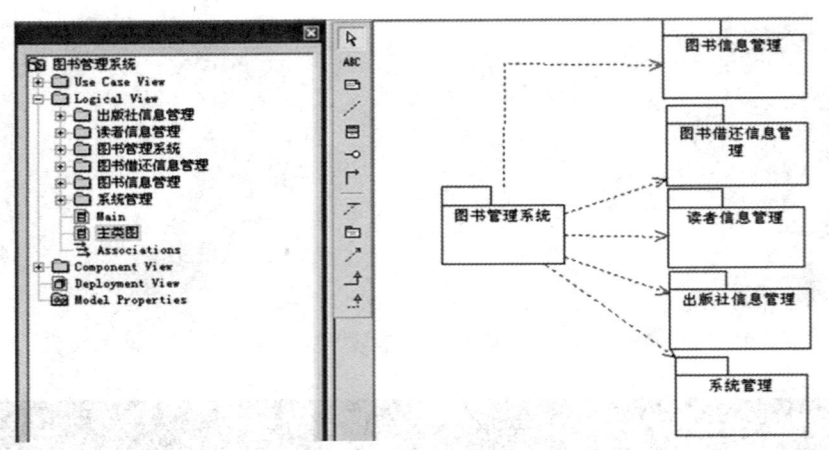

图 6-31 图书管理系统分析包结构

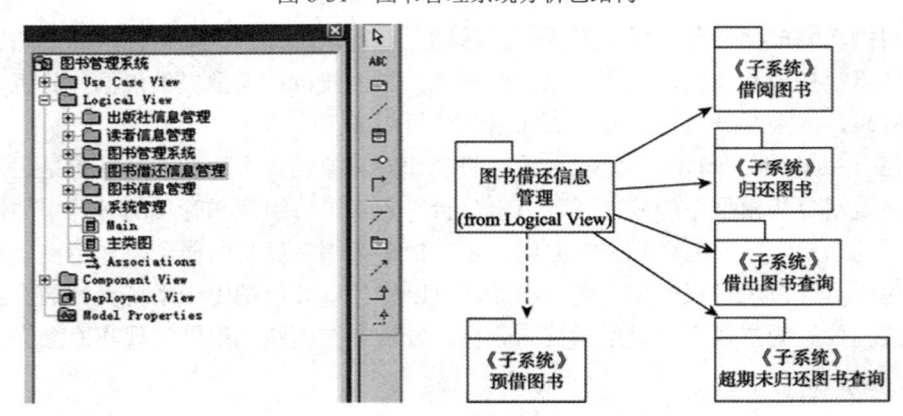

图 6-32 "图书借还信息管理"分析包详细结构

- ❖ 边界类——借阅图书界面，用于输入读者 ID 和图书 ID。
- ❖ 实体类——读者表、图书表、图书借阅表。
- ❖ 控制类——借阅图书信息控制，用于边界类和实体类之间的信息交互。

在 Rational Rose 的逻辑视图中展开"借阅图书"包，从中建立一个名为"借阅图书"的分析类图，包含上述三种概念类，如图 6-33 所示。

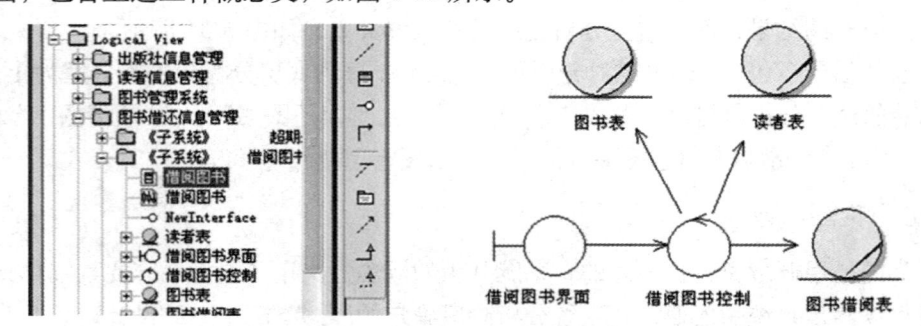

图 6-33 "借阅图书"分析类图

3. 用例实现

用例实现是完成相应用例的功能，对用例视图中的每个用例，分析模型中有对应的一种用例实现，用例实现是用顺序图、通信图和状态机图详细描述每个用例的实现。还是以"借阅图书"用例为例，其用例实现如图 6-34 所示。

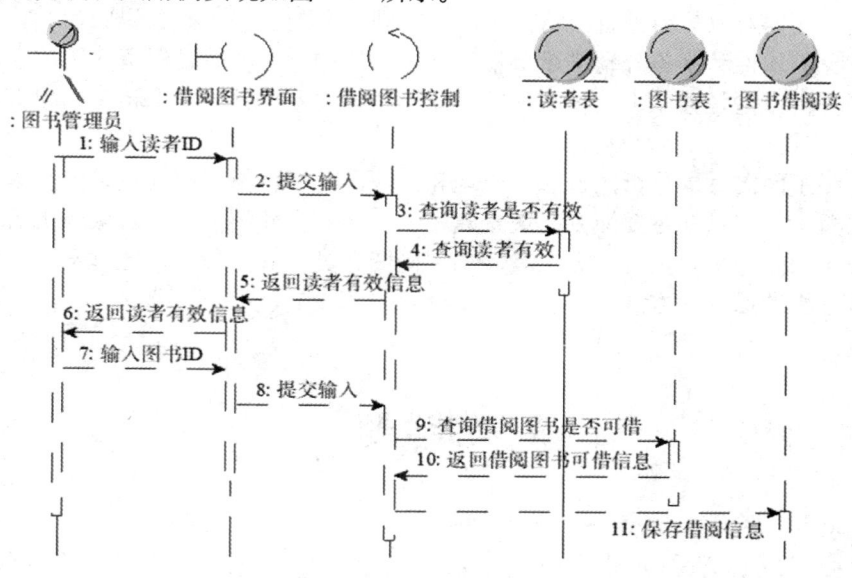

图 6-34　借阅图书用例实现

4. 概念类分析

概念类分析是对所提取的各概念类的职责、属性、关系和特殊需求进行分析。以图书借阅表概念类为例，其分析内容如下。

- ❖ 概念类名：图书借阅表。
- ❖ 职责：存储图书馆所有进行了借阅处理的图书的基本信息。
- ❖ 属性：图书编号、读者编号、借书日期、应还日期、还书日期。
- ❖ 说明：描述了从图书馆借阅图书的借阅记录。一个该类的对象对应一个借阅者和一本书。该类的对象的存在表示借阅者借阅了借阅记录中记录的物理图书。

通过上述工作，建立了系统分析模型，图书管理系统的面向对象分析工作也就完成了。

本章小结

面向对象方法是以对象为中心、以对象为出发点的方法。面向对象方法在可重用性、系统可维护性和可理解性方面有着突出的优势，它的应用解决了传统结构化开发方法中客观世界描述工具与软件结构的不一致性问题，缩短了开发周期，解决了从分析和设计等到软件模块结构之间多次转换映射的繁杂过程，是一种很有发展前途的系统开发方法。

但面向对象方法也存在不足或局限，如对系统分析员的要求更高，前期的工作量更艰巨，最终用户直接参与也较为困难。此外，从分析到设计再到实现的平滑过渡过程使得系统开发的阶段性不是那么明显，如何能更好地对不同阶段的成果进行界定和验收，也是为保证软件质量要解决的一个问题。

  面向对象分析是在一个系统的开发过程中进行了系统业务调查后，按照面向对象的思想来分析问题。面向对象分析是直接将问题域中客观存在的事物或概念识别为对象，建立分析模型，用对象的属性和服务分别描述事物的静态特征和行为，并且保留问题域中事物之间关系的原貌。分析模型是独立于具体实现的，即不考虑与系统具体实现相关的因素，它的主要任务是决定"做什么"。

  本章介绍了面向对象分析的概念、原理和方法，主要讨论了面向对象的基本概念、面向对象分析的概念、优点和主要原则、统一建模语言；重点介绍了面向对象分析的基本模型和过程，以及 UML 分析建模的主要工具，如用例图、类图等；最后，通过一个案例分析说明了面向对象分析的原理和方法。

思考题

1. 面向对象方法定义及其基本概念有哪些？
2. 面向对象分析方法与结构化分析方法之间的主要区别是什么？它们分别具有哪些优势？
3. 面向对象分析的主要原则和基本步骤是什么？
4. 什么是 UML？UML 的几种主要视图是什么？各视图分别描述了什么？
5. 以 Coad 和 Yourdon 方法为基础，讨论 OOA 的过程。
6. 使用用例图的目的是什么？用例建模的主要步骤有哪些？根据每学期的选课过程，识别出选课系统中的用例并建模。
7. 在类图中类是如何表示的？举例说明类之间存在的关系。
8. 顺序图和通信图之间有什么异同？

参考文献

[1] JOEY F G. 面向对象的系统分析与设计[M]. 梁金昆，译. 北京：清华大学出版社，2005.
[2] 李代平. 信息系统分析与设计[M]. 北京：冶金工业出版社，2005.
[3] 冀振燕. UML 系统分析设计与应用案例[M]. 北京：人民邮电出版社，2003.
[4] 刘寅虎. 系统分析之路[M]. 北京：电子工业出版社，2005.
[5] 宋波. UML 面向对象技术与实践[M]. 北京：科学出版社，2006.
[6] 邝孔武，王晓敏. 信息系统分析与设计[M]. 3 版. 北京：清华大学出版社，2006.
[7] 徐锋. UML 面向对象建模基础[M]. 北京：中国水利水电出版社，2006.
[8] 陈禹. 信息系统分析与设计[M]. 北京：高等教育出版社，2005.
[9] 黄梯云. 管理信息系统[M]. 北京：高等教育出版社，2006.
[10] 何有世，刘秋生. 管理信息系统[M]. 南京：东南大学出版社，2003.
[11] 绍维忠，杨芙清. 面向对象的系统分析[M]. 2 版. 北京：清华大学出版社，2006.

第 7 章
信息系统的面向对象设计

面向对象设计是在面向对象分析成果的基础上，从系统的角度，按面向对象的思想考虑信息系统生命周期设计阶段的建模问题，是继续运用面向对象方法进行系统开发的工作延续。面向对象设计包含了设计模型中的问题域、人机交互、任务管理和数据管理的设计。虽然面向对象设计与面向对象分析在目标和过程上不同，但两者均采用相同的面向对象概念和原则且有连续性，这是传统软件分析和设计方法不可比拟的。

本章介绍面向对象设计的概念，阐述面向对象设计的模型，详细说明面向对象设计的设计过程，介绍设计类图、活动图、构件图等 UML 设计和实现模型的工具方法，以及设计模式概念、设计原则和常用设计模式，最后结合 UML 分析设计工具，用一个案例说明系统的面向对象设计方法和内容。

本章重点：
❖ 面向对象设计的概念
❖ 面向对象设计的过程
❖ 类的设计
❖ 活动图
❖ 设计模式
❖ 设计原则

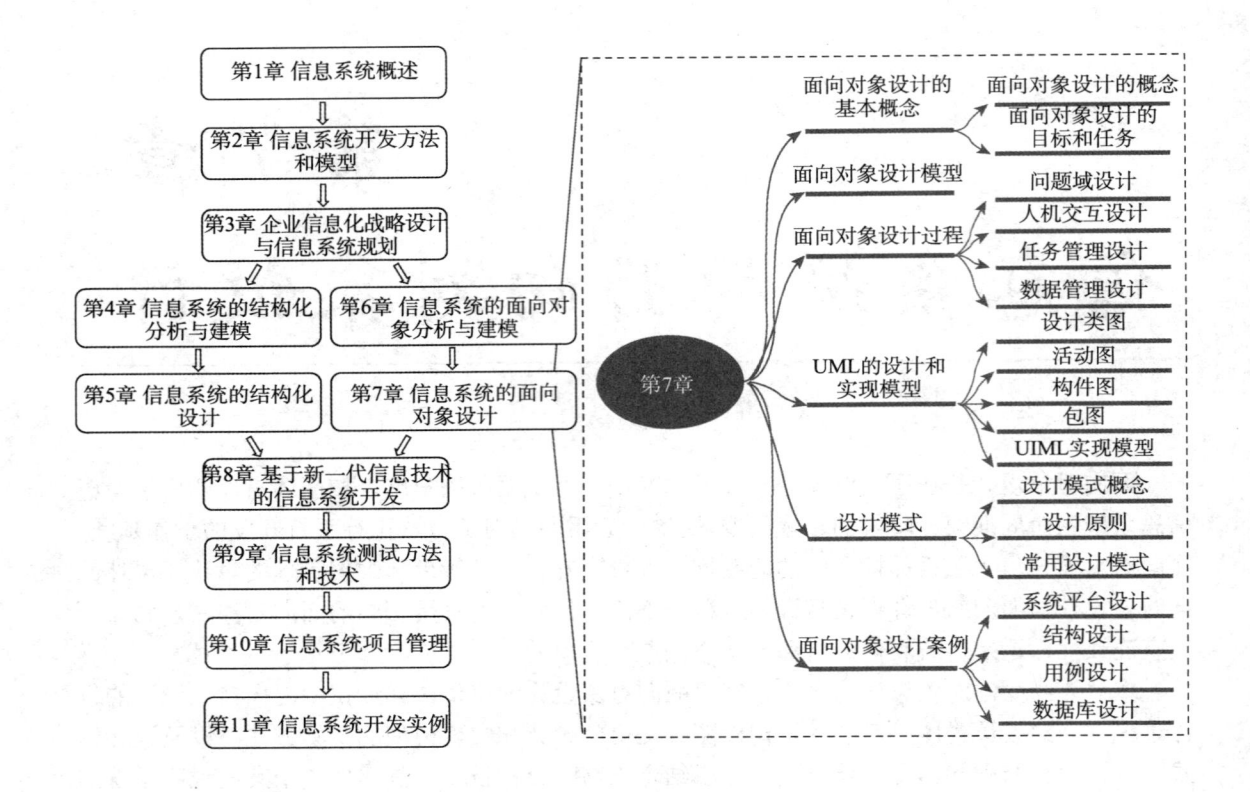

7.1 面向对象设计的基本概念

将问题域中客观存在的事物或概念识别为对象，建立分析模型后，系统的面向对象分析的任务就基本完成，下一步是将分析的成果作为设计的输入，应用到系统的面向对象设计中。从面向对象分析（OOA）到面向对象设计（OOD）是一个逐渐扩充模型的过程。分析以问题为中心，设计则是面向计算机"实现"的开发活动。

7.1.1 面向对象设计的概念

面向对象设计就是运用面向对象的方法进行系统设计，是面向对象分析的延续，解决设计阶段的问题（在分析模型基础上建立设计模型），有如下特点。

① 在面向对象的分析基础上，继续运用面向对象方法进行系统设计，一般不依赖结构化分析的结果。

② 与面向对象分析采用一致的概念和原则，分别解决软件生命周期分析阶段和设计的问题，有不同的目标和策略。

③ 较全面地体现了面向对象方法的概念和原则，如类、对象、属性、操作、封装、继承、消息、关联等。

④ 大多数方法是独立于编程语言的,即通过面向对象的分析与设计所建立的系统模型可以由不同的编程语言实现。

面向对象设计是面向对象分析的延续,但在面向对象方法中并不具有明显的界限,很难将面向对象分析与面向对象设计严格划分。面向对象分析与面向对象设计主要存在如下关系:

① 面向对象分析识别和定义的类和对象,是一些直接反映问题空间和系统任务的,而面向对象设计除了对面向对象分析的结果进行扩充,其识别和定义的对象则是附加的,反映需求的一种实现(对话层、任务管理层、数据管理层),两者均采用相同的面向对象概念和表示法,且有连续性。

② 面向对象分析与面向对象设计是分别在不同抽象层次上进行的。面向对象分析独立于程序设计语言,属于较高的抽象层次。初步的面向对象设计虽然在很大程度上也是与语言无关的,但详细的面向对象设计一般会依赖于特定的程序设计语言,属于较低的抽象层次。面向对象分析的各层模型简化了"问题空间",而面向对象设计是对面向对象分析的扩充,通过增加属性和服务,模型化一个特定的"实现空间"。

7.1.2 面向对象设计的目标和任务

面向对象分析的目标是建立一个完整的、能确切反映问题域和用户需求,并且独立于实现的系统模型。而面向对象设计的主要工作内容是以面向对象分析模型为基础,对选定的实现平台进行系统设计,这包括全局性的决策和局部细节的设计。面向对象设计的目标是产生一个满足用户需求,并且在选定的实现平台上完全可以实现的面向对象设计模型。

对于面向对象设计来说,全局性的设计决策包括体系结构、分布方案、并发控制、人机交互、数据管理等方面的问题;局部细节的设计是针对每个对象的,虽然在面向对象分析中已经或多或少地给出了对象内部的某些细节,但面向对象设计针对模型中的每个类包括它的每个属性和每个操作给出详细、确切的定义。因此,面向对象设计的主要任务包括:

① 设计软件体系结构,定义系统的高层划分,确定主要构件及其接口。

② 详细设计设计类或接口。对分析模型中获得的概念类的属性和方法进行详细设计,完成含有数据类型、可见性、方法参数等完整内容的设计类图。设计用户界面原型,并根据界面绘制程序执行的交互图。

③ 设计数据库接口,解决面向对象模型到数据库模型的过渡。

在面向对象设计阶段,其核心任务就是创建包含操作的设计类图,这些类图不仅详细描述了系统中各个类的属性和方法,还展示了类之间的关系和交互方式,为后续的编码工作提供了坚实的基础。

7.2 面向对象设计模型

在软件工程中,分析和设计都是在为系统建模,前者建立的是分析模型,后者建立的是设计模型。运用面向对象的设计方法建立的系统模型称为面向对象设计模型。

面向对象设计是在面向对象分析的基础上进行的，它以面向对象分析模型作为输入，根据实现的要求对面向对象分析模型进行必要的修改和调整，或补充某些细节，这些结果就构成了面向对象设计模型的主要部分，称为问题域部件（Problem Domain Component，PDC）。另外，面向对象设计还要补充几个相对独立并且隔离了具体实现条件对问题域部分产生影响的外围组成部件，分别是人机交互部件（Human Interaction Component，HIC）、任务管理部件（Task Management Component，TMC）和数据管理部件（Data Management Component，DMC）。其中，人机交互部件是根据具体的界面支持系统（如窗口系统、图形用户界面或可视化编程环境）而设计的；任务管理部件是结合每个任务单，给出每个任务单实现的连接方式而设计的；数据管理部件是根据具体的数据管理系统（如文件系统或数据库管理系统）而设计的。面向对象设计模型框架如图 7-1 所示。

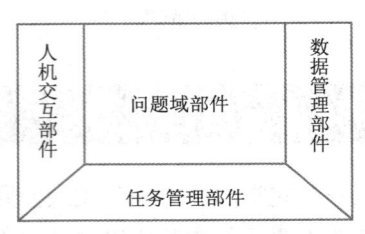

图 7-1 面向对象设计模型框架

7.3 面向对象设计过程

按照 Coad 和 Yourdon 面向对象设计方法，在设计阶段中继续利用对象和类、结构、属性、服务和主题这五个在面向对象分析阶段用到的层次，面向对象设计过程就是设计系统的四个组成部分：问题域、人机交互、任务管理和数据管理，即完成面向对象设计系统模型中的四个部件的设计。

7.3.1 问题域设计

在面向对象设计中，面向对象分析的结果恰好符合面向对象设计的问题空间部分，因此，面向对象分析的结果就是面向对象设计部分模型中的一个完整部分。但是，为了解决一些特定设计需要考虑的实际变化，可能要对面向对象分析结果进行一些改进和增补。主要是根据需求的变化，对面向对象分析产生模型中的某些类与对象、结构、属性、操作进行组合和分解，考虑对时间与空间的折中、内存管理、开发人员的变更以及类的调整等。另外，根据面向对象设计的附加原则，增加必要的类、属性和关系。

1. 复用设计

根据问题解决的需要，把从类库或其他来源得到的既存类增加到问题解决方案中。既存类可以是用面向对象程序语言编写的，也可以是用其他语言编写的，并可作为组件集成到当前系统中的类库。要求标明既存类中不需要的属性和操作，把无用的部分维持到最低限度，并且增加从既存类到应用类之间的泛化－特化的关系。进一步，把应用中因继承既存类而成为多余的属性和操作标出。修改应用类的结构和连接，必要时把它们变成可复用的既存类。

2. 关联问题域相关的类

在设计时，从类库中引进一个根类，作为包容类，把所有与问题域有关的类关联到一起，建立类的层次。把同一问题域的一些类集合起来，存于类库中。

3. 建立类间的协议

抽象类或接口用于定义和实现类间的协议。有时，某些特殊类要求一组类似的服务。在这种情况下，应引入一个抽象类或接口，定义为所有这些特殊类共用的一组服务名，这些服务都是虚函数，在特殊类中定义其实现。

4. 调整继承支持级别

在面向对象分析阶段建立的对象模型中可能包括有多继承关系，但实现时使用的程序设计语言可能只有单继承，甚至没有继承机制，这样需要对分析的结果进行修改。可以把特殊类的对象看成一个一般类对象所扮演的角色，通过实例连接，把多继承的层次结构转换为单继承的层次结构；把多继承的层次结构平铺，成为单继承的层次结构等方法。

5. 改进性能

提高执行效率和速度是系统设计的主要指标之一。有时，必须改变问题域的结构，以提高效率。如果类之间经常需要传输大量消息，可合并相关的类，以减少消息传递引起的速度损失。增加某些属性到原来的类中，或增加低层的类，以保存暂时结果，避免每次都要重复计算造成速度损失。

6. 加入较低层的构件

在做面向对象分析时，分析员往往专注于较高层的类和对象，避免考虑太多低层的实现细节。但在做面向对象设计时，设计师在找出高层的类和对象时，必须考虑到底需要用到哪些较低层的类和对象。

7.3.2 人机交互设计

通常在面向对象分析阶段给出了所需的属性和操作，在设计阶段，必须根据需求把交互的细节加入用户界面的设计，包括有效的人机交互所必需的实际显示和输入，如 Window、

Pane、Selector 等。人机交互部分的设计决策影响到人的感情和精神感受，设计 HIC 的策略包括：用户分类，描述人及其任务的脚本，设计命令层，设计详细的交互，继续做原型，设计 HIC 类，根据图形用户界面（GUI）进行设计。

1. 用户分类

进行用户分类的目的是明确使用对象，针对不同的使用对象设计不同的用户界面，以适合不同用户的需要。分类的原则有：按技能层次分类，分为外行、初学者、熟练者、专家；按组织层次分类，分为行政人员、管理人员、专业技术人员、其他办事员；按职能分类，分为顾客、职员等。

2. 描述人及其任务脚本

对以上定义的每类人描述其身份、目的、特征、关键的成功因素、熟练程度及任务剧本。例如：

什么人：分析员

目的：要求一个工具来辅助分析工作（摆脱繁重的画图和检查图的工作）。

特点：年龄=42 岁；教育水平=大学；限制=不要微型打印。

成功的关键因素：工具应当使分析工作顺利进行；工具不应与分析工作冲突；工具应能捕获假设和思想，能适时做出折中；应能及时给出模型各部分的文档，这与给出需求同等重要。

熟练程度：专家

任务脚本：主脚本 – 识别"核心"的类和对象；识别"核心"结构；在发现了新的属性或操作时，随时可以加入模型。检验模型 – 打印模型及其全部文档。

3. 设计命令层

研究现行的人机交互活动的内容和准则，建立一个初始的命令层，再细化命令层。这时要考虑：排列命令层次，把使用最频繁的操作放在前面，按照用户工作步骤排列；通过逐步分解，找到整体－部分模式，帮助在命令层中对操作进行分块；根据人们短期记忆的"7±2"或"每次记忆 3 块/每块 3 项"的特点，组织命令层中的服务，宽度和深度不宜太大，减少操作步骤。

4. 设计详细的交互

用户界面设计有若干原则，一般包括：一致性，操作步骤少，不要"哑播放"（每当用户等待系统完成一个活动，就给出一些反馈信息，说明工作正在进展和进展的程度；在操作出现错误时，要恢复或部分恢复原来的状态）；提供联机的帮助信息；具有趣味性，在外观和感受上，尽量采用图形界面，符合人类习惯；有一定吸引力。

5. 继续做原型

做人机交互原型是 HIC 设计的基本工作，界面应使人花最少的时间去掌握其使用技法，做几个可候选的原型，让人们一个一个地试用，要达到"臻于完善"，用户满意为止。

6. 设计人机交互部件类

设计人机交互部件类，从组织窗口和部件的人机交互设计开始，窗口作基本类、部件作为属性或部分类，特殊窗口作为特殊类。每个类包括窗口的菜单条、下拉菜单、弹出菜单的定义，每个类还定义了用来创造菜单、加亮选择等所需的服务。

7. 根据图形用户界面（GUI）进行设计

图形用户界面（GUI）区分为字型、坐标系统和事件。其中，字型是字号、字体、样式和颜色的组合；坐标系统的要素有原点、显示分辨率、显示维数等；事件是图形用户界面的核心，操作将对事件做出响应，可以来自人，也可以来自其他操作。事件的工作方式有直接方式和排队方式。直接方式是指每个窗口中的项目有自己的事件处理程序，一旦事件发生，系统会自动执行相应的事件处理程序。排队方式是指当事件发生时系统把它排到队列中，每个事件可用一些子程序信息来激发。应用可利用"下一事件"来得到一个事件并执行它所需的一切活动。

7.3.3 任务管理设计

在面向对象设计中，任务是指系统为了达到某设定目标而进行的一系列的数据操作（或服务）的集合，若干任务的并发执行称为多任务。任务能简化并发行为的设计和编码，任务管理部件的设计就是针对任务项，对一系列的数据操作进行定义和封装，多任务要确定任务协调部分，以达到系统在运行中对各项任务进行合理的组织和管理。

1. 任务管理部件设计策略

① 识别事件驱动任务。事件驱动任务是指睡眠任务（不占用 CPU），当某事件发生时，任务被此事件触发，任务醒来进行相应处理，然后恢复为睡眠状态。

② 识别时钟驱动任务。按特定的时间间隔去触发任务进行处理，如某些设备需要周期性的数据采集和控制。

③ 识别优先任务和关键任务。把优先任务和关键任务分离开来进行细致的设计和编码，保证时间约束或安全性。

② 识别协调者。增加一个任务来协调诸任务，这个任务可以封装任务之间的协作。

③ 审查任务。对每个任务进行审查，以确保其必要性和效率，同时优化任务结构，减少不必要的任务或任务间的冗余。

⑥ 定义任务。对每个任务进行定义，包括任务名、驱动方式、触发该任务的事件、执行逻辑和通信机制等。

2. 设计步骤

① 建立 OOA/OOD 工作表格。对类和对象进行细化，建立系统的 OOA/OOD 工作表格。

OOA/OOD 工作表格包括：某系统可选定的对象的条目，对该对象在 OOD 部件中位置的说明和注释等。

② 审查 OOA/OOD 工作表格。对 OOA/OOD 工作表格进行审查，寻找可能被封装在任务管理部件的与特定平台有关的部分和任务协调部分、通信的从属关系、消息、线程序列等。

③ 构建新的类。任务管理部件设计的首要任务就是构建一些新的类，这些类建立的主要目的是处理并发执行、中断、调度以及与特定平台有关的一些问题。

任务管理部件一般在信息系统中使用较少，在控制系统中应用较多。

7.3.4 数据管理设计

数据管理部分提供了在数据管理系统中存储和检索对象的基本结构，包括对永久性数据的访问和管理。数据管理部分分离了数据管理机构所关心的事项，包括文件、关系型数据库管理系统或面向对象数据库管理系统等。

1. 数据管理方法

数据管理方法主要有 3 种：文件管理、关系数据库管理和面向对象数据库管理。

① 文件管理。文件管理主要提供基本的文件处理能力。

② 关系数据库管理系统（RDBMS）。关系数据库管理系统建立在关系理论的基础上，使用若干表格来管理数据，使用特定操作，如 SELECT（提取某些行）、PROJECT（提取某些栏）、JOIN（连接表格）等，对表格进行剪切和粘贴。通常，根据规范化的要求，可对表格和它们的各栏重新组织，以减少数据冗余，保证数据一致性。

③ 面向对象数据库管理系统。通常，面向对象的数据库管理系统以两种方法实现：一是扩充的关系型数据库管理系统，二是扩充的面向对象程序设计语言。

扩充的关系型数据库管理系统主要对关系型数据库管理系统扩充了抽象数据类型和继承性，再加上一些一般用途的操作，来创建、操纵类和对象。扩充的面向对象程序设计语言嵌入了在数据库中长期管理存储对象的语法和功能。这样可以统一管理程序中的数据结构和存储的数据结构，为用户提供了一个统一视图，不需在它们之间进行数据转换。

2. 数据管理部分的设计

数据存储管理部分的设计包括数据存放和相应操作的设计。

① 数据存放设计。数据存放有三种形式：文件存放方式、关系数据库存放方式和面向对象数据库存放方式，根据具体情况选用。

② 相应操作设计。为每个需要存储的对象及其类增加用于存储管理的属性和操作，在类或对象的定义中进行描述。通过定义，每个需要存储的对象将知道如何"存储我自己"。

7.4 UML 的设计和实现模型

设计模型是在分析模型的基础上把实现技术加入分析模型后，对分析模型的展开和细化。因此，展开和细化分析模型中的类、类属性、类操作等基本要素成为设计模型的主要工作。

7.4.1 设计类图

分析阶段是通过使用概念类来抽象描述现实事物或概念的，而设计阶段要讨论的类或对象则称为设计类，也叫软件类。设计类的主要工作是对类属性、方法及类关系等进行详细设计，完成含有数据类型、可见性、方法参数等完整内容的设计类图。

1. 类的属性设计

设计类属性主要是在设计模型中详细表示属性的类型和默认的初始值及属性的可见性。属性名和属性的类型之间冒号（:）分隔，并在类型后加上等号（=）指定初值。在设计阶段早期，一般只显示属性的名称。

类中的每个属性都可以有可见性规定，说明该属性可以被其他类利用的程度。在 UML 中，对类属性定义了四种可见性：公有的（public）、受保护的（protected）、私有的（private）和包（package）可见性的。私有的属性只能在该属性所在类中使用，受保护的属性还可以在其所属子孙类中使用，公有的属性则可以在任何类中访问到，具有包可见性的属性可以由所属类的同一个包中的其他类使用。

类属性的可见性在 UML 中的表示符号分别为公有 "+"、私有 "-"、受保护 "#" 和包 "~"。当使用属性可见性时，依赖于工作所用的语言平台，不同的语言可能含义各异。图 7-2 显示了图书管理系统中 Lend 类的属性定义，各属性的可见性都是私有的。

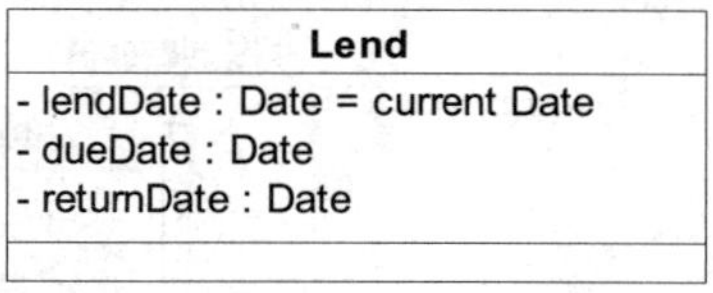

Lend
- lendDate : Date = current Date
- dueDate : Date
- returnDate : Date

图 7-2 类的属性

2. 类的方法设计

设计阶段最重要的任务是设计软件对象要执行的操作。分析模型已经对对象行为做了大致的刻画，在设计阶段需要对它们细化，利用交互图来为定义的软件类设计方法。软件类的方法就是一个对象应该执行的操作，有时也称为对象的职责或义务。在交互图中，一般用职责来描述类的方法。

职责有两种类型：一是行为型，即对象本身的方法，如进行一项计算、被创建时的初始化、执行控制或协调的各项活动；二是了解型，即对象应掌握的信息。比如，对象自身的数据和属性、相关联的对象及能够派生或计算的对象，如图书管理系统的 Lend 类需要了解借出和归还日期（属性）。

行为型职责与了解型职责是分不开的，只有掌握了必要的信息，才能完成相关操作。反过来，对象对外提供自身数据也可以采用方法的形式，如图书管理系统中的 book 类通过 getAuthor()方法来提供书的作者信息。

类的方法设计也就是职责的分配，该工作贯穿于交互图的整个生成过程。交互图的基本表示方法在面向对象分析中已经介绍，实际上，交互图还可以包含设计层面的内容。

行为型职责的分配在 UML 中通过消息的发送来分配给不同的对象。消息的发送者需要某项服务，消息的接收者提供相应的服务，即接收者要承担的职责最终转化为类的方法。

一个规范化的消息应遵循严格的语法格式，其表达式如下：

```
return:= message(parameter:parameterType):returnType
```

如果消息的类型信息非常明显或不重要，就可以省略消息类型：

```
book:= getBook(bookId:String)
```

消息发送方发出消息后，消息的接收者往往会在响应后产生一些结果回送给发送者，这就是返回消息。在 UML 交互图中，返回消息以虚线箭头线表示。但如果消息中已经确定了消息的返回值，一般就可以不绘制返回消息。图 7-3 显示了图书管理员通过发送 getReader 和 getLoanRecord 消息来获得读者和借书记录，确定了读者对象和借书记录对象的职责分别是提供读者信息和借书记录信息，从而确定 getReader()、getLoanRecord()分别是读者类和借书记录类的方法。

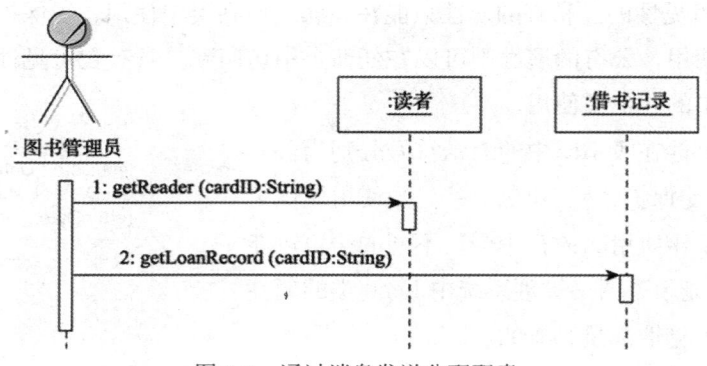

图 7-3 通过消息发送分配职责

类的方法与属性一样，也可以定义可见性。当然，大多数方法是公有的，可供其他对象访问，这些方法代表了对象的职责。

3. 类的关系设计

类与类之间主要存在着泛化关系、关联关系、依赖关系和实现关系。下面主要介绍泛化关系设计和关联关系设计。

1) 泛化设计

泛化在面向对象语言中使用继承来实现，继承机制实现了子类拥有父类特性的过程。如图书管理系统中，图书资源 Resource 是一个抽象类，其具体子类分别是 Book 和 Disc。在设计类的属性和方法时，把 Book 和 Disc 子类的公共特征抽取出来定义在 Resource 类中，子类不需要重复定义就会自动拥有它们。但子类会具有个性，需要定义额外的特征来支持它们各自特殊的行为，像 Book 有开本大小信息、Disc 有类型等属性，应分别定义，如图 7-4 所示。

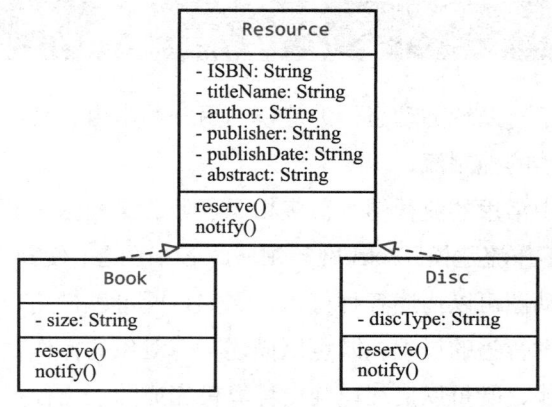

```
                    Resource
            - ISBN: String
            - titleName: String
            - author: String
            - publisher: String
            - publishDate: String
            - abstract: String
            reserve()
            notify()

      Book                        Disc
- size: String            - discType: String
reserve()                 reserve()
notify()                  notify()
```

图 7-4 泛化关系示例

泛化关系设计还有一个更重要的作用是实现多态性，即对同一种行为不同类型的对象具有不同的实现。例如，图书管理系统提供预约和通知的功能，但不同资源种类采用不同的规则。图书预约是免费的，系统可以自动发送电子邮件来通知读者取书，碟片预约是收费的，需要专人用电话或短信通知读者。因此，图 7-4 中的父类 Resource 虽然定义了预约和通知两个方法，但子类 Book 和 Disc 都修改了相应的方法来实现不同的处理结果。

当有更多类型的可供借阅的资源需要加入系统时，如增加"杂志"类型，具有与图书、碟片不同的特征，只要从 Resource 中派生子类 Magazine，添加其独特的属性，重写 reserve() 和 notify() 方法，系统功能就容易被扩展。

2）关联关系设计

在类图中，关联将类联系在一起，其作用是建立一条链接，顺着链接方向，一个对象能够访问到所关联的另一个对象，同时使消息沿着该链接发送到关联对象。

实现对象关联的一个简单策略就是：在关联的源类中声明一个属性来保存对目标类的实例的引用，这种属性称为关联属性或引用属性。例如，读者类与图书类的关联关系可通过在读者类中声明一个图书类的属性来建立。下面是用 Java 实现的关联示例代码：

```java
public class Reader
{
    ...
    private Book book;                      // 关联属性

    public Book getBook(){                  // 获取关联对象
        return book;
    }

    public void setBook(Book bk){
        this.book = bk;
```

```
        }
        ...
    }
```

7.4.2 活动图

活动图是 UML 用于对系统的动态行为建模的另一种常用工具，描述活动的顺序，展现从一个活动到另一个活动的控制流。

活动图与软件领域中常用的流程图有很多相似之处，流程图中的各种成分在活动图中都有，但是活动图借鉴了工作流建模、Petri 网等领域的若干概念，使其表达能力比流程图更强，应用范围更宽。运用活动图可以描述各种行为，例如：既可以描述一个顺序执行的过程，也可以描述其内部含有并发行为的过程；既可以描述一个对象的操作，也可以描述由多个对象一起协同完成的一项功能；既可以描述单纯由计算机完成的一项任务，也可以描述由应用领域中的人员参与的业务活动。活动图的表达能力比流程图要强得多。

1. 活动图概念和表示

活动图是把系统的一项行为表示成一个可以由计算机、人或者其他执行者执行的活动，通过给出活动中的各动作及动作之间的转移关系来描述系统的行为。活动图的作用是对系统的行为建模。

活动图和状态机图都是描述状态和状态转换的表现形式，但两者有本质区别：活动图着重表现从一个活动到另一个活动的控制流，是内部处理驱动的流程；而状态机图着重表现从一个状态到另一个状态的流程，主要是外部事件的参与。

在 UML 中，活动图以圆角矩形来表示，包括对活动的描述（如活动名）。与状态机图类似，活动图也有起点和终点，表示法相同，两个活动的图标之间用带箭头的直线连接。活动图中还包括分支和合并、分叉和汇合等模型元素。分支和合并的图标与状态机图中的判定图标相同，而分叉和汇合用一条加粗的线段表示。图 7-5 是典型的活动图。

2. 活动图组成元素

1）动作状态

动作状态是指执行原子的、不可中断的动作，并在此动作完成后，通过完成转换转向另一个状态。动作状态不能被分解，也就是说，事件可以发生，但动作状态的工作没有被打断。完成动作状态中的工作只花费很短的执行时间。

2）活动状态

与动作状态相反，活动状态是非原子的，可以被分解，也就是说，活动状态是可以被打断的。动作状态可以看成活动状态的一个特例，如果某活动状态只包括一个动作，那么它就是一个动作状态。活动状态与动作状态的 UML 表示符号相同，但活动状态可以有入口、出口动作（入口动作和出口动作分别是进入或离开状态时执行的动作）等信息，如图 7-6 所示。

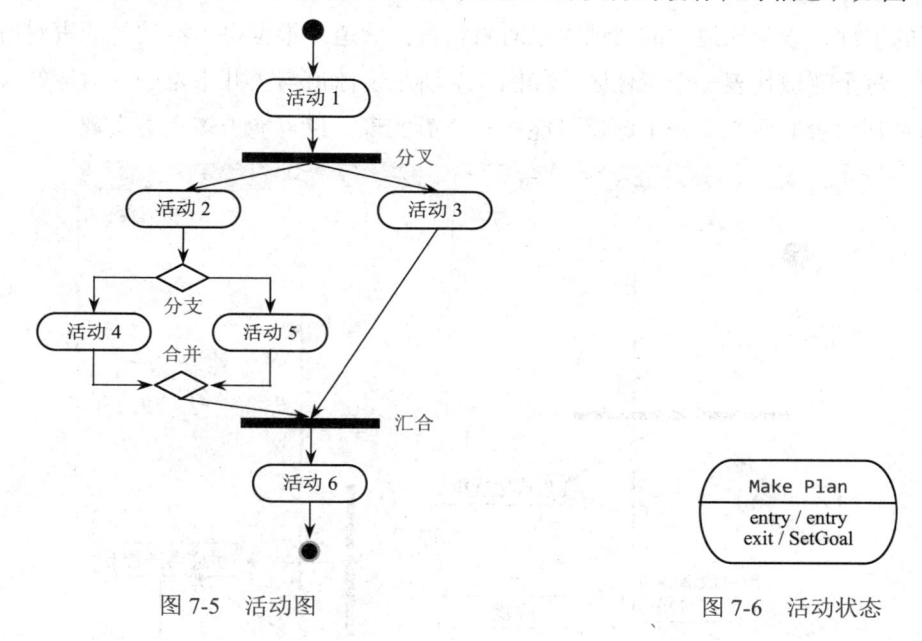

图 7-5　活动图　　　　　　　　　图 7-6　活动状态

3）动作流

当状态的活动或动作完成时，控制流会立即传递给下一个动作或活动状态。动作流用来表示从一个动作或活动状态传递到下个动作或活动状态的路径。动作流用带箭头的直线表示，箭头方向指向转入的方向。

4）分支和合并

动作流一般会自动进行控制转换，直到遇到分支。分支一般用于描述流程中的条件判断，即根据一个布尔表达式的真假来判定动作的流向。条件行为用分支和合并表达。

在活动图中分支与合并用空心菱形表示。分支包括一个入转换和两个带条件的出转换，出转换的条件应当是互斥的，这样可以确保只有一条出转换能够被触发。合并包括两个带条件的入转换和一个出转换，它表示从对应的分支开始的条件行为的结束。

5）分叉和汇合

对象在运行时可能存在两个或者多个并发运行的控制流，分叉和汇合就是对并发流程进行建模的工具。分叉用于将动作流分为两个或多个控制流，这些控制流是并发执行的。而汇合正好与分叉相反，表示两个或多个控制流合成一个控制流。

分叉可以用来描述并发流程，每个分叉可以有一个输入转换和两个或多个输出转换，每个转换都可以是独立的控制流。

汇合代表两个或多个并发控制流同步进行，当所有的控制流都到达汇合点后，流程才能继续往下进行。每个汇合可以有两个或多个输入转换，而输出转换只能有一个。

6）泳道

为了在活动图中描述出每个活动由哪一个类来完成、类与类之间进行的交互，引入泳道

(Swimlanes)的概念。泳道用矩形框表示，属于某泳道的活动放在该矩形框内，将对象名放在矩形框的顶部，表示泳道中的活动由该对象负责。泳道是根据每个活动的职责对所有活动进行划分，每个泳道代表一个责任区，如图 7-7 所示。泳道与类并不是一一对应的关系，泳道关心的是其代表的职责，一个泳道可能由一个类实现，也可能由多个类实现。

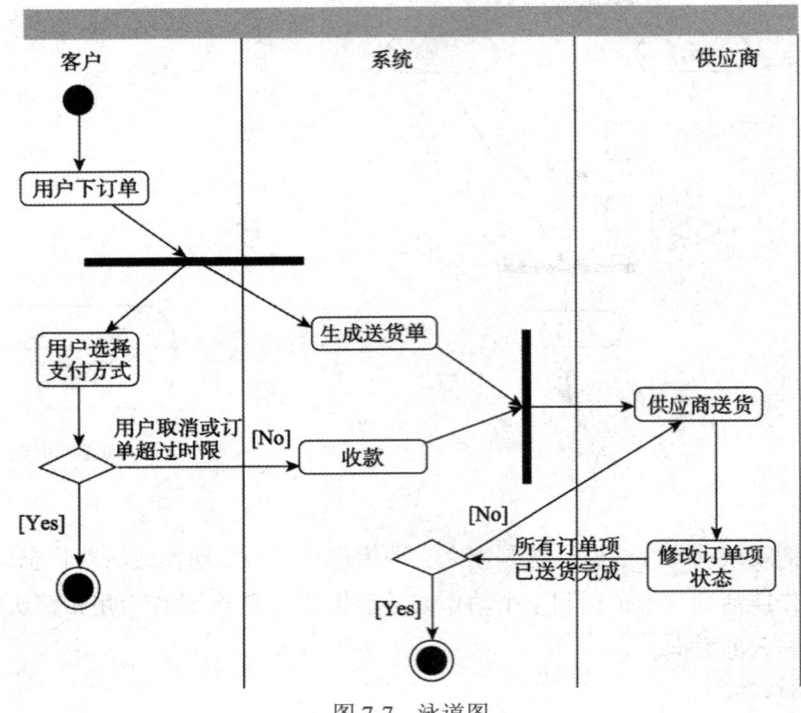

图 7-7 泳道图

3. 活动图建模

活动图可以用来为系统动态建模，包括系统中任意一种抽象（类、接口、构件等）的活动。一般来说，用活动图建模的步骤如下：

① 识别要对工作流描述的类或对象。找出负责工作流实现的业务对象，目的是为每个重要的业务对象建立泳道。

② 确定工作流的初始状态和终止状态，明确工作流的边界。

③ 对动作状态或活动状态建模。找出随时间发生的动作和活动，将它们表示为动作状态或活动状态。

④ 对动作流建模。对动作流建模可以按照先处理顺序动作，再处理分支和合并等行为，然后处理分叉和汇合等并发行为的步骤进行。

⑤ 对对象流建模。找出与工作流相关的重要对象，并连接到相应的动作状态和活动状态。

⑥ 对建立的模型进行精化和细化。

7.4.3 构件图

在面向对象系统开发中，类是基础的"模块化"元素，封装了属性和成员方法，就像是物理世界中的分子。但是，在复杂的软件系统中往往有成百上千的类，对于系统的理解、复用来说，类的粒度太小了，因此引入构件的概念。构件图描述了软件的各种构件和它们之间的依赖关系。构件图可以对面向对象系统的物理方面进行建模，能可视化物理构件及其关系，并描述其构造细节。

1. 构件概念及要素

构件是定义了良好接口的物理实现单元，是系统中可替换的物理部件，一般情况下，构件表示将类、接口等逻辑元素打包而成的物理模块。在系统中，满足相同接口的构件可以自由替换。在系统的不同开发阶段，构件可以表现为分析构件、设计构件、实现构件和测试构件。构件的大小是可变的，如源代码构件、实现子系统、ActiveX 控件、JavaBean、可执行文件、Web Service 等都可以是一种构件。

构件可以看作构件模型环境中的一个或多个对象的实现。构件包含五个要素。

① 规格说明：构件能提供服务的抽象描述，每个构件必须提供特定的服务。

② 一个或多个实现：构件是一种物理概念，必须被一个或多个实现所支持。当然，这些实现都必须符合规格说明。

③ 受约束的构件标准：每个构件在实现时必须遵从某种构件标准，如 Sun 的 JavaBean、微软的 .NET 和 CORBA 等。

④ 封装方法：也就是构件遵从的封装标准。

⑤ 部署方法：构件在运行前，必须先部署，一个构件可以有多个部署。

2. 构件和类

构件在很多方面与类相同：两者都有名称，都可以实现一组接口，都可以参与依赖、泛化和关联关系，都可以被嵌套，都可以有实例，都可以参与交互。但类与构件之间存在一些明显不同：

① 类表示的是逻辑的抽象，而构件是存在于计算机中的物理抽象。也就是说，构件是可以部署的，而类不行。

② 构件表示的是物理模块，而不是逻辑模块，与类处于不同的抽象级别。甚至可以说，构件就是由一组类和通信组成的。

③ 类可以直接拥有操作和属性，而构件仅拥有可以通过其接口访问的操作。

3. 构件图的表示

构件图描述了软件的各种构件及其依赖关系。构件图通常包括 3 种元素：构件、接口和依赖关系。在 UML 中，构件用一个左边有两个突出的小矩形来表示，如图 7-8 所示。构件与构件之间、构件与接口之间存在依赖关系，依赖关系用虚线箭头表示，如图 7-9 所示。

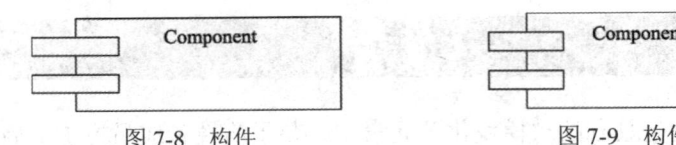

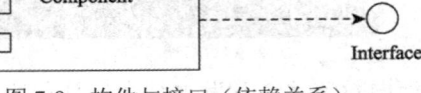

图 7-8 构件　　　　　　图 7-9 构件与接口（依赖关系）

4. 构件图建模

构件图用于对面向对象系统的物理方面建模，建模时要找出系统中存在的构件、接口及构件之间的依赖关系。建模的步骤如下：① 用构件图形符号表示系统中的构件；② 定义，表示构件的接口；③ 确定，表示构件间的依赖关系；④ 将逻辑设计映射成物理实现；⑤ 对建模结果进行精化和细化。

7.4.4 包图

包图是维护和控制系统总体结构的重要建模工具。

1. 包的概念

包（Package）是一种将其他模型元素组织起来形成较大粒度的系统单位的机制。运用包机制，模型的使用者可以在不同的粒度层次上观察和理解系统，当需要了解系统的全局和概况时，可以着眼于高层的各包；当需要了解各部分的细节时，深入各包去阅读其内部成分。

一个包内部的模型元素应该具有某种意义上的内在联系。例如，这组元素一起描述了系统中某相对独立的组成部分（如一个子系统），描述系统中某方面的事物（如用户或设备）等。所以，每个包的内部应该是高内聚的，各包之间应该是低耦合的。

2. 包的表示法

在 UML 中，包由一个左上角连着一个小矩形的大矩形表示，如图 7-10 所示。图 7-10(a) 是压缩方式，不展示包的内部内容，只给出包名称。包可以拥有其他元素，这些元素可以是类、接口、构件、节点、用例图，甚至是其他包。

图 7-10(b) 是一个包的例子，名为"教务管理"，包含"教师"和"学生"两个类。

一个包形成了一个命名空间，即在一个包的语境中同一种元素的名称必须是唯一的。这也表明一个包内不同种类的元素或不同包内的元素可以具有相同的名称。

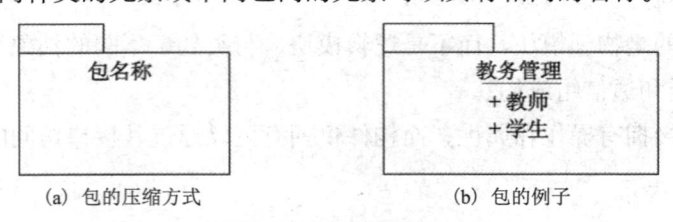

(a) 包的压缩方式　　　　　　(b) 包的例子

图 7-10　包的表示法

3. 包之间的关系

包之间存在两种关系：引入和泛化。

1)引入

引入（Import）是包之间的一种依赖关系，表明一个包（源包）中的模型元素能够直接引用另一个包（目标包）中的模型元素。

引入关系的作用与模型元素的名字空间有关。包之间的引入关系并不是为了表明它们的元素之间存在引用关系，而是为了使源包把目标包的元素名字引进自己的名字空间，从而可以像引用自己内部的模型元素一样来直接地引用它们。

引入关系是用一个虚线开放箭头从源包指向目标包来表示的，虚线上附加一个关键词<<import>>，如图 7-11 所示。

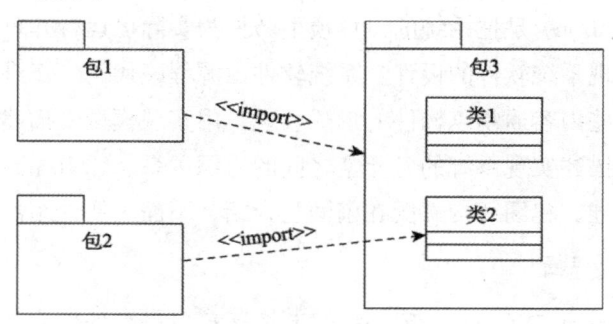

图 7-11 包之间的引入关系

UML 对引入的概念和表示法还做了更细微的区分：如果源包把整个包作为引入的目标，那么这种引入被称为包引入（Package Import），其箭头从源包指向目标包的边框；如果源包只是把一个包中个别的模型元素作为引入的目标，那么这种引入被称为元素引入（Element Import），其箭头从源包指向目标包内部的目标元素。图 7-11 中，包 1 对包 3 的引入是包引入，包 2 只是对包 3 中的类 2 进行引入，属于元素引入。

2) 泛化

UML 允许在包之间建立泛化关系，这表示一个包继承了另一个包的全部内容，同时补充了自己增加的内容。包之间的泛化关系类似类之间的泛化关系，而且包之间的泛化关系像类那样遵循替代原则，即特殊包可以应用到一般包被使用的地方。包之间的泛化关系用一条带空心箭头的实线连接一般包和特殊包来表示。如图 7-12 所示，包 A 是一般包，B 和 C 是它的两个特殊包，即包 A 是对包 B 和包 C 的泛化，或者说包 B 和包 C 都继承了包 A。

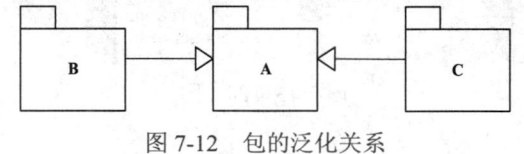

图 7-12 包的泛化关系

4. 包图建模

包既可以组合基本类型相同的元素，又可以组合不同种类的元素。包图建模的步骤如下：

① 浏览特定体系结构视图中的建模元素，找出在概念和语义上相互接近的元素所定义的组块。

② 把每个这样的组块放入一个包。

③ 对每个包找出可以在包外访问的元素，将这些元素标记为公有的，把其他元素标记为受保护的或私有的。如果不确定，就隐藏该元素。

④ 确定包与包之间的关系，特别是引入关系。

⑤ 绘制并优化包图。

7.4.5 UML 实现模型

实现（Implementation）是把系统的设计模型转换为实际可运行并可以交付测试的系统的一个过程，重点是实现系统软件的设计。系统软件由源程序代码、二进制可执行代码和相关的数据结构组成，这些内容通常以构件的形式表现，用实现模型来描述。而实现模型是对系统的抽象描述，用来描述实现系统的各元素之间的组织关系。UML 的实现模型可以用包图、构件图和部署图来描述。包图和构件图在前面已介绍，下面主要介绍部署图的相关概念。

1. 部署图概念及表示

部署图（Deployment Diagram）用来描述系统运行时进行处理的节点以及在节点上活动的构件的配置。在 UML 2.0 中，部署图的定义是"一种描述系统执行结构的图，它把系统制品表示成节点，通过通信路径连接这些节点而构成网络。节点通常以嵌套的方式定义，既表示硬件设备，也表示软件执行环境。"

部署图中通常包括两种元素：节点和关联关系等元素。

节点用长方体表示，其中填写该节点的信息。在节点符号中首先给出该节点的名称，如果展示节点细节，就在节点中给出所部署的制品和这些制品之间的关系。在建模过程中，可以把节点分为处理器和设备两种。其中，处理器是能够执行软件、具有计算能力的节点，服务器、工作站和其他具有处理能力的机器都是处理器；设备是没有计算能力的节点，通常都是通过其接口为外部提供某种服务，如键盘、打印机等。

关联关系在部署图中是用来表示各节点之间的通信路径。部署图中的关联关系在 UML 中的表示方法与类图中的关联关系一样，都是一条实线，如图 7-13 所示。

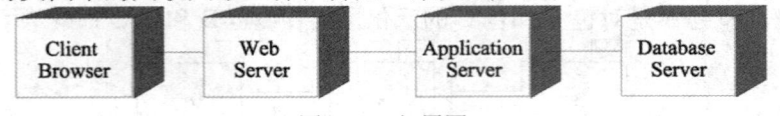

图 7-13 部署图

2. 部署图的建模

部署图一般用在对系统的实现视图建模，建模的时候要找出系统中的节点和节点之间的关联关系。部署图的建模步骤如下：① 对系统中的节点建模；② 对节点之间的关联关系建模；③ 对驻留在节点上的部署建模；④ 对节点的部署之间的通信路径和通信机制进行建模；⑤ 对建模的结果进行精化和细化。

7.5 设计模式

软件系统设计的一个核心问题是软件是否能复用。软件复用一般分为三个层次，最低层的软件复用技术是代码级复用，主要由支持面向对象编程技术的各种语言来提供支持；第二层是系统中的功能构件级别的复用，这可以通过应用各种设计模式来实现；最高层的复用则是系统体系架构级的复用，如 MVC 架构模式、前端控制器模式等。可见，设计模式在软件复用中起着很重要的作用。本节主要简要介绍有关设计模式的概念和类型，详细内容请参阅有关文献。

7.5.1 设计模式概念

设计模式是一套被反复使用、多数人知晓的、经过分类编目的、代码设计经验的总结。每个设计模式系统地命名、解释和评价了面向对象系统中重要的和重复出现的设计。设计模式的目标是将设计经验以人们能够有效利用的形式记录下来，一般包含四个基本要素。

1. 模式名称（Pattern Name）

模式名称是一个助记名，一般用一两个词来描述一类设计问题、解决方案和效果。模式名称可以帮助我们思考和书写设计文档，便于设计人员与他人交流设计思想及设计结果。

2. 问题（Problem）

问题描述了应该在何时使用模式，解释了设计问题和问题存在的前因后果，可能描述了特定的设计问题，如怎样用对象表示算法等，也可能描述了导致不灵活设计的类或对象结构。有时，问题部分会包括使用模式必须满足的一系列先决条件。

3. 解决方案（Solution）

解决方案描述了设计的组成元素，元素的职责及元素之间的通信方式。模式就像一个模板，可应用于多种场合，所以解决方案并不描述一个特定而具体的设计或实现，而是提供设计问题的抽象描述和怎样用一个具有一般意义的元素组合（类或对象组合）来解决这个问题。

4. 效果（Consequences）

效果是指模式应用的效果及使用模式应权衡的问题，对于评价设计选择和理解使用模式的代价及好处有重要意义。软件效果大多关注对时间和空间的衡量，但也是选择语言和具体实现的依据之一。由于复用是面向对象设计的要素之一，因此模式效果包括它对系统的灵活性、扩充性和可移植性方面的影响，显式地列出，可帮助人们更好地理解和评估一个模式。

一个设计模式命名、抽象和确定了一个通用设计结构的主要方面，这些设计结构能被用来构造可复用的面向对象设计。设计模式致力于识别参与的类和实例、它们的角色和协作关系，以及职责分配。每个设计模式都关注着特定的面向对象设计问题和设计要点，描述了什么时候使用它，在另一些设计约束条件下是否还能使用，以及使用的效果和如何取舍。模式独立于具体实现语言，都可以采用 UML 来表达。

7.5.2 设计原则

一个设计良好的系统应该容易理解，可变更性好，易于复用。为了实现代码复用，必须遵守一些设计原则，而设计模式实现了这些原则，从而达到代码复用、增加系统可维护性的目的。设计模式实现的设计原则主要如下。

1. 开放–封闭原则（Open-Close Principle，OCP）

开放–封闭原则的具体内容是软件实体（类、模块、函数等）应该对扩展开放，对修改封闭。其基本思想是"不用修改原有类就能扩展一个类的行为"。这个原则其实在人们生活中也有大量应用，如通过添加机顶盒就能将模拟电视扩展为数字电视，而不需要对电视机的内部结构进行修改和调整。

开放–封闭原则一般通过抽象和多态来体现其机制。我们通过抽象基类或接口来提供一个标准调用规范，每个实质子类都继承或者实现这个规范以达到不同的应用操作。在实际使用中我们一般通过工厂模式（Abstract Factory / Factory Method / Simple Factory）来达到可扩展而不修改现有代码的目的。

2. 单一职责原则（Single-Responsibility Principle，SRP）

单一职责原则就是对一个类应该只有一个引起它变化的原因，也就是要求应用系统中的一个具体设计元素（类）只完成某类功能（职责），尽可能避免出现一个"复合"功能的类，即在同一个类中完成多个不同的功能。

这个原则实质上是对类的颗粒度划分做出一个规定。一个具备强大功能的庞大类并不是一个好的做法，不如将其分割成多个小类，每个小类仅提供某个单一的功能，这样能够减少类之间的耦合关系，当需求发生变化时，开发人员只需要修改与变化有关的代码即可。

3. Liskov 替换原则（Liskov Substitution Principle，LSP）

Liskov 替换原则是指子类型（Subtype）必须能替换掉它们的基类型（Base Type）。这个原则实质上是多态的一种体现，子类继承或者覆盖基类的方法，具有与基类完全相同的调用规范。Liskov 替换原则与开放–封闭原则关系密切，正是由于子类的可替换性，才能在使用父类的其他功能模块时不需修改就可实现扩充，更确切地说，增加或修改任何一个子类型，基类不用修改（封闭），基类的使用者也可以得到扩充或修改过的行为，从而使应用系统能遵守开放–封闭原则。

4. 依赖倒置原则（Dependence Inversion Principle，DIP）

依赖倒置原则是指应用系统中的高层模块不应该依赖于低层模块，二者都应该依赖于抽象。抽象不应该依赖于细节实现，实现细节应该依赖于抽象。

高层模块一般是指那些实现业务规则的单元，低层模块是具体的一些功能代码。在结构化设计的时候，高层模块一般会直接依赖于低层模块来实现其具体功能，势必造成相关干扰，任何一个模块的修改都会影响其关联的模块。因此，DIP原则建议我们在两个模块之间添加一个抽象，两者通过依赖和实现抽象来达到沟通和调用，从而确保在抽象不变动的情况下，各自隔离而互不影响。在该原则下，模块依赖结构相对于传统的结构化设计的结果而言就是"倒置"了。抽象本身应该是个干净的协议，具备完整的独立性，如果依赖于某功能细节，那么抽象本身就变成了不稳定因素，会造成以后修改的污染。

在实际设计中，满足依赖倒置原则的一个有效方法是面向接口编程实现，即在具体实现某个类的功能时，应该为它需要的各服务都声明一个抽象接口，较低层次的类来实现这个接口，每个高层的类都通过该抽象接口使用下一层的类。

5. 接口隔离原则（Interface Segregation Principle，ISP）

接口隔离原则的主要思想是：一个类对另一个类的依赖关系应该是建立在最小接口上的，使用多个专门的接口比使用单一的复合总接口要优越。这个原则实际上是单一职责原则应用在接口设计的自然结果，这样不会强迫接口的使用者（客户）依赖于他们不需要的方法。

很多时候，我们设计的一个类会提供给多个客户调用，势必造成客户会"看到"一些他们根本用不上的方法，这对于客户是一种干扰，会加大他们的负担，甚至造成错误调用而影响系统的功能实现。在面向对象设计中，我们可以继承多个接口，每个客户只使用其特定的接口，更具体一点，我们返回给客户的是一个接口，而不是一个类实例，以进行接口隔离。在类编码中可能还会用到"接口方法"这个概念。

7.5.3 常用设计模式

软件系统的开发过程涉及多种不同的层次，因此，设计模式应根据应用目的的不同，分为不同的类型。一般根据设计模式涉及的解决问题的层次性来分类，设计模式可分为系统架构模式（如 Java EE 核心模式的各种架构模式）、基于职责分配的通用软件模式（General Responsibility Assignment Software Pattern，GRASP）、代码设计模式（如 GoF 的 23 种代码设计模式）。

其中，架构模式一般着重于不同业务系统中共性问题的解决方案的设计，是有关大尺度和粗颗粒度设计方案的复用，主要描述软件系统中程序的基本结构组织或纲要，通常提供一组事先定义好的子系统，并指定它们的责任，同时给出把它们组织在一起的规则和指南。下面主要介绍 GRASP 模式和 GoF 的 23 种设计模式。

1. GRASP

GRASP 是面向对象设计中的基本设计模式，描述了有关对象设计和职责分配的最基本的指导原则，能帮助设计人员理解和把握面向对象技术中基本的类设计技术，即类职责的分配和类之间关系的确定。

GRASP 提供的模式有 9 种：信息专家、创建者、高内聚、低耦合、控制器、多态、中介、纯虚构和受保护变化。下面介绍前 5 种。

1）信息专家模式

问题描述：对象设计和职责分配的通用原则是什么？

解决方案：将职责分配给拥有履行一个职责必需信息的类（信息专家）。设计人员在完成类职责的设计工作时，如果发现某类拥有完成该职责需要的所有信息（数据），那么这个职责就应该分配给该类来实现和承担。该类就是相对于这个职责的信息专家类。

例如，在网上购物系统中，需要确保购物车中的每种商品只出现一次，如果用户对同一件商品多次购买，只要更新购物车中该商品的数量即可。因此在往购物车里添加商品时，需要与购物车里的已有商品比较，就是比较商品是否相同的方法 compareSameGoods() 应该由哪个类来实现。比较两个商品是否相同，一般通过比较商品的唯一标识 ID 编号来区分，而商品的 ID 编号是存在于商品类本身的，根据信息专家模式的原则，应该把比较商品是否相同的方法 compareSameGoods() 放在商品类中。

优点：能够产生低耦合的设计效果，也能产生高内聚的设计结果。

2）创建者模式

问题描述：创建对象的职责具体由哪个类来承担，也就是某个类的对象实例由哪个相关类来创建或者统一由某个类集中创建（该类就是 GoF 设计模式的工厂模式中的工厂类）？

解决方案：若符合下列的一个或多个条件，则可以将创建类 B 实例的职责分配给类 A。

① A 是 B 的聚合（A 类中包含 B 类的对象实例）。
② A 是 B 的容器（B 类的对象实例在 A 类产生的容器中运行）。
③ A 持有初始化 B 的信息（数据）。
④ A 记录 B 的实例。
⑤ A 频繁使用 B 类中的方法。

如果符合上述条件，就可以称类 A 是类 B 的创建者。

例如，在网上购物系统中，商品对象该由谁来创建？由于订单是商品的容器，同时订单拥有初始化商品类对象实例的属性信息，因此基于创建者模式的原则，商品信息类的对象实例应该由订单类来创建。

优点：支持低耦合，具有更低的维护依赖性和更高的复用机会。

3）高内聚模式

问题描述：如何让复杂性可管理？

解决方案：分配一个职责，保持类的高内聚。高内聚设计具体体现为系统中的各功能模块是相对独立和分离的。为了达到高内聚的设计目标，常用的设计手段是功能分解，即把应用系统中各具体的功能及实现的模块程序代码分解开。

例如，在网上购物系统中，对订单数据保存方式的要求是既可以保存为 XML 格式的文件，也可以保存到某物理数据库系统中。按照高内聚模式，比较好的设计方案是不同的职责由不同的类来实现。因此可以设计一个具体的"订单数据访问的接口"，并规定具体的功能要求，再为该接口提供两个不同的实现类，一个类的职责是保存 XML 格式的文件，另一个类的职责是实现将数据保存到物理数据库中。

优点：功能独立、接口简化，易于多人合作开发实现；维护和扩展容易，复用性好。

4）低耦合模式

问题描述：如何支持低依赖性、增加复用性？

解决方案：分配职责时，使耦合保持为最低，并尽可能减少或者除去不必要的耦合关系。

例如，在网上购物系统中，订购商品金额达到要求会享受优惠政策。订购商品时，产生订购服务，订购消息会先发给商品对象，由该对象负责请求订购对象计算订单金额，并负责创建优惠对象，可以看到，商品对象依赖了订购对象和优惠对象，且优惠对象与订购对象有关联，三者都存在耦合。但实际上优惠对象与订购对象密切相关，创建优惠对象的职责交给订购类应该更合适，这样就将耦合限制在商品对象和订购对象、订购对象和优惠对象之间，达到了低耦合的目的。

优点：类之间松散联系，不受其他类或组件改变的影响，复用方便。

5）控制器模式

问题描述：谁负责处理一个与输入有关的系统事件？

解决方案：当类代表下列一种情况时，为它分配接收或处理系统事件消息的职责。

① 代表整个系统、设备或子系统（外观控制器）。

② 代表系统事件发生的用例场景（用例或会话控制器）。

通常，使用控制器类来处理一个用例的所有系统事件，完成从表现层（界面类）到领域层（实体类）的消息分发和控制。

例如，在 Web 应用系统中，可以采用 Servlet 组件来构建系统的全局控制器，为整个系统或某子系统提供统一的访问入口，由它接收来自表现层的请求消息，调用一个或多个 JavaBean，完成业务逻辑处理。Struts 框架提供的 Action 组件类就是控制器设计思想的具体应用。

优点：能确保表现层不处理任何业务逻辑，分离出的业务流程封装后能得到复用；表现层只负责数据的输入输出格式，因此比较容易维护。

2. GoF 设计模式

对设计模式影响最深的图书当推 Gamma、Helm、Johnson 和 Vissides 的《设计模式：可复用面向对象软件基础》，其中总结了 23 种模式，习惯上称为 GoF 设计模式。GoF 设计模式并不是一种具体的技术，更多讲述的是编程的思想和具体解决问题的方法，一个重要原则就是系统开发中的各模块类尽可能地可被重用，并简化对问题的实现代码。

对 GoF 设计模式的分类有多种方式，从应用目的的角度，可分为创建型模式（Creational）、结构型模式（Structural）和行为型模式（Behavioral）三类。下面以抽象工厂模式为例说明 GoF 设计模式的大致结构和应用，其他模式的详细介绍请参考相关书籍。

1）创建型模式

创建型模式是涉及类的对象在实例化时使用的各种模式，描述怎样创建一个对象，以及如何隐藏对象创建的细节，从而使得程序代码不依赖于具体的对象，这样在增加一个新对象时对代码改动非常小。

创建型模式主要有如下类型。

① 抽象工厂模式。抽象工厂模式提供一个创建一系列相关或相互依赖对象的接口，而不需指定它们具体的类。抽象工厂模式有以下角色参与。

- 抽象工厂（Abstract Factory）：担任这个角色的是工厂方法模式的核心，与应用系统商业逻辑无关。
- 具体工厂（Concrete Factory）：直接在客户端的调用下创建产品的实例，包括选择合适的产品对象的逻辑，而这个逻辑与应用系统的商业逻辑紧密相关。
- 抽象产品（Abstract Product）：担任这个角色的类是工厂方法模式创建的对象的父类或它们共同拥有的接口。
- 具体产品（Concrete Product）：代表具体的产品。
- 客户端（Client）：仅使用由 AbstractFactory 和 AbstractProduct 类声明的接口。

抽象工厂模式可以为一个产品族提供统一的创建接口，当需要这个产品族的某系列产品时，可以为此系列的产品族创建一个具体的工厂类。

假设我们有两种产品接口图书和碟片，每种产品都支持多种系列，如故事系列和科普系列。这样两个系列的产品分别是故事书、故事片和科普书、科普片。为了在运行时能创建一个系列的产品族，我们可以创建故事系列工厂 StoryFactory 和科普系列工厂 ScienceFactory，每个工厂都有生产书的方法 CreateBook 和生产碟片的方法 CreateDisc 并返回相应的产品，最后将这两个方法抽象成一个抽象接口 AbstractFactory，以供在运行时选择创建需要的产品系列。将这样的问题进行抽象，就得到了如图 7-14 所示的抽象工厂模式的结构。

② 生成器模式（Builder）：将一个复杂类的表示与其构造相分离，使得相同的构建过程能够得出不同的表示。

③ 工厂方法模式（Factory Method）：定义一个创建对象的接口，而让子类来决定实例化哪个类。工厂方法使得子类实例化的过程推迟。

④ 原型模式（Prototype）：用原型实例制定创建对象的类型，并且通过复制这个原型来创建新的对象。

⑤ 单例模式（Singleton）：保证一个类仅有一个实例，并提供一个访问它的全局访问点。

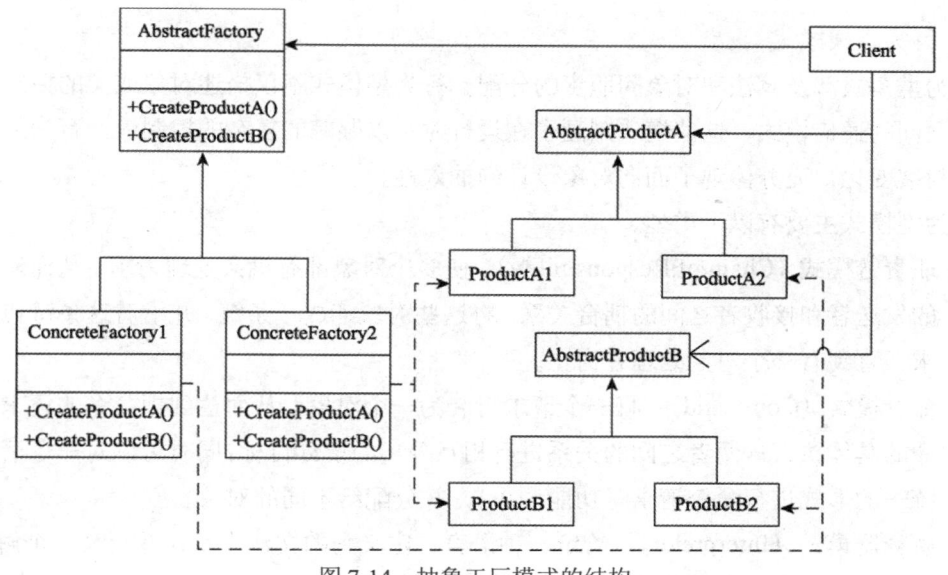

图 7-14　抽象工厂模式的结构

2) 结构型模式

结构型模式涉及如何组合类和对象以获得更大的结构。结构型模式采用继承机制来组合接口或实现。根据描述内容的不同，结构型模式可以分为类结构型模式和对象实例结构型模式。结构型对象模式不是对接口和实现进行组合，而是描述了如何对一些对象进行组合，从而实现新功能的一些方法。因为可以在运行时改变对象组合关系，所以对象组合方式具有更大的灵活性，而这种机制用静态类组合是不可能实现的。

结构模型主要有如下类型。

- ❖ 适配器模式（Adapter）：将一个类的接口转换成客户希望的另一个接口，使得原本由于接口不兼容而不能一起工作的那些类可以一起工作。
- ❖ 桥模式（Bridge）：将抽象部分与它的实现部分分离，使得它们可以独立地变化。
- ❖ 组合模式（Composite）：将对象组合成树形结构，以表示"部分-整体"的层次结构，使得用户对单个对象和组合对象的使用具有一致性。
- ❖ 装饰模式（Decorator）：动态地给一个对象添加一些额外职责，就增加功能来说，比生成子类更为灵活。
- ❖ 外观模式（Facade）：为子系统中的一组接口提供一个一致的界面，定义了一个高层接口，使得这一子系统更加容易使用。
- ❖ 享元模式（Flyweight）：运用共享技术，有效地支持大量细粒度的对象。
- ❖ 代理模式（Proxy）：为其他对象提供一种代理，以控制对这个对象的访问。

可以看出，结构型模式之间存在着很多相似性，这在它们的成员和协作之间表现得尤为明显。这可能是因为结构型模式依赖于同一个很小的语言机制：类结构型模式采用单继承和多重继承机制，而对象实例结构型模式采用对象组合机制。这些相似性掩盖了这些模式的不同意图。

3）行为型模式

行为型模式涉及算法和对象间职责的分配。行为型模式不仅描述对象或类的模式，还描述它们之间的通信模式，这些模式刻画了在运行时难以跟踪的复杂的控制流。行为型模式通过实现封装变化，充分体现了面向对象设计的抽象性。

行为型模式主要有以下类型。

- ❖ 职责链模式（Chain of Responsibility）：使多个对象都有机会处理请求，从而避免请求的发送者和接收者之间的耦合关系。将这些对象连成一条链，并沿着这条链传递该请求，直到有一个对象处理它为止。
- ❖ 命令模式（Command）：将一个请求封装为一个对象，从而达到把命令的请求和对命令的具体执行这两者之间的关系进行相互分离的设计目标；同时可以对命令请求者用统一的形式进行命令请求（功能调用），并分配给不同的对象。
- ❖ 解释器模式（Interpreter）：给定一种语言，定义它的文法表示，并定义一个解释器，使用该文法表示来解释语言中的句子。
- ❖ 迭代器模式（Iterator）：提供一种方法来顺序访问一个聚合对象中的各元素，而不暴露该对象的内部表示。
- ❖ 备忘录模式（Memento）：在不破坏封装性的前提下，获取一个对象的内部状态，并在该对象之外保存这个状态，这样以后就可将该对象还原到原先保存的状态。
- ❖ 中介者模式（Mediator）：用一个中介对象来封装一系列的对象交互，使各对象不需要显式地相互引用，从而实现低耦合并且可以独立地改变它们之间的交互。
- ❖ 状态模式（State）：允许一个对象在其内部状态改变时改变它的行为，使对象看起来似乎修改了它的类。
- ❖ 策略模式（Strategy）：定义并封装一系列算法，使它们可以相互替换，从而使算法可独立于使用它的客户而变化。
- ❖ 观察者模式（Observer）：定义对象间的一种一对多的依赖关系，当一个对象的状态发生改变时，所有依赖于它的对象都得到通知并被自动更新。
- ❖ 模板方法（Template Method）：定义一个操作中的算法的骨架，而将一些步骤延迟到子类中，使子类可以在不改变一个算法结构的情况下，就可以重定义该算法的某些特定步骤。
- ❖ 访问者模式（Visitor）：表示一个作用于某对象结构中的各元素的操作，可以在不改变各元素的类的前提下定义作用于这些元素的新操作。该模式分离了对象的数据和行为，可以在不修改已有程序结构的前提下，通过添加额外的"访问者"来完成对已有代码功能的提升。

除了少数例外情况，各行为型设计模式之间存在着相互补充和相互加强的关系。一个设计良好的面向对象系统通常有多个模式嵌在其中，但设计者未必使用设计模式这些术语进行思考。然而，如果我们在模式级别而不是在类或对象级别上进行系统组装，就可以更加方便地获取同等的协同性。

7.6 面向对象设计案例

本节以第 6 章中的面向对象分析案例为基础，继续开展在设计阶段的工作，即创建图书管理系统的设计模型，限于篇幅，主要以图书借阅为例。

设计模型是在分析模型的基础上，综合考虑系统的实现环境、可靠性、安全性、适应性等非功能性需求，并把实现技术加入分析模型后得出的系统设计方案。在设计模型中，不仅要进一步细化分析阶段所提取的类，还会增加一些新的类，以便处理诸如数据库、用户接口等技术领域的问题。创建设计模型的主要工作有系统平台设计、结构设计、用例设计、界面设计、数据库设计等。

7.6.1 系统平台设计

系统平台是系统开发和运行的环境。图书管理系统的开发和运行环境如下。

① 操作系统是计算机系统中最重要的系统软件。图书管理系统可以运行在 Windows 等操作系统下。

② 支撑软件是协助人们开发和维护系统的工具和环境软件。数据库系统、集成开发环境等都属于支撑软件。图书管理系统使用的数据库管理系统是 Microsoft SQL Server，开发环境是 Eclipse，分析设计建模环境是 Rational Rose。

7.6.2 结构设计

结构设计是把系统划分成相对独立、功能相对完整的子系统（包），并标识子系统（包）及其联系。包中集合了类，类图中包括有助于用户从技术逻辑中分离出的业务逻辑（领域类），从而减少他们之间的相互依赖性。

图书管理系统的结构视图由用户界面包（UI Package）、业务模型包（BM Package）、数据库包（DB Package）和构件包（Components Package）组成，如图 7-15 所示。

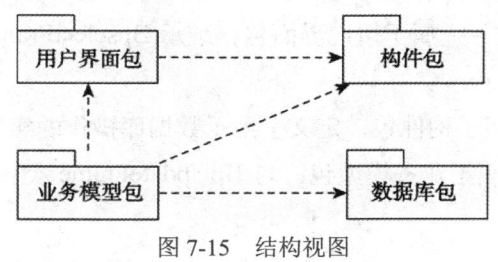

图 7-15　结构视图

① 用户界面包（UI Package）：描述系统用户界面使用的类，这些类提供用户浏览、输入数据等操作。用户界面包是与业务模型包相互协作的，可以调用业务模型包中的类实例方法对图书信息进行检索、添加和修改等操作。

② 业务模型包（BM Package）：包括分析阶段主要的类，如图书类、读者类等，在设计阶段要进一步细化这些类，从而完整地定义它们的操作，并为它们增加持久性存储支持。该包可以与数据库包相互协作，访问数据库中的持久数据。

⑤ 数据库包（DB Package）：为业务模型包中的类提供数据存取服务，为这些类实现数据的持久性存储功能。

④ 构件包（Components Package）：包含一些可以被系统中其他包所使用的公共服务。

7.6.3 用例设计

用例设计的工作主要是绘制设计类图和绘制顺序图。绘制设计类图是定义用例涉及的所有类及其关系，并为它们增加属性和方法。在用例分析时已经确定的用例涉及的概念类可以作为初步设计类，然后根据设计需要，进行分解和调整，成为最终的设计类。绘制顺序图是为实现用例，在顺序图中反映各对象之间的消息调用过程。

1. 设计类图

在 6.5 节"借阅图书"用例建立的概念类的基础上，可以确定该用例有以下设计类：借阅图书（LendBook）、图书借阅表（LentBookList）、图书预约表。图 7-16 是"借阅图书"用例的设计类图。

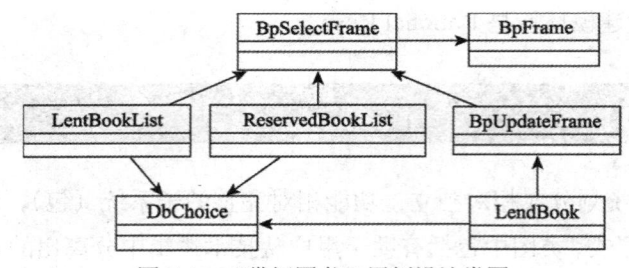

图 7-16 "借阅图书"用例设计类图

① BpFrame 类——属于用户界面包，定义系统检索与修改界面的框架。

② BpSelectFrame 类——属于用户界面包，继承 BpFrame 类，定义检索界面框架。

③ BpUpdateFrame 类——属于用户界面包，继承 BpselectFrame 类，定义系统修改界面框架。

④ DbChoice 类——属于构件包，定义了用于数据库操作的实例变量和实例方法。

⑤ LendBook 类——属于业务模型包，与 BpUpdateFrame 类、与 DbChoice 类相关联，实现借阅图书功能。

⑥ LentBookList 类——属于业务模型包，与 BpselectFrame 类、与 DbChoice 类相关联，显示借出图书信息。

⑦ ReservedBookList 类——属于业务模型包，与 BpselectFrame 类、与 DbChoice 类相关联，显示预约图书的信息。

2. 设计用例顺序图

为了实现用例的功能，这就要在顺序图或通信图中反映各对象之间的消息调用过程。图 7-17 为读者借阅曾经预约过图书的情况下的"借阅图书"用例的顺序图。

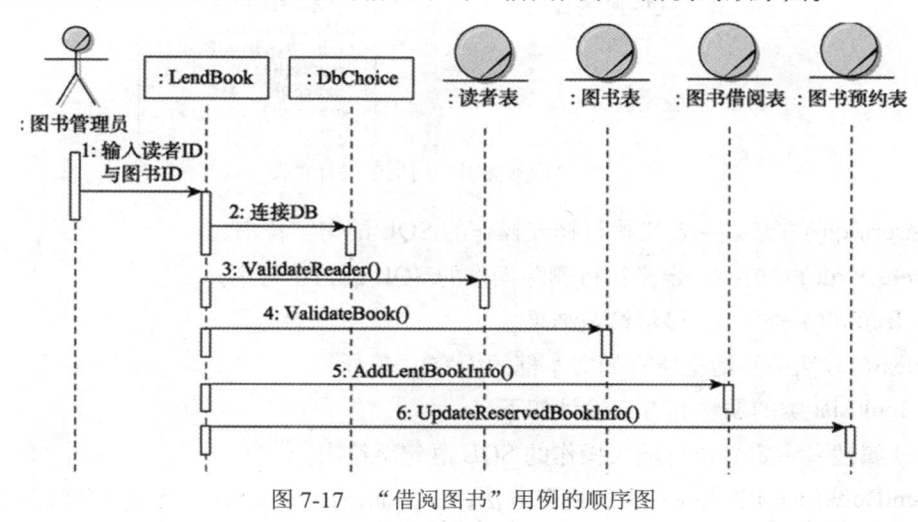

图 7-17 "借阅图书"用例的顺序图

3. 设计属性和方法

用例设计中识别出了大量的设计类后，要详细设计识别出的每个设计类，即设计类的属性和方法。属性设计时应该注意：一要补充分析时没有考虑到的属性，确定属性的全部内容，如属性名、可视性、范围、类型等；二要尽量采用相同的程序设计语言的语法规范描述属性。

方法设计包括数据结构设计、算法设计和流程设计。方法设计要注意的是：一要立足于所采用的程序设计语言；二是所选用的程序设计语言应该能够提供丰富的数据结构；三要根据所实现的功能确定算法设计；四是可以用程序流程图或活动图来描述流程设计的结果。

图 7-18 为添加了属性和方法的"借阅图书"用例的设计类图。

LentBook 类的属性和方法设计如下：

① sql 属性——定义执行插入操作的 SQL 语句字符串。

② lendBook()方法——类的构造方法，一方面，调用 DbChoice 类的对象实例，创建数据库连接等功能；另一方面，提供添加图书信息界面。

③ validateReader()方法——验证读者身份。

④ validateBook()方法——验证图书是否可借。

⑤ addLentBookInfo()方法——添加可借阅图书的信息。

⑥ updateReservedBook()方法——更新预约图书的信息。

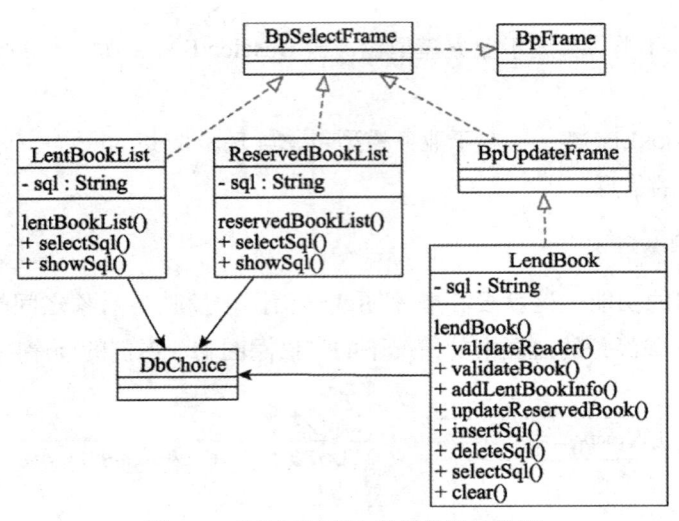

图 7-18 "借阅图书"用例的设计类图

⑦ insertSql()方法——定义执行插入操作的 SQL 语句字符串。
⑧ deleteSql()方法——定义执行删除操作的 SQL 语句字符串。
⑨ selectSql()方法——显示检索结果。
⑩ clear()方法——清空所有的文本框的内容。

LentBookList 类的属性和方法设计如下：
① sql 属性——定义执行插入操作的 SQL 语句字符串。
② lentBookList()方法——类的构造方法，一方面调用 DbChoice 类的对象实例，创建数据库连接等功能，另一方面实现"图书借阅表"功能的界面。
③ selectSql()方法——定义执行检索操作的 SQL 语句字符串。
④ showSql()方法——显示检索结果。

ReservedBookList 类的属性和方法设计如下：
① sql 属性——定义执行插入操作的 SQL 命令字符串。
② reservedBookList()方法——类的构造方法，一方面调用 DbChoice 类的对象实例，创建数据库连接等功能；另一方面实现"图书预约表"功能的界面。
③ selectSql()方法——定义执行检索操作的 SQL 命令字符串。
④ showSql()方法——显示检索结果。

7.6.4 数据库设计

图书管理系统的实现必须具有持久存储对象，即数据库的支持，系统结构设计的数据层应提供这种服务。图 7-19 描述了与图书借阅有关的持久型类之间的关系。可以看出，系统包括的数据对象有 BookInfo（图书）、BookItem（图书项）、LentBookInfo（图书借阅）、ReaderInfo（读者）和 ReservedBookInfo（图书预约）。BookInfo 与 BookItem 是组合关系，BookItem 和

```
      BookInfo
- bookId : String
- bookName : String              BookItem                ReservedBookInfo
- authorName : String        - itemId : String         - reserveId : Integer
- publisher : String         - bookId : String         - itemId : String
- publisherDate : Date       - collectionPlace : String - readerId : String
- price : Double             - state : Integer         - reserveDate : Date
- abstract : String                                    - state : Integer
- collectNum : Integer
- availbleNum : Integer

                          LentBookInfo
                      - lendId : Integer                  ReaderInfo
                      - itemId : String              - readerId : String
                      - readerId : String            - readerName : String
                      - lendDate : Date              - address : String
                      - dueDate : Date               - numLimitation : Integer
                      - returnDate : Date            - currNum : Integer
                      - returnMark : Integer
```

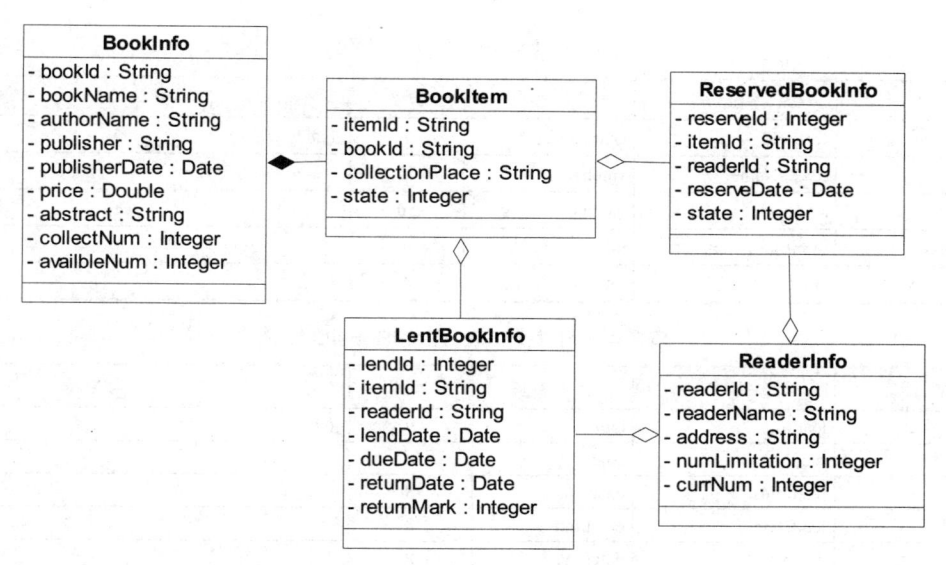

图 7-19 系统持久型类之间关系

LentBookInfo、ReservedBookInfo 是聚合关系，ReaderInfo 与 LentBookInfo、ReservedBookInfo 也是聚合关系。

图书管理系统的数据库 BookDB 用 Microsoft SQL Server 2008 创建，根据图 7-19 描述的系统持久类之间的关系，可以得到系统数据库 BookDB 由图书表 BookInfo、图书项表 BookItem、读者表 ReaderInfo、图书借阅表 LentBookInfo 和图书预约表 ReservedBookInfo 组成，分别如表 7-1～表 7-5 所示。

表 7-1 图书表（BookInfo）

中文名称	字段名	数据类型	长度	备 注
图书编码	bookId	char	16	主键
图书名称	bookName	varchar	50	
编著者	authorName	varchar	30	
出版社	publisher	varchar	30	
出版日期	publisherDate	datetime	8	
价格	price	decimal	9	
简介	abstract	varchar	500	
馆藏数量	collectNum	int	4	
可借数量	availbleNum	int	4	

表 7-2 图书项表（BookItem）

中文名称	字段名	数据类型	长度	备 注
图书条码号	itemId	char	8	主键
图书编码	bookId	char	16	
馆藏地	collectionPlace	varchar	30	
状态	state	char	1	0：可借；1：借出；2：预约

表 7-3 读者表（ReaderInfo）

中文名称	字段名	数据类型	长度	备注
读者号	readerId	char	8	主键
读者姓名	readerName	varchar	20	
联系地址	address	varchar	50	
借书限额	numLimitation	int	4	
已借数量	currNum	int	4	

表 7-4 图书借阅表（LentBookInfo）

中文名称	字段名	数据类型	长度	备注
借阅流水号	lendId	numeric	9	主键
图书条码号	itemId	char	8	
读者号	readerId	char	8	
借出日期	lendDate	datetime	8	
到期日期	dueDate	datetime	8	
归还日期	returnDate	datetime	8	
归还标志	returnMark	char	1	Y：已归还；N：未归还

表 7-5 图书预约表（ReservedBookInfo）

中文名称	字段名	数据类型	长度	备注
预约号	reserveId	numeric	9	主键
图书条码号	itemId	char	8	
读者号	readerId	char	8	
预约日期	reserveDate	Datetime	8	
预约状态	state	char	1	Y：预约有效；N：预约无效

本章小结

面向对象设计就是运用面向对象的方法进行系统设计。面向对象设计是面向对象分析的延续，是将面向分析的成果作为设计的输入来解决设计阶段的问题。由于研发者对问题域各部分的认识程度不同，一些有类似研发经验的内容可以重用一些过去的设计思想或模式，快速地从分析进入设计阶段，而有些不太熟悉的内容可能还停留在分析阶段；另外，在设计阶段可能会发现一些新问题，需要修改或补充分析模型。因此，从面向对象分析到面向对象设计的过渡是平滑的，甚至会出现反复交错，二者并不具有明显的界限，很难将二者严格区分。

面向对象设计的主要工作内容是以面向对象分析模型为基础，对选定的实现平台进行系统设计，包括全局性的决策和局部细节的设计。面向对象设计的目标是产生一个满足用户需求，并且在选定的实现平台上完全可以实现的面向对象设计模型。在面向对象设计阶段，其核心任务就是创建系统中的各包含操作的设计类图。

本章介绍了面向对象设计的概念、原理和方法，主要讨论了面向对象设计的概念、目标和任务、面向对象设计的系统模型、设计模式概念；重点介绍了面向对象设计的过程、设计类图、活动图、包图等 UML 设计模型及实现模型、常用设计模式和设计原则；最后，通过一个案例说明了面向对象设计的原理和方法。

思考题

1. 面向对象设计的概念是什么？它与面向对象分析间存在什么关系？
2. 面向对象设计的主要任务是什么？其设计过程包含哪些内容？
3. 设计类的主要工作是什么？根据第 6 章问题讨论 6 中建立的选课系统用例图，绘制设计类图。
4. 活动图的作用是什么？它与状态机图的区别是什么？
5. 构件图的作用是什么？构件与类的区别是什么？
6. 包图的作用是什么？包的内部和包之间各自存在着什么耦合关系？
7. 什么是设计模式？选出一种常用设计模式进行解释并举例说明。
8. 设计模式实现的设计原则主要有哪些？

参考文献

[1] 杨少波. J2EE 项目实训——UML 及设计模式[M]. 北京：清华大学出版社，2008.
[2] ERICH G. 设计模式——可复用面向对象软件的基础（双语版）[M]. 北京：机械工业出版社，2007.
[3] 冀振燕. UML 系统分析设计与应用案例[M]. 北京：人民邮电出版社，2003.
[4] BREET D M. 深入浅出面向对象分析与设计[M]. 南京：东南大学出版社，2009.
[5] 麻志毅. 面向对象分析与设计[M]. 北京：机械工业出版社，2008.
[6] MARK P. 面向对象设计 UML 实践[M]. 北京：清华大学出版社，2004.
[7] 科伯恩. 敏捷软件开发[M]. 北京：人民邮电出版社，2003.
[8] 绍维忠，杨芙清. 面向对象的系统设计[M]. 北京：清华大学出版社，2007.
[9] 侯爱民，欧阳骥，胡传福. 面向对象分析与设计（UML）[M]. 北京：清华大学出版社，2015.

第 8 章
基于新一代信息技术的信息系统开发

随着云计算、大数据、物联网、移动互联网、人工智能等新一代信息技术的发展，信息化和工业化深度融合，加快了信息系统向系统应用平台化、系统架构开放化、系统服务协同化以及管理决策智能化等方面的发展，让企业内外部资源通过信息系统汇聚到管理层，并通过人工智能手段辅助决策。

信息系统架构用于指导信息系统各方面的设计，不仅显示了系统需求和系统结构之间的对应关系，还指定了整个信息系统的组织和拓扑结构，提供了设计决策的基本原则。移动终端已经拥有了强大的处理能力，移动应用开发已经得到企业的普遍重视。很多企业为自己的客户及内部员工开发了相应的 App，通过企业信息系统相互沟通。大数据理念和技术的快速发展促使以互联网技术、信息技术、物联网技术为基础的新一代信息技术实现了密切的关联，从而推动信息化社会的快速发展。大数据的发展为信息系统的构建和优化创造了良好的条件，也促进了技术的深度融合和作用发挥。

本章主要介绍信息系统开发常用的架构和架构演化过程；移动 App 开发主要模式及开发流程；大数据驱动的信息系统开发关键技术及开发过程；面向服务的信息系统开发和开放环境下信息系统安全设计的内容。

本章重点：
- 信息系统常用架构
- 微服务架构
- 数据驱动的信息系统开发方法
- 移动 App 开发的主要模式
- 信息系统安全设计

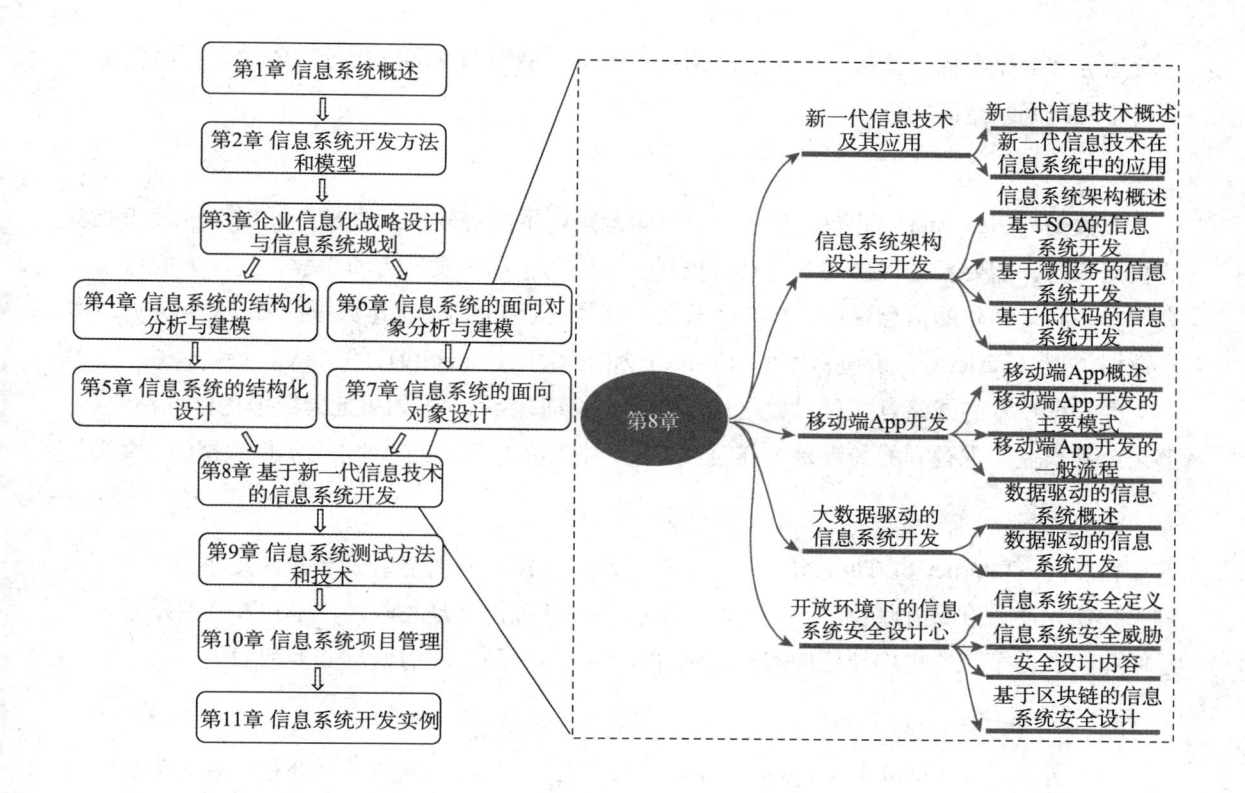

8.1　新一代信息技术及其应用

云计算、大数据、物联网、移动互联网、人工智能等新一代信息技术的本质是让信息的传输效率更高、成本更低、获得的数据更多、智能化程度更高。这些技术在信息系统中的深度应用，加快了信息系统向系统应用平台化、系统架构开放化、系统服务协同化以及管理决策智能化等方面的发展，产生更多的价值，并最终促进形成一种新的业务协作模式，让企业内外部资源通过信息系统汇聚到管理层，并通过人工智能手段辅助决策。

8.1.1　新一代信息技术概述

1. 云计算

云计算（Cloud Computing）是分布式计算的一种，是通过网络"云"将巨大的数据计算处理程序分解成无数个小程序，然后通过多台服务器组成的系统进行处理和分析，并将结果返回给用户。云计算早期就是简单的分布式计算，解决任务分发并进行计算结果的合并。因而，云计算又被称为网格计算，可以在很短的时间内完成对数以万计的数据的处理，从而实现强大的网络服务。

云计算的核心是以互联网为中心，将很多的计算机资源协调在一起，提供快速且安全的计算服务和数据存储，让每个使用互联网的人都可以使用网络的庞大计算资源和存储资源，同时不受时间和空间的限制。

2. 大数据

大数据（Big Data）是指无法在一定时间范围内用常规软件工具进行捕捉、管理和处理的数据集合，需要新处理模式才能具有更强的决策力、洞察发现力和流程优化能力的海量、高增长率和多样化的信息资产，具有海量数据规模（Volume）、快速数据流转（Velocity）、多样数据类型（Variety）、价值密度低（Value）和真实性（Veracity）的"5V"特征。

大数据技术的战略意义是对数据进行专业化处理。换言之，如果把大数据比作一种产业，那么这种产业实现盈利的关键是提高对数据的"加工能力"，通过"加工"实现数据的"增值"。

3. 物联网

物联网（Internet of Things，IoT）是新一代信息技术的重要组成部分，又称为泛互联，意指物物相连、万物万联：第一，物联网的核心和基础仍然是互联网，是在互联网基础上的延伸和扩展；第二，用户端延伸和扩展到任何物品与物品之间的信息交换和通信。

4. 人工智能

人工智能（Artificial Intelligence，AI）是研究、开发用于模拟、延伸和扩展人类智能的理论、方法、技术及应用系统的一门新的科学技术，是计算机科学的一个分支，使人们了解智能的实质，并生产出一种新的能以人类智能相似的方式做出反应的智能机器，研究内容包括机器人、语言识别、图像识别、自然语言处理和专家系统等。

5. 新一代信息技术之间的关系

云计算、大数据、物联网和人工智能之间存在着比较紧密的联系，从技术体系结构来看，云计算和大数据是比较接近的，都以分布式存储和分布式计算为核心，但是主要提供服务，而大数据主要完成数据的价值化。

物联网的层次结构能够很好地呈现与大数据、云计算和人工智能之间的关系，分为六层，分别是设备层、网络层、物联网平台层、数据分析层、应用层和安全层，其中安全层是全覆盖的。在物联网的层次结构中，算力部分由云计算来支撑，也有一部分由边缘计算来提供服务，数据分析层主要采用大数据技术来实现，而应用层主要由人工智能技术来实现，或者说未来人工智能技术在应用层的作用会越来越重要。

物联网要想真正发挥出巨大的作用，一定离不开人工智能技术，而人工智能技术要想实现落地应用，一定离不开物联网提供的场景，所以二者之间存在非常紧密的依赖关系。

人工智能技术依赖海量的数据，需要对数据进行存储、清洗、结构化处理，5G技术可以支持更多的设备以更快的速度向中心服务器传输数据。

8.1.2 新一代信息技术在信息系统中的应用

信息系统开发体现着企业的发展战略和管理思路。因此，信息系统应充分体现企业的管理模式和业务模式，并随企业的发展战略而不断进行调整。同时，新一代信息技术对信息系统设计和开发产生变革性影响，主要表现为：① 存储计算能力的大幅增长；② 基础资源的应用和管理方式发生颠覆性变化；③ 数据的应用场景和应用模式得到拓展；④ 数据的获取渠道和获取方式多样化、自动化、规范化；⑤ 信息安全趋于总体化。因此，信息系统的建设也会发生相应变化，主要表现为：① 信息系统架构由单体架构向分布式架构演化；② 信息系统趋向于建立在公共基础、专业基础等不同层次的支撑平台上；③ 信息系统更加注重系统内部与环境之间的和谐向协同生态的方向发展；④ 信息系统以更为复杂的数据形式支撑各类业务场景；⑤ 数据应用模式从传统单一用法向智能化方向发展；⑥ 信息系统安全管理更加注重数据一致性、完整性、可恢复性、用户信任、安全性和透明性等。

新一代信息技术在信息系统中的深度应用加快了信息系统向系统应用平台化、系统架构开放化、业务处理协同化、管理决策智能化等方面发展，产生更大的价值，并最终促进形成一种新的业务协作模式。以满足企业内部及企业间业务协同处理需求为目标的信息化公共服务平台通过先进的架构技术，便捷、高效、智能化地满足不同企业的应用需求，并通过集成化技术实现与异构系统、软/硬件资源间的无缝集成，让企业内外部资源通过信息系统汇聚到管理层，并通过人工智能手段辅助决策。

① 系统应用平台化。信息系统不再是某企业或组织内部的封闭式应用系统，而是面向信息共享与信息交互的公共服务平台，各信息系统可以有机结合起来，实现互通信息、共享数据资源。

② 系统架构开放化。信息系统之间的信息共享和信息交互需要信息系统必须基于开放共享的信息技术标准，具有更加开放、更具弹性的系统架构，系统服务以更加灵活多样的形式扩展，以适应信息系统之间的业务逻辑协作服务。

③ 系统服务协同化。信息系统内部与外部环境之间更加和谐，信息系统服务的协同化将包括系统内各部分之间协同、基于业务流程系统内的流程协同和基于业务流程合作系统的全局流程协同。系统之间通过信息共享、信息交互和服务组件相互联系、相互制约。

④ 管理决策智能化。信息系统的两个重要职能分别是服务和管理，既相互独立又相互依赖。服务为管理提供了丰富的数据，而管理借助云计算、大数据、人工智能等技术对各类实时信息进行判断、推理和决策，统筹、优化、调度各类服务资源，实现企业管理决策智能化。

1. 云计算在信息系统中的应用

云计算是一种基于服务的模型，给信息系统开发带来了诸多变革。在传统的信息系统开发模式下，每个应用程序都必须从头开始开发，需要相关的硬件、软件和网络基础设施支持。而在云计算模式下，应用信息系统开发可以从云上获取需要的服务，避免了硬件和软件的扩展问题，使得信息系统的开发和部署变得更加快捷、灵活和可靠。通过云计算，企业可以使用云数据库、云存储、云计算及云安全等服务来构建信息系统。云计算可以帮助企业快速创建、部署和扩展信息系统，以适应变化的需求。

云计算在信息系统开发中的应用体现在以下 5 方面。

① 云存储。开发人员可以使用云存储服务，将数据和文件存储在云端，以便于多个设备和用户之间的共享和协作。云存储服务通常具有高可用性和可靠性，可以保障数据的安全性和可用性。通过云计算，团队成员可以在任何时候、任何地点共享文件、数据和代码。这种协作方式有助于提高开发效率，减少错误和重复工作。另外，云存储服务还可以提供更好的测试环境，使团队在开发、测试和部署过程中节省时间、降低成本。

② 云数据库。云数据库服务可以提供高效的数据存储和管理功能，包括数据备份、恢复、安全性和可扩展性等。开发人员可以选择合适的云数据库服务，以满足不同的数据存储需求。同时，它还提供了良好的安全保护和数据管理。在提高开发效率方面，云数据库解决了许多与服务器和网络相关的问题，从而使应用程序的开发变得更加快捷方便。

③ 云应用程序托管。云计算平台提供了应用程序托管服务，开发人员可以将应用程序部署到云端，以便多个用户和设备之间的访问和使用。云应用程序托管服务通常具有高可用性和可靠性，可以保证应用程序的稳定性和性能，降低了信息系统开发成本，减少了资本支出，同时更灵活地使用互联网资源。

④ 云计算服务。云计算平台提供了多种计算服务，包括虚拟机、容器、服务器等，开发人员可以选择合适的计算服务，以满足不同的计算需求。云计算服务通常具有高弹性和可扩展性，可以满足不同规模和容量的计算需求。此外，云计算服务可以实现自动化，减少手动管理和维护成本。例如，自动化监测和管理可以减少业务中断的风险，以及提供更短的故障恢复时间。

⑤ 云安全服务。传统的信息系统数据通常存储在本地数据中心，无法保障数据安全可能带来的一些安全风险。云计算平台提供了多种安全服务，包括数据加密、身份认证、网络隔离和数据备份等功能，可以保护信息系统的数据和应用程序不受攻击。此外，云计算也采取预防措施，防止安全漏洞的出现，提高信息系统的安全性。云计算已经成为信息系统开发的关键技术之一。它可以提供更高的灵活性、可扩展性和安全性，同时降低企业成本。对于信息系统开发团队，使用云计算可以加速开发过程，提高生产效率，同时使数据更加安全。它已经成为信息技术发展的重要组成部分。

2. 物联网在信息系统中的应用

物联网是指通过互联网将物品相互连接，从而实现人、物、环境之间的全方位互动和智能化管理。在这种情况下，物联网如何应用于信息系统开发成为了一个研究热点。

① 数据采集。首先，物联网可以改进信息系统的数据采集能力。物联网技术使得物品之间的互联变得容易，这使得信息系统可以收集到更多更准确的数据。例如，在一个物联网环境中，传感器可以收集到各种各样的数据，包括温度、湿度、气压、空气质量等。通过对这些数据的收集，信息系统可以更加全面和准确地分析和处理数据，并从中发现更多的价值。例如，在智能家居的应用中，通过物联网技术，智能家居设备可以相互协调，自动调整温度、光线等，从而实现智能的生活体验。

② 远程控制。物联网可以帮助信息系统实现更好的远程控制。通过物联网技术，信息系统可以控制物品的状态和行为，从而实现更加精细的控制。例如，在智能工厂中，物联网技术可以实现生产线的机器远程控制和智能化管理，从而提高生产效率和降低成本。

③ 智能化和自动化。物联网可以使信息系统更加智能化和自动化。物联网技术可以使物品更加智能地感知和响应环境，从而实现自动化控制。通过物联网技术进行信息系统开发，可以实现各种自动化控制和决策。例如，在交通领域中，物联网技术可以实现自动驾驶汽车，从而减少交通事故和提高驾驶效率。

综上所述，物联网技术在信息系统开发中具有广泛的应用前景。从数据采集、远程控制、自动化等方面，物联网技术都能够为信息系统带来更多的优势。因此，在今后的信息系统开发中，物联网技术将扮演越来越重要的角色，并且有望成为信息系统开发的主流技术。

3. 区块链在信息系统中的应用

区块链是一种去中心化的、可信的、不可篡改的分布式账本技术。它的核心思想是将数据分布在网络中的多个节点上，并通过密码学算法保证数据的安全性和可靠性。每个节点都可以查看和验证所有交易信息，这种去中心化的结构能够防止单点故障和数据篡改。

在区块链中，所有的交易信息都被打包成一个个"区块"，这些区块被链接在一起，形成了一个不可篡改的"链"，因此得名"区块链"。

① 数据共享。在传统的信息系统开发中，数据的共享通常是通过中心化的数据库实现的。这种方式存在着单点故障和数据被篡改的风险。而区块链技术的去中心化结构可以解决这些问题。通过使用区块链技术，多个节点可共同维护一个分布式账本，所有数据都被加密保存在节点上。任何人都可以查看和验证数据的真实性，这可以实现数据共享的安全和可靠。

② 智能合约。智能合约是一种基于区块链技术的自动化合约，可以自动执行合约条款和条件，并将结果写入区块链。智能合约可以将整个业务流程自动化，实现去中心化的信任。在信息系统开发中，智能合约可以用于自动化测试、发布、部署等过程。比如，可以通过智能合约自动化测试用例的编写和执行，提高软件质量和效率。

③ 数字身份。区块链技术可以用于实现数字身份认证，解决数字身份被盗用的问题。在传统的信息系统开发中，数字身份认证通常是基于用户名和密码的，但这种方式存在着安全风险，容易被黑客攻击。通过使用区块链技术，可以将数字身份信息加密存储在区块链上，每个用户都可以拥有自己的数字身份，并且可以通过私钥进行身份验证，从而保证身份的安

全性和可靠性。

④ 去中心化应用。区块链技术可以实现去中心化应用，这种应用不依赖于中心化的服务器，而是通过分布式网络进行数据存储和交互。去中心化应用可以实现更高的安全性、可靠性和可扩展性。

在信息系统开发中，去中心化应用可以用于构建分布式存储、分布式计算、分布式通信等系统。比如，可以利用区块链技术构建一个去中心化的云存储系统，用户可以在多个节点上存储和管理自己的数据，从而实现更高的安全性和可靠性。

4. 人工智能在信息系统中的应用

随着人工智能技术的快速发展，人工智能逐渐成为信息系统开发中的重要组成部分。人工智能技术可以帮助开发人员快速完成系统设计、开发和维护，提高系统的效率和性能。人工智能在信息系统开发中的应用，包括系统架构设计、数据分析、机器学习、自然语言处理、系统测试和人工智能决策支持系统。

① 系统架构设计。系统架构设计是信息系统开发中的重要环节，人工智能技术可以用于自动化系统架构设计、系统优化和系统评估等方面，帮助开发人员将系统的各个部分组合起来，形成一个完整的系统，提高系统的效率和性能。

② 数据分析。数据分析是信息系统开发中的重要环节，将人工智能算法和技术用于数据挖掘、数据可视化和数据分析模型的构建，快速分析大量的数据，发现隐藏在数据中的关联和规律，更好理解用户需求和行为，开发出易于使用的人机交互界面，优化系统的设计和功能，提高系统的智能化和精度。

③ 机器学习。机器学习是人工智能的核心技术之一，可以用来识别模式和规律。在信息系统开发中，利用机器学习算法和技术，使得系统在自然语言处理、图像识别和数据挖掘等方面，具有自我学习能力，从而提高系统的自适应性和可靠性。例如，利用机器学习算法对用户行为数据进行分析，可以预测用户的需求和行为，提供更加个性化的服务。

④ 自然语言处理。自然语言处理是人工智能技术的一个重要分支，赋能信息系统可以更好地理解和处理人类语言。在信息系统开发中，利用自然语言处理技术实现系统和人之间的自然语言交互，用于智能客服、智能翻译、智能搜索等方面，提高系统的友好性和易用性。例如，利用自然语言处理技术对用户的问题进行解答，可以提高用户满意度和服务质量。

⑤ 系统测试。系统测试是信息系统开发中的重要环节。人工智能技术可以用于自动化系统测试、测试用例生成和测试结果分析等方面，可以帮助开发人员检测系统的性能和稳定性。例如，利用人工智能技术对系统进行自动化测试，可以提高测试效率和测试覆盖率。

⑥ 人工智能决策支持系统。人工智能决策支持系统是一种基于人工智能技术的决策支持工具，可以帮助决策者进行决策分析和决策制定。在信息系统开发中，人工智能决策支持系统可以用于风险评估、市场预测、产品推荐等方面。利用人工智能代理技术，让系统能够自主决策和执行任务，从而提高系统的智能化和自动化程度。例如，利用人工智能决策支持系统对市场趋势进行分析，可以帮助企业制定更加科学的市场策略。

8.2 信息系统架构设计和开发

信息系统架构在信息系统设计与开发中起到了结构化设计与组织、指导设计与开发、控制复杂性、提高性能与稳定性、促进团队协作等重要作用。首先，将复杂的信息系统划分为若干个相对独立但又相互关联的部分，使得信息系统更加清晰、易于理解和维护；其次，在系统设计与开发过程中，通过定义系统的关键组件、组件之间的关系以及数据流动的方式，从而确保开发团队能够按照统一的标准和规范进行工作；再者，信息系统架构通过合理划分和组织系统的各个部分，有助于控制这种复杂性，提高系统的可维护性和可扩展性；最后，信息系统架构为开发团队提供了一个共同的工作基础，团队成员可以基于统一的架构进行分工和协作，提高开发效率和质量。

8.2.1 信息系统架构概述

1. 信息系统架构定义

信息系统架构（Information System Architecture）是一系列相关的抽象模式，用于指导信息系统各个方面的设计。信息系统架构是一个软件系统的草图。在面向对象领域中，信息系统架构描述的对象是直接构成信息系统的抽象组件、组件之间的连接规则及相对细致的实施描述。在信息系统实现阶段，这些抽象组件被细化为实际的组件，比如具体某个类或者对象，组件之间的连接规则及实施采用接口实现。

信息系统架构是指在一定的设计原则基础上，从不同角度对组成软件系统的各部分进行搭配和安排，提供了一个结构、行为和属性的高级抽象，由组件的描述、组件的相互作用、指导组件集成的模式以及这些模式的约束组成。信息系统架构不仅显示了软件需求和软件结构之间的对应关系，还指定了整个软件系统的组织和拓扑结构，提供了一些设计决策的基本原则，如图8-1所示。

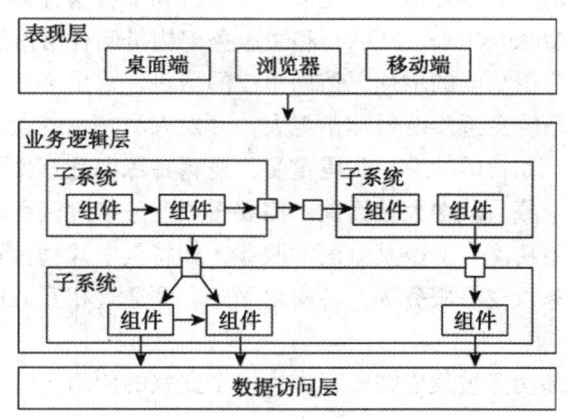

图 8-1 信息系统架构

2. 信息系统架构分类

根据关注的角度不同，可以将信息系统架构分成3种。

① 逻辑架构。逻辑架构描述了信息系统中的各组件之间所存在的关系，如外部系统接口、用户界面、商业逻辑组件、数据库等。

② 物理架构。物理架构描述了运行信息系统的计算机、网络和相关硬件设施等情况，如何将软件包部署到这些硬件资源上，以及它们运行时的配置情况，即软件系统最终如何安装或部署到物理机器上，主要有主机、整合服务器、应用服务器、代理服务器、存储服务器、报表服务器、Web 服务器、网络分流器等。物理架构关注功能的分布和数据的分布两方面。

③ 系统架构。系统架构一般涉及两方面的内容：业务架构和软件架构。业务架构描述了业务领域主要的业务模块及其组织结构。软件架构是一种思想，一个系统蓝图，是对软件结构组成的规划和职责设定。软件中包括处理数据存储的、处理业务逻辑的、处理页面交互的、处理安全的等许多可逻辑划分出来的部分。

信息系统架构对于信息系统生命周期有着重要的指导意义。信息系统架构在很大程度上决定了一个软件系统的最终质量，开发出的系统能否可靠地运行、方便地维护、按期交付都与信息系统架构的设计息息相关。可以看出，在信息系统的整个生命周期中，信息系统架构都起到了重要的作用。

3. 信息系统架构演化

信息系统开发主要经历了两个阶段。

一是单体架构开发阶段，基于单体架构开发的信息系统称为集中式信息系统或者称为单体式信息系统应用程序。就是把所有程序、功能、模块都集中到一个项目中，部署在一台服务器上，从而对外提供服务。早期的信息系统通常功能较少，用户不多，所以采用单体架构方式进行设计和开发，如经典的 MVC 三层架构设计。

二是分布式架构开发阶段，基于分布式架构开发的信息系统称为分布式信息系统应用程序，就是把所有程序、功能拆分成不同的子系统，部署在多台服务器上，这些子系统相互协作共同对外提供服务，用户并不知道后台是多个子系统和多台服务器在提供服务。面向服务架构（Service Oriented Architecture，SOA）和微服务架构是两种常用的分布式架构。

随着业务的发展，应用功能的增加，访问用户的增多，采用单体架构方式进行开发不再适用，因为集中式信息系统会逐步变得非常庞大，开发人员在系统设计、开发、测试、上线都会遇到相当多的问题，如代码冲突、代码重复、逻辑错综混乱、代码逻辑复杂度增加、响应新需求的速度降低、隐藏风险增大。因此，需要按照业务维度进行应用拆分，采用分布式架构开发系统，每个应用功能专职做某方面的服务，如将集中式销售管理系统拆分为用户服务、订单服务、产品服务、交易服务等，各应用服务之间通过相互调用完成某业务功能。

1）单体架构

单体架构应用的全部功能被集成在一起作为一个完整的应用系统，系统包含所有业务功能模块。

例如，ERP 系统包含了商品模块、订单模块、采购模块、销售模块、库存模块、报表模块等。单体架构更多地作为应用的部署架构，即只要它部署在同一台（虚拟）机器上，运行于同一进程中，而无论应用内部如何模块化、服务化或者分层。在 Java 开发中，典型的单体架构应用就是将应用的所有功能打包在一个 WAR 文件中，并部署在应用服务器（如 Tomcat）中运行。图 8-2 所示的销售管理系统包括用户管理模块、订单管理模块、产品管理模块等，这些模块开发完成后，被集成在一个工程中，最终经过编译、打包，部署在一台服务器上。

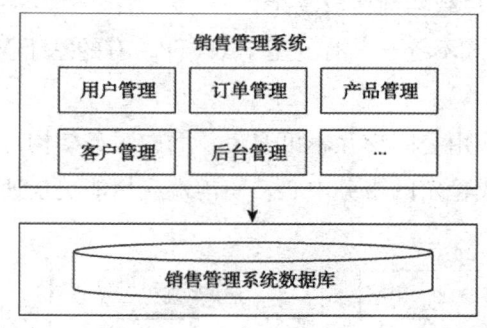

图 8-2 基于单体架构的销售管理系统

单体架构的特点如下。
① 部署简单：由于是完整的结构体，可以直接部署在一台服务器上即可。
② 技术单一：项目不需要复杂的技术栈，往往采用一套熟悉的技术栈就可以完成开发。
③ 项目开发成本低：单个程序员可以完成业务接口到数据库的整个流程。
④ 系统启动慢：进程包含了所有业务逻辑，涉及的启动模块过多，导致系统的启动、重启时间周期过长。
⑤ 系统错误隔离性差、可用性差：任何一个模块的错误均可能造成整个系统崩溃。
⑥ 可伸缩性差：只能整体应用进行扩容，不能做到对某功能点进行扩容。
⑦ 维修周期长：单体架构中的任何一个问题修复都需要对整个应用系统进行全面升级。

2）垂直架构

随着企业的发展，用户的数量及数据量的逐渐增大，基于单体架构的信息系统适应能力越来越弱，因此按照业务做垂直划分，将应用拆成互不相干的几个应用系统提升效率。如图 8-3 所示，销售管理系统被拆分成产品管理系统、客户管理系统、后台管理系统。

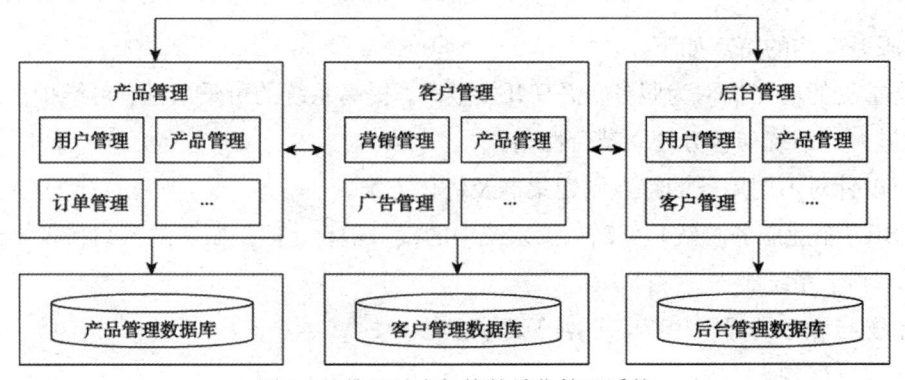

图 8-3 基于垂直架构的销售管理系统

垂直架构的特点如下。
① 系统拆分实现了流量分担，解决了并发问题。

② 可以针对不通的模块进行优化。
③ 方便水平扩展，负载均衡，容错率提高。
④ 系统之间相互独立，互不影响，新的业务迭代更加高效。
⑤ 服务之间相互调用，若某服务的端口或 IP 地址发生变化，调用的系统必须手动改变。
⑥ 搭建集群后，实现负载均衡比较复杂。
⑦ 服务之间的调用方式不统一，有的基于 HTTP，有的基于 WebService 协议。

3）面向服务架构（SOA）

垂直应用越来越多，应用之间交互不可避免，面向服务架构可以将核心业务抽取出来，作为独立的服务，逐渐形成稳定的服务中心，使前端应用能更快速地响应多变的市场需求，如图 8-4 所示。

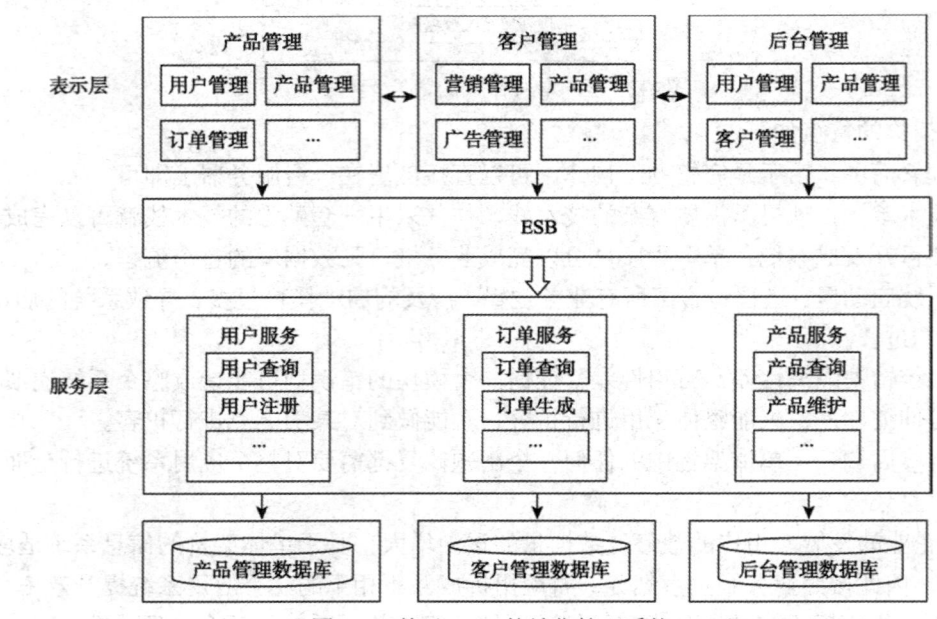

图 8-4 基于 SOA 的销售管理系统

面向服务架构的特点如下。

① 将重复的功能抽取为服务，提高开发效率，提高系统的可重用性、可维护性，由于服务的粒度过大，系统与服务之间耦合性高。
② 可以针对不同服务的特点制定集群及优化方案。
③ ESB（企业服务总线）可以减少系统中的接口耦合，但是服务的接口协议不固定，种类繁多，不利于系统维护。
④ 系统与服务的界限模糊，不利于开发及维护。

4）微服务架构

当强调"业务组件化和服务化"时，原有的单个业务系统被拆分为多个可以独立设计、开发、运行的小应用，这些小应用之间通过服务完成交互和集成，如图 8-5 所示。

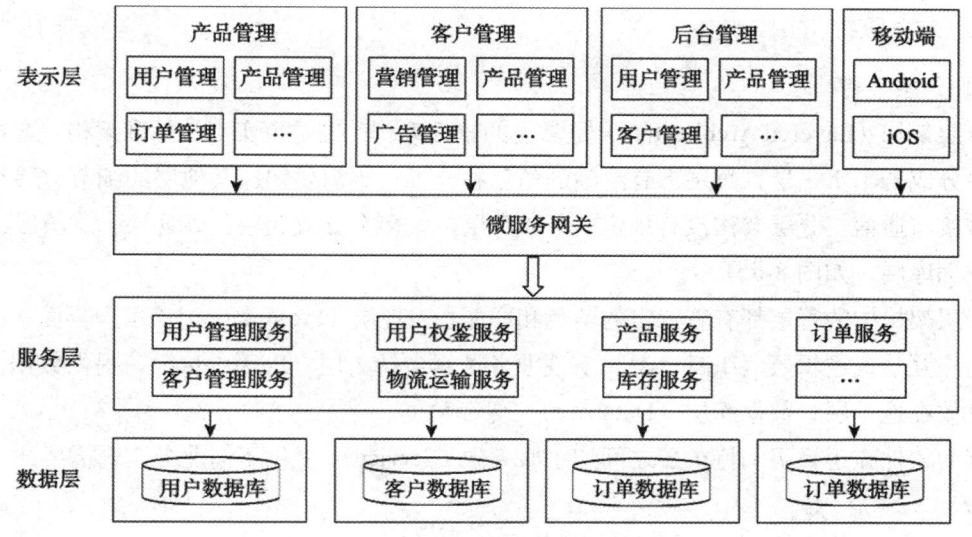

图 8-5 基于微服务的销售管理系统

微服务的特点如下。
① 服务拆分粒度更细，有利于资源重复利用，提高开发效率。
② 可以更加精准地制定每个服务的优化方案，提高系统可维护性。
③ 微服务架构采用去中心化思想，服务之间采用 RESTful 等轻量级协议通信。
④ 适用于互联网时代，产品迭代周期更短。
⑤ 微服务过多，服务治理成本高，不利于系统维护。
⑥ 分布式系统开发的技术成本高（容错、分布式事务等），对团队挑战大。

5) 面向服务架构与微服务架构的比较

面向服务架构是一种设计方法，包含多个服务，服务之间通过相互依赖最终提供一系列的功能。一个服务通常以独立的形式存在操作系统进程中，各服务之间通过网络调用。微服务是面向服务架构的升华，强调的重点是"业务需要彻底的组件化和服务化"。微服务是面向服务架构发展出来的产物，是一种比较现代化的细粒度的面向服务架构实现方式。面向服务架构与微服务架构的比较如表 8-1 所示。

表 8-1 面向服务架构与微服务架构的比较

面向服务架构	微服务
应用程序服务的可重用性最大化	专注于解耦
系统性的改变需要整体修改	系统性的改变是创建新服务
DevOps 和持续交付正在变得流行，不是主流	强烈 DevOps 和持续交付
专注于业务功能重用	更重视上下文边界的概念
使用企业服务总线（ESB）通信	对于通信，使用较少和简单的消息系统
支持多种消息协议	使用轻量级协议，如 HTTP、REST 等
容器（Docker）的使用不太受欢迎	容器在微服务方面效果很好
服务共享数据存储	每个微服务可以拥有单独的数据存储
共同的治理和标准	轻松的治理，更注重团队协作和选择自由

4. 信息系统常用架构

1) 分层架构

分层架构（Layered Architecture）是常见的软件架构，也是事实上的标准架构。这种架构将软件分成若干水平层，每层都有清晰的角色和分工，不需要知道其他层的细节。层与层之间通过接口通信。分层架构没有规定要分成几层，大多会分成四层：表现层、逻辑层、持久层和数据库层，如图8-6所示。

分层架构中的每层都有着特定的角色和职能：表现层（Presentation），用户界面，负责视觉和用户互动；逻辑层（Business），实现业务逻辑；持久层（Persistence），提供数据，SQL语句就放在这一层；数据库层（Database），保存数据。

有的软件在逻辑层和持久层之间加了服务层（Service），提供不同业务逻辑需要的一些通用接口。

分层架构中的每层都是封闭的，访问请求将依次通过这四层的处理，不能跳过其中任何一层，如图8-7所示。用户访问请求首先从表现层往下传递，依据表现层传递的请求类型逻辑层进行相应处理，然后传递到持久层，最后传递到数据库层。

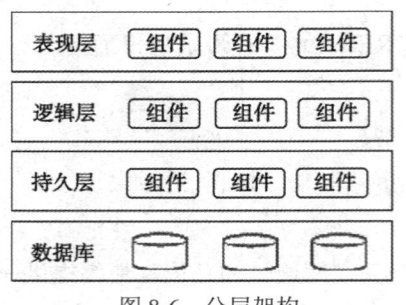

图8-6 分层架构

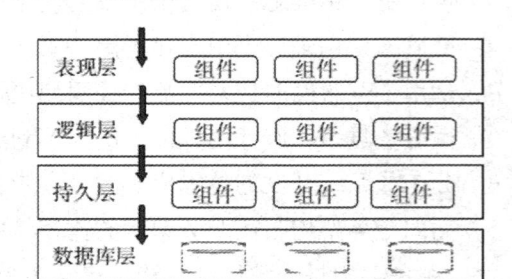

图8-7 分层架构的请求传递

分层架构的优点：结构简单，容易理解和开发；项目组成员分工明确，负责不同的层，非常适合企业组织架构；每层都可以独立测试，与其他层的接口通过模拟解决。

分层架构的缺点：一旦信息系统应用环境发生变化，需要对相关层组件进行调整或增加或删除功能，对信息系统影响比较大；部署周期长，即使只修改一个小地方，往往也需要整个软件重新部署，不容易做持续发布；软件升级时，可能需要整个服务暂停；扩展性差，用户请求大量增加时，必须依次扩展每层，由于每层内部是耦合的，因此信息系统扩展性较差。

2) 事件驱动架构

事件驱动架构（Event Driven Architecture）是一个流行的分布式异步架构模式，可以用来设计规模很大的应用程序。基于这种架构模式应用可大可小，由高度解耦的、单一目的的事件处理组件组成，可以异步地接收和处理事件。

事件驱动系统典型地由事件消费者和事件产生者组成。事件消费者向事件管理器订阅事件，事件产生者向事件管理器发布事件。当事件管理器从事件产生者收到一个事件时，将这个事件转送给相应的事件消费者。如果这个事件消费者是不可用的，那么事件管理者将保留这个事件，一段间隔后再次转给该事件消费者。这种事件传送方法在基于消息的系统里就是存储（Store）和转送（Forward）。

事件是状态发生变化时软件发出的通知。基于事件驱动架构的信息系统主要分成 4 部分（如图 8-8 所示）：事件队列（Event Queue），接收事件的入口；事件分发器（Event Mediator），将不同的事件分发到不同的业务逻辑单元；事件通道（Event Channel），分发器与处理器之间的联系渠道；事件处理器（Event Processor），实现业务逻辑，处理完成后会发出事件，触发下一步操作。

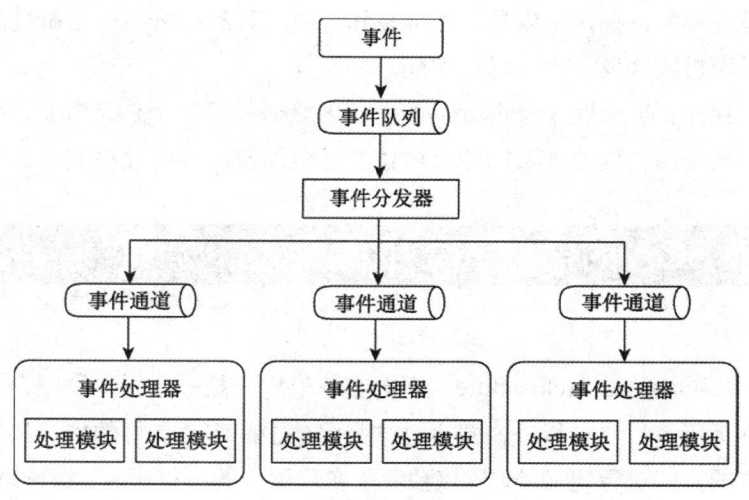

图 8-8 基于事件驱动架构的信息系统

对于简单的项目，事件队列、分发器和事件通道可以合为一体，整个软件就分成事件代理和事件处理器两部分。

事件驱动架构的优点：分布式的异步架构，事件处理器之间高度解耦，软件的扩展性好；适用性广，各种类型的项目都可以用；性能较好，因为事件的异步本质，软件不易产生堵塞；易部署，事件处理器可以独立地加载和卸载，容易部署。

事件驱动架构的缺点：涉及异步编程（要考虑远程通信、失去响应等情况），开发相对复杂；难以支持原子性操作，因为事件通过会涉及多个处理器，很难回滚；分布式和异步特性导致这个架构较难测试。

3）微核架构

微核架构（Microkernel Architecture），又称为插件架构（Plug-In Architecture），指的是软件的内核相对较小，主要功能和业务逻辑都通过插件实现。内核（Core）通常只包含系统运行的最小功能。插件则是互相独立的，插件之间的通信应减少到最小，避免出现互相依赖的问题，如图 8-9 所示。微核架构主要由核心系统（Core System）和插件模块（Plug-In Modules）组成，核心系统负责和具体业务功能无关的通用功能，插件模块负责实现具体的业务逻辑。

图 8-9　微核架构

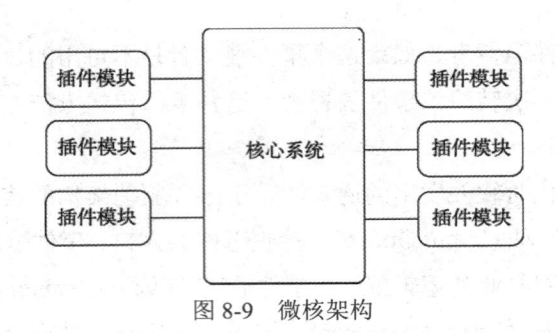

微核架构的优点：良好的功能延伸性（Extensibility），需要什么功能，开发一个插件即可；功能之间是隔离的，插件可以独立地加载和卸载，容易部署；可定制性高，适应不同的开发需要；可以渐进式开发，逐步增加功能。

微核架构的缺点：扩展性（Scalability）差，内核通常是一个独立单元，不容易做成分布式；开发难度相对较高，因为涉及插件与内核的通信以及内部的插件登记机制。

8.2.2　基于 SOA 的信息系统开发

1. SOA 概述

SOA（Service-Oriented Architecture，面向服务架构）是一个组件模型，将应用程序的不同功能单元（称为服务）进行拆分，并通过这些服务之间定义良好的接口和协议联系起来。接口是采用中立的方式进行定义的，应该独立于实现服务的硬件平台、操作系统和编程语言。这使得构建在各种各样的系统中的服务以一种统一和通用的方式进行交互。

迄今为止，SOA 还没有一个公认的定义。许多组织从不同的角度和不同的侧面对 SOA 进行描述，较为典型的描述有以下三个。

W3C 的定义：SOA 是一种应用程序架构，所有功能都定义为独立的服务，这些服务带有定义明确的可调用接口，能够以定义好的顺序调用这些服务来形成业务流程。

Service-architecture.com 的定义：服务是精确定义、封装完善、独立于其他服务所处环境和状态的函数。SOA 本质上是服务的集合，服务之间彼此通信，这种通信可能是简单的数据传送，也可能是两个或更多的服务协调进行某些活动。服务之间需要某些方法进行连接。

Gartner 的定义：SOA 是一种 C/S 架构的软件设计方法，应用由服务和服务使用者组成，与大多数通用的 C/S 架构模型不同，它强调构件的松散耦合，并使用独立的标准接口。

SOA 是一种分布式的软件架构，提倡以拆分业务的思想来分解单体架构的复杂度。设计思想是"把软件作为服务"，把企业中那些大量的遗产系统、现有系统以及新的基于浏览器的前端用"服务"绑定起来。服务之间是松耦合的关系，每个服务独立运行，相互之间没有关联，可以在不同平台部署，通过统一定义的服务接口进行通信。与高度集成的单体架构相比，SOA 提高了开发灵活性，带来了能够应对大并发、大流量的好处。服务之间通过组合调用来形成一定的业务流程。

· 232 ·

本质上，SOA 是用本地计算模型来实现一个分布式应用，这种方法为"本地化设计、分布式工作"模型，如图 8-10 所示，所有功能都被定义成了独立的服务。服务之间通过交互和协调完成业务的整体逻辑。所有服务通过服务总线或流程管理器来连接。这种松散耦合的架构使得各服务在交互过程中不需考虑双方的内部实现细节以及部署在什么平台上。

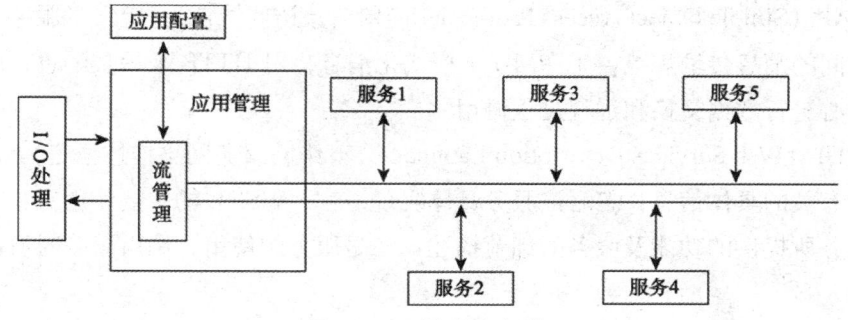

图 8-10 面向服务架构

在 SOA 中，单个服务内部结构如图 8-11 所示，服务模型的表现层从逻辑层分离，中间增加了服务对外的接口层。通过服务接口的标准化描述，服务可以提供给在任何异构平台和任何用户接口使用。这允许并支持基于服务的系统通过松散耦合、面向组件和跨技术实现，对于服务请求者来说，所有服务是透明的。

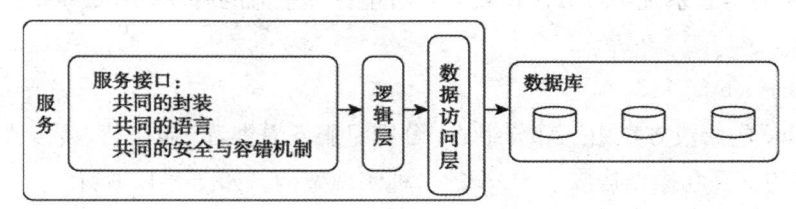

图 8-11 面向服务架构的单个服务内部结构

SOA 的优点如下。
① 服务以接口为粒度，为开发者屏蔽远程调用底层细节，使用面向接口远程方法调用，屏蔽了底层调用细节。
② 业务分层后，架构更加清晰，并且每个业务模块职责单一、扩展性更强。
③ 数据隔离，权限回收，数据访问都通过接口，让系统更加稳定、安全。
④ 服务责任易确定，每个服务可以确定责任人，这样更容易保证服务质量和稳定性。

SOA 的缺点如下。
① 粒度控制复杂，如果没有控制好服务的颗粒度，服务的模块就会越来越多，就会引发超时，分布式事务崩溃。
② 服务接口数量不易控制，容易引发接口爆炸，所以服务接口建议以业务场景进行单位划分，并对相近的业务做抽象，防止接口爆炸。
③ 调用链路长，服务质量不可监控，下游抖动可能影响到上游业务，最终形成连锁反应，服务质量不稳定，同时链路的变长使得服务质量的监控变得困难。

2. SOA 关键技术

SOA 是一种设计和实现企业应用程序的方法，可以将现有的业务软件转变为 Web 服务中的一个软件组件或者一个网络协议，这些应用程序处理那些通过定义良好且与平台无关的接口，约定访问松散耦合的、粗颗粒度的（商业水平）、可重用组件（服务）的互通问题。

① SOAP（Simple Object Access Protocol，简单对象访问协议）：定义了服务请求者和服务提供者之间的消息传输规范；用 XML 来格式化消息，用 HTTP 来承载消息；应用程序可以在网络中心进行数据交换和远程过程调用。

② WSDL（Web Services Description Language，万维网服务网络描述语言）：定义服务以及与该服务有关的具体信息，忽略该服务具体实现语言。WSDL 的主要作用有：一是定义服务，包括服务所提供的功能及服务的细节描述；二是服务的使用，调用服务时所需的协议及协议格式。

③ UDDI（Universal Description Discovery and Integration，统一描述、发现和集成）协议：提供服务发布、查找和定位的标准规范，用户可以发布服务供其他用户查询和调用，也可以查询特定服务的描述信息，并动态绑定到该服务上。

3. 基于 SOA 的信息系统实现方法

基于 SOA 的信息系统实现方法比较多，目前比较主流的有 Web Service、服务注册表、企业服务总线。

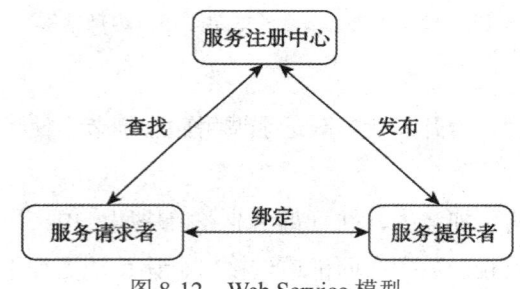

1）Web Service

Web Service 的解决方案由三部分组成，分别是服务提供者、服务请求者、服务注册中心。这三部分之间的交互和操作构成了 SOA 的一种实现架构。如图 8-12 所示。

图 8-12 Web Service 模型

① 服务提供者。服务提供者是服务的所有者，该角色负责定义并实现服务，使用 WSDL 对服务进行详细、准确、规范的描述，并将该描述发布到服务注册中心，供服务请求者查找并绑定使用。

② 服务请求者。服务请求者是服务的使用者，虽然服务面向的是程序，但程序的最终使用者仍然是用户。从架构的角度看，服务请求者是查找、绑定并调用服务，或与服务进行交互的应用程序。服务请求者角色可以由浏览器来担当，由人或程序（如另一个服务）来控制。

③ 服务注册中心。服务注册中心是连接服务提供者和服务请求者的纽带，服务提供者在

此发布他们的服务描述，而服务请求者在服务注册中心查找他们需要的服务。不过，在某些情况下，服务注册中心是整个模型中的可选角色。例如，如果使用静态绑定的服务，服务提供者就可以把描述直接发送给服务请求者。

服务提供者、服务请求者、服务注册中心通过以下三种操作，完成相互作用。

① 发布操作。使服务提供者能向服务注册中心注册自己的功能及访问接口。

② 查找操作。使服务请求者能通过服务注册中心查找特定种类的服务。

③ 绑定操作。使服务请求者能够具体使用服务提供者提供的服务。

发布服务使用 UDDI，查找服务使用 UDDI 和 WSDL 的组合，绑定服务使用 WSDL 和 SOAP 等技术。在三种操作中，绑定操作是最重要的，包含了对服务的实际调用，也是最容易发生互操作性问题的地方。服务提供者和服务请求者通过对 SOAP 规范的全力支持，实现了无缝互操作性。

2）服务注册表

服务注册表（Service Registry）提供一个策略执行点（Policy Enforcement Point，PEP），服务可以在 SOA 中注册，从而可以被发现和使用，包括以下功能。

① 服务注册。服务注册是指服务提供者向服务注册表发布服务的功能（服务合约），包括服务身份、位置、方法、绑定、配置、方案和策略等描述性属性。

② 服务位置。服务位置是指服务使用者，用于查询已注册的服务，寻找符合自身要求的服务。这种查找主要是通过检索服务合约来实现的，在使用服务注册表实现 SOA 时，需要规定哪些用户可以访问服务注册表，以及哪些服务属性可以通过服务注册表进行暴露等，以便服务能得到有效的、经过授权的使用。

③ 服务绑定。服务使用者利用查找到的服务合约来开发代码，开发的代码将与注册的服务进行绑定，调用注册的服务，以及与它们实现互动。利用集成的开发环境，可以自动将新开发的服务与不同的新协议、方案和程序间通信所需的其他接口绑定在一起。

3）企业服务总线

企业服务总线（Enterprise Service Bus，ESB）是 SOA 的基础设施，用于保证服务使用者能够调用提供者提供的服务。SOA 采用企业服务总线来管理所有的业务流程，每个业务的服务调用流程事先在企业服务总线中固定执行序列，当业务到来时，由企业服务总线按照顺序调用每个服务，得到最终的业务执行结果。

企业服务总线的核心作用如下。

① 数据格式转换。因为 SOA 是支持异质的，所以企业服务总线主要的作用就是处理不同平台不同语言之间的相互调用。那么首先要做的就是数据格式的转换。

② 路由功能。不同优先级的消息，不同类型的消息需要给予不同处理。从这个角度，企业服务总线就不单单是一个传递消息的通道了，还需要有一套自己的能识别其他服务提供数据的方法。智能路由的另一个作用就是负载均衡。

4. 基于 SOA 的信息系统开发过程

传统信息系统基于系统功能进行系统分析与设计，通常采用面向对象程序（OOP）开发信息系统。基于 SOA 的信息系统本质特征是服务发现和实现，以基本业务服务为系统的基本实现单元，然后通过服务流程管理"组装"信息系统。针对一个具体的软件功能模块采用面向对象范式开发，而在讨论软件功能模块之间、子系统之间或系统与系统之间的关系时会采用 SOA 架构描述它们之间的关系，基于 SOA 架构开发的系统具有灵活性和扩展性等特点。

通常，信息系统涉及的业务被划分为粗颗粒度的业务服务和业务流程，业务服务相对独立、自包含、可重用，由一个或者多个分布的系统所实现，而业务流程由服务组装而来。服务定义了一个与业务功能或业务数据相关的接口，以及约束这个接口的契约，如服务质量要求、业务规格、安全性要求、法律法规的遵循、关键业绩指标等。

完整的基于 SOA 的信息系统开发过程一般分为服务建模、服务封装、服务治理、服务编排、应用交付。具体而言，基于 SOA 的信息系统开发过程主要表现在以下几方面。

① 服务建模。即服务识别和颗粒度确定。服务识别的主要任务是确定在一定范围内（通常是企业范围，或若干业务场景范围内）可能成为服务的候选者列表，并确定服务的颗粒度，标识服务的接口。服务建模也就确定了系统架构的耦合程度。

② 服务封装。主要任务是对服务进行规范性的描述，其中包括输入/输出消息等功能性属性，以及服务在业务层面的属性。并决定服务以何种形式向外提供服务。服务可能是新开发的业务功能和业务对象的封装，也可能是遗留系统的服务封装，将遗留系统的信息系统以服务的形式进行封装，从而使新的信息系统架构可以利用已有的服务。

③ 服务治理。将已经封装好的服务进行集中统一有效的管理。利用 Web Service、服务注册表、企业服务总线等基础设施，提供服务注册、存储、安全控制和版本管理等。服务注册的主要任务是将服务注册到服务库，此时需要决定服务的命名、安全、性能、时间特性。

④ 服务编排。根据信息系统业务流程的需求，对服务进行组合和组装。服务组装以实现业务流程为目的，通过对业务服务的组合和组装，实现更粗颗粒度的业务服务，实现最终的业务需求。

⑤ 应用交付。主要任务是完成信息系统服务化组装和服务部署，实现系统按需交付。

8.2.3 基于微服务的信息系统开发

1. 微服务概述

微服务架构是一个小的、松耦合的分布式服务，可以把各分布式的服务看作是不同职责的组件，或者上升为不同的系统来统一管理。相当于把复杂的业务系统分解、分离成不同职责的分布式系统。由于各独立的服务之间通过基于 HTTP 的 RESTful API 进行通信协作，所以这些微服务可以使用不同的语言来开发，如图 8-13 所示。

Martin Fowler 总结了微服务的 6 个特点。

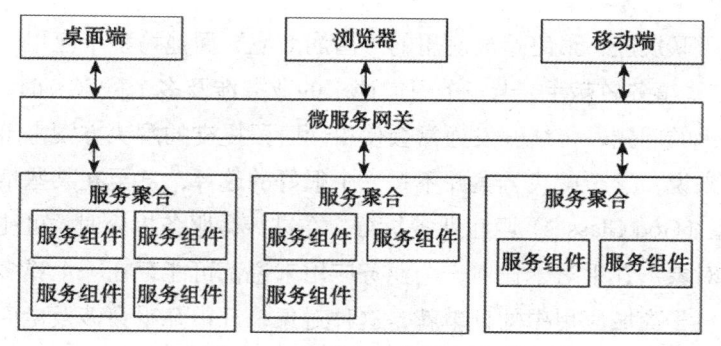

图 8-13　微服务架构服务关系

① 一组小的服务。这里的小并不是绝对的概念，微服务划分粒度的大小应当结合系统实际需求。

② 每个微服务都是一个独立的进程。

③ 微服务之间通过轻量级通信方式进行通信，如 HTTP、JSON。

④ 微服务是基于业务能力的，也就是说，每个微服务都针对相对独立的业务进行开发。

⑤ 每个微服务独立部署，有自己的 IP 地址和端口号，同时其在宿主机的运行环境也可以不相同。

⑥ 无集中式管理，也就是分布式管理，每个微服务可以使用不同的编程语言、不同的数据存储技术。

微服务架构的优点如下：

① 松耦合。基于微服务架构的应用是一系列小服务集合，这些服务之间通过非具体实现的接口及非专有通信协议进行通信（如 REST），这样只要原接口没有改变，就不会对服务消费者造成任何影响。

② 抽象。微服务对其数据结构和数据源拥有绝对的控制权，只有该服务才可以对数据做出修改，其他微服务只有通过该服务才能够访问数据。因此，该服务可以方便地对提供的数据进行有效控制。

③ 独立。每个微服务都可以在不影响其他微服务的情况下进行编译、打包和部署，这是单体架构应用无法做到的。

④ 应对用户需求的多样性。微服务架构可以让我们轻松应对不同客户的特殊需求，通过定义良好的接口，可以让不同的微服务承担不同的职责，同时快速部署上线能力可以让用户需求尽早实现。

⑤ 更高可用性和弹性。微服务架构可以认为是一个去中心化的应用，每个微服务都可以随时上线或下线。这样当某个微服务出现问题时只需要将其下线即可，其他同类型的微服务将承担其功能，对外仍旧可以提供服务，不会造成整个服务无法正常工作。

微服务架构的缺点如下：

① 可用性降低。微服务之间都是通过远程调用进行协作的，而远程调用的代名词就是不稳定，如果没有有效的方案，微服务架构就可能大大降低应用的可用性。当一个服务不可用

时，有可能引起级联反应，最终造成应用的"雪崩效应"而拖垮整个应用。

② 处理分布式事务较棘手。当一个用户请求的业务涉及多个微服务时，如何保障数据的一致性就成为棘手的问题。传统开发通常会使用两阶段提交的解决方案来解决这个问题。但对于微服务架构来说，这个解决方案并不是一个很好的选择，甚至在某些情况下很难实现。

③ 全能对象（God Classes）阻止业务拆分。在进行微服务拆分时，可能最让人头疼的一个问题就是全能对象。几乎对于任何一个业务应用来说都可能存在一个或多个这样的全能对象。比如，对于电子商城应用中的订单就是这种对象，订单几乎会涉及电商应用中的每个业务，难以进行业务拆分。

④ 学习难度曲线加大。微服务架构虽然可以将业务分解为更小、更容易开发的模式，但是需要开发人员学习并掌握一系列的微服务开发技术，加大了进入门槛，这也是非常有难度的一个挑战。

⑤ 组织架构变更。虽然对于单独一个微服务的部署简化了，但是整个应用部署的复杂度提升了，涉及服务编排和服务治理等一系列处理，即不仅需要制定微服务之间的部署编排、关联关系、回滚计划等，还需要协调不同的团队以及在人事组织上进行调整来适应这种变化。

2. 微服务设计的六大原则

微服务架构是目前比较流行的一种趋势，不仅带来了软件基础架构上的革新，也带来了一系列良好的设计理念和原则，这些原则不仅适用于实现最佳的微服务架构场景，也适用其他架构设计场景。微服务设计的一些原则如下。

① 高内聚低耦合：单一职责、轻量级通信、服务间的契约。

② 高度自治：能够独立开发、部署和发布、进程隔离，具有独立的代码库和流水线。

③ 以业务为中心：每个服务代表特定的业务逻辑，更快地响应业务变化，围绕业务组织团队。

④ 弹性设计：容错、服务降级与服务熔断。

⑤ 日志与监控：日志聚合、监控与告警。

⑥ 自动化：持续集成、持续交付。

微服务是为了快速响应业务变化而诞生的，围绕业务能力进行构建，最终达到去中心化的目的。在设计和实现微服务时，上述基本设计原则是我们在架构微服务时需要注意的，它用来指导工程师设计微服务。

3. 微服务拆分原则

基于微服务开发的信息系统关键是系统功能的拆分，系统功能拆分一般会遵循以下原则。

1) AKF 拆分原则

对于一个规模迅速增长的系统而言，容量和性能问题当然是首当其冲的。但是随着系统规模的增长，除了面对性能与容量的问题，还需要面对功能与模块数量上的增长带来的系统复杂性问题以及业务的变化带来的提供差异化服务问题。许多系统在架构设计时并未充分考虑到这些问题，导致系统的重构成为常态，从而影响业务交付能力，浪费人力和财力。

对此，《可扩展的艺术》一书提出了一个更加系统的可扩展模型——AKF 可扩展立方（Scalability Cube），沿着三个坐标轴设置分别为 X、Y、Z，如图 8-14 所示。

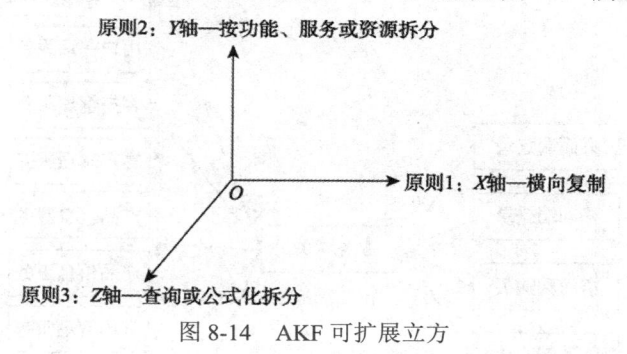

图 8-14　AKF 可扩展立方

Y 轴（功能）：关注应用中的功能划分，基于不同的业务拆分。

X 轴（水平扩展）：关注水平扩展，也就是"机器解决问题"，集群。

Z 轴（数据分区）：关注服务和数据的优先级划分，如按地域划分。

（1）Y 轴（功能）

Y 轴扩展会将庞大的整体应用拆分为多个服务。每项服务实现一组相关功能，如订单管理、客户管理等。在工程上常见的方案是面向服务架构（SOA）。例如，一个销售管理系统可以拆分成不同的服务，组成如图 8-15 所示的架构。

但通过分析后，发现当服务数量增多时，服务调用关系变得复杂。随着信息系统新功能的添加，要调用的服务数也变得不可控，由此引发了服务管理上的混乱。所以，采用服务注册的机制形成服务网关来进行服务治理，如图 8-16 所示。

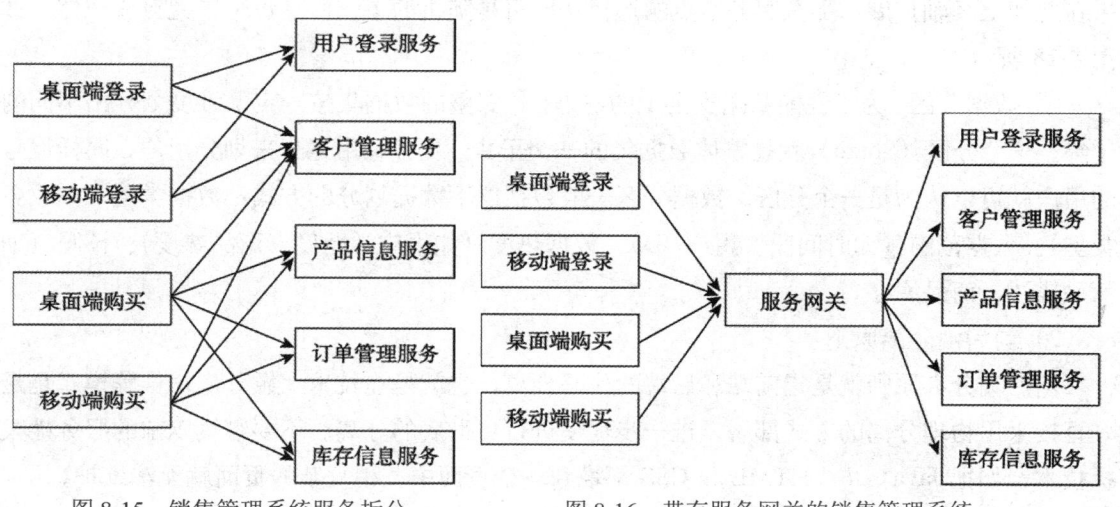

图 8-15　销售管理系统服务拆分　　　图 8-16　带有服务网关的销售管理系统

（2）X 轴（水平扩展）

X 轴扩展是通过绝对平等的复制服务与数据，以解决容量和可用性的问题。其实就是将微服务运行多个实例，做集群加负载均衡的模式。为了提升单个服务的可用性和容量，对每一个服务进行水平扩展，如图 8-17 所示。

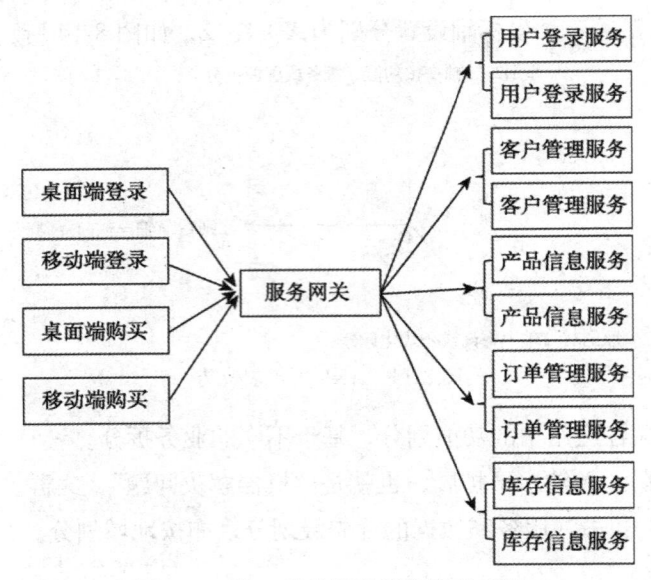

图 8-17　按 X 轴扩展的销售管理系统

(3) Z 轴（数据分区）

Z 轴扩展通常是指基于请求者或用户独特的需求进行系统划分，并使得划分的子系统是相互隔离但又是完整的。工程领域常见的 Z 轴扩展有以下两种方案。

① 单元化架构。在分布式服务设计领域，一个单元（Cell）就是满足某个分区所有业务操作的自包含闭环。如 Y 轴扩展的 SOA，客户端对服务端节点的选择一般是随机的，但是如果在此加上 Z 轴扩展，那么服务节点的选择将不再是随机的了，而是每个单元自成一体，如图 8-18 所示。

② 数据分区。为了性能数据安全上的考虑，将完整的数据集按一定的维度划分出不同的子集。一个分区（Shard）就是整体数据集的一个子集。比如，用尾号来划分用户，同样尾号的用户就可以认为是一个分区。数据分区一般包括以下数据划分的方式：数据类型（如业务类型）、数据范围（如时间段、用户 ID）、数据热度（如用户活跃度、商品热度）、读写（如商品描述、商品库存）。

2) 前后端分离原则

前后端分离原则就是指前端和后端的代码分离，也就是在技术上做分离，推荐模式是最好直接采用物理分离的方式部署，进一步促使进行更彻底的分离。不要继续以前的服务端模板技术，如把 Java、JS、HTML 和 CSS 都堆到一个页面中，稍复杂的页面就无法维护。

3) 无状态服务

阻碍单体架构变为分布式架构的关键点就在于状态的处理。如果状态全部保存在本地，无论是本地内存还是本地硬盘，都会给架构的横向扩展带来瓶颈。

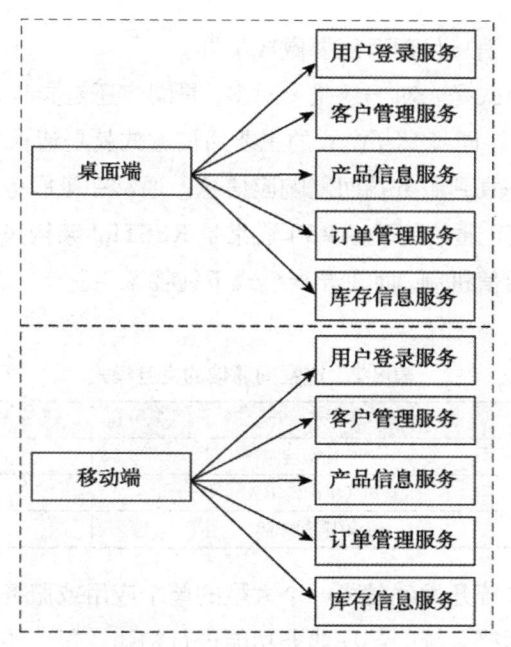

图 8-18 按 Z 轴扩展的销售管理系统

状态分为分发、处理、存储几个过程，如果用户的所有信息都保存在一个进程中，从分发阶段就必须将这个用户分发到这个进程，否则无法对这个用户进行处理，然而当一个进程压力很大时，根本无法扩容，新启动的进程根本无法处理那些保存在原来进程的用户的数据，不能分担压力。所以要将整个架构分成两部分：无状态部分和有状态部分，而业务逻辑的部分往往作为无状态部分，将状态保存在有状态的中间件中，如缓存、数据库、对象存储、大数据平台、消息队列等。

4）RESTful 的通信风格

RESTful 的通信风格有许多优点：

① 无状态协议 HTTP 具备先天优势，扩展能力强，如安全加密有成熟的 HTTPs。

② JSON 报文序列化，轻量简单，人与机均可读，学习成本低，搜索引擎友好。

③ 语言无关，各编程语言都提供成熟的 RESTful API 框架，相对一些其他 RPC 框架生态更加完善。

4. 基于微服务的信息系统总体设计

微服务之间的通信模式是进程间通信（Inter-Process Communication，IPC）方式，因为微服务的每个服务实例都是一个独立的进程并且可能部署在不同的服务器上。常用的进程内通信协议有 HTTP、RPC 等。微服务架构分成以下 3 种实现模式。

① RESTful API 模式：服务通过 API 提供，如云服务。

② RESTful 应用模式：服务通过传统的网络协议或者应用协议提供，背后通常是一个多功能的应用程序，常见于企业内部。

③ 集中消息模式：采用消息代理，可以实现消息队列、负载均衡、统一日志和异常处理，

缺点是会出现单点失败，消息代理可能要做成集群。

根据服务间的交互模式是一对一还是一对多，是同步还是异步，可划分出 5 种交互方式，如表 8-2 所示。可以看出，同步交互模式的主要通信方式就是请求/响应方式，客户端向服务端发送请求的线程会阻塞直到服务端回复响应信息。通常在微服务架构中服务之间使用的就是 HTTP，并且使用 HTTP 通信的 Web API 通常是 RESTful 架构风格的，这也是系统微服务在同步模式下所采用的通信机制。而在异步模式下往往采用基于消息队列的发布/订阅模型进行消息消费。

表 8-2 进程间通信的交互模式

		一对一	一对多
同步		请求/响应	无
异步	单向	通知（单向请求）	发布/订阅
	双向	请求/异步响应	发布/异步响应

基于微服务的信息系统开发就是将一个大型的单个应用或服务拆分成多个微服务，被拆分后的每个小型服务都围绕系统的某项业务功能进行构建，每个服务都是一个独立的功能，可以进行独立的测试、开发和部署等。如图 8-19 所示。服务组件之间通过 RESTful API 进行通信，实现了服务组件的分布式部署、管理和服务功能，使产品交付变得更加简单。因此，基于微服务的信息系统开发在大规模企业应用中具有明显优势。

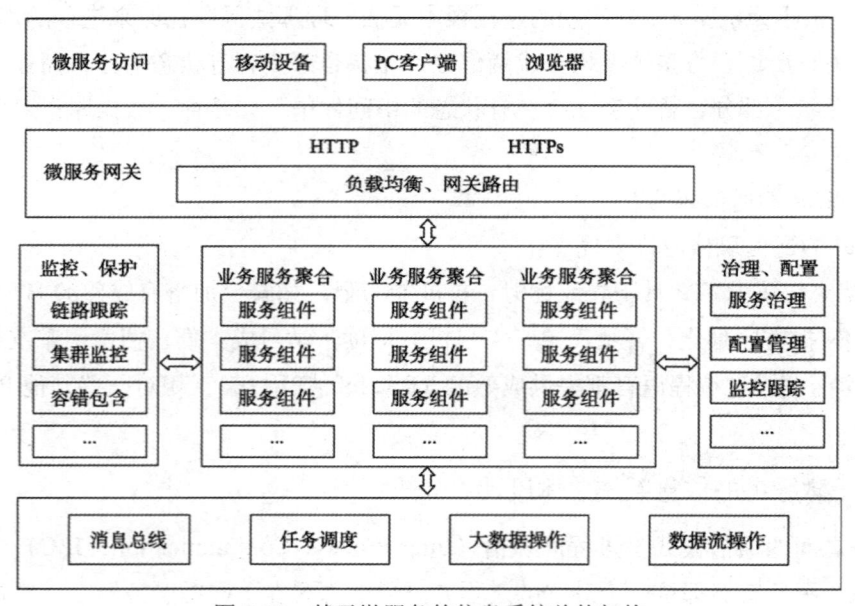

图 8-19 基于微服务的信息系统总体架构

微服务信息系统内部模块划分，一个服务组件的模块划分通常是由业务决定的，如果服务的功能比较复杂，服务内模块的划分就会比较多，如果功能简单，服务组件划分就会比较少。图 8-19 中的每个服务组件采用三层架构进行设计，即业务控制层 Controller、业务逻辑层 Service 和数据模型层 Dao，每个服务组件有自己独立的数据库。这样分层能最大程度实现服务组件的高内聚和低耦合，三层架构对应的服务组件结构如表 8-3 所示。

表 8-3 服务组件功能结构描述

层次	命名	功能描述
业务控制层	***Controller	负责相应业务模块流程的控制，调用 Service 接口
业务逻辑层	***Service	负责具体的逻辑功能的设计实现，调用 Dao 接口
数据模型层	***Dao	负责对底层数据库中数据表的增、删、改、查等工作

总体来说，一个完整的服务组件是通过分层的思想来实现的。一般的服务组件划分大概有以下几层：消息接口层、业务控制层、业务逻辑层、数据模型层、数据适配层、公共处理层。下面具体描述服务组件每层的设计规则和注意事项。

1）消息接口层

消息接口层就是用于定义微服务对外发布的接口，在 SOA 中用于定义各种 RESTful 接口：接口的 URL、参数、返回值等。其职责是消息转发。

消息接口中不应该有太多业务逻辑，或者说根本不应该有业务逻辑，通常是很薄的一层，最多记录日志，记录接口调用时的输入参数和返回值信息，方便接口联调时的问题定位。

按照契约化编程的思想，接口的所有权归客户所有（方法调用的 Client 端），一般是不能随意修改的。有些项目甚至会对定义接口的源代码文件加锁，不允许修改。

2）业务控制层

业务控制层接收从消息接口层转发过来的消息，调用下层的算法和数据库访问接口实现业务处理逻辑。业务控制层是一个算法组装工厂。在算法层提供了通用的算法接口，算法控制层通过调用一个或者多个算法接口完成整个业务流的处理。对于比较简单的业务（普通的 CRUD 操作），业务控制层也可以直接调用数据适配层接口查询或者持久化数据。

3）业务逻辑层

业务逻辑层实现数据组装、模型转换等所有与业务相关的逻辑处理。如果业务逻辑比较简单，可能只做一些简单的数据库增、删、改、查等操作；对于比较复杂的业务，还可以独立划分出一些专用的算法子模块，如客户征信评估算法模块、电信网络风险评估算法模块等。业务逻辑层可以抽象出一个公共模块，存放与业务相关的公用算法，供多个应用层算法使用，避免相同的逻辑每个人都写一遍。

4）数据模型层

数据模型层定义了微服务使用的公共业务模型，接口模型也可以定义在其中，但是需要通过不同的子模块区分。

业务模型是非常稳定的，只要数据库表没有较大的改动，就不需要动。我们可以在算法逻辑层和数据库适配层提供基于业务模型的通用方法，不同的接口和算法可以共用。

接口模型可能会经常变化，新增一个接口或者接口变更都会改变接口模型，这是正常的。算法逻辑层所做的重要工作就是将数据信息从业务模型转换到接口模型。

5）数据适配层

数据适配层提供访问数据库的接口，如果是使用 Spring-Mybatis 开发，就是 Mapper 层。数据库适配层封装了底层数据库的 JDBC 访问接口，提供了各种针对不同业务的封装。

6）公共处理层

公共处理层提供的都是与业务员无关的公共组件和工具，如日期时间的处理、字符串处理等工具类，还可以定义微服务使用的常量（数字常量、字符串常量）和枚举值等组件。

5. 基于微服务的信息系统服务治理

微服务是一种天然的分布式架构，在提高系统可扩展性、提高系统复用性和提高开发部署效率上的提升作用是不言而喻的。但是，根据康威定律不难发现，微服务把不同的服务分而治之带来了服务之间沟通交流的隐形成本，而且随着信息系统中微服务节点数的增加，这种服务之间互相通信和互相调用的成本会指数级增加，因此服务治理就显得尤为重要。服务治理不仅会降低微服务带来的信息系统分析与设计复杂性，也会提升信息系统的系统开发、运维部署效率，进而提高系统开发迭代的速度，增强系统的整体稳定性。服务治理包括：服务注册与发现、服务配置、服务熔断、负载均衡及服务网关等。

1）服务注册和服务发现

微服务采用服务注册中心的方式来充当服务间的调用中介，服务注册中心负责为每个微服务提供它要调用的其他服务信息。每个服务在启动时，都将该服务的信息（包括 IP、端口和唯一的服务名字等）在服务注册中心进行注册，注册中心会将所有服务注册的信息保存到注册表中，这就是服务注册。

有了注册中心后，当服务 A 需要调用服务 B 时，会根据服务 B 的名字向注册中心请求服务 B 的实例信息，得到服务 B 的 IP 地址和端口等信息，这就是服务发现。服务注册与发现，除了可以动态获取 IP 地址，还有一个重要的功能就是可以自动监控管理服务器的存活状态。每个服务器定时向注册中心发送心跳包，这样注册中心会对每个服务进行健康检查。一旦心跳包停止，则可判断为该服务停止提供调用，就会标记这个实例的状态为故障。当故障服务被修复后，服务重新启动后，注册中心通过健康检查，将这个服务标记为健康状态。

2）服务配置

基于微服务的信息系统中每个服务或多或少总有一些配置参数要管理，如配置服务访问的端口、数据库连接参数、日志参数等。这些配置参数可以通过配置中心来统一管理和配置。通过配置中心，维护人员可以对信息系统中的所有服务组件采用统一格式进行配置，系统及服务组件参数修改灵活。由相应的应用来订阅拉取，并在所有服务组件实例上加载，这样就大大降低了配置的工作量和出错率，提高了系统维护效率。

3）服务熔断

基于微服务信息系统具有很多不同的服务层级，服务之间能够互相快速进行服务的非本地调用，从而实现整个应用系统间的同步和通信。由于微服务是一种分布式架构，而每个微服务部署在不同的主机上，其内存、CPU和网络等资源都不能保证能应对同样的流量，一个服务的某个功能可能需要依赖别的服务，不可避免地会出现服务之间层层调用的关系。如果下游的某个依赖服务由于延迟过高而阻塞，调用该服务的其他服务的线程就会被阻塞。如果相关业务的请求量较高，就会因为大量阻塞而耗尽服务器资源。不仅如此，故障会随着调用链在服务之间传递。如果依赖该故障服务的上游服务较多，那么这些上游服务都会因为得不到依赖服务的响应而变得不可用，从而导致服务雪崩现象。为了保证信息系统在高负荷情况下的可靠运行，信息系统必须具有自我保护机制。这种自我保护机制可以通过限流、降级以及熔断等措施实现。

4）负载均衡

基于微服务的信息系统通过负载均衡实现系统的高可用和集群扩容等功能。负载均衡主要分两种：服务端负载均衡和客户端负载均衡。服务端负载均衡，可通过硬件设备或软件来实现。而信息系统内部不同服务之间的负载则用客户端负载均衡来实现。客户端负载均衡将下游的服务以列表的形式保存在上游服务里，当上游服务调用下游的服务时，依据负载均衡算法选定对应的下游服务实例进行请求。

客户端负载均衡常用的负载均衡算法有随机法、加权随机法、轮询法、加权轮询法、一致性Hash法、最小连接法等。

① 随机法：将请求随机分配到各台服务器，适合于所有服务器都有相同的资源配置并且平均服务请求相对均衡的情况。当请求量很大的时候，请求分散的均衡性最好。如果请求量不大，则可能会出现请求集中在某些服务器的情况。

② 加权随机法：即给每台服务器配置权重值，权重值高的则收到请求的概率就会较大，适合服务器的资源配置不一样的场景。

③ 轮询法：就是将请求按顺序轮流分发到每台服务器，与随机法一样，适合服务器资源配置一样的情况，请求量不大的时候也适用。

④ 加权轮询法：与加权随机法一样，不同资源配置的服务器会配置不同的权重值，权重值高的被轮询到的概率也高。

⑤ 一致性Hash法：主要是为了让相同参数的请求总是发给同一台服务器，如同一个IP地址的请求。

⑥ 最小连接法：将请求分配到当前连接数最少的服务器上，可以尽可能地提高服务器的利用效率，但实现比较复杂，需要监控服务器的请求连接数。

5）服务网关

基于微服务的信息系统屏蔽服务内部细节，为服务调用者提供统一入口，接收所有调用者请求，同时系统必须保证能将请求通过路由机制传递给服务实例，这些都可交由服务网关来实现。服务网关可以统一处理外部服务请求，保证各服务组件的负载压力不会过大。同时，服务网关需要提供URL到服务的映射关系，作为对外服务的一个通道口。

服务网关的实现要注意以下4点.

① 统一接入：服务网关对外隐藏了系统的内部划分细节，提供一个统一的接入口。

② 智能路由：网关可以根据路由规则对微服务接口进行发现和组合，简化客户端对系统的调用流程。

③ 流量管控：服务网关通过限流算法和负载均衡算法保护系统内的微服务实例不会因为过载而崩溃。

④ 安全防护：服务网关可以做统一的校验和安全防护工作，利用认证鉴权、黑白名单等机制提高系统的安全性。

8.2.4 基于低代码的信息系统开发

低代码是一种基于平台的全新的可视化开发方法。通过将应用开发中所需要的业务逻辑和基础服务能力，抽象成一个个通用业务模型，并辅以可视化的配置开发工具，降低了非技术开发人员构建应用的难度。低代码开发平台与众不同的优势，就在于其可视化开发能力。开发人员在可视化开发的助力下，能迅速提高开发效率，轻松创建具有复杂配置和功能的信息系统。

1. 低代码概述

1）低代码定义

低代码概念最早由 Forrester Research 研究机构的 Clay Richard 和 John Rymer 于 2014 年提出。低代码就是指开发者编写很少的代码完成大量开发工作，降低系统开发中的不确定性和复杂性，提高系统开发效率，最小化系统软件的开发、配置、部署和培训的成本。

2）低代码的能力

① 场景构建能力：通过图形可视化的拖曳方式就能快速构建运营管理所需的应用场景，敏捷响应需求变更的快速迭代，做到调研即开发，开发即部署。

② 数据编排能力：通过可视化的业务规则编排，重新盘活散落在企业烟囱式系统中的数据，提供面向前端各类业务场景需要的数据服务和业务服务。

③ 连接生态能力：通过平台的集成能力即可轻松连接企业上下游的组织与系统，扩大企业的业务链服务边界，积累更多的数据资产，通过数据来反哺业务，实现更为精细化的业务场景运营。

④ 业务中台能力：以数字化形式快速构建面向服务中心所需的各类创新微应用，将企业核心运营场景实现业务在线化。

3）低代码的特点

① 可视化建模工具。与使用代码开发应用程序相比，使用可视化方法和模板创建应用程序所需的时间更少。低代码系统，配备可视化建模功能，使用内置模块以每个人都可以理解的方式反映细节——从非技术企业用户到高级开发人员。

② 开箱即用。软件由领先的低代码平台提供，不需从一开始就为应用程序创建关键组件。

一些低代码系统提供数据存储或面向客户的应用程序组件，如服务管理或销售流程管理。

③ 拖放界面。无论哪种低代码平台都具有拖放功能，该功能是低代码平台最关键和最有价值的功能之一。在整个应用程序开发过程中，低代码平台提供的便利拖放功能支持开发人员进行信息系统开发。

④ 可扩展性。可扩展性对于低代码系统至关重要。随着企业的扩张，低代码技术可以让开发人员轻松地添加新的模块和组件，从而扩展应用程序的功能。这使得应用程序可以根据企业的不同需求进行定制和扩展，从而更好地满足企业的需求。

5）低代码的需求

① 市场需要。应用开发需求的市场增长与企业 IT 交付能力的差距，需要通过低代码技术革新 IT 生产力体系，在确保质量的前提下，通过最新的低代码技术实现提效降本。

② 专业开发者需要。低代码技术抽象并封装了许多软件开发所需的编程知识。开发人员可以通过可视化拖拽与参数化配置实现快速开发，选择相应的组件化、插件化及模板化等资产，不必编写单独程序，最大化应用资产复用，从而提高整体交付效率，能够让专业开发者更加专注于更具有价值和创新型的工作。

③ 数字化转型需要。企业商业模式创新促使企业从管理转向场景化运营，商业生态重构让未来企业运营模式也会更加关注从生产转向服务，突破企业管理边界与上下游连通。企业需要新的数字技术工具把企业组织、管理、经营等行为由线下搬到线上，实现企业运营管理的业务在线。低代码配置灵活和复用性高的特点，支持企业数字化转型所需的快速开发和敏捷迭代的业务创新。

2. 低代码开发平台

低代码基于可视化和模型驱动理念，通过低代码开发平台提供的界面、逻辑、对象、流程等可视化编辑工具实现快速应用开发。因此，低代码开发平台能用于开发包含有用户界面、业务逻辑、工作流和数据服务的完整应用程序，通常由如下 4 部分构成。

① 可视化设计器。具备可视化定义图形用户界面，工作流和数据模型的设计器，且在必要时可以支持手写代码。

② 服务器程序。承载可视化设计器构建的应用，供最终用户通过多终端访问，具体形式如私有化部署的服务程序、运行在云端的容器或服务等。

③ 各种后端或服务的连接器。能够自动处理数据结构，存储和检索。有些低代码开发平台将其集成到可视化设计器中。

④ 应用程序生命周期管理器。用于测试、暂存、构建、调试、部署和维护应用程序的自动化工具。

3. 基于低代码的信息系统开发过程

1）低代码应用场景

① 表格驱动：理论基础上是围绕着表格或关系数据库的二维数据，通过工作流配合表格

完成业务流转，是一种面向业务人员的开发模式，大多面向类似 Excel 表格界面的企业信息应用程序。

② 表单驱动：核心围绕表单数据，通过软件系统中的业务流程来驱动表单，从而对业务表单数据进行分析和设计，适合轻量级应用场景构建。

③ 数据模型：核心围绕业务数据定义，包括数据名称、数据类型等，抽象表单展示与呈现业务流程，在实践层面通过数据模型建立业务关系，通过表单、流程支持完善的业务模式灵活性高，能够满足企业复杂场景开发需求和整体系统开发的需求，适合对中大型企业的核心业务创新场景进行个性化定制。

④ 领域模型：核心围绕业务架构对软件系统涉及的业务领域进行领域建模，从领域知识中提取和划分不同子领域，并对子领域构建模型，再分解领域中的业务实体、属性、特征、功能等，并将这些实体抽象成系统中的对象，建立对象与对象之间的层次结构和业务流程，最终在系统中解决业务问题，适合业务框架与技术架构非常成熟的大型企业。

2）低代码的信息系统开发过程

① 低代码平台选型。选择合适的低代码平台是信息系统开发成功的关键要素，在选择低代码平台时，需要考虑以下因素：是否符合企业业务场景和实际需求；是否具备可扩展性和灵活性，能够满足企业在不断变化的需求；是否支持多种数据存储方式，以适应企业不同业务场景；是否提供完善的测试和集成环境，保证软件的稳定性和安全性；服务机构的技术支持和维护是否及时有效。

② 组建开发团队。确定低代码平台选型后，就要组建信息系统开发团队，该团队一般由企业内部技术团队和平台服务商相关专家共同组建。借助服务商的技术和经验，内部开发人员快速导入和首个项目快速成功。

③ 业务组件规划、设计与构建。首先需要对待开发的信息系统各类业务组件进行整体规划和设计，选择低代码平台各种不同的功能组件，以搭积木的方式构建信息系统。应尽可能多利用已有的业务组件，并根据需要加以定制化改造。

④ 原型系统开发。基于低代码平台快速开发一个原型系统，满足用户的基本要求，使得用户可在试用原型系统的过程中得到亲身感受和受到启发，做出反应和评价。

⑤ 迭代开发。开发者根据用户的意见，不断地对原型进行补充和细化完善，最终得到满足用户需求的信息系统。

8.3 移动端 App 开发

随着移动互联网的迅速发展，移动设备技术水平日趋成熟，移动互联网规模日益增大，"网络无处不在、业务无所不能"的理念，对人类原有的生活方式及生产方式造成深刻改变。以 Android 和 iOS 为主的智能移动终端的普及，移动终端用户数量不断增大，移动 App

(Application 缩写）的开发已经得到企业的普遍重视。

8.3.1 移动端 App 概述

1）移动终端

移动终端或者叫移动通信终端是指可以在移动中使用的计算机设备，广义地讲，包括手机、笔记本、平板电脑、POS 机甚至包括车载电脑，但是大部分情况下是指手机或者具有多种应用功能的智能手机和平板电脑。移动终端是指具有独立的操作系统，可以安装和运行第三方软件，并具备移动通信能力的手持设备。

随着网络和技术朝着越来越宽带化的方向发展，移动通信产业将走向真正的移动信息时代。另外，随着集成电路技术的飞速发展，移动终端已经拥有了强大的处理能力，移动终端正在从简单的通话工具变为一个综合信息处理平台。这也给移动终端增加了更加宽广的发展空间。

2）移动操作系统

移动操作系统是安装在移动设备（如智能手机、PDA 等）中的通用操作系统，也称为移动操作系统、移动通用操作系统、移动平台，目前主要两种：iOS 系统和 Android 系统。

3）移动终端的特点

① 硬件体系上，移动终端具备中央处理器、存储器、输入部件和输出部件，也就是说，移动终端往往是具备通信功能的微型计算机设备。另外，移动终端可以具有多种输入方式，诸如键盘、鼠标、触摸屏、送话器和摄像头等。

② 软件体系上，移动终端必须具备操作系统，同时这些操作系统越来越开放，基于这些开放的操作系统平台开发的个性化应用软件层出不穷，如通信簿、日程表、记事本、计算器、各类游戏等，极大程度地满足了个性化用户的需求。

③ 通信能力上，移动终端具有灵活的接入方式和高带宽通信性能，并且能根据所选择的业务和所处的环境，自动调整所选的通信方式，从而方便用户使用。

4）移动 App 开发

移动 App 开发，又称移动互联网开发、移动应用开发等，是指以智能手机、PDA、UMPC 等便携终端为基础，进行相应的开发工作，由于这些随身设备基本都采用无线上网的方式，因此称为无线开发。移动 App 开发不仅指为这些移动终端设备开发应用程序，还要关注这些设备支持的常见操作系统、平台和语言。

8.3.2 移动端 App 开发的主要模式

移动端 App 应用开发的模式多种多样，选择合适的模式是移动应用系统开发首先面临的一个重要问题。移动端 App 开发得模式主要包括原生开发模式（Native App）、网页开发模式

（Web App）、混合开发模式（Hybrid App）和微信小程序四种。

1. Native App 开发模式

Native App 开发模式，又称传统型开发模式，是基于本地操作系统运行的应用程序。由于移动设备终端的操作系统不同，如目前主流的移动端操作系统有 Android 和 iOS，Android 系统应用的开发语言为 Java，iOS 系统应用的开发语言为 Objective-C。因此，移动 App 的开发需要针对不同的移动终端操作系统采用不同的语言和框架进行开发，一般包括云服务器数据和 App 应用客户端两个构成部分，但所有图形用户界面元素、内容和逻辑框架均需下载安装在移动终端。Native App 开发采用的是 C/S 架构，即客户－服务器架构，如图 8-20 所示。Native App 位于平台层上方，应用界面、业务逻辑和数据模型需要用户下载安装到本机，通过 API 调用系统底层的资源，具有较好的下行访问和兼容能力，可以充分利用设备的资源，提供良好的交互式体验，客户端的功能非常强大。

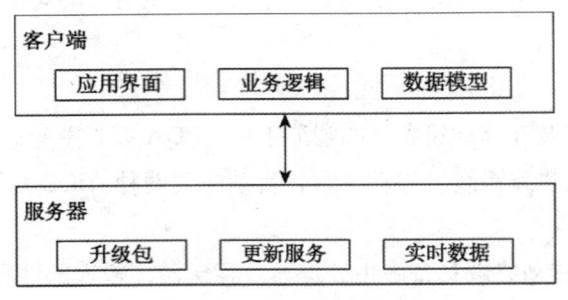

图 8-20 原生应用架构

基于 Native App 开发模式的应用程序，需要针对不同操作系统开发不同的版本，不仅增加了开发人员的工作量，同时用户可能因为下载较大的安装包而导致本机运行缓慢。Native App 开发模式的服务端主要提供安装包、更新服务和实时数据，由于支持多种客户端，使得 Native App 的开发难以扩展，应用的更新也需要用户重新下载，重新安装，用户体验效果非常不好。Native App 开发模式适合一些性能要求高的大型游戏和各种工具类应用等。

Native App 的优势如下：

① 审核对 App 的质量以及安全性有保证，增加用户对 App 的信任。

② 可在应用商店进行推荐，用户下载安装后在桌面上有小图标，易发现。

③ 在本地有缓存，省流量、响应速度快、性能高、整体用户体验良好。

④ 能充分利用设备提供的硬件资源。

⑤ 部分支持离线（已下载的内容，无网络也可访问）。

⑥ 有消息推送的功能。

Native App 的劣势如下：

① 需要下载安装，安装后占用内存，同时本地的缓存占用大量内存，造成用户设备运行越来越慢的局面。

② 与操作系统绑定，增加开发、维护人员的工作量。

③ 开发成本高、周期长，维护难度大。

④ 发布过程烦琐，不同版本的上线时间不统一。

⑤ 新版本需要用户重新下载升级，否则用户体验不到新版本改善或添加的功能。

2. Web App 开发模式

Web App 开发模式是一种框架型开发模式，本质上是针对智能移动终端特殊优化后的 Web 站点，运行于网络与浏览器的移动应用。Web App 一般包含应用客户端和服务器两部分，客户端采用 Web 开发常用技术，如 HTML 或 HTML5、CSS3、JavaScript，服务器使用 Java、PHP、ASP 等技术进行开发。与 Native App 不同，Web App 的所有数据都由服务器提供，实现了与服务器的实时交互，也正是这种实时交互导致它的响应能力不如 Native App。Web App 架构如图 8-21 所示。

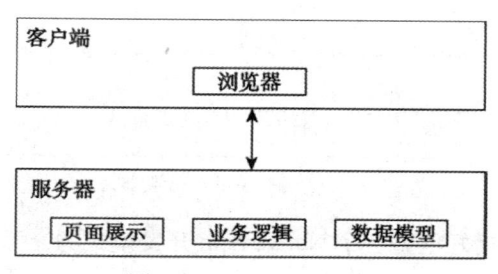

图 8-21 Web App 架构

Web App 开发模式采用 B/S 架构，即浏览器/服务器架构，Web App 客户端只需要有支持 HTML5 的浏览器，就可以查询服务器提供的数据。这种架构的优势在于客户不需要去安装升级就能得到最新数据，所有的更新和维护都由开发人员在服务器完成。因而 Web App 开发具有跨平台性，开发者不需花费太多精力聚焦于底层适配和跨平台开发语言的问题，加快开发效率，安装简便，更新方便。由于 Web App 客户端每次都需要查询服务器的数据，用户的交互式体验不如 Native App，消息推送、离线模式、调用移动终端资源的能力相对较弱。Web App 应用场景为一些需要实时更新的应用，如电子商务、新闻资讯等。

Web App 的优势如下：

① 不需要下载安装，只需要在浏览器中输入网址就可打开，可进行收藏或添加标签，以便下次打开。

② 用户得到的永远是最新的版本。

③ 跨平台，开发成本低、周期短。

④ 上线不需要审核。

⑤ 不同 Web App 之间可以通过链接跳转。

⑥ HTML5 的新特性减少对插件的依赖。

Web App 的劣势如下：

① 无法调用设备提供的 API，只能通过 JS 或 HTML5 提供的 API。

② 需要良好的网络环境,响应速度不如 Native App,并且需要流量大。
③ 依赖于浏览器(支持 HTML5)。
④ 不需要审核导致安全性不如其他开发模式。

3. Hybrid App 开发模式

Hybrid App 开发模式是在 Native App 和 Web App 开发模式基础上衍生的一种 App 开发模式。Hybrid App 的架构与 Native App 架构比较接近,但客户端与服务器数据访问形式与 Web App 比较接近。Hybrid App 架构如图 8-22 所示。

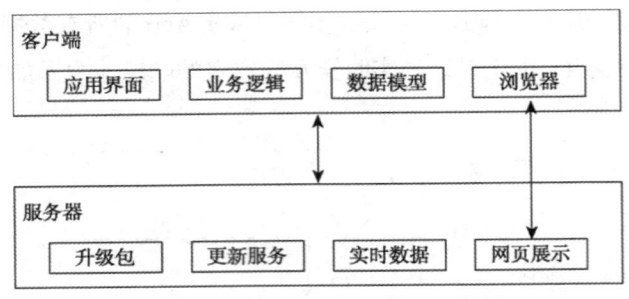

图 8-22　Hybrid App 架构

Hybrid App 开发模式较好地整合了 Native App 开发模式的交互式体验以及 Web App 开发模式的跨平台开发优势,既具有 Native App 响应速度快、可调用设备硬件资源等优势,又具有 Web App 跨平台、实时更新、低成本的优势,性能介于两者之间。Hybrid App 开发模式适应了移动互联网的大爆炸发展的趋势,一些国内外主流的 App 应用其实就是架构在 Hybrid App 开发平台基础上,如 Meta、百度搜索等。

Hybrid App 的优势如下:
① 具有 Web App 跨平台、实时更新、低成本、开发周期短等优势。
② 具有 Native App 用户体验良好、可调用设备硬件 API 等优势。

Hybrid App 的劣势如下:
① 用户体验不如 Native App。
② 开发成本比 Web App 大。

Hybrid App 开发模式一般适用于大部分的移动应用,是目前电商、餐饮等领域首选的开发模式。

4. 微信小程序

微信小程序,简称小程序,在微信用户的支持下迅速发展,是开发人员开发移动应用时首选的开发模式,如图 8-23 所示。小程序是一种不需要下载安装就可以使用的应用,体现了"用完就走"的思想,给那些放在桌面累赘又不能丢弃的应用提供了住所。小程序可以通过搜索、扫码和附近小程序三种方式获得,它会根据用户的历史记录对小程序进行排序,使用越频繁的小程序,位置将越靠前,这样用户下次使用该应用时就能快速找到。

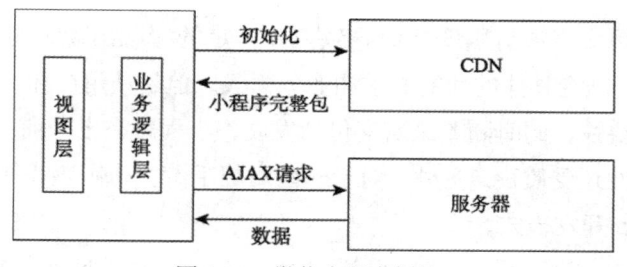

图 8-23 微信小程序架构

微信小程序由服务器和客户端两部分组成。小程序客户端包括视图层与逻辑层，视图层用来渲染页面结构，包含 WXML 和 WXSS，WXML 相当于 HTML，负责页面结构，WXSS 相当于 CSS，负责页面样式；逻辑层用来处理业务逻辑、数据请求以及接口调用。小程序启动时首先要从 CDN 获取小程序的完整包，然后用户请求数据时可通过 AJAX 从服务器获取数据。小程序代码大小有上限限制，所以小程序的启动并不会对用户设备的运行速度造成太大影响。

微信小程序的优势如下：
① 不需要下载安装。
② 跨平台，占用内存少。
③ 可以通过微信释放的 API 来获取设备硬件资源的调用。
④ 用户获得的数据永远为最新数据。

微信小程序的劣势如下：
① 小程序首次启动时需要从 CDN 加载小程序包，启动较慢。
② 小程序代码有 1MB 限制，适合小应用的开发。

5. App 开发模式与小程序的比较

1) 从开发人员的角度分析

Native App 不具有可移植性，因此针对不同操作系统需要独立开发，这样会使得开发人员和维护人员的工作量大大增加。同时由于审核机构不同，多个版本上线时间可能不统一，所以除非在其他开发模式完全满足不了用户需求的情况下必须使用这种模式，否则不建议使用这种开发模式。另外，由于 Native App 的数据都位于客户端，如果更新太频繁，会使得审核次数大大增加。所以对于一些经常更新的电商、新闻类应用，可以选择 Web App、Hybrid App 和小程序，这样既减少了开发人员的工作量，降低了成本，又减少了用户的困扰。但要注意的是，Web App 安全性较低，这种模式要加强对用户敏感信息的保护。最后，Native App 和 Hybrid App 可以调用设备硬件 API，而 Web App 和小程序仅支持部分功能（Web App，HTML5 提供的 API；小程序，微信提供的 API），因此要具体考虑需要哪些硬件资源，然后进行选择。

2) 从用户的角度分析

对于经常使用的应用，用户一般希望能非常容易发现它，并且交互能力要足够好，所以会选择 Native App 和 Hybrid App 两种开发模式。对于非刚需或不重要但不可丢弃的应用，为了避免设备桌面应用太多或者因安装而导致内存不足的情况出现，用户一般选择小程序和 Web App，当然还要结合具体的功能需求和业务模式。但是从用户体验上来说，小程序的响应速度比 Web App 要快，同时随着微信支付的发展，小程序在电子商务应用方面更具优势，而 Web App 的安全性还受质疑。另外，对于一些对战手游、动作游戏等追求用户体验的应用应该使用 Native App 开发模式。

表 8-4 从跨平台、离线、用户体验和开发成本等因素对比了 Native App、Web App、Hybrid App、微信小程序。

表 8-4 Native App、Web App、Hybrid App 与微信小程序的对比

维　　度	Native App	Web App	Hybrid App	微信小程序
跨平台	否	是	是	是
下载安装	是	否	是	否
实时更新	否	是	部分是	是
调用设备 API	支持	很少	支持	微信提供的 API
离线	是	是	是	是
用户体验	优	中	优	优
开发成本	高	低	中	低于 Web App
维护成本	高	低	中	低于 Web App
流量使用	少	多	介于原生与网页应用之间	少

经过上述分析，可以得出移动应用的四种开发模式优劣势共存，下面给出选择适合移动 App 开发模式，以达到用最小的代价获得最满意的结果建议。

① 极度追求画面流畅度的大型游戏建议使用 Native App 开发模式。
② 工具类应用建议使用 Native App 开发模式，如百度地图等工具。
③ 除非必要，否则不建议选择 Native App 开发模式。
④ 像新闻资讯这样需要经常更新的应用要摒弃 Native App 开发模式。
⑤ 对于使用频率低的应用，建议开发小程序（注意小程序 1 MB 的容量限制），当然在此基础上也可开发 Hybrid App。
⑥ 对于涉及资金、敏感信息这类应用，不建议使用 Web App。
⑦ 如果资金充足，可以考虑开发 Hybrid App。

8.3.3　移动端 App 开发的一般流程

移动端 App 开发会根据不同的应用程序特征，制定相应的开发流程。一般，App 软件开发的主要阶段包括需求分析、软件设计、代码编写、代码测试、发布与维护，如图 8-24 所示。

① 需求分析。相比其他软件，App 更注重客户的特定需求，因而软件开发者必须深入了解客户诉求，明确客户需求，根据 App 的定位及其目标用户群的用户特征，明确相关的功能诉求和友好界面诉求。

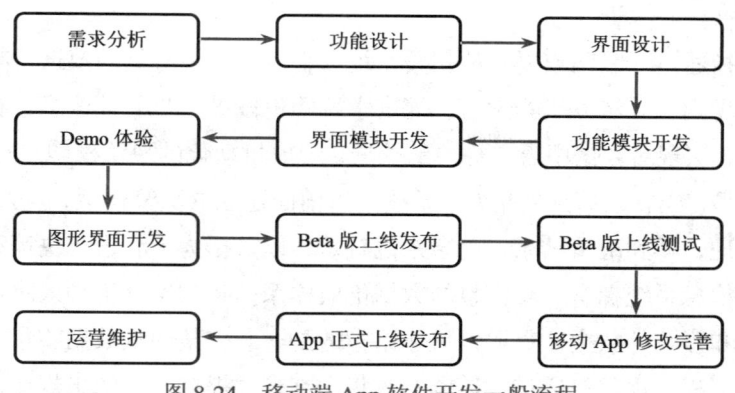

图 8-24　移动端 App 软件开发一般流程

② 软件设计。完成用户需求分析后，就需要对 App 进行规划设计。设计阶段主要包含功能设计和界面设计。前者是 App 的核心，通过功能设计满足用户群的使用诉求；而后者则是友好界面设计，在 App 多如牛毛的今天，界面设计往往成为决定 App 是否获得市场成功的关键因素。

③ 代码编写。编程人员根据功能设计和界面设计内容，完成相关代码开发编写工作。根据开发模式的不同，主要编程语言包括原生语言（ObjectC、Java、.NET 等）和网页语言（HTML5、JavaScript）。

④ 代码测试。测试在 App 软件开发中尤为重要，通过测试反馈，可以不断修正 App 产品，使之无限接近客户需求。一般，App 会在完成代码编写工作后生产 Demo，加入相关界面元素，在目标客户群中进行测试，收集反馈意见，并不断完善。

⑤ 发布与维护。反复测试与完善后，App 即可正式发布运营，但后期软件开发者需要对软件进行有效维护，应对突发事件。

8.4　大数据驱动的信息系统开发

大数据理念和技术的快速发展促使以互联网技术、信息技术、物联网技术为基础的现代化计算机技术实现了密切的关联，从而推动了信息化社会的快速发展。大数据的发展为信息管理系统的构建和优化创造了良好的条件，也促进了技术的深度融合和作用发挥。

8.4.1　数据驱动的信息系统概述

随着互联网的快速发展和广泛普及，产生的数据也在呈几何倍数增长。数据成了企业至关重要的资源，企业产生、收集和分析的数据也达到了前所未有的规模，进一步加速了大数据技术的快速发展。

1. 数据驱动的信息系统

数据驱动是指通过互联网或以其他相关系统为手段，采集海量的数据，将数据进行组织形成信息，利用规则、算法、机器学习、深度学习等手段进一步处理信息，在数据的基础上经过训练和拟合，实现对数据中隐含规律的挖掘，形成自动化的决策模型。同时，形成闭环，自动调整决策模型。当新的情况发生时，系统利用前面建立的决策模型，以人工智能的方式，对新数据进行处理，得到决策结果。简单来说就是，以数据为中心进行决策和行动。

数据驱动的信息系统拥有一套完整的数据价值体系，将数据分析纳入决策流程，为企业决策提供有价值和影响的数据。数据价值体系指的是一套完整的从数据收集、整理、分析到转化决策建议的流程，也就是通过对数据的收集、整理、提炼，总结出规律，形成一套智能模型，之后通过人工智能的方式给出决策方案。

2. 数据驱动的信息系统的数据结构

数据驱动的信息系统不仅数据内容多，而且数据结构已经发生极大的变化，主要有 4 种数据类型。

1）结构化数据

结构化数据类型包括预定义数据类型、格式和结构的数据，可以使用关系型数据库表示和存储，表现为二维形式的数据，如关系型数据库中数据表里的数据。结构化的数据的存储和排列是很有规律的，方便数据的增、删、改、查等操作。但是，结构化数据类型的扩展性不好。

2）半结构化数据

半结构化数据是结构化数据的一种形式，具有可识别的模式并可以解析的文本数据文件。半结构化数据不符合关系型数据库的数据模型结构，但具有自描述的结构，包含相关标记，用来分隔语义元素以及对记录和字段进行分层。常见的半结构数据有 XML 和 JSON。

3）准结构化数据

准结构化数据是具有不规则数据格式的文本数据，使用工具可以使之格式化，如包含不一样的数据值和格式的网络站点数据。

4）非结构化数据

非结构化数据是没有固定结构的数据，如语音、图片、视频等格式的数据。这类数据一般按照特定的应用格式进行编码，数据量非常大，难以转换成结构化数据，通常保存为不同类型的文件，如文本文档、图片、视频等。

3. 数据驱动的信息系统的特点

在互联网、云计算及大数据环境下，信息系统的数据已经发生显著的变化。第一，数据来源广泛性。互联网发展使得信息系统数据产生的来源愈加多元多样，获取数据的渠道也更加宽泛。第二，数据类型多样化。传统信息系统数据以结构化数据类型为主，而大数据环境下的信息系统数据不仅包含结构化数据，更多的是以非结构化数据为主，如文档、电子表格、演示文稿、电子邮件、音频和视频文件、即时消息、扫描的文档等。第三，数据量大。大数据时代，信息系统的数据量迅速增加。第四，价值密度高。在大数据变革中数据和技术的结合，数据驱动信息系统从传统的"业务功能为主"转为"信息资源为主"模式。

信息系统已经步入整合化、智能化的时代，越来越多的管理和决策应用需求需要集成应用来自系统内部和外部的数据，并进行数据分析，生成统计报表，为企业提供精准的决策和运营依据。显然，这种系统应用需求和大数据的精神不谋而合。大数据不在于数据的"大"，而在于数据的"用"——整合、分析、利用。因此，如何利用好大数据，挖掘利用其内在的规律知识，才是应用系统的根本所在。

因此，大数据下的信息系统不仅重视规范建设与整合集成，还实现了系统模型化、接口规范化，使数据更具可操作性。另外，在系统顶层设计时，采用开放可扩展的体系架构，以便在未来功能需求增多增强时实现快速、灵活的升级。真正的数据驱动的信息系统应该具备海量的数据、自动化的业务、强大的模型支持智能化决策。这三个条件缺一不可，并形成一个循环，不断地进行数据收集，完成建模，智能决策。

4. 数据驱动的信息系统的关键技术

数据驱动的信息系统所具有的具体功能千差万别，系统结构复杂多变，但是开发数据驱动的信息系统需要掌握以下关键技术：分布式文件管理技术、分布式数据处理技术、分布式数据库技术等。

1) 分布式文件管理技术

数据存储与管理是大数据应用的基础之一，但是传统的数据文件管理系统不适用于大数据信息系统，需要根据实际应用需求进行设计与分析。目前应用比较成功的文件管理系统技术主要集中在具有海量用户的互联网企业中。GFS 文件管理系统是由 Google 所提出和应用的一类数据文件管理技术，该技术使用大量的廉价服务器搭建了一个可扩展的文件管理系统，数据可以被存储在不同的服务器中。

该管理技术通过分块存储、关联链接、追加更新等对数据进行存储与管理，但是对于大文件的管理与存储，该技术存在一定的不足，为弥补和完善该不足，多个类 GFS 文件管理系统被开发应用到大数据管理中。这些技术通过增加缓冲层、使用内存加载部分元数据的方式提升了数据的存储和读取效率，使得大数据文件管理系统进入集群管理阶段。

2) 分布式数据处理技术

大数据信息的处理方式主要有流处理和批处理两种。前者将所需处理的海量数据看作一个不间断的流，可以实时对进入处理系统的数据进行处理和结果返回。分布式处理方式的应用极大提升了系统的数据处理实时性。后者则将需要处理的数据先执行存储操作再对其进行处理，可以使用将数据按照特定的分割方式分为多块数据，这些数据可同时由多个处理终端进行并行处理。显然，该处理技术淡化了数据的关联部分，但是极大提升了数据的可调度性、集群性。该技术的核心在于数据的分割、分发和处理。

3）分布式数据库技术

传统的数据库大多是传统的关系型数据库，这些数据库在面对规模性、多样性、低价值密度性的大数据时存在不同程度的缺陷或不足。为实现大数据的处理需要采用更简单的数据库模型。如 Bigtable 技术将管理的数据信息看作字符串进行管理，而不直接对字符串进行解释，从而使得所管理的数据具有结构化或半结构化特征，这就使得数据库系统得到了简化。Dynamo 使用的键值存储、分布式哈希表、向量时钟等技术同样能够实现对大数据库系统的可靠高效管理。而这些数据库系统的发展同样也推动了关系型数据库的发展，促进了 NoSQLogic 数据库的发展和应用。该数据库使用了模式智能识别、一致化和简单化应用程序接口等技术进行优化，同样可以达到较好的应用效果。

4）其他系统及关键技术

数据驱动的信息系统结构复杂，除了上述几部分系统，还包括其他系统，这些系统又由多个大数据处理与分析技术构成，如数据挖掘技术、云计算技术、模式识别技术、聚类分析技术、稀疏问题处理技术等。

5. 数据驱动的信息系统的应用意义

1）提高工作效率，保证工作质量

在以往的管理过程中，管理人员的工作常常是机械性的、处理时间冗长、过程复杂麻烦，缺乏及时性。而企业管理工作的信息化既可以提升管理工作效率，减轻管理人员的工作，又能够保证工作的质量。企业管理人员能够更准确及时地判断当前企业的运营状态，实时掌握企业状况，做出最优的决策。

2）科学管理企业，准确预测风险

利用大数据信息化管理可以提升对数据的利用价值，可以更加科学地进行系统化管理，使数据信息传递更加快速规范，缩短预测花费的时间，准确预测企业存在的风险，提高预测效率。

3）降低企业成本，优化配置资源

大数据技术具有分布式、大规模及深层次的信息存储分析能力，这就为管理信息系统的发展带来了技术支持。大数据环境下的中小企业信息管理，仅需要申请软件许可证并定期完成软件升级就可实现，企业并不需要重复购买硬件设备。只要企业确保有很好的网络信号，大数据就能以服务资源形式提供计算能力，随时监测和衡量服务资源的使用情况，也能结合实际情况针对用户和供应商提供不同的报告，这些服务资源就能被定量化控制。这就为企业降低了生产成本，也优化了企业资源配置，提高了企业生产效益。

4）打破工作模式，提高核心竞争力

由于大数据对终端硬件配置的要求不高，用户不需要配备存储设备和操作系统，在网络状态下就能存储大量数据资料。对企业来说，仅需要借助大数据技术就能在员工间远程传输数据，工作效率大幅度提高。大数据环境下的中小企业管理信息系统可以随时依据社会需求，对管理信息系统的服务能力与管理效能进行增强，降低了企业的运维成本，进一步促进了企业管理模式的创新与商业模式的创新。

8.4.2 数据驱动的信息系统开发

1. 数据驱动的信息系统开发关键要素

数据驱动是大数据下信息系统开发实施关键技术。数据驱动是对海量数据进行技术采集，将数据重组为信息，再将信息进一步整合与提炼，在此基础上建立模型，经过数据训练和数据拟合，形成自动化决策，当输入新数据时，系统会根据之前所训练的模型智能分析。简言之，数据驱动是将数据不断转化为信息、知识、情报、智慧，促使实现智能型决策的过程，数据俨然成为企业重要的生产资料，这类数据包括文档、电子表格、演示文稿、电子邮件、音频和视频文件、即时消息、扫描的文档等。

第一个关键要素，数据驱动是一种思维。首先，数据驱动是一种数据共享思维。信息技术的发展不仅带来了数据记录、存储的便利，也为数据的融合与汇聚提出了要求。大数据之所以能够形成，最根本的原因在于汇聚不同部门、不同行业的不同类型数据，通过数据的聚合和融合，才能真正形成大数据。其次，数据驱动是一种认知思维，大数据思维要求改变传统认知模式，善于运用大数据思维形成新的认知方式：① 从注重因果关系的渴求转向对相关关系的关注；② 从对因果关系确定知识的获取转向对演变发展趋势的预测；③ 从对"客观事实"的理性认定转向注重"主观事实"的感性认知。

第二个关键要素，数据是数据驱动的基础。没有数据的数据驱动如同无米之炊，不仅注重系统内部数据的收集而且要更加关注系统外部数据采集，随着时代的发展，数据的颗粒度和精细度在不断发生变化，更加精细化的数据也带来了更高的信息精密度。

第三个关键要素，技术是数据驱动的支撑。数据采集、数据清洗、数据挖掘、数据可视化、语义引擎等技术为数据驱动的实现提供了可能，提供了技术驱动力。

2. 数据驱动的信息系统开发过程

信息管理系统作为大数据背景下信息捕捉、管理和处理的重要工具，是大数据背景下重点开发和使用的内容。数据驱动的信息系统开发主要是从数据出发，解决了数据从哪里来，为谁服务的问题，不依赖于业务流程或数据结构。完整的数据驱动的信息系统开发过程一般分为数据采集、数据存储、数据分析、数据反馈、数据安全保护。具体而言，大数据背景下的信息系统开发过程主要表现在以下几方面。

1）数据采集

数据采集，数据采集是一切应用的根基，具体到采集内容，包括数据类型、数据所有者、数据来源。

客观存在的大量数据既是有效利用数据的前提，也是决策者进行制定决策的依据。因此，大数据时代必须具备比以往更强的数据获取能力，从而积累起足够的数据，信息系统必须加强数据获取手段建设。

大数据环境下，传统的信息采集方式发生了重大改变，随着信息技术、互联网技术基础上的云计算、物联网等新的发展理念和方式逐渐被广泛应用于各领域，信息的采集范围不断变大，可以对来源不同、类型各异的数据进行差异化的采集，保证了数据价值的有效发挥。

与传统的数据采集使用的 QQ、微信等工具相比，基于新一代信息技术的数据采集不仅数据采集量急剧增加，同时数据质量在不断得到改善，信息系统拥有的大量、多样优势能够更好地满足数据使用的需要，使得不同的数据能够发挥出不同的效果，进而产生更好的综合效果。例如，在物流仓储与运输管理系统中，通过扫描仪器对产品的标签进行数据的录入，也可以通过移动设备的传感器获取相关的运动数据、通过 GPS 定位技术获得车辆的位置数据等，这些便捷化的数据采集方式为信息管理系统的构建和作用发挥提供了强有力的支持。

因此，企业越来越重视数据采集的过程，并重视对信息来源的筛选以及数据信息的甄别，从而能够迅速掌握市场的有价值信息，帮助企业更加科学地进行决策。有的企业在信息采集的过程中通常采用的是分布式架构系统，这种系统对于提升数据收集和处理的效率具有重要意义，也有的企业使用搜索和网络爬虫式的方法进行数据收集，并对数据进行再次加工，实现数据采集与后期处理的双重结合。最后，越来越多的企业开始重视数据的安全保密性，企业通过对数据接口的利用，在重视数据信息安全的同时，还通过提升数据的筛选和处理速度提升工作效率。

2）数据存储

数据存储是大数据下信息系统开发过程一个重要的环节。当前，大数据的移动是信息系统的最大开销。同时，现有信息系统数据存储能力的增长速度远远赶不上数据量的增长速度，这使大数据的传输和存储面临重大挑战。因此，信息系统要具备超大容量的数据高速传输能力，使大数据能够顺畅、高效地流动，从而能智能化地存储各种数据，具有良好的兼容性和抗毁能力。

数据存储方案的选择主要根据数据本身的特点，如是否可追加、可修改、访问是以什么样的访问为主，是否会需要删除等。好的数据存储方案可以简化数据之间的关系，降低数据分析难度。

传统一般性的数据存储系统已经表现出相当大的局限性，无法对大规模、高密集度的数据进行检索，不能满足企业发展的实际需要。因此对数据存储能力和存储量提出了新的要求，使数据存储更好地满足大数据背景下信息系统的应用需求，提升数据分析和处理的精准性，并且符合人们数据处理的习惯。

基于大数据和云计算技术的云存储，不管是存储数据的规模还是质量，相对于传统的模式都得到较大的提升。目前主流的存储方式主要有两类，即：适合个人日常使用的个人云盘，如百度云、数据硬盘等；适合企业批量使用的云存储，如 EMC 云存储系统等。其中，个人日常使用的云盘存储具有方便的特点，用户可以随时将相关的数据存储到云端，并在使用的时候通过不同终端进行下载，并且可以实现单方面的数据传输，可以用于存储个人的文档、图片、影音等内容，能够节约终端的存储空间，提高网络存储空间的利用效率。企业的云存储则是为了适应一些企业大批量数据存储的需要，这种数据存储方式可以实现数据的处理和归档，可以对企业所需要处理的大批量、多类型的数据资料进行整理和分析，从而更好地实现数据资源的价值。虽然以上两种数据存储方式在功能和性能方面存在一定的差异，但基本能够满足相应对象的个性化需要，从而满足大数据背景下信息管理系统广泛应用的需要。

3）数据分析

数据分析就是指采用适当的统计分析方法对收集来的大量数据进行分析，提取有用信息和形成结论而对数据加以详细研究和概括总结的过程。

大数据的获取、传输和存储只是问题之一，更大的难题是如何从冗杂的大数据中剥茧抽丝，自动化、智能化地识别最有价值的信息，并进行分析处理，用于帮助决策者更好地进行决策。这也是大数据技术的核心意义。就信息系统而言，数据价值的分析和挖掘是其中最重要的环节，也是决定信息系统适用性价值的关键所在。因此，大数据时代要求信息系统必须具备更强的数据处理能力，以去除大数据中冗杂无用的内容，提炼出精准有价值的信息。

大数据场景下，信息系统中的数据处理不仅停留在各种数据类型的划分和数据的梳理、归类，还能够实现数据信息的快速化处理，从而提升数据信息处理的效率和效果。在对数据进行分析时，需要保证数据的时效性，这就需要重视应用批处理和流处理两种方式，必要时可以通过两种处理方式的结合提升数据分析的效率。

需要对重点内容和数据进行针对性分析，并对数据的价值进行进一步发掘，从而发现数据中存在的问题，可以从以下几方面开展工作。

第一，指标数据的分析，通过设定相应的数据筛选标准，据此可以得出各种分析结果，从而获得个性化的数据内容，从而更好地辅助决策来确保制定更加合理的方案。例如，可以通过对企业销售信息系统中一些经营数据的分析来发现自身在商品销售方面的优势，从而将更多的优势资源投入其中，获得更大的收益。

第二，业务数据的分析。这两种数据的分析需要根据实际情况制定数据处理的具体策略，从而提升数据的价值以及应用水平。因此在数据的处理过程中，数据分析是信息处理的重要环节，在大数据背景下，数据分析工作需要结合企业的实际情况对模型和分析方式进行选择，从而帮助企业数据应用的合理性。

4）数据反馈

数据反馈，通过用户精准分群、灵活创建并管理营销活动计划，如知道用户数据、业务数据，最终精准刻画了用户画像。有了第一次营销效果后，可以有针对性地改进，做第二次营销效果。真正形成自动化、精细化的运营闭环。

5）数据安全保护

技术的进步将为大数据的存储与处理扫清障碍，但对大数据的利用来说，更重要的是信息安全问题。要避免数据被窃取、篡改和个人隐私泄漏等信息安全问题，要在利用大数据的同时，找到数据开放与保护的平衡点。为此应尽快完善已有的信息安全机制，确保信息安全。

大数据场景下，信息系统数据安全性日益凸显。采用访问鉴权及数据监管等技术避免以窃取等方式获得相应的稀缺性数据资源，造成数据的安全性受到威胁。在信息系统使用过程中，相关主体除了可以对数据进行访问，还可以对其进行集中化的安全管理，通过技术手段来提升数据存储和使用的安全级别，使数据的价值免受窃取。

同时，在实现大数据传输过程中，由于大数据的特点之一就是数据量极大，而这又为黑客攻击系统创造了条件，因此，要从数据全部生命周期的角度出发采取必要的安全防护，避免数据在传输过程中被窃取。就目前信息管理系统中的数据进行传输的情况来看，通过采取对传输方式和传输渠道进行不同方式加密的方式，在云端储存的时候用多种方式进行混合加密，加大破解难度提高储存安全性，防范数据丢失风险。同时，对于云盘存储的数据，信息管理系统采取及时更新的方式，并通过大数据安全监测预警及应急响应机制来保证数据丢失漏洞被及时发现和处理。

8.5 开放环境下的信息系统安全设计

随着以物联网、云计算、大数据等为代表的新一代信息技术在信息系统开发中的广泛应用，信息系统的环境变得更开放、更复杂，信息系统具有攻击面广、环境复杂、安全隐患点多等特点，因此对信息系统的安全性进行合理设计显得尤为重要。

8.5.1 信息系统安全定义

信息系统安全是指保障计算机及其相关的和配套的设备、设施（含网络）的安全和运行环境的安全，保障信息的安全，保障计算机功能的正常发挥，以维护计算机信息系统的安全运行。可见，信息系统的安全性就是防范意外或人为地破坏信息系统的运行，维护正当的信息活动，保障信息系统安全运行而采取的一系列安全保护措施。

信息系统的安全性主要分为实体安全性、技术安全性、信息资源安全性和网络安全性。

① 信息系统的实体安全性是指为保障信息系统的各种设备及环境设施的安全而采取的措施，主要包括场地环境、设备设施、供电、空气调节与净化、电磁屏蔽以及信息存储介质等的安全。计算机信息系统的实体安全是整个计算机信息系统安全的前提。因此，保证实体的安全是十分重要的。

② 信息系统的技术安全性是指在信息系统内部采用技术手段，防止对系统资源的非法使

用和对信息资源的非法存取操作。

③ 信息资源安全性是指防止信息资源被故意或偶然地泄露、破坏或篡改，保证信息使用的完整性、有效性和合法性。它又分为动态安全性和静态安全性两类。动态安全性是指对数据信息进行存取操作过程中的控制措施；静态安全性是指对信息的传输、存储过程中的加密措施。在大数据背景下，大数据处理和分析过程中的数据安全性需要特别注意。

④ 网络安全性通常指计算机网络的安全性，也指计算机通信网络的安全性，包括计算机网络资源子网中各计算机系统的安全性、通信子网中的通信设备和通信线路的安全性。

8.5.2 信息系统安全威胁

从信息系统使用的情况看，信息系统常常因为自身设计存在的不完善的地方，比如应用软件以及系统软件、硬件系统存在的设计缺陷，数据存储访问权限设计不合理等，给信息系统的安全带来很大的威胁。

1. 影响信息系统安全的因素

影响信息系统安全的因素有很多，一般可以概括为以下几方面。

① 自然力及不可抗拒因素。主要指自然力造成的地震、火灾、水灾、风暴、雷击等以及不可抗拒的社会暴力活动或战争等，这些因素将直接危害信息系统实体的安全。

② 硬件及物理因素。指系统硬件及环境的安全可靠，包括机房设施、计算机主体、存储系统、辅助设备、数据通信设施以及信息存储介质的安全性。

③ 电磁波因素。计算机系统及其控制的信息和数据传输通道，在工作中都会产生电磁波辐射，在一定地理范围内用无线电接收机很容易检测并接收到，这就有可能造成信息通过电磁辐射而泄露。另外，空间电磁波可能对系统产生电磁干扰，影响系统正常运行。

④ 软件设计及数据因素。软件的非法删改、复制与窃取将使系统软件受到损失，并可能造成泄密。数据信息的存储及传递过程中的安全性是计算机犯罪的主攻核心，是必须加以安全和保护的重点。

⑤ 计算机病毒。随着计算机技术的发展和计算机应用的普及，计算机病毒目前已成为威胁信息系统安全的最危险因素之一。它通过运行一段有破坏作用的程序来干扰和破坏系统的正常工作，既可以破坏信息系统运行所需的软件和硬件环境，也可以破坏信息系统中的数据资源。由于目前很多新型计算机病毒通常利用系统漏洞和网络迅速传播，因此对其决不可掉以轻心。

⑥ 人为及管理因素。人为因素主要包括以操作失误为代表的无意威胁，如工作人员的误操作使信息被破坏或造成机密信息泄露等，以及以计算机犯罪为代表的有意威胁（恶意攻击）。管理因素主要指是否有严密的行政管理制度和法律法规，以防范人为因素对系统安全所造成的威胁。

2. 开放环境下信息系统的安全威胁

开放环境下的信息系统一般采用云网端或云边端的架构，如图 8-25 所示，具有终端设备的差异性和移动性、网络设备的异构性和分散性、应用需求的多样性和时敏性等典型特征，这给信息系统带来了诸多新的安全挑战和安全风险。

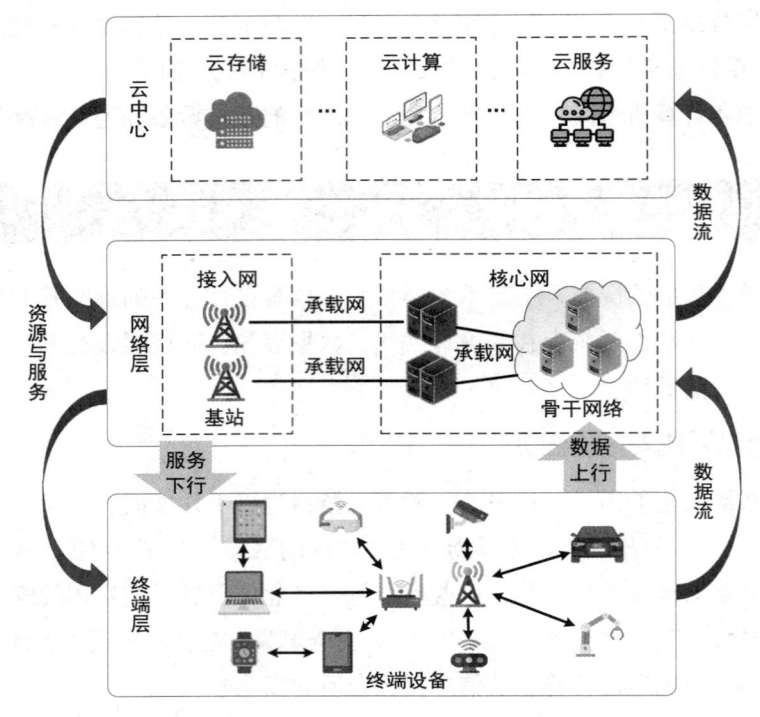

图 8-25　开放环境下的信息系统结构

终端层包含各类实现数据采集、输入和使用的 IoT 设备、手机设备等泛终端及软件系统，如 App、网页、应用程序等，攻击者对其中任何一个终端发起攻击都可能影响整个信息系统的安全。在开放环境下，终端层的设备实体一般面临硬件漏洞、物理防护简单等安全问题。如物联网感知节点经常部署在无人监控的环境中，大量使用无线介质传输数据，如果不采取并加强电磁防护措施，容易被电磁干扰，甚至被恶意用户攻击，无法建立安全的物理链路。终端层的软件系统会存在代码漏洞、设计缺陷、恶意后门、隐私数据保护不足等安全问题。另外，终端设备的安全资源和计算能力有限，难以提供与云中心一样的安全防护能力，易被攻击者非法入侵。随着移动互联应用场景的增加，智能终端上的软件安全问题尤其突出。

例如，随着人工智能技术的发展，人脸识别技术作为一种身份识别验证技术，与传统的输入密码和其他认证方式相比，具有采集快捷的优势，可以提高效率、优化流程，在安防、金融、交通和娱乐等领域的智能终端系统中得到广泛应用。但近几年出现多起银行储户被不法分子通过手机银行 App 的人脸识别而"盗刷"的事件，虽然储户本身可能存在手机被劫持的"防范不足"问题，但 App 设计时采用了不先进和不可靠的人脸识别技术，使银行的线上人脸身份核验系统存在被假体攻击、注入攻击的技术漏洞是造成"盗刷"的主要原因。而且，这方面的风险不是个例，2021 年 1 月，清华大学人工智能研究院成立的团队瑞莱智慧 RealAI 就曾通过对抗样本攻击，一举破解多款安卓手机的人脸识别解锁系统，包含金融和政务服务类 App，进一步揭示了人脸识别技术的安全风险。

网络层是数据通信和流转的媒介，主要为网络通道和网络节点设备。网络层主要面临着网络安全问题，如恶意监听、数据篡改和拒绝服务攻击等安全问题。特别有些云边端系统将云数据中心的计算能力下沉到了网络边缘，但其依赖的基础设施（如无线基站等）大都暴露在不安全的环境中，面临着较多的安全威胁，容易被攻击者非法入侵。

云中心包含上云后的各类型数据存储、提供的计算资源和服务等。这一层主要面临信息泄漏、用户身份、权限管理不当、不安全的应用程序编程接口、数据存储等安全问题。其中数据安全问题尤为突出，从用户方面来说面临着隐私数据泄露、非法使用等问题，如 2017 年在亚马逊云计算服务器上，有 180 万个注册投票者的信息，包括姓名、地址和出生日期，被暴露在网上；2019 年 11 月 11 日，阿里云计算有限公司未经用户许可擅自将用户留存的注册信息泄露给第三方使用。更有甚者，2020 年 3 月，有用户发现 5.38 亿条微博用户信息在暗网出售，其中 1.72 亿条含有基本信息，涉及用户 ID、微博数、粉丝数、关注数、性别、地理位置等，全部售价为 0.177 比特币，约合人民币 7350 元。6 月 1 日，美国情报公司 Cyble 发文声称花了 500 美元买下了这 5.38 亿用户的数据，并将包含微博用户个人详细信息的整个数据库编入 amibreached.com，提供商业服务。从云端服务提供方来说，业务数据被黑客或内部员工恶意删除的事件屡次发生。如 2018 年 6 月，知名第三方电子合同平台"云合同"前技术总监邱某由于被规劝离职而对公司心生不满，在家中使用公司服务器及数据库账号密码进入云数据库管理界面，对索引和部分表进行删除，导致 3 万余名用户系统受限，该次"删库"造成的直接经济损失为 225 万元。2020 年 2 月 23 日，微信小程序头部服务商微盟的 SaaS 业务生产环境和数据遭到公司研发中心运维部一位核心运维员工人为破坏，导致无法向客户提供 SaaS 产品，其注册的 300 万家商户面临业务中断的困境。虽然这些"删库"事件是因员工个人问题做出了不当行为引起的，但正规网络公司的账户应分等级、分权限、分体系设定，且具备备份机制、数据快照机制等，个人对系统造成如此大的安全问题，实属安全设计不当。

8.5.3　安全设计内容

传统的信息系统安全设计一般包括物理实体安全的设计、硬件系统和通信网络的安全设计、软件系统和数据的安全设计等内容。

在物理实体安全的设计方面，可以对物理设施的接入点进行保护，如设计安全摄像机、全身扫描及其他措施防止违规行为的发生，对接入点环境的温湿度、烟雾、漏水等实施全天监控。

在网络安全设计方面,选择安全可靠的通信协议,设计可靠稳定的网络结构,通过网络安全设备(如防火墙)做好访问控制设计、拒绝服务攻击防护设计、嗅探(Sniffer)防护设计和病毒防护等设计。

在软件安全设计方面,选择安全可靠的操作系统和数据库管理系统,设计、开发安全可靠的应用程序。应依据系统的重要类型、用户类型,执行不同等级的身份认证、访问控制等策略,按照不同等级设计分级应用安全防护。

在数据安全设计方面,主要对数据的完整性、保密性、可用性和不可否认性等进行设计,包括数据存取的控制、防止数据信息泄露、防止计算机病毒感染和破坏、数据备份等工作。其中,对于数据的存取控制可以设计用户存取能力表及存取控制表。设计用户存取能力表,可以对系统的合法用户进行数据存取能力的限制,确定和控制每个用户的权限。存取控制表则规定了文件的访问者及其被允许进行的操作,如读、写、修改、删除和执行等。

开放环境下的信息系统安全除了考虑以上安全设计,还要考虑系统开放结构带来的安全问题,从典型的云网(边)端系统安全上说,面临最大的安全挑战是数据安全和隐私保护。俗话说"无数据不风控",面对国家监管和整个生态对数据隐私、个人信息保护的逐步升级,需要从端边云各层进行安全设计。

在终端层通过软硬结合的方式,设计端云协同、可信终端来实现对业务数据的防护。利用边缘计算把云端一些计算、策略模型下放到端上,如通过在端上构建一些刻画用户行为模型,在数据并不出端的情况下,完成对风险的识别和治理。从 App 深入整个系统、硬件可信终端构建软硬结合的安全基础设施,保证从终端发起的请求是真实的用户,在真实的设备上,带着真实的目的,发出的真实请求,以解决像黄牛通过脚本、接口直接调用抢购车票之类的安全问题。

业务请求离开终端进入接入层,也就是边。通常造成各类风险数据泄露的数据爬虫、传统的攻击,都发生在这一层。在边这一层,可以对每个业务请求设计一个卡口管控,当业务请求到达时,整个网关层会做精准的防控和管控。业务请求会带着从端上带来的可信信息,这些信息有的是端上做的风险识别,有的是云端计算下发的。这一层的风险独立于具体的业务形态,更多是对通用恶意流量的防控。比如,虽然不知道某业务请求在云端打算干什么坏事,但可以提前判断这是恶意访问。

在云端,各业务系统需要针对不同的业务场景风险进行风险感知和风险识别的安全设计,实现内容和业务等安全的分析,使前置"端边"还识别不出的风险业务数据进入云端后,做进一步深度化、精细化的风险识别和决策。同时对云端存储的数据做安全设计,如敏感数据加密、数据脱敏、数据匿名化等。

开放环境下的信息系统安全设计的核心在于,风险在哪里发生,就要在哪里进行阻断,突破以往所有风险汇合到服务端或云端做统一处理的传统模式,解决业务安全防控的准确性和及时性。

8.5.4 基于区块链的信息系统安全设计

随着区块链技术的不断发展，越来越多的信息系统开始采用基于区块链的安全设计原理来保护数据和确保系统的安全性。基于区块链的信息系统安全设计主要涉及身份认证和访问控制、数据保护和隐私保护，以及防篡改和溯源等方面。

1) 基于区块链的身份认证和访问控制

首先，区块链技术可以提供高度可信的身份和访问管理机制，使用户能够更好地控制自己的身份，并确保拥有数字身份的个人和实体能够获得适当的资源访问级别。在基于区块链的信息系统中，用户的身份信息和交易历史可以被记录在区块链上，以进行身份验证和审计。通过验证用户的私钥有效性，可以实现用户的身份验证，而不需依赖传统的用户名和密码验证方式。用户角色和访问权限可以通过系统进行定义和管理。同时，区块链确保企业只能在得到用户同意的情况下使用这些信息，从而保护消费者的身份信息不被中心实体泄露。

其次，区块链可以提供去中心化的身份管理系统，每个参与者都有一个唯一的身份标识，并通过私钥和公钥的加密技术进行身份认证。用户可以在区块链上注册和管理自己的身份信息，而不需依赖中心化的身份验证机构。智能合约是一种可编程的自动化合约，可以在区块链上执行。通过智能合约，可以定义访问控制策略，并确保只有经过授权的用户才能访问特定的信息或执行特定的操作。智能合约可以根据预先设定的规则自动验证和执行访问权限。基于区块链的身份认证和访问控制的框架如图 8-26 所示。

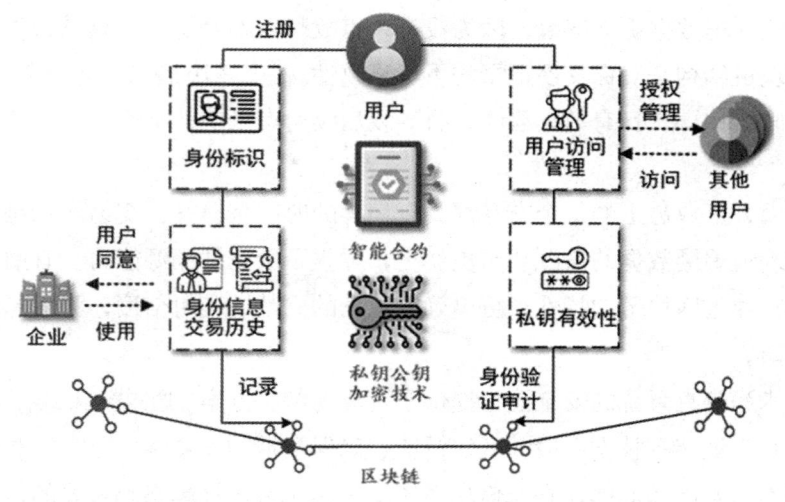

图 8-26 基于区块链的身份认证和访问控制框架

2) 基于区块链的数据保护和隐私保护

区块链采用分布式的数据存储方式，将数据分散存储在网络中的多个节点上，从而提高了数据的可靠性和安全性。此外，区块链还可以利用加密算法对数据进行加密，确保只有授权的用户才能解密和访问数据。

通过采用区块链技术，数据的所有权和访问控制可以直接由数据的所有者掌控和管理，不需依赖中介机构。智能合约的应用可以实现对数据的细粒度访问控制，只有经过授权的用户才能访问数据，并且可以精确控制数据的使用权限和时间限制。这种方式有效地保护了数据的机密性和完整性，降低了数据泄露和篡改的风险。

另外，区块链技术还可以利用零知识证明协议，使得用户可以在不泄露真实身份的情况下进行交互和验证。零知识证明允许用户证明自己拥有某些特定信息的知识，而不需透露具体的信息内容，从而实现了用户的匿名性和隐私保护。这种技术可以应用于诸如身份验证、数据查询等场景，有效地防止了个人隐私信息的泄露和滥用。

3）基于区块链的防篡改和溯源

基于区块链的防篡改和溯源是信息系统安全设计中的重要方面。在数据收集阶段，用户的数据被加密传输到区块链中，以确保数据的机密性和不可篡改性。同时，用户可以指定数据处理契约，规定只有满足指定条件的可信处理应用才能解密和提取区块链中的数据。这样可以确保数据只被授权的应用程序处理，增加了数据的安全性。在数据承载和处理阶段，需要验证每个数据处理应用的可信性，并确保其始终处于可信状态。通过协调数据处理方和区块链数据提供方的数据处理契约，制定可信的数据访问策略，并根据策略授权可信应用程序解密和处理区块链中的数据。处理结果经过加密后存储到区块链中。在数据分发阶段，通过加密方式返回区块链中的数据处理结果，并同时返回可信的审计记录。这些记录基于区块链使用，能够显示整个处理过程中的关键行为，确保记录的不可篡改性和有效性。

此外，区块链的数据存储方式是去中心化的，每个节点都保存了完整的数据副本。这种分布式存储方式使得数据更加安全，因为没有单点故障，不容易被篡改或丢失。区块链使用哈希算法和区块链结构来确保交易记录的不可篡改性。每个区块都包含前一个区块的哈希值，形成了一个链式结构。一旦有数据篡改，将导致后续所有区块的哈希值不一致，从而被系统检测到。

在溯源方面，区块链上的每个交易都具有精确的时间戳，并且交易记录是永久保存的。这使得可以准确地追溯数据的来源和历史变更，增强了数据的溯源能力，有助于防止恶意篡改和欺诈行为。通过区块链的特性，可以确保数据的完整性和可信度，为信息系统提供了更强大的安全保障。

区块链技术为信息系统的安全设计提供了可靠的解决方案。通过分布式存储、加密算法、智能合约和零知识证明等技术手段，区块链能够确保数据的安全性、隐私性和可控性。随着区块链技术的不断发展和成熟，它在信息系统安全领域会发挥越来越重要的作用。

本章小结

信息系统架构是指导信息系统开发的理论方法，对指导信息系统开发过程具有重要意义。信息系统架构不仅显示了软件需求和软件结构之间的对应关系，而且指定了整个软件系统的组织和拓扑结构，提供了一些设计决策的基本原则。云计算、大数据、物联网、移动互联网、区块链及人工智能等新一代信息技术的推广应用，企业越来越重视这些新技术在企业信息系统中的应用。随着信息量增加和访问次数频繁，对业务的扩展性和伸缩性的要求也越来越高。高并发、高可用、可伸缩、可扩展、够安全的新一代软件架构及低代码一直是信息系统设计与开发追求的目标。

本章介绍了新一代信息技术对信息系统的影响及在信息系统开发中的应用；介绍了信息系统架构开发常用的五种软件架构，主要介绍了软件架构从集中式架构到分布式架构的演化过程，着重讲述了单体架构、垂直架构、SOA 架构及微服务架构内容及各自的优缺点；介绍了基于 SOA 信息系统开发特性，重点分析了微服务拆分原则及基于微服务架构信息系统开发过程，介绍了低代码和开发平台内容，讲述了基于低代码的信息系统开发过程；介绍了 Native App 开发模式、Web App 开发模式、Hybrid app 开发模式及微信小程序的主要技术特点与开发流程；介绍了大数据驱动信息系统关键技术及开发过程；介绍了信息系统的安全定义和安全威胁，重点讲述了开放环境下的信息系统安全设计内容，基于区块链技术的信息系统安全设计内容。

思考题

1. 新一代信息技术在信息系统开发中的应用。
2. 简述信息系统常用的软件开发架构。
3. 简述单体架构、垂直架构、SOA 架构、微服务架构的区别。
4. 简述基于 SOA 的信息系统实现方法和开发过程。
5. 简述微服务拆分原则和开发步骤。
6. 什么是低代码？
7. 简述基于低代码的信息系统开发过程。
8. 移动 App 开发主要有哪几种模式？针对特定的移动终端如何选择相应的开发模式？
9. 简述大数据场景下信息系统开发的关键技术。
10. 简述数据驱动的信息系统开发过程。
11. 简述信息系统面临的安全威胁。
12. 开放环境下，信息系统安全设计的内容有哪些？

参考文献

[1] 左美云，邝孔武. 信息系统开发与管理教程 [M]. 4 版. 北京：清华大学出版社，2020.
[2] 杨选辉，郭路生，王果毅. 信息系统分析与设计[M]. 2 版. 北京：清华大学出版社，2019.

[3] 黄梯云. 管理信息系统[M]. 6 版. 北京：高等教育出版社，2016.

[4] 黄孝章，刘鹏，苏利祥. 信息系统分析与设计[M]. 2 版. 北京：清华大学出版社，2017.

[5] 杜鹃. 信息系统分析与设计[M]. 3 版. 北京：清华大学出版社，2021.

[6] 梁昌勇. 信息系统分析、设计与开发方法[M]. 北京：清华大学出版社，2010.

[7] MARTIN L A, MICHAEL T F. 可扩展的艺术，现代企业的 Web 架构、流程及组织[M]. 北京：人民邮电出版社，2013.

[8] 华为软件技术有限公司. 移动应用开发[M]. 北京：清华大学出版社，2021.

[9] 李睿琦，梁博. 微信小程序开发从入门到实战[M]. 北京：水利水电出版社，2020.

[10] 常新峰，王金柱. 构建移动网站与 APP[M]. 北京：清华大学出版社，2017.

[11] 杨巨龙. 大数据技术全解：基础、设计、开发与实践[M]. 北京：电子工业出版社，2014.

[12] 桑文锋. 数据驱动：从方法到实践[M]. 北京：电子工业出版社，2018.

[13] 何明璐，邹海锋. SOA 与大数据实战：企业私有云平台规划和建设[M]. 北京：清华大学出版社，2020.

[14] 梁爱虎. SOA 思想、技术与系统集成应用详解. 北京：电子工业出版社，2014.

[15] 托马斯·埃尔. SOA 架构：服务和微服务分析及设计[M]. 2 版. 北京：机械工业出版社，2017.

[16] 克里斯·理查森. 微服务架构设计模式[M]. 北京：机械工业出版社，2019.

[17] 维尼休斯·弗多萨·帕切科. 微服务设计模式和最佳实践[M]. 北京：清华大学出版社，2018.

[18] 郑天民. 微服务设计原理与架构[M]. 北京：人民邮电出版社，2019.

第 9 章 信息系统测试方法和技术

信息系统测试是信息系统开发过程中非常重要且漫长的阶段，其重要性表现在，它是保证系统质量和可靠性的关键步骤，是对信息系统开发过程中的系统分析、系统设计和系统实施的最后复查。虽然在开发过程中，人们采用了许多保证信息系统的质量和可靠性的方法来分析、设计和实现信息系统，但免不了在工作中会犯错误，系统中可能隐藏着许多错误和缺陷。如果不在信息系统正式运行之前的测试阶段进行纠正，问题迟早会在运行期间暴露，这时再纠正错误就会付出更高的代价。

本章着重介绍信息系统测试方法和技术，重点讲述信息系统测试的概念和原则、分类和过程、基本方法，讨论信息系统测试技术、面向对象测试技术和测试管理，最后通过一个实际项目的测试案例阐述信息系统的测试过程。

本章重点：
- ❖ 信息系统测试的概念、目标、原则和分类
- ❖ 信息系统测试过程
- ❖ 信息系统测试方法
- ❖ 信息系统测试技术
- ❖ 面向对象测试技术
- ❖ 信息系统测试管理

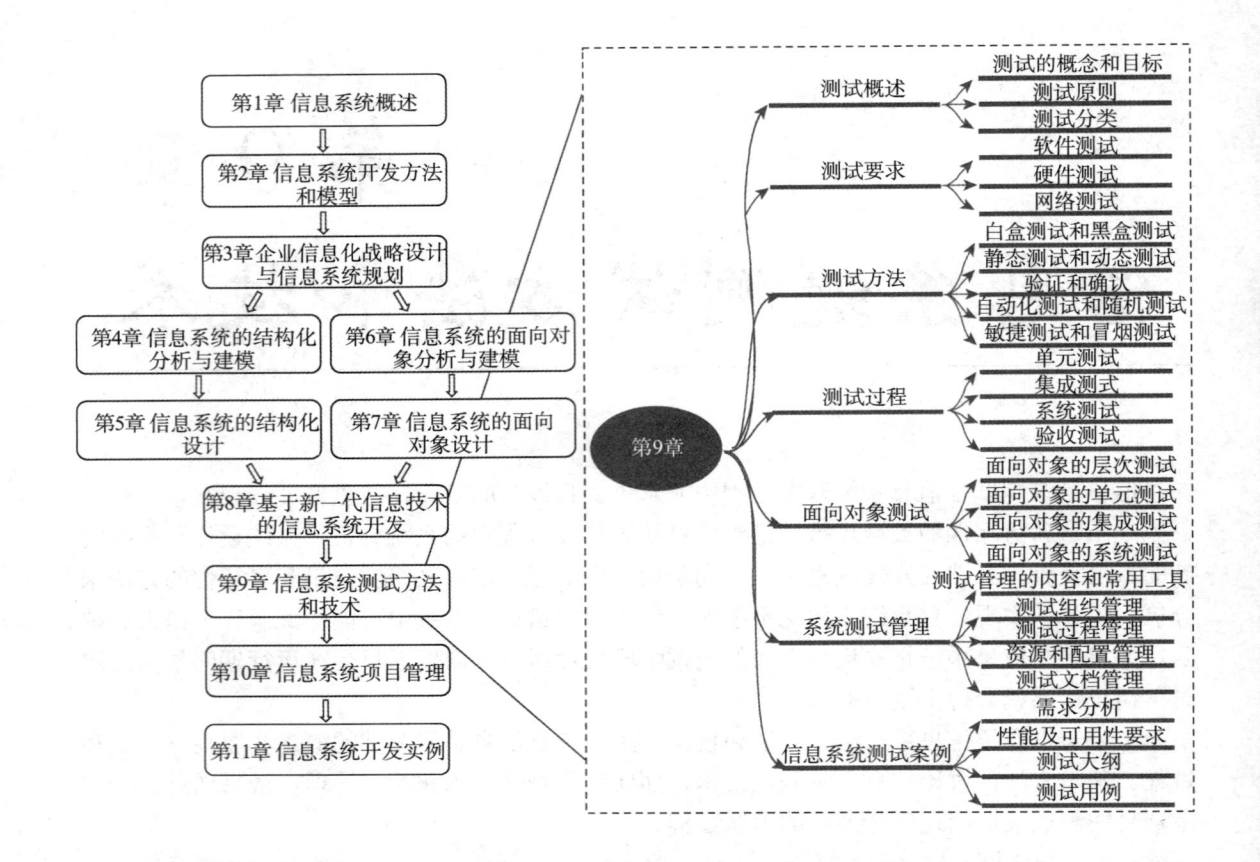

9.1 测试概述

9.1.1 测试的概念和目标

1983年，IEEE提出的软件工程术语中给"软件测试"下的定义是："使用人工或自动的手段来运行或测定某软件系统的过程，目的在于检验它是否满足规定的需求或弄清预期结果与实际结果之间的差别。"该定义明确指出，测试的目的是检验信息系统是否满足需求。

Grenford J. Myers 对测试的概念和目标进行了如下归纳。

- ❖ 测试是为了发现错误而执行程序的过程。
- ❖ 测试是为了证明程序有错误，而不是为了证明程序无错误。
- ❖ 好的测试方案是能够发现迄今为止尚未发现的错误的测试方案。
- ❖ 成功的测试是发现了至今尚未发现的错误的测试。

总之，测试的目标是以最少的人力和时间发现潜在的各种错误和缺陷。从上述目标可以归纳出测试的定义是"为了发现错误而执行程序的过程"。具体地说，测试是根据开发各阶段的需求、设计等文档或程序的内部结构，精心设计测试用例（输入数据和预期的输出结果）并用来运行程序，以便发现错误的过程。信息系统测试应包括软件测试、硬件测试和网络测试。硬件测试、网络测试可以根据具体的性能指标来进行，而信息系统的开发工作主要集中在软件上。所以，测试更多的是指软件测试。

关于测试的一个重要概念是测试用例。测试用例是为某特殊目标而编制的一组数据，包括测试输入、执行条件和预期结果，以便测试某程序路径或核实是否满足某特定需求。测试用例用于反映要核实的需求，这些需求可以通过不同的方式来实施。

正确认识测试的目标是非常重要的，这关系到人们的心理作用。如果测试是为了证明程序没有错误，在设计测试用例时就会引用一些不易暴露错误的数据；相反，如果测试是为了发现程序中的错误，就会力求设计出容易暴露错误的测试方案。所谓"好"与"坏"或者"成功"与"失败"的测试方案，同样存在着心理学的问题。所以，Myers把测试目标定义为"发现错误""发现迄今为止尚未发现的错误""发现了至今尚未发现的错误的测试"。

因此，软件测试不仅是测试程序，更是在软件投入运行前，对软件需求分析、设计规格说明和编码的最终复核，是软件质量保证的关键步骤。

9.1.2 测试原则

根据测试的概念和目标，在进行信息系统测试时应遵循以下基本原则。

1. 测试必须由独立的部门实施并配备最好的人员

测试工作需要严格的作风、客观的态度和冷静的情绪。在心理学上，人们常常由于各种原因具有一种不愿否定自己工作的心理。这个心理状态就成为测试自己程序的障碍，而且由于思维定式，也难以发现自己的错误。因此，由别人来测试自己编写的程序可能更客观、更有效。测试工作要求测试人员具有较高的创造性和较强的责任感，因此必须把最好的人员安排到测试用例设计工作中。

2. 测试过程应追溯到用户需求

根据信息系统需求和设计文档进行测试需求分析和设计工作，并建立用户需求、测试项和测试用例之间的追踪关系。

3. 全面检查每个测试结果

有些错误的征兆在输出实测结果时已经明显地出现了，如果不仔细、不全面地检查测试结果，就会使这些错误被遗漏。所以，必须对预期的输出结果明确定义，对实测结果仔细分析和检查。这是最明显的原则，但常常被忽视。

4. 尽早、及时和不断地进行测试

由于用户需求的复杂性和不确定性、信息系统的复杂性和抽象性、系统开发各阶段工作的多样性，加上各种开发人员的配合差异性等因素，使得开发的每个环节都有可能产生错误。所以，不应把测试仅仅看作软件开发的一个独立阶段，而应树立起把测试贯穿到系统开发的各阶段的信念，坚持系统开发的阶段评审，以期尽早发现错误，提高开发质量，这也是降低开发成本的一个重要措施。

5. 测试用例应由输入数据和与之对应的预期输出结果组成

设计完善的测试用例是一个重要的原则。测试用例不仅是一个输入数据，只有把输入数据和预期的输出结果结合起来才构成一个完整的测试用例。若对测试输入的数据没有给出预期的输出结果，就减少了检验实测结果的基准，由于心理作用，可能把实际上是错误的结果当成是正确的。

6. 测试用例应包括合理的输入数据和不合理的输入数据

测试时人们有一种倾向，常常只注意合理的输入数据，而忽视不合理的输入数据。事实上，系统投入运行后，用户往往会不遵循合理的输入要求，而进行了一些非法的输入（如按错键、使用不合法命令等），如果系统不能对此意外输入做出正确反应，信息系统将容易产生故障，甚至造成瘫痪。因此，为了提高程序的可靠性，不仅要考虑合理的输入数据，也应考虑不合理的输入数据。合理的输入数据可用来验证程序的正确性，而不合理的输入数据（通常指异常的、临界的、可能引起问题变异的输入数据）往往比用合理的输入数据进行测试能发现更多的错误。

7. 制定详细的测试计划并严格执行，排除测试的随意性

测试计划一般包括：信息系统的功能、输入和输出、测试内容、各项测试的进度安排、资源要求、测试资料、测试工具、测试用例的选择、测试的控制方式和过程、信息系统的组装方式、跟踪规程、调试规程、回归测试的规定和评价标准等。

规范的测试过程应严格按照测试计划执行。

8. 充分重视测试中的群集现象

Pareto 原理表明，系统中的错误似乎是成群出现的，测试发现的错误中的 80% 很可能是由系统中的 20% 的模块造成的，即测试过程的错误群集现象。因此，一段程序中已发现的错误数越多，则其中存在错误的概率越大，这种现象已为许多测试实践所证实。

为了提高测试效率和测试投资的效益，如果发现某程序模块比其他模块有更多的错误倾向，就应当花费较多的时间和代价测试该模块。

9. 妥善保存所有的测试数据（文件）

测试数据（文件）包括：测试计划、测试用例、预期的结果、出错统计和最终分析报告。测试数据尤其是测试用例的设计要耗费很大的工作量，如果用完随之丢弃，以后一旦信息系统改进需要重新测试时，将要重复上述全部工作。因此，保存这些测试资料有助于信息系统的可靠性分析和评价，也能为软件的后期维护工作带来方便。

测试是一项具有创造性的工作，遵循一定的原则可以提高测试的效率和效果。

9.1.3 测试分类

信息系统测试方法多种多样,可以从以下 6 个角度进行分类:

① 按照是否关注软件结构与算法分类,可以分为黑盒测试和白盒测试。
② 按照程序是否被执行分类,可以分为静态测试和动态测试。
③ 按照信息系统测试过程分类,可以分为单元测试、集成测试、确认测试、验收测试和系统测试。
④ 按照测试对象分类,可以分为单元测试、组件测试、模块测试、程序测试、系统测试和文档测试。
⑤ 按照信息系统测试的内容分类,可以分为回归测试、功能测试、负载测试、压力测试、性能测试、易用性测试、安装与反安装测试、恢复测试、安全性测试、兼容性测试和比较测试。
⑥ 按照测试执行时是否需要人工干预分类,可以分为手工测试和自动化测试。

9.2 测试步骤

测试是信息系统开发过程中一个独立的、非常重要的阶段,也是保证开发质量的重要手段之一。测试过程基本上与开发过程平行进行。在测试过程中,需要对整个测试过程进行有效的管理,保证测试质量和测试效率。要使测试有计划、有条不紊地进行,需要编写测试文档,测试文档主要有测试计划和测试分析报告。一个规范化的测试过程通常包括的基本测试活动有拟定测试计划、编制测试大纲、设计和生成测试用例、实施测试和生成测试报告。

1. 拟定测试计划

在制定测试计划时,要充分考虑整个项目的开发时间和开发进度,以及一些人为因素、客观条件等,以使得测试计划是可行的。测试计划的主要内容有测试内容、进度安排、测试所需的环境和条件(包括设备、被测项目、人员等)、测试培训安排等。

2. 编制测试大纲

测试大纲是测试的依据,明确、详尽地规定了在测试中针对系统的每项功能或特性必须完成的基本测试项目和测试完成的标准。无论是自动测试还是手动测试,都必须满足测试大纲的要求。

3. 设计和生成测试用例

根据测试大纲,设计和生成测试用例。在设计测试用例时,产生测试设计说明文档,内容主要包括被测项目、输入数据、测试过程、预期输出结果等。

4. 实施测试

测试的实施阶段是由一系列的测试周期组成的。在每个测试周期，测试人员和开发人员将依据预先编制好的测试大纲和准备好的测试用例，对被测软件或设备进行完整的测试。

5. 生成测试报告

测试完成后，要形成相应的测试报告，主要对测试进行概要说明，列出测试的结论，指出缺陷和错误。

通常，测试与纠错是反复交替进行的。如果使用专业测试人员，测试和纠错可以平行进行，从而节约总的开发时间。另外，由于专业测试人员有丰富的测试经验、采用系统化的测试方法、能全时地投入，而且独立于开发人员的思维，使得他们能够更有效地发现许多单靠开发人员很难发现的错误和问题。

由于每种测试所花费的成本不同，如果测试步骤安排得不合理，将浪费大量的时间，以及重复测试。因此，合理安排测试步骤对于提高测试效率、降低测试成本有很大的作用。信息系统测试分别按软件系统、硬件系统和网络系统进行测试，最后对整个系统进行验收测试，如图 9-1 所示。

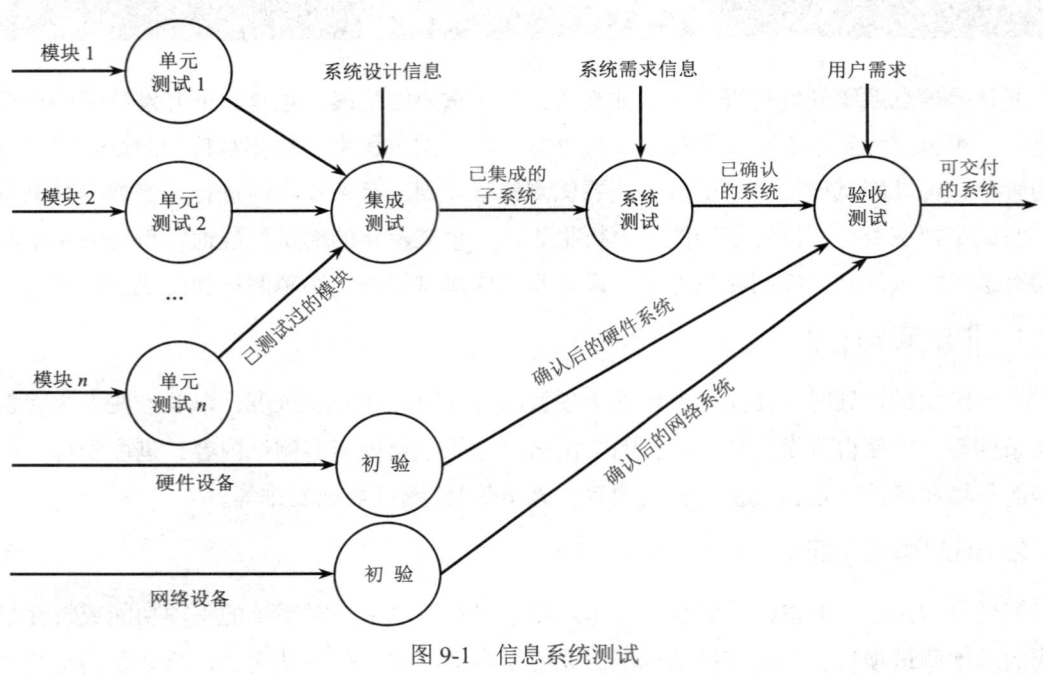

图 9-1 信息系统测试

9.2.1 软件测试

软件测试可以分成单元测试、集成测试、系统测试和验收测试 4 个步骤。

① 单元测试：对程序的最小单位——模块进行测试，检验每个模块是否能单独工作，从而发现模块的编码问题和算法问题。

② 集成测试：将多个模块连接起来，进行联合测试，以检验概要设计中对模块之间接口设计的问题。

③ 系统测试：将开发的软件与硬件和其他因素综合起来进行全面的检测，对整个系统进行总的功能、性能等方面的测试。

④ 验收测试：在提交用户前进行的测试，确认信息系统是否已经满足客户的需求。

9.2.2 硬件测试

在进行信息系统开发中，通常需要根据项目的情况选购硬件设备。在设备到货后，应在各个相关厂商配合下进行初验测试，初验通过后将与软件、网络等一起进行系统测试。

初验测试的主要工作如下。

① 配置检测。检测是否按合同提供了相应的配置，如系统软件、硬盘、内存、CPU等。

② 配件设备的外观检查。所有设备及配件开箱后外观有无明显划痕和损伤，包括计算机主机、工作站、磁带库、磁盘机柜和存储设备等。

③ 配件测试。首先进行加电检测，观看运行状态是否正常，有无报警、屏幕有无乱码提示和死机现象，是否能进入正常提示状态。然后进行操作检测，用一些常用的命令来检测机器是否能执行命令，结果是否正常，如文件复制、显示文件内容、建立目录等。最后检查是否提供了相关的工具，如帮助系统、系统管理工具等。

通过以上测试，形成相应的硬件测试报告。测试报告中应包含测试步骤、测试过程和测试的结论等。

9.2.3 网络测试

如果信息系统不是单机的，需要在局域网或广域网中运行，按合同会选购网络设备。在网络设备到货后，应在相关厂商配合下进行初验测试，初验通过后，将与软件、硬件等一起进行系统测试。

初验测试的主要工作如下。

① 网络设备的外观检查。所有设备及配件开箱后外观有无明显划痕和损伤。这些设备包括交换机、路由器等。

② 硬件测试。加电检测，观看交换机、路由器等工作状态是否正常，有无错误和报警。

③ 网络连通测试。检测网络是否连通，如采用 PING、TELNET、FTP 等命令。

通过以上测试，要求形成相应的网络测试报告。测试报告中应包含测试步骤、测试过程和测试的结论等。

9.3 测试方法

信息系统测试方法主要有白盒测试和黑盒测试、静态测试和动态测试、验证和确认、自动化测试和随机测试、敏捷测试和冒烟测试等。

9.3.1 白盒测试和黑盒测试

1. 白盒测试

白盒测试（Whitebox Testing），也称为结构测试，将信息系统看成透明的白盒，根据程序的内部结构和逻辑来设计测试用例，对程序的路径和过程进行测试，检查是否满足系统需求，主要用于软件验证。

白盒测试是以程序的源代码为基础进行测试而不使用用户界面，需要从句法中发现内部代码在算法、溢出、路径、条件等中的缺点或者错误，进而加以修正。测试人员必须看到被测的源程序，以被测对象的内部设计知识为基础，选定专门的测试输入和激励，以便检查和发现逻辑路径、模块接口、数据结构在共享和传递中的缺陷。

白盒测试是穷举路径测试，测试人员必须检查程序的内部结构，从程序逻辑着手，得出测试数据，即使每条路径都测试了仍然可能有错误。第一，穷举路径测试不能查出程序违反了设计规范，即程序本身是个错误的程序。第二，穷举路径测试不可能查出程序是否因遗漏路径而出错。第三，穷举路径测试可能发现不了一些与数据相关的错误。

白盒测试是基于覆盖的测试，应朝着提高覆盖率的方向努力，尽可能多地进行测试。一般来说，白盒测试的原则如下。

① 程序模块中的所有独立路径至少执行一次。
② 在所有逻辑判断中，取"真"和取"假"的两种情况至少都能执行一次。
③ 每个循环都应在边界条件和一般条件下各执行一次。
④ 测试程序内部数据结构的有效性。

白盒测试主要包括逻辑覆盖和基本路径测试。逻辑覆盖又包括语句覆盖、判定覆盖、条件覆盖、判定/条件覆盖、条件组合覆盖和路径覆盖等。

白盒测试用例设计包括以下内容。

1）逻辑覆盖

以程序内在逻辑结构为基础的测试，包括如下 6 种类型。

① 语句覆盖：每条可执行语句至少覆盖一次。

② 条件覆盖：设计足够多的测试用例，运行所测程序，使每个判断的每个条件的所有可能取值至少执行一次。

③ 判定覆盖：又称为分支覆盖，设计若干测试用例，运行所测程序，使每个判断的每个

分支至少执行一次。

④ 判定/条件覆盖：设计足够多的测试用例，运行所测程序，使每个判断的每个条件的所有可能取值至少执行一次，并且每个可能的判断结果至少执行一次。

⑤ 路径覆盖：设计足够多的测试用例，运行所测程序，覆盖所有可能的路径。

⑥ 条件组合覆盖：设计足够多的测试用例，运行所测程序，使每个判断的所有可能取值至少执行一次。

2）基本路径测试

基本路径测试是指在程序控制流程图的基础上，通过分析控制构造的环路复杂性导出基本可执行路径集合，从而设计测试用例。基本路径测试包括以下 5 方面。

① 程序控制流程图：描述程序控制流的一种图示方法。

② 导出测试用例：通过程序控制流程图的基本路径导出程序基本路径的集合。

③ 计算程序环境复杂性：通过对程序控制流程图的分析和判断来计算模块复杂度。由程序的环路复杂度导出程序基本路径集合的独立路径条数，这是确定程序中每个可执行语句至少执行一次必需的测试用例数目的上界。

④ 准备测试用例：确保程序基本路径集合的每条路径的执行。

⑤ 图形矩阵：在基本路径测试中起辅助作用的软件工具，可以自动确定一个基本路径集。

常用的白盒测试工具包括：开源的测试工具 Emma 和 Junit，Parasoft 公司开发的 C++test 工具，LDRA 公司开发的 Testbed 测试工具等。

2. 黑盒测试

黑盒测试（Blackbox Testing），也称为功能测试或数据驱动测试，将信息系统看成不能被打开的黑盒子，在完全不考虑其内部结构和特性的情况下，测试其外部特性。根据系统分析说明书设计测试用例，通过输入和输出的特性判定是否满足指定的功能。

黑盒测试是从用户观点出发的测试，已知产品应具有的功能，通过测试来检测每个功能是否都能正常使用。在完全不考虑程序内部结构和内部特性的情况下，测试人员在程序接口进行测试。黑盒测试只检查程序功能是否符合需求规格说明书的规定，程序是否能适当地接收输入数据而产生正确的输出信息，并且保持外部信息（如数据库或文件）的完整性。通常，测试人员在进行测试时不仅使用能产生正确结果的输入数据，还会使用有挑战性的输入数据以便了解信息系统怎样处理各种类型的数据。

黑盒测试只作用于程序的接口处，主要是为了发现以下问题。

① 是否有错误的功能或遗漏的功能？

② 界面是否存在错误？输入是否能够正确接受？输出是否正确？

③ 是否有数据结构或外部数据库访问错误？

④ 性能是否能够接受？

⑤ 是否有初始化或终止性错误？

黑盒测试方法主要用于信息系统确认测试，测试用例应包括以下内容。

① 等价类划分：把所有可能的输入数据（程序的输入域）划分成若干部分（子集），然后从每个子集中选取少数具有代表性的数据作为测试用例。

② 边界值分析：对输入的条件进行分析并且汲取其中的边界值条件，然后通过对这些边界值的测试来查出更多的错误。

③ 错误推测：靠经验和直觉来推测可能存在的各种错误，从而有针对性地编写测试用例。可以列举出可能的错误和可能发生错误的地方，然后选择用例。

④ 因果图：绘制因果图，标明约束和限制，转换成判定表，然后设计测试用例。因果图法适合检查程序输入条件的各种组合情况。

⑤ 功能图：形式化地表示程序的功能说明，并机械地生成测试用例。

白盒测试和黑盒测试这两种测试方法从完全不同的起点出发，各有侧重、各有优缺点，构成互补关系。白盒测试可以有效地发现内部的编码和逻辑错误，但无法检验出信息系统是否完成了规定的功能。黑盒测试可以根据信息系统的规格说明检测出程序是否完成了规定的功能，但未必能够提供对代码的完全覆盖，而且规格说明往往会出现歧义或不完整的情况，这在一定程度上降低了黑盒测试的效果。因此，在实际测试中，这两种方法往往被结合使用。一般，在单元测试阶段白盒法使用较多，而在集成测试阶段则较多用到黑盒法。

常用的黑盒测试工具包括：Mercury Interactive 公司开发的 WinRunner 和 QTP 测试工具，IBM Rational 公司开发的 TeamTest 和 Robot 测试工具，Compuware 公司开发的 QACenter 测试工具等。

9.3.2 静态测试和动态测试

1. 静态测试

静态测试（Static Test）是对软件文档或程序进行扫描分析，不运行程序代码。静态测试采用人工检测或计算机辅助静态分析工具，评审软件设计规格说明书和程序代码，度量程序静态复杂度，检查软件是否符合编程标准，只进行特性分析。

静态测试常用的方法如下。

1）编码的标准和规范

标准是建立起来和必须遵守的规则。规范是建议最佳做法，推荐的更好方式。

① 可靠性：按照某种标准或规范编写的代码更加可靠，缺陷更少。

② 可读性和可维护性：符合标准或规范的代码易于阅读、理解和维护。

③ 移植性好。

通过建立编码规范，形成开发小组的约定，可以提高程序的可靠性、可读性、可维护性、可继承性和一致性，从而保证程序代码的质量，继承开发成果，充分利用资源，使开发人员之间的工作成果可以共享。

2）代码走查

代码走查是指依靠人工或借助分析工具检查程序代码以发现错误或缺陷，有助于节省大量人力和时间。测试小组通常由 3～5 人组成，测试人员应是没有参加该项目开发的有经验的程序员。在代码走查之前，测试人员应先阅读相关的软件资料和源程序，然后扮演计算机角色，将一批有代表性的测试数据按照处理逻辑走一遍，监视执行情况，随时记录运行轨迹，发现运行错误。由于人工检测程序很慢，因此只能选择少量简单的用例来进行，通过"走"的进程来不断地发现问题。

3）代码审查

代码审查是一种正式的检查和评估方法，用逐步检查源代码中有无逻辑或语法错误的办法来检测故障。通常，代码检查小组由独立的仲裁人、程序编写小组、其他组程序员和测试小组成员组成，通过会议的形式进行审查。审查依据是缺陷检查表。这个表通常是把程序设计中可能发生的各种缺陷进行分类，以每类列举尽可能多的典型缺陷，然后把它们制成表格，以供使用。并且，在每次审查会议后，对新发现的缺陷要进行分析、归类，不断更新缺陷调查表。

4）评审

评审通常在代码审查后进行，审查小组根据代码审查的错误记录来评估，决定是否需要重新审议。评审通过的准则如下：① 充分审查了所规定的代码，并且全部编码准则被遵守；② 审查中发现的错误已全部修改。

静态测试常用的工具包括：北京邮电大学开发的 DTS 缺陷测试工具，ViewLog 公司开发的 LogiScope 分析工具，McCabe & Associates 公司开发的 McCabe Visual Quality ToolSet 分析工具，Software Research 公司开发的 Testwork/Advisor 分析工具，Software Emancipation 公司开发的 Discover 分析工具等。

2. 动态测试

动态测试（Dynamic Test）是指通过运行软件来检验软件的动态行为和运行结果的正确性，包括被测程序、测试数据和软件需求规约三个基本要素。

动态测试包括覆盖率分析、功能确认和接口测试、性能分析等内容。动态测试必须具备测试用例，有时还需要具备驱动模块、桩模块和测试监视代码。

1）覆盖率分析

覆盖率分析主要对代码的执行路径覆盖范围进行评估，如语句覆盖、判定覆盖、条件覆盖、条件/判定覆盖、修正条件/判定覆盖和基本路径覆盖都是从不同要求出发的，为设计测试用例提供依据。

2）功能确认和接口测试

这部分的测试内容包括单元接口、局部数据结构、重要的执行路径、错误处理的路径和边界条件等。

3）性能分析

代码运行速度缓慢是开发过程中一个重要问题。如果不能解决应用程序的性能问题，将降低并极大地影响应用信息系统的质量，于是查找和修改性能瓶颈成为优化代码性能的关键。目前，性能分析工具大致分为纯软件的测试工具、纯硬件的测试工具（如逻辑分析仪和仿真器等）和软硬件结合的测试工具三类。

动态测试常用的工具包括 Compuware 公司开发的 DevPartner 工具、Rational 公司开发的 Purify 工具等。

不同测试方法的目标和侧重点有所不同，在实际工作中，应结合起来运用，以达到更完美的测试效果。

9.3.3 验证和确认

软件测试不仅要检查程序是否出错，是否与信息系统的规格说明书一致，还要检查所实现的正确功能是否就是用户所需的功能，这正是验证和确认提供的主要功能。

1. 验证

验证是检验软件是否已正确地实现了产品规格说明书所定义的系统功能和特性，提供证据，以表明软件相关产品与所有生命周期活动的要求（如正确性、完整性、一致性和准确性等）相一致。

1）验证工具

验证工具主要是审查单。不同的验证类型有不同的审查单，如需求审查单、功能设计规格说明审查单、内部设计说明审查单、测试计划审查单、代码验证审查单等。

2）验证不同阶段的文档

① 验证需求。验证需求就是保证用户需求在转化成设计之前能得到完全理解。需求可能是正式的文档，也可能是用户口头上说的，不管是明确的还是隐含的，都必须形成文档。早期的软件工程建议与用户达成协议尽量不能修改需求，以防止在开发过程中发生较大的变动。现在看来这完全不可能，因为用户需求一直在变化中。但这并不意味着在需求阶段就不需要完全理解需求和形成正式的软件需求规格说明。需求验证和配置管理等手段可以用于有效管理和控制需求的变更。

② 验证功能设计。功能设计是将需求转化成一组外部接口的过程，属于内部规格说明。验证功能设计就是确保功能设计完全符合用户需求。

③ 验证内部设计。内部设计是将功能设计转化成详细的数据结构、数据流和算法的集合的过程，它的输出是内部设计规格说明。验证内部设计就是确保内部设计完全符合功能设计规格说明。

④ 验证代码。编码是将内部设计规格说明转化为代码的过程。验证代码就是确保代码完

全符合内部设计规格说明。

2. 确认

确认是指保证所开发的信息系统可追溯到用户需求的一系列活动。确认过程提供证据表明软件是否满足系统需求，并解决了相应问题。确认主要包括单元确认、集成确认、系统确认和验收确认。

验证是检验开发的软件产品和设计规格说明书的一致性，而确认是检验产品功能的有效性，即是否满足用户的实际需求。验证和确认是互相补充的。因此，验证和确认应结合起来，发挥它们的最大作用。

9.3.4 自动化测试和随机测试

1. 自动化测试

软件测试的工作量往往很大，而且测试的程中有许多工作是重复性的。由于在软件生命周期中约50%的成本可能用于测试，因此如何使软件测试自动化已成为软件测试人员研究的课题。软件测试自动化的程度越高，就会使测试人员感到测试变得非常容易，同时能够帮助测试人员进行更加彻底的测试，降低测试成本，提高性能。软件测试自动化还有可能使原来一些手工不能测试的工作得以进行。

自动化测试只是测试技术的一方面，试图用自动化手段帮助人们进行测试。根本上，软件测试活动的质量取决于所采用的测试方法。如果采用的测试方法本身并不是一种好方法，也就不能指望将这种测试方法自动化后能够带来高质量的测试。

软件测试自动化涉及软件测试活动的各方面，从选择和产生测试数据、组织软件的测试运行、考察和记录软件动态运行的行为、判断软件动态行为的正确性、结束测试过程到通过软件测试结果分析软件性质等方面都存在可以自动化的可能。在软件生命周期中，各阶段都可以使用到各种自动化测试工具，常被称为CAST（Computer Aided Software Testing）工具。

自动化测试的优点如下。

① 具有一致性和可重复性。自动化测试执行的依据是测试脚本，而测试脚本是可以保存的，可以保证每次自动化测试运行的脚本相同，因此每次执行的测试具有一致性，使错误和执行过程具有可重现性，容易发现被测软件的任何改变。

② 方便进行回归测试。产品发现错误以后的改动，代码变了，但要求的功能并没有变，测试用例也不必改变，自动化测试就可以方便地进行回归测试。另外，对于产品型的软件，每发布一个新的版本，其中大部分功能和界面都与上一个版本相似或完全相同，这部分功能特别适合自动化测试。

③ 增加软件信任度。人难免出错，每个测试人员都有自己特殊的经历和技术背景，有自己的一些操作习惯和先入为主的观念，这将导致不是所有的测试都是可信的，甚至带入新的

错误。自动化测试则会在很大程度上避免这些问题。

④ 更好地利用资源。测试人员不可能24小时一直工作，而自动化测试能够按计划完全自动地由计算机运行，这样能充分地利用时间和机器资源。

⑤ 速度快，效率高。一般，软件产品的发布周期很短，而在测试期间，每天都可能要发布一个版本供测试人员测试，人工测试非常耗时且烦琐，这样必然会使测试效率低下。自动化测试则可以自动执行测试脚本，速度快，效率高。

自动化测试具有自动进行和高回报的特点，受到大公司的青睐。以下情况下可能比较适合自动化测试。

① 产品型项目。每个项目只改进少量的功能，但每个项目必须反复测试那些没有改动过的功能。这部分测试完全可以让自动化测试来承担，同时可以把新功能逐步加入测试。

② 能够自动编译、自动发布的系统。完全实现自动化测试，信息系统必须具有自动化编译、自动化发布、进行自动化测试的功能。如果不能达到，也可以在手工干预下进行自动化测试。

③ 增量式开发、持续集成的项目。由于这种开发模式是频繁地发布新版本进行测试，因此自动化测试最合适。

④ 回归测试。回归测试是自动化测试的强项，能够很好地确保系统是否引入了新的缺陷，旧的缺陷是否已经修改。在某种程度上，自动化测试工具也被称为回归测试工具。

⑤ 需要频繁运行测试。如果一个项目需要频繁地运行测试，测试周期可能按天计算，那么自动化测试能够最大限度地利用测试脚本，提高工作效率。

⑥ 重复、机械性动作。自动化测试最擅长测试多次重复、机械性动作，测试效果非常好，如向系统输入大量的相似数据来测试压力和报表。

⑦ 将烦琐的任务转化为自动化测试。

自动化测试并不是万能的，也存在一些局限性，主要表现在以下5方面。

① 并不能代替人的工作，我们不能期望将所有的测试活动进行自动化。软件测试工具不能发现所有问题，测试人员还需要做大量的工作。

② 可能降低测试的效率。当测试人员只需要进行很少量的测试，而且这种测试在以后的复用性很低时，花大量精力和时间进行自动化测试，结果往往得不偿失。

③ 不能发现大量的错误。测试首次运行的时候，可能发现大量的错误。当进行多次的测试后，发现错误的概率会相对比较小，除非对软件进行了修改或在不同的环境下运行。

④ 缺乏测试经验。若测试的组织差、文档较少或不一致，则自动化测试的效果会比较差。

⑤ 技术问题。商用软件自动化测试工具是软件产品。如果产品不具备解决问题的能力和技术支持或者产品适应环境变化的能力不强，将使得自动化测试的作用大大降低。

因此，我们对自动化测试应有正确的认识，并不能完全代替人工测试。不要期望有了自动化测试就能提高测试的质量，如果测试人员缺少测试的技能，测试也可能失败。

2. 随机测试

随机测试（Adhoc Testing）是软件测试的另一种重要方法，没有书面测试用例、记录期望结果、检查列表、脚本或指令，主要根据测试人员的经验对软件进行功能和性能抽查。其基本思想是，对软件的输入空间进行随机取样，以此作为测试数据。随机取样可按照软件实际使用时的概率分布进行，也可按照其他概率分布进行。前者称为代表性随机测试，后者称为非代表性随机测试。

随机测试是根据测试说明书执行用例测试的重要补充手段，是保证测试覆盖完整性的有效方式和过程。随机测试主要是对被测软件的一些重要功能进行复测，也包括测试那些当前的测试用例没有覆盖到的部分。同时，对于更新和新增的功能进行重点测试，包括特殊点、特殊使用环境、并发性，尤其对以前测试发现的重大 Bug 进行再次测试，可以结合回归测试一起进行。

理论上，每个被测软件版本都需要执行随机测试，尤其对于将要发布的版本更要重视随机测试。随机测试最好由具有丰富测试经验的熟悉被测软件的测试人员进行测试。对于被测试的软件越熟悉，执行随机测试越容易。只有不断积累测试经验，包括具体的测试执行和对缺陷跟踪记录的分析，不断总结，才能提高。

9.3.5 敏捷测试和冒烟测试

1. 敏捷测试

敏捷开发的最大特点是高度迭代，有周期性，并且能够及时、持续地响应客户的频繁反馈。敏捷测试是为了适应敏捷开发而设计的一套完整的软件测试解决方案。这个解决方案能够支持持续交付，涵盖所需的、正确的价值观、思维方式、测试流程，支持一系列优秀的测试实践和更合适的测试环境，以及自动化测试框架和工具。

敏捷测试强调与开发协作、自动化测试、客户思维和动态的测试策略调整。敏捷测试活动侧重于预防缺陷而非发现缺陷，并努力强化和支持整个团队对产品质量负责的理念。

与传统测试相比较，敏捷测试具有以下特点。

① 传统测试强调测试的独立性，严格区分开发人员和测试人员；而敏捷测试并不强调测试人员角色，而是强调整个团队对测试工作负责。

② 传统测试有着明确的阶段性，从测试计划、测试设计、测试执行、测试报告，逐阶段地推进；而敏捷测试更加强调持续测试、持续的质量反馈，没有明确的阶段界限。

③ 传统测试强调测试的计划性；而敏捷测试更强调测试的速度和适应性，可以不断地调整计划，以适应需求的变化。

④ 与传统测试不同，敏捷测试没有区分验证和确认这两种测试活动，始终以用户需求为中心，时刻不离用户需求，将验证与确认统一起来。

⑤ 传统测试更关注测试文档，要求严格遵循文档模板，强调测试文档评审的流程与执行等；而敏捷测试更关注产品本身，关注可以交付的客户价值，强调面对面的沟通、协作，强调持续质量反馈、缺陷预防。

⑥ 传统测试鼓励自动化测试；而敏捷测试的基础是自动化测试，是由良好的自动化测试框架支撑的快速测试。

2. 冒烟测试

冒烟测试是在信息系统开发过程中的一种针对软件版本包的快速的基本功能验证策略，是对软件基本功能进行确认和验证的手段，并非对软件版本包的深入测试。冒烟测试是针对软件版本包进行详细测试前的预测试，主要目的是快速验证软件基本功能是否有缺陷。如果冒烟测试的测试用例不能通过，就不必进一步测试。进行冒烟测试前，需要确定冒烟测试的用例集，用例集要求覆盖软件的基本功能。

在敏捷开发中，冒烟测试有着非常大的帮助，可以穿插在整个开发过程的各阶段，从而把控整个信息系统生命周期的质量。

9.4 测试过程

测试一般可分为单元测试、集成测试、系统测试和验收测试 4 个阶段。

9.4.1 单元测试

单元测试是对信息系统的基本组成单元进行测试，测试对象是模块（最小单元）。单元测试是在信息系统开发过程中进行的最低级别的测试活动，各独立模块将在与系统的其他部分相隔离的情况下进行测试。单元测试集中对各模块的源代码进行测试，检查各模块是否正确实现了规定的功能，目的是发现各模块内部可能存在的各种错误。单元测试需要从程序的内部结构出发设计测试用例。多个模块可以并行进行单元测试。

1. 单元测试的目标

单元测试的主要目标是确保各模块编码的正确性，不仅测试代码的功能性，还要保证代码在结构上可靠和健全，并且能够在所有条件下正确响应。单元测试的具体目标如下。

① 数据能够正确地流入和流出。
② 模块内部数据保持完整性。
③ 在为限制数据加工而设置的边界处，能够正确工作。
④ 模块的运行要满足特定的逻辑覆盖。

⑤ 能够正确、有效地处理单元中发生的错误。

2. 单元测试的任务

单元测试的任务主要包括模块接口测试、模块局部数据结构测试、模块中所有独立执行通路测试、模块的各条错误处理通路测试和模块边界条件测试。

1）模块接口测试

模块接口测试是单元测试的基础。只有在数据能正确流入、流出模块的前提下，其他测试才有意义。测试接口正确与否应该考虑下列因素。

① 输入的实际参数与形式参数的个数是否相同。
② 输入的实际参数与形式参数的量纲是否一致。
③ 输入的实际参数与形式参数的属性是否匹配。
④ 调用其他模块时，所给实际参数的个数是否与被调模块的形式参数个数相同。
⑤ 调用其他模块时，所给实际参数的量纲是否与被调模块的形式参数量纲一致。
⑥ 调用其他模块时，所给实际参数的属性是否与被调模块的形式参数属性匹配。
⑦ 调用预定义函数时，所用参数的个数、属性和次序是否正确。
⑧ 是否修改了只读型参数。
⑨ 对全程变量的定义各模块是否一致。
⑩ 是否存在与当前入口点无关的参数引用。
⑪ 是否把某些约束作为参数传递。

如果模块内包括外部输入输出，还应该考虑下列因素：

① 文件属性是否正确。
② OPEN/CLOSE 语句是否正确。
③ 格式说明与输入、输出语句是否匹配。
④ 缓冲区大小与记录长度是否匹配。
⑤ 文件使用前是否已经打开。
⑥ 是否处理了文件尾。
⑦ 是否处理了输入、输出错误。
⑧ 输出信息中是否有文字性错误。

2）模块局部数据结构测试

检查局部数据结构是为了保证临时存储在模块内的数据在程序执行过程中完整、正确。局部数据结构往往是错误的根源，应仔细设计测试用例，力求发现如下 5 类错误。

① 不合适或不相容的类型说明。
② 变量无初值。
③ 变量初始化或缺省值有错。
④ 不正确的变量名（拼错或不正确的截断）。
⑤ 出现上溢、下溢和地址异常。

3）模块中所有独立执行通路测试

在模块中应对每条独立执行路径进行测试，单元测试的基本任务是保证模块中每条语句至少执行一次。此时，设计测试用例是为了发现因错误计算、不正确的比较和不适当的控制流造成的错误，基本路径测试和循环测试是最常用且最有效的测试技术。

计算中常见的错误包括：

① 误解或用错了运算符优先级。

② 混合类型运算。

③ 变量初值错误。

④ 精度不够。

⑤ 表达式符号错误。

比较判断与控制流常常紧密相关，测试用例还应致力于发现下列错误：

① 不同数据类型的对象之间进行比较。

② 错误地使用逻辑运算符或优先级。

③ 因计算机表示的局限性，让期望理论上相等而实际上不相等的两个量相等。

④ 比较运算或变量出错。

⑤ 循环终止条件或不可能出现。

⑥ 迭代发散时不能退出。

⑦ 错误地修改了循环变量。

4）模块的各条错误处理通路测试

一个好的设计应能预见各种出错条件，并预设各种出错处理通路，出错处理通路同样需要认真测试，测试应着重检查下列问题：

① 输出的出错信息难以理解。

② 记录的错误与实际遇到的错误不相符。

③ 在程序自定义的出错处理段运行前，系统已介入。

④ 异常处理不当。

⑤ 错误陈述中未能提供足够的定位出错信息。

5）模块边界条件测试

边界条件测试是单元测试中最重要的一项任务。众所周知，软件经常在边界上失效，采用边界值分析技术，针对边界值及其左、右设计测试用例，仔细测试为限制数据处理而设置的边界，观察单元模块能否正常工作。

3. 单元测试过程

单元测试的过程主要由以下 5 个步骤组成。

1）在详细设计阶段完成单元测试计划

制定单元测试计划的主要依据是《软件需求规格说明书》和《软件详细设计说明书》，并参考和符合软件的整体测试计划和集成方案,最后完成《单元测试计划》。单元测试计划的主要内容包括测试时间表、资源分配使用表、测试的基本策略和方法。

2)建立单元测试环境,完成测试设计和开发

本阶段的主要任务是测试用例的设计编写、驱动模块和桩模块的设计及代码编制,主要依据是《单元测试计划》和《软件详细设计说明书》,最后形成《单元测试用例》文档。

3)执行单元测试用例,并且详细记录测试结果

主要依据是《单元测试用例》《软件需求规格说明书》《软件详细设计说明书》,主要任务是执行具体的测试用例,验证《软件需求规格说明书》和《软件详细设计说明书》。对测试过程中发现的错误或缺陷进行记录,生成《缺陷跟踪报告》,并将跟踪报告反馈给开发人员,及时修改程序。

4)判定测试用例是否通过

对测试过程进行测试完备性评估和代码覆盖率评估,评估的主要依据是《单元测试用例》《缺陷跟踪报告》《缺陷检查表》。

5)提交《单元测试报告》

通过单元测试评估,编写《单元测试报告》。

4. 单元测试的常用工具

常用的单元测试工具有北京邮电大学研发的 CTS 测试工具。CTS 是一种具有独立知识产权、面向 C 语言的单元覆盖测试工具,可自动完成对单元的语句、分支、MC/DC 的覆盖测试,自动实现程序的预处理、测试用例的生成、测试环境建立与测试执行、故障定位等功能。

JUnit 是一个 Java 语言的单元测试框架,由 Kent Beck 和 Erich Gamma 建立,逐渐成为源于 Kent Beck 的 sUnit 的 xUnit 家族中最成功的一个测试工具。JUnit 有自己的扩展生态圈。多数 Java 开发环境都已经集成了 JUnit 作为单元测试的工具。

9.4.2 集成测试

集成测试是在软件系统集成过程中所进行的测试,将已分别通过测试的单元按照设计要求组合起来再进行的测试,主要目的是检查软件单元之间的接口是否正确。集成测试是单元测试的逻辑扩展,在单元测试的基础上,测试在将所有的软件单元按照设计的要求组装成模块、子系统或系统的过程中,各部分功能是否达到或实现相应技术指标及要求的活动。集成测试主要是测试软件单元的组合能否正常工作以及与其他组的模块能否集成起来工作,还要测试构成系统的所有模块组合能否正常工作。

1. 集成测试的任务

集成测试的主要任务是解决以下 5 方面的问题。

① 将各模块连接起来,检查模块调用时,数据经过接口是否丢失。

② 将各子功能模块组合起来，检查能否达到预期要求的各项功能。

③ 一个模块的功能是否会对另一个模块的功能产生不利影响。

④ 全局数据结构是否有问题，会不会被异常修改。

⑤ 单个模块的误差积累起来，是否被放大，从而达到不可接受的程度。

2. 集成测试前的准备

1）人员安排

集成测试既要求参与者熟悉单元的内部细节，又要求能够从足够高的层次上观察整个系统。一般由有经验的测试人员和软件开发人员共同完成集成测试的计划和执行。

2）测试计划

集成测试计划在系统设计阶段就开始制定，随着开发过程的不断深入，最终在系统测试之前完成。测试计划包括测试的描述和范围、测试的预期目标、测试环境、集成次序、测试用例设计思想、时间安排等。

3）测试内容

经过单元测试后，需要将所有单元集成到一起，组成一个完整的软件系统。测试的重点内容包括各单元的接口是否吻合、代码是否符合规定的标准、界面标准是否统一等。

4）集成模式

集成模式可以是把所有的模块按设计要求一次全部组装起来进行测试，也可以是模块一个一个地进行，使测试的范围逐步增大。

5）测试方法

集成测试通常会采用黑盒测试技术，但有时为了确保主要控制路径的覆盖测试，也会采用一定的白盒测试技术。

3. 集成测试的基本方法

集成测试通常采用非增量式集成测试和增量式集成测试这两种模式。

① 非增量式集成测试模式。先分别测试每个模块，再把所有模块按设计要求放在一起，结合成所要的程序。

② 增量式集成测试模式。把下一个要测试的模块同已经测试好的模块结合起来进行测试，测试完成后，再把下一个需要测试的模块结合起来测试。

把所有模块按设计要求一次全部组装起来，然后进行整体测试，这被称为非增量式集成。这种方法容易出现混乱，因为测试时可能发现很多错误，而为每个错误定位和纠正则非常困难，并且在改正一个错误的同时可能引入新的错误，新旧错误混杂，更难断定出错误的原因和位置。与之相反的是增量式集成方法，程序一段一段地扩展，测试的范围一步一步地增大，错误易于定位和纠正，界面的测试亦可做到完全彻底。

针对这两种集成测试模式，集成方法主要有自顶向下法、自底向上法、大棒集成方法、三明治集成方法等测试方法。

1）自顶向下法（Top-Down Integration）

自顶向下法是构造程序结构的一种增量式方式，从主控模块开始，按照软件的控制层次结构，以深度优先或宽度优先的策略，逐步把各模块集成在一起。

自顶向下法的测试步骤如下。

① 对主控模块进行测试，测试时用桩程序代替所有直接附属于主控模块的模块。

② 根据所选的集成策略（深度优先或宽度优先），每次用一个实际模块代替一个桩程序（新结合进来的模块往往需要新的桩程序）。

③ 结合下一个模块同时进行测试。

④ 为了保证加入模块没有引进新的错误，可能需要进行回归测试（全部或部分地重复已经做过的测试）。

从第②步开始不断重复上述过程，直到完成。

自顶向下法的优点为：不需要测试驱动程序，能够在测试阶段的早期实现并验证信息系统的主要功能，而且能在早期发现上层模块的接口错误。其缺点为：需要桩程序，可能遇到与此相联系的测试困难，低层关键模块中的错误发现较晚，而且在早期不能充分利用人力。

2）自底向上法（Bottom-Up Integration）

自底向上法是从软件结构最低层开始组装测试，因为测试到较高层模块时所需的下层模块功能均已具备，所以不再需要桩模块。

自底向上法的测试步骤如下。

① 把低层模块组合成实现某子功能的模块群。

② 开发一个测试驱动模块，控制测试数据的输入和测试结果的输出。

③ 对每个模块群进行测试。

④ 删除测试使用的驱动模块，用较高层模块把模块群组合为完成更大功能的新模块群。

从第②步开始循环执行上述步骤，直至整个程序构造完毕。

自底向上法不用桩模块，测试用例的设计亦相对简单，但缺点是程序最后一个模块加入时才具有整体形象，与自顶向下法的优缺点正好相反。因此，在测试软件系统时，应根据软件的特点和工程的进度，选用适当的测试策略，有时混合使用两种策略更为有效，上层模块用自顶向下的方法，下层模块用自底向上的方法。

3）大棒集成方法（Big-Bang Integration）

大棒集成方法是先对每个子模块进行测试(单元测试阶段)，再将所有模块全部集成起来，一次性进行集成测试。因为所有模块一次集成，所以很难确定出错的真正位置、所在的模块、错误的原因。因此，这种方法并不推荐在所有系统中使用，但适合在规模较小的信息系统中使用。

4）三明治集成方法（Sandwhich Integration）

三明治集成方法是自两头向中间集成，优点是：将自顶向下法和自底向上法有机地结合起来，不需要编写桩程序。其缺点是：在真正集成前每个独立的模块没有完全测试过。因此，可采用改进的三明治集成方法，不但自两头向中间集成，而且保证每个模块得到单独的测试，使测试进行得比较彻底。

9.4.3 系统测试

经过集成测试后，分别开发的模块被联合起来，构成相对完善的体系，其中各模块接口存在的种种问题都已基本消除，测试开始进入系统测试阶段。

单元测试和集成测试仅能保证软件开发的功能得以实现，不能确认在实际运行时它是否满足用户的需要，是否大量存在实际使用条件下会被诱发产生错误的隐患。为此，对完成开发的软件必须经过规范的系统测试。

系统测试是指，将确认测试与计算机硬件、外设、某些支持软件、数据和人员等结合起来，在实际运行环境下，对信息系统进行一系列的组装和确认测试。系统测试的目的是通过与信息系统的需求定义进行比较，发现与信息系统定义不符合或与其矛盾的地方，其测试用例应根据需求规格说明书来设计，并在实际环境下运行。

1. 系统测试的基本方法

系统测试应该由若干不同测试组成，目的是充分运行系统，验证各部件是否都能正常工作并完成所赋予的任务。系统测试方法主要有以下6类。

1）功能测试

功能测试（Functional Testing）是系统测试中最基本的测试，不管信息系统内部的实现逻辑，主要根据产品的需求规格说明书和测试需求列表，验证其功能实现是否符合需求规格。

2）压力测试

压力测试（Stress Testing），也称为强度测试、负载测试，是模拟实际应用的软件、硬件及用户使用过程的系统负荷，长时间或超大负荷地运行测试软件，来测试系统的性能、可靠性、稳定性等。压力测试总是迫使系统在异常的资源配置下运行。例如，当中断的正常频率为每秒1~2个时，运行每秒产生10个中断的测试用例；定量地增加数据输入率，检查输入子功能的反应能力；运行需要最大存储空间（或其他资源）的测试用例；运行可能导致操作系统崩溃或磁盘数据剧烈抖动的测试用例等。

3）容量测试

容量测试目的是通过测试，预先分析出反映信息系统应用特征的某项指标的极限值（如最大并发用户数、数据库记录数等），在其极限值状态下没有出现任何软件故障或还能保持主要功能正常运行，并确定测试对象在给定时间内能够持续处理的最大负载或工作量。

容量测试能让软件开发商或用户了解该信息系统的承载能力或提供服务的能力，如某电子商务网站能承受的、同时进行交易或结算的在线用户数。根据系统的实际容量，如果设计不能满足要求，就应该寻求新的技术解决方案，以提高系统的容量。有了对软件负载的准确预测，不仅能对信息系统在实际使用中的性能状况充满信心，也可以帮助用户经济地应用系统，优化系统的部署。

4）性能测试

对于那些实时系统和嵌入式系统，即使满足功能要求，也未必能够满足性能要求，虽然从单元测试起，每个测试步骤都包含性能测试，但只有当信息系统真正集成后，在真实环境中才能全面、可靠地测试系统性能，性能测试就是为了完成这个任务。性能测试有时与强度测试相结合，经常需要其他软件和硬件的配套支持。

5）安全测试

安全测试用于检查信息系统对非法侵入的防范能力。安全测试期间，测试人员假扮非法入侵者，采用各种办法试图突破防线。例如，想方设法截取或破译口令；专门定做软件破坏系统的保护机制；故意导致系统失败，企图趁恢复之机非法进入；试图通过浏览非保密数据，推导所需信息等。理论上，只要有足够的时间和资源，就没有不可进入的系统。

因此，系统安全设计的准则是，使非法侵入的代价超过被保护信息的价值。此时非法侵入者已无利可图。

6）健壮性测试

健壮性是指在故障存在的情况下，信息系统还能够正常运行的能力。健壮性测试包括容错测试和恢复测试。

容错测试主要检查系统的容错能力。当系统出错时，能否在指定时间内修正错误并重新启动系统。容错测试首先采用各种办法强制系统发生故障，然后验证系统是否能尽快恢复。自动恢复需验证重新初始化、检查点、数据恢复和重新启动等机制的正确性。对于人工干预的恢复系统，还需估测平均修复时间，确定其是否在可接受的范围内。

恢复测试是通过各种手段强制性地让信息系统发生故障，然后验证信息系统已保存的用户数据是否丢失，系统和数据是否能够尽快恢复。

7）可用性测试

可用性测试是对于用户友好性的测试，是指在系统设计过程中被用来改善易用性的一系列方法。测试人员为用户提供一系列操作场景和任务让他们去完成，这些场景和任务与系统功能密切相关，通过观察发现任务完成过程中出现的问题、用户喜欢或不喜欢的功能或操作方式，针对问题提出系统改进方案。

8）图形用户界面测试

图形用户界面测试是功能测试的一种表现形式，不仅考虑图形界面本身，还要考虑用户界面所表现的系统功能。为了更好地进行图形用户界面测试，一般将图形界面与功能分离设计，如分为界面层、界面与功能接口层、功能层，用户界面测试重点可以放在前两层上。

9）回归测试

回归测试是指修改了系统旧代码后，重新进行测试，以确认修改后没有引入新的错误或导致其他代码产生错误。回归测试作为信息系统生命周期的一个组成部分，在整个系统测试过程中占有很大的工作量比重，系统开发的各阶段都会进行多次回归测试。在渐进和快速迭代开发中，新版本的连续发布使回归测试进行得更加频繁，而在极端编程方法中，更是要求每天都进行若干次回归测试。

回归测试并不是一个独立的测试阶段，可以在单元测试、集成测试、系统测试和验收测试的任何一个阶段进行。但在实际的测试过程中，回归测试多用于软件测试的后期阶段，通常在系统测试、验收测试、后期维护工作中应用，以保证错误修改和新版本软件的正确性。

2. 常用的系统测试工具

常用的系统测试工具包括如下。

① LoadRunner：Mercury Interactive（MI）公司开发的性能测试工具，通过模拟上千万用户实施并发负载及实时性能监测的方式来确认和查找问题，能够对整个企业系统架构进行测试，最大限度地缩短测试时间，优化性能和加速应用系统的发布周期。

② WinRunner：MI 公司开发的企业级功能测试工具，用于检测应用程序是否能够达到预期的功能，自动执行重复任务并优化测试工作。

③ QACenter：Compuware 公司开发的一种黑盒测试工具，可以创建一个快速、可重用的测试过程，自动进行测试过程管理、快速分析和调试，包括针对回归、强度、单元、并发、集成、移植、容量和负载建立测试用例，自动执行测试和产生文档结果。

④ Apache JMeter：Apache 公司基于 Java 开发的压力测试工具，用于软件的压力测试。JMeter 最初被设计用 Web 应用测试，后来扩展到其他测试领域，可用于测试静态和动态资源，如静态文件、Java 服务程序、CG 脚本、Java 对象、数据库和 FT 服务器等。JMete 可对服务器、网络或对象模拟巨大的负载，在不同压力类别下测试它们的强度并分析整体性能。JMeter 还能对应用程序做功能/回归测试，通过创建带有断言的脚本验证程序是否返回了期望结果。

⑤ DataFactory：一种快速的、易于产生测试数据的带有直觉用户接口的工具，是一种强大的数据产生器，能够建模复杂数据关系，容易产生百万行有意义的、正确的测试数据库，支持 DB2、Oracle、Sybase、SQL Server 数据库，支持 ODBC 连接方式。

⑥ Selenium：广泛使用的开源 WebUI（用户界面）自动化测试套件，最初由 Jason Huggins 开发，作为其内部工具。Selenium 支持 Windows、Linux、Mac 等主流操作系统，是一种跨平台、跨浏览器，支持多种语言的 Web 自动化测试工具。

⑦ QARun：一种自动回归测试工具，在.NET 环境下运行，可以提供与 TestTrack Pro 的集成。

9.4.4 验收测试

验收测试是在完成功能测试和系统测试后，在信息系统发布前进行的软件测试活动，是技术测试的最后阶段。通过了验收测试，信息系统就进入发布阶段。验收测试一般根据产品规格说明书严格检查产品，检查与产品规格说明书的一致性，同时考虑用户的实际使用情况，确保所开发信息系统符合用户需求。

验收测试的目标是确认被测系统满足其操作需求，并确保在将信息系统正式交付给用户前正常工作并可以使用。验收测试应在测试组的协助下由一个或多个用户代表组成。

在验收测试开始前，测试小组应该协助用户准备真实（或模拟）的数据、流程进行验收的准备工作。

验收测试通常以用户或用户代表为主体来进行，按照合同中预定的验收原则进行测试，这是一种非常实用的测试，实质上就是用户用大量的真实数据试用软件。

1. 验收测试的标准

验收测试要通过一系列黑盒测试。验收测试同样需要制订测试计划和过程，测试计划应规定测试的种类和测试进度，测试过程则定义一些特殊的测试用例，旨在说明软件与需求是否一致。无论是计划还是过程，都应该着重考虑信息系统是否满足合同规定的所有功能和性能，文档资料是否完整、准确，人机界面和其他方面（如可移植性、兼容性、错误恢复能力和可维护性等）是否令用户满意。

2. 验收测试的主要内容

验收测试用来验证系统是否达到用户需求说明书（可能包括产品验收准则）中的要求，希望尽可能地发现留存的缺陷，从而为进一步改善提供帮助，并保证系统最终被用户所接受。验收测试主要包括以下6方面。

1）配置复审

配置复审是验收复审的一个重要环节，目的是保证软件配置齐全、分类有序，并且包括软件维护所需的细节。

2）合法性检查

检查开发者在软件开发时使用的开发工具是否合法。对在编程中使用的一些非本单位自己开发的，也不是由开发工具提供的控件、组件、函数库等，检查其是否有合法的发布许可。

3）文档检查

文档是信息系统的重要组成部分，是生命周期各阶段的产品描述。文档质量的度量准则就是评审各阶段文档的合适性。文档检查主要包括完备性、正确性、简明性、可追踪性、自说明性、规范性。

4）代码测试

① 源代码一般性检查：仅对信息系统关键模块的源代码进行抽查，一般包括命名规范检查、注释检查、接口检查、数据类型检查和限制性检查。

② 一致性检查：主要包括编译检查、装/卸载检查和运行模块检查。

5）功能和性能检查

功能和性能测试不仅是检测软件的整体行为表现，也是对软件开发设计的再确认。功能和性能检查主要包括界面测试、可用性测试、功能测试、稳定性测试、性能测试、强壮性测试、逻辑性测试、破坏性测试、安全性测试等。

6）测试结果交付内容

测试结束后，由测试组填写测试报告，并与全部测试材料一并交给用户代表。测试报告主要包括软件测试计划、软件测试日志、软件文档检查报告、软件代码测试报告、软件系统测试报告、测试总结报告和测试人员签字登记表。

3. α、β测试

开发人员不可能完全预见用户实际使用程序的情况。例如，用户可能错误地理解命令，或提供一些奇怪的数据组合，亦可能对开发人员自认明了的输出信息迷惑不解等。因此，信息系统是否真正满足最终用户的要求，应由用户进行一系列测试，既可以是非正式的测试，也可以是有计划、有系统的测试。

信息系统可能拥有众多用户，不可能由每个用户验收，此时多采用称为 α、β 测试的过程，以期发现那些似乎只有最终用户才能发现的问题。

α 测试是指软件开发公司组织内部人员模拟各类用户行为，对即将面市软件产品（称为 α 版本）进行测试，试图发现错误并修正。α 测试的关键在于尽可能逼真地模拟实际运行环境和用户对软件产品的操作，并尽最大努力涵盖所有可能的用户操作方式。经过 α 测试调整的软件产品称为 α 版本。紧随其后的 β 测试是指由典型用户在日常工作中实际使用 β 版本，并要求用户报告异常情况、提出批评和修改意见。然后，软件开发公司对 β 版本再进行改错和完善。

9.5　面向对象测试

传统软件测试采用面向过程、面向功能的方法，将程序系统模块化，可以再分成若干单元。这些单元可以通过一系列程序过程实现，也产生相应的单元测试、集成测试等方法。面向对象程序的结构不再是传统的功能模块结构，将开发分为面向对象分析、面向对象设计、面向对象编程三个阶段。分析阶段产生整个问题空间的抽象描述，进一步归纳出适用于面向对象编程语言的类和类结构，最后形成代码。针对面向对象信息系统的开发特点，其测试方法必然进行相应改变，从而形成面向对象层次测试、单元测试、集成测试、系统测试等。

9.5.1 面向对象的层次测试

测试层次是基于测试复杂性分解的思想，是信息系统测试的一种基本模式。面向对象程序的结构不再是传统的功能模块结构，作为一个整体，原有集成测试是逐步将开发的模块组装在一起进行测试，这种方法已为不可能；而且，面向对象信息系统抛弃了传统的开发模式，对每个开发阶段都有不同以往的要求和结果，已经不可能用功能细化的观点来检测面向对象分析和设计的结果。因此，传统的测试模型对面向对象信息系统已经不再适用。

继承和组装关系刻画了类之间的内在层次，它们既是构造系统结构的基础，也是构造测试结构的基础。面向对象的层次测试主要从对认定对象的测试、对认定结构的测试、对构造的类层次结构的测试三方面展开。

1. 对认定对象的测试

面向对象分析中认定的对象是对问题空间中的结构、其他系统、设备、被记忆的事件、涉及的人员等实际实例的抽象。

对认定对象的测试可以从如下方面考虑。

① 认定的对象是否全面，其名称应该尽量准确、适用，问题空间涉及的实例是否都反映在认定的抽象对象中。

② 认定的对象是否具有多个属性。只有一个属性的对象通常应看作其他对象的属性而不是抽象为独立的对象。

③ 对认定为同一对象的实例是否有共同的、区别于其他实例的共同属性，是否提供或需要相同的服务，如果服务随着不同的实例而变化，认定的对象就需要分解或利用继承性来分类表示。

④ 如果系统没有必要始终保持对象代表的实例信息，提供或者得到关于它的服务，那么认定的对象也无必要。

2. 对认定结构的测试

认定结构指的是多种对象的组织方式，用来反映问题空间中的复杂实例和复杂关系。认定结构分为两种：分类结构和组装结构。分类结构体现了问题空间中实例的一般与特殊的关系；组装结构体现了问题空间中实例的整体与局部的关系。

对认定结构的测试要点如下。

① 对于结构中的一种对象，尤其是处于高层的对象，是否在问题空间中含有不同于下一层对象的特殊可能性，即是否能派生出下一层对象。

② 对于结构中的一种对象，尤其是处于同一层的对象，是否能抽象出在现实中有意义的更一般的上层对象。

③ 对所有认定的对象，是否能在问题空间内向上层抽象出在现实中有意义的对象。

④ 高层的对象的特性是否完全体现下层的共性，低层的对象是否有高层特性基础上的特殊性。

认定的组装结构测试要点如下。

① 整体（对象）和部件（对象）是否在考虑的问题空间中有实际应用，其组装关系是否符合现实的关系。

② 整体（对象）中是否遗漏了反映在问题空间中的有用部件（对象）。

③ 部件（对象）是否能够在空间中组装新的有现实意义的整体（对象）。

3. 对构造的类层次的测试

为了能充分发挥面向对象继承共享特性，面向对象设计的类层次通常基于面向对象分析中产生的分类结构的原则来组织，着重体现父类和子类间的一般性和特殊性。在当前的问题空间中，对类层次结构的要求是能在解空间里构造实现全部功能的结构框架。为此，该测试要注意如下 4 方面。

① 类层次结构是否涵盖了所有定义的类。

② 是否能体现面向对象分析所定义的实例关联、消息关联。

③ 子类是否具有父类没有的新特性。

④ 子类间的共同特性是否完全在父类中得以体现。

9.5.2 面向对象的单元测试

传统的单元测试的对象是信息系统的最小单位——模块。单元测试的依据是详细设计，单元测试应对模块内所有重要的控制路径设计测试用例，以便发现模块内部的错误。单元测试多采用白盒测试，多个模块可以并行地进行测试。

在面向对象软件测试中，单元的概念发生了变化。封装的特性使每个类和类的实例（对象）包装了属性（数据）及其操作。最小的可测试单位是封装的类或对象，类包含一组不同的操作，因此，单元测试的意义发生了较大变化。已经不再孤立地测试单个操作，而是将操作作为类的一部分。

另外，父类中定义的某个操作被许多子类继承。但在实际应用中，不同子类中某操作在使用时又有细微的不同，所以必须对每个子类的所有操作进行测试。

类的测试可以使用多种方法，如基于故障的测试、随机测试和分割测试等。每种方法都要检查封装在类中的操作，即设计的测试序列（用例），要保证相关操作被检查。因为类的属性值表示类的状态，由此来确定被检查的错误是否存在。

根据测试层次，面向对象软件测试总体上呈现从单元级、集成级到系统级的分层测试结构。根据测试层次确定相应的测试活动，并形成相应的层次，如表 9-1 所示。由于面向对象软件从宏观上来看是各类之间的相互作用，因此测试方法将对类的测试作为单元测试，而对于由类集成的模块测试作为集成测试，系统测试与传统测试层相同。

表 9-1　面向对象软件的测试层次

传统测试	面向对象测试
单元测试	类测试、方法测试、对象测试
集成测试	类簇测试
系统测试	系统测试

在测试过程中，类测试等同于传统的单元测试。单元测试主要关注模块的算法实现和模块的接口间数据的传递，而类测试主要考察封装在一个类中的方法和类的状态行为。进行类测试时，要把对象与其状态结合起来，进行状态行为的测试，因为工作过程中对象的状态可能被改变，产生新的状态。测试范围主要是类定义之内的属性和服务，以及有限的对外接口的部分。在类测试过程中，不能仅仅检查输入数据产生的结果是否与预期的吻合，还要考虑对象的状态，整个过程应涉及对象的初态、输入参数、输出参数和对象的终态。类测试通过代码检查或执行测试用例来有效地测试一个类的代码。

1. 类测试的步骤

1）类测试的内容

对一个类进行测试以检查它是否只做了规定的事情，确保类的代码能够完全满足类说明所描述的要求。在运行了各种测试用例后，如果代码的覆盖率不完整，这可能意味着该类设计过于复杂，需要简化成几个子类。

2）类的测试人员

类的测试通常由开发人员来进行。因为开发人员对代码极其熟悉，可以使用测试驱动程序来调试所编写的程序，方便基于执行的测试操作。

3）类的测试时间

类测试可以在开发过程的不同位置进行。在递增的、反复的开发过程中，类的说明/实现可能发生变化，所以应该在软件其他部分使用该类之前执行类的测试。每当一个类的实现发生变化时，就应该执行回归测试。所以类的测试要和类的设计、开发保持同步，因为确定早期测试用例有助于对类说明的理解保持一致，也有助于获得独立代码检查的反馈。如果一个类的开发人员不能设计充分和准确的测试用例，其测试结果会给人一个错觉，即该类通过了所有测试。但是当该类被集成到某个较大的系统时，将导致严重的问题。

4）类测试过程

类测试通常要借助测试驱动程序，这个驱动程序创建类的实例，并为那些实例创造适当的环境，以便运行一个测试用例。驱动程序向测试用例指定一个实例发送一个或多个消息，然后根据参数、响应值、实例发生的变化来检查那些消息产生的结果。

5）测试程度

可以根据已经测试了多少类实现和多少类说明来衡量测试的充分性。类测试要测试操作和状态转换的各种组合情况，但有时穷举法是不可能的，此时应该选择配对系列的组合情况，如果能结合风险分析进行选择，效果会明显些。

2. 测试用例的构建

首先要看怎样从类说明中确定测试用例，然后根据类实现引进的边界值来扩充附加的测试用例。

根据前置条件和后置条件来构建测试用例的总体思想是：为所有可能出现的组合情况确定测试用例需求，在这些可能出现组合情况下，可以满足前置条件，也能够达到后置条件；接下来创建测试用例来表达这些需求，根据这些需求还可以创建拥有特定输入值（包括常见值和边界值）的测试用例，并确定它们的正确输出；最后，可以增加测试用例来阐述违反前置条件所发生的情况。

3. 类测试的充分性

类测试充分性的 3 个常用标准如下。

① 基于状态的覆盖率：以测试在状态转换图中有多少个状态转换为依据。

② 基于约束的覆盖率：根据前置条件和后置条件被执行的程度来表示测试的充分性。

③ 基于代码的覆盖率：当所有测试用例都执行结束时，确定实现一个类的每行代码或代码通过的每条路径至少执行了一次。

4. 测试驱动程序的构建

测试驱动程序是一个运行测试用例并收集运行结果的程序。测试驱动程序的设计应该相对简单，因为我们很少有时间和资源来对驱动程序软件进行基于执行的测试（否则会进入一个程序测试递归的、无穷之路），而是依赖代码检查来检测测试驱动程序，所以，测试驱动程序必须是严谨的、结构清晰的、简单的、易于维护的，并对测试的类说明变化具有很强的适应能力。在理想情况下，在创建新的测试驱动程序时，应该能够复用已存在的驱动程序的代码。

9.5.3 面向对象的集成测试

传统的集成测试有两种方式通过集成完成的功能模块进行测试。

① 自顶向下集成。自顶向下集成是构造程序结构的一种增量式方式，从主控模块开始，按照软件的控制层次结构，以深度优先或广度优先的策略，逐步把各模块集成在一起。

② 自底向上集成。自底向上测试是从底层的模块开始组装测试。

因为面向对象软件没有层次的控制结构，传统的自顶向下和自底向上集成策略就没有意义。一次集成一个操作到类中（传统的增量集成方法）通常是不可能的。面向对象的集成测试通常需要在整个程序编译完成后进行。

面向对象的程序是由若干对象组成的，这些对象互相协作，以解决某些问题。对象的协作方式决定了程序能做什么，从而决定了这个程序执行的正确性。因此，一个程序中对象的正确协作即交互对于程序的正确性是非常关键的。

交互测试的重点是确保对象（这些对象的类已被单独测试过）的消息传送能够正确进行。交互测试的执行可以使用嵌入应用程序的交互对象，或者在独立测试工具（如 Tester 类）提供的环境中，交互测试通过使得该环境中的对象相互交互而执行。

1. 对象交互

在大多数面向对象语言中，对象交互涵盖了程序的绝大部分活动，包含对象及其组件的消息，还包含对象和与之相关的其他对象之间的消息。因为在处理接收对象的任意某方法的调用期间都可能发生多重的对象交互，所以希望考虑这些交互对接收对象内部状态的影响，以及对那些与接收对象相关联的对象的影响。

对象交互的测试方法，按原始类、汇集类和协作类进行讨论。原始类测试使用类的单元测试方法。下面介绍汇集类测试和协作类测试。

1）汇集类测试

有些类在它们的说明中使用对象，但是实际上从不与这些对象中的任何一个进行协作，也就是说，它们从来不请求这些对象的任何服务。相反，它们会表现出以下一个或多个行为：① 存放这些对象的引用（或指针），程序中常表现为对象之间一对多的关系；② 创建这些对象的实例；③ 删除这些对象的实例。

可以使用测试原始类的方法来测试汇聚类，测试驱动程序要创建一些实例，作为消息中的参数，被传送给一个正在测试的集合。测试用例的目的是保证那些实例被正确加入集合并被正确地从集合中移出，而且测试用例说明的集合对其容量有所限制。

2）协作类测试

凡不是汇聚类的非原始类（原始类即一些简单的、独立的类）就是协作类。非原始类在它们的一个或多个操作中使用其他对象，并将其作为它们的实现中不可缺少的一部分。若类接口中一个操作的某后置条件引用了一个协作类的对象的实例状态，则说明那个对象的属性已被使用或修改了。由此可见，协作类测试的复杂性要远远高于汇聚类或原始类测试。

2. 集成测试的常用方法

集成测试的常用方法有抽样测试和正交阵列测试。

1）抽样测试

抽样测试提供了一种运算法则，能够从一组可能的测试用例中选择一个测试系列，但并不要求一定要首先明确如何来确定测试用例的总体。抽样测试的目的是定义感兴趣的测试总体，然后定义一种方法，以便在这些测试用例中选择哪些被构建、哪些被执行。

2）正交阵列测试

正交阵列测试提供了一种特殊的抽样方法，通过定义一组交互对象的配对方式组合，以尽力限制测试配置的组合数目激增。

9.5.4 面向对象的系统测试

单元测试和集成测试仅能保证软件开发的功能得以实现，但不能确认在实际运行时，是否满足用户的需要，是否大量存在实际使用条件下会被诱发产生错误的隐患。为此，对完成开发的信息系统必须经过规范的系统测试。系统测试是测试整个系统，以确定是否能够满足所有行为，测试目的主要有：找出系统中存在的缺陷，发现导致实际操作和系统需求之间存在差异的原因。

系统测试应该尽量搭建与用户实际使用环境相同的测试平台，应该保证被测试系统的完整性，对没有的系统设备或部件，也应有相应的模拟手段。系统测试时，应该参考面向对象分析的结果，对应描述的对象、属性和各种服务，检测信息系统是否能够完全"再现"问题空间。系统测试不仅是检测信息系统的整体行为表现，也是对信息系统开发设计的再确认。

由于系统测试不考虑内部结构和中间结果，因此面向对象的系统测试与传统的系统测试区别不大，具体内容主要包括以下6方面。

① 功能测试：测试是否满足开发要求，是否能够提供面向对象设计所描述的功能，满足用户的需求。功能测试是系统测试常用和必需的测试，通常以正式的规格说明书为测试标准。

② 性能测试：测试软件的运行性能，常常与强度测试结合进行，需要事先对被测试系统提出性能指标，如传输连接的最长时限、传输的错误率、计算的精度、记录的精度、响应的时限和恢复时限等。

③ 强度测试：测试系统的能力最高实际限度，即信息系统在一些超负荷下的功能实现情况，如要求某行为的大量重复、输入大量的数据或大数值数据、对数据库大量复杂的查询等。

④ 恢复测试：采用人工干扰方式，试图使信息系统出错，中断使用，检测其恢复能力，特别是通信系统。恢复测试时，应该参考性能测试的相关测试指标。

⑤ 安全测试：验证安装在系统内的保护机构确实能够对系统进行保护，使之不受各种各样的干扰。安全测试时需要设计一些测试用例试图突破系统的安全保密措施，检验系统是否有安全保密的漏洞。

⑥ 可用性测试：测试用户是否能够满意使用，具体体现为操作是否方便、用户界面是否友好等。

系统测试需要对被测试信息系统结合需求分析来进行分析，建立测试用例。

9.6 系统测试管理

9.6.1 测试管理概述

测试管理是对测试活动进行组织、计划、监管和控制，确保测试工作在信息系统质量保障中发挥更好的作用，主要包括以下内容。

1. 制订测试计划

确定各阶段的测试目标和策略，明确要完成的测试任务，估算完成测试任务所需的时间和资源，设计测试组织和岗位职责，安排测试活动和分配资源，部署跟踪和控制测试过程的任务，形成测试计划。

2. 设计测试方案

根据测试计划设计测试方案，包括各测试阶段使用的测试用例，并提交评审后使用。

3. 实施测试方案

使用测试用例运用程序，将获得的运行结果与预期结果进行比较和分析，记录、跟踪和管理系统故障，形成测试报告。

4. 测试配置管理

测试配置管理是软件配置管理的子集，应用于测试的各阶段。其管理对象包括测试计划、测试用例、测试版本、测试工具及环境、测试结果等。

5. 测试资源管理

测试资源管理主要包括对人力资源和工作场所、相关设施和技术支持的管理。

6. 测试过程监控

测试过程监控是指采用适宜的方法对上述测试过程及结果进行实时监控，以保障测试过程的有效性。常用的测试管理工具包括如下。

① TestDirector：企业级测试管理工具，一个规范和管理日常测试项目工作的平台，也是业界第一个基于 Web 的测试管理系统。TestDirector 可以在企业内部或外部进行全球范围内的测试管理，可以方便地管理测试过程，包括测试需求管理、测试计划管理、测试执行管理和缺陷管理等。

② TestManager：一个开放的、可扩展的架构，将所有的测试工具、测试件和数据组合在一起，制定并优化测试目标。TestManager 是一个针对测试活动管理、测试执行和测试结果分析的中央控制平台，可以管理测试全过程。

③ QA Director：测试管理和设计系统，具有分布式测试和多平台支持能力，能够使开发和测试团队跨越多个环境控制测试活动。QA Director 可以协调整个测试过程，实现测试计划、测试需求管理、自动测试和手工测试管理、测试结果分析和缺陷跟踪等功能。

④ TestLink：用于对测试过程的管理，可以将测试过程从测试需求、测试设计到测试执行完整地管理起来，还提供了多种测试结果的统计和分析。TestLink 是一种基于 Web 的测试管理系统，是 SourceForge 的开放源代码项目之一。

⑤ KTFlow：国产软件测试管理工具，是集测试流程管理、回归测试管理、测试用例库管理、测试小组协同工作、规范化测试文档自动生成等功能于一体的测试管理平台。

9.6.2 测试组织管理

测试组织的主要任务包括确定测试小组的组织模式、组建测试小组、安排测试任务、估算测试工作量、确定测试文档、管理测试件、确定测试需求和组织测试设计。

1. 确定测试小组的组织模式

根据测试人员具有的技能，测试小组可以分为基于技能的组织模式和基于项目的组织模式。基于技能的组织模式要求每个测试人员关注自己的专业领域，必须掌握专业测试工具的使用方法和复杂的测试技术，适用于科技领域的信息系统测试。基于项目的测试模式可以将不同测试技能水平的人员分配到一个项目中，分工协作，以确保测试工作的顺利开展。

2. 组建测试小组

组建测试小组时，应按照测试工作负荷配置合适的测试人员。复杂的测试工作应由测试工程师负责，他们具有独立的测试技能，能够编制测试计划，设计测试用例，熟练使用先进的测试工具，对软件故障进行隔离等。较为简单的测试工作可交由初级测试技术人员承担。

3. 安排测试任务，估算测试工作量

明确测试任务，对各项任务进行合理的组织安排，并根据测试任务估算测试工作量。

4. 确定测试文档

确定需要交付和归档的测试文档。这些测试文档一般包括测试计划文件、测试用例文档、测试日志文档、测试实践报告和测试总结报告等。

5. 管理测试件

测试件也是一类软件，需要管理好。测试件一般有测试工具、测试驱动程序、测试桩模块等。

6. 确定测试需求

测试需求主要解决"测试什么",即指明被测对象中什么需要测试。确定测试需求通常是以信息系统开发需求为基础的分析,通过对需求的细分化和分解,形成测试内容。

7. 组织测试设计

测试设计的主要任务是确定测试各阶段需要运用的测试要素,如测试用例等。组织和协调好测试设计任务是系统测试管理的重要环节之一。

9.6.3 测试过程管理

测试过程管理主要包括测试准备、测试计划编制、测试需求分析、测试设计、测试执行和测试结果分析。

1. 测试准备

任命测试组长,组建测试小组,参加有关项目计划、分析和设计会议,获取需求分析文档、系统设计文档和程序编写文档,参加产品相关知识的培训。

2. 测试计划编制

测试计划的目标是确定测试范围、测试策略和测试方法,以及对可能出现的问题或风险的所需的资源和投入进行分析和估计,以指导测试的执行。测试计划的内容通常包括测试目的、测试标准、测试策略、资源配置、责任明确、进度安排、风险分析、测试用例的设计方法、使用和维护策略、测试工具的开发和使用等。

3. 测试需求分析

测试需求是根据测试目标及软件规格说明和相关接口需求说明文件,明确各种测试需求,包括环境需求、对测试对象的要求、测试工具需求、测试代码需求、测试数据要求等。测试需求分析必须保证需求的可跟踪性和全覆盖性。

4. 测试设计

测试设计描述测试各阶段需要运用的测试要素,包括测试用例、测试工具、测试代码、测试规程的设计思路、设计准则和具体内容。

测试设计内容主要包括:① 制定测试技术方案,确定测试技术、测试环境和测试工具;② 根据测试需求,设计测试用例;③ 测试开发,根据所选择的测试工具,将可以进行自动测试的测试用例转换成为测试脚本;④ 设计测试环境,根据测试要求设计服务器、网络等测试环境。

5. 测试执行

建立和配置测试环境,根据用例准备测试数据,执行测试。

6. 测试结果分析

测试结束后，对测试结果进行分析，以确定软件产品质量，为产品的改进或发布提供数据和支持，同时做好测试结果的审查和分析，做好测试报告的撰写和审查。

9.6.4 资源和配置管理

1. 资源管理

测试资源可分为人力资源和环境资源。

人力资源是指测试人员的数量、类型和测试技能。测试过程的各阶段对测试人员的需求有所不同。在测试前期，需要一些资深的测试设计和测试开发人员，需要他们对被测对象进行详细分析，设计测试用例，开发测试脚本。在测试中期，主要进行执行测试，自动化程度较低的测试需要投入较多的测试人员。在测试后期，资深测试人员可以抽出部分时间准备新项目的测试。

人力资源管理主要包括：资源需求的估计，资源的应急储备，资源在测试阶段之间以及项目之间的平衡和协调。

环境资源是指建立测试环境所需的计算机软件资源和硬件资源的总和。软件资源包括操作系统、第三方软件产品、测试工具等。硬件资源提供了一个支持操作系统、应用系统和测试工具等运行的系统基础平台。

环境资源管理主要包括对软件、硬件的可靠性、兼容性、稳定性等方面的监控，保障测试过程顺利进行。

2. 配置管理

配置管理是在信息系统开发过程中，标识、控制和管理变更的一种机制，通过在生命周期的不同时间点对信息系统配置进行标识，并对这些标识的变更进行系统控制，以保证软件产品完整性和可塑性。

配置管理基本过程如下。

① 配置标识：标识组成软件产品的各组成部分，并定义其属性，制定基线计划。
② 配置控制：控制对配置项的修改。
③ 配置状态发布：向相关组织和个人报告变更申请的处理过程、批准的变更及实现情况。
④ 配置评审：确认受控配置项是否满足需求等。

9.6.5 测试文档管理

测试是一个非常复杂的过程，因此必须以正式的文档形式记录测试的要求、过程和测试结果。测试文档的编写是测试工作规范化的一个重要组成部分。

1. 测试文档的类型

根据测试文档所起的作用，测试文档可以分为测试计划和测试分析报告两类。测试计划详细规定了测试要求，包括测试的目的和内容、方法和步骤，以及测试的准则等。通常，测试计划的编写从需求分析阶段开始，直到设计阶段结束时完成。

测试分析报告用来对测试结果进行分析和说明。测试分析报告应给出软件测试的结论性意见，包括软件的性能以及存在的缺陷和限制等。这些结论性意见既是对软件质量的评价，也是决定软件产品能否交付用户使用的依据。

《计算机软件测试文档编制规范（GB/T 9386—2008）》国家标准给出了具体的测试文档编制建议，主要包括以下内容。

① 测试计划：描述测试活动的范围、方法、资源和进度，其中规定了被测试的对象、被测试的特性、应完成的测试任务、人员职责及风险等。

② 测试设计规格说明：详细描述测试方法、测试用例以及测试通过的准则等内容。

③ 测试用例规格说明：描述测试用例涉及的输入与输出、对环境的要求，以及对测试规程的要求。

④ 测试步骤规格说明：说明规定了实施测试的具体步骤。

⑤ 测试日志：测试小组对测试过程所做的记录。

⑥ 测试事件报告：描述测试中发生的一些重要事件。

⑦ 测试总结报告：阐述对测试工作所做的总结和结论。

2. 测试文档的管理

测试文档对于测试阶段的工作具有非常明显的指导和评价作用，有必要将测试文档管理纳入项目管理，成为项目管理的重要环节。

测试文档主要包括：① 测试文档的分类管理；② 测试文档的格式和模板管理；③ 测试文档的一致性管理；④ 测试文档的存储管理。

IEEE/ANSI 规定了测试有关的一系列文档和测试标准。

9.7 信息系统测试案例

本节以某铁路机务段现场物流管理信息系统项目为例，简要介绍信息系统的测试过程。测试用例主要是针对收发料管理子系统中的支出发料管理模块进行设计。

1. 支出发料管理功能的需求分析

支出发料管理模块界面，如图 9-2 所示。

图 9-2 支出发料管理模块界面

为了能够清楚地理解测试用例，给出支出发料管理功能需求、支出发料管理子功能需求和支出发料管理数据需求，如表 9-2～表 9-4 所示。

表 9-2 支出发料管理功能的需求分析表

功能需求编号	M02.03.00	功能需求名称	支出发料
功能描述	完成车间班组领料业务，支出发料，刷新库存		

表 9-3 支出发料管理子功能的需求分析表

子功能编号	子功能名称	子功能描述	输出
M02.03.01	新增	新增一张发料单	产生一张空白发料单
M02.03.02	新增记录	新增物资明细	生成一条待发物资记录
M02.03.03	删除记录	删除物资明细	删除一条待发物资记录
M02.03.04	保存	保存发料单中的内容，应给出"保存成功"或"保存失败"的提示	操作成功与否提示
M02.03.05	打印	打印发料单	打印输出
M02.03.06	删除料单	删除发料单	删除发料单
M02.03.07	审核	审核发料单中的内容，应给出"审核成功"或"审核失败"的提示	操作成功与否提示
M02.03.08	退出	退出支出发料界面	数据是否保存提示

表 9-4 支出发料管理数据需求分析表

输入编号	输入内容	输入方式	输出	后继输入
M02.03.11	库位	选择录入	库位	M02.03.12
M02.03.12	发料日期	自动获取		M02.03.13
M02.03.13	设备号	录入	维修设备号	M02.03.14
M02.03.14	发料单顺号	自动生成		M02.03.15
M02.03.15	领料部门	选择录入		M02.03.16
M02.03.16	支出科目	选择录入		M02.03.17
M02.03.17	项目名称	自动获取	应与支出科目相对应	M02.03.18
M02.03.18	物资编号	选择录入	可供选择的物资只是前面所选择库位的物资编号，相应的物资名称、计量单位、规格型号、单价、库存数量自动生成	M02.03.19
M02.03.19	物资名称	自动获取		M02.03.20
M02.03.20	计量单位	自动获取		M02.03.21

(续)

输入编号	输入内容	输入方式	输出	后继输入
M02.03.21	规格型号	自动获取		M02.03.22
M02.03.22	单价	自动获取		M02.03.23
M02.03.23	实发数量	录入	实发数量	M02.03.24
M02.03.24	实发金额	自动计算		M02.03.25
M02.03.25	库存数量	自动计算		M02.03.04
M02.03.26	发料人	自动获取	库管员	
M02.03.27	领料人	通过指纹识别仪获取	领料人	
M02.03.28	审核人	自动获取	审核人	

2. 支出发料模块的性能及可用性要求

表9-5给出了支出发料模块的性能和可用性要求。

表9-5 支出发料模块的性能及可用性要求

性　质	对功能模块的要求
可用性	要求界面格式统一，页面、按钮和提示的风格一致
	提示友好
	有误操作提示功能
	如果产生错误操作，系统能够给出错误发生的原因和解决方法的建议
	光标在界面中的跳转状态合理
	提交数据时，进行检查，并有提示功能
安全性	操作员登录时，严格按照其权限进行限制
	操作人员的一切操作在系统内都应有记录
	领料人员的身份必须与领料部门相一致，否则不允许领用物资
	库管员只能管理所管辖的库位，不能越位发料
	领料部门只能在其允许的支出科目范围内使用物资
	审核后的发料单不允许删除
性能	满足材料库九个库房九台计算机同时运行，日均数据量30，峰值在早上8点至10点
运行环境	局域网环境，数据存储在专用数据库服务器中，服务器按照Windows Server版操作系统和Oracle 11服务器版本的数据库，工作站安装Windows桌面操作系统和Oracle 11客户端版本的数据库

3. 支出发料模块的测试大纲

在编写测试用例前一般应设计测试大纲。

测试大纲基本上是测试思路的整理，以保证测试用例的编写清晰、完整。测试大纲可以按照模块、功能点、菜单和业务流程这样的思路来策划。支出发料模块功能测试大纲、性能测试大纲、可用性测试大纲分别如表9-6～表9-8所示。

表 9-6　支出发料模块功能测试大纲

序号	目标描述	测试用例要点
1	测试支出发料流程是否顺畅	选择任意库位,支出库房中任意物资
2	测试库房与库管员对应关系是否正确	按照库管员身份登录后,检查发料单中库位选项的正确性
3	测试领料部门与支出科目对应关系是否正确	检查和控制领料部门领用料时,所使用财务支出科目的限制
4	测试支出科目与项目之间的对应关系是否正确	选择科目后,检查项目名称是否正确
5	测试物资与库房对应关系是否正确	选择库位后,检查物资是否属于该库
6	测试物资编号与物资名称、计量单位、规格型号、单价等信息是否对应	在选择某物资后,检查其物资名称、计量单位、规格型号、单价是否正确
7	测试实发金额的计算正确与否	在输入物资的实发数量后,检查计算结果是否正确
8	测试领料部门的费用是否满足需要,不满足则不能领料	在审核支出发料时,检查领料班组当月费用是否够用,若不够用,则不允许领料。若够用,则在领料后按照实发金额扣除该班组当月费
9	测试物资库存数量是否正确	在审核发料单后,检查最新库存是否正确
10	测试领料人的身份是否正确	在审核前,通过指纹识别仪对领料人的身份进行验证,以检查领料人是否所属该领料部门

表 9-7　支出发料模块性能测试大纲

序号	目标描述	测试用例要点
1	测试系统承受压力的能力	多用户并发操作
2	测试系统健壮性	随意点击数据区和界面任意之处
3	测试系统安全性;意外退出,对未保存的数据是否有提示	数据录入时中途退出
4	出现错误是否有数据备份和恢复功能	制造操作中的意外错误和中断退出
5	录入数据提交之前是否有校验	数据录入不全面即提交
6	输入不合规范的数据时,系统的处理能力	录入不规范的数据

表 9-8　支出发料模块可用性测试大纲

序号	测试项	结　　果
1	操作是否顺畅	
2	界面是否友好	
3	操作成功或失败,是否有恰当的提示	
4	提示是否标准、规范	
5	光标跳转是否灵活	
6	界面布局是否恰当,按钮位置是否合适	
7	输入是否方便	
8	Tab 键和 enter 键使用是否方便	

4. 支出发料模块的测试用例

根据测试大纲设计支出发料模块测试用例,如表 9-9、表 9-10 所示。

表9-9 支出发料模块的测试用例

测试用例编号		T02.03.01		测试项	支出发料	依据	M02.03.00
描述		测试系统是否满足可用性要求；支出发料过程是否流畅；库位选择是否正确；班组与支出科目对应关系是否明确；物资实发金额和合计金额计算是否正确；库存数量计算是否正确；领料班组费用控制计算是否正确；班组费用超支的警示功能；回车键控制下光标跳转是否正常；各功能按钮点击是否正常执行					
输入规格		选择合配分库，车号：5446；领料部门：检修组；支出科目：5401-3123-1-2-2-2；项目名称：DF8B检修用料；支出物资：15-030-1（数量1）、15-035（数量2）、610023（数量1）					
预计输出		合计实发金额为260元；更新库存数量和领料班组费用；打印支出发料单			采用方法		黑盒测试
测试结果描述							

执行步骤	检查点	检查依据	期望输出	结果	BugID
单击"新增"按钮	新增空白支出发料单	M02.03.01	发料单		
选择库位	下拉框控件可用性 库位可选项与库管员是否对 光标跳转是否正常	M02.03.11	合配分库		
发料日期	系统自动获取日期	M02.03.12	2008年5月5日		
车号	手工输入 光标跳转是否正常	M02.03.13	5446		
发料单顺号	系统自动获取； 光标跳转是否正常	M02.03.14	158		
领料部门	下拉框控件可用 是否支持快速检索 光标跳转是否正常	M02.03.15	检修组		
支出科目	下拉框控件可用性 支出科目可选项与领料部门对应 关系是否正确 光标跳转是否正常	M02.03.16	5401-3123-1-2-2-2		
项目名称	系统自动获取 光标跳转是否正常	M02.03.17	DF8B检修用料		
物资编号	下拉框控件可用性 是否支持快速检索 物资可选项与库位是否对应 Tab键控制是否正常 光标跳转是否正常	M02.03.18	1. 15-030-1 2. 15-035 3. 610023		
物资名称	系统自动获取 光标跳转是否正常	M02.03.19	1. 增压器呼吸罩 2. 铝合金拉手 3. 管道卡箍		
计量单位	系统自动获取 光标跳转是否正常	M02.03.20	1. 个 2. 只 3. 道		
规格型号	系统自动获 光标跳转是否正常	M02.03.21	DF4		
单价	系统自动获取； 光标跳转是否正常	M02.03.22	1. 120 2. 40 3. 3		
实发数量	手工输入 光标跳转是否正常	M02.03.23	1. 1 2. 2 3. 20		
实发金额	系统自动计算 光标跳转是否正常	M02.03.24	1. 120 2. 80 3. 60 合计 260		

(续)

执行步骤	检查点	检查依据	期望输出	结果	BugID
库存数量	系统自动计算 光标跳转是否正常	M02.03.25	10 66 210		
单击"新增记录"按钮	新增物资明细	M02.03.02	产生一条空白记录		
单击"删除记录"按钮	删除物资明细	M02.03.03	删除一条物资记录		
发料人	系统自动获取	M02.03.26	0001		
单击"保存"按钮	错误、遗漏数据操作提示 保存数据到数据库中,保存成功提示	M02.03.04	产生支出发料单		
单击"删除小票"按钮	删除支出发料单 删除成功提示	M02.03.04	删除支出发料单		
领料人	指纹获取领料人身份	M02.03.27	0012		
单击"审核"按钮	检查班组费用不够时警示 更新班组费用,刷新库存,审核成功提示 "删除小票"按钮不可用	M02.03.07	发料成功,修改班组费用,刷新库存,界面显示"已支出"		
审核人	审核成功后,系统自动获取	M02.03.28	0008		
单击"打印"按钮	打印支出发料单	M02.03.05	支出发料单输出		
单击"退出"按钮	是否正常退出	M02.03.08			

表 9-10 性能测试用例

测试用例编号	T02.03.02	依据	M02.03.00	测试项	支出发料
描述	通过多用户同时领用料,测试系统的并发控制能力及连续处理能力					
输入规格	10 个用户同时并发操作,每个用户连续发料 30 次,即生成 30 张发料单					
预计输出	成功操作 300 次,打印相应的发料单					
测试结果						
执行步骤	检查点	检查依据	期望输出		结 果
10 个用户同时并发操作,每个用户连续发料生成 30 张发料单	系统是否正常运行,服务器运行状况如何	支出发料操作正确,处理的所有数据正常,发料单打印正确			

本章小结

系统测试现在已经成为系统开发生命周期中不可缺少的重要阶段,而且测试工作在整个开发周期中所占的比例不断上升。据统计,开发团队 40%的工作量花费在测试上,测试费用占软件开发总费用的 30%~50%,一些要求高可靠、高安全的信息系统测试费用占比更高。由此可见,要成功开发出高质量的信息系统必须重视并加强测试工作。

本章介绍了系统测试相关的概念、原理、过程及方法,主要介绍了系统测试的目标及原则;讲述了系统测试的分类及测试过程;讨论了白盒测试和黑盒测试、静态测试和动态测试、验证和确认测试、自动化测试和随机测试、回归测试和冒烟测试等系统测试基本方法;着重介绍了单元测试、集成测试、系统测试、验收测试等测试技术;介绍了面向对象的层次结构测试、面向对象的单元测试和面向对象的集成测试;介绍了测试组织管理、测试过程管理、资源和配置管理、测试文档管理等系统测试管理；另外，以某铁路机务段现场物流管理信息系统项目为例，介绍了系统的测试过程。

思考题

1. 简述系统测试的概念。
2. 系统测试的目标及原则是什么？
3. 系统测试是如何进行分类的？
4. 简述信息系统的测试过程。
5. 什么是白盒测试？什么是黑盒测试？两者的主要区别是什么？
6. 静态测试常用的方法有哪些？什么是动态测试？
7. 验证和确认的主要作用是什么？
8. 什么是自动化测试？什么是随机测试？
9. 什么是敏捷测试？敏捷测试与传统的测试方法有何不同？
10. 什么是单元测试？单元测试的主要任务是什么？
11. 什么是集成测试？集成测试的基本方法有哪些？
12. 什么是系统测试？系统测试的基本方法有哪些？
13. 什么是验收测试？验收测试应完成哪些主要测试内容？
14. 面向对象层次结构测试主要包括哪些内容？
15. 什么是类测试？类测试的主要内容有哪些？
16. 什么是面向对象的集成测试？其常用方法有哪些？
17. 系统测试管理主要包括哪些内容？
18. 简述测试过程管理和测试文档管理的内容。

参考文献

[1] 宫云战. 软件测试教程[M]. 3版. 北京：机械工业出版社，2022.
[2] 朱少民，李洁. 敏捷测试：以持续测试促进持续交付[M]. 北京：人民邮电出版社，2021.
[3] 吕云翔，况金荣，朱涛，杨颖，张禄. 软件测试技术：原理、工具和项目案例[M]. 北京：清华大学出版社，2021.
[4] 杨怀洲. 软件测试技术[M]. 北京：清华大学出版社，2019.
[5] 朱少民. 软件测试方法和技术[M]. 北京：清华大学出版社，2005.
[6] 佟伟光. 软件测试[M]. 北京：人民邮电出版社，2008.
[7] RON P. 软件测试[M]. 张小松，王钰，曹跃，等译. 北京：机械工业出版社，2006.
[8] 左美云，邝孔武. 信息系统开发与管理教程[M]. 2版. 北京：清华大学出版社，2006.

[9] GERALD D E, RAYMOND M Jr.. 软件测试：跨越整个软件开发生命周期[M]. 北京：清华大学出版社，2008.
[10] WILLIAM E P. 软件测试的有效方法[M]. 北京：清华大学出版社，2008.
[11] JOHN D M, DAVID A S. 面向对象的软件测试[M]. 北京：机械工业出版社，2002.
[12] SPILLNER A. Software testing foundations：A study guide for the certified tester exam[M]. 北京：人民邮电出版社，2008.

第 10 章
信息系统项目管理

信息系统项目管理引起注意最早源自 20 世纪 70 年代，当时美国国防部专门研究项目做不好的原因，发现 70%是因为管理不善引起的，而并不是因为技术实力不够，进而得出一个结论，即管理是影响研发项目全局的因素，而技术只影响局部。通过对信息系统项目失败的主要原因进行分析，他们发现：在关系到信息系统项目成功与否的众多因素中，项目计划、工作量估计、进度控制、需求变化和风险管理等都是与项目管理直接相关的因素。由于信息系统的建设和管理是一项复杂而艰巨的系统工程，不仅依靠先进的科学技术，更需要依靠强有力的组织管理措施，因此对信息系统进行项目管理的意义至关重要。

本章主要目的是介绍信息系统项目管理的思想，使读者能将其应用于信息系统开发。首先，介绍信息系统项目管理的相关概念和特征；其次，介绍信息系统范围、进度、成本、质量、风险和配置管理等内容，以及详细阐述信息系统项目管理过程的内容和过程之间的关系；然后，从信息系统外包角度，阐述系统外包需求管理、承包方选择与评估、外包管理过程、外包成果验收和运维服务管理相关内容；最后，从信息系统文档的标准、作用、分类、编制和管理方面介绍信息系统文档管理。

本章重点：
❖ 信息系统项目管理的内容
❖ 信息系统项目管理的过程
❖ 信息系统外包管理
❖ 信息系统文档管理

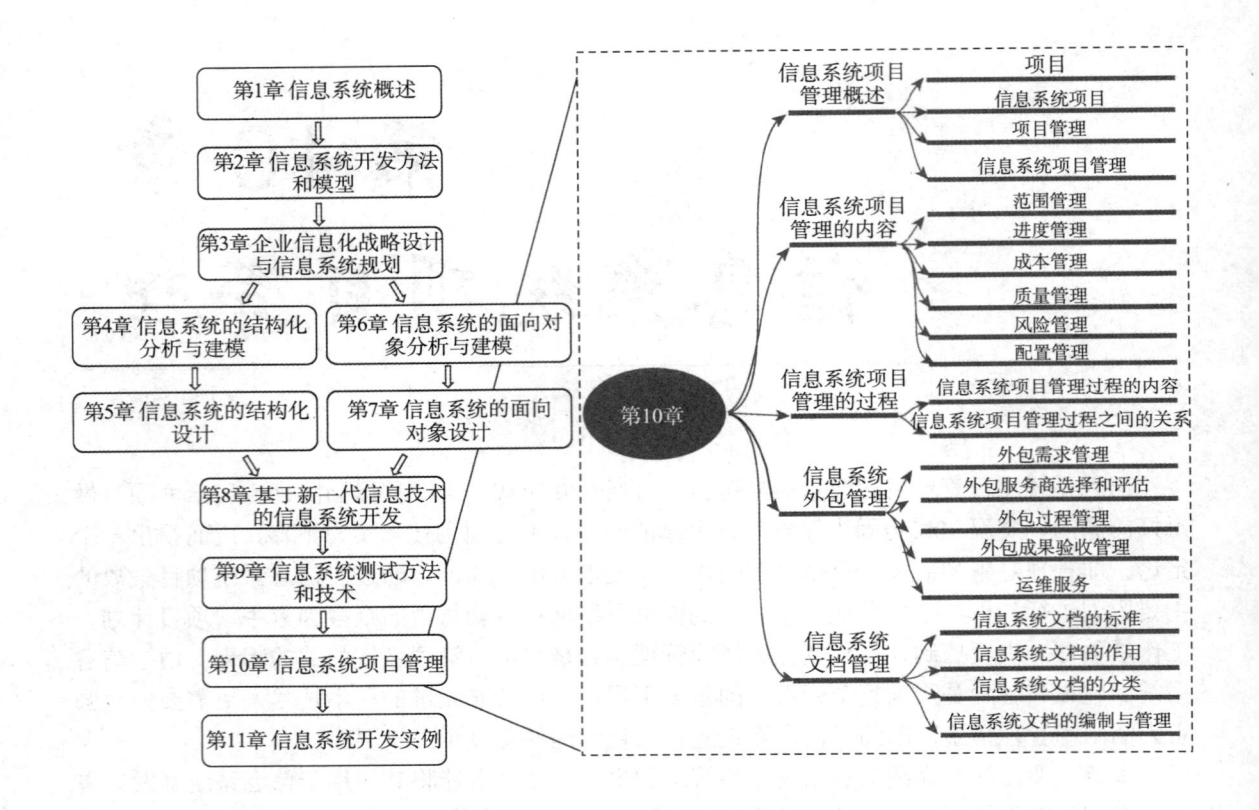

10.1　信息系统项目管理概述

10.1.1　项目

项目（Project）是指为提供某项独特的产品、服务或成果而进行的一次性工作，更确切的解释是，利用有限的资源、在确定的时间范围内为客户完成特定目标的一次性工作。"资源"是指完成项目所需要的人、财、物；"时间"是指项目有明确的开始和结束时间；客户指提供资金、确定需求并拥有项目成果的组织或个人；"目标"是指满足要求的产品、服务和成果。开发一种新产品或服务项目、改变组织的结构、开发新的信息系统、建设桥梁、房屋等均属于项目管理的范畴。例如，我国目前规模宏大的项目有北京首都国际机场、港珠澳大桥、南水北调工程项目、中国天眼、西气东输、三峡大坝、国际空间站等项目。其中，中国天眼（500米口径球面射电望远镜，FAST）成功入选"2021全球十大工程成就"。从项目论证立项到选址建设，历时22年，其间南仁东教授带领团队攻克了一系列技术难题。

项目是实现组织战略计划的手段，具有非常明显的特点：一次性、独特性、渐进性、整体性、明确性和生命周期性等。

1. 一次性

项目的一次性是项目的最基本特征。每个项目的内容、形式、过程和结果都不同，具有不可复制性和不可重复性。项目的一次性并不代表着项目提供的产品和服务是一次性的，多数项目的实施结果是持久的。例如，一个信息系统项目的开发完成代表项目的结束，但是信息系统还需长期为人们使用。项目经常会产生比项目本身更久远的、事先想到或未曾预料到的社会、经济和环境后果。

2. 独特性

项目创造独特的可交付产品、服务或成果。基于项目的一次性特征，项目的工作之前没有人做过，因此项目的成果也是独特的。

3. 渐进性

渐进明细是项目逐步完善的过程，是项目的一次性和独特性的结果。项目的实施过程是一个不断完善、修正和探索的过程，是一个分步实施、连续的积累过程。例如，在项目实施初期，项目范围的说明是粗略的，但随着项目开发团队的不断深入，对目标和可交付成果的理解越来越透彻，项目范围就会更具体、更详细。

4. 整体性

项目可以看作一个系统，包含不同种类且关系复杂的要素，分为各子项目或子任务，但是所有要素均需围绕统一的目标。

5. 明确性

明确项目的目标是进行项目管理和执行的首要前提。项目的工作量、工作标准、工作时间、工作空间和人力等资源必须经过事前的周密计划，明确项目实施的目标。目标可以细分为各个子目标，根据阶段的不同，采取分步实施的方法来实现项目的目标。

6. 生命周期性

项目的生命周期是指总体上连续的各种项目阶段的全体。不同项目的阶段划分和名称是不同的，这是根据参加项目的组织需要决定的。只有了解了项目的生命周期性，项目经理和团队成员才能使项目按照计划如期进行。项目的周期一般分为项目概念阶段、项目规划阶段、项目实施阶段和项目结束阶段。不同项目所需的时间虽然不同，但在各阶段表现出来的特点相似。

10.1.2 信息系统项目

到目前为止，业界和科学界对于信息系统项目的概念还没有达成统一共识。通常认为，信息系统项目是指在系统工程科学方法的指导下，在对用户需求分析的基础上，遵循计算机软件、硬件及网络等开发技术规范，提出系统的解决方案。同时，项目将组成信息系统的硬件、软件、业务、人员等进行有机结合，最大限度地整合各种资源，并在满足用户需求的基础上，提高用户的投资效率、管理效率和经营效率，最终帮助用户获取更大的利润。例如，2020年，在面对突如其来的新冠疫情，中国工程院杨善林院士迎难而上，用行动践行了科学家"胸怀祖国，服务人民"的赤热情怀，冒着被感染的高风险，亲自带领团队多次深入当地医院了解需求，快速攻坚，推出了基于云的智能移动新冠病毒防控远程交互服务系统。该系统很快被部署到火神山医院、雷神山医院等全国1000多家医疗机构，有力提升了抗疫效率。这就是典型的信息系统项目例子。为了便于理解信息系统项目，下文的信息系统项目是指以软件为产品的项目，也叫软件项目或软件系统项目。

信息系统项目不同于其他项目，最大区别是无形和没有物理属性。因此，信息系统项目除了具备一般项目的特点，还具有以下特性。

1）目标的不精确性

信息系统项目在开始之前没有人知道最终产品是什么样，而其他项目往往会给出明确的蓝图，描绘项目结束后用户能看到或得到的对象。项目目标的不精确性导致信息系统项目的任务边界具有一定模糊性，这为项目实施埋下了风险隐患。不精确的目标既不利于决定项目预算，也使项目监督和评价陷于两难境地。

2）需求渐进和多变性

对大部分信息系统项目来说，起初用户只能给出一个大概的需求描述，具体细节和项目内容都是不可见的。随着项目的不断深入，用户对需求会提出越来越明确的要求，这些要求可能与当初的需求大相径庭，项目的任务范围则取决于对项目需求的把握，从而有可能导致已经完成的工作被迫返工，并伴随项目计划的重新调整。更有甚者，这种局面可能会一直持续，直至项目结束。

3）全员参与性

如今，越来越多的信息系统项目都直接与业务相关，项目成败对组织的影响已不再限于某个部门或单元，而是与整个组织都有关系。因此信息系统项目常常要求全员参与。另一方面，像ERP这样的项目严重依赖业务流程和组织架构的优化，项目的失败原因与技术的关联度越来越低，这在客观上也要求全员参与，以排查造成项目失利的潜在原因。

4）对智力的依赖性

信息系统项目属于知识和智力密集型工作，项目组成员都是某领域的专业人士，具有不同的技术背景和知识。他们在项目的各阶段都需要进行大量密集的高强度智力劳动，这些工作十分复杂且难以衡量，因此良好的考核和激励制度对项目能否取得成功具有决定性作用。

5）项目的时限性

任何项目都有周期限制，但信息系统项目的需求和特点决定了它在这方面有更加严格的要求。信息系统项目的紧迫性决定了其历时有限，并且具有明确的起点和终点。项目超期将严重影响项目的协调和实际应用价值。随着信息技术的飞速发展，信息系统项目的生命周期越来越短，需求越来越迫切，开发周期甚至成为项目成败的决定性因素。

6）项目评价的主观性

由于外部因素对信息系统项目影响的复杂性和不可估测性，加之信息系统项目的性能、质量、应用效果和效益等指标量化困难，难以建立统一的量化指标和评价标准，信息系统项目的验收和评价具有明显的主观性。

7）项目的创新性

信息系统项目是以信息技术为基础的开发和应用项目。由于信息技术和应用正处在一个高速发展和不断更新的时期，因此信息系统项目的开发和应用也离不开信息技术与管理的创新。信息系统项目的创新性是信息系统项目复杂性的一个主要根源。

除了上述特点，信息系统项目还存在高度复杂性、开发方法多样性、开发过程难以规范统一、自动化程度低等特性。

10.1.3 项目管理

项目管理是指在项目活动中综合运用知识、技能、工具和技术，在一定的时间、成本、质量、范围等要求下，实现项目成果性目标的有效手段，是能快速开发满足客户和用户需求的新产品的有效手段，也是快速改进已有的设计及向市场已投成熟产品的有效手段。项目管理者在系统工程观点和方法的指导下，并受一定的主观和客观条件的限制，对项目的进展进行有效的管理，使项目顺利实施。

项目管理的目的是尽可能全面地预测出在项目实施过程中可能出现的问题和风险，并对项目中的作业活动进行计划、组织和控制，以便在风险最小的情况下成功地完成项目。项目管理工作在项目所需的一切资源就位之前就已经开始了，而且必须贯穿整个项目工作，直至项目结束。项目最终的执行结果必须在预先计划的时间进度之内，在最初的财务及其资源的预算之中，以符合项目方或者购买者的要求。

管理项目的内容包括：① 识别要求；② 确定清楚而又能够实现的目标；③ 权衡质量、范围、时间和成本方面的要求，使技术规格说明书、计划和方法适合所有利益相关方的不同需求和期望。

许多管理项目的技术对于项目管理来说是独特的，如工作分解结构（Work Breakdown Structure，WBS）、关键路径分析和增值管理。然而，对于有效的项目管理来说，单纯具备这些知识是不够的，有效的管理要求项目团队至少能理解和使用以下五方面的专业知识领域：① 项目管理知识体系；② 应用领域的知识、标准和规定；③ 项目环境知识；④ 通用的管理知识和技能；⑤ 软技能（处理人际关系技能）。

图10-1描绘了这五方面专门知识领域之间的关系。它们看起来是独立的，但又有交叉，没有一方面是独立存在的。有效的项目团队会将它们整合到项目的方方面面。对于项目团队成员来说，不需所有人在这五方面都是专家。实际上，任何一个人也不太可能具有项目所需要的所有知识和技能。

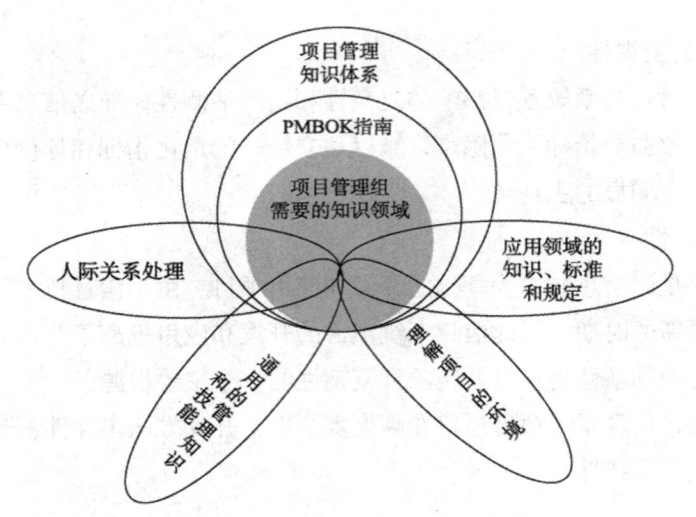

图 10-1 项目管理组需要的知识领域

1. 项目管理知识体系

项目管理知识体系描述了对于项目管理领域中独特的知识以及与其他管理领域交叉的部分，如图 10-1 所示。美国项目管理协会发布的第六版《项目管理知识体系指南》(《PMBOK 指南》)是项目管理知识体系的子集。项目管理十大知识领域：整合管理、范围管理、进度管理、成本管理、质量管理、资源管理、沟通管理、风险管理、采购管理、相关方管理。

① 整合管理：包括对隶属于项目管理过程组的各种过程和项目管理活动进行识别、定义、组合、统一和协调的各过程。

② 范围管理：确保该项目所覆盖的整体工作要求和单项工作要求，以成功完成项目。

③ 进度管理：包括管理项目按时完成所需的各过程。

④ 成本管理：包括使项目在批准的预算内完成而对成本进行规划、估算、预算、融资、筹资、管理和控制的各过程，从而确保项目在批准的预算内完工。

⑤ 质量管理：包括把组织的质量政策应用于规划、管理、控制的项目和产品质量要求，以满足相关方目标的各过程。

⑥ 资源管理：包括识别、获取和管理所需资源以成功完成项目的各过程，这些过程有助于确保项目经理和项目团队在正确的时间和地点使用正确的资源。

⑦ 沟通管理：包括通过开发工作和执行用于有效交换信息的各种活动，以确保项目及其相关方的信息需求得以满足的各过程。

⑧ 风险管理：包括规划风险管理、识别风险、开展风险分析、规划风险应对、实施风险应对和监督风险的各过程。

⑨ 采购管理：包括从项目团队外部采购或获取所需产品、服务或成果的各过程。

⑩ 相关方管理：包括用于开展后续工作的各过程，识别能够影响项目或受影响的人员、团队、组织，分析相关方对项目的期望和影响，指定合适的管理策略，来有效调动相关方参与项目的决策和执行。

2. 应用领域的知识、标准和规定

通常将项目按应用领域进行分类，同一应用领域的项目具有一些公共的元素，这些公共元素对于某些项目来说是重要的因素，但对于其他项目来说不是必须存在的。应用领域通常根据如下几方面来定义：① 职能部门和支持领域，如法律、产品和库存管理、市场营销、后勤和人事等；② 技术因素，如软件开发、水利工程、建筑工程等；③ 管理专业领域，如政府合同、地区开发和新产品开发等；④ 工业组织，如汽车、化工、农业和金融服务等。

每个应用领域通常都有一系列公认的标准和实践，经常以规则的形式成文。国际标准化组织(International Organization for Standardization, ISO)是这样区分标准和规则的(ISO 1994)：

① 标准是"一致同意建立并由公认的机构批准的文件，该团体提供通用的和可重复使用的规则、指南、活动或其结果的特征，目的是在特定的背景下达到最佳的秩序。"

② 规则是政府强制的要求，制定了产品、过程或服务的特征，包括适用的管理条款，并强制遵守，如建筑法规。

标准与规则之间有很大的一块灰色区。例如：

① 标准通常以描述一项为多数人选用的最佳方案的准则形式开始，然后随着其得到广泛采用，变成了实际的规则。

② 不同的组织层次可以规定相关标准并要求其成员强制遵守，如由政府机构、执行组织的管理层或项目管理团队建立的特定政策和规程。

3. 理解项目的环境

项目管理团队应该在项目所处的社会、政治和自然环境背景下管理项目。

① 社会环境方面：项目团队需要理解项目如何影响人以及人们如何影响项目。这要求对项目有所影响的人或对项目感兴趣的人的经济、人口、教育、道德、种族、宗教和其他特征有所理解。

② 政治环境方面：项目团队的一些成员可能需要熟悉影响项目的一些适用的国际、国家、地区和本地的法律、风俗和政治风气。

③ 自然环境方面：如果项目会影响到自然环境，那么项目组的一些成员就应该对影响项目或被项目所影响的当地的自然地理和生态非常了解。

4. 通用的管理知识和技能

通用的管理包括计划、组织、领导、执行和控制一个正在运行的企业的运作，包括一些支持性的知识，如：① 财务管理和会计；② 购买和采购；③ 销售和营销；④ 合同和商业法律；⑤ 制造和分配；⑥ 后勤和供应链；⑦ 战略计划、战术计划和运作计划；⑧ 组织结构、组织行为、人事管理、薪资、福利和职业规划；⑨ 健康和安全实践。

通用的管理提供了很多构建项目管理技能的基础，对于任何一个项目来说都是必需的。

5. 处理人际关系

人际关系技能属于软技能，包含以下内容。

① 沟通：擅长与人进行交流。
② 影响力：对组织施加影响，"把事情办成"的能力。
③ 领导：构建组织的远景和战略目标。
④ 激励：让人们充满活力去取得高水平的业绩并克服变革的障碍。
⑤ 谈判与冲突管理：与他人商讨，与其取得一致或达成协议。
⑥ 解决问题：将明确问题、识别解决办法与分析和做出决定结合起来。

10.1.4 信息系统项目管理

信息系统项目管理属于项目管理的一个分支，其管理的对象是信息系统项目。信息系统项目管理源自 20 世纪 70 年代，主要专注于信息系统项目活动的一些行为分析与管理，覆盖了整个信息系统项目开发过程。信息系统的特性决定了信息系统项目管理与其他领域的项目管理有不同之处。

美国国防科学委员会在 1987 年的一份报告中指出："管理为软件开发的最大问题区域。" 30 多年来，未能实现"应用新的软件方法和技术可提高软件生产率和质量"的诺言，"基本问题是不能管理其信息系统开发过程。在无纪律的、混乱的项目状态下，组织不可能从较好的方法和工具中获益。"信息系统是无形的、含糊的，系统开发是以人为中心的过程，在真正实现它之前，人们很难想清楚要的是什么。

信息系统项目失败的主要原因有两个：一是信息系统项目的复杂性，二是缺乏合格的信息系统项目管理人才。缺乏有效的项目管理是导致信息系统项目失控的直接原因。因此，信息系统项目管理是为了使信息系统项目能够按照预定的成本、进度、质量顺利完成，而对人员（People）、产品（Product）、过程（Process）和项目（Project）进行分析和管理的活动。信息系统项目管理的目标就是希望项目能够取得成功。对信息系统开发的各阶段进行合理的安排和控制，能够在规定的时间内，按照计划有序地推进信息系统开发过程，最终得到满足用户需求的信息系统。信息系统项目管理的目标一般包括如下 4 方面。

① 在规定的时间内，开发的信息系统能够满足用户需求，即信息系统达到了用户认可的功能要求，实现需求规格说明中要求的系统功能。

② 项目开发的成本控制在预算内。在信息系统开发过程中，任何对计划的改变都必须控制在项目成本可接受的范围内。

③ 在项目开发过程，能够妥善处理用户需求的变动。由于信息系统自身的一些特点，在需求阶段很难一次性获取用户的全部需求，造成了在开发阶段用户需求经常发生变更的情况。如何有效地记录用户需求的变更、如何高效地将用户需求变更反映到系统中，是信息系统项目管理的一个难点。

④ 保证对信息系统项目进度的控制和跟踪。在信息系统项目开发过程中，最重要的是如何对开发过程进行控制和跟踪，进一步保证信息系统的质量和开发效率。

10.2 信息系统项目管理的内容

近年来,信息系统项目管理虽然有了较大改善,但信息系统项目的高失败率和项目实施中存在的诸多问题仍然困扰着人们。信息系统能否满足用户的需求,并在预定的费用、进度、时间和质量要求内交付,仍然难以预料和控制。这种状况对系统开发者、系统使用者和项目管理者来说都是严峻挑战。

根据对信息系统项目特点的分析,信息系统项目管理的重点包括范围管理、进度管理、成本管理、质量管理、风险管理、配置管理等方面。这几方面都贯穿、交织于整个信息系统项目开发过程中。其中,范围管理是项目管理团队确定、记载、核实、管理和控制项目范围的指南;进度管理可以有效协调项目资源、时间和费用,确保项目按照预定方案顺利进行;成本管理可以确保项目在批准的预算范围内完成,节省系统开发成本;质量管理是保证产品和服务充分满足消费者要求的质量而进行的有计划、有组织的活动;风险管理可以预测未来可能出现的各种危害到信息系统产品质量的潜在因素并由此采取措施进行预防;配置管理针对信息系统项目实施过程中所需的人力、物力和财力等资源进行合理的分配和管理。

10.2.1 范围管理

项目范围对项目的影响是决定性的。项目只有完成项目范围中的全部工作才能结束,因此一个范围不明确或干系人对范围理解不一致的项目不可能获得成功。范围不明确最可能的后果是项目的范围蔓延,从而导致项目无休止的进展;对范围的理解不一致的结果往往是项目组的工作无法得到其他干系人的认可。对于信息系统项目来说,这两种情况是非常普遍的。需求不明确的系统总会产生新的需求,开发团队只知道每天工作,但不知道哪一天才能完成工作;需求理解的偏差则会造成严重的系统缺陷,用户不接受一个没有满足要求的信息系统,开发团队只能花费大量的工作对已经完成的信息系统进行返工。因此,信息系统项目管理的首要工作就是如何控制项目范围。

项目范围是指产生信息系统产品的所有工作及其所有过程,涉及项目的产品或服务以及实现该产品或服务所需开展的各项具体工作。项目范围应确保该信息系统项目所覆盖的单项工作和整体工作的全部要求,从而保证工作成功完成。

定义项目范围的目的是把信息系统项目的逻辑范围清楚描述出来,并获得认可。范围陈述被用来定义哪些工作包括在该项目的范围之内,哪些工作又是在该项目范围之外。项目范围定义得越清楚,项目就会越明确、越具体。因此,确定项目范围对信息系统项目管理来说非常重要,至少能起到如下作用:

① 提高费用、时间和资源估算的准确性。项目的工作边界如果被定义,就具体明确了项目的实际工作内容,就为项目实施过程中所需的费用、时间、资源的估计奠定了良好的基础。

② 确定项目进度测量和控制的基准。项目范围是项目管理计划的基础，一旦确定，就为项目进度计划的控制确定了基准。

③ 有助于项目分工。确定项目范围的同时，也就确定了项目的具体工作内容，所以为进一步进行项目分工奠定了基础。

项目范围管理是界定和控制信息系统项目中应包括什么和不包括什么的过程，确保项目团队和项目的利益相关者对信息系统项目的可交付成果以及产生这些可交付成果所进行的工作达成共识。而信息系统项目范围管理主要是通过如下步骤实现的：

（1）把客户的需求转变为对信息系统项目产品的定义。
（2）根据项目目标和产品分解结构，把项目产品的定义转化为对项目工作范围的说明。
（3）通过工作分解结构，定义项目工作范围。
（4）项目干系人认可并接受项目范围。
（5）授权和执行项目工作，并对项目范围实现进行控制。

信息系统项目范围管理是信息系统项目需求管理的前提，主要包括 6 个过程，如图 10-2 所示。

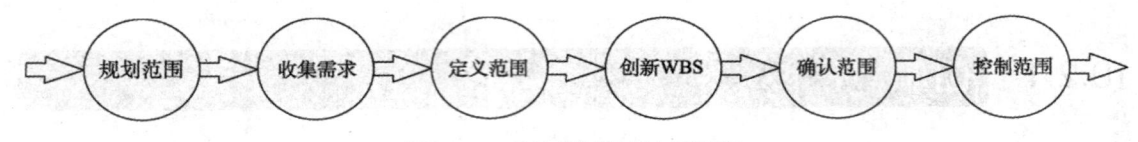

图 10-2 项目范围管理主要过程

1. 规划范围

从项目干系人的角度，项目范围是指项目中的交付成果的总和。范围的确定是逐渐进行的，从最初对于项目最终交付成果的概念，到在项目执行过程中对于交付成果越来越细节描述的文件，逐步深入。项目应该交付所有在项目范围内所描述的内容。项目范围不包括的任何工作都不应该在项目中开展。规划范围就是确定项目范围，明确项目的主要可交付成果，制定项目范围的管理计划，记载如何确定、核实与控制项目范围，以及如何制定与定义 WBS。项目范围的确定和管理直接关系到信息系统项目的整体成功，主要包括以下 4 方面。

1）确定详细的项目范围

信息系统项目是抽象的软件系统，确定精确的项目范围并不是一件容易的事情，必须有科学的方法，有计划地确定。事实上，需求工程拥有一整套理论体系，在需求开发方法中有很多成熟的获取、分析需求的方法论，如用例分析方法。项目经理需要结合项目的特点和环境来进行裁减和取舍，制定出最适合当前项目的定义范围的方法。

项目经理在制定范围计划时，要根据项目的具体情况来确定范围定义（包括需求捕获的方法）。不过在定义范围计划的阶段，项目还比较模糊，往往仅有一个概念，此时需要结合项目目标、项目章程等已知因素作为判断的依据。如果组织比较成熟（如通过 CMM3 以上的组织），就可以参考组织过程资产库中已有的项目经验和结果来确定范围。

2）根据详细项目范围得到 WBS

项目范围计划关注的是采用什么过程和方法得到 WBS。根据 PMI 的定义，WBS 是整个项目团队为了完成项目目标、创造出项目交付物而进行层次性的分解工作。

3）验收已经交付的项目成果

随着项目的开展，一些已经在范围定义中规定的项目交付物逐渐完成，这时需要对这些交付物进行验收。不同类型的交付物有不同的验收方法。例如，对需求分析、设计文档，通常采用评审的方法进行验收；对于交付的系统，则经常采用测试的方法进行验收。同时，验收的时间、验收中发生的投入，验收的标准等都需要在项目范围计划中考虑。

4）控制并管理范围变更

信息系统项目的抽象性决定了其范围变更的程度较大，很多信息系统项目因为失控的范围变更造成项目成本和时间远远超出计划而失败。项目范围变更控制是通过对范围变更请求的评估和决策来管理和控制范围的变化，以保证项目不会因为范围的变更而失控，是项目范围管理的重要部分。在范围规划阶段，项目经理需要建立变更控制系统，与项目干系人确定变更控制的方法和准则，指导范围控制工作。

2. 收集需求

项目需求包括发起人、客户和其他干系人以量化且书面记录的项目需要和期望。Rational 把需求定义为"（正在构建的）系统必须符合的条件或具备的功能"。许多组织将信息系统需求分成不同类别，如业务解决方案和技术解决方案。前者是干系人的需要，后者是指如何实现这些需求。把需求分成不同类别有利于对需求进行进一步完善和细化。这些类别包括如下。

① 业务需求：整个组织的高层需求，例如解决业务问题或抓住业务机会，以及实施项目的原因。

② 干系人需求：干系人或干系人群的需要。

③ 解决方案需求：为满足业务需求和干系人需求，产品、服务或成果必须具备的特性、功能和特征。解决方案又进一步分为功能需求和非功能需求。功能需求是关于产品开展的行为，如流程、数据及与产品的互动；非功能需求是对功能需求的补充，是产品正常运行所需的环境条件或质量，如可靠性、安全性，性能等。

④ 过度需求：从"当前状态"过渡到"将来状态"所需的临时能力，如数据转换和培训需求。

⑤ 项目需求：满足的行动、过程或其他条件。

⑥ 质量需求：用于确认项目可交付成果的成功完成或其他项目需求实现的条件或标准。

详细地收集、分析和记录需求，将它们包含在范围基准中，并在项目执行中对其进行严格测量，是确保需求实现和项目成功的有力措施。收集需求是为实现项目目标而确定、记录并管理干系人的需要和需求的过程。

3. 定义范围

项目范围定义是指根据范围管理计划，采取一定的方法，逐步得到精确的项目范围。通过项目范围定义，项目主要的可交付成果细分为较小的便于管理的部分。项目范围说明书是项目范围定义工作最主要的成果。除此之外，随着项目范围变得更加清晰，范围管理计划也需要随之更新。

信息系统项目的目标是开发或实施某信息系统或产品，信息系统本身就是信息系统项目最终的交付成果之一，软件系统（产品）范围也是信息系统项目范围中最重要的一部分。在信息系统项目中，信息系统的范围包括在系统需求规格说明书中，至少包括如下内容。

① 功能特征描述：指对系统功能的详细描述，即信息系统具有什么功能，这些功能是如何向用户提供服务的。

② 系统接口描述。随着信息技术的发展，信息系统之间呈现越来越复杂的关系，系统的接口数量在快速地增长。在描述系统范围时，接口是其中非常重要的一部分。在描述系统接口时，需要着重描述接口的特征、类型、作用、连接标准等内容，这样才能清晰地划分系统的范围。

③ 质量特征描述。系统的质量特征也需要在信息系统项目范围中进行定义并描述，主要包括性能、可靠性、可移植性、机密性及完整性等。不同程度的质量要求对信息系统项目的工作范围会有很大的影响。例如，一般性能要求的系统不需要额外的设计，如果对性能要求非常高，就需要在设计阶段对系统性能进行特殊的设计，在开发后期对系统性能进行专门的优化，在测试阶段对性能进行相应的测试。

4. 创造WBS

工作分解结构（WBS）是一种为了便于管理和控制而将信息系统项目工作任务分解的技术，以可交付成果为分解对象，以结果为导向，对信息系统项目涉及的工作进行分解。而所有这些工作构成了信息系统项目的整体范围。

创造工作分解结构有多种方法，如模板法、分解法、自上而下法和自下而上法。

1）模板法

模板法是指项目的工作分解可以借用项目所属技术领域的标准化或通用化的项目工作分解结构模板，然后根据项目的具体情况和要求，进行必要的增加或删减，而得到项目工作分解结构的方法。虽然每个项目都是独特的，但是以前项目的工作分解结构往往可以当作新项目的样板，因为某些项目与以前的某个项目总有某种程度的相似之处。例如，给定组织中大部分项目的生命周期往往是同样的或者相似的，因此每个阶段的可交付成果往往相同或相似。

2）分解法

分解是把项目可交付成果分成较小的、便于管理的组成部分，直到工作和可交付成果定义到工作细目，即工作包。工作包是工作分解结构中的底层，详细程度因项目大小与复杂程度而异。如果工作包的工作费用和持续时间能够估算出来，那么认为这种分解是可行的。如果是一个长期项目（如超过 1 年），要在很远的将来完成的可交付成果或子项目，可能就无法分解。分解整个项目工作一般需要有如下活动：① 识别可交付成果与有关工作；② 确定工作分解的结构和编排；③ 将工作分解结构的上层分解到下层的组成部分；④ 为工作分解结构组成部分提出并分配标识编码；⑤ 核实工作的分解程度是否必要或足够。

3）自上而下法和自下而上法

在创建 WBS 的方法中，大多数项目经理将自上而下法视为一种常规的方法。自上而下法从项目的最大单位开始，逐步将项目工作分解为下一级的多个子项目。在完成整个过程后，所有项目工作都将分配到工作包级的各项工作中。

自下而上法要求项目团队成员从项目一开始就尽可能确定项目相关的各项具体任务，再将各项任务进行整合，归并到对应的上一级任务中，形成 WBS 的一部分。一般，自下而上法比较费时，形成的 WBS 比较有效，能够反映项目的实际需求。对于全新的信息系统项目，项目经理往往采用这种方法，以防止遗漏用户对系统的功能和性能需求，还能够有效地促进项目团队的参与和协作。

5. 确认项目范围

确认项目范围是指项目干系人对项目范围的正式接受。确认项目范围与质量控制的区别在于，确认范围关心验收可交付成果，而质量控制主要关心满足可交付成果规定的质量要求。

确认项目范围包括审查可交付成果，确保每项结果都令人满意。如果项目提前终止，那么确认范围过程应查明并记载完成的水平和程度。确认范围的主要依据有需求文件、项目范围说明书、工作分解结构词汇表、项目范围管理计划和可交付成果。

为了能使信息系统的项目范围得到用户的正式认可，项目团队必须形成明确的正式文件，通过这个文件来说明项目产品及其评估程序，以评估是否正确和圆满地完成了项目产品。对信息系统项目范围进行核实的工作应当由项目团队、用户和关键的项目干系人来进行。项目团队应该制定并能明确地说明项目结束或项目阶段成果的文件，并且评估项目范围接受的准确度和满意程度。

如果是在项目的各阶段对项目范围进行核实，还要考虑如何通过项目协调来降低项目范围改变的频率，以保证项目范围的改变是有效率和适时的。

6. 控制项目范围

项目范围控制是指对信息系统项目范围变更的控制，关心的是对项目范围变更的因素施加影响，并控制这些变更，使它朝着有利于项目成功的方向发展。控制项目范围时，需要重点考虑以下几方面：

① 范围控制是必需的，不存在无变化的项目。为避免信息系统项目在发生变化的时候手忙脚乱，一定要首先建立起变更控制系统，以处理未来可能发生的变更。

② 项目范围变化不仅意味着工作量的增加，还意味着项目更贴近客户的要求，更适应项

目的环境。

③ 项目范围控制的目的不是阻止变更的发生，而是在提出范围变更请求后，管理相关的计划、资源安排以及项目成果，使得项目各部分可以很好地配合，消除变更带来的不利影响。

④ 只有积极主动地进行项目范围管理，才能控制和减少变更，使变更朝着有利于项目顺利完成的方向发展。

项目范围变更控制不应该只是项目实施过程考虑的事情，而应该分布在整个信息系统项目生命周期。变更不可避免，不论是在项目的开始阶段还是将要结束阶段，所以，怎样控制项目范围变更是项目管理的重要内容。

10.2.2 进度管理

进度问题是项目生命周期内造成项目冲突的主要原因。人们习惯于比较计划与实际的完成时间，而不愿意考虑项目被批准变更后占用的时间，项目的按时交付成为项目经理的最大挑战。

进度管理是信息系统项目管理的重要组成部分，主要目标是最短时间、最少成本、最小风险，即在限定的条件下，用最短的时间、最小的成本和最小的风险完成信息系统项目。进度计划实施过程中目标明确，但是资源有限，不确定因素多。这些因素有客观的和主观的，不断变化，导致进度随着改变。因此，在信息系统项目实施过程中，必须不断掌握进度计划的实施状况，并将实际情况与计划进行对比分析，必要时采取有效措施，使项目进度尽量如期进行，确保项目目标的实现。因而，进度管理是动态的、全过程的管理，其主要方法有规划、控制和协调。

项目进度管理具有很重要的现实意义。在日益激烈的竞争市场中，每个产品都有自己的生命周期，处于成熟期后，它必将被更新的产品所淘汰。良好的进度管理有利于按时获利，以补偿已经发生的费用支出，也有助于协调资源，确保资源在需要时可以被充分利用。可以说，进度管理在信息系统项目管理中处于非常关键的位置。

制定信息系统项目进度有两种途径：其一是信息系统项目开发组织根据交付最后期限从后往前安排时间；其二是信息系统项目开发组织根据项目和资源情况，制定信息系统项目开发的初步计划和交付信息系统项目产品的日期。多数信息系统开发希望按照第二种方案安排自己的工作进度，主要包括如下内容。

1. 定义活动

在信息系统项目进度管理中，首要问题是确定哪些计划活动（任务）和记载计划活动需要完成的工作，即通常所说的活动，或者称为项目可交付成果。活动定义为估算和安排进度、执行和监控项目进度管理提供坚定的基础。在进行活动定义这个项目进度管理的过程中，依据各单位具体的资源情况和外部的环境等因素，通过分解技术和滚动式规划技术，将项目工作进一步分解成更小的、更易管理的计划活动，为进一步明确工作内容提供翔实的资料，从而得到本过程管理组的输出，即一份详尽的活动清单（或工作内容清单），使计划管理任务更明确。

2. 排序活动

项目组在得到一份详细的计划活动清单后，第二步就是对已知的活动清单进行排序。活动排序的目的就是识别已知的活动清单、记载计划活动之间的逻辑关系，考虑适当的紧前、紧后、提前、滞后等逻辑关系，只有这样才能制订出符合实际的和可以实现的信息系统项目进度表。在逻辑关系的考虑和安排上，要尽量采用项目管理软件，充分利用计算机进行工作，以提高工作效率和避免不必要的错误。在排序过程中，依据上一个过程组的成果——活动清单，结合外部环境因素，利用任务逻辑排序技术、计算机辅助设计等技术，得到一份科学、合理的项目进度管理网络图，从而展示项目进度管理中各计划活动和逻辑关系的图形和文件，为计划活动或任务资源估算奠定基础。目前主要的进度管理图示包括甘特图、网络图、里程碑图和资源图等。这里主要介绍常用的甘特图和网络图。

1) 甘特图

甘特图（Gantt Chart），又叫横道图、条状图（Bar chart），是以图示的方式通过活动列表和时间刻度形象地表示出任何特定项目的活动顺序与持续时间。甘特图更直观地表明任务计划在什么时候进行，以及实际进展与计划要求的对比。甘特图的示例如图 10-3 所示。

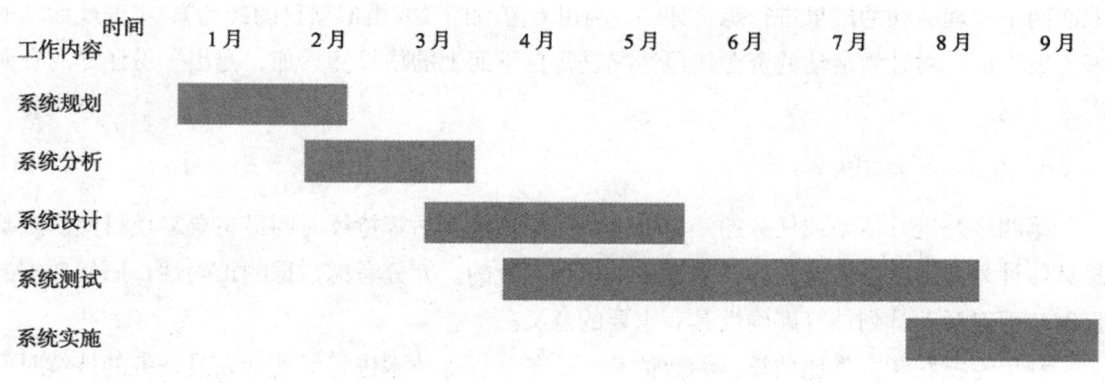

图 10-3　甘特图

甘特图是对简单项目进行计划与排序的一种常用工具，解决负荷和排序问题时较为直观，使管理者先为项目各项活动做好进度安排，然后随着时间的推移，对比计划进度与实际进度，进行监控工作。调整注意力到最需要加快速度的地方，使整个项目按期完成。

甘特图可以方便地进行项目计划和控制，其优点是图形化概要、通用技术、易于理解、有专业软件支持、无须担心复杂计算和分析。但是，甘特图事实上仅部分反映了项目管理的三重约束中的时间要素，而不能明确表示各任务之间的依赖关系，也不能明确表示关键任务和关键路径；另外，尽管能够通过项目管理软件描绘出项目活动的内在关系，但是如果关系过多，纷繁芜杂的线图必将增加甘特图的阅读难度。

2) 网络图

网络图是用箭线和节点将某项工作的流程表示出来的图形，展示项目中的每个活动及其之间的逻辑关系，表明项目任务以什么顺序进行。

网络图不仅能描绘任务分解情况及各活动的开始时间和结束时间，还能清楚地表示各活动彼此之间的依赖关系，便于识别关键路径和关键任务。根据绘图表达方法的不同，网络图分为双代号表示法和单代号表示法。图10-4为某信息系统集成项目网络图。

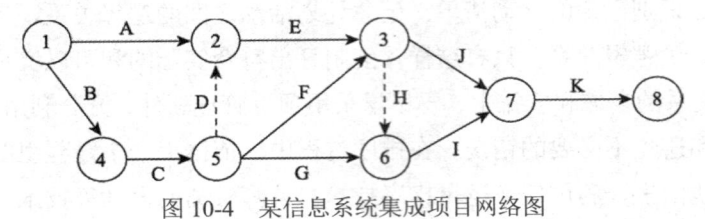

图10-4 某信息系统集成项目网络图

通常，甘特图和网络图配合使用，以制定和管理计划，取长补短。

3. 估算活动资源

在得到各任务清单和任务之间的逻辑关系后，第三步就是进行任务资源估算。活动资源估算就是确定在实施项目活动时要使用何种资源，每种资源使用的数量，以及何种资源在什么时间投入活动。在向项目活动中分配和估算资源时，必须考虑经济性，既能满足要求又经济的原则。在进行活动资源估算时，依据各单位的资源情况和外部资源的可利用情况，将以上面两个管理活动的成果进行综合评估，利用专家判断（或类似项目的经验），实现此活动的多方案论证，对计划活动的资源使用情况进行自下而上的估算和累加，得出一份详尽的资源需求计划。

4. 估算持续时间

第四步是进行活动或任务的资源持续时间的估算。估算持续时间最主要靠项目团队最熟悉具体计划活动的个人或集体，是逐步细化和完善的。充分考虑数据的正确性，原始数据的正确与否对活动计划估算准确性具有重要的意义。

利用专家判断、类比估算、参数估算、后备分析等技术进行活动计划或任务的持续时间估算，得到计划活动的持续估算表。注意，持续估算表必须是一个范围，这样才是科学的。例如，某活动完成的时间是一周加减两天等。持续估算表为制订进度计划提供了坚实的基础。

5. 制定进度表

第五步是制订信息系统项目管理进度。值得注意的是，制定信息系统项目进度管理计划表是一个重复的过程，没有一个信息系统项目管理的进度计划表是一成不变的。这个过程主要用于确定某活动的开始时间和结束时间，是项目经理或其他管理层最关心的问题和希望了解的信息，可以利用上面四个管理过程的成果，运用进度网络分析技术、关键线路法、时间压缩法、假设情景分析技术、资源平衡技术和关键链技术，得到信息系统项目进度表。信息系统项目进度表的表现形式一般是项目进度网络图、横道图或里程碑图，为信息系统项目进度控制提供重要的依据。根据进度表，可以判断哪个环节出现问题，然后对症下药。这里仅介绍通过关键路径法。

关键路径法（Critical Path Method，CPM）是一种网络分析技术，用来确定网络图中每一条从起始到结束的路线，并从中找出工期最长的线路，表示整个项目工期是由最长的线路来决定的。关键路径法是进度管理中很实用的一种方法，其工作原理是：为每个最小任务单位计算工期，定义最早开始和结束时间，最迟开始和结束日期，按照活动的关系，形成顺序的网络逻辑图，找出最长的路径，即关键路径。在关键路径法的活动上加载资源后，还能够对项目的资源需求和分配进行分析。

对于一个项目而言，只有关键路径完成后，项目才能结束。组成关键路径的活动称为关键活动。识别关键路径的做法通常如下。

① 将项目中的各项活动视为有一个时间属性的节点，从项目起点到终点进行排序。
② 用有方向的线段标出各节点的紧前活动和紧后活动的关系，使之成为一个有方向的网络图。
③ 用正推法和逆推法，分别计算出各活动的最早开始时间、最晚开始时间、最早完工时间和最迟完工时间，并计算出各活动的时间差。
④ 找出所有时间差为零的活动所组成的路线，即为关键路径。
⑤ 识别出关键路径，为网络优化提供约束条件。

在项目管理中，编制网络计划的基本思想就是在一个庞大的网络图中找出关键路径，并对各关键活动，优先安排资源，挖掘潜力，采取相应措施，尽量压缩需要时间。对于非关键路径的各活动，在不影响工程完工时间的条件下，可以抽出适当的人力、物力和财力等资源，以达到缩短工程工期、合理利用资源等目的。在执行计划过程中，可以明确工作重点，对各关键活动进行有效控制和调度。

CPM 的优点为：为项目提供了重要的帮助，特别是为项目及其主要活动提供了图形化的显示，这些量化信息为识别潜在的项目延迟风险提供重要的依据。

CPM 的缺点为：首先，现实生活中的项目网络往往包括上千项活动，在制定网络图时容易遗漏；其次，各活动之间的优先关系未必十分明确，难以做图；再次，各活动时间经常需要利用概率分布来估计时间点，有可能发生偏差；最后，确定关键路径目标其实质是为了确保项目按照这一特定的顺序严格执行。如果管理团队对无法确定的工作，就应该在项目运作的计划中进行充分的分析和重新安排，此时网络计划显得无能为力。因此在项目中，CPM 也需要其他工具和方法的辅助。

6. 控制项目进度

最后是项目进度的控制。对项目进展状态的观测通常采用日常观测和定期观测方法。日常观测法是指随着项目进度，不断观测记录每项工作的实际开始时间、实际完成时间、实际进展时间、实际消耗的资源、目前状况等内容、以此作为进度控制的依据。定期观测是指每隔一定时间对项目进度计划执行情况进行一次较为全面的观测、检查，检查各工作之间逻辑关系的变化，检查各活动的进度和关键路径的变化情况，以更好地发掘潜力，调整和优化资源。

进度控制的核心就是将项目的实际与计划进度不断进行分析比较，更新进度计划。进度分析比较的方法主要采用横道图比较法，就是将在项目进展中通过观测、检查搜集到的信息，经整理后直接用横道图并列于原计划的横道线，进行直观比较，通过分析比较，分析进度偏差的影响，找出原因，以保证工期不变、保证质量安全和所耗费用最少，制订对策，指定专人负责落实，并对项目进度计划进行适当调整更新。调整更新主要包括关键活动的调整、非关键活动的调整、改变某些活动的逻辑关系、重新编制计划、资源调整等。

10.2.3 成本管理

与其他工程项目一样，若估算的信息系统项目成本与实际成本差别极大，组织可能蒙受经济损失，甚至项目中途终止。开发成本是信息系统项目成本中最主要的部分。由于信息系统得开发成本估算比较困难，因此急需加强成本控制。

项目成本管理（Project Cost Management）是项目管理者为使项目成本控制在计划目标内所做的预测、计划、控制、调整、核算、分析和考核等管理工作。成本管理就是要确保在批准的预算内完成项目，具体项目要依靠成本计划、成本估算、成本预算、成本控制四个过程来完成。

成本计划过程决定完成项目各项活动需要哪些资源（人、设备、材料）及其需求量，在决定资源需求时，评价备选方案和专家判断显得非常重要，资源计划过程的输出结果是一个资源需求清单。成本估算过程估计完成项目各活动所需每种资源成本的近似值，主要输出结果是成本估算、辅助的细节和成本管理计划。成本预算过程是将项目的总成本按照项目的进度分摊到各工作单元中，即将总的成本安排到各任务中。成本控制过程包括过程控制项目预算的改变、监控成本执行、评审变更和向项目干系人通报与成本有关的变更，主要输出结果是修正的成本估算、更新预算、行动纠偏、完工估算和取得的教训。

1. 成本计划

成本计划只是从时间的角度对项目进行了部署。

2. 成本估算

成本估算必须从费用的角度对项目进行规划。项目管理者要实行成本控制、风险规避，首先就要进行成本估算。通常情况是，项目管理者根据已经完成的某项任务所具有的历史标准来估算现行费用。但对于大多数信息系统项目来说，由于其要求不同、目标各异、情况复杂，想要把以前的活动与现实的情况对比起来衡量难度很大。因此，关于信息系统项目费用的信息，不管是根据历史标准数据，还是现时重做，都只能将其视为一种估算。

进行信息系统项目成本估算，首先应该划分涉及成本估算的各种要素，并确定各要素之间的联系及其相互影响，以便应用合适的方法和有效的工具进行计算。信息系统的开发成本是以一次性开发过程所花费的代价来计算的。开发成本随着系统的类型、范围及功能的不同而有较大差异。从信息系统生命周期构成阶段即开发阶段和运行维护阶段来看，信息系统项目的成本可分为开发生产成本和运行维护成本两大类。其中，开发生产成本由信息系统开发费用、硬件配置费用和其他费用组成；运行维护成本则由培训费用、运行维护费用、管理费用等费用构成。

1）信息系统项目成本因素

信息系统项目的成本体现在技术和管理两方面的支出。从技术角度分析，在实际的信息系统开发过程中，可能影响信息系统成本模型计算结果的各种因素分为6类。

① 系统规模类的成本因素：程序指令的估算条数、交付的源语言代码行数、新指令与旧指令的百分比、生成编写指令的百分比、判定指令的数目、非判定指令的数目、信息存储和检索指令的百分比、交付代码的百分比及其他关乎系统规模的因素。

② 数据库类的成本因素：数据库的记录数及数据量、存储过程数目、触发器数目及其他关于数据库的因素。

③ 系统复杂性类的成本因素：整个系统复杂性的级别、接口的复杂性、系统的唯一性、系统开发难度、硬件软件接口、程序的结构、文件报告和应用程序的数目、生存期人力总数、开发期人力总数、测试和验证期人力总数、生存期总时间、开发期总时间、作业类型及其他关乎系统复杂性的因素。

④ 软件开发类的成本因素：面向问题分析法、面向功能的软件开发方法、面向数据流的软件开发方法、面向数据结构方法、结构化开发方法、面向过程方法、面向对象方法、可视化开发方法及其他关于程序开发类的因素。

⑤ 编写文档类的成本因素：文档类别、文档数量、文档发布及其他关于文档类的因素。

⑥ 环境与项目属性类的成本因素：硬件配置状况、网络运行环境、专用设备购置、配套软件外购、相关技术资料价格、各种通信交流支出、不可预见成本及其他关于项目环境属性类的因素。

2）影响信息系统成本估算的因素

从各方面的分析来看，涉及并影响信息系统成本的要素不仅繁多还比较复杂。这也预示着信息系统估算本身具有风险，完成这项工作不仅需要丰富的经验和有用的历史信息，还要有足够的定量数据和做出定量度量的把握，所以在实施估算时需要十分谨慎和周密。一般情况下，估算的精确程度还可能受到以下因素的影响。

① 项目的复杂性。项目的复杂性增加了信息系统开发计划的不确定性。复杂性越高，估算的风险就越高。复杂性的度量是相对的，与项目团队人员的经验和能力有关。

② 项目的规模。随着信息系统规模的扩大，信息系统相同元素之间的相互依赖、相互影

响也迅速增加，使估算时进行问题分解变得更加困难。

③ 项目的结构化程度。这里的结构是指功能分解的简便性和处理信息的层次性，结构化程度提高，进行精确估算的能动性就会提高，相应风险将会减少。

④ 历史信息的有效性。借鉴过去项目的历史数据进行综合性的信息系统度量，可以用来类比分析，所以其准确有效是估算的保证。

⑤ 其他。用户需求的不确定性、频繁地变更计划等都会给估算带来非常大的影响，这也是要注意的。

在实际工作中，影响信息系统项目估算精度的因素比较复杂，管理者既要根据具体情况具体分析，还要实行必要的成本控制。只有详细地划分并有效地把握与成本相关的要素才能够做到心中有数、实施有据、协调有效、控制有力，从而使信息系统项目的成本估算处于合理可信的范围。

3）信息系统项目成本估算的模式

信息系统项目成本估算的目的是估计项目的总成本和误差范围，通常采用如下3种。

① 自上而下估算（如经验估算法、类比估算法）：多在有类似项目已完成或根据总成本要求需要进行分解估算的情况下应用。此方法利用以前类似项目的实际成本或历史数据作为基本依据，通过经验判断得出项目整体成本和各子任务的成本预算。此方法一般在项目的初期或信息不足时进行，需要具有较高的分析水平和实际经验。

② 自下而上估算（如分解估算法、周期估算法）：借助工作分解结构（WBS）将项目任务分解到最小单位工作包，对项目工作包进行详细的成本估算，然后通过各成本汇总，将结果累加起来，得出项目总成本。换句话说，这种模式通常首先估计出各工作包的费用，再将其汇总，从下往上、从部分到全局，估计出整个项目的总费用。另一种做法是将整个信息系统按生命周期分解为若干阶段并估算，然后汇总出总工作量和成本。由于该方法可使项目相关人员都参与项目的预算，考虑的综合因素较多，因此比较准确。但代价是耗费的管理成本也会因涉及的人员较多而相应增加。

③ 参数模型估算：一种统计建模技术，如回归分析和学习曲线，将项目的特征参数作为预测项目费用数学模型的基本参数。此方法需要数据的积累，根据同类项目的管理状况和成本数据，建立模型，在遇到同类项目时可以直接套用。如果模型依赖于历史信息，且模型参数容易数量化，当模型应用仅与项目范围的大小相关时，此方法一般是可靠的。进行项目成本估算处理可使用一种或多种技术，这些技术主要分为两大类：分解和经验建模。分解技术对项目按系统、子系统或者生命周期分解，分别估算出各子系统或子任务的成本，再把这些成本汇总，估算出整个项目的成本。经验技术则根据以往经验导出的公式来预测工作量和时间。另外，可使用自动工具辅助实现某特定的经验模型，如项目管理软件及电子表格软件都可以辅助项目费用的估计。

3. 成本预算

成本预算的核心就是保证整体项目的顺利完成。项目任务编排好了，根据执行先后关系并分配了资源后,项目中的每个任务的成本预算就可以确定了。同时,成本预算过程必须将资源使用情况与组织目标的实现紧密联系起来,否则计划或控制过程就会失去其本来的意义。成本预算应该以实现最终项目目标为基础,否则项目管理人员会忽视最终目标,导致资金在工作完成之前就耗用殆尽。

1) 成本预算的步骤

① 将项目成本估算分摊到项目工作分解结构中的各工作包。

② 进行每个工作包的预算分配,才能在任何时点准确地确定预算支出是多少。

③ 根据项目计划的具体说明,对每个活动进行时间、资源和成本的估算。

2) 成本预算的方法

① 自上而下的预算。自上而下的预算需要组织高级管理层的直接输入,实际上,这种方法需要依靠高级管理层对成本管理的意见和经验。假设高级管理层具有过去项目的丰富经验,他们不仅能提供精确的反馈,还能为将来的项目风险进行正确的估算。

② 自下而上的预算。自下而上的预算方法汇总工作分解结构中各项具体活动的成本,形成项目活动的直接成本和间接成本。这种预算方法的程序是先将各工作包的成本相加,形成可交付任务,再将每个任务的预算加总,形成更高一级的工作项目估算,这样把每个活动的总成本相加,最终完成整个项目的总体成本预算。

③ 基于活动的成本预算。首先,识别消耗资源的活动,将成本分配给这些活动;其次,识别与各活动相关的成本驱动因素;第三,计算每单位成本驱动因素的成本率;最后,将成本率与成本驱动因素的单位数量相乘,把成本分配给各项目。

4. 成本控制

成本控制工作是一项综合管理工作。在项目实施过程中,尽量使项目实际发生的成本控制在项目预算范围之内。项目成本控制涉及引起项目成本变化因素的控制(事前控制)、项目实施过程的成本控制(事中控制)和项目实际成本变动的控制(事后控制)三方面。

成本控制是落实成本计划的实施,保证成本计划在过程中得到全面、及时和正确的执行。成本控制需要进行成本核算,即根据完成项目实际发生的各种费用来计算,要动态地对项目的计划成本和实际成本、直接成本和间接成本进行比较和分析,找出偏差并进行相应的处理,最终高质量确保项目目标的实现。

10.2.4 质量管理

信息系统本身的特点和目前开发模式的一些缺陷,使信息系统内部的质量问题有时不可能完全避免。信息系统质量直接影响到信息系统的市场营销和用户对系统的满意程度。因此,在信息系统生命周期中要特别重视质量的保障,以建成高质量的信息系统。

有多种关于软件质量的定义。例如,ANSI IEEE Std729-1983 定义软件质量为"与软件产品满足规定的和隐含的需求的能力有关的特征或特性的全体"。M.J. Fisher 定义软件质量为"所有描述计算机优秀程度的特性的组合"。也就是说，为满足信息系统的各项精确定义的功能、性能需求，符合文档化的开发标准，需要相应地给出或设计一些质量特性及其组合，作为在信息系统开发与维护中的重要考虑因素。如果这些质量特性及其组合能在产品中得到满足，那么这个信息系统的产品质量是很高的。因此，《国际标准 ISO/IEC9126—1991（GB/T 16260—2006）信息技术软件产品评价质量特征及其使用指南》给出了信息系统质量的 6 个具体特征。

① 正确性：指信息系统所实现的功能达到设计规范并满足用户需求的程度，是信息系统质量目标的基础。

② 可靠性：指信息系统能按规格要求无故障进行工作的程度，通常以单位时间内出现故障次数来衡量。

③ 易使用性：指系统使用者学习、操作、准备输入、理解输出所做的努力程度。

④ 效率：指系统执行某项功能所需计算机资源和时间的多少。

⑤ 可维护性：指环境改变或系统发生错误时，进行修改所做的努力程度。

⑥ 可移植性：指将信息系统从一个计算机系统或环境转移到另一个计算机系统或环境的难易程度。

综上所述，信息系统质量是指与信息系统满足规定的和隐含的需求能力有关的全部特征和特性，包括信息系统质量满足用户需求的程度、用户对信息系统的综合反应程度、信息系统在使用过程中满足用户需求的程度，是信息系统能够满足已确定的全部需求的集合。信息系统质量依赖于项目开始阶段通过需求分析、可行性分析等过程确定的项目需求，包括信息系统的功能、运行速度、并发能力、容错能力和兼容性等要求。

同其他产品相比，信息系统产品的质量有其明显的特殊性。

1）很难制定出一套具体的、数量化的产品质量标准

目前还没有信息系统质量的国际标准、国家标准或行业标准。例如，信息系统质量无法制定诸如"合格率""一次通过率""PPM""寿命"之类的质量目标。目前，通用的方法是使用每千行的缺陷数量作为度量的对象。但由于缺陷的等级、种类、性质、影响等都不尽相同，因此不能说每千行缺陷数量少的系统就一定比该数量多的系统质量更好。系统的可扩充性、可维护性、可靠性等也很难量化，不好衡量。信息系统质量指标的量化手段需要在实践中不断总结。

2）目前，信息系统质量合格与否并没有绝对的界限

任何一个信息系统都不可能做到"零缺陷"。对信息系统的测试也不可能穷尽所有情况，有一定缺陷的系统仍然可以使用，可通过后期的维护和升级来不断完善信息系统。

3）不同信息系统之间很难进行横向的质量对比，很难说哪个系统比较好

不同信息系统之间的质量也无法直接比较，所以也就没有所谓的"国际领先""国内领先"的提法。

4）满足了用户需求的系统质量就是好的系统质量

如果系统在技术上很先进，界面很漂亮，功能也很齐全，但不是用户所需的，仍不能算是质量好的系统。客户的要求需双方确认，而且这种需求一开始可能是不完整、不明确的，随着系统开发的进行还需不断调整和明确。

5）系统的类型不同，系统质量的衡量标准的侧重点也不同

例如，对于实时系统而言，效率（Efficiency）是衡量信息系统质量的首要要素；对于一些需要系统使用者（用户）与系统本身进行大量交互的系统，如资源管理系统，对可用性（Usability）就提出了较高的要求。

正是基于信息系统质量的特殊性，信息系统项目质量管理应该贯穿信息系统开发的整个过程，包括围绕项目质量所进行的规划、组织、实施、检查、监督、协调和控制等管理活动的总称，目的是使信息系统项目中所有的活动能够按照既定的质量及目标要求得以实施。例如，在探究我国航天质量管理体系的建设发展历程中，一代又一代的航天工作者艰苦奋斗，成功研讨出一套具有中国特色的质量管理体系。2015 年 11 月，由中国航天科技集团公司主导制定的国际标准 ISO 18238 Space systems-Closed Loop Problem Solving Management（航天质量问题归零管理）由国际标准化组织正式发布。该标准深入总结了航天质量问题归零管理的成功经验和实践成果，提供了具有中国特色并得到各国认可的处理质量问题的有效方法。ISO18238 国际标准的发布是我国首次将具有中国特色的航天管理最佳实践推向国际，是我国向国际输出质量管理成功经验的重要成果，彰显了中国航天的软实力。

信息系统质量管理的过程主要包括质量规划、质量保障和质量控制。

1. 质量规划

信息系统建设的目标以满足用户需求为前提，考虑怎样才能达到这个目标。质量规划就是为了达到这个质量目标，分析应采用怎样的质量控制方法或手段，并最终形成质量计划的过程。

信息系统的质量规划的内容主要包括以下几项：

① 对质量活动、环节加以识别和明确，建立质量活动流程。
② 明确项目进展各阶段质量管理的内容和重点。
③ 建立质量管理技术措施、组织措施。
④ 明确质量控制方法、质量评价方法。
⑤ 建立相应的组织机构，配备人力、材料、硬件和软件平台环境资源等。

项目质量规划的结果就是编制质量计划和质量技术文件。质量技术文件包括保证项目质量各方面的技术支持，包括与项目质量有关的设计文件和研究文件。质量计划是对项目规定由什么人、何时、使用哪些资源、完成哪些活动，包括以下几项：

① 项目总质量目标和具体目标。
② 质量管理工作流程。

③ 在项目各阶段，职责、权限和资源的具体分配。
④ 项目实施中需采用的评审、测试大纲。
⑤ 随项目进展计划更改的程序等。

2. 质量保障

质量保障是审计质量要求和质量控制测试结果，确保采用合理的质量标准和操作性定义的过程。质量保障也为信息系统开发过程的持续改进活动提供支持，往往由质量保证部或组织中与此相关的单位提供，以支持项目管理团队、项目经理、客户和项目利益干系人。质量保障的作用是从外部向质量控制系统施加影响和压力，促使质量管理活动更有效地进行。

质量保障是在质量系统内实施的所有计划的系统性活动，是保证质量管理计划得以实施的一组过程及步骤，旨在证明项目满足相关的质量标准。质量保障的依据来源于质量规划过程获得的项目质量管理计划、质量测试指标、过程改进计划，以及在其他过程中获得的批准的变更请求、质量控制测量、实施的变更请求、实施的纠正措施、实施的预防措施、实施的缺陷补救和工作绩效信息等。信息系统的质量保障是通过对信息系统产品有计划地进行评审和审计来验证信息系统是否合乎标准，通过协调、审查和跟踪来获取有用的信息，形成分析结果，以指导信息系统开发过程。

一般情况下，信息系统的质量保障应从项目立项的需求分析阶段开始介入，对形成的信息系统需求进行分析和评价，提出可能存在的问题，诸如安全性、可靠性、可扩展性、易用性等，并根据本身的特性、规模及将来的运行环境等进行综合评定，确定信息系统要满足的质量要求，记录形成正式文档，尽可能地对信息系统开发周期各阶段的测量确定一个定量或定性的标准，作为以后各阶段评审的标准和依据。

3. 质量控制

控制质量是监督并记录质量活动执行结果，以便评估绩效，并推荐必要的变更的过程。例如，识别低效或产品低劣的原因，并采取措施来消除这些原因；确认项目可交付成果和相关工作能够满足主要项目干系人的既定需求，足以进行项目最终的验收。

质量控制应贯穿于项目的整个过程，分为监测和控制两个阶段，目的是收集、记录和汇报有关项目质量的信息，以确保项目质量与计划保持一致。

信息系统的质量控制是一个系统过程，应从项目的全过程入手，全面、综合地进行控制，主要从以下两方面进行。

1）产品或服务的质量控制

信息系统产品或服务的质量控制是一个诊断和纠正的过程。当信息系统开发完成后，要检查信息系统的功能是否符合需求，并消除产生的偏差。信息系统的质量控制包括计划、测试、记录和分析。

2）管理过程的质量控制

信息系统管理过程的质量控制是通过项目审计来进行的。项目审计是将管理过程的作业与成功实践的标准进行比较而做的详细检查。

管理过程的质量控制主要考虑如下五方面：度量项目质量的实际情况；与质量标准进行比较；识别存在的质量问题和偏差；分析质量问题产生的原因；如有必要，进行纠偏。

质量控制的依据包括项目质量管理计划、质量测试指标、质量核对表、组织过程资产、工作绩效信息、批准的变更请求和可交付成果。

10.2.5 风险管理

风险管理就是在风险成为影响项目成功的威胁前，识别并着手处理并消除风险的源头。项目风险管理就是项目管理者通过风险识别、风险估计和风险评价，并以此为基础，合理地使用多种管理方法、技术和手段，对项目活动涉及的风险实行有效的控制，采取主动行动，创造条件，可靠地实现项目的总体目标。

开发风险是指在信息系统开发过程中因可能出现的不确定因素造成损失或者影响，如资金短缺、项目进度延迟、人员变更、预算和进度等方面的问题。信息系统的开发风险管理就是为了将不确定因素出现的概率控制到最低，将不确定性造成的损失减少到最低，是对信息系统项目开发过程中的风险识别、风险评估和风险应对等一系列的管理过程。风险管理在信息系统项目管理中占有十分重要的地位。

风险管理的目标是提高项目中积极事件的概率和影响，降低项目中消极事件的概率和影响，确保项目在可控的范围内完成项目目标。风险管理的过程如下。

1. 风险识别

风险识别就是采用系统化的方法，识别某特定项目已知的和可预测的风险。风险识别的常用方法是建立"风险条目检查表"（利用一组提问来帮助项目管理者了解项目和技术方面的风险），以及德尔菲法、头脑风暴法、情景分析法、问询法（座谈法、专家法）等。应重点注意的风险如下。

1）需求风险

需求风险主要是指不确定性的风险。比如，由于使用者对信息系统将实现的目标是模糊的、笼统的，不能准确描述具体的需求；系统受使用者的个人习惯、知识背景影响较大，在系统范围和系统性能方面存在着很多不确定性的因素；由于企业在发展过程中不断进行的业务流程调整等会给系统带来较大的需求不确定性风险，甚至限于需求膨胀的状态，因此信息系统难以满足使用者的需求，难以适应企业发展的需要。

2）技术风险

信息技术飞速发展，各种新技术、新信息系统层出不穷，如果项目成员不具备或没有完全掌握项目所要求的技术，就需要重点关注该风险因素。重大的技术风险包括：信息系统结构体系存在问题，导致完成的信息系统不能实现项目预定目标；项目实施过程中采用全新技术，但由于技术本身存在缺陷或对技术的掌握不够深入，造成开发出的信息系统性能和质量不佳。

3）人力资源风险

信息系统项目的开发在不同阶段需要的人员和团队不同，也需要团队成员之间的密切配合。例如，人员流失、人员能力不适合信息系统项目的要求，都可能造成人力资源上的风险。

4）进度风险

项目工期估算是信息系统项目初期最困难的工作之一。在很多情况下，用户对系统的需求来自实际情况的压力，希望项目承担方尽快开发出信息系统。在信息系统招标时，承包方为了尽可能争取到项目，对项目的进度承诺有时会超出实际能做到的项目进度，使项目在开始时就存在严重的进度问题。

5）管理风险

信息系统项目的管理是一项具有风险性的工作，主要表现在：工作缺乏计划性，或者有计划而不能严格执行；管理工作的随意性和盲目性比较大；没有充分意识到风险管理的重要性，因而没有充分分析可能存在的风险和应该采取的应对策略；项目团队内部沟通不够，导致对系统设计的理解存在偏差等。

2. 风险评估

风险评估是对识别出来的风险进一步分析，对风险发生的概率和后果的严重程度进行估计、评价，对项目风险影响范围进行分析、评价，对项目风险发生时间进行估计、评价。风险评估用来衡量风险概率和风险对项目目标影响程度。

风险评估的方法有多种，包括基于知识（knowledge-based）的分析方法、基于模型（model-based）的分析方法、定性（qualitative）分析和定量（quantitative）分析。无论何种方法，目的都是找出组织信息资产面临的风险及其影响，以及目前安全水平与组织安全需求之间的差距。

3. 风险规避

风险规避的最好方式是把风险控制在项目启动阶段，把损失降低到最低程度。基于以上对信息系统项目开发风险的识别和评估，可以采用以下措施来规避或降低风险。

1）建立畅通的沟通渠道和沟通策略

需求的不确定性风险很大程度上是由沟通不畅引起的。因此，在需求调研阶段，要多与应用部门沟通，了解他们真正的需求，最好能将目标系统的模型向应用部门演示，并接纳反馈意见，直到双方达成共识。建立用户签字制度，以促使用户在需求调研中保持积极负责的态度，认真对待每个需求分析项。形成双方认可的验收方案和验收标准，并做好变更控制和配置管理，尽量降低需求不确定性风险。系统分析人员需要对所有需求进行分类管理，按照其重要程度及发现变更后造成的影响范围，将需求设置不同的优先级。在需求分析中，重点解决好优先级别更高的需求的调研及确认工作。项目经理要定期将需求分析的工作进展、存在的问题进行汇总，向项目双方的高层领导、项目管理委员会进行工作汇报，促使项目双方人员以积极协作的心态开展需求调研工作，减少变更，确定进度。

2）选择合适的开发技术

预防技术风险的办法是选用项目必需的技术。在技术应用之前，针对相关人员开展好技术培训工作。首先，做好各阶段的技术评审工作，通过集体智慧确保项目所采用技术的可行性及技术方案的正确性。其次，对新技术的使用要谨慎，要循序渐进，尽量采用成熟的技术方案完成信息系统开发工作。再次，在技术创新与技术风险之间进行平衡，做好创新技术的研究和试验工作。在制定信息系统开发计划时需要对项目开发过程中使用的各种技术进行评估，并进行合理的权衡决策。

3）采用快速原型和迭代模型进行开发

即使需求调研工作人员会在前期对应用部门进行需求调研和需求分析，但需求往往会随着时间的推移、业务发展而有所变化。因此，技术部门要强调敏捷开发，缩短软件第一版本的上线周期，尽快给用户一个快速原型启发用户的需求，并持续提供有价值的系统。同时，以迭代法取代传统的瀑布法，加强与用户的沟通，对各个功能逐步完善，降低各种不确定因素带来的实现风险。迭代完成后，信息系统都向目标接近一步，即使目标发生改变，迭代模型也比其他筛选和建立目标的开发模型更便于转向新目标。

4）配备高素质的项目管理人员

最好是具有丰富的项目管理经验或是具备系统的项目管理知识的人员来担任项目经理，制订有效的项目管理计划，并认真执行落实，提高项目的可控性。同时，风险不是静止的，它会随着项目状况的变化而变化，因此风险管理必须被作为一个日常正式活动列入项目工作计划，成为项目管理人员的一项重要工作。

5）建立一支协作高效的项目团队

项目组中不仅要有承包方、技术部门的参与，更要有应用部门的参与，形成一个合作的项目工作团队，共同理解战略规划和业务发展，从全局角度提出有效的信息化需求，共同研讨项目进展中出现的问题，共同控制项目进度，共同为项目质量把关。

总之，信息系统的项目开发过程面临的风险是多种多样的，风险的大小和重点各不相同，项目管理人员应当充分考虑，认真分析，在考虑风险损失和合理的风险应对成本后，采用合适的风险应对计划，避免因风险造成各方面的重大损失。

10.2.6 配置管理

任何信息系统的开发过程都是不断迭代过程的设计，也就是说，在设计过程中会发现需求说明书中的问题，在实现过程中又会暴露出设计中的错误等。但随着时间的推移，用户需求也会发生变化，变动是不可避免的。另外，变化容易失去控制，如果不能适当地控制变化和管理变化，就势必会造成混乱并产生很多严重的错误。如果现在仍把信息系统看成一个单一的个体，就无法解决信息系统面临的问题，于是配置管理的概念逐渐被引入。

配置管理是一种标识、组织和控制修改的技术，目的是减少错误，有效提高开发效率。信息系统配置管理应用于整个信息系统开发过程，目标是标识变更、控制变更、确保变更正确实现，并使所有相关人员了解变更。

配置管理活动伴随整个信息系统开发的生命周期，为信息系统开发全过程提供了一套有效的管理办法和活动原则，包括基线管理、配置项管理、版本控制和变更控制。

1. 基线管理

变化是信息系统开发中必然出现的事情。客户希望修改需求，开发者希望修改技术方法，管理者希望修改项目方法。随着时间的流逝，所有相关人员知道了更多信息（关于客户需要什么、什么方法最好，以及如何实施并赚钱），这些是大多数变化发生的推动力，并导致这样一个对于很多信息系统开发者而言难以接受的事实：大多数变化是合理的！

基线是配置管理的一个概念，用于在不严重阻碍合理变化的情况下控制变化。IEEE 对基线的定义如下：对于已经通过正式复审和批准的某规约或产品，基线可以作为进一步的基础，并且只能通过正式的变化控制过程的改变。

基线是信息系统开发的里程碑，其标志是有一个或多个信息系统配置项交付，并且这些配置项已经经过正式技术复审而获得认可。例如，某设计规约的要素已经形成文档并通过复审，错误已被发现并纠正，一旦规约的所有部分均通过复审、纠正并认可，那么该设计规约就变成了一个基线。任何对系统体系结构（包括在设计规约中）进一步的改变，只能在每个变化被评估和批准之后方可进行。基线可以在任意细节层次上定义，如图 10-5 所示。

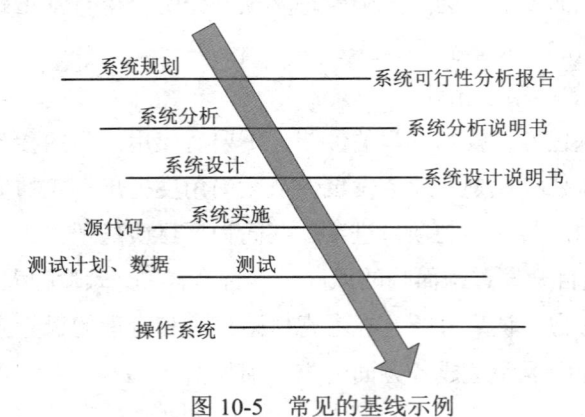

图 10-5 常见的基线示例

基线的作用是把开发各阶段工作的划分更加明确化，使本来连续的工作在这些点上断开，以便检查和肯定阶段成果。因此在开发过程中，基线可以作为一个检查点，当采用的基线发生错误时，可以知道其所处的位置，返回到最近和最恰当的基线。

2. 配置项管理

配置管理是一个信息系统在其生命周期内各种版本必备的文档、程序、数据、标准和规约等信息的总称。组成配置信息的项称为信息系统配置项，它是信息系统配置的基本单位，具体包括：接口描述、过程描述、需求、设计、测试计划、测试结果、代码及模块、工具、系统参数、版本描述等。

为方便对信息系统配置项的管理，必须对各配置项及其各版本进行标识和控制，包括为配置项及其版本分配标识符、构建配置库，确保在需要时能够简单、快速地找到它们的正确版本。需要标识的配置项可以分为基本配置项和复合配置项两类。基本配置项是程序员在分析、设计、编码、测试过程中建立的"文本单元"。例如，可以是需求规格说明中的一节、一个模块的程序清单或用于测试一个等价类的测试用例。复合配置项是若干配置项或者其他复合项的集合。通常，配置项按一定的数据结构保存在版本库中，主要属性有名称、标识符、文件状态、版本、作者、日期等。配置项及历史记录反映了信息系统的演化过程。

例如，一个应用程序文件的配置项描述如下：

名称：   App
功能：   应用程序 A
语言：   Java
版本：   5.0
开发者：   Dr. Liu
发布时间： 2023/12/30

随着信息系统开发过程的进展，配置项的数量会迅速增加，其内容也会发生变化。此外，配置项是有粒度的。对同一个信息系统项目，当采用不同的粒度时，配置项集是不一样的。因此，信息系统开发人员必须保证配置项的一致性和正确性。

3. 版本控制

版本控制是配置管理的核心，目的是按照一定的规则保存配置项的所有版本，避免发生版本丢失或混淆等现象，保证产品的可追溯性。配置项的状态包括编辑、调试、发布和评审，如图 10-6 所示。

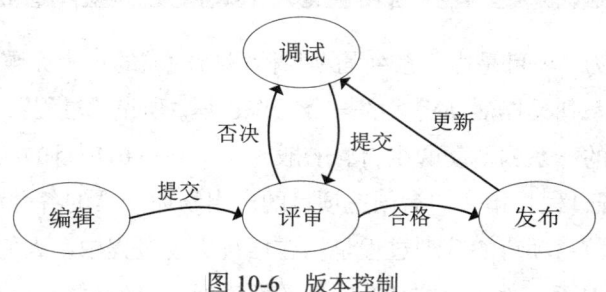

图 10-6　版本控制

配置项最初建立时的状态为"编辑"，在此状态下，由开发人员对其进行编辑；编辑完成后的配置项经过提交进入"评审"状态；若通过评审，则其状态变为"发布"，否则转入"调试"状态，进行修改；发布后的配置项若需要修改，其状态也可变为"调试"；当配置项修改完并重新通过评审时，其状态又变为"发布"，如此循环。

4. 变更控制

变更控制是通过创建产品基线，在产品的整个生命周期中控制其发布和变更。其目的是建立一套控制信息系统修改的机制，保证开发出符合质量标准的系统，保证每个版本的系统包含所有必需的元素，使其在同一版本中的各元素可以正常工作，以确定在变更控制过程中控制什么、如何控制、谁控制变更、何时接收变更等，如图10-7所示。

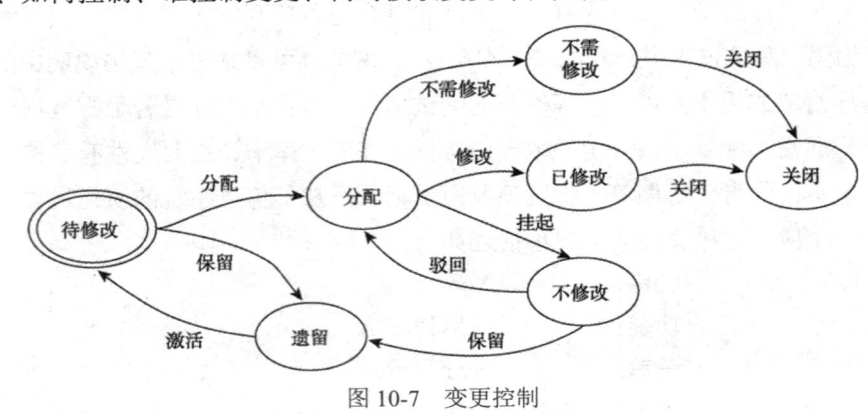

图 10-7 变更控制

需要变更的系统元素首先处于"待修改"状态，被分配给相关人员进行修改，完成后，再经质量保证人员批准后，被设置为"关闭"状态。待分配的变更要求若无法修改，则被设置为"不修改"状态，由质量保证人员将其设置为"遗留"状态；若认定为不需要修改，则由质量保证人员将其关闭。

10.3 信息系统项目管理的过程

10.3.1 信息系统项目管理过程的内容

现代项目管理认为，项目是由一系列的项目阶段所构成的一个完整过程（或全过程），而各项目阶段又是由一系列具体活动构成的一个工作过程。所谓"过程"，是指能够生成具体结果（或可度量结果）的一系列活动的组合。一般，一个项目由项目的实现过程和项目的管理过程构成。项目的实现过程是指人们为创造项目的产出物而开展的各种活动所构成的过程（一般简称为"项目过程"）；项目的管理过程是指在项目实现过程中，人们所开展项目的计划、决策、组织、协调、沟通、激励和控制等方面的活动所构成的过程（一般称为"项目管理过程"）。

信息系统项目的管理过程是由一系列的项目阶段或项目工作过程构成的。按照信息系统的生命周期，信息系统的开发分为系统规划、系统分析、系统设计、系统实施和系统运行与维护五个阶段。因此，信息系统的项目管理过程可以分为起始过程、计划过程、实施过程、控制过程、结束过程，贯穿于信息系统开发的各阶段。

1. 起始过程

起始过程包含的管理内容有：定义信息系统开发各阶段的工作与活动，决定项目或各阶段的起始与否，定义信息系统的问题域，确定信息系统开发所需的物力、人力和财力等资源，确定信息系统开发项目组成员及其成员职责和权利。

2. 计划过程

计划过程包含的管理内容有：根据需求分析，进行开发成本预算、进度预算，定义信息系统质量标准，识别开发风险，制定项目计划书等。计划过程主要涉及范围计划、时间计划、成本计划、质量计划、人力资源计划、配置管理计划、测试计划、集成计划等。这些计划都要求切实根据实际情况制定，避免造成后期的信息系统开发失控。

3. 实施过程

实施过程包含的管理内容有：一方面，组织和协调人力资源及其他资源，组织和协调各项任务和工作，激励项目团队完成既定的工作计划；另一方面，按照项目管理计划，整合并实施项目活动。相对于计划过程，实施过程的风险相对较小，着重于系统实现，完成单元测试和系统测试及相关文档。另外，实施过程可能需要更多的资源，需要经常发布相关进度信息给项目组成员和关键用户。项目执行的结果可能引发项目计划更新和基准重新确立，包括变更预期的活动持续时间，变更项目开发所需的资源、可用性以及考虑未曾预料到的风险。变更请求一旦得到批准，就可能需要对项目管理计划或其他项目文件进行修改，甚至建立新的基准。

4. 控制过程

控制过程包含的管理内容有：制定标准、监督和测量项目工作的实际情况、分析差异和问题、采取纠偏措施等管理工作和活动。控制过程主要比对实际进度与计划之间的差距，使项目管理者能够准确了解各方面的变化，及时发现问题，做出对策。这些都是保障项目目标得以实现、防止偏差积累而造成项目失败的管理工作和活动。所以，项目管理者应该定期检查监视信息系统开发进度和交付的阶段性产品质量，严格控制项目需求变更，实施信息系统开发版本管理，控制风险，紧密配合项目组成员，采取相应活动保证信息系统开发顺利进行。

5. 结束过程

结束过程包括的管理内容有：制定信息系统或开发各阶段的移交和接受条件，并完成阶段成果的移交，从而使项目顺利结束。过程完成后，表明为完成某信息系统项目所需的所有过程均已完成，并正式确认信息系统项目已经结束。

10.3.2 信息系统项目管理过程之间的关系

信息系统项目管理的五个标准化过程之间的关系是前后衔接的关系，其输入和输出是它们相互之间的关联要素。某过程的结果或输出是另一个过程的输入，所以具体过程之间都有文件和信息的传递。这种关系有时候是单向的，有时候是双向的，如图 10-8 所示（箭头代表流向）。例如，计划过程要为实施过程提供项目计划文件，然后从实施过程获得各种新的情况和更新资料。

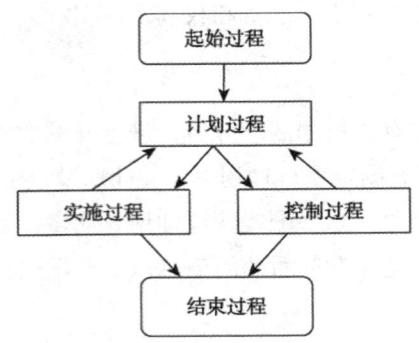

图 10-8 信息系统项目管理过程之间的相互联系

在项目管理过程中，计划过程、实施过程、控制过程之间的输入和输出关系都是双向的，而起始过程与计划过程之间、控制过程与结束过程之间的输入和输出关系是单向的。项目管理的各具体过程之间在时间上并不完全是一个过程完成后，另一个过程才开始，各过程在时间上会有不同程度的交叉和重叠，如图 10-9 所示。其中，起始过程最先开始，但是在起始过程尚未完全结束前，计划过程就开始了；控制过程是在计划过程后开始，但是先于实施过程，因为控制过程中有很大一部分管理工作是"事前控制"工作，必须在实施过程开始前完成；结束过程在实施过程尚未完结前就已经开始了，这意味着结束工作的许多文档的准备工作可以提前开始，在实施过程完成后开展的结束过程的工作只是这个具体过程中的移交性工作。

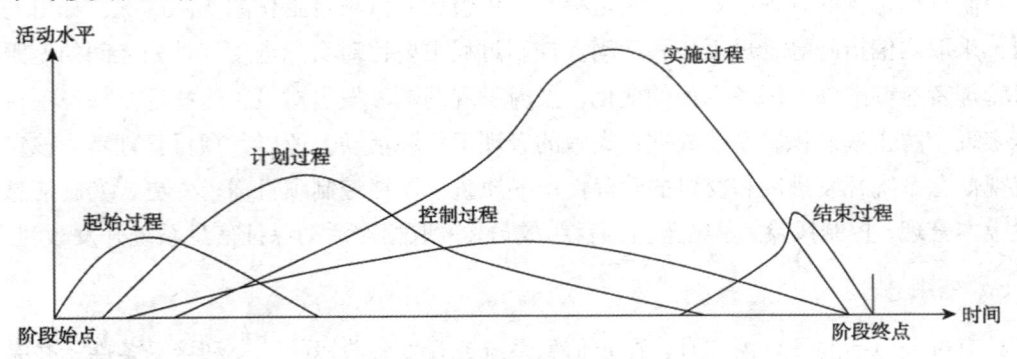

图 10-9 项目管理各过程的交叉、重叠

信息系统项目管理的五个标准化过程之间的相互作用和相互影响还会跨越不同的项目阶

段，主要表现在前一个项目阶段的结束过程会对下一个项目阶段的起始过程发生作用。通常，一个项目阶段的结束过程可以为下一个项目阶段的起始过程提供输入。例如，信息系统的设计阶段的结束过程，为信息系统实施阶段的起始过程提供实现逻辑模型的技术方案。这种两个项目阶段的五个标准化过程的相互影响可以用图 10-10 来描述。

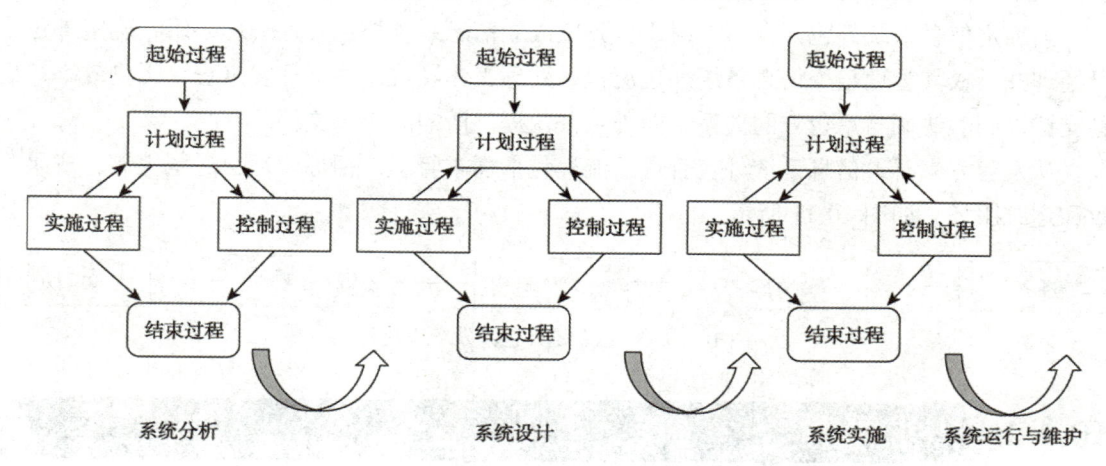

图 10-10　两个项目阶段之间的各过程的相互作用

在实际的信息系统项目管理中，信息系统开发的各阶段与五个标准化过程之间有很多交叉和重叠的部分。例如，各项目阶段的计划过程不仅要为本阶段任务的顺利完成提出具体计划和要求，还应该为顺利完成下一个项目阶段的任务提供一些初步的计划要求和描述。这些计划要求和描述在下一个项目阶段的计划过程中将得到进一步的明确，并编制成具体可实施的计划。这种将项目各阶段的计划逐步详尽细化的计划方法通常被称为"滚动计划方法"，是一种十分重要的计划方法，不但会使项目的计划更为科学和符合实际，而且包含持续改善的思想和做法，以及不断追踪决策的思想和做法。

在项目管理过程中，起始过程和结束过程是两个非常关键的管理工作过程。每个项目阶段的实现过程尚未开始之前，起始过程首先开始，它的作用是正确地做出一个项目阶段是否应该开始的决策。相反，结束过程的关键工作是做出一个项目阶段是否结束的决策，这包括项目阶段的实现工作任务的结束、契约与合同关系的结束和管理工作的结束等方面的决策。这种决策是在确认一个项目阶段的任务已经成功完成和该项目阶段的目标已经实现的基础上做出的。

10.4　信息系统外包管理

随着互联网技术的深入应用和经济全球化进程的加快，全球性的资源配置、分工和协作越来越频繁，新一代信息技术的快速发展使信息系统更加庞大和复杂，专业化趋势更加明显，越来越多的组织选择将信息系统项目外包，信息系统外包业务正成为一种信息系统建设和管理的新模式。信息系统外包是组织为了实现自己的目标，通过合同或协商的方式，将部分或全部信息系统资产、功能和（或）活动交给外部 IT 服务商，由他们提供信息和管理服务的一种方式。信息系统外包可以利用外部最优秀的信息技术资源，从而达到降低成本、提高资金利用效率、充分发挥自身核心竞争力和控制经营风险的目的。

当确定信息系统外包开发后，组织首先应成立信息系统外包开发管理小组，确定外包项目经理并授权其管理整个信息系统外包流程，处理工作疑难、确保开发进程、工作效率、后勤支持，同时协调与承包方的关系，向外包公司提供所需的内部文档。

从发包方来看，信息系统外包管理的流程包括需求管理、招标管理、过程控制、成果验收和运维服务，如图 10-11 所示。

需求管理 → 招标管理 → 过程控制 → 成果验收 → 运维服务

图 10-11 信息系统外包开发管理流程

10.4.1 需求管理

信息系统外包的需求管理是信息系统项目管理的重要组成部分，意义重大，是一种获取、组织并且记录项目需求的系统化的方案，也是促使客户和开发团队不断改变信息系统外包项目需求并最终达成一致的过程。

在外包合作中，一方面，承包方不能充分理解发包方的业务需求；另一方面，承包方提供的需求分析文档业务部门也难以接受，造成双方沟通上的障碍；同时，外包项目需求管理中最大的问题就是需求会不断变更，这也是信息系统开发过程中遇到的最大困难的根源。需求管理一方面要保证需求的一致性，另一方面要控制用户需求，以受控的方式实现改革，也就是变更控制。

在开始外包采购前，发包方要完成项目的总体需求规格说明书和承包项目的需求说明书。一般分为用户需求和分配需求。对于承包方来说，发包方对信息系统项目所提出的需求通称"用户需求"。对于发包方来说，系统总体需求通称"分配需求"。

需求管理的主要任务是研究需求变更影响并对需求变更的过程进行控制，包括变更控制、版本控制和需求跟踪等，主要分为需求获取、需求建模、形成需求规格和需求评审四个过程。

10.4.2 招标管理

招标管理主要是指对于承包方的选择和评估。

1. 竞标邀请

在招标管理阶段，首先由外包管理小组起草"外包项目竞标邀请书"，至少与三家以上的候选承包方建立联系，分发"外包项目竞标邀请书"及相关材料；然后候选承包方与委托方有关人员进行交流，进一步了解外包项目，撰写应标书，应标书的主要内容有：技术解决方案，开发计划，维护计划，报价等；最后候选承包方将应标书及相关材料交付给外包管理小组。这个过程的主要工作是承包方的选择和评估。

2. 承包方选择

在选择承包方时，首先根据信息系统外包的目标及相关计划，对投标的承包方进行筛选，剔除明显不合格的，其次根据承包方的成功经验、资质、项目能力等指标进行再次筛选，具体可操作指标参考如下。

① 承包方行业应用领域的成功经验、信誉及近几年业务情况。
② 承包方资质，资金情况，报价是否满足 CMMI/ISO20000/eSCM-SP 标准。
③ 承包方项目管理能力，包括质量管理、进度管理、成本管理、风险管理等。
④ 承包方信息安全体系是否满足 ISO27001/ITIL 规范体系。
⑤ 承包方人力资源规模和素质（普通人员、核心骨干成员），培训体系，人员流失率，组织架构，服务的连续性和可持续性。
⑥ 承包方 IT 基础设施。
⑦ 承包方技术多样性，服务响应能力，灵活应变能力。
⑧ 承包方长期发展策略及成本构成。

3. 承包方评估

为了有效地评估候选承包方的综合能力，外包管理小组应使用"评估检查表"对候选承包方进行初步筛选，剔除明显不合格的承包方，综合评估通过了初步筛选的候选承包方。

"评估检查表"的主要评估承包方的技术能力、过程能力、人力资源能力、企业规模、国际化能力，具体指标包括：

① 技术方案是否令人满意？
② 开发进度是否可以接受？
③ 性能价格比如何？
④ 能否提供较好的持续服务（维护）？
⑤ 是否具有开发相似产品的经验？
⑥ 承包方以前开发的产品是否有良好的质量？
⑦ 承包方的开发能力与过程管理能力如何？
⑧ 承包方的资源（人力、财力、物资等）是否充足并且稳定？
⑨ 承包方的信誉如何，外界对其评价如何？
⑩ 承包方是否取得业界认可的证书？如 ISO 质量认证、CMM2 级以上的认证等。
⑪ 承包方是否可以有效进行知识产权保护？
⑫ 承包方是否有完善的数据备份和规避风险的方法？
⑬ 承包方的地理位置是否合适？

外包管理小组对候选承包方进行粗筛选，对通过了粗筛选的承包方进行综合评估。外包管理小组要与候选承包方进行多方面的交流，依据"评估检查表"评估候选承包方的综合能力。将评估结论记录在承包方的"能力评估报告"中。

经过审核后，给出候选承包方的综合竞争力排名，并逐一分析与其建立外包合同的风险，择其优者为中标候选人。

4. 合同谈判

外包管理小组与中标候选人进行商务洽谈，就合同的主要条款进行协商，达成共识，然后按指定模板共同起草合同。

5. 签订合同

双方仔细审查合同条款，确保没有错误和隐患。双方代表签字，合同生效。

10.4.3 过程控制

双方签订合同后，外包管理小组的外包管理活动并没有结束，而是应当主动监控外包服务过程并根据产品需求提供变更请求（如果有的话），从而避免高风险事件的发生。双方要共同关注过程控制、只有这样才能保证系统质量，重视过程控制的重要性。在合作过程中，建立对承包方关系的管理体系，作为以后合作的基础；重视开发过程的风险评估，使得双方业务能力得到持续提高。

外包管理小组应定期检查承包方的进展情况，并记录到"外包开发过程监控报告"。监督和检查的重点是：实际进度是否与计划相符？承包方的投入是否充分？工作成果的质量是否合格？一般从接包方定期提供的日报、周报、月报，里程碑报告等文档中获取相关的信息。外包管理小组应当督促承包方纠正工作偏差。如果需要变更合同、产品需求或开发计划，应按照事先约定好的变更控制流程处理变更请求。

外包合同在签订前，承包方应该开始为项目的到来做好准备，按照自己的流程，当谈判进展到某种程度后开始团队组建，进行资源准备等项目前期工作；一旦合同签订，应迅速进入项目的实施阶段。

1. 计划方案

承包方在接到外包合同后，就可以进行工作说明书、用户需求说明书、软件需求规格说明书、软件开发详细计划和成本概预算、测试计划、质量控制方法、风险控制、拟采用的软件工程标准和软件生命周期等文档的制作，把有关技术资料文件送给外包管理小组，待校核和批准后，才能开始开发。

2. 评审并确认

承包方对所有需要采购的资源（软件、硬件、人力资源等）进行检验；外包管理小组有权在任何时候对承包方所采购的资源进行验证，使之符合所采用的规格说明书、规范、标准和其他技术文件所规定的要求，确保专款专用，建立开发环境。

本阶段之前，双方首先要确定由承包方提供的验证建议书，并做好准备工作，提交检验用的技术文件，包括需求说明书、设备性能数据表、配制清单、试验程序、检验技术要求。在检验的物质条件和技术条件均已准备妥善后，承包方就可以向外包管理小组提出书面检验申请。通过检验后，承包方进入项目开发阶段。

3. 设计和开发

承包方在签署合同后可以进行设计和开发。成功的承包方会为发包方提供基于 Web 的全天候 24 小时编程监测跟踪系统，让外包管理小组能连续访问对方的服务器和数据库，及时了解进度和开发升级。

由于外包管理小组要求访问处于开发中的文件和代码，因此承包方应提供相应工具，无保留地提供工作进度。

管理好外包项目甚至包括互访。

4. 里程碑评审

在信息系统项目进行到各里程碑时，外包管理小组应与承包方一起进行检查和评估。信息系统项目一般可以划分成若干里程碑（3~5 个为宜），承包方需要提前一周通知外包管理小组组织相关人员来评估。信息系统项目的里程碑一般指产品设计趋于稳定，中间产品定义趋于明晰，项目开发组真正了解项目实际的关键技术难度和可行的进度计划，如开发活动停止的触发条件，在系统测试阶段，系统可以安装和运行的条件，或信息系统功能被删减、资源增加、进度延误的条件。

在评估信息系统质量、进度和功能的同时，还要评估承包方的人员工作负荷程度、风险、费用和资源消耗情况，并形成文档。

10.4.4　成果验收

成果验收是按照外包服务合同，对承包方所开发的信息系统产品及配套资料和服务进行验收的过程。

1. 验收准备

当信息系统进入交验测试时，承包方需要提前三周通知外包管理小组做好交验的组织评估准备工作，并将必要的材料提前交给外包管理小组，双方确定验收的时间、地点、参加人员等。这时，外包管理小组组织系统工程部、软件工程部、测试部、质保部和采购部，根据双方开发阶段预先共同定义、评审并批准的测试计划和验收方案进行验收测试，对需求规格说明书中的各项逐个详细地测试，最后以书面的形式给出对整个软件项目的测试评估报告。并对未通过验收测试的软件产品制定相应的补救措施和计划。

2. 产品交付

承包方交付给外包管理小组的信息系统产品应当包括：源代码、开发计划、仿真环境、需求规格说明书、设计文档、系统测试计划、系统测试说明、验收测试计划、系统使用手册、系统安装手册、系统维护手册；必要的话，还包括相关培训计划；同时，确保这些成果是完整的并且是正确的。验收人员将审查结果记录在"外包合同验收报告"中。

3. 系统验收

外包管理小组验收整个信息系统产品清单，对整个信息系统产品（包括相关的软件、硬件及其附属产品、文档、技术资料等子合同中规定的产品）出具一份交货证明，如果这些提交的产品没有受到损坏并与需求清单相一致，并在发包方环境运行良好；否则出具一份书面通知，说明在某方面此产品缺陷或与需求清单不符，或在发包方提供的环境运行不良。此通知或证明应由承包方代表签署。若在签合同时就规定了承包方负责安装和调试，则相应的过程省略。验收人员将测试结果记录在"外包合同验收报告"中。

4. 问题处理

如果验收人员在审查与测试时发现信息系统存在缺陷，那么外包管理小组应当视问题的严重性与承包方协商，给出合适的处理措施，并记录在"外包合同验收报告"中。

如果信息系统存在严重的缺陷，那么承包方应当给出纠正缺陷的措施，双方协商第二次验收的时间。如果给验收方带来损失，应当依据合同对承包方做出相应的处罚。

如果信息系统存在一些轻微的缺陷，那么承包方应当给出纠正缺陷的措施，双方协商是否需要第二次验收。

5. 文档归档

最后，外包管理小组把所有的文档归类封存，以备后续类似项目采购的参考查询，同时以书面形式对承包方的技术开发成熟能力、资源（包括已有的软件、硬件、软件、人力资源和已经过的培训）、信誉、管理能力、企业文化提交评价报告，作为建立客户关系管理（CRM）的依据。此次外包的经验和教训包括进度控制、质量控制、成本控制、客户关系控制、流程控制、风险控制等方面，外包管理小组以文档的形式在组内讨论并保存。

10.4.5 运维服务

运维服务是指承包方为保证所开发的信息系统满足或适用于用户需求，在实际环境中进行安装调试和运行，并修改其中可能存在的 BUG；同时，提供用户使用培训，保证用户能够正常使用，对不符合用户要求进行调整。用户经过一段时间的使用，对信息系统在实际应用中表现出来的各种问题进行总结，对合同执行情况进行评价。在后续的一定时间阶段，对信息系统的正常使用提供维护服务。

10.5 信息系统文档管理

文档是信息系统项目建设的重要组成部分，是信息系统项目建设过程中的"痕迹"，是开发人员与用户交流的工具，是信息系统开发和验收的依据，是开发过程各阶段的输出物，是系统维护人员的参考。规范的文档意味着信息系统是按照工程化步骤开发的，意味着信息系统的质量有了形式上的保障。文档的欠缺、文档的随意性、文档的不规范都有可能导致原来的开发人员流动以后，信息系统不可以维护、不可以升级，变成一个没有扩展性、没有生命力的系统。所以，为了建设一个良好的信息系统，不仅要充分利用各种现代化的信息技术和正确的系统开发方法，还要做好各种文档的管理工作。

10.5.1 信息系统文档的标准

信息系统建设的整个过程中会不断地生成各种文档资料，但由于项目成员各自的知识经验不同，在撰写项目文件时，常常会由于个人的发挥而使文档百花齐放，没有统一的格式，不方便整个项目团队的交流和沟通，降低了团队的工作效率，阻碍了工作的进度。

因此，为了使项目沟通更加顺畅，项目经理需要在项目管理中推行一套文档标准。文档标准是保证文档质量的基础，根据一定标准编写的文档，可以有一致的外观、结构和质量等。如同其他标准一样，文档标准有以下 3 种。

① 过程标准：定义高质量文档应遵守的规则。
② 产品标准：操纵文档。
③ 交互标准：通过电子邮件和文档数据库交换文档变得越来越重要，交互标准使得所有的文档都存在可比性。

1. 过程标准

过程标准定义了书写文档的方法，规定了书写文档时要采用的软件工具，也定义了确保高质量文档的保证程序。

文档过程质量保证标准必须是灵活的，并且能够处理所有种类的文档。在有些情况下，文档只是简单的工作文件和备忘录，而不需要详细的质量检查。然而，在另一些情况下，文档必须是正式的，即当文档发生改变时必须被配置管理程序所控制，因此应该采用正式的质量管理过程。

起草、检查、修改和再起草是一个不断重复的过程，应该持续到实现一个可接受的质量时才停止。可接受的质量水平依赖于文档的种类和它的潜在用户的水平。

2. 产品标准

产品标准适用于在信息系统建设过程中所有产生的文档。文档应该有统一的外观，并且同一种类的文档应该有统一的结构。尽管文档标准是与特定项目相关的，但也应该是基于一般的行业标准之上的。

文档编制中涉及的一些产品标准如下。

① 文档识别标准。大型信息系统项目都要产生成千上万个文档，每个文档都要求有一个独特的识别标准。正式的文档识别标准可能是由配置管理人员专门定义的。非正式的文档识别标准可以由项目经理来定义。

② 文档结构标准。在信息系统项目中，每种类型的文档都有合适的结构，结构标准用于定义这种结构，可以采用传统的页码、页眉、章节等。

③ 文档解释标准。文档解释标准定义了文档的总体"建筑风格"，并对文档的一致性起到非常重要的作用，包括文档中的字体、颜色及风格等。

④ 文档更新标准。由于文档需要变更才能达到反映系统变化的目的，因此应该采用一种连续的方法来表示这些变化，即确定文档更新的标准。

文档标准要适用于所有项目文档及用户文档的最初版本。然而，在很多情况下，用户文档不得不以用户喜好的方式而不是以项目的方式来表述，并且没有在产品过程中转化为正式的格式。

3. 交互标准

在信息系统项目开发过程中，系统开发者之间的交流途径更多地采用电子化方式而不是纸质文件，文档的交互标准变得越来越重要。如果在过程标准中采用了标准工具，那么交互标准就是定义如何使用这些工具的。

交互标准的使用允许文档通过电子化的方式进行传递，能够相互理解和规范，并且在最初的格式上进行再创作。

总之，信息系统项目开发各阶段产生的文档要参照相关的国家软件开发规范进行填写，并按照统一的格式进行编号。信息系统项目开发过程中产生的文件的多少、复杂程度与所开发的信息系统的大小及复杂程度成正比。另外，信息系统的文档因为开发方法的不同而有所差异，要根据实际情况确定信息系统的文档种类和内容。文档要尽可能地简单明了，便于阅读，并且尽量使用图、表进行说明。

10.5.2 信息系统文档的作用

信息系统开发的产品一般是软件，即"程序+文档"。程序是供计算机执行的指令，文档是供人读的。如果将程序打印出来，程序也是可读的文档，因此从统一的文档观点来看，程序也是文档的一部分。文档是软件的一部分，更是信息系统的一部分。没有文档的信息系统不能称为完整的信息系统。可以说，没有文档就没有信息系统，文档是信息系统的生命线。

文档在系统开发人员、项目管理人员、系统维护人员、系统评价人员以及用户之间起着桥梁的作用。具体来说，信息系统的文档有以下 7 种典型沟通。

① 用户与系统分析员在系统规划和系统分析阶段通过文档进行沟通。这里的文档主要有可行性研究报告、总体规划报告、系统开发合同、系统分析说明书等，可以依此对系统分析员是否正确理解了系统的需求进行评价，如不正确，可以在已有文档的基础上进行修正。

② 系统开发人员与项目管理人员通过文档在项目期内进行沟通。这里的文档主要有系统开发计划（包括工作分解结构、网络图、甘特图、预算分配表等）、系统开发月报、系统开发总结报告等项目管理文件。基于这些文档，每个项目成员就会明晰自己的目标、可用的资源和约束，项目管理人员也有了管理和考评的依据。

③ 前期开发人员与后继开发人员通过书面文档进行沟通。这里的文档主要有系统开发各阶段的文档，如系统分析说明书、系统设计说明书等。基于这些文档，不同阶段之间的开发人员就可以顺利地进行工作的衔接，还能降低人员流动带来的风险，因为后继开发人员可以根据文档理解前面的设计思路或开发思路。

④ 系统测试人员与系统开发人员通过文档进行沟通。系统测试人员可以根据系统分析说明书、系统开发合同、系统设计说明书、测试计划等文档对系统开发人员所开发的系统进行测试，再将评价结果撰写成系统测试报告。

⑤ 系统开发人员与用户在系统运行期间进行沟通。用户通过系统开发人员撰写的文档来运行系统，主要是用户手册和操作手册。

⑥ 系统开发人员与系统维护人员通过文档进行沟通。这里的文档主要有系统设计说明书和系统开发总结报告。有的开发总结报告写得很详细，分为研制报告、技术报告和技术手册。技术手册记录了系统开发过程中的各种主要技术细节，即使系统维护人员不是原来的开发人员，也可以在这些文档的基础上进行系统的维护与升级。

⑦ 用户与维护人员在运行维护期间进行沟通。用户在使用信息系统过程中，将运行过程中的问题进行记录，形成系统运行报告和维护修改建议。系统维护人员根据维护修改建议和系统开发人员留下的技术手册等文档，对系统进行维护和升级。

上述 7 方面是文档在沟通时的主要作用。此外，信息系统文档还可以作为监理和审计的对象，作为开发其他信息系统的参照等。

总之，文档可以用来统一思想，防止遗忘和误解，是信息系统项目团队内各类人员之间及团队内外的沟通依据，也是观察、控制、协调信息系统项目建设过程的依据。文档可以用在各方面，如表达用户需求、制定总体方案、进行系统分析与设计、管理建设过程、支持系统运行维护甚至谈判等。

10.5.3 信息系统文档的分类

国家标准化委员会颁布的《计算机软件开发规范（GB 8566—1988）》《计算机软件产品开发文件编制指南（GB/T 8567—1988）》《计算机软件文档编制规范（GB/T 8567—2006）》《信

息技术软件生存周期过程（GB/T 8566—2007）》《计算机软件测试文件编制规范(GB/T9386—2008)》将作为信息系统开发和文档编制工作的准则和规程。项目团队应该熟悉和执行这类标准。

做好文档管理的第一步是对项目文档进行分类，信息系统的文档按照不同的标准可以分为不同的种类。

1）按照产生的频率

信息系统文档可以分为一次性和非一次性文档。前者如系统分析说明书、系统设计说明书等，后者如开发过程中用户提交的需求变更申请书。非一次性文档还可以分为频率固定文档和频率不固定文档。频率固定文档有项目组月度开发报告、信息系统运行日志、运行月报等。频率不固定文档有会计单据、需求变更申请书、维护修改建议书等。

2）按照信息系统生命周期的阶段

信息系统文档可以分为系统规划阶段文档（如系统可行性研究报告、项目开发计划书等；系统分析阶段的文档，如系统分析说明书等）、系统设计阶段的文档（如系统设计说明书、需求变更申请书等；系统实现阶段的文档，如程序设计报告、系统测试报告、开发总结报告等）、系统运行与维护阶段的文档（如用户手册、操作手册与维护修改建议书等）。

3）按照服务目的

信息系统文档可以分为用户文档、开发文档和管理文档三类，如图 10-12 所示。用户文档主要为用户服务，开发文档主要为开发人员服务，管理文档主要为项目管理人员服务。

信息系统文档
- 用户文档
  - 用户手册
  - 操作手册
  - 运行日志/日报
  - 维护修改建议书
- 开发文档
  - 系统分析说明书
  - 系统设计说明书
  - 程序设计说明书
  - 测试计划
  - 测试报告
- 管理文档
  - 可行性研究报告
  - 项目开发计划
  - 需求变更申请书
  - 开发进度报告
  - 开发总结报告

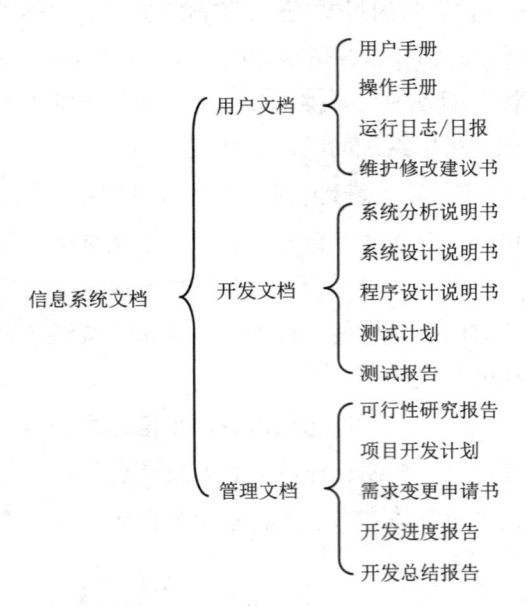

图 10-12　按照服务目的划分的文档类型

此外，国家标准《计算机软件文档编制规范（GB/T8567—2006）》基于软件生存期方法，规范了软件产品从形成概念开始，经过开发、使用和不断增补修订，直到最后被淘汰的整个过程的文档规范，将软件开发的过程规范为 6 个阶段，需要编写的各类文档可以分为 25 种，如表 10-1 所示。

表 10-1　国家标准（GB/T 8567—2006）软件开发文档规范

阶段名称	文档名称
可行性与计划研究阶段	可行性分析报告、软件开发计划、软件安装计划、软件移交计划、软件配置管理计划、软件质量保证计划、运行概念说明
需求分析阶段	系统/子系统需求规格说明、接口需求规格说明、软件需求规格说明、数据需求说明
设计阶段	系统/子系统设计说明、接口设计说明、软件设计说明、数据库设计说明
实现阶段	软件产品规格说明、软件版本说明、软件用户手册、计算机操作手册、计算机编程手册
测试阶段	软件测试说明、软件测试报告、项目开发总结报告
运行与维护阶段	开发进度月报（在每阶段中均需编制）

总而言之，信息系统的文档是信息系统建设过程中的重要组成部分，对于信息系统的成功开发和信息系统的日常维护起着保证和支持的作用。信息系统各阶段产生的文档要参照相关的国家软件开发规范进行填写并按照统一的格式进行编号。在信息系统开发过程中，要根据实际情况确定信息系统开发的文档种类和内容。

10.5.4　信息系统文档的编制和管理

信息系统文档产生于信息系统生命周期的各阶段，有的仅反映一个阶段的工作，有的则需要跨越多个阶段。编制这些信息系统文档需要向信息系统管理部门或是用户回答以下问题：

① 哪些需求要被满足，即回答"做什么"。
② 所开发的信息系统在什么环境中实现以及所需信息从哪里来，即回答"从何处"。
③ 某些开发工作的时间如何安排，即回答"何时干"。
④ 某些开发（或维护）工作打算"谁来干"。
⑤ 某些需求是怎么实现的?
⑥ 为什么要进行哪些如那件开发或维护修改工作?

所以，在进行编制信息系统文档前，首先要明白信息系统文档主要解决的问题，以及编制标准文档的相关要求，在全面了解之后，才能对文档进行一个有效的管理和利用。

1. 信息系统文档的编制

文档是信息系统的生命线是文档编制的工作原则，从而产生高质量的文档。高质量的文档应当体现在以下几方面。

① 针对性：文档编制前应分清楚读者对象，按不同的类型、不同层次的读者，选择适应他们需要的文档。例如，管理文档主要是面向管理人员的，用户文档主要是面向用户的，这两类文档不应像开发文档（面向开发人员）那样过多地使用信息技术的专业术语。

② 精确性和统一性：文档的行文应当十分确切，不能出现多义性的描述。同一项目的不同文档在描述同一内容时应该协调一致、没有矛盾。

③ 清晰性：文档编制应力求简明，如有可能，配以适当的图表，以增强其清晰性。
④ 完整性：任何一个文档都应当是完整的、独立的，应自成体系。
⑤ 灵活性：不同的信息系统项目的规模和复杂程度会有差别，不能一律看待。
⑥ 可追溯性：信息系统开发各阶段编制的文档与完成的工作有着紧密的关系，随着工作的逐步推进，前后两个阶段生成的文档具有一定的继承关系。文档之间存在着可追溯的关系。
⑦ 易检索性：无论是发生频率固定的文档还是频率不固定的文档，在结构的安排和文件的装订上都必须能使查阅者以最快的速度进行检索。

2. 信息系统文档的管理

信息系统文档的管理包括以下几方面的内容：

① 文档管理制度化。必须形成一整套的文档管理制度，包括文档标准、文档修改和出版的条件，以及开发人员应承担的责任和任务。这套完善的制度有利于评价开发人员的工作。

② 文档标准化、规范化。在系统开发前先选择或制定文档标准，已有参考格式和内容的文档应按相应的规范进行撰写。对于没有参考格式和内容的文档，项目组内部应制订相应的规范和格式，在统一标准下编制文档资料。

③ 维护文档的一致性。信息系统的开发是一个动态过程，必须及时、准确地修改与之相关联的文档，否则将引起项目管理的混乱。对于主文件的修改尤其要谨慎。修改文档前要估计可能带来的影响，并按照提议、评议、审核、批准和实施的步骤进行严格控制。

④ 维持文档的可追踪性。某种修改是否有效要经过一段时间的检验，因此文档要分版本来实现。版本的更新时机和要求要有相应的制度。

本章小结

信息系统的开发可以用项目管理的思想来指导。本章主要讲述了信息系统项目管理概述、信息系统项目管理的内容、信息系统项目的特点、项目管理的定义及其知识范围和项目管理需要的专门知识等。

从项目管理的角度，信息系统项目管理可分为五个标准化过程，分别是起始过程、计划过程、实施过程、控制过程、结束过程。它们构成了一个完整的信息系统项目管理过程，并且贯穿于信息系统开发的各阶段。本章介绍了信息系统项目管理过程及其之间的关系。

本章主要介绍了信息系统开发的外包管理，包括需求管理、承包方选择与评估、外包过程管理、外包成果验收管理以及运维服务。

信息系统的开发离不开高质量的文档。从文档管理角度，本章主要介绍了信息系统文档的标准、分类、编制和管理。

思考题

1. 信息系统项目的特征是什么？
2. 信息系统项目管理的内容主要有哪些？
3. 信息系统项目管理的过程有哪些环节？
4. 如何选择和评估信息系统的承包方？
5. 简述信息系统外包过程管理的主要内容和流程。
6. 信息系统文档编制规范的依据是什么？
7. 举例描述信息系统开发的项目管理过程，并制定编制相关规范。

参考文献

[1] RogerS.Pressman．软件工程实践者的研究方法[M]．黄柏素，梅宏译．北京：机械工业出版社，2002．

[2] （美）罗伯特·K．威索基，小罗伯特·贝克，戴维·B．克兰．有效的项目管理[M]．李盛萍，常春译．北京：电子工业出版社，2002．

[3] 哈罗德·科兹纳．项目管理的战略规划：项目管理成熟度模型的应用[M]．北京：电子工业出版社，2002．

[4] Robert T F．高质量软件项目管理[M]．北京：清华大学出版社，2003．

[5] KARLE W．软件同级评审（影印版）[M]．北京：科学出版社，2003．

[6] 邝孔武，王晓敏．信息系统开发与管理[M]．北京：中国人民大学出版社，2003．

[7] 何红锋，赵军．项目管理法律法规及国际惯例[M]．天津：南开大学出版社，2006．

[8] 戚安邦，张连营．项目管理概论[M]．北京：清华大学出版社，2008．

[9] （美）帕维兹·F．拉德，金格·莱文．项目管理实践标准规范化的项目管理方法[M]．北京：电子工业出版社，2008．

[10] 丁宁．项目管理[M]．北京：清华大学出版社，2008．

[11] （美）詹姆斯·刘易斯．项目计划、进度与控制[M]．北京：清华大学出版社，2002．

[12] 陈远，寇继虹，代君．项目管理[M]．武汉：武汉大学出版社，2002．

[13] 肖丁，吴建林等．软件工程模型与方法[M]．北京：北京邮电大学出版社，2008．

[14] （英）丹尼斯·洛克．项目管理[M]．北京：电子工业出版社，2009．

[15] 周苏，王文，张辉等．项目管理与实践[M]．2版．北京：科学出版社，2009．

[16] 李涛．项目管理[M]．2版．北京：中国人民大学出版社，2009．

[17] 左美云，邝孔武．信息系统开发与管理教程[M]．北京：清华大学出版社，2006．

[18] 白思俊．项目管理案例教程[M]．北京：机械工业出版社，2009．

第 11 章
信息系统开发实例

本章以某建筑设计院综合项目管理信息系统为实例，介绍采用结构化方法的开发过程。

本章内容包括 6 部分：项目概述、业务流程分析、数据流程分析、系统结构化设计、系统运行环境设计、系统实施。

限于篇幅，本系统开发实例的有关内容做了适当裁剪。

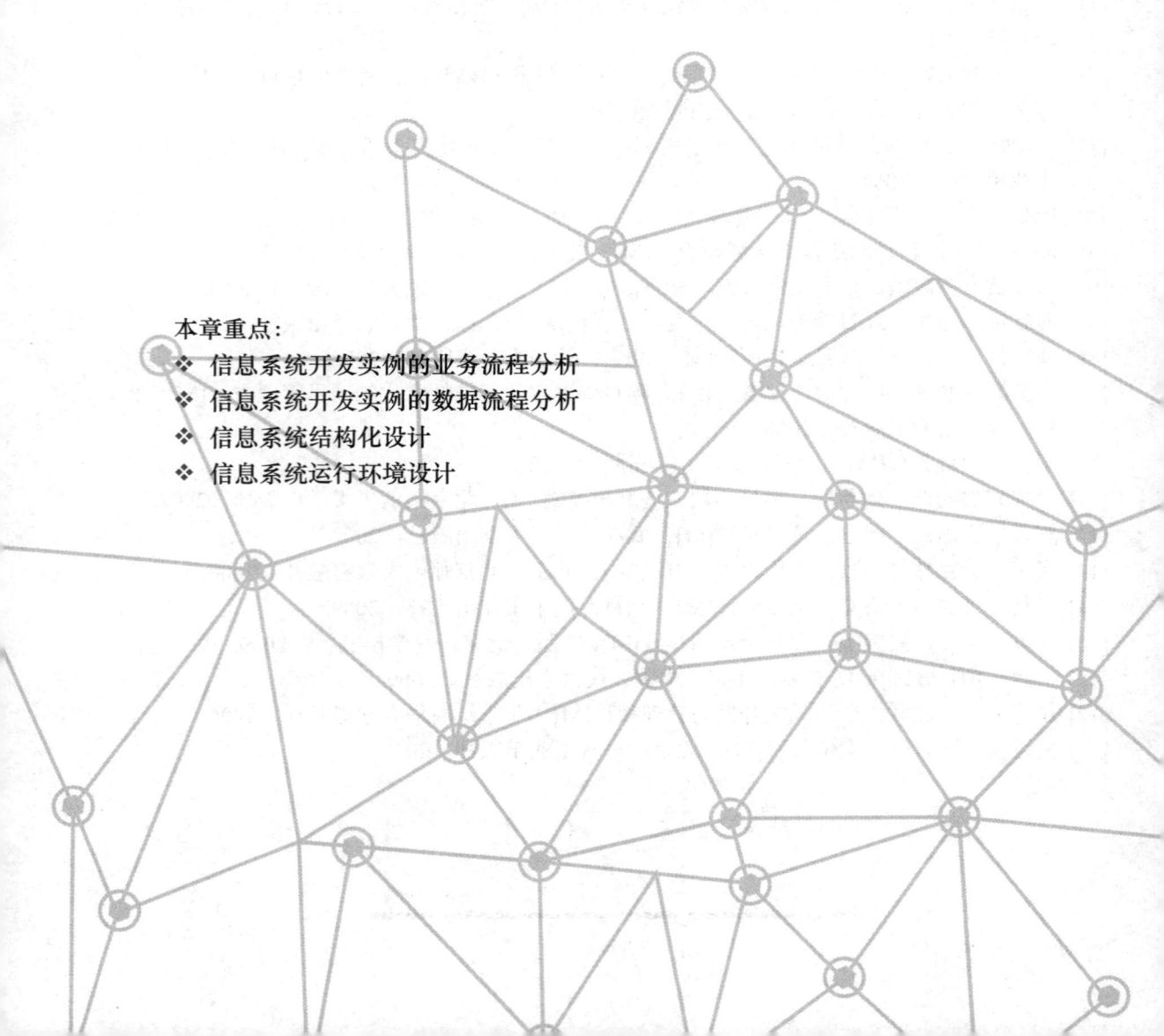

本章重点：
- ❖ 信息系统开发实例的业务流程分析
- ❖ 信息系统开发实例的数据流程分析
- ❖ 信息系统结构化设计
- ❖ 信息系统运行环境设计

```
第1章 信息系统概述
    ↓
第2章 信息系统开发方法和模型
    ↓
第3章 企业信息化战略设计与信息系统规划
    ↓                    ↓
第4章 信息系统的结构化   第6章 信息系统的面向对
分析与建模              象分析与建模
    ↓                    ↓
第5章 信息系统的结构化   第7章 信息系统的面向对象
设计                    设计
    ↓                    ↓
第8章 基于新一代信息技术的信息系统开发
    ↓
第9章 信息系统测试方法和技术
    ↓
第10章 信息系统项目管理
    ↓
第11章 信息系统开发实例
```

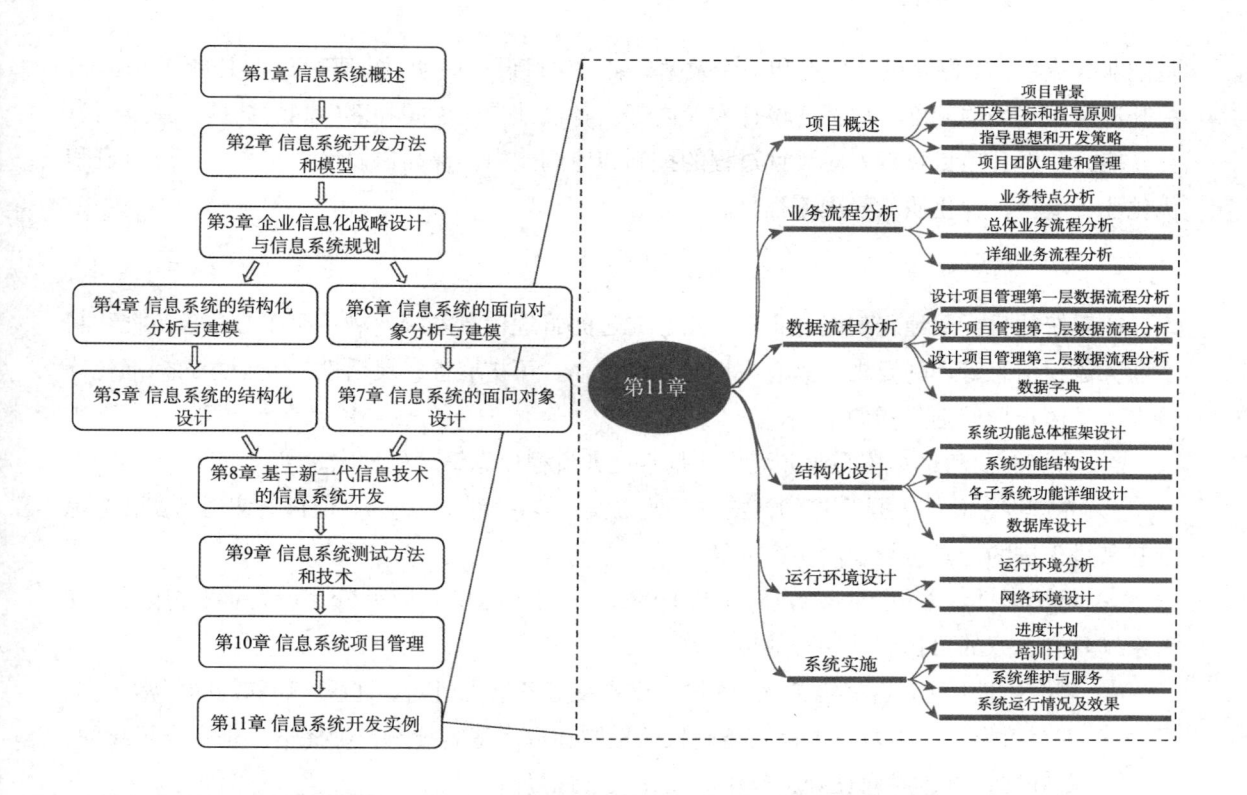

第11章:
- 项目概述 → 项目背景 / 开发目标和指导原则 / 指导思想和开发策略 / 项目团队组建和管理
- 业务流程分析 → 业务特点分析 / 总体业务流程分析 / 详细业务流程分析
- 数据流程分析 → 设计项目管理第一层数据流程分析 / 设计项目管理第二层数据流程分析 / 设计项目管理第三层数据流程分析 / 数据字典
- 结构化设计 → 系统功能总体框架设计 / 系统功能结构设计 / 各子系统功能详细设计 / 数据库设计
- 运行环境设计 → 运行环境分析 / 网络环境设计
- 系统实施 → 进度计划 / 培训计划 / 系统维护与服务 / 系统运行情况及效果

11.1 项目概述

11.1.1 项目背景

某建筑设计研究院 H 目前正处于快速发展的关键时刻，面对不断增长的市场需求，设计院承接项目的种类、数量和规模都在不断增长，经常面临不同类型和规模的项目并行的问题，以往手工的管理模式已经很难对项目进行有效的管理。

为适应自身快速发展的需要和达到建筑行业对信息化的要求，H 立项开发工程设计综合项目管理信息系统，总体目标是对核心业务流程进行梳理和优化，规范工作流程和管理制度，并实现经营管理和工程设计的信息化，提高运营效率，以适应不断变化的市场需求，更好地为社会提供一流的产品和服务。

11.1.2 开发目标和指导原则

1. 开发目标

以项目管理为核心，引入先进的流程管理思想和协同设计思想，工程设计综合项目管理信息系统（以下简称"H 系统"），通过搭建业务流程服务平台，改善、优化核心业务流程和基础业务流程，以提升设计质量和工作效率，缩短项目设计周期，快速响应业主的设计需求，提升设计过程的透明度，增强各设计专业内部、各设计专业之间和部门间的数据共享及信息交互能力，提升项目负责人对设计过程的控制和协调能力；提高协同设计水平，持续改进和优化业务流程，强化质量管理流程化。

2. 指导原则

H系统的目标是建立功能齐全、实用、先进的管理信息系统，满足对核心业务流程和基本业务流程信息管理的要求，具有高性能、高可靠、可扩展性、灵活性、安全性、标准化等特点。具体指导原则包括如下。

① 功能性：满足对核心业务流程和基本业务流程信息管理的要求。

② 先进性：总体上是先进的，整体系统方案、体系架构、功能、通信、使用、安装等综合起来是先进的，具有较长的生命周期。

③ 可扩展性：采用Tapestry+Spring+Hibernate架构和基于Web Services的组件服务，使得系统具有良好的可扩展性和开放性。

④ 可维护性：具有良好维护性，维护工作均在服务器上进行，而不影响前端的正常工作。

⑤ 安全可靠：采用基于角色的访问权限控制和数字签名技术，确保信息是安全可靠的。

⑥ 友好性：人机界面良好，操作简便，实用性好。

11.1.3 指导思想和开发策略

1. 指导思想

1）全面规划，分步实施

对整个设计院的管理信息进行全面的规划，厘清层次，分清权限，全面考虑，统一规范。根据项目的时间要求和功能要求，合理划分项目实施的阶段，明确各阶段要完成的任务，分步实施。

2）先难后易，重点突出

首先开发核心业务流程，然后开发办公管理系统、人力资源管理系统、资产管理系统。对于设计流程的开发，先专业内部，后专业之间提资管理。

3）加强信息管理，增强信息交流

加强对信息资源的收集、组织、处理、存储工作；分析信息类别和特点，确定信息获取的渠道、信息的层次、权限的分配；最重要的工作是，厘清信息在各部门之间是如何流转的，只有合理顺畅的信息流才会产生效益。

2. 开发策略

H系统能否成功运行取决于两方面，一是系统的功能是否符合用户的需求，二是系统的数据是否完整。这两方面的评价指标可通过项目开发的管理策略和技术策略来完成，按照项目管理的思想来组织信息系统的开发，以结构化开发方法为主，结合面向对象开发方法，进行系统的开发。

为了确保 H 系统的开发成功，必须按照项目管理思想，从人员、进度、成本等方面进行管理，遵循工程化系统开发方法，在保证质量的前提下，加快开发的进度、降低开发成本。

11.1.4 项目团队组建和管理

H 系统的项目团队成员由 H 单位和承包方的有关人员共同参与组建，在信息系统开发过程中，双方参与人员各自担负不同的职责。

H 单位的项目组成员及主要职责如下。

① 项目管理人员：主要负责项目的开发计划、系统的阶段验收及对系统整体进度的监控、与承包方的项目管理人员的工作协调、人员组织和培训等职责。

② 业务人员：系统需求的提出者，也是系统的最终用户，从用户角度对信息系统提出完整且详细的功能要求，也是对信息开发成功与否的最终评判者。

承包方的项目成员及主要职责如下。

① 项目管理人员：负责项目计划编制、开发人员的组织与调度、开发进度的监控、培训管理以及与用户方项目管理人员工作的沟通与协调。

② 系统分析人员：负责需求调研，掌握用户需求，编制需求调研报告，分析业务流程和数据流程，设计系统逻辑模型，编制系统分析报告。

③ 系统设计人员：主要负责信息系统的总体设计和详细设计，包括系统功能结构设计、数据库设计、代码设计、处理流程设计、系统运行环境设计等内容，编制完成系统设计报告。

④ 系统实施人员：负责编制程序、测试系统和试运行及维护等系统开发任务。

11.2 业务流程分析

11.2.1 业务特点分析

为实现项目目标，通过领导访谈、现场调查、专题小组研讨等方式，对业务需求进行调研和分析。项目组在各部门的参与和支持下，拜访了 H 单位主要领导，调查走访了计划经营部、各设计研究所、行政办公室和信息中心，从信息化角度对 H 单位的管理现状有了较为深入的认识。通过需求调研和分析，整理出 H 单位的业务特点。

H 单位的业务主要以民用建筑工程设计项目为主，一般分为招标项目和业主委托项目两大类。业务流程可分为核心业务流程和基础业务流程两种。核心业务流程是指设计项目业务流程，涉及项目立项、方案设计、初步设计、施工图设计和后期服务等。基础业务流程包括办公自动化业务流程、人力资源业务流程、资产管理业务流程和资料图档管理业务流程等。这些业务流程对核心业务流程起着支持作用，保证核心业务流程正常运转。

H单位的业务主要特点是：多项目并行，多专业协作，项目规模、类型多样化，项目人员多角色，项目范围变更频繁。

1. 多项目并行

面对众多的市场需求和投标机会，H单位经常面临多项目并行的问题，同时进行的项目数据量多，如何对项目进行筛选、评估、计划、执行和控制已经成为急需解决的问题。

2. 多专业协作

建筑设计本身存在严格的专业分工和协作，从方案设计、初步设计到施工图设计，都存在建筑、结构、给排水、暖通设计等专业的分工和协作，因此在具体项目操作过程中，存在严格的阶段划分和专业协作。

3. 项目规模、类型多样化

H单位承接的项目规模各异。规模小的项目，业主要求的设计工期很紧，需要项目管理的"短、平、快"，流程的安排要求灵活合理，解决和提高项目执行效率问题是H单位面临的一个重要问题。规模大的项目，项目进度安排和控制要求很高，首先要制定好项目计划，然后在项目执行过程中严格按照规范的流程进行管理，及时检测项目的执行状态，便于进度跟踪和控制，保障项目按期按质完成。

设计项目的类型存在多样性，如对于规划类项目，有的设计项目只做方案设计，有的只做初步设计和施工图设计，有的只做施工图设计，有的从方案设计、初步设计到施工图设计全部承接。面对不同类型的设计项目，在流程设计上要求灵活多变，以满足不同需要。

4. 项目人员多角色

在设计项目执行过程中，项目人员存在多角色现象，如专业负责人可能兼任设计或者校对，也可能兼任会签，项目负责人可能兼任校对或审核。因此，在业务流程设计上要考虑项目人员多角色的情况，合理安排。

5. 项目范围变更频繁

在设计项目执行过程中，经常因为各种各样的问题而发生与项目计划不符的变更，直接导致项目进度不可控，从而造成项目工期拖延，因此必须设定相应的项目变更流程，规范对于具体项目变更申请、项目变更审批、资源调整等问题的处理。

针对上述业务流程的特点，运用业务流程的优化和重组（BPR）思想、质量管理思想、项目管理思想，对核心业务流程进行分析、优化，设计出符合H单位实际管理需求的、实用的、先进的、高效的业务流程，力求解决以上需求。

11.2.2　总体业务流程分析

在系统分析阶段，承包方与用户方的深入的交流是项目获得成功的关键。由于承包方缺少建筑设计领域方面的知识，在需求分析阶段，承包方的分析人员应先将精力集中在系统的总体需求上。为了详细分析业务需求，开发团队通过问卷调查、现场访谈等方法，收集了大量的业务有关资料，包括招投标文件、合同文件、项目策划书、设计输入资料、设计文件、设计图纸等，以及一整套详细的ISO9000质量体系贯标资料。开发团队历时2个月，认真研读和讨论了相关业务资料，设计了初步的业务流程图，并与H单位相关业务部门负责人和业务骨干进行了多轮次的现场交流和沟通，不断修改和优化业务流程图，最终双方达成共识。

H单位的主要业务是工程设计项目，根据实际调研情况，设计项目管理主流程主要由项目投标、合同洽谈、计划编制、设计过程、交付设计文件、现场服务等环节组成。

项目管理主流程如图11-1所示。

11.2.3　详细业务流程分析

按照"自顶向下、由粗到精"的原则，将总体业务流程细化。H单位设计项目管理过程主要有投标管理、合同洽谈、编制计划、方案设计、初步设计、施工图设计、出图管理、设计文件交付管理、现场服务管理等。

项目管理详细流程如图11-2～图11-4所示。

11.3　数据流程分析

数据流程分析是根据业务流程调查的结果，抛开物质要素的成分，对数据的收集、加工和传递过程进行全面分析，以保证数据采集全面、处理高效、传递顺畅、利用充分。

本项目在信息系统业务流程分析的基础上，进行数据流程分析和设计。

下面以设计项目管理为例，介绍数据流程分析和设计过程。

按照分层的思想，数据流程可以分为三个层次，具体内容如下。

11.3.1　项目管理第一层数据流程分析

项目管理第一层数据流程由投标管理、合同管理、项目策划、设计流程管理、项目资料归档和后期服务构成，如图11-5所示。

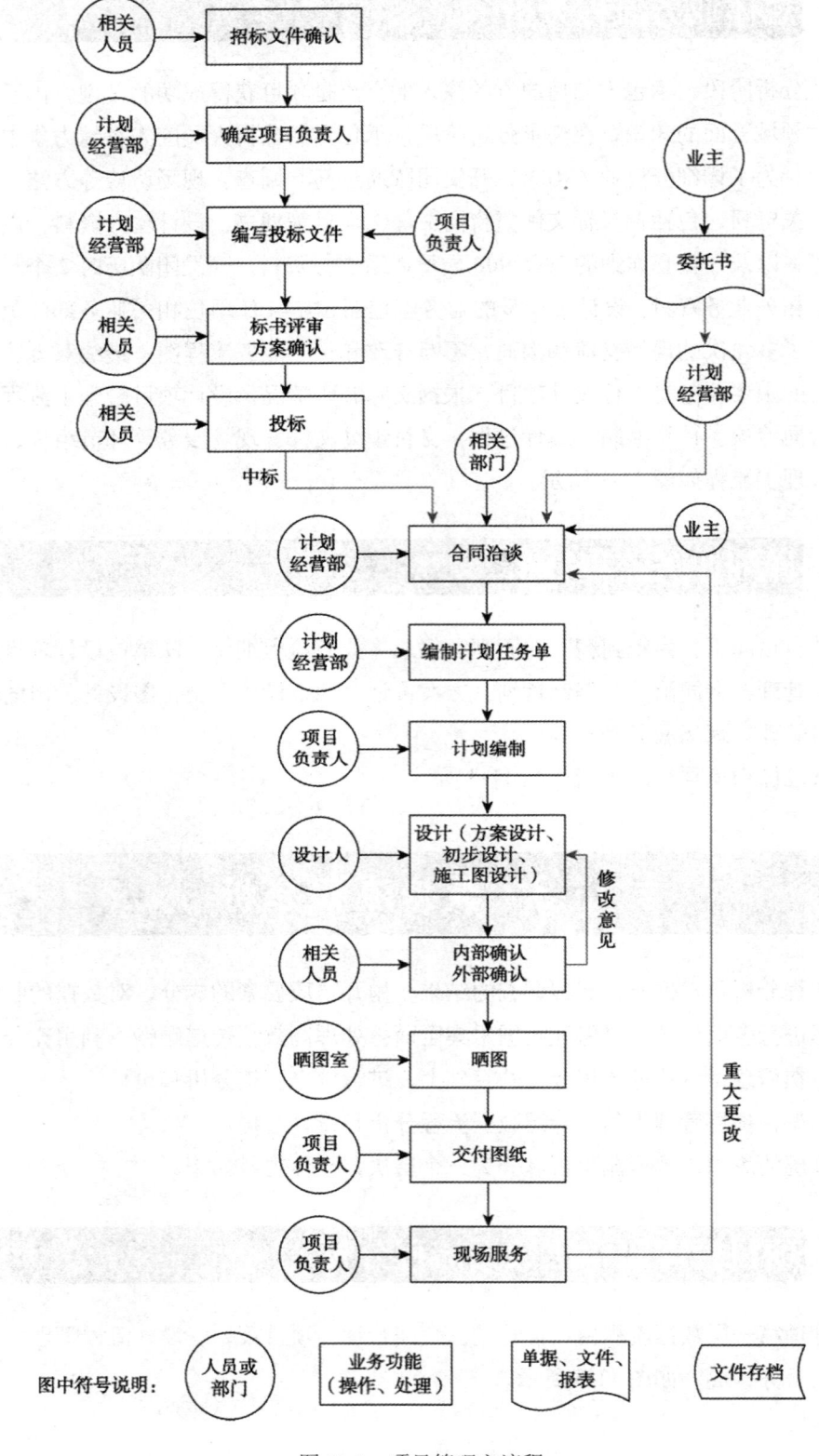

图 11-1　项目管理主流程

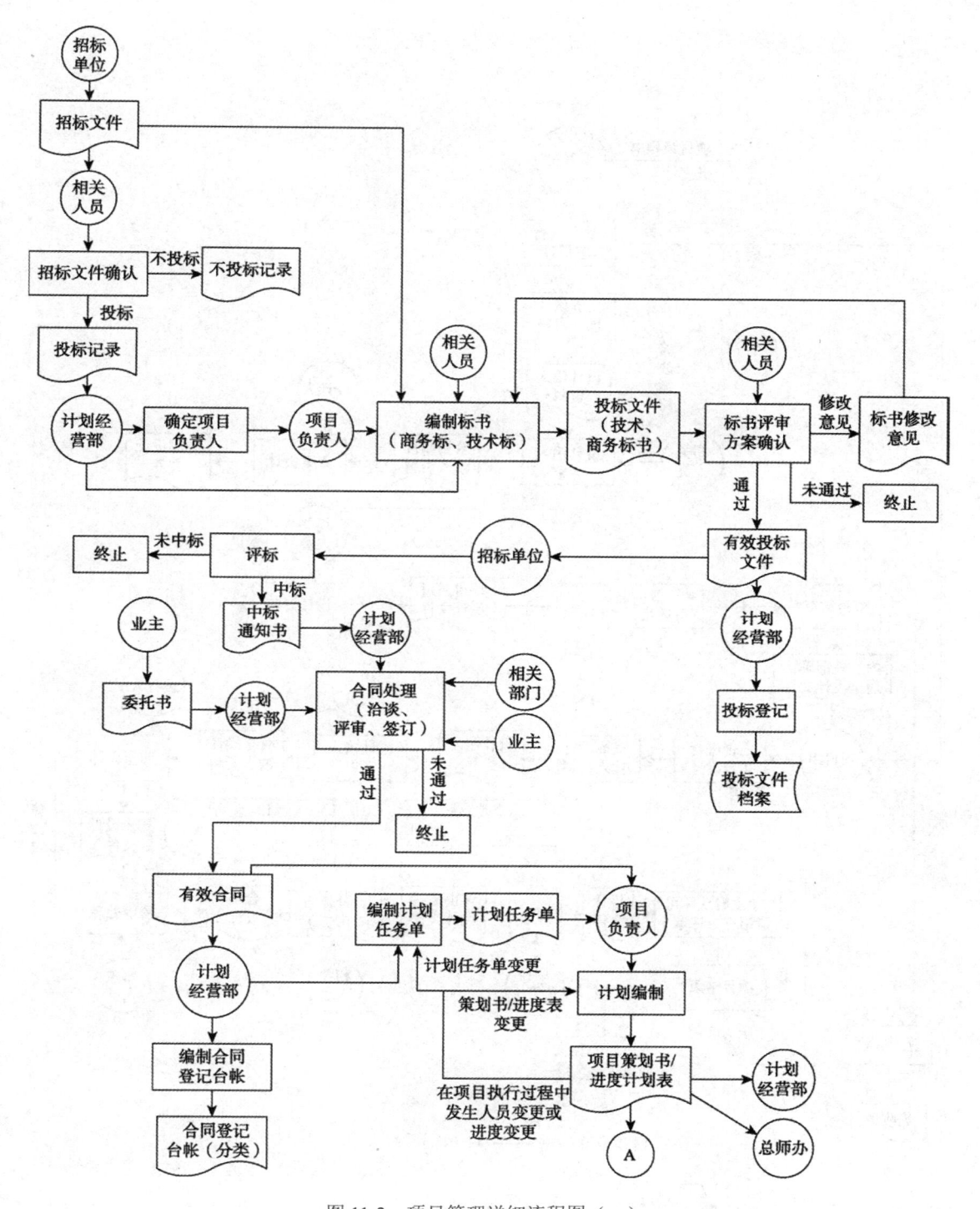

图 11-2 项目管理详细流程图（一）

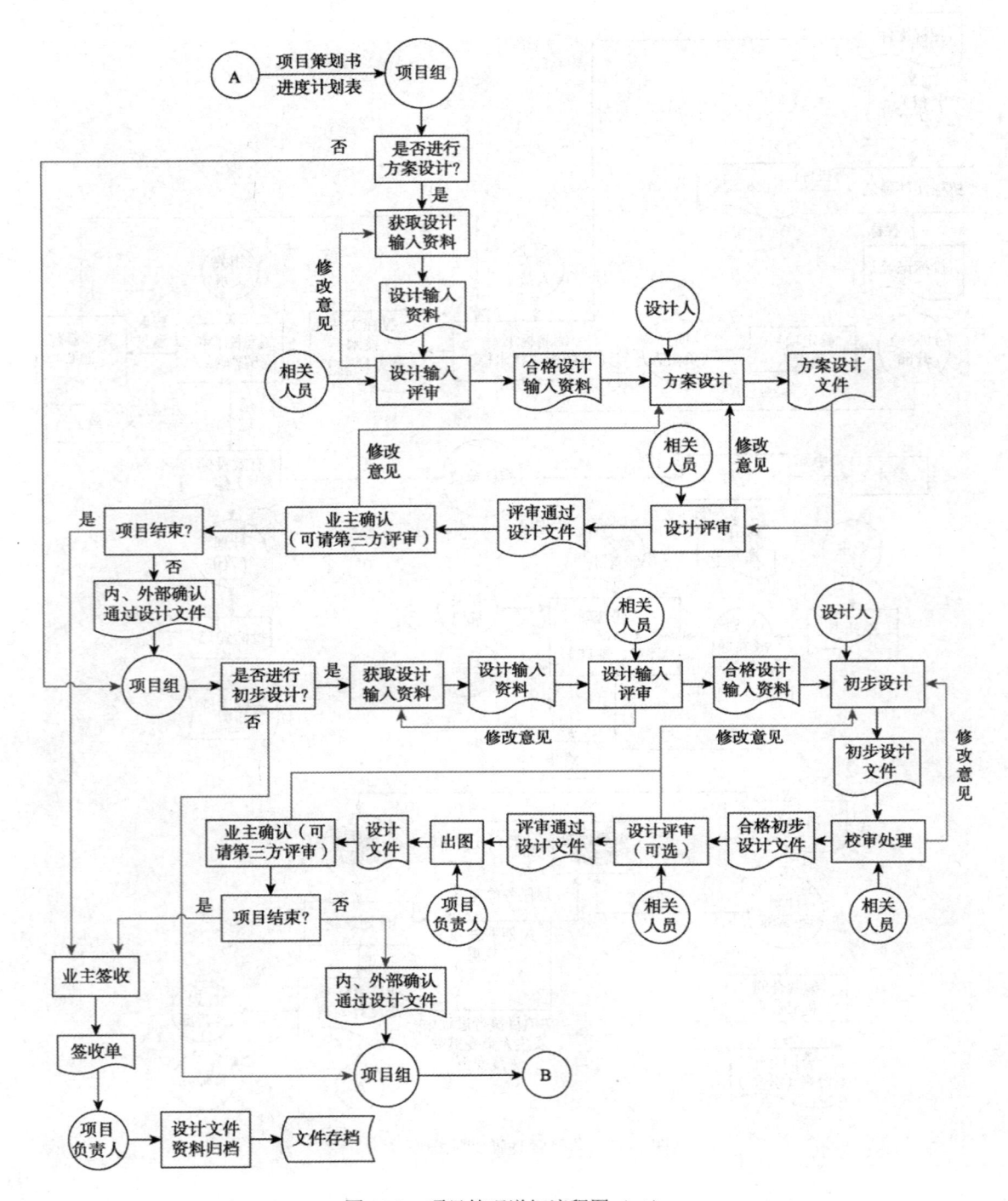

图 11-3 项目管理详细流程图（二）

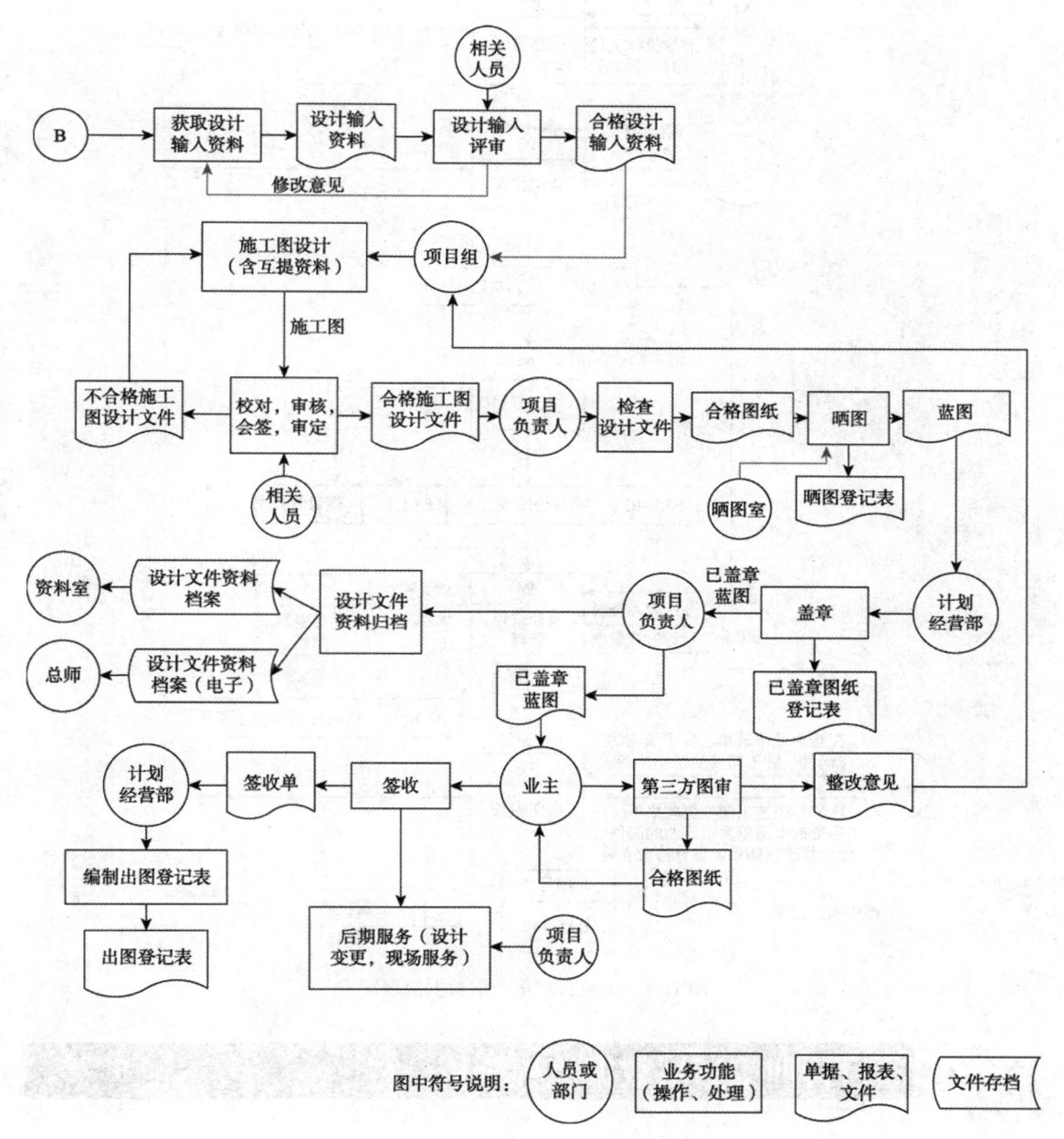

图 11-4 项目管理详细流程图（三）

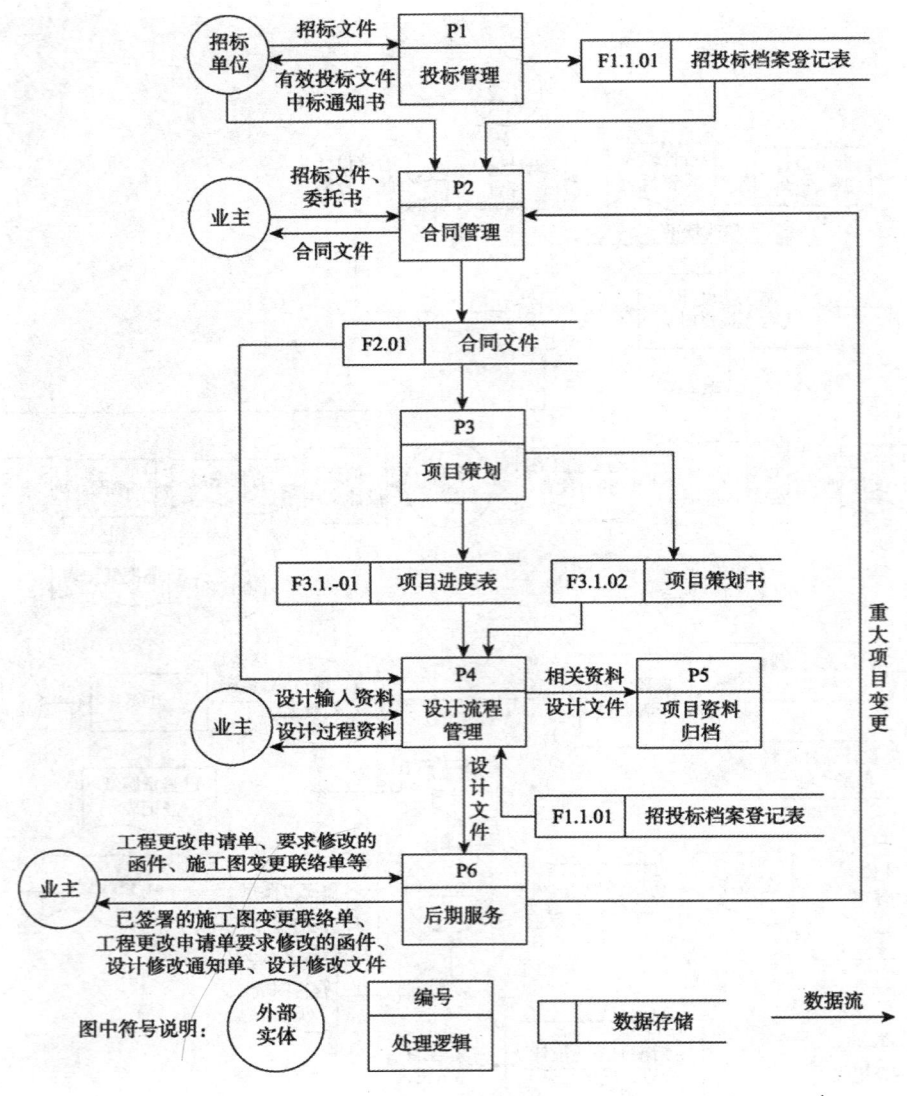

图 11-5 项目管理第一层数据流程图

11.3.2 项目管理第二层数据流程分析

项目管理第二层数据流程是在第一层数据流程的基础上，按照第一层的各处理逻辑，自顶向下依次细化、展开。本节以投标管理、合同管理、项目策划、设计流程管理为例，介绍项目管理第二层数据流程。

1. 投标管理数据流程分析

投标管理主要涉及确认招标文件、编制标书、评审标书和相关文件归档等事务。根据流程分解的原则，投标管理的具体数据流程如图 11-6 所示。

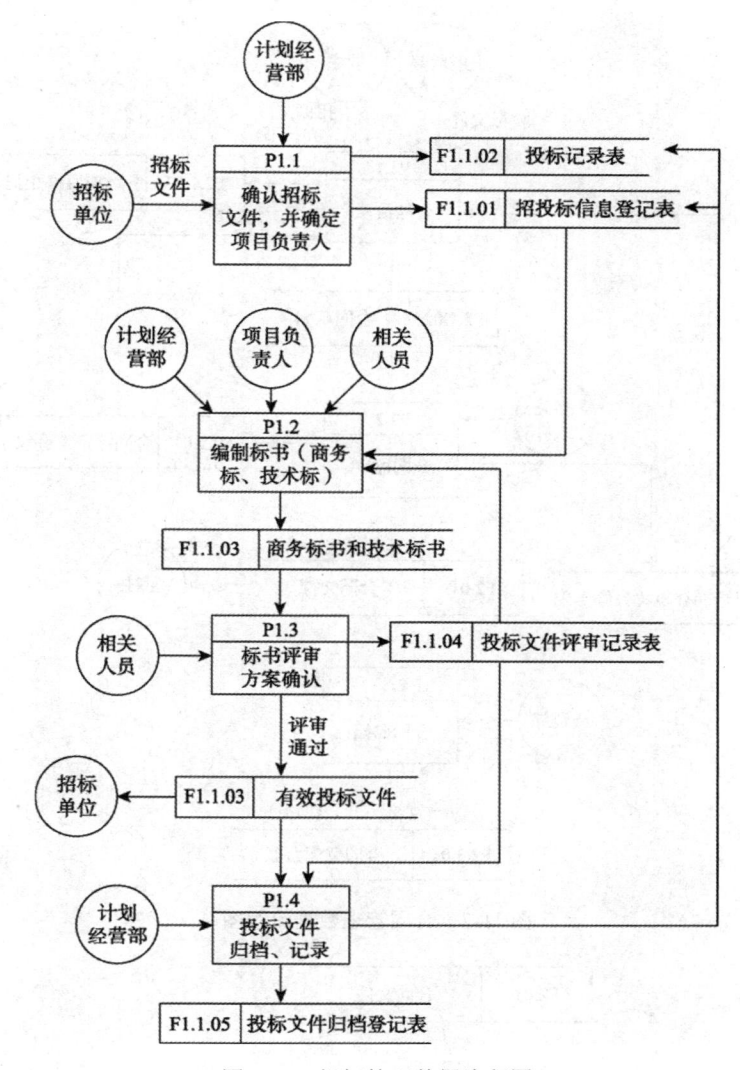

图 11-6　投标管理数据流程图

2. 合同管理数据流程分析

合同管理主要包括合同洽谈记录、合同评审记录和合同有关文件归档等处理事项。合同管理具体数据流程如图 11-7 所示。

3. 项目策划数据流程分析

项目策划主要涉及策划书的编制、策划书的审定两项工作，具体数据流程如图 11-8 所示。

4. 设计流程管理数据流程分析

设计流程管理主要涉及方案设计、初步设计和施工图设计三个阶段设计处理。
流程管理的具体数据流程如图 11-9 所示。

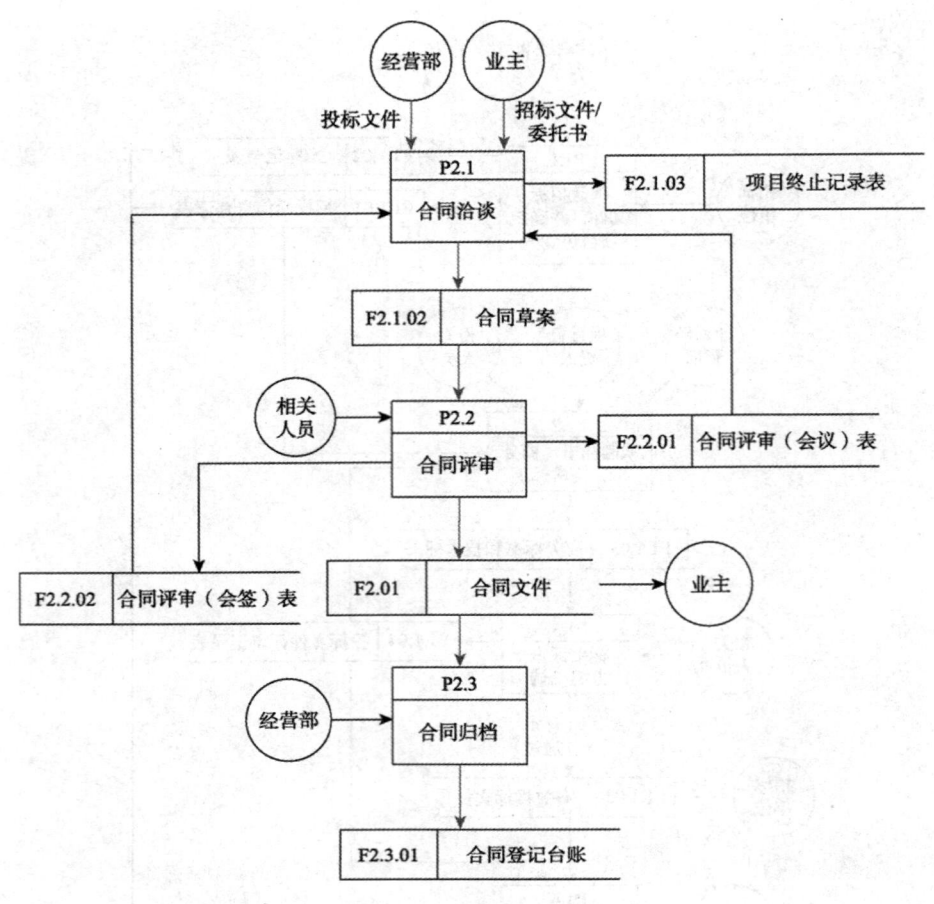

图 11-7　合同管理数据流程图

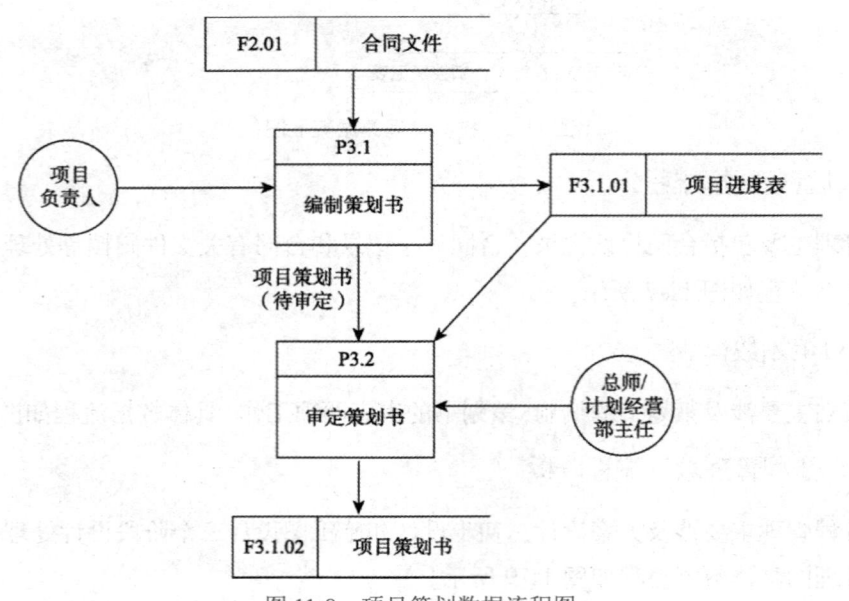

图 11-8　项目策划数据流程图

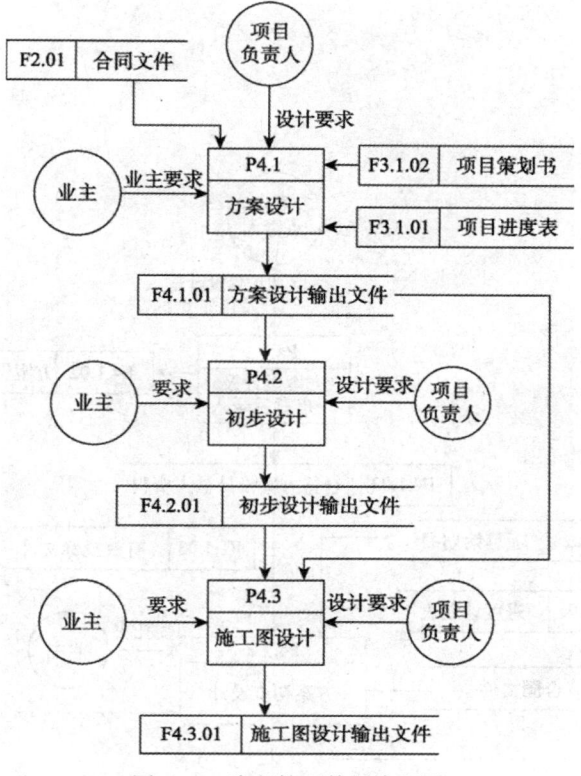

图 11-9　流程管理数据流程图

11.3.3　项目管理第三层数据流程分析

项目管理第三层数据流程是在第二层数据流程的基础上，对第二层的处理逻辑进行细化、展开。下面以设计流程管理数据流程分析为例，介绍项目管理第三层数据流程分析过程。

1. 方案设计数据流程分析

方案设计主要处理初步设计输入及评审意见录入、方案初步设计、评审设计和设计文件登记，如图 11-10 所示。

2. 初步设计数据流程分析

初步设计主要处理方案设计输入及评审意见、初步设计、校审处理、设计评审、出图登记和蓝图盖章，如图 11-11 所示。

3. 施工图设计数据流程分析

施工图设计主要处理设计输入评审意见、施工图设计、校审会签、出图登记和蓝图盖章，如图 11-12 所示。

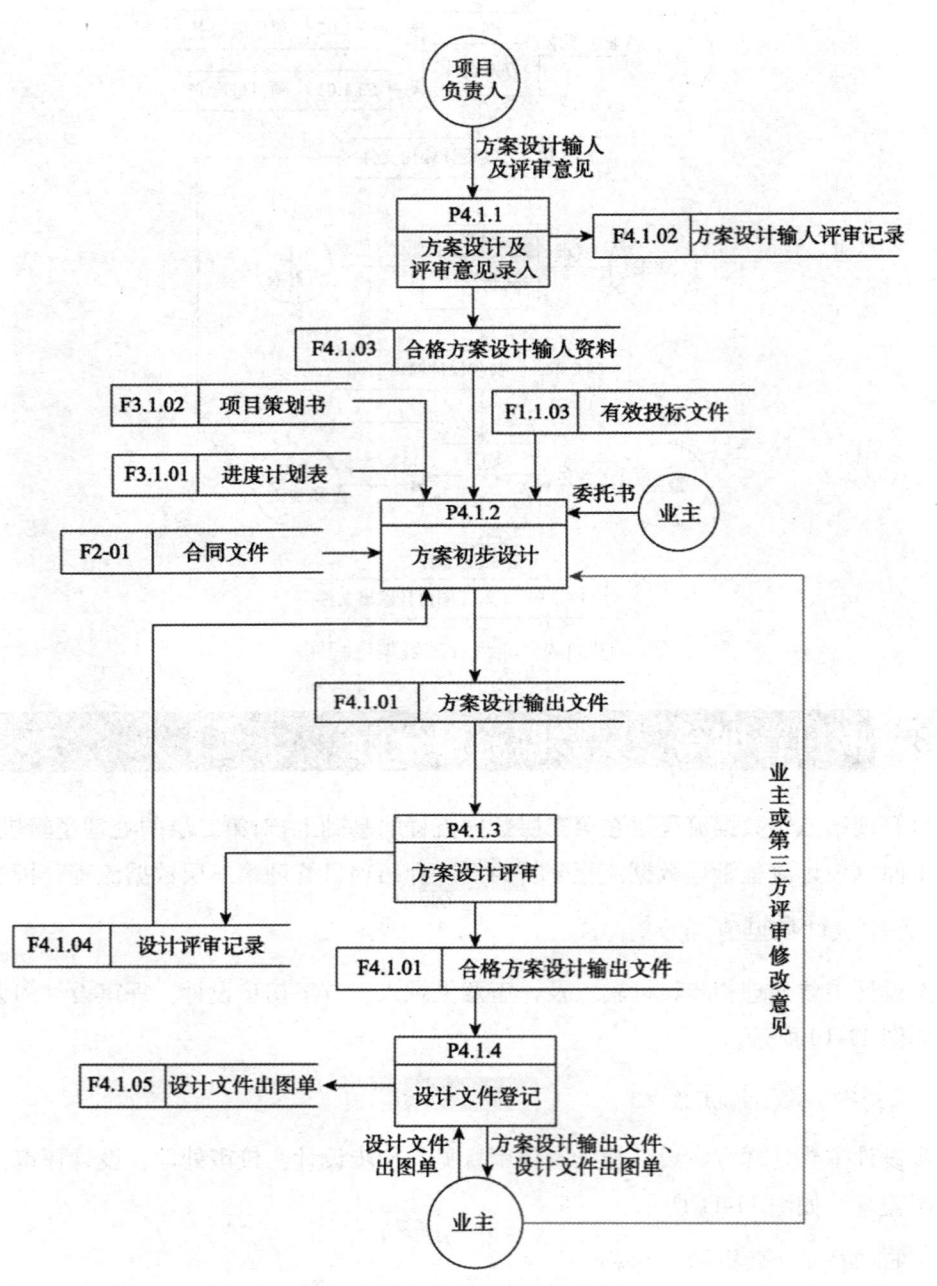

图 11-10　方案设计数据流程图

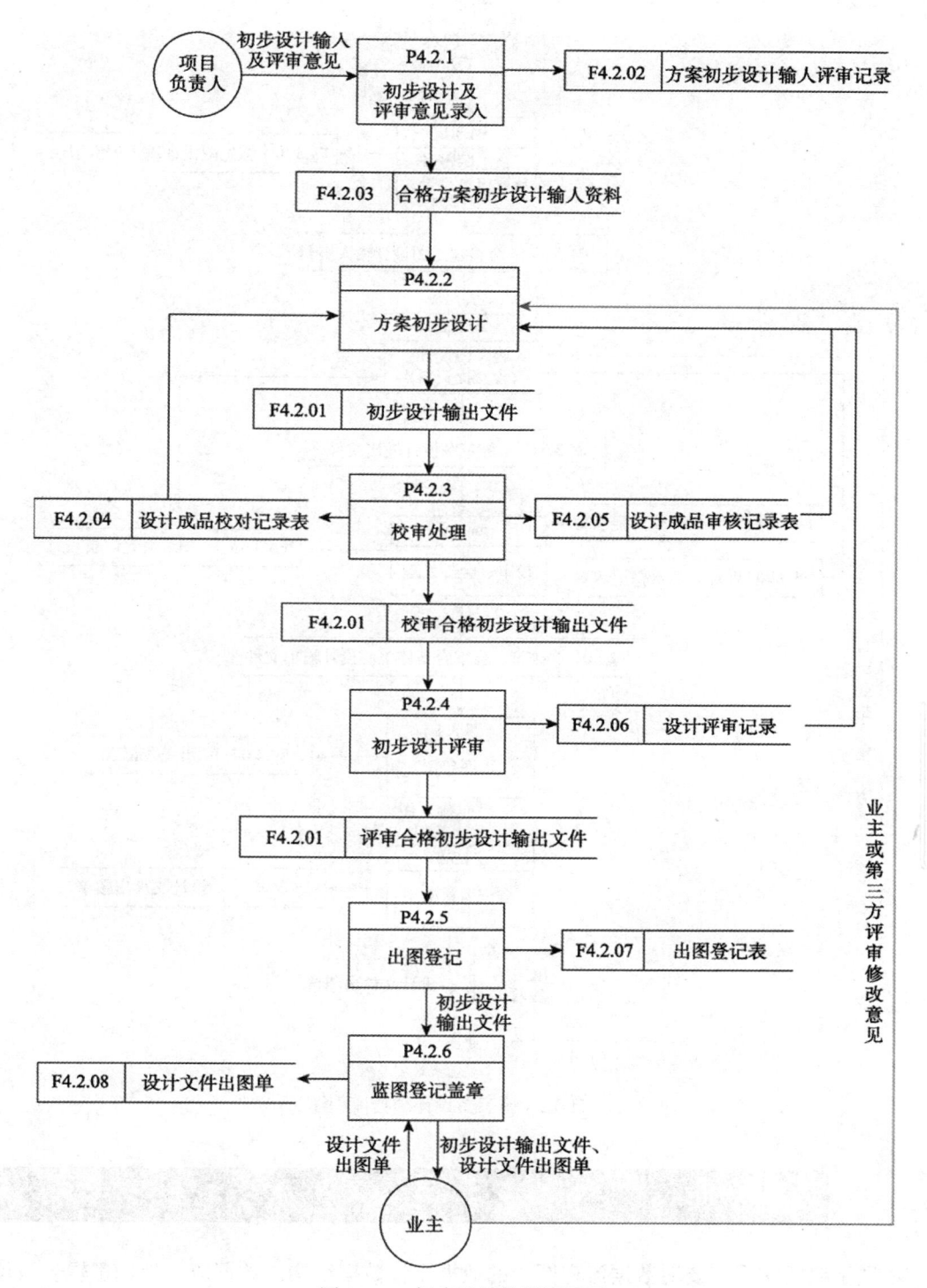

图 11-11　初步设计数据流程图

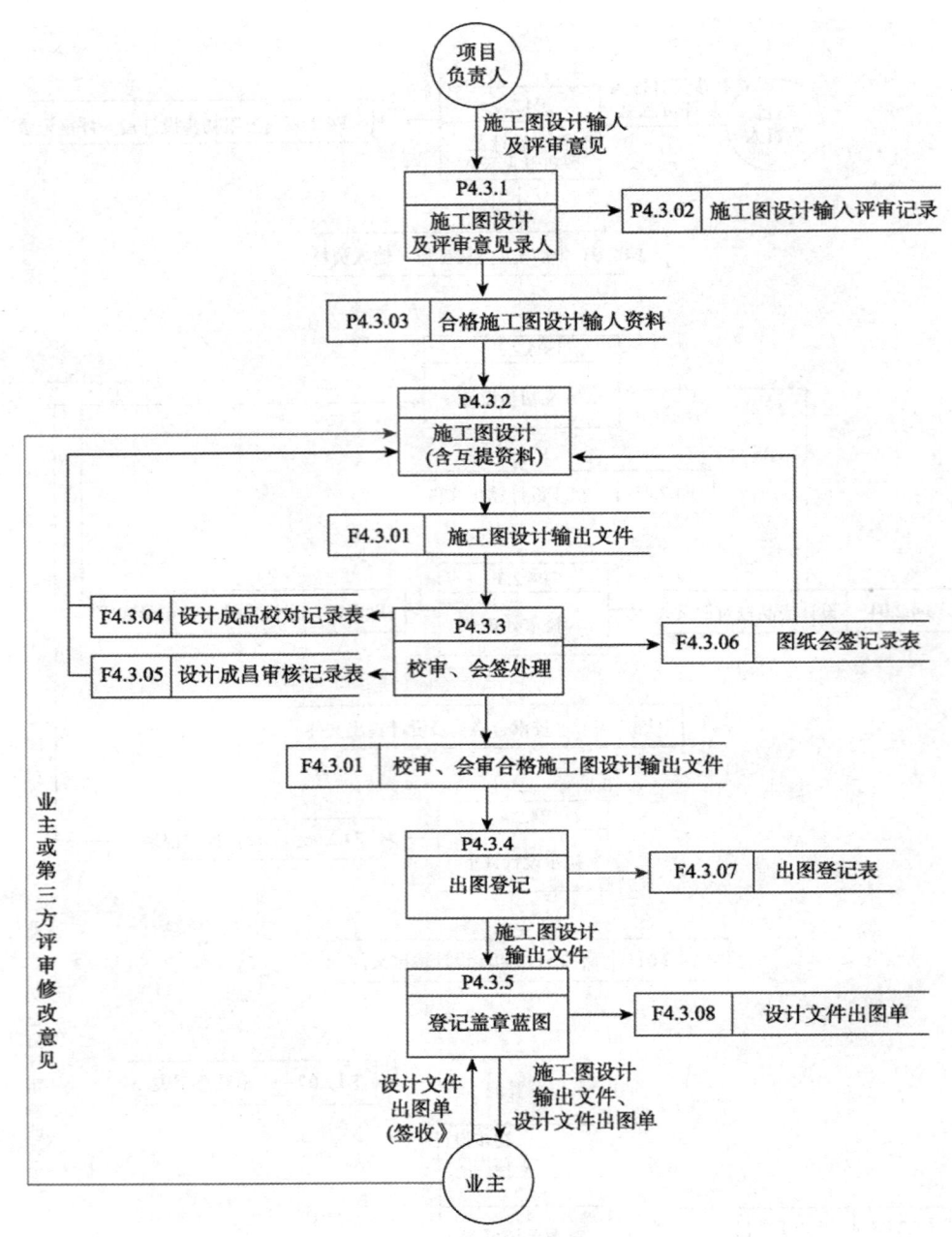

图 11-12　施工图设计数据流程图

11.3.4　数据字典

　　数据字典的作用主要对数据流程图中的数据项、数据结构、数据流、处理逻辑、数据存储和外部实体等进行具体的定义，保证全局数据的一致性和准确性。数据字典和数据流程图共同构成对系统逻辑模型的准确和完整的描述。

本信息系统的数据字典包括数据项、数据存储、数据流、处理逻辑等，限于篇幅，仅仅展示部分信息，具体如下。

1. 数据项

本信息系统的数据项示例如表 11-1 所示。

表 11-1 数据项

编号	数据项名称	简述	类型	长度	取值范围	备注
I01-001	备案编号	招投标档案登记表编号	Char	8		
I01-002	项目名称	项目的名称	Varchar			
I01-003	招标编号	业主内部的招标编号	Char	8		
I01-004	招标人	业主名称	Varchar			
I01-005	招标联系人	业主设定的联系人	Varchar			
I01-006	电话/传真	业主设定的联系人的联系方式	Varchar			
…	…	…	…	…	…	…

2. 数据存储

本信息系统的数据存储示例如表 11-2～表 11-7 所示。

3. 数据流

本信息系统的数据流示例如表 11-8～表 11-13 所示。

表 11-2 数据存储一

编号：F3.1-02	名称：项目策划书	别名：
简述：存放主要设计人员，以及设计的具体要求及相关信息			
组成： 项目策划书编号、合同号、项目名称、管理类别、专业、审定人、审核人、专业负责人、校对人、设计人、施工配合负责人、建筑面积、层数、投资额、设计阶段、设计内容、合作单位、分工及要求、设计评审时机、设计评审方式、质量目标和采用"四新"要求、特殊设计验证方法、项目负责人签字、项目负责人签字日期、批准人签字、批准人签字日期			
关键字：项目策划书编号		相关处理：P3.1、P3.2
记录长度：	记录数：	数据量：

表 11-3 数据存储二

编号：F4.1-02	名称：方案设计输入评审记录	别名：
简述：存放方案设计输入评审过程中产生的相关数据			
组成： 方案设计输入评审记录表编号、工程名称、工程编号、设计阶段、子项名称、参加部门及人员、地点、时间、主持人、评审目的和内容、评审记录、记录人、记录日期、评审结论、总（副总）建筑师/总（副总）工程师签名、签名日期、跟踪验证、项目负责人签名、项目负责人签名日期			
关键字：设计输入评审记录表编号		相关处理：P4.1.1
记录长度：	记录数：	数据量：

表 11-4 数据存储三

编号：F4.1-04	名称：设计评审记录	别名：	
简述：对方案设计文件及相关材料进行评审的一些信息进行记录			
组成： 　　设计评审记录表编号、工程名称、工程编号、设计阶段、子项名称、参加部门及人员、地点、时间、主持人、评审目的和内容、评审记录、记录人、记录日期、评审结论、总（副总）建筑师/总（副总）工程师签名、签名日期、跟踪验证、项目负责人签名、项目负责人签名日期			
关键字：设计评审记录表编号		相关处理：P4.1.2、P4.1.3	
记录长度：	记录数：	数据量：	

表 11-5 数据存储四

编号：F4.1-05	名称：设计文件出图单	别名：	
简述：存放设计文件出图的基本信息，如各专业图纸张数等			
组成： 　　设计文件出图单单号、日期、项目名称、建筑单位、工程编号、设计阶段、文件份数、项目负责人、设计经办人、签收人、建筑、结构、给排水、电气、暖通、其他			
关键字：设计文件出图单单号		相关处理：P4.1.4	
记录长度：	记录数：	数据量：	

表 11-6 数据存储五

编号：F4.2-01	名称：校审合格初步设计输出文件	别名：	
简述：存放初步设计的设计文件及相关材料			
组成：			
关键字：		相关处理：P4.2.2、P4.2.3、P4.2.4、P4.2.5	
记录长度：	记录数：	数据量：	

表 11-7 数据存储六

编号：F4.2-07	名称：出图登记表	别名：	
简述：存放晒图室晒图的基本信息			
组成： 　　出图登记表编号、项目编号、项目名称、设计阶段、建筑、结构、水、暖、电、钢、幕、简卷、借图期、还图期、借图人、还图人、验收人			
关键字：出图登记表编号		相关处理：P4.2.5	
记录长度：	记录数：	数据量：	

表 11-8　数据流一

编号：DF1.1-01	名称：招标文件	别名：
简述：招标单位提供给投标单位的相关招标文件		
组成：		
来源：招标单位		去向：确认招标文件并确定项目负责人模块
峰值流量：		

表 11-9　数据流二

编号：DF2.1-01	名称：委托书	别名：
简述：业主委托设计院设计的书面文函		
组成：		
来源：业主		去向：合同管理模块
峰值流量：		

表 11-10　数据流三

编号：DF4.1-01	名称：方案设计输入及评审意见	别名：
简述：方案设计之前输入的所有相关材料		
组成：		
招标文件、投标文件、合同等		
来源：项目负责人		去向：方案设计模块
峰值流量：		

表 11-11　数据流四

编号：DF4.2-01	名称：初步设计输入及评审意见	别名：
简述：初步设计之前输入的所有相关材料		
组成：		
招标文件、投标文件、合同、方案设计文件等		
来源：项目负责人		去向：初步设计模块
峰值流量：		

表 11-12　数据流五

编号：DF4.3-01	名称：施工图设计输入及评审意见	别名：
简述：施工图设计之前输入的所有相关材料		
组成：		
招标文件、投标文件、合同、方案设计文件、初步设计文件等		
来源：项目负责人		去向：施工图设计模块
峰值流量：		

表 11-13 数据流六

编号：DF4.3.3-01	名称：设计文件	别名：
简述：设计人提交的设计文件（电子版或附件）		
组成：		
来源：设计人		去向：校对设计文件处理模块
峰值流量：		

4. 处理逻辑

本信息系统的处理逻辑示例如表 11-14～表 11-21 所示。

表 11-14 处理逻辑一

编号：P3.1	名称：编制策划书
输入信息：合同文件、策划书/进度表变更信息	
数据存储：项目策划书、项目进度表	
输出信息：项目策划书、项目进度表	激发条件：已中标
简要说明： 　项目负责人根据合同情况编制计划	
处理逻辑简述： 　项目负责人根据合同文件编制项目策划书、项目进度表，当有修改需要时，对项目策划书、项目进度表进行修改	
处理频率：	

表 11-15 处理逻辑二

编号：P4.1.1	名称：录入方案设计输入及评审意见
输入信息：设计输入及评审意见	
数据存储：设计输入评审记录、合格方案设计输入资料	
输出信息：设计输入评审记录、合格方案设计输入资料	激发条件：方案设计需要
简要说明： 　数据录入	
处理逻辑简述： 　由项目负责人在设计初对设计输入及评审意见进行整理并录入系统，填写设计输入评审记录表	
处理频率：	

表 11-16 处理逻辑三

编号：P4.1.2	名称：方案设计
输入信息：合格方案设计输入资料、有效投标文件、项目策划书、项目进度表、合同文件、设计评审记录、业主或第三方评审修改意见	
数据存储：方案设计输出文件	
输出信息：方案设计输出文件	激发条件：各种设计输入资料已收集
简要说明： 根据业主要求进行方案设计	
处理逻辑简述： 结合方案设计输入资料、项目策划书、项目进度表、有效投标文件、合同等进行方案设计，得出方案设计输出文件	
处理频率：	

表 11-17 处理逻辑四

编号：P4.1.3	名称：设计评审
输入信息：方案设计输出文件	
数据存储：设计评审记录、合格方案设计输出文件	
输出信息：设计评审记录、合格方案设计输出文件	激发条件：方案设计文件已编制完成
简要说明： 对方案设计设计输出文件进行评审，并填写相关表单	
处理逻辑简述： 对方案设计输出文件进行评审，填写设计评审记录，作为方案再设计的依据，若通过评审则得出合格的方案设计输出文件	
处理频率：	

表 11-18 处理逻辑五

编号：P4.1.4	名称：登记设计文件
输入信息：合格方案设计输出文件、设计文件出图单	
数据存储：设计文件出图单	
输出信息：方案设计输出文件、设计文件出图单	激发条件：图纸交付业主
简要说明： 对 H 单位所出图纸进行登记	
处理逻辑简述： 由计划经营部对设计院所有出图进行登记，填写设计文件出图单，并由项目负责人将方案设计输出文件及设计文件出图单一并送给业主，由业主签收，再返回至 H 单位	
处理频率：	

表 11-19 处理逻辑六

编号：P4.2.1	名称：录入初步设计输入及评审意见
输入信息：初步设计输入及评审意见	
数据存储：设计输入评审记录、合格初步设计输入资料	
输出信息：设计输入评审记录、合格初步设计输入资料	激发条件：初步设计需要
简要说明： 数据录入	
处理逻辑简述： 由项目负责人在设计初对设计输入及评审意见进行整理并录入系统，填写设计输入评审记录表	
处理频率：	

表 11-20 处理逻辑七

编号：P4.2.2	名称：初步设计
输入信息：合格初步设计输入资料、设计成品校对记录表、设计成品审核记录表、设计成品审定记录表、设计评审记录、业主或第三方评审修改意见	
数据存储：初步设计输出文件	
输出信息：初步设计输出文件	激发条件：各种设计输入资料已收集
简要说明： 根据业主要求进行初步设计	
处理逻辑简述： 结合初步设计输入资料，进行初步设计，得出初步设计输出文件。初步设计处理内部包括互提资料处理	
处理频率：	

表 11-21 处理逻辑八

编号：P4.3.2	名称：施工图设计
输入信息：合格施工图设计输入资料、设计成品校对记录表、设计成品审核记录表、图纸会签记录表、业主或第三方评审修改意见	
数据存储：施工图设计输出文件	
输出信息：施工图设计输出文件	激发条件：各种施工图设计输入资料已收集
简要说明： 根据业主要求进行施工图设计	
处理逻辑简述： 结合施工图设计输入资料，进行施工图设计，得出施工图设计输出文件。施工图设计处理内部包括互提资料处理	
处理频率：	

11.4 结构化设计

结构化设计是在系统分析的基础上，根据系统逻辑模型，建立系统物理模型。具体地讲，结构化设计就是根据系统逻辑模型的各项功能，结合实际情况，详细地设计出系统基本结构和处理流程，并为系统实施阶段的各项工作准备好实施方案和必要的技术资料。本节重点介绍系统功能总体框架设计、系统功能结构设计、各子系统功能详细设计和数据库设计。

在系统设计阶段，项目组在充分讨论协商的基础上，确定系统的处理边界和功能，对于尚不能确定的功能，及时与 H 单位的项目人员沟通，尽量将需求陈述清楚，提出几种可能的实施方案供参考，将不确定因素设计成灵活可变的功能。其最终目的是明确 H 单位的哪些业务流程应在信息系统中实现，以确定整体功能。

11.4.1 系统功能总体框架设计

根据业务流程和数据流程分析的结果，并结合建筑设计院的实际情况，系统功能主要包括设计项目流程管理、经营合同管理、资料图档管理、个人中心管理和系统管理等。系统功能总体框架如图 11-13 所示，分为表现层、业务层、数据层和底层四层。

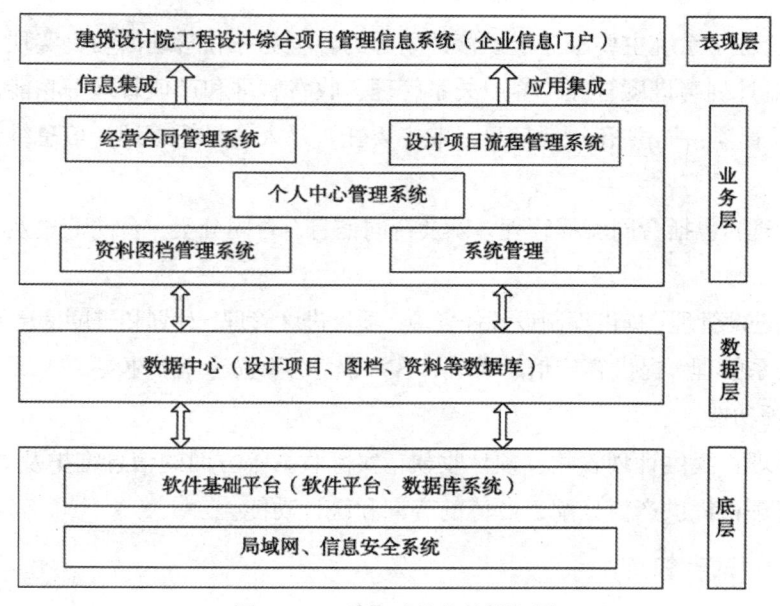

图 11-13 系统功能总体框架图

① 表现层：统一的信息门户，为用户提供统一使用界面，用户通过浏览器可以轻松实现各种操作。

② 业务层：包括信息系统的主要应用模块，保持各模块之间的逻辑关系，以便于扩充和完善。

③ 数据层：整个系统的数据中心，主要包括设计项目管理数据库、图档数据库、人力资源管理数据库和项目资料数据库等。

④ 底层：提供技术支持，包括操作系统、数据库系统、开发平台、信息安全系统和网络系统。

11.4.2 系统功能结构设计

根据分解与分层、模块化原则，本信息系统可以分为若干子系统，每个子系统可看成高层的模块。子系统划分的原则如下：① 应保持各子系统的相对独立，减少彼此间的依赖性；② 子系统应该具有定义良好的接口，通过接口与其他子系统进行通信；③ 子系统的数量不宜太多。

依据上述原则，本信息系统可以分为经营合同管理、设计项目流程管理、资料图档管理、个人中心管理和系统管理等子系统，如图11-14所示。

11.4.3 各子系统功能详细设计

1. 经营合同管理子系统

经营合同管理子系统主要服务于经营计划部的各项业务和管理活动，实现招/投标管理、合同管理、项目计划与进度管理、客户关系管理、收费管理和产值管理等功能。

① 招/投标管理：提供招/投标信息（业主委托）录入、投标管理，信息维护、查询和统计等功能。

② 合同管理：包括合同流程管理，以及合同信息、合同分类、合同变更及合同台账等的维护及查询。

③ 计划与进度管理：提供编制设计任务单、项目进度管理、计划和进度信息的查询及统计。

④ 客户关系管理：提供客户信息管理、客户满意度调查、客户投诉信息及处理、设计回访、统计查询等功能。

⑤ 收费管理：提供计划收款、预计收款、实际收款等方面的信息维护及查询统计功能。

⑥ 产值管理：提供产值分配，产值的查询和统计功能。

2. 设计项目流程管理子系统

设计项目流程管理子系统是整个工程设计综合项目管理信息系统的核心部分，主要是为经营计划部门及设计部门提供一个包括项目的立项、策划、设计流程管理和项目监控管理等全面的项目综合信息管理平台，以帮助设计院提高生产效率、管理效率和效益，增强企业的核心竞争力。

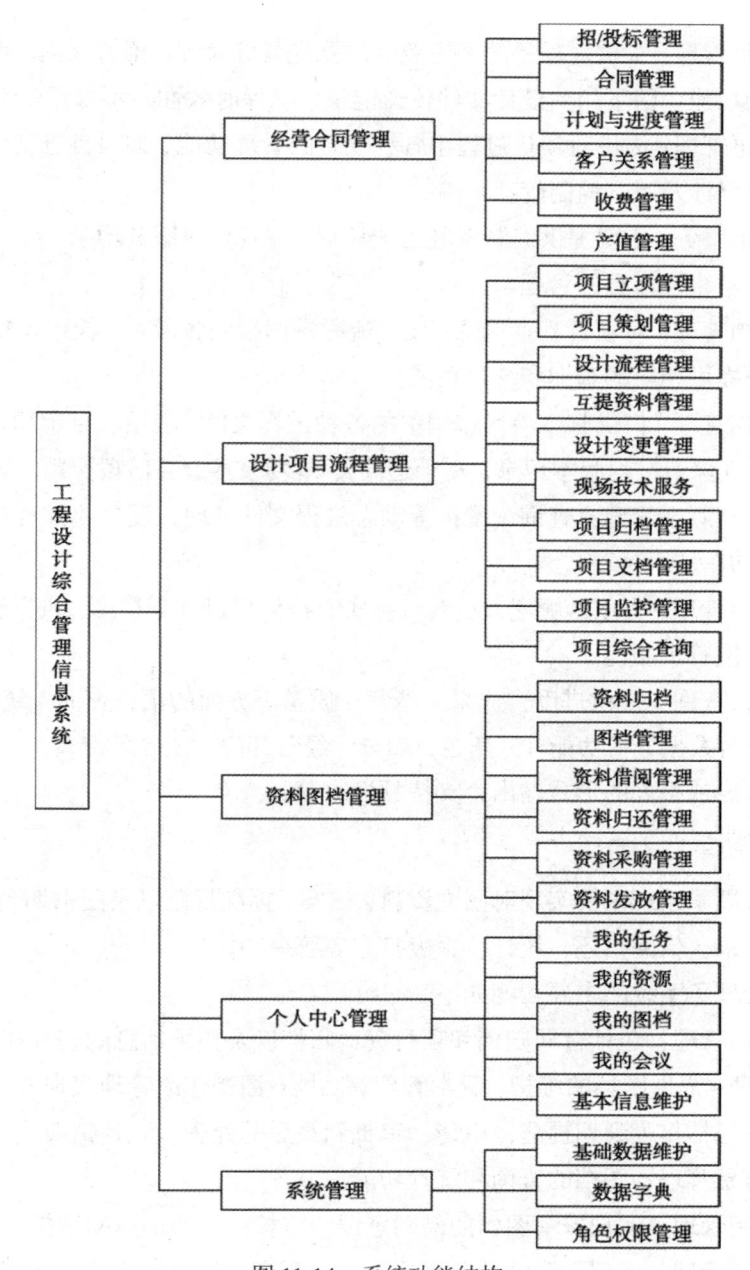

图 11-14 系统功能结构

该子系统对整个设计业务的计划、设计流程、现场服务和成果等全过程进行管理和控制。其主要功能模块包括如下。

① 项目立项管理：项目信息的登记、立项、审批及其项目台账管理。

② 项目策划管理：提供项目的任务分解、专业分工策划、项目组成员策划（编制项目策划书）；进度计划安排（编制进度计划表）等功能。

③ 设计流程管理：主要包括设计资料编制与评审，校对、会签、审核、审定流程管理，出图管理、交付管理等相关内容。

④ 互提资料管理：提供对项目的多专业间的互提任务管理、资料互提、审核、设计图纸版本管理、查询功能；留下相关设计文件传递记录，确保时效性、不可更改性和可追溯性。

⑤ 项目变更管理：提供对项目过程中各种变更的管理功能，如项目进度计划变更、人员变更、设计变更（涉及版本控制管理）等。

⑦ 现场技术服务：主要提供编制派驻工地计划、现场技术服务记录、编制服务工作小结和现场技术服务等事务信息的管理。

⑧ 项目归档管理：对项目基本信息、设计流程中图纸的各版本、校审记录等所有项目信息进行归档，并提供相应的查询和统计功能。

⑨ 项目文档管理：提供整个项目过程中的各种过程文件，包括项目前期资料、项目中间阶段图纸及报告（保留过程版本记录，利于追溯）、现场技术服务阶段资料、其他相关文档资料的分类、归档、版本管理、查询、维护等动态过程文件管理；设立项目资料共享区，以上传、下载和删除有关项目资料。

⑩ 项目监控管理：为项目管理人员及领导实时提供项目计划进度、执行进展、项目终止等方面的项目监控管理功能。

⑪ 项目综合查询：提供进度、成果、经营、质量等方面的项目查询、统计（在办项目、归档项目）及综合数据分析功能（分角色：领导、经营部门、项目负责人、设计人等），分析统计结果按照图表或报表的形式输出，支持领导决策。

3. 资料图档管理子系统

资料图档管理子系统主要实现对图文资料、档案、标准规范以及图书期刊的分类、编目、归档、查询和检索、借阅归还、统计、报表打印等管理功能。

资料图档管理子系统的主要功能如下。

① 资料归档管理：包括合同归档和项目资料归档以及相关信息的查询和统计功能。

② 图档管理：提供图档的维护、版本管理等功能；图档作废管理实现图档到期后的作废处理功能，具体包括作废到期提醒、申请、审批到最后的处理（直接销毁或者更改保存期限继续保存）的信息管理；图档的查询和统计功能。

③ 资料借阅管理：实现资料图档的借阅登记、审核、借阅信息的维护、查询等功能。

④ 资料归还管理：实现资料的催还管理、归还登记、信息的维护、查询等功能。

⑤ 资料采购管理：提供资料的采购计划、申请、审批、验收入库以及相关信息的查询等功能。

⑥ 资料发放管理：提供资料的发放登记以及相关信息的查询和统计等功能。

4. 个人中心管理子系统

个人中心管理子系统主要是对员工的个人信息进行维护管理，并具有事务提醒功能，包括我的信息、我的任务、我的公文、我的私家车、我的事务、项目参与情况、我的借阅、设备购置申请、资产报废申请、个人基本信息维护、用户密码修改等。

5. 系统管理子系统

系统管理子系统主要包括基础数据维护、数据字典、角色权限管理等功能模块。

11.4.4 数据库设计

1. 数据库总体结构

系统数据库的设计采用关系型数据库模式，数据表的设计遵循第三范式。按照系统总体功能的划分，本系统数据库划分为四个数据库，分别为经营合同管理数据库、设计项目流程管理数据库、资料图档管理数据库和系统维护数据库。每个数据库包括若干数据表。

2. 数据表结构

下面以设计项目流程管理数据库为例，展示数据表的结构。设计项目流程管理数据库包括项目立项管理子库、项目策划管理子库、设计流程管理子库、互提资料管理子库、项目归档管理子库、设计变更管理子库和现场技术服务子库等。

限于篇幅，展示部分数据表的内容，如表 11-22～表 11-27 所示。

表 11-22 项目登记主表（item_info_main）

字段名称	字段描述	类型	长度	允许空	默认值	备注
item_id	项目编号	Varchar	10	否		主键
item_name	项目名称	Varchar	50			
is_subitem	有无子项	Char	2			0：没有子项 1：有子项
contract_id	合同编号	Varchar	10	否		外部键
item_type	项目类别	Char	10			
register_date	项目登记日期	Datetime				
start_date	计划开始时间	Datetime				来自合同表
finish_date	计划完成时间	Datetime				来自合同表
…	…	…	…	…	…	…

表 11-23 人员策划表（renyuan_scheme）

字段名称	字段描述	类型	长度	允许空	默认值	备注
orderid	顺序号	Int	4			主键
item_id	项目编号	Varchar	10	否		
subitem_id	子项目编号	Varchar	12			
design_phase	设计阶段	Varchar	35			方案设计、初步设计、施工图设计
speciality_name	专业名称	Varchar	30			取自专业字典
renyuan_id	人员编号	Varchar	10			
renyuan_name	人员姓名	Varchar	10			

(续)

字段名称	字段描述	类型	长度	允许空	默认值	备注
role	设计角色	Varchar	14			1：设计人 2：校对人 3：专业负责人 4：审核人 5：审定人 6：施工配合负责人

表 11-24　设计输入评审记录主表（design_input_main）

字段名称	字段描述	类型	长度	允许空	默认值	备注
Nid	编号	Int	4	否		主键（自增长）
processID	流程号	Numeric	18,0			
Item_id	项目编号	Varchar	10			
Item_name	项目名称	Varchar	50			
subItem_id	子项目编号	Varchar	12			
subItem_name	子项目名称	Varchar	50			
Design_phase	设计阶段	Varchar	35			0：方案设计 1：初步设计 2：施工图设计
evaluation_address	地点	Varchar	50			
…	…	…	…	…	…	…

表 11-25　设计主表（sj_main）

字段名称	字段描述	类型	长度	允许空	默认值	备注
Nid	编号	Int	4			
processID	流程号	Numeric	9			
Item_id	项目编号	Varchar	9			
Item_name	项目名称项目 argn_idy_eeg	Varchar	50			
subItem_id	子项编号	Varchar	12			
subItem_name	子项名称	Varchar	50			
Speciality_name	专业	Varchar	30			
edition	版本	Int	4			
Is_design_id	设计变更编号	Varchar	16			
…	…	…	…	…	…	…

表 11-26　电子图档归档登记主表（dztdysdjb_main）

字段名称	字段描述	类型	长度	允许空	默认值	备注
nid	编号	Int		N		主键
item_id	项目编号	Varchar	10			
item_name	项目名称	Varchar	50			
subitem_id	子项编号	Varchar	12			
subitem_name	子项名称	Varchar	50			
edition	版本	Int				
design_phase	设计阶段	Varchar	35			

(续)

字段名称	字段描述	类型	长度	允许空	默认值	备注
pm_id	项目负责人编号	Varchar	10			
…	…	…	…	…	…	…

表 11-27 设计成品审核主表（sh_main）

字段名称	字段描述	类型	长度	允许空	默认值	备注
Nid	编号	Int	4			主键（自增长）
processID	流程号	Numeric	18，0			
Item_id	项目编号	Varchar	10			
Item_name	项目名称	Varchar	50			
subItem_id	子项目编号	Varchar	12			
subItem_name	子项目名称	Varchar	50			
Speciality_name	专业名称	Varchar	30			
Design_phase	设计阶段	Varchar	35			0：方案设计 1：初步设计 2：施工图设计 3：设计修改通知单 4：施工图修改
…	…	…	…	…	…	…

11.5 运行环境设计

11.5.1 运行环境分析

本系统处理的主要信息和产生的主要成果都是设计文件，这些设计文件为 MB 数量级，为了提高系统的运行和使用效率，需要配置高速安全的网络环境和稳定高效的存储环境。

目前，H 单位办公大楼的网络环境已经建成并投入使用。主干是 100 Mbps 光纤接入（近期扩充到 200 Mbps），整栋大楼有 9 间配线间，配线间的接入交换机与核心交换机是千兆光纤连接，楼层间交换机由超 6 类双绞线连接，支持千兆网。桌面接入速率是 100 Mbps。

H 单位现有用户 300 个，假设最大满负荷时用户的使用率为 30%，即有 90 个用户同时上网，以 80%线速利用率且全交换方式运行，信息访问模式为多点访问一点，按这种突发性最恶劣的情况考虑，估算出的网络最大信息流量为：90×100 Mbps×80% = 7.2 Gbps。

按估算的网络最大信息流量，目前的网络环境基本符合系统正常运行要求，只是根据应用需求，要添加相应的服务器。

从数据存储的角度，目前 H 单位年数据存储量达 40 GB，基本以刻录光盘的方式存储，没有统一的存储设备和保管地点，不利于对设计文件、参考资料等电子数据的安全管理和利用，急需建设一个统一的数据存储中心。

本着既保护已有的投资，又要满足系统高效运行要求的原则，在基本保留原来网络架构的情况下，对系统运行的环境重新进行了设计，设计内容参见下面各节的介绍。

11.5.2 网络环境设计

H 单位的网络环境已基本搭建完成，在现有环境基础上添加相应设备形成以数据中心为核心的应用系统，下面介绍网络硬件结构和逻辑结构的设计，其中数据中心的组成后面介绍。

1. 硬件结构设计

网络的硬件结构设计如图 11-15 所示。

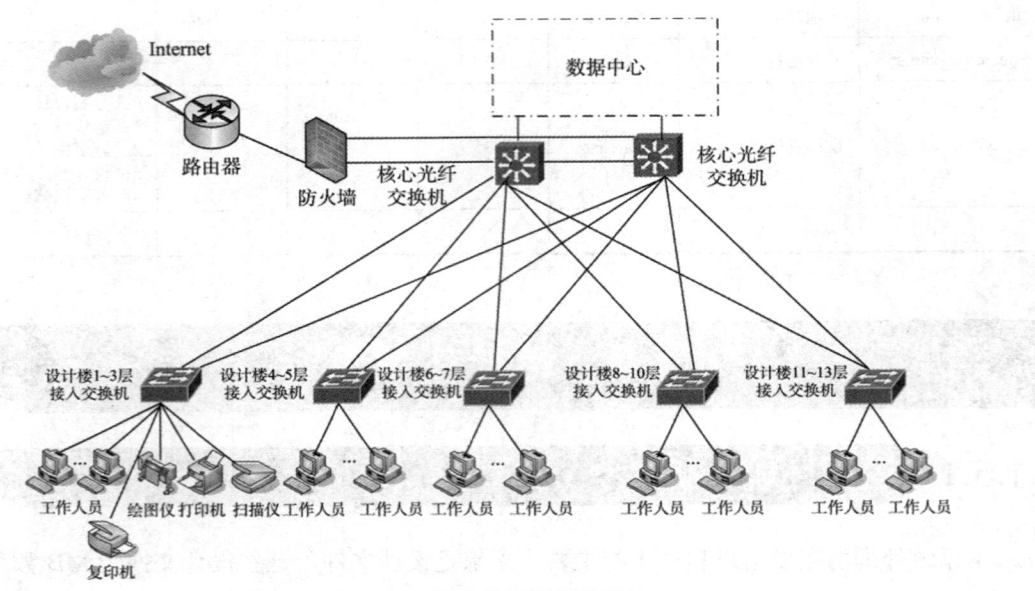

图 11-15 网络的硬件结构设计

2. 逻辑结构设计

客户—服务器模式（C/S 模式）作为一种流行的分布式数据处理体系结构在技术上已日渐成熟，在此基础上发展起来的浏览器/服务器模式（B/S 模式）也逐渐为人们所接受，并日益发挥出其强大优势。

本系统选择 B/S 结构，由数据中心组成系统的核心，提供面向 Internet 和 Intranet 的 Web 服务，这样出差在外的员工可以通过 Internet 进入系统工作，不会因为在外而影响项目进度；内部员工通过 Intranet 可以高速进行信息交流、数据共享，高效地处理设计业务。网络的逻辑结构设计如图 11-16 所示。

图 11-16 网络的逻辑结构设计

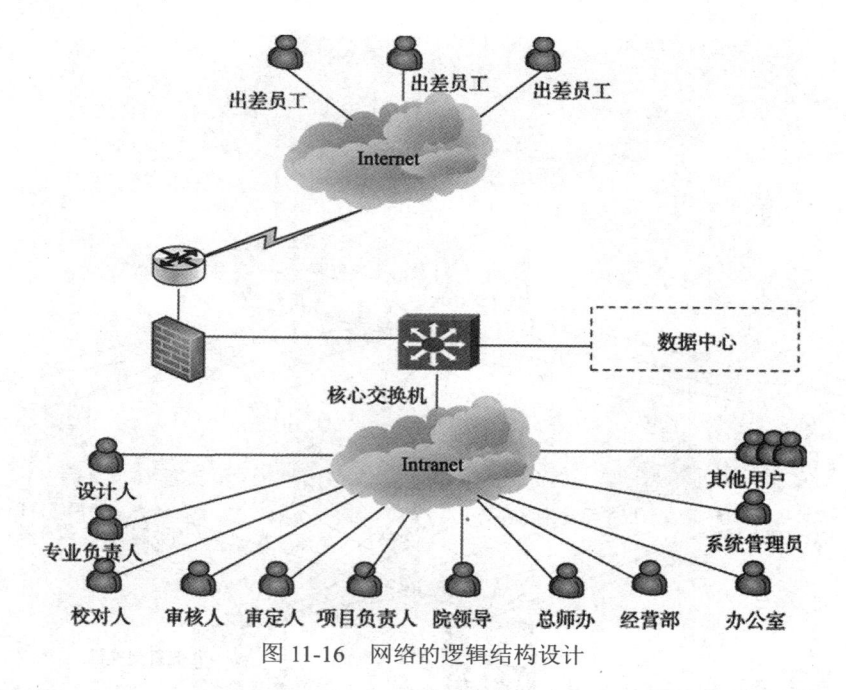

系统采用角色管理。角色是指在业务流程中的具体任务和活动中担任相同职务和工作的人员的集合。根据设计院日常生产经营中存在的各种工作和任务，在系统中定义不同的角色，所有的用户（包括一线设计、校审人员和工作人员等）在系统中拥有一定的角色，根据角色在系统中承担的不同任务和工作，为其设置相应的权限，从而控制用户只能在其权限内使用系统的不同功能。

3. 数据中心

数据资源在 H 单位的生产经营中起着重要作用，有效管理并合理利用资源是提高生产效率的重要手段，因此数据中心建设往往决定了系统建设的成败。本系统的数据中心采用 NAS-ON-SAN 的集中存储方案，以 SAN 搭建基础架构，以 NAS 满足特殊需求，充分结合了 NAS 与 SAN 等两种存储方式的各自优势，可以解决以前设计单位仅用光盘存储数字资源带来的数据管理和数据安全问题。

数据中心的拓扑结构如图 11-17 所示。

4. 开发平台

针对系统开发要求，即要有一个良好的软件架构，便于协作开发和可以扩展升级，而传统的开发模式不能很好地满足这三点。本系统采用主流的开源框架 SSH（Struts 2 + Spring + Hibernate），提出了一个开发 Java EE 企业级 Web 应用系统的轻量级解决方案，可以帮助开发人员在短期内搭建结构清晰、可复用性好、维护方便的 Web 应用程序。

开发工具采用 MyEclipse，数据库管理系统采用 Microsoft SQL Server。

图 11-17　数据中心的拓扑结构

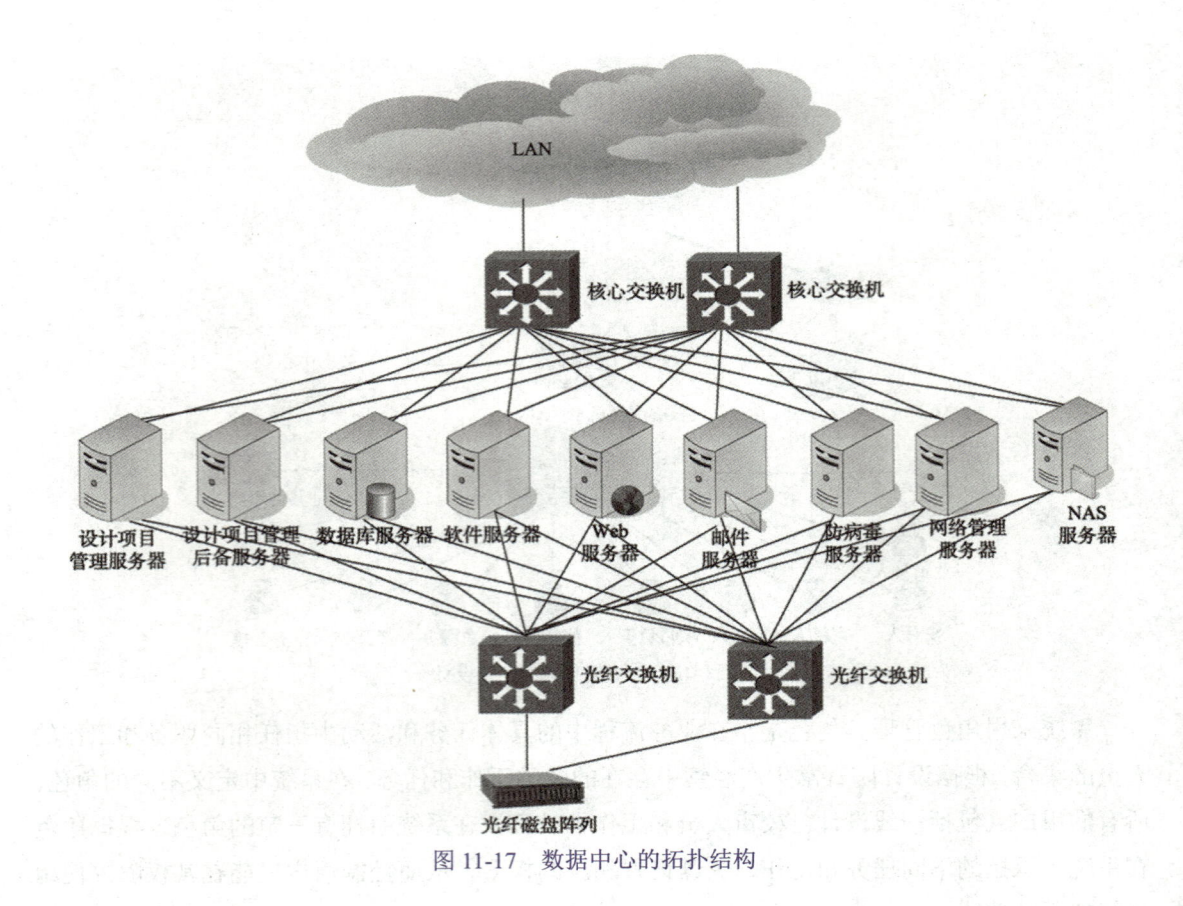

11.6　系统实施

在系统实施阶段，开发人员根据系统分析和系统设计的成果，进行系统代码的编写。完成程序代码编写任务之后，对软件进行单元测试和集成测试，测试软件是否符合流程的要求，是否有疏漏的程序错误，从而有助于完善软件功能，提高软件的实用性、稳定性及可靠性。整个实施过程按照进度计划的要求顺利推进，做好用户的培训工作，保障系统顺利上线试运行和正式运行，并做好系统运维工作。

11.6.1　进度计划

本信息系统计划在两年左右的时间完成开发任务，分两期执行，第一期时间为 1 年，主要完成系统的需求分析、设计项目流程管理系统以及与设计项目流程管理系统有关的功能开发（涉及经营合同管理、资料图档管理的有些模块等）。第二期时间为 1 年，主要目标是完成经营合同管理系统、图档管理系统、个人中心管理，完成整个系统的开发任务，实现系统的总体目标。

11.6.2 培训计划

系统建设完成后，有 3 个月的试运行期，开发团队可以对设计院全体员工进行培训，以便用户能够尽快熟悉系统的操作和使用。培训工作采取分专业、分角色的方式展开。

1. 培训对象

在系统投入运行前，需要进行培训的人员包括终端用户、系统操作与维护人员、企业各层次的管理决策人员。

2. 培训内容

针对不同的用户，培训内容有所不同。

① 针对设计人员，主要培训的内容有：系统的功能结构、系统运行规则与管理制度、系统事务型业务功能的操作和使用方法、系统统计分析型功能的操作和使用方法、系统的参数设置、系统初始数据输入功能的操作和使用方法、可能出现的问题及解决方法、系统的使用权限与责任、系统的总体解决方案。

② 针对系统操作与维护人员，培训的主要内容有：系统网络的操作与使用、数据库系统和开发工具等系统软件知识、系统维护型功能的操作和使用方法。

3. 培训方式

培训主要通过讲座与报告会以及现场演示等方式进行系统的使用、运行维护培训。

11.6.3 系统维护和服务

1. 维护策略

在信息系统开发期间，H 单位应有人参与开发全过程，这样在系统维护时，可以做到独立维护，自主开发新的模块，真正做到"交钥匙"工程的要求。

在试运行期间，系统维护的内容主要如下。

① 程序的维护。在系统维护阶段，会有一部分程序需要改动。根据运行记录，发现程序的错误，这时需要改正；或者随着用户对系统的熟悉，用户有更高的要求，部分程序需要改进；或者环境入情入理变化，部分程序需要修改。

② 数据文件的维护。数据文件的日常备份与恢复。

③ 机器、设备的维护。包括机器、设备的日常维护与管理。一旦发生小故障，要有专人进行修理，保证系统的正常运行。

试运行期过后，H 单位应该设置专人进行系统的全方位维护，以保障系统的正常运行。

2. 服务的方式

① 电话服务方式。通过电话方式解决问题。

② 电子邮件服务方式。用户通过电子邮件提出问题，问题被解决后，以电子邮件的方式回复。

③ 上门服务的方式。一旦出现大的问题，电话和电子邮件服务方式不方便时，可以采取上门服务的方式解决。

11.6.4 系统运行情况及效果

本信息系统采用当前主流的基于 Java EE 标准的框架技术，提供了大量的开放式接口设计，使系统具有很大的灵活性和适用性，从而保证了用户的投资收益，也保证了后续扩展升级；采用服务器集群技术，可以很好地保证系统的安全性、稳定性和实时性。

本信息系统满足了 H 单位对信息化建设的需求，实现了对信息资源的及时收集、分类管理、有序传递、充分共享与利用，也实现了从手工到信息化管理的转变，提高了管理效率。通过建设经营合同管理、设计项目流程管理、资料图档管理、个人中心管理等子系统，全部项目、合同，从开始登记就被纳入系统，全程监控，方便及时。

更重要的是，本信息系统开发成功后，能及时为领导层提供整个单位的业务发展信息，强化管理，提高决策支持能力；同时为员工提供业务处理、查询和事务提醒服务，提高员工的工作效率；实现了安全和质量的精细管理，极大提高了工作效率和安全、质量、成本分析和决策水平。

本信息系统在持续改进与优化业务流程，强化质量管理流程化，发挥了重要的作用，并产生了较好的社会经济效益。

本章小结

本章系统介绍了建筑设计院综合项目管理信息系统开发实例，主要介绍了系统开发目标、指导原则和开发策略，着重介绍了业务流程分析、数据流程分析和系统结构化设计等系统结构化开发过程，简要介绍了系统运行环境设计和系统实施情况。

思考题

1. 简述本信息系统的主要特点。
2. 阐述本信息系统存在的不足，并提出改进方案。